高等学校教材
供临床医学及相关专业用

临床基本技能教程

主　　审　李　瑛

主　　编　韦忠恒　潘　征

副 主 编　施桂玲　郭俊宇　覃晓洁　韦文林

编　　者（以姓氏笔画为序）

马文豪	王　莹	王　婉	王怀飞	王春芳	韦　克
韦文林	韦达隆	韦忠良	韦忠恒	韦彩成	甘海丝
古贤君	卢冠铭	归楠楠	刘　津	刘芳印	许桂丹
苏　丽	李　军	李　强	李日著	李传玉	李顺锋
杨　力	吴贤建	吴晓文	谷世行	汪建初	宋嗣恩
张联玲	陆　钢	陆　艳	陈永诚	陈丽芬	易雪丽
罗世官	罗群强	罗燕妮	周柳芳	施桂玲	施智敏
姚小敏	耿　琳	莫丰菱	莫雄革	高　欣	郭俊宇
唐　强	唐秀生	唐雄林	黄　庆	黄　肯	黄月艳
黄芝蓉	黄华东	黄志群	黄金凤	黄俊芳	黄敏玉
黄德尤	梁　琼	梁飞腾	梁月秀	梁玉美	梁高华
蒋远文	覃　英	覃花桃	覃莹莹	覃晓洁	曾永龙
曾德创	廖秋姣	黎　雪	潘　征	潘兴寿	潘国刚

编写秘书　罗志军

人民卫生出版社
·北 京·

图书在版编目（CIP）数据

临床基本技能教程 / 韦忠恒，潘征主编 . -- 北京 ：
人民卫生出版社，2024. 9. -- ISBN 978-7-117-36868-1

I. R4

中国国家版本馆 CIP 数据核字第 202433K9J7 号

人卫智网	www.ipmph.com	医学教育、学术、考试、健康，
		购书智慧智能综合服务平台
人卫官网	www.pmph.com	人卫官方资讯发布平台

临床基本技能教程

Linchuang Jiben Jineng Jiaocheng

主　　编：韦忠恒　潘　征
出版发行：人民卫生出版社（中继线 010-59780011）
地　　址：北京市朝阳区潘家园南里 19 号
邮　　编：100021
E - mail：pmph @ pmph.com
购书热线：010-59787592　010-59787584　010-65264830
印　　刷：廊坊十环印刷有限公司
经　　销：新华书店
开　　本：850×1168　1/16　　印张：28　　插页：1
字　　数：848 千字
版　　次：2024 年 9 月第 1 版
印　　次：2024 年 11 月第 1 次印刷
标准书号：ISBN 978-7-117-36868-1
定　　价：89.00 元
打击盗版举报电话：010-59787491　E-mail：WQ @ pmph.com
质量问题联系电话：010-59787234　E-mail：zhiliang @ pmph.com
数字融合服务电话：4001118166　E-mail：zengzhi @ pmph.com

2018 年,教育部、国家卫生健康委员会、国家中医药管理局印发《关于加强医教协同实施卓越医生教育培养计划 2.0 的意见》(教高〔2018〕4 号),指出树立大健康理念,以岗位胜任力为导向培养高质量医学人才,使得临床医学专业"5+3"一体化人才培养模式在我国逐步推广。"5+3"一体化临床医学人才培养模式是指学生在校 5 年本科学习与 3 年临床医学硕士研究生学习相融相通,住院医师规范化培训与专业学位研究生教育同步并轨。新的培养模式有利于改变我国医学人才培养学制不统一、水平参差不齐,以及临床技能薄弱等弊端。同时,随着在全国高等医学院校深入实施"以赛促学、以赛促教"理念,有效推行住院医师规范化培训制度,临床技能教学改革不断取得进展,教学体系趋向完善。为顺应国家教学和医疗体制改革发展的要求,并结合少数民族地区医学生临床基础理论和技能学习的需求,右江民族医学院积极响应国家号召。通过对临床技能教学资源的整合,我院开展了一系列改革,组织校内临床技能教学专家进行试验课,参与各级各类临床技能竞赛培训,并整理和总结临床技能教学经验。基于这些工作,编写了这本《临床基本技能教程》,旨在培养具有岗位胜任力的医学生。

本书参考近几年全国高等医学院校大学生临床技能竞赛的考核规范,并参照国家卫生健康委员会制定的《住院医师规范化培训内容与标准(试行)》及《临床执业医师实践技能考试大纲》要求。全书按照学科分类,涵盖内科、外科、妇产科、儿科、急危重症科、神经科、耳鼻咽喉科、皮肤科、眼科和护理共 10 个学科,内容包括各专科的常见临床技能操作流程和评分标准。全书纸质内容与技能操作短视频相互对应结合,纸质内容为各种临床技能操作流程、临床真实案例;技能操作短视频由分步骤操作到完整操作流程的演示,循序渐进地帮助学生掌握每一项操作。

该书规范了医学生临床操作标准,并且融入了医学人文、临床思维、团队合作等内容,旨在培养学生做有思想、有温度、有能力的医生。同时,本书在规范临床技能教学行为、构建临床实践教学体系、稳固临床实践教学地位、促进临床实践教学发展、深化临床实践教学改革中起到了重要的作用。

随着社会经济飞速发展,医学技术不断进步,教学技术也在逐步革新。为了助力"卓越医生教育培养计划 2.0",顺应国家对高素质医学人才的需求,同时遵循临床实践教学的发展规律,满足全国高校临床实践教学的需要,并配合中国大学生医学技术技能大赛,我校多次组织教师外出学习,邀请国内知名专家指导,对全书进行了科学严谨、全面系统的修改。

本书体现了医学新进展,重点突出、实用性强,易于理解和掌握。它贴近临床医学生的思维方式和学习过程,并有助于自主学习,希望本书能够成为广大师生的良师益友。

尽管编者竭尽全力,书中可能仍存在遗漏或错误。我们恳请读者或同仁不吝赐教,予以斧正,以资完善。

韦忠恒　潘　征

2024 年 11 月

目　录

第一章

内 科

第一节 问 诊

一、内科问诊的原则

(一) 问诊的一般步骤

1. **建立医患关系与询问一般项目** 检查者首先应以礼节性称呼开始,进行自我介绍,并明确说明问诊的用意。在此过程中,医生应保持态度和蔼、话语柔和、措辞合理。询问一般项目,如姓名、性别、年龄等,可根据实际情况选择全部询问或仅询问部分内容,但需注意在后续询问中补全所需信息。

2. **询问就诊主要原因** 检查者应具体询问患者就诊的主要原因。症状问询方式可包括:"你感觉哪里不舒服""这种不舒服持续多久了"。通过这一步骤,采集患者就诊的主要原因,如"右腰疼痛3个月",并据此形成"假设主诉"。

3. **扩展询问现病史** 检查者应围绕"假设主诉"扩展询问患者的现病史,以验证"假设主诉"的准确性。为引导患者自述发病经过,可先提出一般性问题(如"请描述3个月以来右腰部的疼痛情况")。根据患者叙述能力,以现病史内容要素为框架,按发病过程时间顺序,有组织、有顺序地询问。结合使用一般性问题与具体性问题(如"疼痛的性质是怎样的?""是刺痛还是绞痛?")进行提问。为确保病史资料的完整性与真实性,应避免无序提问及重复问题,并确保在问诊结束时已全面收集必要信息。

4. **询问既往史、个人史、婚姻生育史和家族史** 检查者应重视并全面询问既往史、个人史、婚姻生育史和家族史等内容。在询问过程中,应确保内容的全面性和重点性,避免遗漏任何关键信息,以进行系统、准确的病情评估。

5. **归纳核实** 检查者在完成以上步骤后,应立即核实患者所陈述的不准确或有疑问的内容,如发病情况、伴随症状或检查结果等,通过归纳并复述给患者听,以得到患者的确认与纠正,从而提高病史资料的真实性。

(二) 问诊的注意事项

1. 应避免采用先入为主的询问方式,即不能以特定疾病的发病特点作为模板来套问患者。

2. 在问诊过程中,需杜绝暗示性提问、逼迫性提问和诘难性提问,以免对患者产生误导或造成不必要的压力。

3. 提问时应尽量使用通俗易懂的语言,避免使用过于专业的医学术语,以确保患者能够准确理解问题并作出回应。

4. 尊重患者,耐心聆听其答复,避免轻易打断患者的讲话。应允许患者在回答过程中有必要的停顿,给予其充足的时间来思考问题并作出回答。

5. 在进行问诊项目之间的转换时,应保持过渡自然,并向患者明确表达即将讨论的问诊项目。

6. 注意运用临床思维,将医学知识和临床经验相结合进行思考。善于以患者的主要症状为线索,进行深入的思考和分析,并沿着这一线索提出有针对性的问题。

7. 鉴于每个患者的情况都是独特的,因此在问诊时应具体问题具体分析,灵活调整询问方式。

(潘兴寿)

二、内科问诊的应用

(一)内科问诊的内容

1. **项目** 询问患者的姓名、性别、年龄、籍贯、出生地、民族、婚姻、地址、工作单位、联系电话、职业、入院时间、记录时间、病史陈述者及可靠程度等。

2. **主诉** 询问患者主要或最明显的症状或体征及其持续时间。主诉一般是检查者从病史中合理归纳出来,能反映患者病情的轻重缓急,作为鉴别诊断的线索和依据,主诉的持续时间应与现病史的发病时间一致,不能直接沿用患者的叙述,如"反复胸闷、心悸 5 年,呼吸困难 2 周"。

3. **现病史** 询问患者自患病后的全过程,即发生、发展和诊治经过。

(1)起病情况:病因、诱因、时间。

(2)主要症状:特点、部位、性质、持续时间、程度、频度、发作特点、缓解或加剧的因素。

(3)伴随症状:患者患某一种疾病时,一般除了主要症状以外,还同时出现的其他症状。

(4)阴性症状:患者患某一种疾病时,应该出现的伴随症状而实际上未出现。

(5)病情演变:一方面是指患病过程中主要症状的变化,另一方面指新症状的先后不断出现。

(6)诊治经过:①患者既往就诊机构、接受检查的项目及结果、诊断史;②治疗的方法及效果,如药物名称、剂量、时间和疗效。

(7)一般情况:患者患病后的食欲、睡眠、大小便、精神与体重的情况。

4. **既往史** 询问患者过去的健康状况和曾经患过的疾病等方面问题。

(1)曾患疾病及传染病史。

(2)外伤手术史。

(3)预防接种史。

(4)过敏史。

5. **系统回顾** 系统性地、完整地回顾患者的资料,作为最后一遍收集患者信息的过程。

(1)呼吸系统的症状:患者有无咳嗽、咳痰、咯血、胸痛、呼吸困难等。

(2)循环系统的症状:患者有无心悸、胸痛、呼吸困难、水肿等。

(3)消化系统的症状:患者有无腹痛、腹泻、食欲改变、反酸、嗳气、腹胀、恶心、呕吐、呕血、黄疸等。

(4)泌尿系统的症状:患者有无尿痛、尿急、尿频、排尿困难、夜尿量、无尿、尿失禁等。

(5)造血系统的症状:患者有无苍白、黄染、出血点、瘀斑、血肿、乏力、头晕、眼花、耳鸣、烦躁、记忆力减退、心悸等。

(6)内分泌系统及代谢的症状:患者有无怕热、多汗、乏力、畏寒、头痛、视力障碍、心悸、食欲异常、烦渴、多尿、水肿等。

(7)运动系统的症状:患者有无肢体肌肉麻木、疼痛、萎缩、瘫痪;有无关节痛、运动障碍、外伤、骨折、脱位等。

(8)神经系统的症状:患者有无头痛、失眠、嗜睡、记忆力减退、意识障碍、晕厥、痉挛、瘫痪等神经症状;有无情绪状态、思维过程、智能、能力、自知力等精神状态。

6. **个人史** 询问社会经历、职业及工作条件、习惯及爱好、有无冶游史及性病史。

7. **婚姻月经及生育史**

(1)询问患者结婚年龄、婚姻生活情况,配偶健康状况。

(2)询问患者月经初潮年龄、月经周期、末次月经时间(绝经年龄)经血状况、生育情况。

8. **家族史**

(1)询问患者父母、兄弟、姐妹及子女的健康情况,有无与患者患同样的疾病,已死亡者的死亡原因及年龄。

(2)询问患者家族有无传染性疾病史。

(3)询问患者有无家族性遗传性疾病史。

(二) 内科常见症状问诊要点

1. **发热**

(1)询问主要症状

1)详细询问患者发热的时间、可能的诱因(例如是否受凉、劳累等)、起病缓急、病程长短,以及病情加重或缓解的具体因素。

2)仔细询问患者的发热程度,包括最高体温和不同时间点测得的体温,以及发热的特点(如间歇性或持续性),并根据这些信息确定热型。

(2)询问伴随症状

1)询问患者是否伴有寒战、结膜充血、出血、黄疸、淋巴结肿大、肝脾肿大、疱疹、皮疹、尿痛、尿频、尿急、黄疸、肌肉痛、关节痛、头痛、昏迷等症状。

2)必要时注意其他系统症状。

(3)询问既往史及其他病史:如结核病、肝炎、结缔组织病、糖尿病和肿瘤疾病等。

2. **皮肤黏膜出血**

(1)询问主要症状

1)探究可能的诱因:包括食用异种蛋白食物(例如鱼虾)、使用相关药物、虫咬、外伤等。

2)详细询问出血的时间、出血部位、起病缓急、病程长短,以及病情加重或缓解的具体因素。

3)深入了解出血的范围和出血的特点,包括是自发性出血还是由损伤引起的出血。

(2)询问伴随症状

1)询问患者是否伴有腹痛、便血和血尿、关节痛、发热、鼻衄、牙龈出血、紫癜、黄疸等症状。

2)主要鉴别皮肤黏膜出血的病因,关注血管壁异常、血小板异常、凝血功能障碍等相关症状。

(3)询问既往史及其他病史

1)询问患者有无感染性疾病、肝肾疾病、出血性疾病等病史。

2)询问患者有无药物及放射性物质接触史、服药史。

3. **水肿**

(1)询问主要症状

1)探究可能的诱因,例如感染、劳累等。

2)详细询问水肿的时间、起病缓急、病程长短,以及病情加重或缓解的具体因素,特别是与体位变化及活动的关系。

3)深入了解水肿的部位,特别是首发部位、蔓延部位及发展顺序、范围及速度,明确是全身性水肿还是局部性水肿,以及是凹陷性水肿还是非凹陷性水肿。

(2)询问伴随症状

1)询问患者是否伴有心悸、发绀、胸痛、发热、咳嗽、咳痰、咯血等症状。

2)主要鉴别常见病因,如心源性水肿、肝性水肿、肾性水肿、内分泌性水肿等症状。

(3)询问既往史及其他病史:特别是有无中草药及其他药物服用史,有无烟酒嗜好,以及是否经常饮用泡药酒。

4. **咳嗽与咳痰**

(1)询问主要症状

1)探究可能的诱因,例如接触冷空气、刺激性气体等。

2)详细询问咳嗽与咳痰的起病时间、起病缓急、病程长短,以及病情加重或缓解的具体因素。

3)深入了解咳嗽与咳痰的特点,包括咳嗽的性质、音色和持续时间,以及痰液的黏稠度、颜色、气味、量等。

(2)询问伴随症状

1)询问患者是否伴有发热、肺部哮鸣音、杵状指(趾)、咽喉部不适(如痒感或异物感)、鼻痒、鼻塞、流涕、打喷嚏、咯血、消瘦、呼吸困难、胸痛等症状。

2)主要鉴别上呼吸道感染、支气管哮喘、支气管扩张症、肺部感染、慢性阻塞性肺疾病等常见肺部疾病的相关症状。

(3)询问既往史及其他病史

1)询问患者有无慢性支气管炎、肺结核、慢性咽炎、鼻炎(尤其是过敏性鼻炎)、鼻窦炎等病史。

2)询问患者有无长期疫区居住史、传染病接触史、性病和冶游史。

5. 咯血

(1)询问主要症状

1)详细询问患者咯血的时间、可能的诱因(如受凉、劳累、上呼吸道感染等),以及发病年龄。

2)深入了解起病的缓急、病程的长短,以及病情加重或缓解的具体因素。

3)细致询问咯血的特点,包括血的性状、颜色和量。

(2)询问伴随症状

1)询问患者是否伴有发热、胸痛、呛咳、脓痰、杵状指(趾)、消瘦、呼吸困难、黄疸等症状。

2)主要鉴别肺炎、肺结核、肺脓肿、支气管肺癌等常见肺部疾病的临床症状。

(3)询问既往史及其他病史:如慢性支气管炎、肺结核、心脏疾病、肾脏疾病、血栓栓塞性疾病等。

6. 发绀

(1)询问主要症状

1)探究可能的诱因,如感染、气道梗阻、中毒等。

2)详细询问发绀的年龄、发绀时间、起病缓急、病程长短,以及病情加重或缓解的具体因素。

3)深入了解发绀的分布情况,包括是中心性还是周围性、全身性、局限性或单肢发绀。

(2)询问伴随症状

1)询问患者是否伴有呼吸困难、杵状指(趾)、意识障碍等症状。

2)主要鉴别有血氧下降症状的肺部疾病、先天性心脏病、肺性脑病、中毒等疾病。

(3)询问既往史及其他病史

1)询问患者是否有慢性支气管炎、肺结核、心脏疾病、肾脏疾病、栓塞性疾病等病史。

2)了解患者是否有相关药物、化学物质、变质蔬菜的摄入史,特别是询问有无摄入可导致高铁血红蛋白血症和硫化血红蛋白血症的药物或物质,如磺胺类药物及煤焦油制品等。

7. 呼吸困难

(1)询问主要症状

1)探究可能的诱因,例如感染、情绪激动、过度劳累等。

2)详细询问呼吸困难的起病时间、起病缓急和方式(是突发还是渐进)、病程长短,以及病情加重或缓解的具体因素。

3)深入了解呼吸困难的特点,包括程度,是阵发性还是持续性,是吸气性、呼气性还是吸气呼气均感到困难,发作时间(昼夜是否一样或多在夜间发作),以及发作时与体位、活动、呼吸运动的关系。

(2)询问伴随症状

1)询问患者是否伴有发热、喘息、胸痛、咳嗽、咳痰等症状,是否伴有咯血、头痛、意识障碍、心悸、晕厥、双下肢水肿、排尿异常等症状。

2)主要鉴别肺炎、肺栓塞、哮喘、心肌梗死、心力衰竭、脑血管意外等疾病。

(3)询问既往史及其他病史:如慢性阻塞性肺部疾病、心脏疾病、颅脑外伤、血栓栓塞性疾病、高血压、肾脏疾病、代谢性疾病等。

8. 胸痛

(1)询问主要症状

1)探究患者胸痛可能的诱因,例如有无外伤、劳累、饱餐、情绪激动、用力排便等情况。

2)详细询问患者胸痛的起病时间、起病缓急、病程长短,以及病情加重或缓解的具体因素。

3)深入了解患者胸痛的部位、性质、程度、频率、持续时间,是阵发性还是持续性,有无夜间发作,以及发作时与体位、活动、呼吸运动的关系。

4)询问患者的心血管疾病危险因素,包括高血压、高胆固醇血症、糖尿病、吸烟、肥胖和家族史等。

(2)询问伴随症状

1)询问患者是否伴有发热、咳嗽与咳痰、呼吸困难、咯血、意识障碍、心悸、晕厥、血压下降、休克、发绀、吞咽困难、厌食、焦虑等症状。

2)主要鉴别气胸、急性心肌梗死、主动脉夹层、肺栓塞、反流性食管炎等疾病。

(3)询问既往史及其他病史

1)询问患者有无血脂异常、高血压、糖尿病、心脏疾病、肺部疾病、甲状腺功能亢进症、恶性肿瘤、贫血、胸部损伤、肿块或皮疹疾病等病史。

2)询问患者有无口服避孕药史、产后晕厥发作史等。

9. 心悸

(1)询问主要症状

1)详细询问患者心悸的起病时间,探究可能的诱因,例如劳累、剧烈运动、情绪激动、感染,以及是否饮用浓茶或咖啡。同时,了解心悸的起病是急骤还是缓慢,病程持续多久,以及病情加重或缓解的具体因素。

2)深入了解患者心悸的特点,包括是否为突发突止型,发作的频率及每次发作的持续时间,以及发作时患者的脉率和节律情况。

(2)询问伴随症状

1)询问患者是否伴有心前区疼痛、发热、晕厥或抽搐、贫血、呼吸困难、消瘦及出汗、发绀等症状。

2)主要鉴别急性心肌梗死、心肌炎、心律失常、甲状腺功能亢进等疾病。

(3)询问既往史及其他病史:如高血压、糖尿病、血脂异常、心脏疾病、贫血、甲状腺功能亢进症等。

10. 恶心与呕吐

(1)询问主要症状

1)探究患者恶心与呕吐的可能诱因,例如饮食不当、饮酒习惯、所服药物以及精神因素等。

2)了解患者恶心与呕吐的起病时间、起病是急骤还是缓慢、病程的持续时间长短,以及病情加重或缓解的具体因素。

3)详细询问患者恶心与呕吐的频率,呕吐物的气味、性状、量,发作时与进食的关系,以及呕吐是否为喷射性。

(2)询问伴随症状

1)询问患者是否伴有腹痛、腹泻、发热、寒战、黄疸、消瘦、出汗、眩晕等症状。

2)主要鉴别急性胃肠炎、急性胆囊炎或胆石症、颅内高压症或青光眼、前庭器官疾病、相关药物不良反应等情况。

(3)询问既往史及其他病史:如胃炎、消化性溃疡、肝胆胰腺疾病、高血压、糖尿病、心脏疾病等。

11. 吞咽困难

(1)询问主要症状

1)探究患者吞咽困难的潜在诱因,例如受凉、吞食异物、食用体积较大的食物等。

2)了解患者吞咽困难的起病是急骤还是缓慢,病程持续多久,以及病情加重或缓解的具体因素。

3)详细询问患者吞咽困难的起病时间,发作的频率,是间歇性还是持续性,以及吞咽困难的严重程度。

(2)询问伴随症状

1)询问患者是否伴有声嘶、呛咳、呃逆、吞咽疼痛、反酸与烧心、哮喘和呼吸困难等症状。

2)主要鉴别口咽炎或溃疡、胃食管反流病、食管肿瘤等疾病。

(3)询问既往史及其他病史:如胃炎、消化性溃疡、肝胆胰腺疾病、高血压、糖尿病、心脏疾病等。

12. 呕血

(1)询问主要症状

1)探究患者呕血的可能诱因,例如饮酒、饮食不当、所服药物、剧烈呕吐以及劳累等。

2)了解患者呕血的起病是急骤还是缓慢,病程持续多久,以及病情加重或缓解的具体因素。

3)详细询问患者呕血的特点,包括呕血的时间、颜色、次数和量,以及是否有混合物。

(2)询问伴随症状

1)询问患者是否伴有便血、黑便、反酸、烧心、腹胀、头晕、心悸、意识障碍等症状。

2)主要鉴别消化性溃疡、慢性肝病、胃炎等疾病。

(3)询问既往史及其他病史:如消化性溃疡、慢性肝病、胃炎等。

13. 便血

(1)询问主要症状

1)探究患者便血的可能诱因,如饮酒习惯、饮食不当、所服药物、剧烈呕吐、劳累等。

2)详细询问患者便血的起病时间,了解起病是急骤还是缓慢,病程持续多久,以及病情加重或缓解的具体因素。

3)深入了解患者便血的特点,包括便血的颜色、次数、性状和量,以及是否有特殊气味。

(2)询问伴随症状

1)询问患者是否伴有反酸、黑便、烧心、腹胀、便血、头晕、黑矇、心悸、意识障碍等症状。

2)主要鉴别消化性溃疡、消化道肿瘤、消化道炎症等疾病。

(3)询问既往史及其他病史:如细菌性痢疾、痔、炎症性肠炎病等。

14. 腹痛

(1)针对腹痛症状的询问

1)探究患者腹痛的可能诱因,例如饮酒、不洁饮食、所服药物、剧烈运动、外伤史等。

2)详细询问患者腹痛的起病时间,了解起病是急骤还是缓慢,病程持续多久,以及病情加重或缓解的具体因素。

3)深入了解患者腹痛的特点,包括腹痛的部位、性质、程度、规律,发作时与进食、体位的关系,以及有无放射或转移。

(2)询问伴随症状

1)询问患者是否伴有发热、寒战、恶心、腹泻、血便、尿频、尿痛、血尿、里急后重等症状。

2)主要鉴别胃肠道及胆囊、胰腺的炎症,以及泌尿系结石、外伤等疾病。

(3)询问既往史及其他病史:如胆囊结石、慢性肝病、胰腺疾病、心脏疾病等。

15. 腹泻

(1)询问主要症状

1)探究患者腹泻的可能诱因,包括但不限于饮酒、不洁饮食、服用药物、精神因素等。

2)详细询问患者腹泻的起病时间、起病缓急、病程长短,以及病情加重或缓解的具体因素。

3)深入了解患者腹泻的特点,包括腹泻次数、量、性状、发作频率及持续时间,并询问有无里急后重的症状。

(2)询问伴随症状

1)询问患者是否伴有发热、腹胀、腹痛、恶心与呕吐、盗汗、乏力、心悸等症状。

2)主要鉴别胃肠道炎症,食物中毒,肠结核等疾病。

(3)询问既往史及其他病史:如结核病、炎症性肠病、肠道肿瘤、阿米巴痢疾等。

16. 便秘

（1）询问主要症状

1）探究患者便秘的可能诱因，例如感染、重大生活事件、手术、服用特殊药物等。

2）询问患者便秘的起病时间、起病缓急、病程长短，以及病情加重或缓解的相关因素。

3）详细了解患者便秘的特点，包括排便次数、排便量、粪便性状、是间断性还是持续性、肛周情况，以及排便时是否有费力感等。

（2）询问伴随症状

1）询问患者是否伴有便血、腹胀、腹痛、恶心、呕吐等症状。

2）主要鉴别肠易激综合征、痔疮、肠梗阻等疾病。

（3）询问既往史及其他病史：如甲状腺功能减退、糖尿病、肠易激综合征等。

17. 黄疸

（1）询问主要症状

1）探究患者黄疸的可能诱因，例如进食油腻食物、饮酒、劳累、服用某些药物等。

2）询问患者黄疸的起病时间、起病缓急、病程长短，以及病情加重或缓解的相关因素。

3）详细了解患者黄疸的特点，包括起始部位、发展速度、严重程度以及大小便的颜色变化等。

（2）询问伴随症状

1）询问患者是否伴有发热、皮肤瘙痒、腹痛、恶心与呕吐、厌油腻食物等症状。

2）主要鉴别溶血性黄疸、肝细胞性黄疸、胆汁淤积性黄疸综合征等疾病。

（3）询问既往史及其他病史：如贫血、慢性肝病、黄疸、胰腺胆道疾病等。

18. 腰背痛

（1）询问主要症状

1）探究患者腰背痛的可能诱因，例如剧烈运动、外伤、感染等。

2）询问患者腰背痛的起病时间、起病缓急、病程长短，以及病情加重或缓解的相关因素。

3）详细了解患者腰背痛的特点，包括具体部位、疼痛性质、疼痛程度，是否伴有放射痛，以及疼痛是持续性还是阵发性等。

（2）询问伴随症状

1）询问患者是否伴有尿频、尿急、尿痛、排尿困难、泡沫尿、发热、活动受限等症状。

2）主要鉴别腰背肌劳损、泌尿系结石、脊椎退行性病变等疾病。

（3）询问既往史及其他病史：特别是类似发作病史，如结核病、泌尿系结石、出血性疾病、肿瘤疾病等。

19. 关节痛

（1）询问主要症状

1）探究患者关节痛的可能诱因，例如过度劳累、外伤、呼吸道感染等。

2）询问患者关节痛的起病时间、起病缓急、病程长短，以及病情加重或缓解的相关因素。

3）详细了解患者关节痛的特点，包括进展情况、皮肤温度、是否存在红肿现象，以及有无功能障碍等。

（2）询问伴随症状

1）询问患者是否伴有盗汗、乏力、其他关节痛、皮肤瘙痒、晨僵、发热、活动受限等症状。

2）主要鉴别类风湿性关节炎、外伤性关节痛、结核性关节炎、痛风性关节炎等疾病。

（3）询问既往史及其他病史：特别是类似发作病史，如风湿性疾病、结核病、痛风等。

20. 血尿

（1）询问主要症状

1）探究患者血尿的可能诱因，例如剧烈活动、腹部外伤、感染等。

2）询问患者血尿的起病时间、起病是急性还是慢性、病程持续多久，以及病情加重或缓解的相关因素。

3）详细了解患者血尿的特点,包括发现的时间、是否为肉眼可见的血尿或伴有血丝、凝血块等情况。

（2）询问伴随症状

1）询问患者是否伴有尿频、尿急、尿痛、排尿困难、水肿、泡沫尿、发热,以及有无其他部位出血等症状。

2）主要鉴别泌尿系结石、泌尿系炎症、泌尿系肿瘤等疾病的临床症状。

（3）询问既往史及其他病史:特别是类似发作病史,如腹部手术史、泌尿系结石、高尿酸血症、甲状旁腺功能亢进症、肿瘤疾病等。

21. 尿频、尿急与尿痛

（1）询问主要症状

1）探究患者尿频、尿急与尿痛的可能诱因,例如劳累、受凉、尿道损伤等。

2）了解患者尿频、尿急与尿痛的起病时间、起病缓急、病程长短,以及病情加重或缓解的因素。

3）详细询问患者尿频、尿急与尿痛的特点,包括排尿频率、每次排尿量、夜尿次数、尿急程度、有无尿失禁,以及尿痛的部位、性质、程度、出现的时间等。

（2）询问伴随症状

1）询问患者是否伴有尿色改变、排尿困难、水肿、泡沫尿、发热、有无其他部位出血等症状。

2）主要鉴别泌尿系结石、泌尿系炎症、泌尿系肿瘤等疾病。

（3）询问既往史及其他病史:特别是类似发作病史,如腹部手术史、泌尿系结石、高尿酸血症、甲状旁腺功能亢进症、肿瘤疾病等。

22. 少尿、无尿与多尿

（1）询问主要症状

1）探究患者少尿、无尿与多尿的可能诱因,例如有无劳累、感染、使用利尿药、精神紧张等。

2）了解患者少尿、无尿与多尿的起病时间、起病缓急、病程长短,以及病情加重或缓解的因素。

3）详细询问患者少尿、无尿与多尿的特点,包括少尿患者的尿量、尿色变化、尿量减少情况及具体尿量,有无血尿、泡沫尿;多尿患者的排尿次数、具体尿量多少,夜尿量和日尿量的差别等。

（2）询问伴随症状

1）询问患者是否伴有突然烦躁不安、胸闷、头胀痛、呼吸困难、发热、恶心与呕吐、尿频、尿急、尿痛、排尿困难、泡沫尿、水肿、心悸、血尿、头晕、头痛等症状。

2）主要鉴别泌尿系结石、泌尿系炎症、泌尿系肿瘤等疾病。

（3）询问既往史及其他病史:特别是类似发作病史,如腹部手术史、泌尿系结石、高尿酸血症、甲状旁腺亢进症、肿瘤疾病等。

23. 尿失禁

（1）询问主要症状

1）探究患者尿失禁可能的诱因,如感染、精神心理因素、尿道损伤、外伤等。

2）了解患者尿失禁的起病时间、起病缓急、病程长短、病情加重或缓解因素。

3）详细询问患者尿失禁的特点,包括其程度、间歇性或持续性、急迫性或压迫性等。

（2）询问伴随症状

1）询问患者是否伴有尿频、尿急、尿痛、便秘或大便失禁、进行性排尿困难、肢体瘫痪、慢性咳嗽、气促、多饮多尿、消瘦等症状。

2）主要鉴别尿路感染、尿道损伤、神经源性尿失禁等疾病。

（3）询问既往史及其他病史:特别是类似发作病史,如腹部手术、泌尿系结石、高尿酸血症、糖尿病、甲状腺功能亢进症、肿瘤疾病等。

24. 排尿困难

（1）询问主要症状

1）探究患者排尿困难的可能诱因,例如感染、精神心理因素、尿道损伤、外伤等。

2)了解患者排尿困难的起病时间、起病缓急、病程长短,以及病情加重或缓解的因素。

3)详细询问患者排尿困难的特点,包括其程度、频率、具体尿量,以及是否为血尿、泡沫尿等。

(2)询问伴随症状

1)询问患者是否伴有尿频、尿急、尿痛、便秘或大便失禁、进行性排尿困难、肢体瘫痪、慢性咳嗽、气促、多饮多尿、消瘦等症状。

2)主要鉴别尿路感染、泌尿系结石、泌尿系肿瘤、神经源性排尿困难等疾病。

(3)询问既往史及其他病史:特别是类似发作病史,如泌尿系结石、泌尿系肿瘤、脊髓损伤、前列腺疾病、糖尿病等。

25. 肥胖

(1)询问主要症状

1)探究患者肥胖的可能诱因,例如服用特殊药物、饮食情况、运动减少、饮酒等。

2)了解患者肥胖的起病时间、起病缓急、病程长短,以及病情加重或缓解的因素。

3)详细询问患者肥胖的特点,包括肥胖的程度,是腹型肥胖还是臀型肥胖等。

(2)询问伴随症状

1)询问患者是否伴有多饮、多食、睡眠异常、溢乳、闭经、水肿、满月脸等症状。

2)主要鉴别单纯性肥胖、内分泌性肥胖等疾病。

(3)询问既往史及其他病史:如内分泌疾病等。

26. 消瘦

(1)询问主要症状

1)探究患者消瘦的可能诱因,例如服用特殊药物、精神因素、劳累等。

2)了解患者消瘦的起病时间、起病缓急、病程长短,以及病情加重或缓解的因素。

3)详细询问患者消瘦的特点,包括体重减轻的程度和速度等。

(2)询问伴随症状

1)患者是否伴有烦渴、多饮、多尿、易饥、多食、情绪激动、心悸、怕热多汗、发热、咳嗽、盗汗等症状。

2)主要鉴别糖尿病、结核病、消化系统疾病及肿瘤等疾病。

(3)询问既往史及其他病史:如内分泌疾病、结核病、肿瘤疾病等。

27. 头痛

(1)询问主要症状

1)探究患者头痛可能的诱因,例如发热、睡眠障碍、饮酒、外伤等。

2)了解患者头痛的起病时间、起病缓急、病程长短,以及病情加重或缓解因素。

3)详细询问患者头痛的特点:具体部位、性质、程度、频度、持续时间等。

(2)询问伴随症状

1)询问患者是否伴有烦渴、多饮、多尿、易饥、多食、情绪激动、心悸、怕热多汗、发热、咳嗽、盗汗等症状。

2)重点鉴别糖尿病、结核病、消化系统疾病及肿瘤等疾病。

(3)询问既往史及其他病史:如高血压、脑血管意外、外伤等。

28. 眩晕

(1)询问主要症状

1)探究患者眩晕的可能诱因,例如劳累、精神因素、所服药物、外伤等。

2)了解患者眩晕的起病时间、起病缓急、病程长短,以及病情加重或缓解的因素。

3)详细询问患者眩晕的特点,包括其性质、程度、频度、持续时间等。

(2)询问伴随症状

1)询问患者是否伴有听力减退、耳痛、视物旋转、视力改变、心悸、发热、出汗、口周及四肢麻木、站立或走路不稳等症状。

（2）主要鉴别前庭性疾病、脑血管意外、周围性眩晕等疾病。

（3）询问既往史及其他病史：如高血压、脑血管意外等。

29. 晕厥

（1）询问主要症状

1）探究患者晕厥的可能诱因，例如劳累、精神因素、所服药物、外伤等。

2）了解患者晕厥的起病时间、起病缓急、病程长短，以及病情加重或缓解的因素。

3）详细询问患者晕厥的特点，包括发作时间、发作速度、持续时间，发作时与体位的关系，以及发作时面色、血压和脉搏等情况。

（2）询问伴随症状

1）询问患者是否伴有面色苍白、出冷汗、恶心、乏力、发绀、呼吸困难、抽搐、发热、水肿等症状。

2）主要鉴别自主神经功能障碍、心源性晕厥、神经源性晕厥等疾病。

（3）既往史及其他病史：如高血压、脑血管意外、慢性呼吸道疾病等。

30. 抽搐与惊厥

（1）询问主要症状

1）探究患者抽搐与惊厥的可能诱因，例如受凉、上呼吸道感染、饮食不当、外伤等。

2）了解患者抽搐与惊厥的起病时间、起病缓急、病程长短，以及病情加重或缓解的相关因素。

3）详细询问患者抽搐与惊厥的特点，包括发生时间、持续时间、发作时的具体表现、抽搐与惊厥前的体温情况，以及发作时是否伴有意识障碍、大小便失禁、发绀等症状，同时关注抽搐与惊厥停止后的精神状态。

（2）询问伴随症状

1）询问患者是否伴有发热、头痛、意识障碍、恶心与呕吐等症状。

2）主要鉴别脑炎、癫痫、神经症等疾病。

（3）询问既往史及其他病史：如癫痫、外伤、脑部肿瘤、脑部炎症等。

31. 意识障碍

（1）询问主要症状

1）探究患者意识障碍的可能诱因，例如受凉、感染、饮食不当、外伤、过度运动以及特殊药物使用等。

2）了解患者意识障碍的起病时间、起病缓急、病程长短，以及病情加重或缓解的相关因素。

3）详细询问患者意识障碍的特点，包括发生急缓、程度轻重、持续时间以及进展情况等。

（2）询问伴随症状

1）询问患者是否伴有头痛、头晕、呼吸困难、胸闷、心悸等症状。

2）主要鉴别脑炎、癫痫、神经症等疾病。

（3）询问既往史及其他病史：如脑外伤疾病、脑部肿瘤、脑部炎症等。

32. 情感症状

（1）询问主要症状

1）探究患者情感症状的可能诱因，例如重大的生活事件、压力增大等。

2）了解患者情感症状的起病时间、起病缓急、病程长短，以及病情加重或缓解的因素。

3）明确患者情感症状的特点，包括起病年龄、性格特点、表现形式、是否存在周期性或季节性，以及明确是抑郁症状还是焦虑症状等。

（2）询问伴随症状

1）询问患者是否伴有情绪低落、情感缺失、思维迟缓、自责自罪、自杀念头、惶恐不安、过度担忧、胸闷、心悸、气短等症状。

2）主要鉴别抑郁症、焦虑症等疾病。

(3)询问既往史及其他病史：如脑外伤疾病、躯体疾病等。

（三）问诊内容及评分标准（表1-1）

表1-1 问诊内容及评分标准

项目	细则要求	分值	得分
自我介绍	仪表、着装、自我介绍、态度、表情、肢体语言	5	
一般项目	姓名、性别、年龄、籍贯、出生地、民族、婚姻、通信地址、电话号码、工作单位、职业、入院日期、记录日期、病史陈述者（与患者关系）、可靠程度	5	
主诉	最主要的痛苦或最明显的体征,持续时间	5	
现病史	起病情况与患病时间	5	
	主要症状特点：部位、性质、持续时间、程度、加剧或缓解因素、鉴别意义的症状	5	
	病因与诱因	5	
	病情的发展与演变：主要症状的变化、出现的新症状	5	
	伴随症状：主要症状基础上同时出现一系列其他症状,有诊断和鉴别诊断意义的阴性症状	5	
	诊疗经过：曾就诊的医疗单位,已接受的诊断措施、结果,曾接受的治疗,药物名称、剂量、时间、疗效	5	
	病程中的一般情况：患病后的精神、体力、食欲、食量、睡眠、大便、小便	5	
既往史	既往健康状况和曾患疾病,如传染病	2	
	外伤手术史	1	
	预防接种史	1	
	过敏史	1	
系统回顾	咳嗽、咳痰、呼吸困难、咯血、胸痛	3	
	心悸、胸痛、呼吸困难、咯血、水肿、晕厥	3	
	腹痛、腹泻、食欲改变、反酸、嗳气、腹胀、呕吐、黄疸	3	
	尿频、尿急、尿痛、排尿困难、夜尿、尿色改变、少尿、无尿	3	
	皮肤黏膜苍白、出血、瘀斑、头昏、耳鸣、肝脾肿大	2	
	怕热、多汗、乏力、畏寒、多饮、多食、烦渴、多尿、体重改变	2	
	头痛、失眠、嗜睡、意识障碍、晕厥、肢体感觉及运动异常	2	
	肢体肌肉麻木、疼痛、痉挛、萎缩、瘫痪、关节痛、运动障碍	2	
个人史	社会经历：出生地、居住地、居留时间（疫区经历）、受教育程度、经济生活、业余爱好	2	
	职业及工作条件：工种、劳动环境、工业毒物接触时间	2	
	习惯与嗜好：卫生习惯、饮食规律、饮食质量、烟酒嗜好时间、摄入量,或接触麻醉药品、毒品与其他异嗜物	2	
	冶游史、淋菌性尿道炎史、尖锐湿疣史、下疳史	1	
婚姻史	婚姻状况、结婚年龄、配偶健康、性生活情况、夫妻关系	3	
月经生育史	初潮年龄、经期、周期、经量、颜色、经期症状、白带、闭经日期、绝经年龄	2	
	妊娠次数、生育次数、流产次数、死产、手术流产、计划生育	2	
家族史	双亲兄弟姐妹子女健康与疾病情况,已死亡直系亲属的死因与年龄	1	

续表

项目	细则要求	分值	得分
问诊技巧	问诊技巧运用	3	
	无诱导提问,无连续提问	2	
人文关怀	问诊前与患者沟通	1	
	问诊过程中需询问患者感觉	2	
	问诊结束需向患者交代注意事项及后续处理	2	
	总分	100	

(潘兴寿)

第二节　体格检查

一、一般检查

物品准备:体温计、血压计、听诊器、手电筒、压舌板、叩诊锤、直尺、软尺、标记笔和消毒棉签。

(一) 全身状态

1. 体温

(1)体温计的阅读方法:①用示指、中指和拇指握住体温计末端。②对准光线,将体温计水平置于眼前,观察体温计的棱形边缘。③查看银灰色的水银线条末端所指向的刻度,该刻度即代表体温读数。④如果难以观察清晰,可以轻轻旋转体温计,以便找到最佳的观察角度。

(2)甩下水银柱的正确方法:①用示指、中指和拇指捏紧体温计的尾端。②在胸前空间内,用手腕快速甩动,以使水银柱下降。③注意不要在身边甩动体温计,以免碰到其他物体,造成体温计破损。

(3)腋测法的检查方法:①将体温计的水银柱甩至35℃或以下。②从腋窝的前下方斜向后上方插入体温计头端,确保体温计紧贴腋窝深部中央位置。③不要将体温计平放。用上臂夹紧体温计,以确保其固定和接触良好。④保持此姿势不动至少10min后取出体温计阅读结果。

(4)腋测法的正常值范围:36~37℃。

2. 脉搏

(1)检查方法:将示指/中指和无名指的指腹并拢,平放于右侧桡动脉近腕部,以感知桡动脉的搏动。触诊时,注意脉搏速率、节律、强弱、紧张度,同时注意有无特殊脉搏等,必要时两侧对比,至少计数30s。检查者应用右手触及受检者左手脉搏,而左手则触及受检者的右手脉搏。

(2)正常情况:脉率为60~100次/min,且节律匀齐。

3. 呼吸

(1)检查方法:请受检者平卧或静坐,观察其胸部或腹部的起伏运动,并至少计数30s。在观察的过程中,应注意呼吸的类型、节律、频率、深度,以及两侧呼吸运动是否对称。

(2)正常情况:呼吸运动均匀,两侧对称,16~20次/min,且呼吸脉搏之比约为1:4。

4. 血压

(1)检查方法:受检者应采取坐位或仰卧位,确保肘部、心脏与血压计零点保持在同一水平线上。具体地,坐位时与第四肋软骨齐平,仰卧位时则与腋中线齐平。接受测量的上肢需裸露并向外展开45°,随后将袖带平整地固定在上臂上,注意袖带的下缘应距离肘横纹2~3cm,松紧度要适中,既不可过松也不可过紧。在准备阶段,应确保汞柱的读数为零。接着,检查者需拧紧橡皮球上的螺旋帽,对袖带进行充气加压,直至动脉搏动声消失,再将汞柱升高20~30mmHg(注:1mmHg≈0.133kPa)。之后,稍稍松开螺旋帽,以每秒2mm的速度缓慢放气减压。在放气减压的过程中,声音会逐渐增强并转为柔和,当其性质突然变得低沉并迅速消失时,此时的读数即为舒张压。收缩压与舒张压之间的差值被称为脉压。进行血压测量时,通常以患者坐位时测量右臂的数值为准,并需连续测量两到三次,最终以第二或第三次的测量值为准。

(2)正常情况:收缩压的范围为 90~140mmHg,而舒张压的范围为 60~90mmHg。

5. **一般状态** 观察受检者的发育、营养状态、面容与表情、体位等一般状态。

(1)发育状况:综合评估受检者的智力和体格成长情况,判断其发育状况是否与年龄相符。成人发育正常的指标包括:上肢展开长度与身高相匹配,坐高与下肢长度相等;头部长度约为身高的1/8~1/7。

(2)营养状态:根据皮肤、毛发、皮下脂肪和肌肉的发育情况进行综合评估。其中,检查皮下脂肪的充实程度是一种简便且迅速的方法。

(3)面容与表情:面容能够反映个体的精神状态和健康情况。某些疾病可能导致特殊的面容表情出现。

(4)意识状态:通过询问了解个体的思维、反应、情感活动和定向能力等。同时,也可以通过疼痛刺激试验、瞳孔反射、角膜反射、肌腱反射等进行评估。

(5)体位:常见的体位包括主动体位、被动体位和强迫体位,后者应描述其独特特征,比如强迫仰卧位、强迫侧卧位、强迫坐位(端坐呼吸)、辗转体位、角弓反张位等。

(二)皮肤

注意评估皮肤的颜色、湿度、弹性。观察有无皮疹、脱屑、皮下出血、肝掌、蜘蛛痣、水肿、皮下结节、瘢痕。

(三)淋巴结

1. **检查顺序** 检查应从耳前开始,依次进行至耳后乳突区、枕骨下区、颌下、颏下、颈后三角、颈前三角、锁骨上窝,随后检查腋窝、滑车上淋巴结,再至腹股沟,最后检查腘窝。

2. **一般检查方法** 在检查过程中,需特别关注淋巴结的部位、大小、数量,以及是否存在压痛、硬度、活动度如何,同时观察是否有红肿、瘘管或瘢痕。被检查者应稍微低头或偏向检查侧,以使皮肤和肌肉保持松弛。检查者应将示指、中指和无名指并拢,指腹平稳放置于检查部位的皮肤上,并紧贴该部位。随后,用指端轻轻施加压力,在检查区域进行柔和、缓慢的来回滑动及旋转动作,由浅入深地进行滑动触诊。

3. **腋窝淋巴结的检查方法** 检查者应使用与受检者相反的手进行检查(例如,用右手检查左侧,左手检查右侧)。通常先检查左侧,检查者用左手握住受检者的左腕,并向外上方屈肘外展抬高约45°。然后,右手指并拢,掌面贴近胸壁逐渐向上到达腋窝顶部,进行滑动触诊。接下来,依次触诊腋窝的后、内、前壁。之后,手掌向外翻转,使受检者外展的手臂下垂,触诊腋窝的外侧壁。在检查腋窝前壁时,需在胸大肌深面进行仔细触摸;而在检查腋窝后壁时,则应在腋窝后壁肌群的深面进行触摸。

4. **滑车上淋巴结的检查方法** 检查者需用一只手扶托受检者的前臂,另一只手的小指抵住肱骨内上髁,其余三指在肱二头肌与肱三头肌间的沟中进行纵行和横行的滑动触摸。之后换手,用同样的方法检查另一侧。

5. **腹股沟淋巴结的检查方法** 受检者应仰卧并暴露两侧腹股沟。检查者用示指和中指沿着腹股沟从外上方向内下方进行滑行触摸。

教学视频:颈部、腋窝、滑车淋巴结检查

(古贤君)

二、头颈部检查

物品准备:棉签、手电筒、听诊器、软尺等。

(一)头部检查

1. **头颅** 注意观察头颅的大小、形状、对称性,是否有压痛、肿块或运动异常等,同时应正确测量头围,测量位置为眉间至枕外隆凸。

2. 眼

(1)检查顺序:先观察眼睑、泪囊及结膜,检查眼球有无突出、下陷,眼球运动是否正常,以及是否存在眼球震颤和甲亢眼征;再观察角膜、巩膜、虹膜、瞳孔,并掌握对光反射的检查方法。

(2)上睑结膜的检查方法:检查上睑结膜时,须翻转眼睑才能进行。检查左眼时使用右手,检查右眼时使用左手,反之亦可。捏住上睑中外 1/3 交界处的边缘,用示指和拇指轻轻捏住,同时指导受检者向下看。接着,轻柔地向前下方牵拉眼睑,然后用示指向下按压睑板上缘,与拇指配合将睑缘向上捻转,从而翻开眼睑。检查结束后,轻轻向前下方牵拉上睑,同时指示受检者往上看,以恢复眼睑正常状态。

(3)甲亢眼征的检查方法

1)Stellwag 征:观察受检者瞬目(眨眼)是否减少。

2)Graefe 征:检查眼球下转时上眼睑能够下垂。

3)Mobius 征:集合运动减弱,目标由远处逐渐移近眼球时,两侧眼球不能适度内聚。

4)Joffroy 征:观察上视时额部是否出现皱纹。

(4)眼球运动的检查方法:检查者应将棉签或手指置于眼前 30~40cm 处,嘱受检者注视医生的手指,按照左、左上、左下、右、右上、右下的顺序移动手指,以检查眼球在各个方向上的运动能力。

(5)眼球震颤的检查方法:检查者需将手指放在受检者眼前 40~60cm 处,并分别进行水平和垂直方向数次移动,同时要求受检者头部保持不动,只用眼球追随手指的移动。在此过程中,观察眼球是否出现水平或垂直方向的震颤。

(6)直接对光反射的检查方法:应使用手电筒快速从眼睛两侧向中间移动,直接照射瞳孔,并观察其反应。正常情况下,瞳孔在受到光线刺激后会立即缩小,而当光源移开后,瞳孔会迅速复原。

(7)间接对光反射的检查方法:当光线照射一眼球时,同时用手挡住光线,观察另一眼球的瞳孔反应,正常反应是瞳孔反应会立即缩小;当移开光线后,瞳孔则会扩大。

(8)集合反射的检查方法:嘱受检者注视 1m 外的目标(通常是检查者的指尖),然后将目标逐渐移近眼球(距眼球约 10cm 处)。在这个过程中,正常人应该表现出双眼内聚和瞳孔缩小的反应,称为集合反射。

3. 耳

(1)检查顺序:首先观察耳郭的外形、大小、位置以及是否对称;接着检查外耳道有无溢液,鼓膜是否存在穿孔或溢脓现象;同时,还需留意乳突部位是否红肿,是否有压痛感、瘘管或瘢痕;最后,检查听力是否正常。

(2)听力检查方法:在安静的室内环境下,嘱咐受检者闭目坐于椅子上,并用手指堵塞一侧耳部。检查者持手表或以拇指与示指相互摩擦产生声音,自 1m 以外逐渐移近受检者耳部,直到受检者听到声音为止,测量此时的距离。然后,用同样方法检查另一耳。最后,比较两耳的测试结果,并与检查者的听力进行比较。

(3)正常情况:在 1m 处可听见机械表声或捻手指声。

4. 鼻

(1)检查顺序:首先观察鼻部的皮肤颜色以及鼻外形的改变,注意有无鼻翼扇动及鼻出血现象。接着,检查鼻中隔是否存在偏曲,鼻腔黏膜是否有充血、肿胀或萎缩的情况,并观察鼻腔分泌物的状况。最后,检查鼻窦区域是否有压痛感。

(2)鼻窦压痛的检查方法

1)上颌窦:位于左右颧部,检查时双手固定受检者的两侧耳后,将拇指分置于左右颧部并向后按压。另外,也可采用中指的指腹轻轻叩击颧部,并询问受检者是否有叩击痛感。

2)额窦:位于眼眶上缘内侧,检查时可一手扶持受检者枕部,用另一手的拇指或示指置于眼眶上缘内侧用力向后、向上按压。另一种方法是用两手固定头部,双手拇指置于眼眶上缘内侧向后、向上按压,询问受检者有无压痛,两侧有无差异,也可以用中指叩击该区,询问有无叩击痛。

3)筛窦:鼻根部与眼内眦之间,检查时双手固定被检查者两侧耳后,双侧拇指分别置于鼻根部与眼内眦之间向后方的按压。

4)蝶窦:该部位不能在体表进行检查。

5. 口

(1)检查顺序:依次检查口唇、口腔黏膜、牙齿、牙龈、舌、咽部(包括扁桃体)、喉部、口腔的气味以及腮腺。

(2)咽部的检查方法:请受检者取坐位,并稍微向后仰头,面对光源。若无专门的光源设备,也可用手电筒提供照明。检查者应用压舌板轻压舌头的最高点(该点大约位于舌的前 2/3 与后 1/3 的交界处),同时指示受检者尽量张大嘴巴,并发"啊"的声音。此时,迅速下压压舌板,会使得软腭上抬。在充足的光线配合下,检查者便可以清晰地观察到软腭、腭垂、软腭弓、扁桃体,以及咽后壁等部位。

(3)评估标准:扁桃体肿大分三个等级;Ⅰ度肿大指扁桃体位于舌腭弓与咽腭弓之间;Ⅱ度肿大指扁桃体超出咽腭弓的范围;Ⅲ度肿大则指扁桃体达到咽后壁的中线位置。

(二)颈部检查

1. 颈部

(1)外形的检查方法:观察颈部有无包块、瘢痕,两侧是否对称。

(2)姿势与运动的检查方法:观察颈部伸屈、转动情况;是否有斜颈、颈部运动受限、颈部强直等现象。

(3)皮肤和包块的检查方法

1)皮肤:观察有无蜘蛛痣、感染、瘢痕、瘘管。

2)包块:检查时注意包块部位、大小、质地、活动性、有无压痛、与邻近器官的关系。

(4)血管的检查方法

1)颈静脉:检查充盈情况,是否怒张、搏动。

2)颈动脉:检查是否搏动增强。

3)血管杂音:在检查时,需仔细聆听血管杂音,注意其部位、强度、性质、音调、传播方向和出现时间,被检查者姿势和呼吸对杂音的影响。

2. 甲状腺

(1)视诊:观察甲状腺的大小及对称性。在进行视诊时,应指示受检者执行吞咽动作,以便更好地观察。

(2)触诊:若望诊无法清晰确定甲状腺肿大的范围或轮廓,则需通过触诊来进一步确诊。触诊时,医生可选择站在受检者的背后,将双手指置于其颈后,用其余手指从甲状软骨两侧进行轻柔地触摸;或者站在受检者前方,使用拇指和其他手指在甲状软骨两侧进行触诊,同时嘱受检者进行吞咽动作。当触及甲状腺时,应细致观察并记录其肿大的程度(无法看出肿大但吞咽时可触及为Ⅰ度;不吞咽时也能看到肿大,且可触及但在胸锁乳突肌后缘以内为Ⅱ度;超过胸锁乳突肌后缘者为Ⅲ度)、形态是否对称、硬度如何、表面是否存在结节、有无压痛、其移动性以及对气管是否产生影响。同时,还应注意检查是否存在震颤,并通过听诊确认是否有血管杂音等。触诊过程应包括甲状腺峡部和甲状腺侧叶的触诊。

(3)听诊:应注意是否能听到连续性的静脉"嗡鸣"声或收缩期的动脉杂音。

3. 气管 将示指与无名指分别置于胸锁关节上,然后将中指置于气管之上,观察中指的位置是否在示指与无名指之间,以此来判断气管是否发生了偏移。

教学视频:眼球运动、对光反射检查及角膜反射检查

教学视频:甲状腺检查

(古贤君)

三、心胸检查

物品准备:诊断床、听诊器、直尺、标记笔、秒表。

（一）胸部检查

1. **胸部的体表标志与分区**　骨骼标志(胸骨上切迹、胸骨柄、胸骨角、剑突、腹上角、肋骨、肋间隙、肩胛骨、肩胛下角、脊柱棘突、肋脊角)，胸部体表人工划线(前正中线、锁骨中线、胸骨线、胸骨旁线、腋前线、腋中线、腋后线、肩胛下角线、后正中线)，自然陷窝及胸部分区(腋窝、胸骨上窝、锁骨上窝、锁骨下窝、肩胛上区、肩胛下区、肩胛间区)。

2. **胸壁、胸廓**

(1)胸部视诊：暴露胸部，观察前胸部皮肤，胸壁静脉有无曲张；注意两侧呼吸运动的对称性、类型、频率、节律以及深度；肋间隙宽度；蹲下观察胸廓外形有无异常；视诊两侧乳房、乳头位置、大小和对称性。

(2)胸部触诊：双手按压胸廓两侧了解胸廓弹性，用手掌分别触压左右胸廓上、中、下三个部位，检查皮下气肿、胸壁压痛；用拇指按压胸骨柄和胸骨体的中、下部，检查有无胸骨压痛。

1)胸廓扩张度：将两手掌及伸展开的手指放在胸廓前下部的对称位置，左右拇指分别沿两侧肋缘指向剑突，拇指尖位于前正中线两侧的对称部位，而手掌和伸展开的手指则置于前侧胸壁。若要测定后胸廓的扩张度，需将两手平置于背部约第10肋骨水平处，拇指与中线平行，并将两侧皮肤轻轻推向中线。要求受检者进行深呼吸运动，以便观察并比较两手的活动度是否一致。

如果在检查时发现两拇指距离前、后正中线的距离不等，其中较短的一侧表示该侧的呼吸运动度减弱。这种情况可能见于胸腔积液、气胸、胸膜增厚、肺不张、大叶性肺炎等疾病。当一侧的呼吸运动度增强时，这通常意味着对侧的肺扩张受到了限制，因此健侧为了代偿而增加了其呼吸运动度。

2)触觉语颤：受检者可采取坐位或仰卧位，检查者站在受检者的正面、后面或右侧。检查时将双手掌的尺侧或整个手掌面平贴在胸壁两侧对称部位(务必贴实但不可施加额外压力)。然后要求受检者以相同的强度重复发出"yi"的长音，此时检查者的手掌应能感受到胸壁的振动。按照从上到下、从内到外的顺序，两侧交叉比较相应部位的语音震颤异同，特别注意是否有增强或减弱的现象。检查顺序为先前胸，再两侧胸部，最后至后背。

3)语音震颤：将双手掌分别放在受检者胸部上、中、下三个部位的对称位置，然后要求其以相同的强度发出"yi"的长音。在检查过程中需双手交换进行检查，以消除双手感觉上的差异，通过比较两侧相应部位的语颤情况来评估其是否有增强或减弱。

4)胸膜摩擦感：将双手掌放在受检者胸廓的下侧部分。病变部位胸壁触诊，随呼吸运动，掌下有两层皮革互相摩擦的感觉，呼吸加深，摩擦感明显；如屏住呼吸，则摩擦感消失。在两侧腋中线第5~7肋间较易触到，多见于急性干性胸膜炎、结核性胸膜炎、肺癌、肺炎、肺梗死、尿毒症等。

(3)胸部叩诊

1)检查胸部叩诊音分布：从肺尖开始，沿着肋间隙逐一向下叩诊，对每个肋间隙进行叩诊时，先左侧后右侧，并从外侧向内侧移动，确保每个肋间隙至少叩诊3个点。在此过程中，应密切关注左右、上下不同部位叩诊音的细微变化。首先叩诊前胸区域，随后是侧胸和背部。若患者处于卧位，则先仰卧进行前胸叩诊，然后侧卧进行侧胸及背部叩诊。如有需要，可以转动患者身体，对另一侧进行检查以便进行对比。

2)肺上界叩诊：要求受检者两肩平展，并将头部轻轻偏向检查者的对侧。检查者从斜方肌前缘的中央部位开始进行叩诊，此时的叩诊音应为清音。随后，逐渐向外侧叩诊，直至音响变为浊音，此时用笔作下标记。接着，从同一中央部位开始，逐渐向内叩诊，直到叩诊音再次变为浊音，同样作下标记。测量这两点之间的距离，所得结果为肺尖的宽度。正常情况下，宽度应为4~6cm，且右侧通常会比左侧稍窄。

3)肺下界叩诊：在两侧的锁骨中线、腋中线和肩胛线上进行。受检者需保持平静的呼吸。检查者将扳指紧贴肋间隙，自上而下地进行叩诊(通常前胸从第2或第3肋间隙开始，后胸则从肩胛线的第8肋间隙开始)。在叩诊过程中，音响会由清音逐渐变为浊音，最后变为实音。在浊音与实音的交界点处，用笔进行标记。正常情况下，肺下界应分别平齐于第6、8、10肋间，见表1-2。

表 1-2 正常肺下界

	右界	左界
中线	第 6 肋间	第 6 肋间
腋中线	第 8 肋间	第 8 肋间
肩胛下角线	第 10 肋间	第 10 肋间

4)肺下界移动度:首先在平静呼吸时,在肩胛下角线上叩出肺下界的位置,要求受检者深呼吸后屏住呼吸,沿该线继续向下叩诊,当由清音变为浊音时,即为肩胛下角线上肺下界的最低点。当受检者恢复平静呼吸后,同样在肩胛下角线上确认平静呼吸时的肺下界位置,再要求进行深呼气并屏住呼吸,然后从下向上叩诊,直至浊音变为清音时,即为肩胛下角线上肺下界的最高点。最高至最低两点间的距离即为肺下界的移动范围,正常值为 6~8cm。

3. 乳房

(1)视诊:患者端坐,裸露胸部,双上肢自然下垂,继而使患者双上肢抬起抱头,同时仔细观察。

1)外形:两侧乳房是否对称,有无肿大、缩小,整个乳房有无挛缩。乳腺癌或脂肪坏死时可能出现局限性隆起或局部凹陷。

2)皮肤改变:哺乳期乳房局部红、肿、热、痛,考虑急性乳腺炎;乳房皮肤发红伴橘皮样改变考虑炎性乳腺癌;有静脉怒张时多见于乳腺肉瘤或良性分叶状囊肉瘤;有局限性橘皮样变和酒窝征时常为乳腺癌;皮肤破溃常见于乳腺脓肿、乳腺结核以及乳腺癌晚期,此类晚期患者溃疡形状不规则、基底灰白、有恶臭、分泌物不多;乳腺癌侵犯皮肤时可出现局部凹陷。

3)乳头情况:观察双侧乳头是否在同一水平,乳头有无溢血、溢液。双乳头凹陷的未婚妇女多为发育不良。原无乳头凹陷而后发现一侧凹陷、退缩或乳头方向改变偏向一侧,应考虑到乳腺癌的可能;对乳头糜烂或乳头、乳晕有湿疹样变者,则应高度怀疑佩吉特病的可能;血性溢液可能为乳管内乳头状瘤或乳腺癌。

4)其他:皮肤慢性窦道多见于结核或其他慢性感染。两侧锁骨上下是否对称,有无局限性隆起,腋窝处有无肿块隆起,如有异常多为乳腺癌晚期的转移征象。有一侧上肢水肿,应考虑为腋窝淋巴结转移癌侵犯淋巴管所致。同时也应注意患者双上肢抬举、放下时乳房的活动情况。

(2)触诊:检查者采用手指掌面而不是指尖,不要用手指捏乳房组织。应循序对乳房外上(包括腋尾部)、外下、内下、内上各象限及中央区作全面检查。先查健侧,后查患侧。

1)肿块大小、数量:肿块的大小不能决定其性质。多发性结节常为乳腺囊性增生病,乳腺癌则很少多发;巨大肿块可能是巨纤维腺瘤、乳腺癌、叶状囊肉瘤、淋巴肉瘤等。

2)形态、边界、质地及有无触痛:肿物圆形或椭圆形、表面光滑、边界清楚、活动好的常为乳房纤维腺瘤。乳腺癌多为无痛性肿块,晚期肿块多不规则,表面不光滑,位于外上象限和尾叶的肿瘤占 60%、内上象限占 16%、乳晕处占 12%、外下象限占 10%、内下象限占 6%;单纯癌质硬,而髓样癌质地较软。形态扁平,边界不清伴有多发结节,韧性和触痛的肿块常为慢性囊性增生病。慢性积乳囊肿质地较硬,可有弹性感;触痛,常为炎症、乳房脂肪坏死或慢性囊性增生病。

3)活动度:良性肿块,如纤维腺瘤活动度大;乳腺囊性增生病则活动度较小;早期的乳腺癌虽有一定的活动度,但随着病情进展,活动逐渐受限;若乳房肿块较小,但发现与皮肤粘连时应高度怀疑乳腺癌的可能。

4)乳头、乳晕:轻挤乳头、乳晕,挤捏乳头深面的大乳管,了解有无乳头溢血、溢液,同时注意两侧大乳管束是否有增粗。如有一侧增粗,有溢血或溢液首先应想到乳管内乳头状瘤。

5)腋窝及锁骨上、下淋巴结:注意有无肿大淋巴结,大小及硬度,是否有触痛,有无融合或与深部组织及皮肤粘连固定。

(二)心脏检查

1. 心脏视诊 检查者应蹲下,按切线方向观察,注意心尖搏动的位置、强度、范围,以及心前区是否凸起,是否存在异常搏动。

2. 心脏触诊

(1)检查方法:触及心尖搏动、心前区异常搏动(包括剑突下的搏动)和震颤。用手掌在心前区,注意心尖搏动的位置和是否有震颤。示指和中指合并,用指腹确定心尖搏动的位置、范围,是否有散发的或抬升式的搏动;注意是否存在心前区异常搏动(包括剑突下)。然后用手掌触碰各瓣膜听诊区和胸骨左缘,必要时用手掌的小指探测震颤的具体位置,以判断是在收缩期还是舒张期。

(2)触诊心包摩擦感:在胸骨左缘第3、4肋间用手掌触诊。

3. 叩诊

(1)叩诊心浊音界的检查方法:首先确定左界,从心尖搏动最强的点外侧2~3cm开始,沿着肋间隙向内叩击,直至从清音变为相对浊音的位置,然后翻转指尖,在扳指的中点处做记号,这样逐步自下而上叩击至第2肋间。确定右界则沿着右锁骨中线自上而下叩击,直至遇到相对浊音的肝脏上界,在其上一肋间(通常为第4肋间)由外向内叩击出心脏浊音界,再自下而上叩至第2肋间;然后使用直尺测量左右心脏浊音界上的标记点到前正中线的垂直距离和左锁骨中线到前正中线的水平距离。

(2)正常情况:成人心相对浊音界记录方法见表1-3。

表 1-3　正常成人心相对浊音界记录方法

右界 /cm	肋间	左界 /cm
2~3	第 2 肋间	2~3
2~3	第 3 肋间	3.5~4.5
3~4	第 4 肋间	5~6
4~6	第 5 肋间	7~9

注:左锁骨中线距胸骨中线为 8~10cm。

4. 心脏听诊 检查方法:先将听诊器置于心尖搏动最强的部位。听诊心率(1min)、心律、心音(强度改变、心音分裂、额外心音)杂音。然后依次在肺动脉瓣区(胸骨左缘第2肋间)、主动脉瓣区(胸骨右缘第2肋间)、主动脉瓣第二听诊区(胸骨左缘第3肋间)、三尖瓣区听诊(胸骨左缘第4、5肋间)。

5. 心包摩擦音的听诊 可在胸骨左缘3、4肋间听诊,心脏各瓣膜听诊区见图1-1。

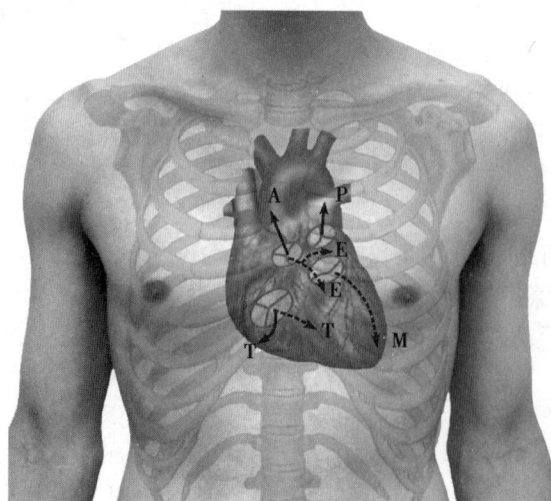

图 1-1　心脏各瓣膜听诊区

教学视频:
胸部检查

教学视频:
心脏检查

(梁　琼、卢冠铭、陈永诚)

四、腹部检查

物品准备:诊断床、听诊器、直尺、标记笔、秒表。

(一) 腹部视诊

室内保持温暖,受检者需排空膀胱,低枕仰卧位,两手自然置于身体两侧。检查者蹲下平视:腹部外形、皮肤、呼吸运动、腹壁静脉曲张、胃肠型或蠕动波、皮疹、色素沉着、腹纹、疝、瘢痕等。

(二) 腹部听诊

1. **听诊顺序** 触诊和叩诊可能影响肠鸣音的活跃程度,腹部检查按视、听、触、叩的顺序进行。

2. **肠鸣音** 将听诊器体件置于腹壁上,在右下腹听诊肠鸣音 1min。正常情况下肠鸣音每分钟 4~5 次。

3. **血管杂音**

(1) 腹主动脉杂音:在腹中线脐上、剑突下听诊。

(2) 肾动脉杂音:在两侧上腹部听诊。

(3) 髂动脉杂音:在两侧下腹部听诊。

(三) 腹部触诊

1. **全腹触诊**

(1) 腹部浅触诊:自左下腹开始滑行触诊,然后沿逆时针方向移动,同时观察受检者的反应和表情,注意腹壁紧张度、抵抗感、表浅的压痛、包块、搏动和腹壁上的肿块。用手指尖深压麦氏点(脐与右髂前上棘连线外、中 1/3 交界处),停留片刻后突然将手抬起,检查有无反跳痛。

(2) 腹部深触诊:左手与右手重叠,以并拢的手指末端逐渐加压触摸深部脏器,一般自左下腹开始,按逆时针方向进行。如触及包块,需注意其位置、大小、形态、质地、压痛、搏动、移动度,以及与腹壁的关系。

2. **肝脏触诊** 嘱受检者仰卧位,微屈两髋两膝,张口做腹式呼吸,检查者的左手托住受检者的右后腰,用左手拇指置于季肋部,其余四指置于背部。右手掌平放于受检者右侧腹壁上,腕关节自然伸直,手指并拢,指端指向右肋缘。触诊应从髂前上棘连线水平,右锁骨中线处开始,自下而上逐渐向右季肋下滑行推移,同时嘱受检者进行缓慢而自然的腹式呼吸,吸气时腹壁会隆起。触诊时,手继续加压向肋缘方向触探,同时左手向前推,此时肝下缘可能碰到右手手指;呼气时手指压向腹深部,吸气时手指则迎向前方,触摸下移的肝下缘。在反复进行此操作的过程中,手指逐渐向肋缘滑行移动,直至触及肝下缘或肋缘。注意吸气时手指上抬的速度应稍慢于腹壁抬起的速度。随后,将触诊手移至脐部,再沿腹中线依上法向剑突下移行,触摸肝左叶。

3. **脾脏触诊** 左手掌置于受检者的前方绕至左腰部第 7~10 肋处,右手掌自脐部开始,两手配合,随呼吸运动深部滑行向肋弓方向触诊脾脏,直至触及脾下缘或左肋缘。触诊不满意时,可嘱受检者右侧卧位,右下肢伸直,左下肢屈曲,此时再用双手触诊。

4. **胆囊触诊** 检查者以左手掌垂直平放于受检者右肋缘,大拇指放在腹直肌外缘与肋弓交界(胆囊点)处,首先以大拇指指腹用力勾压腹壁,然后嘱受检者缓慢深吸气,正常人呼吸不受限,无触痛。在吸气过程中胆囊下移,拇指用力按压可触及发炎的胆囊,并引起疼痛,此为胆囊触痛,如因剧烈疼痛而致吸气中止,提示墨菲征阳性。

5. **肾脏触诊** 检查者以左手掌托住受检者右腰部向上推起,右手掌平放在右上腹部,手指方向大致平行于右肋缘而稍横向,嘱受检者吸气时双手夹触肾脏,如触到光滑钝圆的脏器,可能为肾下极。如能在双手间握住更大部分,则能感知其蚕豆状外形,握住时患者常有酸痛或不适感。触诊左肾时,左手越过受检者前方而托住左腰部,右手掌平放在左上腹部向后压。健康状态下,检查者无法触及肾脏。

6. **输尿管区触诊** 双手拇指依次深压季肋点、上输尿管点和中输尿管点。

(1) 季肋点:两侧肋弓第 10 肋下缘偏内。

(2) 上输尿管点:脐水平与腹直肌外缘交点处。

(3) 中输尿管点:髂前上棘水平与腹直肌外缘交点处。

7. 液波震颤　左手掌面轻贴受检者右侧腹壁,右手四指并拢屈曲,用指端连续拍击或用指腹连续推挤左侧腹部,同时让助手或受检者将一手掌尺侧缘压在脐部腹中线上,检查者左手掌部无液体波动冲击感,提示无腹水。同法检查对侧腹壁。

8. 检查振水音　检查者左耳凑近受检者上腹部,示指、中指、环指并拢置于上腹部,手指与腹部呈70°,做数次急速有力的冲击动作,如闻及气体和液体相撞击的声音,即为振水音阳性。

(四)腹部叩诊

1. 腹部叩诊音分布　从左下腹开始,以逆时针方向叩诊,注意有无异常浊音或实音。

2. 移动性浊音　叩诊宜先从脐开始,沿脐水平向左侧方向移动,直达左侧髂腰肌边缘,如叩诊变为浊音时,板指位置固定,嘱受检者右侧卧位,稍停片刻,重新叩诊该处,听取音调是否为鼓音;然后向右侧移动叩诊,直达浊音区,叩诊板指固定位置;嘱受检者向左侧翻身180°,呈左侧卧位,停留片刻后再次叩诊,如出现浊音区随体位移动而变动的现象,提示阳性。

3. 肝界的叩诊　叩诊时用中等力量,受检者沿右锁骨中线,由肺区向腹部叩击,当由清音转为浊音时,为肝上界;再向下轻叩,由浊音变实音再转为鼓音时,为肝下界;也可自下向上轻叩,当鼓音转为浊音时,为肝下界。正常在右锁骨中线第5肋间水平,正常肝下界与右肋缘平齐。

4. 脾脏叩诊　受检者取右侧卧位,从左腋中线上第8肋间开始自上而下进行轻叩诊,由清音变为浊音时,为上界;再由浊音变为鼓音之处,为下界;然后在腋中线向前叩诊,当浊音变为鼓音处,为前界。正常脾浊音界在第9~11肋间,长度约4cm,前方不超过腋前线。

5. 肋脊角叩诊　受检者取坐位或侧卧位,检查者的左手掌平放在受检者的肋脊角(肾区),右手握拳用轻到中等强度的力量捶击手背。健康状态下,受检者无肾脏叩击痛。

6. 膀胱叩诊　当膀胱空虚时,叩不出膀胱的轮廓而呈鼓音;当膀胱充盈时,在耻骨联合的上方可叩出1个圆形的浊音界,排尿后消失。

教学视频:
腹部检查

(黄　庆)

五、脊柱、四肢、肛门与直肠检查

物品准备:诊断床、手套。

(一)脊柱检查

1. 脊柱弯曲度　受检者取直立位或坐位,暴露背部,检查者立于受检者背侧,观察躯干左右两侧是否对称。然后嘱受检者屈颈,两肩内收,使脊柱明显露出,检查者的示指、中指并拢,以适当压力,从第7颈椎棘突开始沿棘突自上而下划压;亦可将示指、中指分置棘突两侧,以适当压力,自上而下划压,划压后的皮肤出现红色充血线,据此观察脊柱有无侧弯。受检者恢复正常立位或坐位姿势后,转动受检者,从侧面观察脊柱有无过度前凸或后凸。

2. 脊柱活动度　检查者位于受检者的前方或后方,用双手紧紧握持受检者两侧髋骨以固定骨盆,嘱受检者作前屈、后伸、侧弯、旋转等动作,借以观察脊柱的活动范围有无受限。

3. 脊柱压痛　检查者以拇指从枕骨粗隆开始自上而下逐个按压脊椎棘突及椎旁肌肉。

4. 脊柱叩击痛　①直接叩击法:用中指或叩诊锤垂直叩击各椎体的棘突,多用于检查胸椎与腰椎;②间接叩击法:嘱患者取坐位,检查时将左手掌置于其头部,右手半握拳以小鱼际部位叩击左手背,了解患者脊柱各部位有无压痛。

5. 脊柱的特殊检查

(1) 颈椎:坐位屈颈试验。

(2) 腰骶椎:弯腰拾物试验、直腿抬高试验、腰骶关节试验、"4"字试验、提踵试验。

(二)四肢检查

1. 上肢　受检者取站立位或坐位,双手下垂,手心向内。若受检者两手下垂,则提示肘关节伸直功能正常。当受检者上肢上举,双手合拢并能置于头枕部时,说明肩关节外展、外旋及肘关节屈曲功能正常。屈肘,肩关节内收,若肘部达前正中线,则提示肩关节内收功能正常。当双肘屈曲90°,肘部紧贴侧胸壁,两前臂作旋前、旋后运动时,如手掌能由向上转为向下者,则提示桡尺关节活动正常。此外,两上肢平举时,能进行握拳、伸指活动,这也说明手指屈伸及拇指内收对掌功能正常。

2. **下肢** 受检者保持直立,观察膝关节能否伸直。然后受检者进行下蹲和起立的运动,以便观察髋、膝关节的屈曲功能。受检者单腿直立,另一腿作外展及旋转活动,有助于观察其髋关节外展及旋转功能。之后,检查者会对踝关节的背屈、跖屈以及内外翻运动进行检查,以评估踝关节的运动功能。完成这些检查步骤后,两腿交换,然后重复上述检查过程。

(三)肛门与直肠检查

1. **肛门检查** 受检者体位依病情而定,通常是让受检者背光站立,躯干弯曲90°,检查者位于左后方,用两手将臀沟分开显露肛门;必要时也可嘱受检者取仰卧位、肘膝位或侧卧位。正常肛门周围皮色较深,皱褶呈放射状。在检查时,先嘱受检者收缩肛门,此时可见皱褶加深;再嘱其作排便动作时,皱褶会变浅,观察时应注意有无肛门闭锁或狭窄、肛周皮肤有无创面、瘢痕、有无红肿压痛及波动感,有无肛门裂、痔、肛瘘、直肠脱垂等症状。

2. **直肠检查**

(1)受检者取截石位仰卧,垫高臀部,双下肢屈髋、屈膝,稍外展,适用于直肠双合诊(即示指伸入直肠内,左手在下腹部双手配合触摸),以检查膀胱直肠凹及盆腔内器官疾病。左侧卧位:受检者右腿屈曲而左腿伸直,臀部靠近检查台边缘,检查者立于受检者背侧进行检查,适用于女性患者及体弱患者。肘膝位:受检者双肘屈曲,胸部俯于床面,双膝屈曲呈直角跪于检查台上,适用于男性患者检查精囊和前列腺疾病。

(2)肛诊方法:检查者戴好手套或指套(右手示指),并涂以适量润滑油,以示指先在肛门边缘轻轻按揉,待肛门括约肌松弛后,将手指轻轻抵住肛缘,嘱受检者张口作深呼气,此时探查手指缓缓向前下加压,将手指徐徐滑入肛门,在直肠内进行触摸,注意肛门括约肌的紧张度,是否有触痛,直肠有无狭窄,肿块(位置、大小和质地)触诊后观察指套上有无黏液、血液或脓性分泌物,必要时应取样送检。

教学视频:
脊柱、四肢
检查

教学视频:
肛门检查

教学视频:
双合诊、三
合诊

(古贤君)

第三节 常见病理体征

一、胸壁、胸廓及乳房病理体征

物品准备:听诊器、直尺、标记笔。

(一)病态胸壁

(1)静脉充盈与曲张

1)望诊:可见病理状态的胸壁静脉充盈或曲张,轻度者隐约可见;严重者呈迂曲怒张状,甚至隆起高出皮肤;也有表现为紫色花纹状的小静脉网怒张。当上腔静脉或下腔静脉血流受阻产生侧支循环时,可有胸壁静脉充盈或曲张,上腔静脉梗阻时,静脉血流方向为自上而下;而下腔静脉梗阻时,血流方向则为自下而上。

2)触诊:患者仰卧,暴露胸廓,检查者用右手示指、中指并拢,压紧胸壁无分支的曲张静脉,然后以一指沿着静脉向一端滑动,使两指间的静脉血排空,到一定距离后,放松一手指,另一指仍紧压静脉,若已排空的静脉很快充盈,血流方向是从放松的手指一端流向紧压的手指一端,见于上、下腔静脉梗阻;呈紫色花纹者见于胸膜增厚与粘连。

(2)皮下气肿

1)望诊:可见皮下积气,积气少者,望诊无明显异常,严重者可见胸廓饱满,肋间隙充盈,甚至向脸、颈、肩及上肢蔓延。

2）触诊：用手指按压气肿部位皮肤可出现捻发感。

3）听诊：用听诊器体件加压于气肿部位，可听见类似捻发音。

（3）胸部叩压痛：用示指、中指端腹侧按压胸骨、肋骨、肋间隙，压迫胸壁。肋骨压痛时注意其连续性；也可以用中指为叩指，直接叩击胸骨，自上而下，缓慢叩击，重复 2~3 遍，观察有无固定叩痛点。

（4）肋间隙：吸气时肋间隙回缩提示呼吸道阻塞使吸气时气体不能自由地进入肺内；肋间隙膨隆见于大量胸腔积液、张力性气胸或严重肺气肿患者用力呼气时。

（二）病态胸廓

（1）扁平胸：胸廓扁平，前后径常短于横径的一半，可见于瘦长体形者，也见于慢性消耗性疾病患者，如肺结核患者。

（2）桶状胸：前后径增大，前后径与左右径几乎相等，胸廓近似圆桶形，同时肋骨走行变平，肋间隙增宽常见于肺气肿患者，也见于老年人与矮胖体形者。

（3）佝偻病胸：佝偻病所致的胸廓病变，多见于儿童。

1）鸡胸：胸廓前后径增大而横径较小，胸骨下部明显前突。

2）佝偻病串珠：部分患者胸廓前面各肋软骨与肋骨的交接处凸起，在胸骨两侧排列成串珠状。

3）肋膈沟：胸部前面肋缘向外突出而自胸骨剑突沿膈肌附着的部位向内凹陷，形成一水平状深沟。

4）漏斗胸：胸骨及剑突处呈显著凹陷状。

（4）胸廓单侧或局限性变形：胸廓单侧膨隆见于一侧大量胸腔积液、气胸或胸腔内巨大肿瘤等；胸部局限性突起见于胸壁炎症、心脏扩大、心包积液、胸壁肿瘤等；胸廓单侧或局限性凹陷见于肺不张、肺纤维化、较严重的胸膜肥厚等；脊柱畸形引起的胸廓变形：由于脊椎结核或发育畸形等原因，脊柱发生侧凸、后凸或前凸等畸形时，可引起胸廓变形。

（5）腹上角及肋脊角改变：腹上角增大常见于腹水、腹部巨大肿瘤或腹腔压力增大。肋脊角增大常见于肺气肿或其他胸膜疾病。

（三）病态乳房

（1）望诊：乳房两侧大小、位置和外形不对称，或有局部隆起或凹陷。嘱患者双臂上抬两手交叉于颈后或双臂高举，或双手叉腰，或上身前倾，或用手抬高整个乳房，此时凹陷尤为明显。局部皮肤有发红、肿胀，甚至暗红色改变，橘皮样改变，或溃疡、瘘管、瘢痕、脱皮等症状；乳头回缩是否近期发生，低于乳晕，或两侧高低不等，或有皲裂，或有分泌物溢出（可为血色或黄色）；还应仔细观察腋窝及锁骨上窝有无变色、包块、水肿、溃疡、瘘管和瘢痕等。

（2）触诊：病态乳房硬度增加，弹性减退，或出现压痛，有时可扪及肿块，如在乳房下部，可托起乳房或让患者平卧举臂，然后进行扪诊，应注意包块的部位、外形、大小、数量、质地、活动度，边界是否清楚，表面是否光滑，有无压痛，与周围组织有无粘连等。然后轻挤乳晕或肿块，注意有无溢液及其颜色与性质，如是鲜红色血水，还是棕褐色、黄色、蓝色、黄绿色液体，检查乳房后应仔细触诊腋部及锁骨上窝的淋巴结有无肿大，或其他异常。

（梁 琼、卢冠铭、陈永诚）

二、肺与胸膜的病理体征

物品准备：听诊器、直尺、标记笔。

（一）呼吸频率异常

1. 呼吸过速 成人呼吸大于 20 次 /min，见于发热、肺炎、心力衰竭等。

2. 呼吸过缓 成人呼吸小于 12 次 /min，见于麻醉药或镇静药过量和颅内压增高等。

3. 呼吸浅快 呼吸幅度小而频率快，见于呼吸肌麻痹、严重腹胀、腹水和肥胖等，以及肺部疾病，如肺炎、胸膜炎、胸腔积液和气胸等。

4. 呼吸深快 见于剧烈运动,机体供氧量增加需要增加肺内气体交换时。此外,当情绪激动或过度紧张时,亦常出现呼吸深快,并有过度通气的现象,此时动脉血二氧化碳分压降低,引起呼吸性碱中毒,患者常感口周及肢端发麻,严重者可发生手足搐搦及呼吸暂停。

(二) 呼吸节律异常

1. 潮式呼吸 又称陈-施呼吸,特点是一种由浅慢逐渐变为深快,然后再由深快转为浅慢,随之出现一段呼吸暂停后,又开始如上变化的周期性呼吸。周期长达 30~120s,暂停 5~30s,故须较长时间仔细观察才能发现。

2. 间停呼吸 又称比奥呼吸,表现为有规律呼吸几次后,突然停止,短期间歇后又开始呼吸,如此周而复始。

3. 抑制性呼吸 呼吸运动短暂地突然受到抑制,患者表情痛苦,呼吸较正常浅而快。常见于急性胸膜炎、胸膜恶性肿瘤、肋骨骨折以及胸部严重外伤等。

4. 叹气样呼吸 在一段正常呼吸节律中插入一次深大呼吸并伴有叹息声。常见于神经衰弱、精神紧张或抑郁症。

5. 特殊体征 因吸气费力而出现胸骨上窝、锁骨上窝及肋间隙向内凹陷,称为"三凹征"。

(三) 呼吸音异常

1. 湿啰音 吸气时气体通过呼吸道内稀薄分泌物时产生的声音。按呼吸道腔径的大小和腔内渗出物的多少分为粗、中、细湿啰音和捻发音。其中,捻发音是在吸气时被气流冲开而产生的细小破裂音,类似用手捻转自己耳边头发所发出的声音,是一种细微、均匀、大小相等及性质一致的音响,见于肺炎早期、肺泡炎、肺淤血等。

2. 干啰音 一种持续时间较长,带有"音乐性"的呼吸附加音。这种音调的变动性较大,咳嗽后可消失,部位不固定。呼气、吸气均可听到,但以呼气过程为主,持续整个呼吸过程或中途间断。有易变性和不固定性,明显时距胸壁一定距离或不用听诊器也可听到。干啰音按音调的高低可分为高调和低调两种:①高调干啰音又称为哨笛音,用力呼气时期音调常呈上升性,多来源于较小的支气管或细支气管。当哨笛音伴有呼气延长时,被称为哮鸣音,多于两肺同时听到,见于支气管哮喘等;②低调干啰音又称鼾音,多发生在气管或主支气管。特别是发生在主支气管以上大气道的干啰音,相对不易被听到。

(古贤君、梁 琼)

三、心血管病理体征

物品准备:诊断床、听诊器、标记笔、直尺。

(一) 心脏常见病理体征

1. 心脏增大

(1)靴形心:又称主动脉型心。心脏叩诊心浊音界向左下扩大,心腰部加深,近似直角,心浊音界呈靴形,见于左室增大,如主动脉瓣关闭不全或高血压等。

(2)梨形心:又称二尖瓣型心。心脏叩诊时左第 2~3 肋间心浊音界向左扩大,心腰饱满或膨出,心浊音界呈梨形,见于二尖瓣狭窄等。

(3)普大心:心脏叩诊浊音界除向左扩大外,右心缘也向右扩大,见于右室增大及全心扩大,如扩张型心肌病、克山病等。

(4)烧瓶心:坐位时心脏叩诊心浊音界呈三角烧瓶形,卧位时叩诊呈球形,且绝对浊音界几乎等于相对浊音界,见于心包积液。

2. 心率与节律改变

(1)心动过速或过缓

1)窦性心动过速:成人窦性心律大于 100 次 /min。

2)窦性心动过缓:成人窦性心律小于 60 次 /min。

（2）心脏节律改变

1）期前收缩（也称早搏）：在规则的心律中，突然听到提前出现的心音，此后有一段较长时间的停顿（称为代偿间歇），脉搏出现"间歇脉"，常有第一心音增强，第二心音减弱甚至消失。

2）联律：每次正常心搏后，出现一次期前收缩者为二联律；每两次正常心搏后，出现一次期前收缩者称为三联律。

3）房颤：心律绝对不规则、心音强弱绝对不一致等。

4）脉搏短绌：在听诊心脏同时数心率和脉率，可出现脉率少于心率。多见于二尖瓣狭窄、高血压、冠心病、甲状腺功能亢进性心脏病等。

3. 心音改变

（1）S1 增强：音响增大，强而有力，见于高热、严重贫血、甲状腺功能亢进症等。

（2）S1 减弱：第一心音显得低钝无力，见于心肌炎、心肌病、心肌梗死、休克、二尖瓣或主动脉瓣关闭不全等。

（3）S2 增强

1）主动脉瓣区第二音增强：在主动脉瓣区听诊，音响增强并可带有金属音调，见于主动脉内压力增高，如高血压、主动脉硬化等。

2）肺动脉瓣区第二音增强：听诊以肺动脉瓣区最为明显，见于肺动脉高压，如二尖瓣狭窄或关闭不全、肺气肿、左心功能不全等。

（4）S2 减弱

1）主动脉瓣区第二音减弱：见于主动脉内压力降低，如低血压、主动脉瓣关闭不全或狭窄。

2）肺动脉瓣区第二音减弱：见于肺动脉内压力降低，如肺动脉瓣关闭不全或狭窄、严重的右心功能不全。

（5）心音分裂

1）第一心音分裂：三尖瓣关闭明显延迟时，在心尖部或胸骨左下缘可闻及第一心音分裂，见于完全性右束支传导阻滞、肺动脉高压等。

2）第二心音分裂：第二心音的两个组成部分（主动脉瓣和肺动脉瓣关闭的声音）之间的明显间隔。

（6）奔马律：为病理性第三心音，出现在第二心音之后，与原有的第一、二心音共同组成三音律，犹如马奔跑时的蹄声。最常见且临床意义较大的是舒张中期奔马律，其特点是在第二音之后短促而低调的心音，根据发生部位不同而分为左室奔马律和右室奔马律。

（7）二尖瓣开瓣音：出现于第二心音之后的一个调高而清脆的附加音。在左侧第3~4肋间心尖与胸骨左缘之间最易听到。呼气末最响，取仰卧位或坐位时，二尖瓣开瓣音较清晰，见于二尖瓣狭窄。

4. 心脏杂音　听到杂音时，要注意判明其出现的时期（时间）、最响的部位、性质、传导方向、强度，以及杂音与体位、呼吸、运动的关系等，根据特征进行全面分析，以判断其临床意义。

（1）收缩期杂音

1）二尖瓣关闭不全：在二尖瓣区听诊，杂音呈吹风样，较粗糙，3/6级以上，呈递减型，往往占全收缩期，遮盖第一心音，向左腋下传导，取左侧卧位呼气时听得更清楚。

2）主动脉瓣狭窄：杂音呈递增递减型收缩期杂音，粗糙，向颈部传导。常伴收缩期震颤及主动脉瓣区第二音减弱，见于主动脉瓣狭窄。

（2）舒张期杂音

1）二尖瓣狭窄：于心尖部可听到隆隆样舒张中晚期杂音，呈递增型，调低而局限，左侧卧位呼气末较清楚，常伴第一心音亢进、开瓣音和舒张期震颤，见于风湿性心脏病。

2）主动脉瓣关闭不全：可出现递减型叹气样杂音。可传导到胸骨下端左侧或心尖部，在主动脉瓣第二听诊区更清楚。坐位上身稍前倾，深呼气末屏住呼吸更易听到，见于风湿性心脏病、梅毒性心脏病等。

(3)心包摩擦音:一种特殊的心脏杂音,其特征为粗糙、高音调、搔抓样、比较表浅,类似于纸张摩擦的声音。这种杂音的出现与心脏跳动同步,与呼吸无关,收缩期、舒张期均可听到。通常在胸骨左缘第3~4肋间处较易听到。当患者取坐位、上身前倾、屏住呼吸的状态时,该杂音会变得更清晰。将听诊器体件加压时,可使该音增强,屏住呼吸亦能听到该音,是与胸膜摩擦音的主要鉴别点,见于各种感染性心包炎、急性心肌梗死、尿毒症、系统性红斑狼疮等非感染性疾病。

5. 其他重要心脏体征

(1)心前区震颤:用右手掌尺侧缘或示指、中指两指指腹,按听诊顺序触诊心脏各瓣膜区及其附近,可触及一种细微的颤动,又称"猫喘"(猫呼吸时触其颈部所得之感觉),为器质性心脏病的特征性体征之一。发现震颤时必须判明其部位、时期(收缩期、舒张期或连续性),以及强弱。依其出现的时间不同而分为:收缩期震颤、舒张期震颤、连续性震颤。

(2)心包摩擦感:患者取仰卧位、半坐卧或坐位,暴露胸部,检查者位于患者右侧或前方(坐位时),用示指、中指的指腹或右掌尺侧缘置于心前区和/或心尖区,可出现如两层皮革互相摩擦的震动感,多为连续性,收缩期与舒张期均可触及,但以收缩期最明显,以坐位深呼气末胸骨左缘第4肋间处最易触及,见于心包炎。

(二)血管常见病理体征

1. 颈静脉怒张 在斜卧位上半身抬高30°时,颈外静脉充盈度超过正常水平或坐位时仍明显充盈者,称为颈静脉怒张。提示上腔静脉因回流受阻而使其压力增高,见于右心功能不全、缩窄性心包炎、心包积液或上腔静脉回流受阻等。

2. 肝颈静脉回流征 检查方法:受检者取半卧位,上身与床呈30°角,检查者位于受检者右侧,先观察右侧颈静脉充盈情况,然后用右手掌压迫肿大的肝脏30~60s,如见右侧颈静脉充盈怒张或怒张加重,即为肝颈静脉回流征阳性,见于右心功能不全、渗出性或缩窄性心包炎。

3. 毛细血管搏动征 用手指轻压患者指甲床末端,或以一清洁玻片轻压其口唇黏膜,如见到红、白交替的节律性微血管搏动现象,称为毛细血管搏动征,见于脉压增大的疾病,如主动脉瓣关闭不全、甲状腺功能亢进症及严重的贫血等。

4. 水冲脉 脉搏骤起骤落,急促有力。检查方法:检查者左手紧握受检者左手手腕(右手则紧握右手),举手过头,此时水冲脉更易触及,见于脉搏压增大的疾病,如主动脉瓣关闭不全等。

5. 交替脉 节律正常而交替出现一强一弱的脉搏,见于早期左心功能不全等。

6. 奇脉 吸气时脉搏明显减弱或消失,呼气终末时脉搏增强,故又名吸停脉。当疑有奇脉时,还可借助听诊血压而加以证实。若发现在吸气时动脉音减弱或消失,或在吸气期收缩压较呼气期降低(10mmHg)以上时,即可判断为奇脉,见于心包积液、缩窄性心包炎等。

7. 枪击音 将听诊器体件轻置于股动脉上,可听到"嗒、嗒"清脆短促的动脉搏动音,称之为枪击音。

8. Duroziez 双重杂音 在枪击音听诊的基础上,如将听诊器体件稍加压力,则可听到收缩期与舒张期双重杂音,称杜氏双重杂音。常见于主动脉瓣关闭不全,有时在甲状腺功能亢进症、严重贫血、高热等患者,亦可听到枪击音或杜氏双重杂音。

(三)常见心脏瓣膜病典型体征

1. 二尖瓣关闭不全(左室增大)

(1)视诊:心尖搏动向左下移位。

(2)触诊:心尖搏动有力,可呈抬举性。

(3)叩诊:心浊音界向左下扩大,后期亦可向两侧扩大。

(4)听诊:心尖区吹风样收缩期杂音,性质粗糙,范围较广,向左腋下和左肩胛下角传导。肺动脉区第二心音亢进和分裂。

2. 主动脉狭窄(左室肥大)

(1)视诊:心尖搏动增强,位置正常或向左下移。

（2）触诊：心尖搏动有力，可呈抬举样，胸骨右缘第2肋间可触及收缩期震颤。

（3）叩诊：心界可正常，或向左下扩大。

（4）听诊：胸骨右缘第2肋间收缩期喷射性杂音，粗糙而响亮，向颈部传导。主动脉瓣区第二心音减弱、第二心音分裂。

3. 室间隔缺损 胸骨左缘第3~4肋间，可触及收缩期震颤，可闻及响亮而粗糙的收缩期杂音，常伴震颤。

4. 二尖瓣狭窄

（1）视诊：二尖瓣面容，心尖搏动略向左移，儿童期患病心前区可隆起。

（2）触诊：心尖搏动舒张期震颤，短绌脉。

（3）叩诊：梨形心。

（4）听诊：舒张期杂音，心尖区较局限的隆隆样舒张中晚期杂音，开瓣音，提示瓣膜弹性及活动度尚好，S1、P2（肺动脉区第二心音）亢进，分裂，有格雷厄姆·斯蒂尔杂音（Graham Steell murmur）。

5. 风湿性心脏病（二尖瓣狭窄）伴房颤

（1）视诊：二尖瓣面容，心尖搏动略向左移。

（2）触诊：心尖搏动舒张期震颤，短绌脉。

（3）叩诊：梨形心。

（4）听诊：舒张期杂音，心律绝对不规则，S1强弱不等，心尖区较局限的隆隆样舒张中晚期杂音，开瓣音，提示瓣膜弹性及活动度尚好，P2（肺动脉区第二心音）亢进，分裂，有格雷厄姆·斯蒂尔杂音。

（古贤君）

四、腹部病理体征

物品准备：诊断床、听诊器、硬尺、软尺。

（一）腹部视诊常见病理体征

1. 腹部膨隆

（1）全腹膨隆

1）球形腹：腹部呈球形，两侧腰部膨出不明显，转动体位时其形状无明显改变，见于人工气腹或腹内巨大包块。

2）蛙腹：平卧时腹腔向两侧膨出，侧卧位腹部向在下的一侧显著膨出；坐位时下腹部明显隆起，见于大量腹水。

3）尖腹：全腹隆起，而以脐部较突出，见于结核性腹膜炎。

腹围测量法：患者排尿后平卧，用软尺经脐绕腹一周，测得的周长即为腹围，应定期在同样条件下进行测量比较。

（2）局部膨隆：指腹部某一区域膨隆。需观察内容有形状、搏动及移动度、部位。

2. 腹部凹陷 在仰卧位时，前腹壁明显低于肋缘至耻骨的水平面，称腹部凹陷。

（1）全腹凹陷：常见于严重脱水、明显消瘦及恶病质等。严重者，前腹壁几乎贴近脊柱，全腹呈舟状，称为舟状腹（scaphoid abdomen）。

（2）局部凹陷

1）若取立位或加大腹压时，凹陷明显者，多为腹壁手术瘢痕收缩所致。

2）若取仰卧位时，局部凹陷明显，立位或加大腹压时反而向外膨出者，为腹直肌分离或腹壁疝。

3. 腹式呼吸运动异常 腹式呼吸运动减弱或消失，或局部呼吸运动受限。

4. 腹壁皮肤异常

（1）皮疹：发热的患者早期要注意观察皮疹，如玫瑰疹，多出现在上腹部。

（2）皮肤异常体征

1）出血点、紫癜、血肿、水肿。

2)色素变化:系腰带部位有褐色色素沉着,见于肾上腺皮质功能减退;左腰部呈蓝色为腹膜后间隙出血,见于重症急性胰腺炎;脐周围发蓝为腹腔内大出血征象,称卡伦征(Cullen 征);腰部和腹部不规则斑片状色素沉着见于多发性神经纤维瘤。

3)紫纹:其走行方向与妊娠纹相同,除下腹和髂部外,还出现于大腿上部、臀部外侧和髂嵴下部,条纹呈紫色见于皮质醇增多症。

(3)脐:脐疝表现为脐部呈囊性膨出,尤其在咳嗽时更为明显;脐部炎症则表现为脐凹分泌物呈浆液性或脓性,并伴有臭味;若脐凹分泌物呈水样且有尿臊味,则为脐尿管未闭的特征;脐部出现坚硬、固定且突出的溃疡,多为癌性病变。

(4)疝:腹腔内容物经腹壁或骨盆壁间隙或薄弱部分向体表突出者,称为腹外疝。按发生的部位不同而分为:脐疝、腹壁疝、上腹疝、股疝、腹股沟疝、男性斜疝,经腹股沟管可下降至阴囊。检查方法:疝囊柔软,在平卧时可缩小或消失,咳嗽或直立时明显。用手指压住或顶住患者疝囊,咳嗽时检查者手指有冲动感。

(5)皮肤弹性差:指腹壁皮肤被捏起后放下,不能迅速展开复原,见于严重脱水等。

5. 腹壁静脉异常

(1)"海蛇头"或"水母头"征:扩张和曲张的静脉以脐为中心向四周辐射,血流方向是:脐以上静脉血流向上,脐以下静脉血流向下,见于肝硬化。

(2)曲张的静脉大都分布在腹壁两侧,血流方向一律由下向上,见于下腔静脉阻塞。

(3)与下腔静脉阻塞的血流方向相反,一概自上而下,见于上腔静脉压迫综合征。

6. 蠕动波
在幽门梗阻的情况下,可见明显扩张的胃型。胀大的肠袢呈管状隆起,横行排列于腹中部,形成多层梯形肠型,其运动方向不一致,此起彼伏,全腹膨胀,伴肠鸣音亢进,是肠梗阻的特征表现。若为结肠远端梗阻,宽大肠型出现于腹壁周边,同时盲肠胀大呈球形,随每次蠕动波到来而更加凸起。

7. 上腹部搏动
用示指、中指插入剑突下,搏动冲击指端,且在深吸气时增强,为右心室肥大;若搏动冲击手指掌面,深吸气时减弱,则为腹主动脉搏动。

8. 腹直肌分离
嘱患者平卧做仰卧起坐时,能清晰地看到从中线分离的腹直肌。

9. 其他异常情况

(1)辗转不安,见于腹部绞痛。

(2)右腿常屈曲,且倾向于采取右侧卧位,见于急性阑尾炎。

(3)两腿屈曲,以手护腹,不能移动,见于急性腹膜炎。

(二)腹部触诊常见病理体征

1. 腹壁紧张度改变

(1)肌紧张度增加:按压腹壁时阻力较大,有明显抵抗感。

1)全腹肌紧张增加:①板状腹:强直,严重者硬如木板,见于急性弥漫性腹膜炎。②揉面感:触之犹如揉面团一样,称揉面感或柔韧感,见于结核性腹膜炎。

2)局部肌紧张增加:常由该处腹内脏器的炎症侵及邻近腹膜所致,如右下腹肌紧张多见于急性阑尾炎,右上腹肌紧张多见于急性胆囊炎。

(2)肌紧张度减弱或消失:按压腹壁时,腹壁松软无力,失去弹性。

1)全腹紧张度减弱:见于恶病质或刚放出大量腹水后。

2)全腹紧张度消失:见于腹肌瘫痪等。

3)局部腹肌松软无力:常由局部腹肌瘫痪或缺陷所致。

2. 压痛及反跳痛

(1)临床上常用的压痛点:压痛限于一点时,称为压痛点。检查方法常用深插触诊法,即以拇指或示指、中指两指垂直地、逐渐地用力深入触探某一部位,以确定腹腔内的压痛点。

1)消化性溃疡压痛点:上腹部剑突下腹中线偏左或偏右处。

2)胆囊压痛点：右侧腹直肌外缘与肋弓交界处。

3)阑尾压痛点：右髂前上棘与脐连线的中、外 1/3 交界处。

(2)反跳痛：当发现压痛点后，手指在原处稍停片刻，给患者一小段适应时间，然后迅速将手抬起，此时患者感腹痛加重，并有痛苦表情，称为反跳痛，提示该处炎症累及腹膜壁层。

(3)腹膜刺激征：腹壁紧张、压痛、反跳痛。

3. **腹部包块** 在浅(深)滑行触诊过程中，若发现有可疑肿块时，可用双手触诊法进行检查。具体操作为：将双手分别置于肿块相对应侧的边缘，交替将肿块推向另一手指，同时沿着肿块周边移动两手，反复对肿块周边进行触摸。在触摸过程中，需仔细体会肿块的位置、大小、形态、质地、硬度、移动度，有无压痛、搏动，以及与邻近的关系。

4. **波动感** 按正常腹部检查触诊所述的检查方法，若贴于侧腹壁的手掌有波动冲击感，提示有 3 000~4 000ml 的腹水。

5. **肝脏触诊异常**

(1)肝脏表面及边缘：如触及肝脏表面不光滑，呈较均匀的小结节状，边缘薄而不整见于肝硬化；肝脏表面呈粗大不均匀的结节状，边缘厚薄不一、凸凹不平见于肝癌、多囊肝；肝脏表面呈大块状隆起，见于巨块型肝癌、肝脓肿。

(2)肝脏压痛：局限性剧烈压痛见于肝脓肿；轻度弥漫性压痛见于肝炎、肝淤血。

(3)肝脏搏动：由三尖瓣关闭不全引起的扩张性搏动或是压迫腹主动脉引起的传导性搏动。①扩张性搏动：嘱患者仰卧，检查者将左手掌贴放于肿大的肝右叶表面的腹壁，右手掌平置于肝的左叶表面皮肤，嘱患者暂停呼吸，可看到或感到左手被推向右侧，而右手又被推向左侧；②传导性搏动：手掌置于肝脏上面，仅有右手被上抬的感觉。

6. **胆囊触诊异常**

(1)胆囊肿大：在右肋下腹直肌外缘触及 1 个梨形或卵圆形、张力较高的包块，随呼吸上下移动，其质地视病变性质而定。有囊性感，且有明显压痛见于急性胆囊炎；有囊性感，无压痛，可能是壶腹周围癌；有实体感，可能是胆囊结石或胆囊癌。

(2)胆囊触痛：墨菲征阳性是指检查者触诊胆囊，嘱患者作缓慢深吸气，过程中患者因疼痛而突然屏气，见于急性胆囊炎。胆囊触痛征是指上述检查仅有疼痛没有屏气。

7. **脾脏触诊异常** 脾肿大可分为轻、中、高三个程度，轻度为脾下缘在肋下 2cm 以内；中度为脾下缘在肋下 2cm 以上至脐水平，高度为脾下缘在脐以下。中度以上的脾肿大，在其右缘常可触及切迹。

8. **肾脏触诊异常**

(1)肾下垂：在深吸气时能触到 1/2 以上的肾脏。

(2)肾肿大：质地柔软而富有弹性，有波动感，见于肾积水或积脓；肾脏表面凸凹不平，质地坚硬，应考肾脏肿瘤。

(三) 腹部叩诊常见病理体征

1. **肝脏叩诊异常**

(1)肝浊音界增大：在锁骨中线上，肝上下界距离大于 12cm，见于肝炎、肝癌等。

(2)肝浊音界缩小：在锁骨中线上，肝上下界间距小于 7cm，见于肝硬化、急性重型肝炎等。

(3)肝浊音界消失：肝浊音区为鼓音所代替，见于急性胃肠道穿孔等。

(4)肝界上移：指肝上界在右锁骨中线上高于第 5 肋间水平，而肝上下界间距仍为 9~11cm，见于同侧肺纤维化或腹内压增高等。

(5)肝界下移：指肝上界在右锁骨中线上低于第 5 肋间水平，肝下界亦随之下移于右肋缘以下，但肝上下界间距正常，见于肺气肿等。

2. **脾脏叩诊异常** 脾浊音界宽度大于 7cm，或前缘超过腋前线者可判断为脾大。

3. **腹水叩诊异常** 患者取仰卧位时，腹中部叩诊呈现鼓音，而腹部两侧则呈现浊音。在腹部一侧叩诊得到浊音的位置,将左手扳指留置在该处不动,随后嘱患者转动体位,使该侧朝上,再次进行叩诊。若此时浊音消失并转变为鼓音,检查者保持左手扳指在原处不动,再嘱患者转向另一侧,若叩诊结果再次呈现浊音,这种情况被称为移动性浊音阳性,提示腹水在 1 000ml 以上。

(四)腹部听诊常见病理体征

1. 肠鸣音

(1)肠鸣音亢进:每分钟多于 10 次,声音响亮,甚至呈叮当声或金属声,后者见于机械性肠梗阻。

(2)肠鸣音减弱或消失:前者是指 3~5min 以上才听到 1 次;若 5min 以上听不到肠鸣音,则判断肠鸣音消失,见于肠麻痹。

2. 振水音 如在空腹或进食 4~8h 后仍有振水音则为异常,见于幽门梗阻等。

3. 血管杂音

(1)在脐周及其左右上方听到强弱不等的、较粗糙的吹风性杂音,提示肾动脉狭窄。

(2)腹部搏动性肿块,听到收缩期吹风性杂音,更有利于腹主动脉瘤的诊断。

(3)剑突下实质性包块,质地坚硬,表面凸凹不平,边缘不规整,其所在部位听到吹风性杂音,支持左叶肝癌诊断。

(4)腹部听到收缩期吹风性杂音,下肢血压明显低于上肢血压,严重者下肢足背动脉搏动触不到,提示有腹主动脉狭窄的可能。

(5)在脐附近或脐与剑突之间,听到一种连续的静脉"嗡嗡音",与心音的节律无关,音低弱,压迫脾脏,该音加强见于门静脉高压症。

(古贤君、黄 庆)

第四节 心电图检查

一、常规心电图检查操作

(一)操作前准备

1. 核查沟通 同受检查者及陪同家属做好沟通,核对申请单,沟通项目包括患者姓名、性别、年龄、科别、床号、临床诊断等,解释做心电图检查的目的、方法和配合要求。

2. 物品准备 心电图机、导联线、电源线、心电图纸、导电膏、酒精棉球、清洁棉球或者一次性医用棉签。

3. 检查时注意 室内温度适宜,保护患者隐私。

(二)操作过程

1. 确认电源线、导联线、地线与心电图机连接。

2. 嘱受检者仰卧(必要时可采取半卧位等)于检查床上,暴露胸部、腕部、踝部,放松肢体,平静呼吸。

3. 在安放电极处涂导电膏或酒精。

4. 严格按照标准安放常规 12 导联探查电极。肢体导联:腕部及踝部内侧;LA:左上肢;RA:右上肢;LL:左下肢;RL:右下肢。胸前导联:将吸球按 C_1、C_2、C_3、C_4、C_5、C_6 分别置放于:胸骨右缘第 4 肋间(C_1),胸骨左缘第 4 肋间(C_2),左锁骨中线第 5 肋间(C_4),C_2 和 C_4 连线中点(C_3),腋前线平 C_4(C_5),腋中线平 C_5(C_6)。

5. 如病情需要记录 18 导联心电图时,加做 V_7、V_8、V_9、V_3R、V_4R、V_5R 导联。右位心时,常规记录后,加做反接肢体导联和胸导联(左、右上肢反接,V_1、V_2 反接及做 V_3R、V_4R、V_5R、V_6R)。

6. 设定走纸速度为 25mm/s,待基线稳定后按开始键采集心电图(常规记录 30s),采集完成后按停止键。

7. 将探查电极从患者身上取下,协助整理好患者衣物。告知取报告的时间、地点。

（三）操作后处理

1. 在图纸上标注患者姓名、性别、年龄、检查日期和时间。如为手动记录或加做导联要标明导联名称。

2. 关闭心电图机,拔掉电源,拔除地线,整理好导联线为下次使用做好准备。

（四）操作注意事项

安放电极时,严格按照标准位置安放,注意不要将导联线接反或位置放错（图 1-2）。

女性乳房如有下垂时应托起乳房。

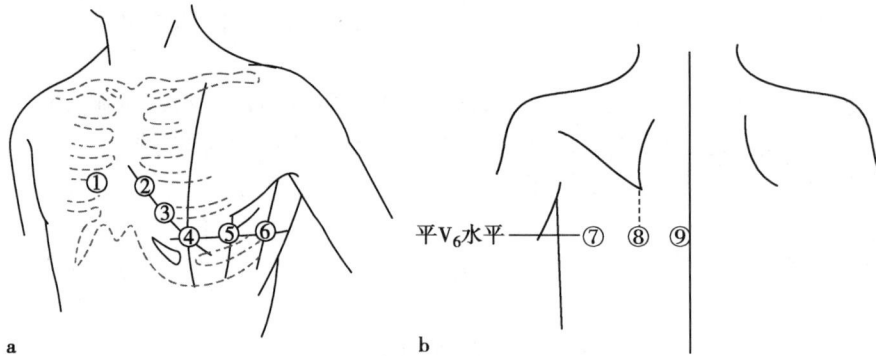

图 1-2　电极片安放位置

注：V_1——胸骨右缘第 4 肋。

V_2——胸骨左缘第 4 肋。

V_3——V_2 和 V_4 连接线的中点。

V_4——在左锁骨中线与第 5 肋间相交处。

V_5——左腋前线 V_4 水平处。

V_6——左腋中线 V_4 水平处。

V_7——左腋后线 V_4 水平处。

V_8——左肩胛线 V_4 水平处。

V_9——脊柱旁 V_4 水平处。

V_3R~V_5R 为右胸相应的 V_3~V_5 位置。

教学视频：
心电图检查

（黎　雪）

二、正常心电图判读

在心电图纸上,每个小方格为 1mm,横坐标一格为 0.04s,纵坐标一格为 0.1mV（图 1-3）。

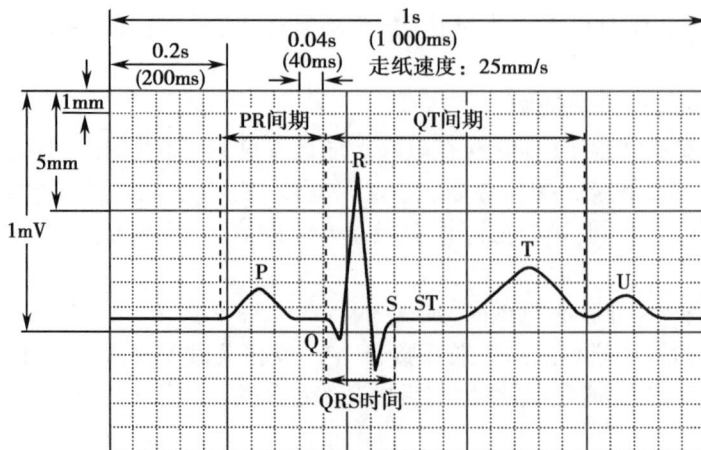

图 1-3　心电图波形

正常心电图的波形特点和正常值：① P 波在 I、II、aVF、V₄~V₆ 导联直立，aVR 导联倒置，其余导联 P 波呈双向、倒置或低平均可；② P 波频率 60~100 次/min；③ P-P 间期基本均齐，同一导联 P-P 间期误差不超过 0.12s；④每个 P 波之后都跟随出现 1 个 QRS 波群，P-R 间期 0.12~0.20s，反映房室传导正常；⑤ QRS 波群时间 ≤ 0.10s，反映左右心室同步除极，室内传导正常（图 1-4）。

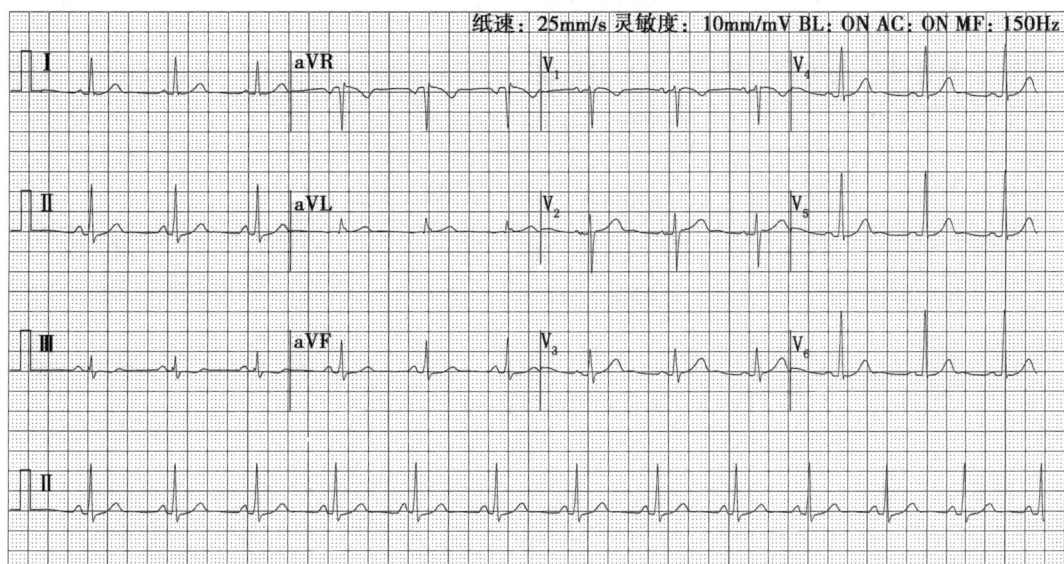

图 1-4　正常心电图

（黎　雪）

三、常见的典型异常心电图

（一）心律失常的分类

正常人的心脏起搏点都位于窦房结，按正常传导系统顺序激动心房和心室。如果心脏激动的起源异常和/或传导异常，将其称之为心律失常。

【思维导图】

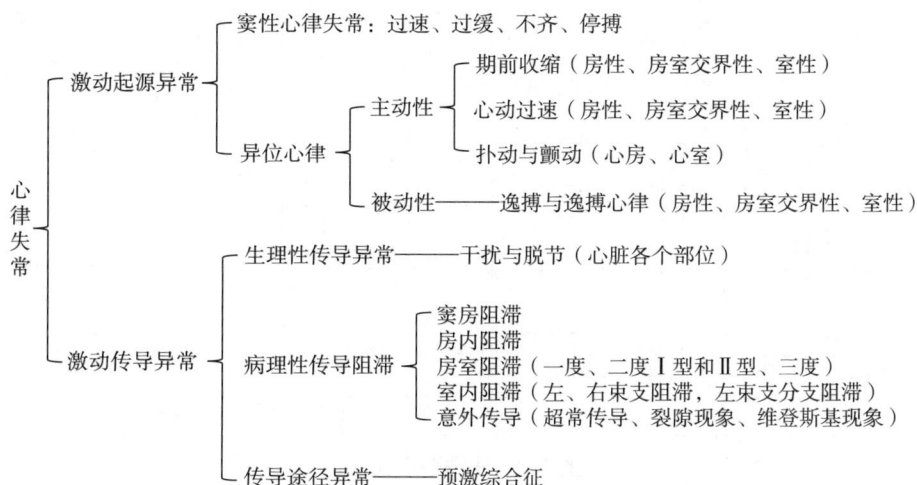

（二）常见的典型异常心电图诊断要点及图例

1. **窦性心动过缓**　心电图表现（图 1-5）：① P 波符合正常窦性心律的特点；② P-P 间期>1.0s，P 波频率<60 次/min，一般>40 次/min，多伴有窦性心律不齐；③窦性心动过缓有时合并交界性逸搏心律,并可形成房室分离。

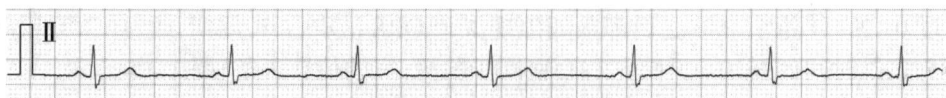

图 1-5 窦性心动过缓

2. **窦性心动过速** 心电图表现(图 1-6):①P 波符合正常窦性心律的特点;②P 波频率>100 次/min,一般不超过 150 次/min。

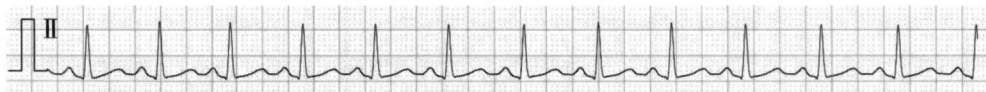

图 1-6 窦性心动过速

3. **窦性心律不齐** 心电图表现(图 1-7):①P 波符合正常窦性心律的特点;②P-P 间期差值在同一导联>0.12s。窦性心律不齐一般都与窦性心动过缓同时存在。

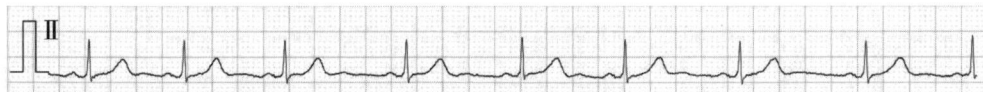

图 1-7 窦性心律不齐

4. **房性期前收缩** 心电图表现(图 1-8):①提早出现的异位 P' 波,其形态与窦性 P 波不同,可直立亦可倒置;②P'-R 间期>0.12s;若 P' 后无 QRS-T 波,即为未下传的房性期前收缩(图 1-9);③代偿间歇大多为不完全性,即包括期前收缩在内前后两个窦性 P 波的间期短于正常窦性 P-P 间期的 2 倍;④房性期前收缩下传的 QRS 波群形态一般为正常,若 P' 下传心室引起 QRS 波群增宽变形,呈右束支阻滞状图形,即为房性期前收缩伴室内差异性传导(图 1-10)。

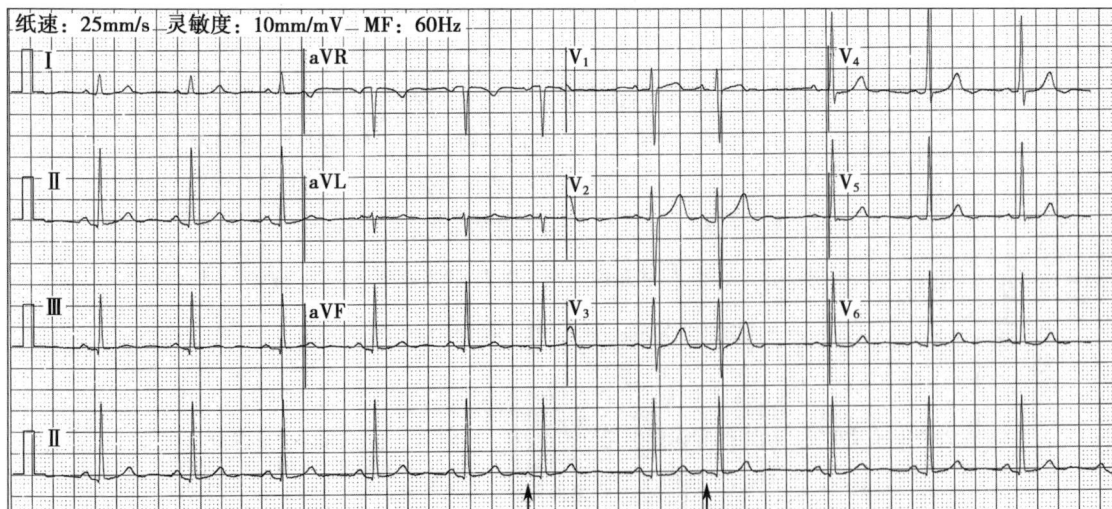

图 1-8 房性期前收缩

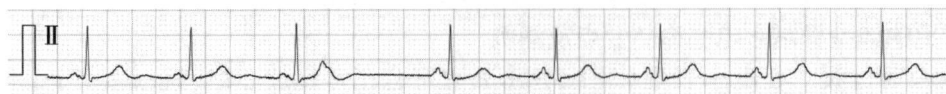

图 1-9 未下传的房性期前收缩

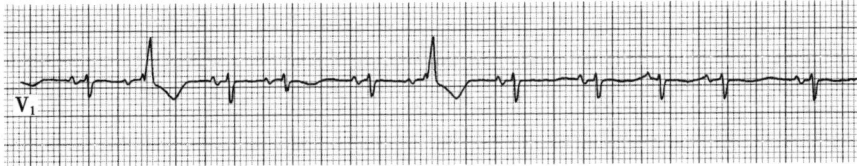

图 1-10 房性期前收缩伴室内差异性传导

5. 室性期前收缩 心电图表现(图 1-11):①提早出现的 QRS-T 波群,且其前无 P 波;②提早出现的 QRS 波形态宽大畸形,时限通常>0.12s,T 波方向多与 QRS 主波方向相反;③完全代偿间歇。

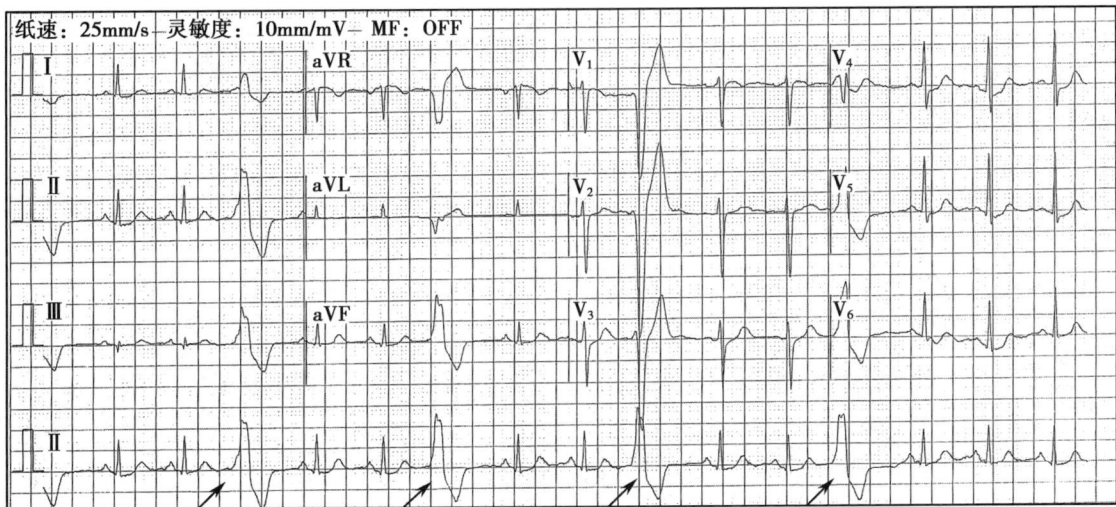

图 1-11 室性期前收缩

6. 室性心动过速 心电图表现(图 1-12):① QRS 波宽大畸形,时限通常>0.12s;②频率高在 140~200 次/min,节律可稍不齐;③如可见 P 波,且 P 波频率慢于 QRS 波频率;④偶有心室夺获或发生室性融合波,也支持室性心动过速的诊断。

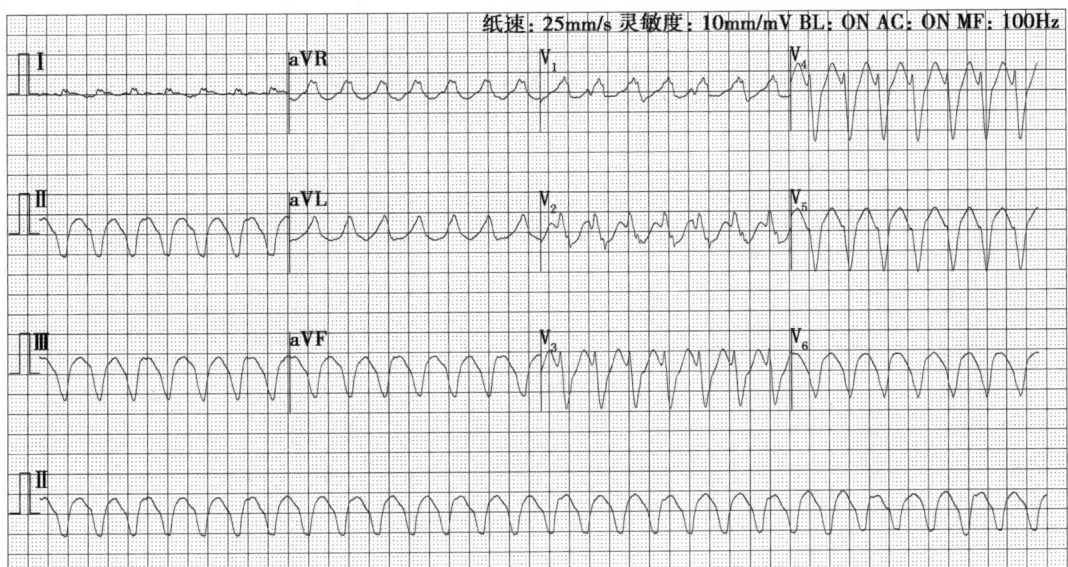

图 1-12 室性心动过速

7. 心房颤动　心电图表现(图 1-13)：①P 波消失，代之以大小不等、形状极不规则的 f 波，通常以 V₁ 导联最明显；②f 波的频率为 350~600 次 /min；③RR 间期绝对不等，QRS 波一般不增宽。如遇前 1 个 RR 间距较长且与下 1 个 QRS 波相距较近时，易出现 1 个增宽变形的 QRS 波，此有可能是房颤伴有室内差异性传导，而并非室性期前收缩，应注意鉴别。心房颤动时，RR 间期通常是不规则的，但如果 RR 间期变得规则且心室率缓慢，这可能是完全性房室传导阻滞的迹象，或者可能是洋地黄中毒导致的。

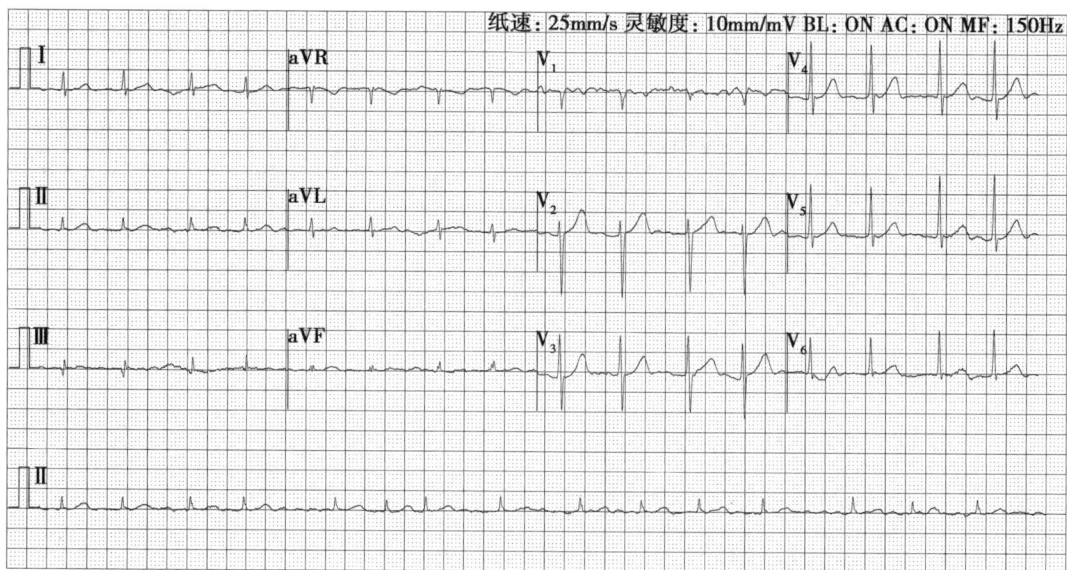

图 1-13　心房颤动

8. 心房扑动(atrial flutter, AFL)　心电图表现：①P 波消失，代之连续的大小形态规则的大锯齿状扑动波(F 波)，多数在 Ⅱ、Ⅲ、aVF、V₁ 导联中清晰可见；②F 波间无等电位线，频率为 240~350 次 /min；③大多数 F 波不能下传，常以固定房室比例(2∶1、3∶1、4∶1 等)下传，故心室律规则。若出现心室律不规则(图 1-14)，则因房室传导比例不固定或伴有文氏现象所致。心房扑动时 QRS 波一般不增宽。若 F 波的间距和大小有差异，且频率 >350 次 /min，称不纯性心房扑动或称非典型心房扑动。

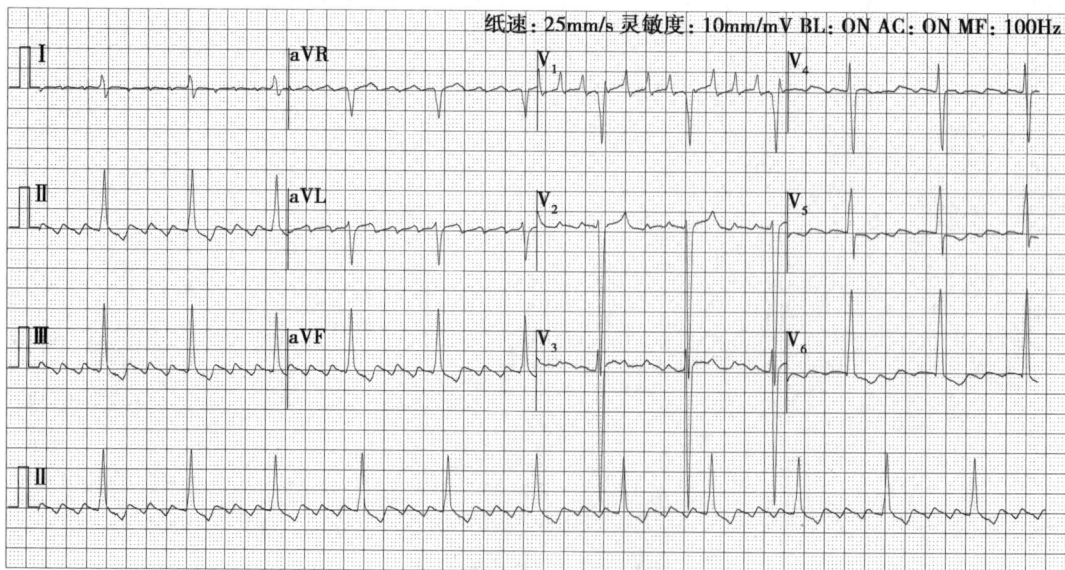

图 1-14　心房扑动(3∶1 下传)

9. **完全性右束支传导阻滞** 心电图表现(图 1-15):①最具特征性的改变为 V_1 或 V_2 导联 QRS 呈 rsR' 型或 M 形;且 I、V_5、V_6 导联 S 波增宽有切迹,其时限 ≥0.04s;aVR 导联呈 QR 型,其 R 波增宽而有切迹;② QRS 波群时间 ≥0.12s;③ V_1 导联 R 峰时间>0.05s;④ V_1、V_2 导联 ST 段可见轻度压低,T 波倒置;I、V_5、V_6 导联 T 波方向多为直立。不完全性右束支传导阻滞时,与以上 QRS 波群的特点相同,仅 QRS 波群时间<0.12s。当右束支传导阻滞出现明显电轴右偏时,提示可能合并右心室肥大。

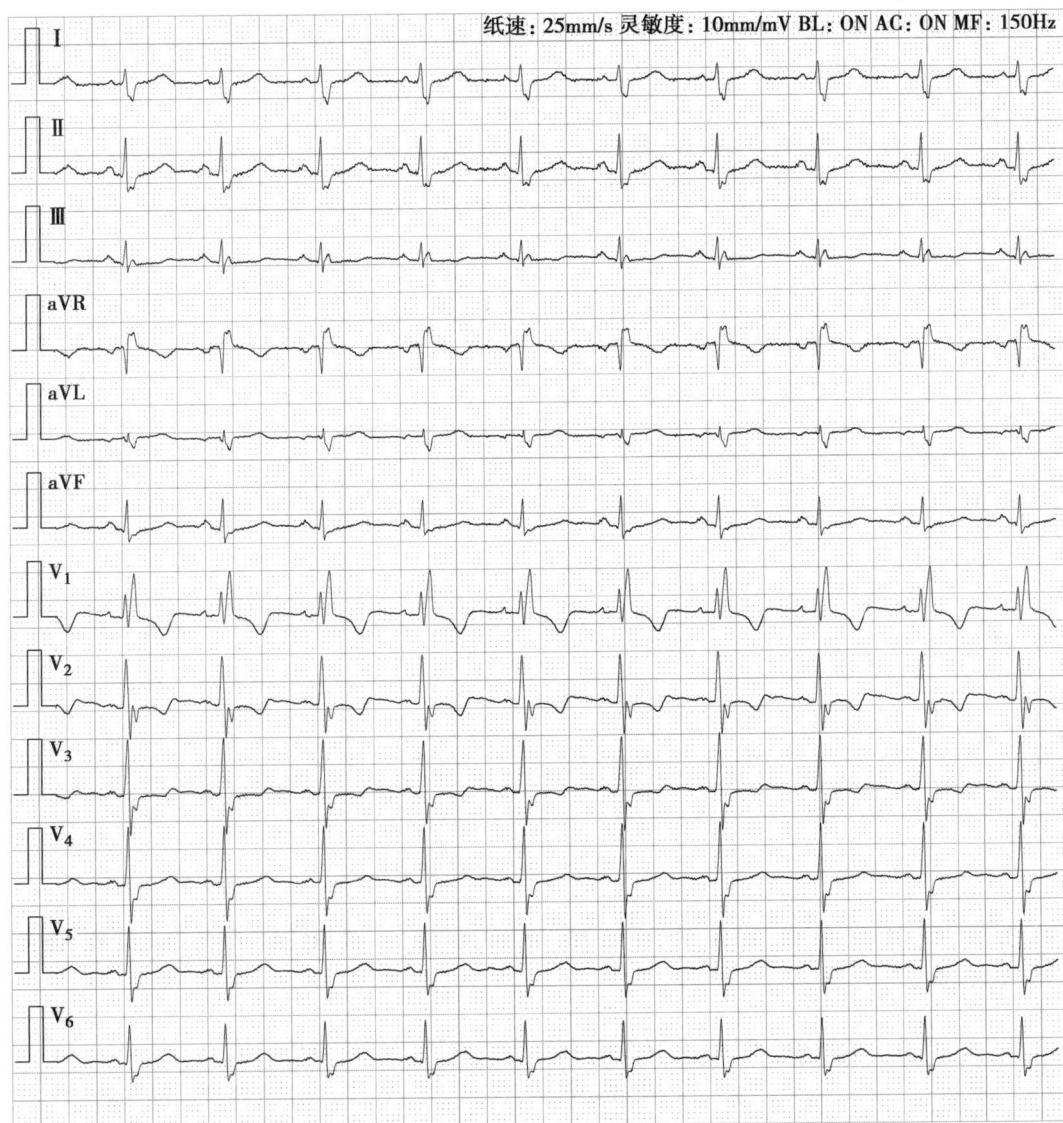

图 1-15 完全性右束支传导阻滞

10. **完全性左束支传导阻滞** 心电图表现(图 1-16):① QRS 波形态宽大,时间 ≥0.12s;② V_1、V_2 导联呈 rs 波形,或呈宽而深的 QS 波;③ ST-T 方向与 QRS 主波方向相反。左束支传导阻滞时,QRS 心电轴可存在不同程度的左偏。如 QRS 波群时间<0.12s,则为不完全性左束支传导阻滞,其图形与左室肥大心电图表现十分相似,需要鉴别诊断。当左束支传导阻滞合并心肌梗死时,可掩盖心肌梗死的图形特征,给诊断带来困难。

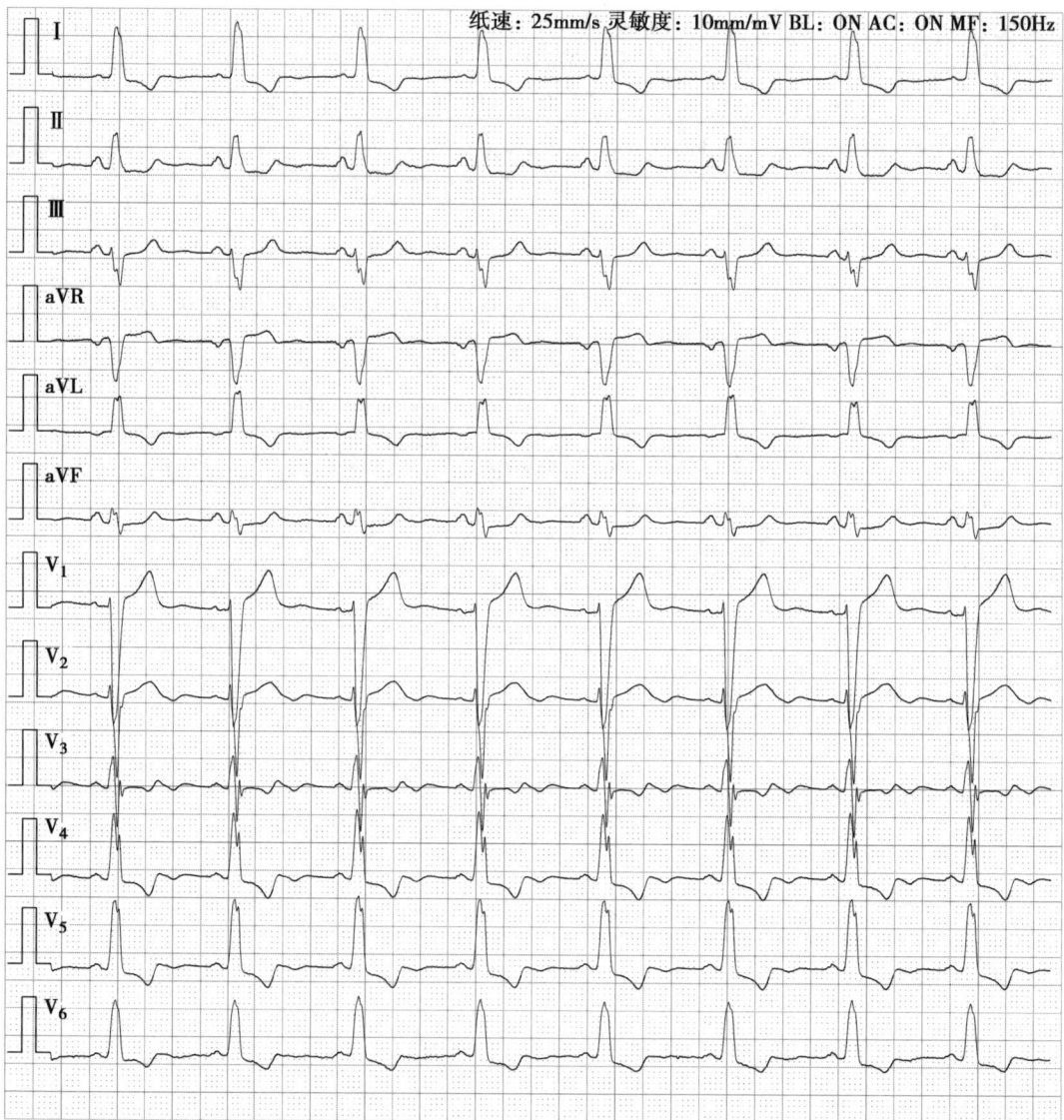

纸速：25mm/s 灵敏度：10mm/mV BL：ON AC：ON MF：150Hz

图 1-16　完全性左束支传导阻滞

11. 心肌梗死　心肌梗死的定位诊断：见表 1-4，常见梗死类型为急性下壁心肌梗死（图 1-17）和急性前壁心肌梗死（图 1-18）。

表 1-4　心电图导联与心室部位及冠状动脉供血区域的关系

导联	心室部位	供血的冠状动脉
Ⅱ、Ⅲ、aVF	下壁	右冠状动脉或左回旋支
I、aVL、V$_5$、V$_6$	侧壁	左前降支或左回旋支
V$_1$~V$_3$	前间壁	左前降支
V$_3$~V$_5$	前壁	左前降支
V$_1$~V$_5$	广泛前壁	左前降支
V$_7$~V$_9$	正后壁	左回旋支或右冠状动脉
V$_3$R~V$_4$R	右心室	右冠状动脉

纸速: 25mm/s 灵敏度: 10mm/mV BL: ON AC: ON MF: 100Hz

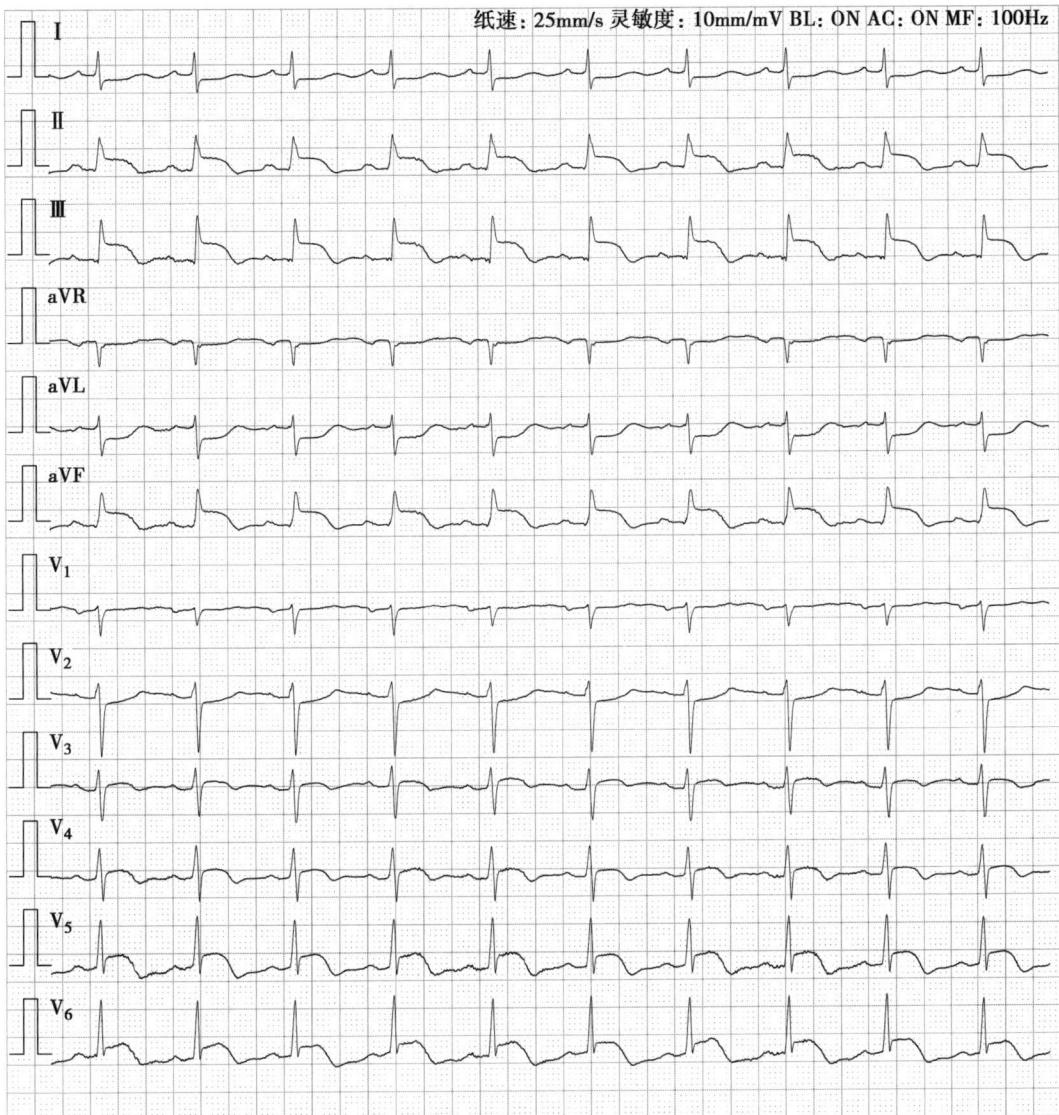

图 1-17 急性下壁心肌梗死

心肌梗死的部位主要根据心电图上坏死性图形(病理性 Q 波或 QS 波)在相应导联的出现情况来作出判断。发生心肌梗死的部位多与冠状动脉分支的供血区域相关,因此,心电图的定位基本上与心肌梗死的病理改变一致(表 1-4)。临床上对心肌梗死的定位诊断,主要看病理性 Q 波、ST 段及 T 波改变情况而定。具体可分三步走:第一步,主要看各导联有无病理性 Q 波,如有则用于定位,如无病理性 Q 波则进入第二步;第二步,主要看 ST 段有无抬高,如有则用于定位,如无则看有无 ST 段下移,如有 ST 段下移则用于定位,如无 ST 段抬高或下移,则进入第三步;第三步,主要看各导联 T 波改变情况,如有明显高耸的 T 波则用于定位(超急性期心肌梗死),如无则看有无 T 波倒置,如有则以之定位,如无 T 波改变,此时,应注意心电图的动态演变。临床上急性心肌梗死发生时,常出现多种心电图图形改变,即所有导联都有可能出现异常心电图图形,如病理性 Q 波、ST 段抬高或下移、T 波高尖或倒置,此时更应该结合临床,遵循以上三步法进行定位判断。除此之外,临床上典型的急性心包炎的心电图表现为广泛导联 ST 段弓背向下型抬高(除 aVR 外)。另外,重症心肌炎也可出现明显的 ST 段抬高表现。

12. 房室传导阻滞 临床上常见的一种心脏传导阻滞。分析 P 波与 QRS 波的关系可以了解房室传导情况。根据阻滞的程度可分为一度房室传导阻滞、二度房室传导阻滞、三度房室传导阻滞。

纸速：25mm/s 灵敏度：10mm/mV BL：ON AC：ON MF：100Hz

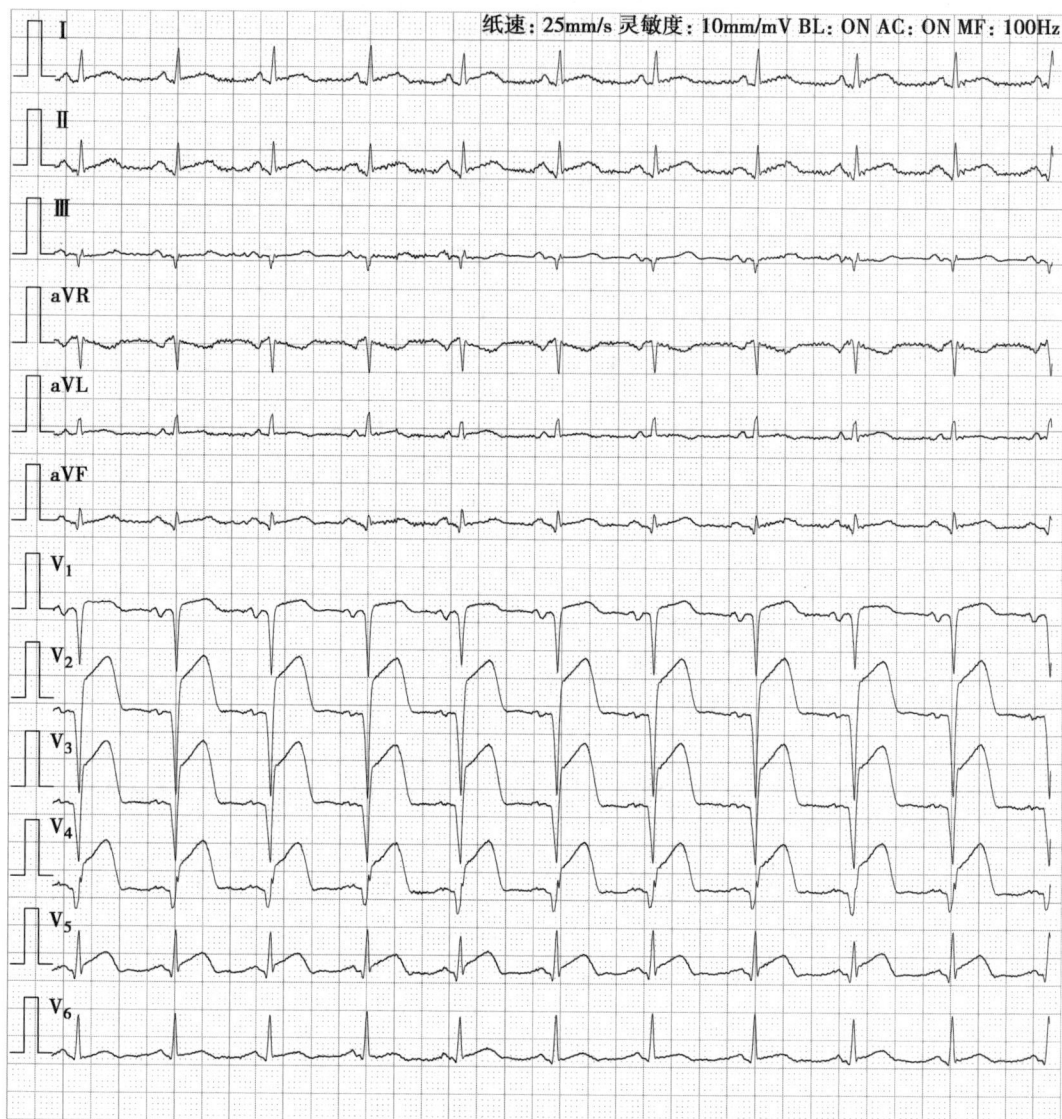

图 1-18 急性前壁心肌梗死

（1）一度房室传导阻滞（图 1-19）：心电图表现为 PR 间期延长,QRS 波一般不增宽。在成人若 PR 间期>0.20s（老年人 PR 间期>0.22s）。如对两次检测结果进行比较,在心率没有明显变化的情况下 PR 间期延长超过 0.04s,亦可诊断为一度房室阻滞。

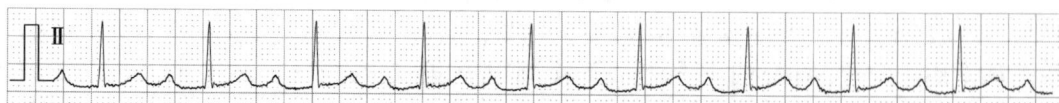

图 1-19 一度房室传导阻滞

（2）二度房室传导阻滞：心电图主要表现为部分 P 波后有 QRS 波脱漏。分两种类型：①二度 I 型房室传导阻滞（称 Morbiz I 型,即莫氏 I 型）（图 1-20）：表现为 P 波规律出现,PR 间期逐渐延长,直至 1 个 P 波后脱漏 1 个 QRS 波群,漏搏后房室传导阻滞得到一定改善,PR 间期又趋缩短,之后又逐渐延长,如此周而复始地出现,称为文氏现象（wenckebach phenomenon）。②二度 II 型房室阻滞（称 Morbiz II 型,即莫氏 II 型）（图 1-21）：表现为 PR 间期固定（可正常或延长）,部分 P 波后无 QRS 波群。P 波常以一定的比例向下传,如 4:3、3:2、2:1 等下传,故 P 波数大于 QRS 波数。

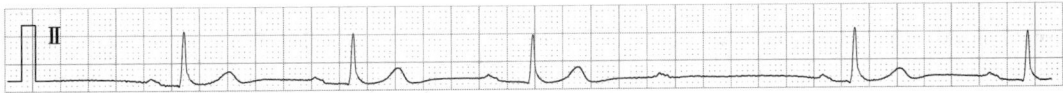

图 1-20 二度 I 型房室传导阻滞

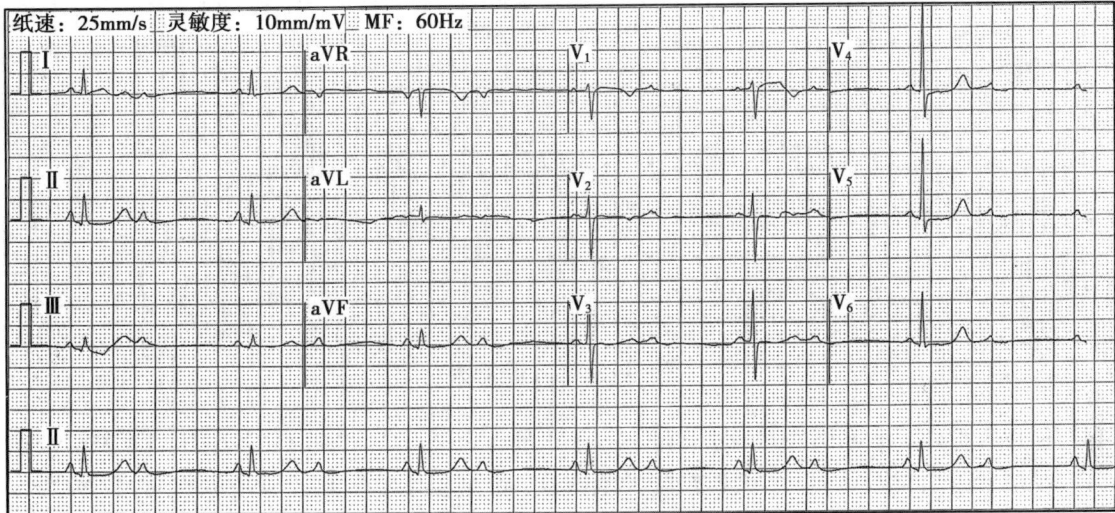

图 1-21 二度 II 型房室传导阻滞

(3) 三度房室阻滞：① P 波与 QRS 波群无固定关系，心房率快于心室率，P-R 间期亦无固定关系。② QRS 波群时间、形态与频率由心室节律点的位置决定。如心室节律点位于希氏束分叉以上，QRS 波群形态正常，心室率一般为 40~60 次 /min，为交界性逸搏心律；当心室节律点位于希氏束之下，QRS 波群呈宽大畸形，心室率一般为 20~40 次 /min，为室性逸搏心律。临床上以交界性逸搏心律（图 1-22）为多见。

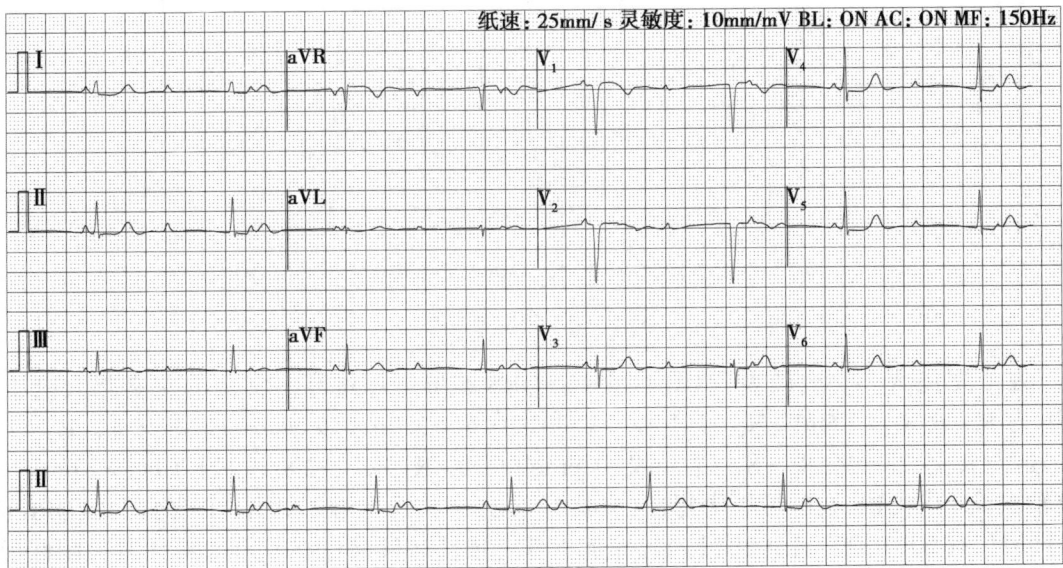

图 1-22 三度房室传导阻滞伴交界性逸搏

13. 左心房肥大 心电图表现（图 1-23）：① 在 I、II、aVL、V_4~V_6 导联上，P 波增宽，时间 ≥ 0.12s；② P 波顶部可见切迹，呈双峰型，峰距 ≥ 0.04s，称"二尖瓣型 P 波"；③ V_1 导联 P 波终末电势（Ptfv$_1$），由 V_1 导联负向 P 波时间（s）和负向 P 波深度（mm）的乘积 ≥ 0.04mm·s 求得。

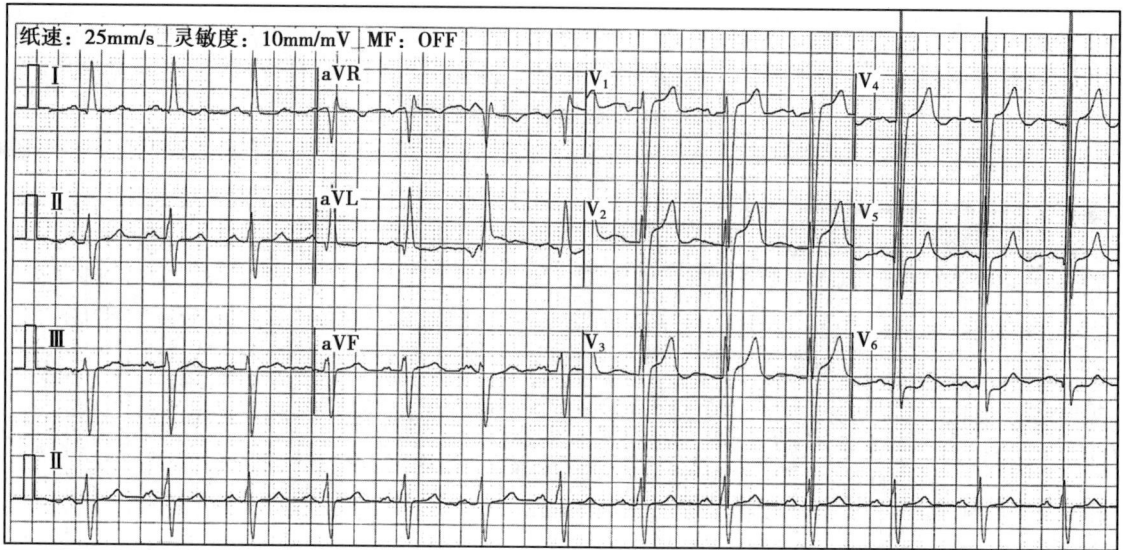

图 1-23　左心房肥大

14. 右心房肥大　心电图表现(图 1-24):①在 Ⅱ、Ⅲ、aVF 导联上 P 波高尖,电压 ≥ 0.25mV,这种 P 波又称"肺型 P 波";② Ⅰ、aVL 导联 P 波低平或倒置;③ V_1、V_2 导联 P 波多高尖耸立,少数低平或倒置;④ P 波时间正常。

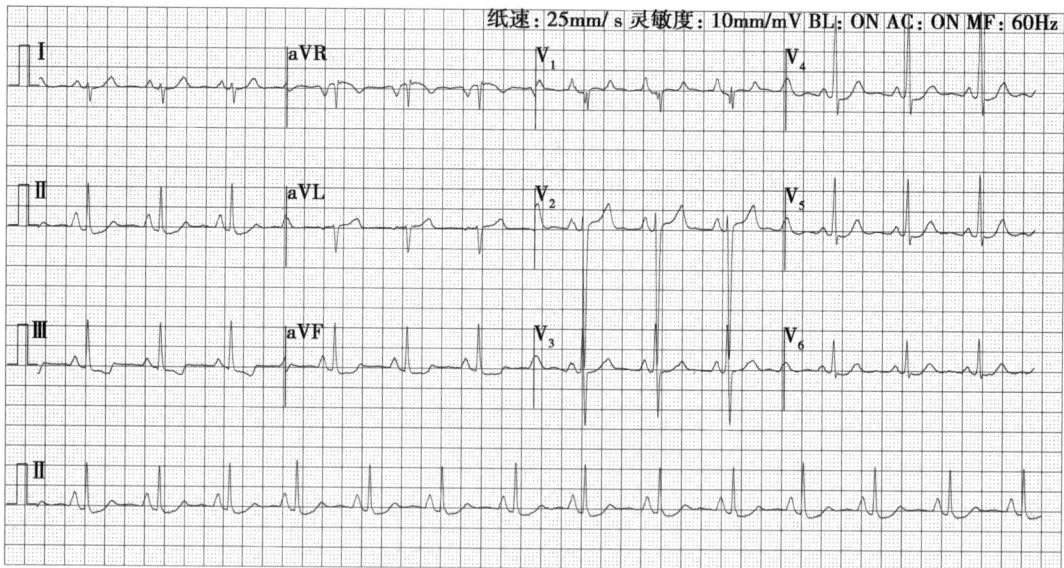

图 1-24　右心房肥大

15. 左心室肥大　心电图表现(图 1-25):① QRS 波群电压增高。常用的左室肥大电压标准:胸导联为 R_{v5} 或 R_{v6}>2.5mV; $R_{v5}+S_{v1}$>4.0mV(男性)或 >3.5mV(女性)。肢体导联: R_I>1.5mV; R_{avL}>1.2mV; R_{avF}>2.0mV; R_I+S_{III}>2.5mV。Cornell 标准: $R_{avL}+S_{v3}$>2.8mV(男性)或 >2.0mV(女性);②心电轴左偏。③ QRS 波群可稍增宽,但一般仍 <0.12s;④可有继发性 ST-T 改变。当 QRS 波群电压增高同时伴有 ST-T 改变者,传统上称左室肥大伴劳损。如只有 QRS 电压增高无其他阳性指标者,一般临床上多表述为左心室高电压。

16. 右心室肥大　心电图表现(图 1-26):① V_1 导联 R/S ≥ 1,呈 R 型或 Rs 型; V_5 导联 R/S ≤ 1 或 S 波比正常加深;aVR 导联以 R 波为主,R/q 或 R/S ≥ 1。② $R_{v1}+S_{v5}$>1.05mV(重症 >1.2mV); R_{avR}>0.5mV。③心电轴右偏 ≥ +90°(重症可 >+110°);④常同时可见右胸导联(V_1、V_2)ST 段压低及 T 波倒置。传统上右心室肥大伴劳损属继发性 ST-T 改变。

纸速：25mm/s 灵敏度：10mm/mV BL：ON AC：ON MF：40Hz

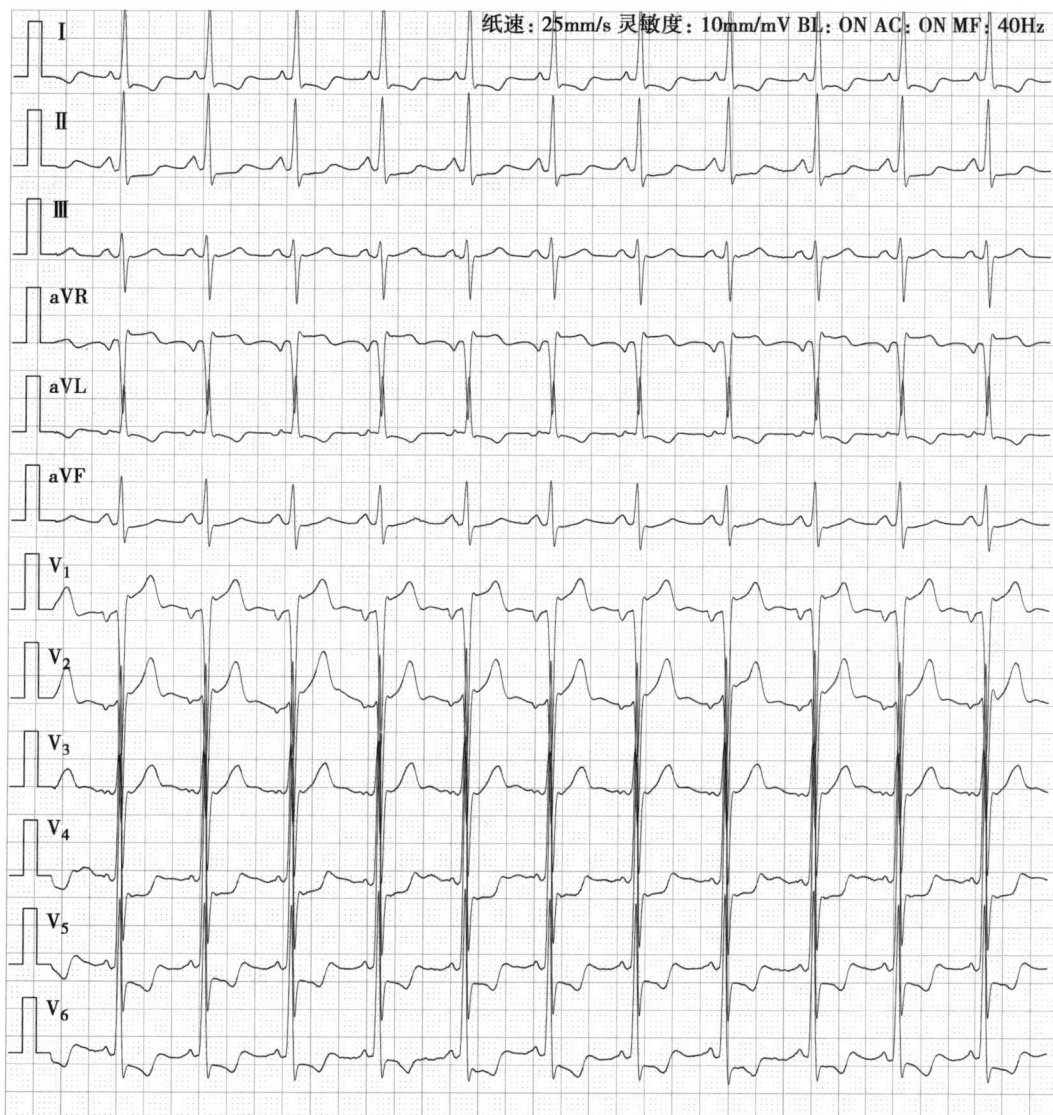

图 1-25 左心室肥大

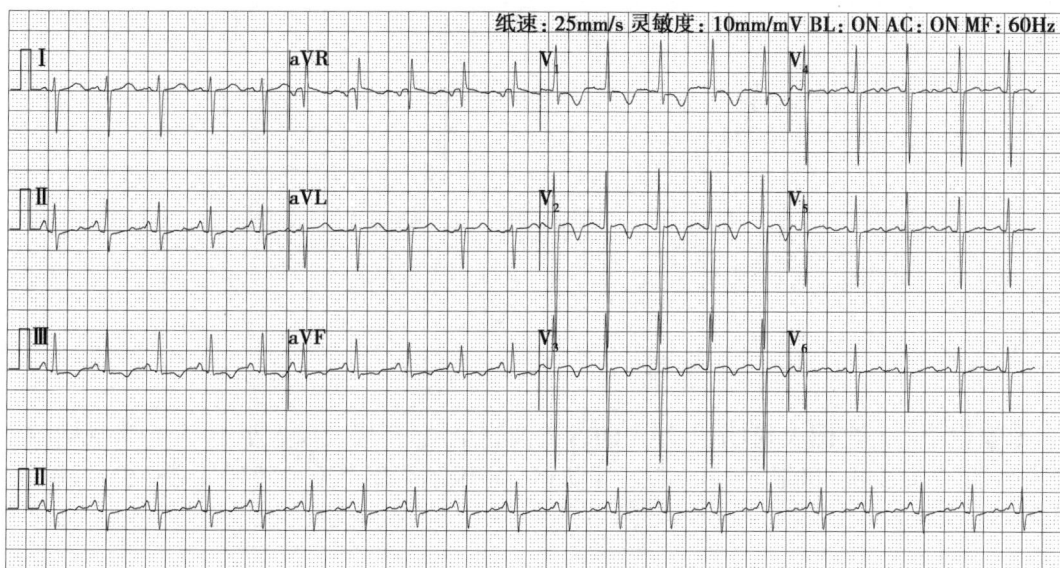

纸速：25mm/s 灵敏度：10mm/mV BL：ON AC：ON MF：60Hz

图 1-26 右心室肥大

17. 预激综合征 心电图表现(图 1-27):①PR 间期缩短(0.08~0.11s);②QRS 波群起始部分粗钝(称 δ 波),终末部分正常;③QRS 波群宽大畸形(时间 ≥ 0.12s);④可见 ST-T 继发性改变。另外,可根据 δ 波、QRS 主波方向将预激综合征分成 A、B、C 三型,在此不一一介绍。

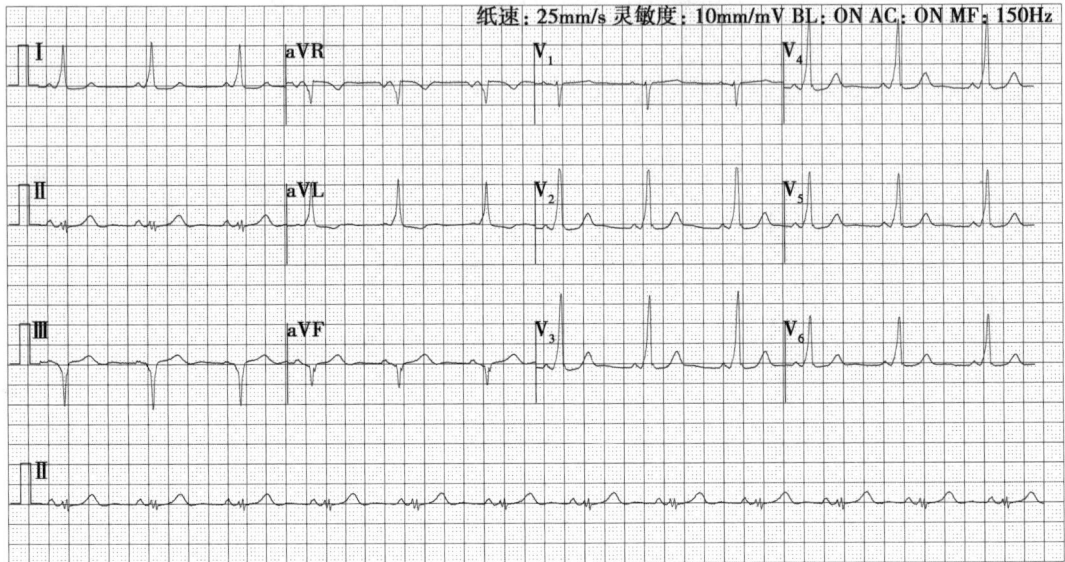

图 1-27 预激综合征

18. 阵发性室上性心动过速 心电图表现(图 1-28):理论上应分为心动过速房性和交界性心动过速,但常因 P' 不易辨别,故统称为室上性心动过速(简称室上速)。频率一般为 160~250 次 /min,QRS 形态多正常。

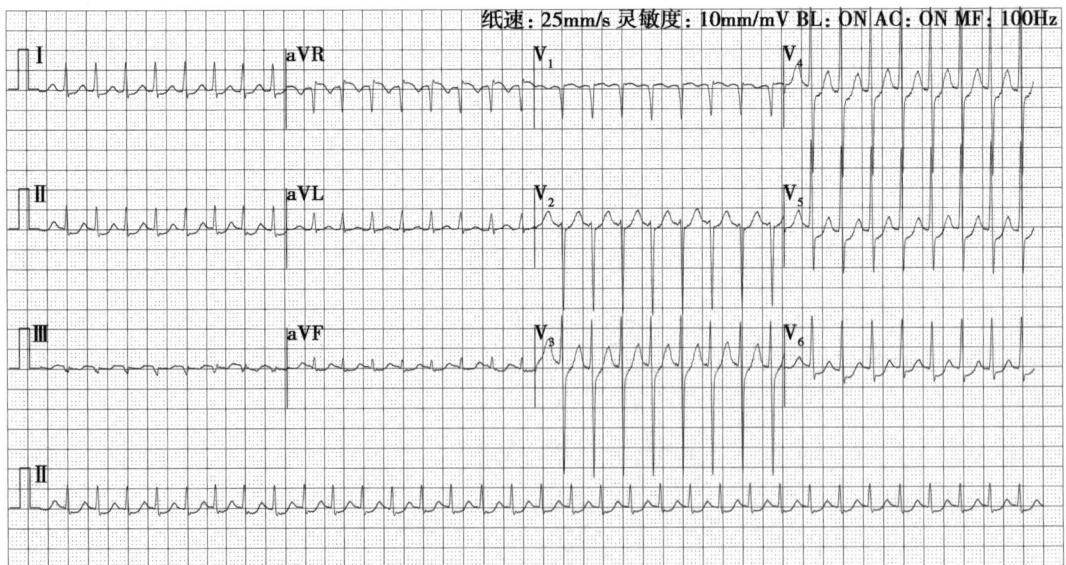

图 1-28 室上性心动过速

19. 心室颤动 心电图表现(图 1-29):QRS-T 波完全消失,代之以大小不等、极不规则的颤动波,且振幅较小,频率为 200~500 次 /min。心室扑动和心室颤动均属严重的致死性心律失常,属危急值报告范围。

Ⅱ

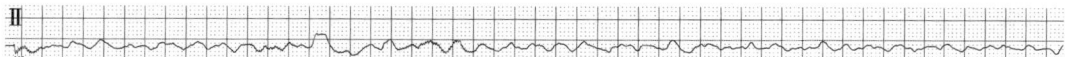

图 1-29　心室颤动

（黎　雪）

第五节　基本技能操作

一、三腔二囊管止血法

三腔,即胃管、胃囊充气管、食管囊充气管。

二囊,即胃囊和食管囊。

（一）目的

1. 用于食管、胃底静脉破裂出血的局部压迫止血。

2. 用于胃肠减压,抽吸尽胃内积液（血）积气,减少窒息和吸入性肺炎的发生。

3. 评估有无上消化道活动性出血。

4. 用于鼻饲或胃内给药治疗。

（二）适应证

适用于难以控制的门静脉高压症合并食管 - 胃底静脉曲张破裂出血,内科药物止血无效者。

1. 经积极补液、输血、扩容、药物止血等综合治疗,难以控制的静脉血管性大出血。

2. 不具备急诊手术止血条件的患者。

3. 内镜下食管或胃底静脉曲张套扎术或硬化剂注射后再出血,胃底静脉曲张人体组织黏合剂注射术或外科止血手术后,一般药物止血措施无效者。

4. 不具备紧急内镜下套扎术或行硬化剂、人体组织黏合剂注射止血条件者。

5. 常规内镜下紧急止血操作失败者的补救措施。

6. 急诊内镜下或血管介入止血的术前准备。

7. 进行胃肠减压及评估有无上消化道活动性出血。

（三）禁忌证

1. 生命体征不稳,病情危重患者。

2. 心功能不全或心力衰竭患者。

3. 重度高血压患者。

4. 严重的冠心病。

5. 昏迷患者。

6. 肝性脑病或酒精戒断躁动不能配合的精神异常患者。

7. 鼻咽部、食管肿瘤或手术狭窄、畸形患者。

8. 胸腹主动脉瘤患者。

（四）操作前准备

1. 术前核查及沟通

（1）核对患者身份,术前常规检查:评估患者的神志、精神状态及生命体征,高血压或冠心病患者,在操作前常规测血压、脉搏,评估心功能,把握适应证,排除禁忌证。

（2）术前沟通:向患者及家属说明进行三腔二囊管的风险及必要性,争取患者配合。还应向说明操作过程中可能出现或应注意的问题,或可能存在的风险（局部鼻咽、口腔、食管、胃底黏膜损伤、呼吸困难、窒息、心律失常、心脑血管意外、置管失败等其他不可意料的意外情况）,如何配合等。

（3）确保患者及其家属签署操作知情同意书。

2. **物品准备** 治疗车上准备有以下物品：①首先核对三腔二囊管的消毒有效期及包装完整性，无菌治疗盘 2 个，镊子 2 把，一次性 50ml 注射器 2 副、止血钳 3 把、一次性手套、口罩、帽子、石蜡油、纱布 3 块、棉签、棉球、胶布、小弯盘、小药杯、治疗巾；②血压计、听诊器、压舌板、手电筒、绷带、负压吸引器、牵引架、牵引物(0.5kg 砝码或 500ml 0.9% 氯化钠溶液瓶)、滑轮、标记笔、记录单；③消毒用品：75% 酒精或 0.5% 聚维酮碘。

3. **操作者准备**

(1)掌握三腔二囊管相关知识，了解患者病情、置管操作方法及目的。

(2)指导患者摆好体位，选平卧位或侧卧位。

(3)洗手，戴好口罩、帽子。

(五) 操作步骤

1. **与患者及家属沟通** 自我介绍，洗手，戴好口罩、帽子，核对患者姓名、性别、床号，交代患者操作注意事项及配合情况，患者取平卧位或侧卧位，插管时嘱患者做吞咽动作进行配合，如出现呕血，立即将患者头部偏向一侧，嘱其主动将口中的血液尽量吐出，防止发生误吸，引起窒息，如出现头晕、气促、心悸等不适，及时告知，必要时停止操作。

2. **二次核对** 再次重新核对患者的身份、病情，测量生命体征，确认操作项目无误。

3. **患者评估** 检查患者有无鼻中隔偏曲、鼻息肉、鼻甲肥厚等，清洁鼻腔异物，选择较大的一侧鼻腔进行插管。

4. **术前检查** 三腔二囊管是否通畅，检查气囊有无老化、漏气等，测试气囊压力，通常食管气囊注气 100~150ml，胃囊注气 200~300ml，接血压计测压，测量插入深度，并做好标记，备用。

5. **润滑** 注射器抽尽食管囊和胃囊中气体，石蜡油润滑三腔二囊管前段(患者鼻腔段至气囊段 50~60cm)，铺巾，润滑鼻腔，压舌板备用，放置弯盘。

6. **插管** 患者保持平卧位或侧卧位，嘱患者头偏向一侧，经润滑好的鼻腔插入三腔二囊管至 12~15cm 时，用压舌板辅助，避免三腔二囊管在口腔内反折，继续送管至咽喉部，嘱患者做吞咽动作，注意避免误插到气管，插至 65cm 处或抽出胃液，证明已达胃底。

7. **胃囊注气** 用 50ml 注射器向胃气囊内注入 200~300ml 空气，使胃气囊膨胀。用血压计测定囊内压力，使压力保持在 50mmHg。止血钳将胃气囊的管口夹住，以防气体外漏。将三腔二囊管向外牵引，使已膨胀的胃气囊压在胃底部，牵引时感到有中等阻力感为止。用胶布将三腔二囊管固定于患者的面部，或者使用 0.5kg 的砝码或输入瓶，将其牵拉并固定于床前的牵引架上。

8. **食管囊注气** 如胃囊注气后观察仍有活动性出血者，继续向食管囊注入 100~150ml 空气，接血压计测定囊内压力，使压力保持在 30~40mmHg，具体压力视需要调整，止血钳夹闭，每隔 8~12h，放气 30~60min，避免压迫时间过久引起黏膜糜烂。

9. **监测气囊压力** 维持食管囊压力在 30~40mmHg，胃囊压力 40~50mmHg，如压力明显下降，及时补充空气以维持正常压力范围，充气前均需口服石蜡油 15ml 润滑食管黏膜，避免粘连导致黏膜损伤。

10. **减压** 应将三腔二囊管往胃内送少许，减轻胃底压力，定期抽取胃内容物帮助判断是否有活动性出血。

11. **拔管** 观察出血停止 24h 后，先打开止血夹用 50ml 注射器抽出食管囊的气体，接着松开牵引，再放胃囊的气体，继续观察有无活动性出血。观察 24h 无出血的患者，可考虑拔管，注意先口服约 25ml 石蜡油充分润滑，注射器抽尽各气囊的气体，缓慢匀速拔管，观察三腔二囊管上的血迹，以判断出血部位。

(六) 注意事项

1. 插管时应用注射器抽尽气囊内的空气，插管切勿过深，一般先向胃气囊注气，再往食管气囊注气。

2. 压迫止血失败的常见原因是胃囊气压不足及牵拉松弛，如胃囊充气量不足，且过度牵拉，可导致胃囊在胃底脱出,进入食管下段,使心脏受压,引起心律失常,如胃囊拉至喉部,常导致窒息。

3. 通常每 12~24h 需放气一次,注意将三腔二囊管向胃内送少许以减轻胃底压力,避免局部黏膜组织血液循环障碍,减压后定期抽取胃内容物观察是否存在活动性出血。

4. 三腔二囊管一般放置 3~4d,如观察患者有继续出血,可适当延长留管时间,通常在出血停止 12~24h 后,先留管再放气观察 12~24h,如无活动出血可考虑拔管。

5. 拔管时应用注射器抽尽气囊内的空气,先服用石蜡油 25ml 润滑后再拔管。

6. 术中、术后应严密观察患者有无出现呼吸困难、心律失常等并发症。

（七）常见并发症

1. **鼻咽部及食管黏膜损伤**　大出血患者常伴烦躁不安,不能配合,食管痉挛,施强行插管常导致局部黏膜损伤,短时间内反复插管易导致进一步损伤,气囊压力过大或过度牵引,易导致黏膜水肿、局部炎症及坏死,严重者可出现食管狭窄。预防:操作时充分润滑三腔二囊管,动作轻柔,切勿暴力操作,气囊压力适中,避免过高或过低,注意监测气囊压力,及时调整。

2. **心律失常**　气囊压力过高或过度牵拉常引起迷走神经兴奋,诱发心律失常。预防:切勿暴力操作,气囊压力适中,避免过高或过低,注意监测气囊压力,及时调整,注意监测心电图,出现异常及时处理。

3. **呼吸困难**　主要是由三腔二囊管移位到咽部所致。预防:注意调整插管深度及气囊压力。

4. **食管穿孔**　较少见,多因暴力操作或患者烦躁不能全程配合,气囊压迫时间过久,引起局部黏膜缺血坏死所致。预防:嘱患者尽量放松,插管时配合吞咽动作;烦躁不能配合者,适当镇静后再插管,监测气囊压力,及时调整气囊压力。

（八）拔管后处理

1. 密切监测患者生命体征,重点观察有无活动性出血。

2. 使用过的物品按照医疗物品管理办法分类进行处理。

3. 及时书写操作记录。

（九）相关知识

1. 胃气囊漏气或充气不足的危害:胃气囊漏气或充气过少常使三腔二囊管移位到食管及喉部,从而导致患者出现呼吸困难、心律失常、窒息等严重不良后果。

2. 气囊压力过高的不良后果:气囊压力过高,常出现局部黏膜血供障碍或中断,导致溃疡,严重者可出现坏死。

3. 食管气囊及胃气囊的注气量及其压力要求:食管气囊需注气 100~150ml,压力维持在 20~30mmHg,胃气囊通常需注气 200~300ml,压力维持在 40~50mmHg。

4. 三腔二囊管置管出现心脏停搏的原因:过度牵拉或充气过快,压迫和刺激心脏,反射性引起迷走神经兴奋,导致出现频繁的期前收缩,严重时可引起心搏骤停。

（十）案例分享

患者,男,50 岁,"突发呕血 10min"入院,既往有酒精性肝硬化病史,查体:面色苍白,血压 85/46mmHg,腹膨隆,无压痛,肝脏未触及,脾大。

【问题】

根据患者目前病情需做什么紧急处理?

【临床思维】

根据患者病史,考虑患者有可能出现食管 - 胃底静脉破裂出血,需及时行三腔二囊管置管局部压迫止血。如患者有休克表现,注意双管输液、补液、扩容、配血、备血。

教学视频:
三腔二囊管
止血法

（十一）三腔二囊管置管操作评分标准（表 1-5）

表 1-5　三腔二囊管置管操作评分标准

项目	细则要求	分值	得分
操作前	仪表端庄,着装整洁	2	
	核对医嘱、治疗单(卡)	5	
	评估: 1. 意识状态、呼吸、鼻腔情况 2. 是否有人工气道、食管、胃肠梗阻 3. 术后情况 4. 解释操作目的,取得患者合作	6	
	洗手,戴口罩	2	
	物品准备:治疗盘(内放三腔二囊管 2 根)、石蜡油、棉签、治疗碗(内盛 0.9% 氯化钠溶液或凉开水)、50ml 注射器 2 个、测压计、垫巾、镊子、纱布、别针、牵引物(0.5kg)、牵引绳、胶布、手套、止血钳 3 把、弯盘、听诊器、负压吸引器、滑车装置、手消毒剂、隔离衣、手电筒、压舌板、开口器(必要时使用)	5	
操作中	携用物至床旁,核对床号、姓名,穿隔离衣、戴手套	3	
	向患者告知操作配合要点,减轻患者恐惧心理,协助患者取适宜体位	3	
	插管前检查三腔二囊管的有效期,分辨胃气囊、食管气囊、胃管并做好标记,50ml 注射器向气囊内注气并记录,一般胃气囊内注气 150~200ml,食管囊内注气 100ml,观察气囊膨胀是否均匀,压力大小,并记录。然后把气囊放入水中,观察是否漏气,如气囊膨胀不均匀或者漏气,应立即更换重试,试毕,抽净囊内气体备用	5	
	用颌下铺垫巾,把弯盘置于颌下,清洁鼻腔	2	
	测量插胃管长度(一般成人为 65cm),即从鼻尖到耳垂加上耳垂到剑突的距离,做好标记	8	
	用石蜡油润滑三腔二囊管前端及气囊,将三腔二囊管前端一侧鼻孔轻轻插入,到咽喉部(插入 14~15cm)时,指导患者做吞咽动作,随后迅速将三腔二囊管插入胃内,用胶布暂时固定。确定在胃内后(一般用注射器回抽法),先抽尽胃内潴留的血液,再向胃气囊内注气 150~200ml,使压力维持在 50mmHg 左右,立即将胃气囊口用止血钳夹紧,防止漏气,然后将三腔管轻轻外拉,有阻力为止。需要用食管囊时囊内注气 100ml,使压力维持在 40mmHg 左右	15	
	各气囊充气完毕,在三腔管的末端进行牵引,牵引力以(0.5kg)左右为宜,调整好角度,一般管腔与患者躯干长轴的角度为 30°~45°;在鼻腔的外侧管道上做好标记,也可固定在鼻唇处,避免气囊上移引起窒息	10	
	床头柜放置一治疗盘,内放一把剪刀、手套、弯盘,以备急需	4	
	注意观察胃管引流液的颜色、性质、量	5	
	询问患者感受,告知注意事项	5	
	协助患者取舒适体位,整理床单位,沟通有效	2	
	洗手	1	
	记录	2	

续表

项目	细则要求	分值	得分
操作后	按消毒技术规范要求分类整理使用后物品	3	
	正确指导患者： 1. 告知患者置入三腔二囊管的目的、方法及注意事项 2. 告知患者留置胃肠减压期间禁饮禁食	5	
	语言通俗易懂，态度和蔼，沟通有效	2	
	全过程动作熟练、规范，符合操作原则	5	
总分		100	

(宋嗣恩)

二、腹腔穿刺术

腹腔穿刺(abdominocentesis)是指为诊断和治疗疾病进行腹腔穿刺,抽取积液进行检验的操作过程,该项操作是确定有无腹水及鉴别腹水性质的简易方法。

(一)目的

1. 抽液送检或行病理,明确腹水的性质,找出致病因素,协助诊断。

2. 大量腹水患者抽出适量腹水,以缓解腹胀、胸闷、气促、呼吸困难等症状。

3. 腹部闭合性损伤的诊断性穿刺或治疗,向腹膜腔内注入药物,如腹腔肿瘤灌注化疗、(慢性肾衰竭)腹膜透析、腹腔灌洗等。

4. 空洞性肺结核患者实施人工气腹,通过增加腹内压,促使膈肌上抬,压迫两肺,减少肺活动度,可促进肺结核空洞的愈合。

5. 手术配合,如腹腔镜手术的人工气腹,建立腹水浓缩回输通路。

(二)适应证

1. **诊断性腹腔穿刺** 腹水性质不明确,或疑有内出血者,为明确积液性质,寻找致病因素,协助诊断。

2. **大量腹水** 积液引起胸闷、呼吸困难及明显腹胀且难以忍受者,需行腹腔穿刺抽液缓解症状。

3. **治疗性腹腔穿刺** 需腹腔内注药或腹水浓缩再输入者,如腹膜透析、灌注化疗、腹腔灌洗等。

4. **行腹腔镜手术** 需行人工气腹,暴露术野。

(三)禁忌证

1. 严重电解质紊乱、休克及昏迷状态者。

2. 广泛腹膜粘连者。

3. 有肝性脑病先兆,精神异常或不能配合者,以及无法配合者。

4. 巨大腹腔内肿瘤、腹主动脉瘤、棘球蚴病及巨大卵巢囊肿者。

5. 大量腹水伴有严重电解质紊乱者,禁忌大量放液。

6. 妊娠中晚期者。

7. 麻痹性肠梗阻致严重的肠管扩张者。

8. 有严重出血倾向的患者。

9. 腹壁感染者。

(四)操作流程

1. 术前注意事项

(1)嘱患者行腹腔穿刺前先排空小便,避免穿刺过程中损伤膀胱。

(2)穿刺时根据患者情况采取适当体位,如坐位、半坐卧位、平卧位、侧卧位,根据体位选择合适的穿刺点。

(3)腹腔穿刺前后,遵医嘱测血压、脉搏等生命体征;称体重、量腹围,以便观察病情变化。交代患者一次大量放液,可导致电解质紊乱,易诱发肝性脑病。大量放液后,需用多头腹带加压腹壁,可有效避免因腹压突然下降而引起内脏血管扩张,从而导致休克。

(4)在穿刺过程中如果出现头晕、恶心、心悸、呼吸困难等不适时,应及时告知医护人员,及时处理。

2. 术前准备

(1)自我介绍,与患者及家属充分沟通:腹腔穿刺术的目的、必要性及风险和应急处理措施;询问有无麻醉药过敏史,充分告知患者及家属,征得患者及家属同意后,确保患者及其家属签署操作知情同意书。

(2)操作室消毒。

(3)核对患者姓名、性别、床号,查阅病历、腹部平片、CT 及相关辅助检查资料。

(4)戴口罩、帽子,洗手。

(5)向患者及家属交代穿刺的目的和大致过程,消除患者顾虑,争取患者配合。

(6)测血压、脉搏、称体重、量腹围、检查腹部体征,评估腹腔穿刺适应证,排除禁忌证。

(7)穿刺前交代患者排尿,避免术中损伤膀胱。

(8)准备一次性腹腔穿刺包 1 个(包括无菌手套两副、5ml 注射器、20ml 注射器、50ml 注射器、无菌试管数个)口罩、帽子、2% 盐酸利多卡因注射液、0.5% 聚维酮碘、胶布、多头腹带等。

3. 操作步骤

(1)选择穿刺部位

1)常选取左下腹部穿刺点:脐与左髂前上棘连线的中 1/3 与外 1/3 交界处,此处不易损伤腹壁动脉,为放液的常用穿刺点。

2)脐与耻骨联合上缘间连线的中点上方 1cm、偏左或右 1~2cm。

3)腹膜腔内少量积液的诊断性穿刺常选用,穿刺点为侧卧位脐平面与腋前线或腋中线交点处。

4)少量腹水及包裹性腹水常需 B 型超声定位穿刺点。

(2)体位:根据患者病情需要,选择舒适的体位,可取平卧位、半卧位、左侧卧位,对疑为腹腔内出血或少量腹水者行实验性穿刺,应取侧卧位。

(3)穿刺步骤

1)消毒、铺巾:①用聚维酮碘在穿刺部位,自内向外进行皮肤消毒两遍,以穿刺点为中心,消毒范围直径约 15cm,待干后,重复消毒一次;②打开一次性腹腔穿刺包,戴无菌手套,在穿刺部位,铺无菌洞巾;③术前检查腹腔穿刺包的包装是否完整,有无漏气,在灭菌有效期内,打开后检查物品是否齐全(配有 8 号或 9 号带有乳胶管的腹腔穿刺针、小镊子、输液夹子、纱布、孔巾)。

2)局部麻醉:术者口述核对麻醉药物 2% 盐酸利多卡因注射液名称及药物浓度,术者取出无菌注射器,助手掰开 2% 盐酸利多卡因注射液安瓿,术者以 5ml 注射器抽取 2% 盐酸利多卡因注射液 2ml,先打一皮丘,再自皮肤至腹膜壁层做局部麻醉。注药前应回抽,观察无回血后,方可注射麻醉药。

3)穿刺:术者左手固定穿刺部位皮肤,右手持针经麻醉处垂直刺入腹壁,待针锋抵抗感突然消失时,视针尖已穿过腹膜壁层,助手戴手套后,用消毒血管钳协助固定针头,术者抽取腹水,并留样送检。诊断性穿刺可直接用 20ml 或 50ml 注射器及适当针头进行。大量放液时,可用 8 号或 9 号针头,并在针座上连接一根橡皮管,以输液夹子调整速度,将腹水引入容器中计量并送化验检查。

4)术后处理:①抽液完毕,拔出穿刺针,穿刺点用聚维酮碘消毒后,覆盖无菌纱布,用力压迫穿刺部位数分钟,用胶布固定,测量腹围、脉搏、血压,检查腹部体征。如无异常情况,送患者回病房,嘱患者卧床休息,观察术后反应。②书写穿刺记录。

5)进针技术与失误防范:①当诊断性穿刺及腹膜腔内药物注射时,选好穿刺点后,穿刺针垂直刺入即可。但对腹水量多者的放液,穿刺针自穿刺点斜行方向刺入皮下,然后再使穿刺针与腹壁呈垂直方向刺入腹膜腔,以防腹水自穿刺点滑出。②进针一定要准确,选左下腹腔穿刺点时不可偏内,避开腹壁下血管,但又不可过于偏外,避免损伤旋髂深血管。③进针速度不宜过快,以免刺破漂浮在腹水中的肠管,术前常规嘱患者排尿,以防损伤膀胱。进针深度视患者具体情况而定。④放液速度不宜过快,量不宜过大。初次放液者,速度要慢,一般不要超过 3 000ml,结束时应予多头腹带加压固定腹部。⑤注意观察患者的面色、呼吸、脉搏及血压变化,必要时停止放液并及时处理。⑥术后卧床休息 24h,以免引起穿刺伤口腹水外渗。

(五) 注意事项

1. 术中密切观察患者,如有头晕、心悸、恶心、气短、脉搏增快及面色苍白等,应立即停止操作,并进行适当处理。

2. 放液时,不宜过快、过多,肝硬化患者一次放液一般不超过 3 000ml,过多放液可诱发肝性脑病和电解质紊乱。放液过程中要注意腹水的颜色变化。

3. 放液时,若流出不畅,可将穿刺针稍做移动或稍变换体位。

4. 术后嘱患者平卧,并使穿刺孔位于上方以免腹水继续漏出;对腹水量较多者,为防止漏出,在穿刺时即应注意勿使自身皮肤到腹膜壁层的针眼位于一条直线上,方法是当针尖通过皮肤到达皮下后,即在另一手协助下,稍向周围移动穿刺针头,而后再向腹腔刺入。如遇穿刺孔继续有腹水渗漏时,可用蝶形胶布或火棉胶粘贴。大量放液后,需上多头腹带,以防腹压骤降导致内脏血管扩张引起血压下降或休克。

5. 注意无菌操作,防止腹腔感染。

6. 放液前后均应测量腹围、脉搏、血压、体重,检查腹部体征,注意观察病情变化。

7. 对于腹水为血性者,取得标本后应停止抽吸或放液。

(六) 案例分享

患者男性,50 岁,因 "腹胀、胸闷 10d" 入院,既往有长期大量饮酒史及乙肝病史,查体:肝病面容,腹膨隆,腹软,无压痛,移动性浊音(+)。B 型超声提示:肝硬化,大量腹水,脾大。

【问题】

为明确诊断及缓解症状,应如何处理?

【回答】

需行腹腔穿刺抽液术。

教学视频:
腹腔穿刺术

(七) 腹腔穿刺术评分标准 (表1-6)

表 1-6　腹腔穿刺术评分标准

项目	细则要求	分值	得分
操作前	患者准备: 1. 口述:测量生命体征(心率、血压、呼吸),体力状况评价(2 分) 2. 向患者解释腹腔穿刺的目的、操作过程,以及可能的风险(1 分) 3. 告知需要配合的事项(排尿,保持体位,有不适要告知)(2 分) 4. 确保患者及其家属签署知情同意书(2 分)	7	
	物品准备: 1. 腹腔穿刺包、消毒用品、棉签、麻醉药物、注射器(2ml 或 5ml,20ml 或 50ml 各 1 个)、胶布、无菌手套 2 副(2 分) 2. 抢救物品(1 分) 3. 医疗垃圾桶、锐器盒(1 分) 4. 核对物品消毒的有效期、完好性及密闭性(1 分)	5	
	操作者准备: 1. 检查患者前后、准备物品前、操作前洗手(2 分) 2. 戴口罩、帽子(1 分)	3	

续表

项目	细则要求	分值	得分
操作中	定位： 1. 操作前再次核对患者信息(1分) 2. 口述体位选择，仰卧位(2分) 3. 口述常用穿刺部位(左下腹脐与髂前上棘连线中外1/3交点)或其他穿刺部位(3分) 4. 定位后，用标记笔标记(1分)	7	
	消毒铺巾： 1. 常规消毒(4分) 2. 正确戴无菌手套(2分) 3. 铺巾(2分)	8	
	麻醉： 1. 核对麻醉药物后，用注射器抽取2%盐酸利多卡因2ml(2分) 2. 在穿刺点局部皮下注射形成1个皮丘，将注射器垂直于腹壁皮肤表面，缓慢刺入(4分) 3. 间断负压回抽，每进针2~3mm回吸一次，如无液体或鲜血吸出，则注射麻醉药物，逐层浸润麻醉各层组织，直至腹膜；如有液体吸出，则提示进入腹腔(5分)	11	
	穿刺： 1. 先将穿刺针后的胶皮管用止血钳夹住，左手固定皮肤(2分) 2. 右手持穿刺针经麻醉路径进行穿刺，当针尖通过皮肤到达皮下后，稍向周围移动穿刺针头，再垂直刺入腹壁(7分) 3. 待感到穿刺针抵抗突然消失时，表示已进入腹腔，可抽取腹水(3分)	12	
	抽液： 1. 用50ml注射器连接橡皮管(1分) 2. 松开止血钳，缓慢匀速抽取腹水(5分) 3. 抽取10ml后再次用止血钳夹住胶管(3分) 4. 然后取下注射器，将液体注入标本试管中，以便送检(3分) 5. 口述：术中注意观察患者的反应，询问患者有无不适等(3分)	15	
	拔针： 1. 拔出穿刺针、用纱布按压穿刺部位(2分) 2. 局部消毒(2分) 3. 压迫片刻(1分) 4. 无菌敷料覆盖(2分)	7	
操作后	1. 交代注意事项(2分) 2. 整理用后物品(2分) 3. 并口述用后物品，按医疗物品管理条例分类处理、标本送检(3分) 4. 并洗手并记录(3分) 5. 整个操作过程(物品准备、麻醉、穿刺、抽液、拔针，每项2分)严格遵守无菌原则 6. 整个操作过程须有人文关怀的表现(5分)	25	
总分		100	

（宋嗣恩、黄 庆）

三、心包腔穿刺术

心包腔穿刺术是临床诊断、治疗心包疾病有效的方法之一，然而它是风险较大的操作，床边用针盲目穿刺导致危及生命的严重并发症的发生率可高达20%。

（一）目的

1. 抽取心包积液用于明确诊断。

2. 用于缓解心脏压塞、心包腔内药物治疗等。

（二）适应证

1. 病因不明的心包积液，待明确诊断者。

2. 有心脏压塞症状者，进行穿刺抽液以减轻临床症状。

3. 化脓性、肿瘤性、结核性心包积液等患者，须通过穿刺排脓、心包腔冲洗或向心包腔内注射药物等方式进行治疗。

（三）禁忌证

1. 出血性疾病、严重血小板减少症（血小板低于 $50 \times 10^9 L^{-1}$），以及正在接受抗凝治疗者为相对禁忌证。

2. 拟穿刺部位有感染者或合并有菌血症或败血症者。

3. 心包积液过少，估计穿刺时有刺伤心肌可能者。

4. 患者无法配合手术操作的情形。

（四）操作流程

1. 患者准备

(1) 向患者及家属说明心包腔穿刺的目的、操作过程、可能的风险，让患者及家属做好穿刺的心理准备。

(2) 告知需要配合的事项（操作过程中避免咳嗽、深呼吸，保持体位，有头晕、心悸、呼吸困难等不适要及时报告医生等）。

(3) 确保患者及其家属签署知情同意书。

2. 物品准备

(1) 穿刺包：内含弯盘 2 个，孔巾 1 张、纱布 4 块、棉球 10 个、巾钳 2 把、中弯止血钳 1 把、18 号或 20 号心包腔穿刺针各 1 根、带玻璃接管的乳胶管 1 根、消毒杯 2 个。

(2) 消毒用品（碘伏、75% 酒精，或是 0.5% 聚维酮碘）。

(3) 局麻药：2% 盐酸利多卡因 5ml。

(4) 其他：手消毒剂 1 瓶、无菌手套 2 副、5ml 及 50ml 一次性注射器各 1 个、胶布 1 卷、抢救车 1 个、标本留置小瓶 4 个、500ml 量杯 1 个。

3. 操作者准备

(1) 两人操作。

(2) 术前行心脏超声检查，再次确定液平段大小、穿刺部位、穿刺方向和进针距离等情况，仔细叩出心浊音界。在心脏超声协助下定位取点，选择积液量最大、距离胸壁最近、容易进针的部位进行穿刺，此部位最安全。

(3) 建立静脉通道、心电监护仪，测量生命体征（呼吸、血压和心率），监护电极粘贴避开操作区域。

(4) 操作者洗手，戴好口罩、帽子及无菌手套，助手协助患者摆好体位，观察生命体征和心电情况。

(5) 再次了解病情，确认患者姓名、床号，确认患者无穿刺的禁忌证，无利多卡因过敏。向患者说明心包腔穿刺的目的、操作过程及需要配合的事项，安抚患者情绪。

4. 操作步骤

(1) 患者可取坐位或半坐卧位。

(2) 穿刺点和路径的选择

1) 左剑肋角穿刺点：选取剑突与左肋弓缘夹角处作为穿刺点，该位置相当于心包前下窦，是患者处于坐位或半坐卧位时心包腔的最低位置。此处无胸膜覆盖，位于胸膜腔外，可有效避开冠状动脉和乳内动脉，因此较为安全。进行穿刺时，患者多采用半坐卧位，针体应与腹壁呈 15°~30° 角，紧贴肋骨或胸骨后，向上、向后并稍向左刺入心包腔的后下部。

2）心前区穿刺点：根据横膈位置高低，选择左侧第 5 或第 6 肋间，心浊音界内侧 1~2cm 处为穿刺点。穿刺时，沿肋上缘向内向后指向脊柱进针。这一路径穿刺技术难度较前一路径小，但对化脓性心包炎或渗出液体较少的心包炎不太适宜。

3）胸骨左缘第 5 肋间为穿刺点：针尖垂直于胸壁进入，但极易损伤冠状动脉前降支，一般情况下不提倡采用。部分有经验的心血管专科医生术前经心脏超声心动图定位适宜部位进行穿刺。

（3）常规消毒局部皮肤，术者及助手均戴好无菌手套，铺孔巾。穿刺路径以 2% 盐酸利多卡因自皮肤至心包壁层做局部麻醉。

（4）穿刺时，先将穿刺针后胶管用血管钳夹闭，术者持穿刺针负压进针，进针采用 1~2mm "寸移"式，边进针边抽吸，至吸出液体时即停止进针。针尖抵抗感突然消失时，表明针已穿过心包壁层，若同时感到心脏搏动，此时应退针少许，以免划伤心脏。助手立即用血管钳夹住针体固定其深度，术者将注射器接乳胶管，放松乳胶管的止血钳，缓慢抽吸，观察患者反应，记录抽液量，留心包积液标本送至相关部门进行生化、细胞学或培养等常规检查。

（5）抽液量首次不宜超过 100~200ml，重复抽液时可逐渐增到 300~500ml。

（6）术毕拔针后，盖消毒纱布，压迫数分钟，用胶布固定。静卧 2h，监测血压、脉搏、呼吸，注意局部穿刺点有否出血、感染。

（五）操作注意事项

1. 术前做好解释工作，并嘱患者在穿刺过程中勿咳嗽或深呼吸。

2. 由专科医生操作或指导，在心电监护下行穿刺较为安全。

3. 术前应行心脏超声检查，再次确定液平段大小、穿刺部位、穿刺方向和进针距离等情况，有心电监测、血流动力学监测，在 X 线透视或超声引导下穿刺有助于提高穿刺成功率和安全性。选用套管针进行心包腔穿刺有助于减少心肌和血管损伤的发生。

4. 逐层麻醉要充分，尽可能减少疼痛，避免神经源性休克发生。

5. 抽液速度要慢，如过快、过多，短期内因大量血液回心而致肺水肿。如抽出鲜血，应立即停止抽吸，要注意是否凝固，血性心包积液是不凝固的，如果抽出的液体很快凝固，则提示损伤了心肌或动脉，应立即停止抽积液，严密观察有无心脏压塞症状出现，并采取相应的抢救措施。

6. 取下空针前要关闭乳胶管，以防空气进入。

7. 术中、术后要密切观察心电、血压、呼吸、脉搏变化。

8. 需多次反复行心包腔穿刺抽液者，可在心包腔穿刺成功后置管引流。

（六）常见并发症

1. **划伤心脏或冠状血管损伤**　冠状动脉前降支最易受穿刺针损伤，尤其是经左胸骨旁途径穿刺时。为避免损伤该动脉，刺入左胸肋骨后应将针尖指向右肩。应密切监测患者，以防发生任何损伤，且抽液操作需在确认穿刺成功后进行。多数情况下，针尖刺入心脏后不会留下后遗症，但仍需对患者进行持续监护观察。

2. **气胸、血胸**　气胸常由误穿肺组织引起。术前精确定位及准确把握穿刺方向是预防气胸的关键。血胸则多因穿刺出血或血性心包积液污染胸腔所致。采用经胸壁穿刺引流时，还可能引起胸痛或胸腔感染（尤其是在心包化脓性积液时）。

3. **心律失常**　心律失常可由冠状动脉损伤或针尖触及心室引起，严重者可发生室颤。一旦发生心律失常，应立即撤出穿刺针。若心律失常持续存在，则应进行常规治疗。

4. **肝脏或腹部脏器损伤**　主要见于经剑突下途径穿刺时。若患者体形肥胖或操作者经验不足，可能发生肝脏或腹部器官误伤。预防方法是紧贴肋骨后或胸骨后进针，这样可避免误穿肝脏和腹部器官，确保穿刺路径仅经由横膈进入心包腔，而不误入腹腔。

5. **其他并发症**　包括心包腔感染、出血、死亡等。

（七）术后处理

术中、术后均需密切观察患者呼吸、血压、脉搏等的变化。如有心慌、面色苍白、脉细速、血压下降等情况,应立即停止穿刺并给予相应处理。

(八) 案例分享

患者,男,62 岁,既往有肺结核病史 2 年,未规范抗结核治疗。因"胸闷、呼吸困难 1 月余"来心内科门诊就诊。查体:体温 38.1℃,脉率 110 次/min,呼吸 24 次/min,血压 92/62mmHg。神志清楚,急性病病容,半卧位,查体合作,全身皮肤黏膜无苍白及黄染,口唇无发绀,全身浅表淋巴结未触及肿大,颈静脉怒张,甲状腺未触及肿大,气管居中。两肺未闻啰音;心浊音界向两侧扩大,心率 110 次/min,心律齐,心音低钝、遥远,各瓣膜听诊区未闻及杂音,奇脉,腹平软,全腹无压痛及反跳痛,右肋下 3 横指可触及肝脏,质地中等,无压痛,未触及异常包块,肝颈静脉回流征阳性,移动性浊音阴性,双下肢轻度凹陷性水肿,神经系统检查未见异常。某县人民医院胸部 X 线提示:心影向两侧扩大呈烧瓶状;心电图提示:窦性心动过速,肢体导联 QRS 波低电压。

【问题】

1. 为明确诊断,下一步处理应该做什么?

2. 拟选择何处作为穿刺点,为什么? 患者进行该项诊断性操作时容易出现什么并发症?

【回答】

1. 完善心脏彩超检查后收住院治疗,予心电监护、吸氧,病房超声定位后行心包腔穿刺术。

2. 拟选心前区穿刺点。依据病史、体检及辅助检查等,初步考虑结核性心包炎且心包积液较多、肝大,选择此穿刺点对新手难度较小,并发症及风险较少,易于成功。患者进行该项诊断性操作时容易出现的并发症有:划伤心脏或冠状血管损伤;气胸、血胸;心律失常;肝脏或腹部脏器损伤;死亡。

(九) 心包腔穿刺术评分标准(表 1-7)

表 1-7　心包腔穿刺术评分标准

项目	细则要求	分值	得分
操作前	沟通: 1. 向患者解释操作目的、必要性、操作过程和可能的风险(3分) 2. 告知需要配合的事项(3分) 3. 口述已签署知情同意书(4分)	10	
	物品准备: 1. 穿刺包:内含弯盘 2 个,孔巾 1 张、纱布 4 块、棉球 10 个、巾钳 2 把、中弯止血钳 1 把、穿刺针 1 根、带玻璃接管的乳胶管 1 根、消毒杯 2 个(2分) 2. 消毒用品(75% 酒精或 0.5% 聚维酮碘)、局麻药、无菌手套、5ml 及 50ml 一次性注射器、胶布、抢救车、标本留置小瓶、500ml 量杯、手消毒剂(2分) 3. 核对物品的有效期、完好性及密闭性(1分)	5	
	术者准备: 1. 检查患者前后、准备物品前、操作前洗手(1分) 2. 戴口罩、帽子(1分)	2	
	操作前准备: 1. 术前复查心脏超声,确定液平段、穿刺部位、穿刺方向和进针距离等情况,叩心浊音界(4分) 2. 建立静脉通道、心电监护仪,测量生命征(呼吸、血压和心率),监护电极粘贴避开操作区域(4分) 3. 选择正确体位,并注意观察生命征和心电情况(4分) 4. 再次了解病情,确认患者姓名、床号,确认无禁忌证,无药物过敏史(4分) 5. 了解患者对穿刺目的及需要配合的事项的认知情况,安抚患者情绪(4分)	20	

续表

项目	细则要求	分值	得分
操作中	1. 常规消毒局部皮肤(3分) 2. 术者及助手均戴无菌手套,铺孔巾(2分) 3. 沿穿刺路径自皮肤至心包壁层逐层局麻(3分) 4. 体位选择适当(3分) 5. 穿刺点和穿刺路径选择:A或B选其一 A:剑突与左肋弓缘夹角处为穿刺点,针体应与腹壁呈15°~30°角,向上向后并稍向左刺入(5分) B:选择心尖部,左侧第5或第6肋间,心浊音界内侧1~2cm处为穿刺点,沿肋上缘向内向后指向脊柱进针(5分) 6. 负压采用"寸移"式进针,边进针边抽吸,至吸出液体时即停止进针。(5分) 7. 助手用血管钳夹住针体固定,术者将注射器接乳胶管,放松乳胶管的止血钳(2分) 8. 抽液速度缓慢(5分) 9. 术中助手观察患者反应、心电及生命征(5分) 10. 记录抽液量,留心包液标本送检(3分) 11. 抽液量首次不超过100~200ml,重复抽液时不超过500ml(5分) 12. 术毕拔针后,盖消毒纱布,压迫数分钟,用胶布固定(2分)	48	
操作后	1. 嘱患者静卧2h(1分) 2. 监测血压、脉搏、呼吸(3分) 3. 注意局部穿刺点有否出血、感染(1分) 4. 操作熟练(2分) 5. 无菌观念强(3分) 6. 整个过程关注患者反应,动作轻柔,体现人文关怀(5分)	15	
总分		100	

(潘　征)

四、胸腔穿刺术

胸腔穿刺术是指为诊断和治疗疾病进行的胸膜腔穿刺,抽取积液进行检验的操作过程。确定有无胸腔积液及鉴别胸腔积液性质的简易方法。

(一)目的

1. 为明确胸腔积液的性质,协助找出致病因素,协助诊断。
2. 从胸腔抽出胸腔积液或者气体,以缓解胸闷、气促、呼吸困难等胸腔积液压迫症状。
3. 为行胸腔内注射药物协助治疗。

(二)适应证

1. 不明原因的胸腔积液者,需做诊断性穿刺。
2. 存在大量胸腔积液、积气压迫,导致呼吸循环衰竭者。
3. 脓胸、脓气胸、外伤性血气胸患者,需行胸膜腔穿刺协助治疗。
4. 需通过胸腔内注射或行人工气胸的药物治疗者。

(三)禁忌证

1. 出血性疾病有严重出血倾向者。
2. 穿刺部位有炎症病灶者。
3. 体质衰弱、存在有多器官功能衰竭、年纪大、病情极其危重,难以耐受操作或不配合操作者。
4. 对麻醉药物过敏者。

（四）操作流程

1. 术前准备

（1）核对患者信息，充分评估患者资料（血压、脉搏、胸部体征以及凝血功能、胸部X线等相关辅助检查资料），判断要进行何种胸膜腔穿刺：①胸腔积液较少，仅为明确病因，可选择诊断性穿刺；②中至大量胸腔积液需放液减压，解除呼吸困难症状时可行胸膜腔穿刺抽液；③气胸出现呼吸循环衰竭，30%~50% 压缩体积的闭合性气胸可行胸膜腔穿刺抽气；④渗出性胸膜炎或胸膜肿瘤的患者可选择胸腔内给药。

（2）自我介绍，与患者及家属充分沟通：将胸腔穿刺术的目的、必要性及操作并发症（胸膜反应、气胸、感染、损伤血管、神经及周围组织，药物过敏和其他不可预料的意外）和应急处理措施，询问有无麻醉药物过敏史，充分告知患者及家属，征得患者及家属同意后，确保患者及其家属签署操作知情同意书。同时嘱咐患者做好操作前注意事项（如注意排空膀胱等）。如麻醉药物为普鲁卡因，需行皮试。

（3）物品准备：胸膜腔穿刺包、5ml 注射器、50ml 注射器、无菌手套、聚维酮碘、棉签、胶布、标记笔、盛器、量杯、弯盘、2% 利多卡因注射液（普鲁卡因注射液）必要的抢救物品、可待因片、胸腔内注射所需药品、靠背椅、抗凝剂等（准备物品时注意双人核对物品密闭性、保质日期等信息）。

2. 操作步骤

（1）与患者再次沟通：自我介绍，核对患者姓名、性别、床号、手腕带等，再次询问有无药物（特别是局部麻醉药物）过敏史，核对患者是否排尿，注意人文关怀，消除患者顾虑，争取充分合作。

（2）再次评估患者病情、生命体征、阳性体征，测量血压、脉搏，进行胸部重点查体（叩诊），核对胸部X线和胸部B型超声检查报告，确认需要的操作准确无误。

（3）选择合适的体位，确定穿刺点。①患者体位：指导患者反向坐于靠背椅上，双手臂平置于椅背上缘，头伏于前臂上。重症患者可在病床上取斜卧位，患侧手上举，枕于头下，或伸过头顶，以张大肋间。②穿刺点定位：进行胸部叩诊或听诊，选择叩诊实音最明显或听诊呼吸音消失的部位，结合胸部X线及B型超声定位，确定穿刺点，用标记笔做好标记。a. 诊断性穿刺、胸膜腔穿刺抽液、胸腔给药：常选择肩胛下角线第 7~9 肋间或者腋后线第 7、8 肋间（坐位），腋中线第 6、7 肋间或腋前线第 5、6 肋间（半卧位）。b. 包裹性胸腔积液：可结合X线及超声波定位进行穿刺。c. 胸膜腔穿刺抽气：穿刺部位一般选取患侧锁骨中线第 2 肋间或腋中线第 4、5 肋间。

（4）消毒铺巾：用聚维酮碘在穿刺点部位自内向外进行皮肤消毒，消毒范围直径不少于 15cm，同样方法消毒 2 次，第二次消毒范围小于第一次。打开穿刺包（注意核对穿刺包的密闭性、保质日期），戴无菌手套，检查穿刺包内器械（注意包内物品灭菌是否合格，穿刺针是否通畅，穿刺针密闭性是否良好），铺盖消毒孔巾。

（5）局部麻醉：双人核对麻醉药物的浓度及正确性等，以 5ml 注射器抽取 2% 盐酸利多卡因 2ml（注意排气），左手拇指和示指绷紧皮肤，右手持麻醉针以穿刺点为中心 45° 进针，先打一小皮丘，然后垂直进针，自皮肤至胸膜壁，边回抽边进针，逐层浸润麻醉，有漏空感后即可，注意观察无气体、血液、胸腔积液后方可推注麻醉药，并记录麻醉进针的深度。

（6）穿刺

1）夹闭穿刺针后的橡皮管，保持负压进针。以左手固定穿刺部位局部皮肤，右手持穿刺针（注意不要让穿刺针垂掉下来，以免污染穿刺针）沿麻醉部位经下一肋骨上缘垂直缓慢逐层刺入，当针锋抵抗感突然消失后表示针尖已经进入胸膜腔，由助手戴上无菌手套用止血钳协助固定穿刺针，操作者接上 50ml 注射器后松开止血钳或橡皮胶管开关，缓慢抽吸胸腔液体，抽液过程中注意观察患者面色、反应等情况，嘱咐患者尽量避免咳嗽、体位改变，穿刺针头注意朝下。抽取胸腔积液结束后，再次夹紧穿刺针后胶管，取下注射器，将液体注入盛器中，计量并送化验检查（常规、生化、细菌、病理标本、肿瘤全套、结核酶标等，必要时加入抗凝剂）。

2）若采用三通活栓式穿刺针进行穿刺，穿刺前应先将活栓转到与胸腔关闭处，保持穿刺针的密闭性，进入胸腔后接上注射器，转动三通活栓，使得注射器和胸腔相通，然后再进行抽液。抽液结束后再转动三通活栓,使注射器与外界相通,排出液体。

3)诊断性穿刺抽液量 50~100ml;解压穿刺抽液首次不超过 600ml,以后每次不超过 1 000ml;如果需要胸腔内给药,在抽完液体后,将药液用注射器抽好,接在穿刺针后胶管上,回抽少量胸腔积液稀释再缓慢注入胸腔内。如为脓胸,每次尽量抽净。

4)气胸抽气减压治疗,在无特殊抽气设备时可以按抽液方法用注射器反复抽气。若有气胸箱,应采用气胸箱测压抽气,直到患者呼吸困难缓解,胸腔内压至 0 左右为止。

3. 术后处理

(1)抽液完毕后嘱患者屏住呼吸,拔出穿刺针,注意加强人文关怀,按压、消毒穿刺点,覆盖无菌纱布,稍用力压迫穿刺部位数分钟,用胶布固定,协助患者整理被单,嘱患者卧床休息,穿刺口 2d 内避免接触水引起感染等。

(2)术后再次复测患者脉搏及血压,并观察是否存在术后反应,注意并发症,如气胸、肺水肿等。

(3)气胸抽气后应复查胸部 X 线,明确气胸变化情况。

(五) 操作注意事项

1. 术前评估患者的生命体征(测血压、脉搏),核对胸部 X 线或 B 型超声,评估血常规、凝血功能等实验室检查,询问是否存在药物过敏史,明确操作的适应证和禁忌证。

2. 充分做好术前沟通,消除患者顾虑,争取充分合作,对精神过度紧张的患者需加强心理疏导,必要时可在术前半小时给地西泮 10mg 或可待因以镇静止痛。

3. 评估患者前后注意清洁双手(双手喷消毒液或洗手)。

4. 注意保持操作间光线、温度适宜,必要时需对操作间进行消毒。

5. 严格遵守无菌操作,操作中要防止空气进入胸腔,始终保持胸腔负压,应避免在第 9 肋间以下穿刺,以免穿透膈肌,损伤腹腔脏器。穿刺针应沿下一肋骨上缘垂直进针,以免损伤肋骨下缘处的神经和血管。

6. 操作中应密切观察患者的反应,如有头晕、乏力、气促、出汗、心悸、面色苍白、胸痛等胸膜反应,或连续出现咳嗽、气促、咳泡沫样痰,应立即停止操作,予吸氧,皮下注射 0.1% 肾上腺素 0.3~0.5ml,以及对症支持处理。

7. 抽气超过 4 000ml 未尽时,应考虑是否存在交通性气胸,必要时需行胸腔闭式引流。

8. 疑为化脓性感染时,助手用无菌试管留取标本,标本行革兰氏染色镜检、细菌培养及药敏试验。如需行肿瘤细胞检查,则至少需 100ml 并应立即送检,以免细胞自溶。

9. 对严重肺气肿、广泛肺大疱者,或病变邻近心脏、大血管以及包裹性积液者,可行 B 型超声引导下准确定位,胸膜腔穿刺应慎重。

10. 术后严密观察有无气胸、血胸、肺水肿及胸腔感染等并发症,并作相应处理。

11. 操作前后均应评估患者生命体征(心率、血压、脉搏、呼吸等变化)。

12. 操作过程中应注意人文关怀(消毒、麻醉、穿刺、拔针)。

(六) 案例分享

患者,男性 50 岁,因“发热、胸痛 2 周”入院。患者于 2 周前无明显诱因出现发热,体温 39.7℃,伴胸痛,深呼吸时明显,无他处放射痛,与活动无关,在当地医院抗感染治疗效果欠佳。入院后出现胸闷、呼吸困难,右侧卧时加重。查体:全身浅表淋巴结未触及,巩膜不黄,咽无充血,颈软,气管稍左偏,颈静脉无怒张,甲状腺未触及肿大,心界叩诊欠佳,心率 100 次 /min,律齐,无杂音,各瓣膜区未闻及杂音。腹平软,无压痛,肝脾未触及,双下肢无水肿。入院后急诊行胸部 X 线检查示:右侧胸腔中等量积液。

【问题】

为缓解症状,对患者进行什么操作?

【回答】

需行胸腔穿刺术抽液。

教学视频:
胸腔穿刺术

（七）胸腔穿刺术评分标准（表1-8）

表1-8 胸腔穿刺术评分标准

项目	细则要求	分值	得分
操作前	患者准备： 1. 核对患者姓名、性别、年龄（1分） 2. 核对病例资料（包括胸部X线或B型超声、凝血功能、血常规检查）（3分） 3. 确保患者及其家属签署知情同意书（2分） 4. 告知需要配合的事项（操作前排尿，保持体位，如有不适及时报告）（2分） 5. 测量血压、脉搏（口头提到即可）（1分） 6. 对精神紧张者可术前镇静（1分）	10	
	物品准备：一次性胸膜腔穿刺包、消毒用品、棉签、麻醉药物、注射器（2ml或5ml，20ml或50ml各1个）、胶布、无菌手套2副，抢救物品（肾上腺素），医疗垃圾桶、锐器盒。双人核对物品消毒的有效期、完好性及密闭性（每一项0.5分，如未双人核对穿刺包、麻醉药物、抢救用品则扣1分）	5	
	操作者准备：戴口罩、帽子，检查患者前后、准备物品前、操作前洗手	1	
操作中	体位：患者常规取坐位，面向椅背，双手前臂平放于椅背上，前额伏于前臂上，不能坐立者，可取半卧位（根据题干要求，考生自己选择体位）	5	
	定位： 1. 胸部查体：叩诊（2分，注意两侧对比，如未进行两侧对比，则扣1分） 2. 根据不同情况选择合适穿刺点：①患侧肩胛下角线7~9肋间（胸腔积液较多时常取此部位）；②患侧腋后线7~9肋间；③患侧腋中线6~7肋间；④患侧腋前线5~6肋间；⑤气胸抽气减压一般选取患侧锁骨中线第2肋间或腋中线4~5肋间；⑥包裹性积液和结合胸部X线或B型超声检查决定穿刺部位（6分） 3. 穿刺点标记（1分）	9	
	消毒铺巾： 1. 以穿刺点为中心，由内向外环形消毒皮肤，直径不小于15cm（1分） 2. 聚维酮碘消毒2遍（1分） 3. 注意勿留空隙，棉签不要返回已消毒区域（1分） 4. 检查穿刺包消毒日期（1分） 5. 正确戴无菌手套（1分） 6. 检查消毒指示卡，核对包内器械（2分） 7. 检查穿刺针是否通畅及密闭性（1分） 8. 铺巾（1分）	9	
	麻醉： 1. 核对麻醉药物后，用注射器抽取2%盐酸利多卡因2ml（1分） 2. 在穿刺点局部皮下注射形成1个皮丘（1分） 3. 将注射器垂直于胸壁皮肤表面（1分），回抽（1分）逐层浸润麻醉（1分）	5	
	穿刺： 1. 先将穿刺针后的胶皮管用止血钳夹住（夹闭胶管），左手固定皮肤（1分） 2. 穿刺针垂直腹壁缓慢刺入（1分） 3. 接上50ml注射器，松开止血钳，固定穿刺针（1分） 4. 抽吸直到见针筒内有液体流出（15分） 5. 抽吸中嘱助手协助固定穿刺针，抽满后嘱助手夹紧胶管（2分） 6. 抽液量：诊断性穿刺50ml即可，如果放液，第一管丢弃，首次不超过600ml，以后每次不超过1 000ml（3分） 7. 抽液时询问并观察患者反应（5分）	28	

续表

项目	细则要求	分值	得分
操作中	标本收集： 1. 病原体检查(2分)、常规(2分)、生化(2分) 2. 其他：结核抗体(TB-Ab)、癌胚抗原(CEA)、细胞学等(只要有一种即可)(1分) 3. 顺序：第一管送病原体检查，其余不定(2分)，标本管标记(1分)	10	
操作后	拔针： 1. 拔出穿刺针，用纱布按压穿刺部位(2分) 2. 局部消毒(1分) 3. 压迫片刻，无菌敷料覆盖(1分) 处置： 1. 交代患者注意事项(2分) 2. 其余用品按医疗垃圾管理条例分类处理(2分) 3. 整个操作过程表现出人文关怀(5分) 4. 整个操作过程严格遵守无菌原则(2分) 5. 过程熟练、流畅(3分)	18	
总分		100	

（周柳芳）

五、骨髓穿刺术

骨髓穿刺术是一种采取骨髓液的诊断技术，其检查内容包括细胞学、原虫和细菌学等几个方面。

(一) 目的

1. 抽取骨髓液，做骨髓细胞学、染色体、细胞免疫分型等检查，有助于血液病、恶性肿瘤、寄生虫病，以及多种贮积症等的诊断，并可协助判断治疗疗效。

2. 抽取骨髓液，进行造血干细胞培养、细菌培养、干细胞移植等。危重儿童抢救时，如果不能快速建立静脉通道，可选胫骨穿刺输液作为暂时性措施。

(二) 适应证

1. 明确各类血液病，如白血病、缺铁性贫血、巨幼细胞贫血、血小板减少性紫癜、再生障碍性贫血、恶性组织细胞病、骨髓增殖性疾病等的诊断和全身肿瘤性疾病是否有骨髓侵犯或转移，如淋巴瘤、肾母细胞瘤等。

2. 诊断原因不明的肝、脾、淋巴结肿大及某些发热原因未明的情况。

3. 通过骨髓细菌培养或骨髓涂片，为某些传染病或寄生虫病寻找病原体，如伤寒杆菌的骨髓培养及骨髓涂片能找到疟原虫和利-杜小体、组织胞浆菌。

4. 诊断某些代谢性疾病，如戈谢病。

5. 观察恶性血液病及其他疾病的治疗反应和判断预后。

6. 捐献骨髓时。

(三) 禁忌证

1. 血友病和出血性疾病有严重出血倾向者。

2. 穿刺部位有炎症病灶者。

3. 体质衰弱、病情危重，难以耐受操作或不配合操作者。

4. 对麻醉药物过敏者。

5. 晚期妊娠妇女。

（四）操作流程

1. 术前准备

（1）核对患者信息，充分评估患者资料（血压、脉搏以及凝血功能、血常规等相关辅助检查资料），判断要进行何种骨髓穿刺。

（2）与患者及家属沟通，确保患者及其家属签署骨髓穿刺同意书。告知患者及家属穿刺流程、注意事项，以及可能出现的并发症，如出血，感染，损伤血管、神经及周围组织、药物过敏和其他不可预料的意外。同时嘱咐患者做好操作前注意事项（如注意排空膀胱等）。精神过度紧张的患者可于术前半小时给予地西泮 10mg 或可待因以镇痛止痛。如麻醉药为普鲁卡因，需行普鲁卡因皮试。

（3）物品准备：骨髓穿刺包、5ml 注射器、50ml 注射器、无菌手套、消毒用品、胶布、标记笔、盛器、量杯、弯盘、2% 盐酸利多卡因注射液、必要的抢救物品、可待因片、骨髓腔内注射所需药品、靠背椅、抗凝剂等（准备物品时注意双人核对物品密闭性、保质日期等信息）。

2. 操作步骤

（1）与患者再次沟通：自我介绍，核对姓名、性别、床号、手腕带等，询问有无药物（特别是局部麻醉药物）过敏史，交代患者操作前注意事项（是否排尿）和操作中的注意事项。

（2）再次评估患者病情、生命体征、阳性体征，测量血压、脉搏，核对血常规和凝血功能报告，确认需要的操作准确无误。

（3）选择合适的体位，确定穿刺点。

1）患者体位：根据穿刺部位选择不同体位。胸骨、胫骨或髂前上棘穿刺时，患者取仰卧位；棘突穿刺时，取坐位或侧卧位；髂后上棘穿刺时，取侧卧位或俯卧位。

2）穿刺点定位：根据不同情况选择合适穿刺点。①髂前上棘：位于髂前上棘后 1~2cm 较平的骨面，此处易于固定，操作方便，无危险性，但骨髓成分次于髂后上棘，也不如髂后上棘容易成功；②髂后上棘：穿刺点在骶骨两侧髂骨上缘下 6~8cm，与脊椎旁开 2~4cm 之交点处，为一圆钝的突起处，此处穿刺容易成功，而且安全，患者也看不到，减少了恐惧感，是最常用的穿刺点，特别是为骨髓移植提供大量骨髓时，常先将此部位作为穿刺点；③胸骨柄：穿刺点宜取胸骨中线相当于第 2 肋间处，位于第 2 肋间隙胸骨体的中线部位，此处骨髓液含量丰富，当其他部位穿刺失败或仍不能明确诊断时，需做胸骨穿刺；④脊椎棘：穿刺点宜选第 11~12 胸椎或第 1~3 腰椎棘突处，此处骨髓成分好，但穿刺难度较大，不常用；⑤胫骨：为胫骨结节平面下约 1cm（胫骨上、中 1/3 交界处）之前内侧面胫骨处（仅适用于 2 岁以内的患儿），骨髓各穿刺点见图 1-30。

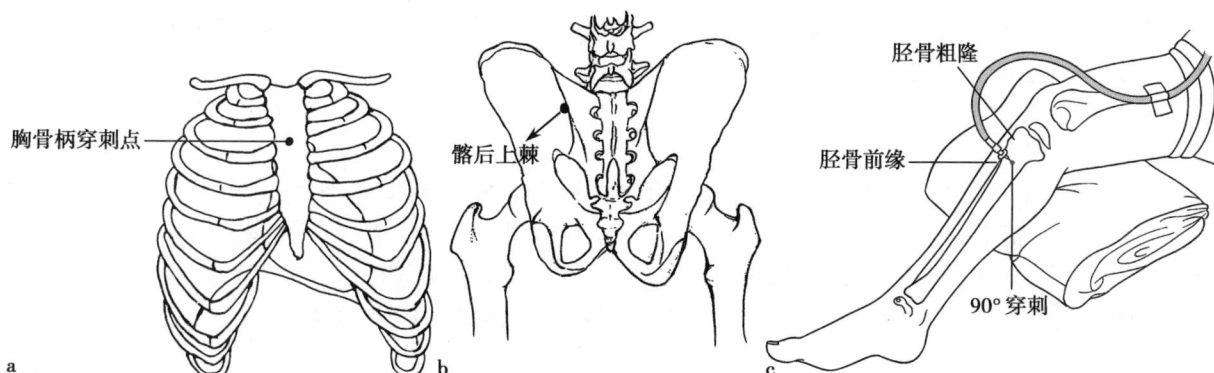

图 1-30 骨髓各穿刺点

（4）消毒铺巾：用聚维酮碘在穿刺点部位自内向外进行皮肤消毒，消毒范围直径约 15cm，待聚维酮碘晾干后再重复消毒一次。解开穿刺包（注意核对穿刺包的密闭性、保质日期），戴无菌手套，检查穿刺包内器械（注意包内物品灭菌是否合格，穿刺针是否通畅，与之相连的橡皮管是否通畅和密闭），将无菌孔巾中心对准穿刺点铺巾。

（5）局部麻醉：双人核对麻醉药物的浓度及正确性等，再次询问患者有无麻醉药物过敏史，以 5ml 注射器抽取 2% 盐酸利多卡因 2ml，在穿刺点局部皮下注射形成 1 个皮丘，将注射器垂直于骨面，逐层浸润麻醉至骨膜，多点麻醉周围骨膜，麻醉过程中注意回抽有无血液，无血液方可注射麻醉药物。记录进针深度和方向。

（6）穿刺

1）根据患者体形肥胖程度调节穿刺针的固定器，固定于距针尖 1.5cm 处并扭紧。

2）再次确定穿刺部位，左手固定胫骨近端，右手持穿刺针，进针方向垂直于骨的长轴达骨膜后针头向下，使穿刺针与骨干长径呈 60° 角进针，将针缓慢旋转钻入骨质，待感到穿刺针的抵抗感突然消失且穿刺针固定在骨内，表示已进入骨髓腔。

3）抽骨髓：拔出针芯，放于无菌盘，接上 10ml 无菌干燥注射器，用适当力量抽吸骨髓液 0.1~0.2ml，拔下注射器，插回针芯，将骨髓液迅速滴于载玻片上（备注：此过程注射器应保持竖直，不能倾斜、倒置）。

4）涂片：助手用推片蘸取骨髓液少许，置于玻片右端 1/3 处，使推片、玻片和骨髓液接触后骨髓液扩散成一均匀的粗线，然后使推片和玻片呈 30°~45° 角，自右向左，均匀地向前推，涂出头体尾分明并有一定长度、可见骨髓小粒均匀分布的涂片 6~8 张。

3. 术后处理

（1）骨髓液抽取完毕后拔出穿刺针，按压、消毒穿刺点，覆盖无菌纱布，稍用力压迫穿刺部位数分钟，用胶布固定，协助患者整理被单，嘱患者卧床休息，穿刺口 2d 内避免碰水防止感染。

（2）术后再次复测患者脉搏及血压，并观察术后反应，注意有无局部出血、感染等。

（五）操作注意事项

（1）骨髓穿刺前应检查出血时间和凝血时间，有出血倾向者应特别注意，血友病患者禁止骨髓穿刺检查。

（2）骨髓穿刺针和注射器必须干燥，以免发生溶血。

（3）不可穿刺过深，以防穿透内侧骨板而发生意外。

（4）穿刺过程中，如果感到骨质坚硬，难以进入骨髓腔时，不可强行进针，以免断针。应考虑为大理石骨病的可能，及时行骨骼 X 线检查，以明确诊断。

（5）做骨髓细胞形态学检查时，抽取的骨髓液不可过多，以免影响骨髓增生程度的判断，以及细胞计数和分类结果。

（6）行骨髓液细菌培养时，需要在骨髓液涂片后，再抽取 1~2ml 骨髓液用于培养。

（7）由于骨髓液中含有大量的幼稚细胞，极易发生凝固。因此，穿刺抽取骨髓液后立即涂片。

（8）送检骨髓液涂片时，应同时附送 2~3 张血涂片。

（9）麻醉前需做普鲁卡因皮试。

（六）案例分享

患者，男，50 岁。因"乏力、腹胀 4 个月"就诊。既往体健。查体：慢性病病容，浅表淋巴结无肿大，胸骨下端压痛不明显。心肺正常。肝肋下 3cm，质地中等，无压痛。脾大，经测量，超过第Ⅰ线 15cm，超过第Ⅱ线 20cm，超过第Ⅲ线 5cm，质硬，无压痛。外院血常规提示：白细胞计数 $64 \times 10^9/L$，中性粒细胞比例 70%，淋巴细胞比例 20%，血红蛋白 154g/L，血小板 $519 \times 10^9/L$。

【问题】

为明确诊断，对患者进行什么相关操作？

【回答】

需行骨髓穿刺术。

教学视频：
骨髓穿刺术

（七）骨髓穿刺术的评分标准（表 1-9）

表 1-9　骨髓穿刺术评分标准

项目	细则要求	分值	得分
操作前	患者准备： 1. 核对患者姓名、性别、年龄（1 分） 2. 核对病例资料（凝血功能、血常规检查）（2 分） 3. 确保患者及其家属签署知情同意书（2 分） 4. 告知需要配合的事项（操作前排尿，保持体位，如有不适及时报告）（2 分） 5. 测量血压、脉搏（口头提到即可）（1 分） 6. 对精神紧张者可术前镇静（1 分）	9	
	物品准备：一次性骨髓穿刺包、消毒用品、棉签、麻醉药物、注射器（2ml 或 5ml，20ml 或 50ml 各 1 个）、胶布、无菌手套 2 副，抢救物品（肾上腺素），医疗垃圾桶、锐器盒。双人核对物品消毒的有效期、完好性及密闭性（每一项 0.5 分，如未双人核对穿刺包、麻醉药物、抢救用品则扣 1 分）	5	
	操作者准备：戴口罩、帽子，检查患者前后、准备物品前、操作前洗手（1 分）	1	
操作中	体位：根据穿刺部位选择不同体位。胸骨、胫骨或髂前上棘穿刺时，患者取仰卧位。棘突穿刺时取坐位或侧卧位，髂后上棘穿刺时应取侧卧位或俯卧位（5 分）	5	
	定位： 1. 根据不同情况选择合适穿刺点。①髂前上棘：该部骨面较平，易于固定，一般为髂前上棘后 1~2cm；②髂后上棘：穿刺点在骶骨两侧髂骨上缘下 6~8cm，与脊椎旁开 2~4cm 之交点处；③胸骨柄：穿刺点宜取胸骨中线相当于第 2 肋间处；④脊椎棘突：穿刺点宜选第 11~12 胸椎或第 1~3 腰椎棘突处；⑤胫骨：为胫骨结节平面下约 1cm（胫骨上、中 1/3 交界处）之前内侧面胫骨处（仅适用于 2 岁以内的患儿）（5 分） 2. 穿刺点标记（1 分）	6	
	消毒铺巾： 1. 以穿刺点为中心，由内向外环形消毒皮肤，直径不小于 15cm（1 分） 2. 聚维酮碘消毒 2 遍（1 分） 3. 注意勿留空隙（1 分） 4. 棉签不要返回已消毒区域（1 分） 5. 检查穿刺包消毒日期（1 分） 6. 正确戴无菌手套（1 分） 7. 检查消毒指示卡、核对包内器械（2 分） 8. 检查穿刺针是否通畅及密闭性（1 分） 9. 铺巾（1 分）	10	
	麻醉： 1. 核对麻醉药物后，用注射器抽取 2% 盐酸利多卡因 2ml（1 分） 2. 在穿刺点局部皮下注射形成 1 个皮丘（1 分） 3. 将注射器垂直于骨面（1 分） 4. 逐层浸润麻醉至骨膜（1 分） 5. 多点麻醉周围骨膜（1 分） 6. 麻醉过程中注意回抽有无血液（1 分）	6	

项目	细则要求	分值	得分
操作中	穿刺: 1. 固定骨髓穿刺针长度为 1~1.5cm(3分) 2. 左手拇指,示指绷紧穿刺点附近皮肤,右手持穿刺针垂直刺入皮肤(5分) 3. 到达骨膜后,针尖向下使穿刺针与骨干垂直旋转缓慢进针(左右旋转缓慢进针,有明显落空感停止)(5分) 4. 穿刺针固定(2分) 5. 拔出针芯(2分) 6. 干燥注射器回抽 1~2ml 空气(3分) 7. 抽出骨髓液 0.1~0.2ml,插入针芯(6分)	26	
	涂片: 1. 将抽取的骨髓液立即滴入载玻片上,立即涂片数张(2分) 2. 所涂片应头体尾分明并有一定长度,可见骨髓小粒均匀分布(要求口述)(5分) 3. 发热原因不明者应送骨髓培养(2分) 4. 原因不明的血细胞异常或血液肿瘤患者完善流式免疫分型、染色体、融合基因等检查(3分) 5. 标本管标记(2分)	14	
操作后	拔针: 1. 拔出穿刺针、用纱布按压穿刺部位(2分) 2. 局部消毒(1分) 3. 压迫片刻,无菌敷料覆盖(1分)	4	
	处置: 1. 交代患者注意事项(2分) 2. 冲洗穿刺针,将穿刺针放至指定回收地点,其余物品按医疗垃圾管理条例分类处理(2分)	4	
	其他: 1. 整个操作过程表现出人文关怀(5分) 2. 整个操作过程严格遵守无菌原则(2分) 3. 过程熟练、流畅(3分)	10	
总分		100	

(周柳芳)

六、腰椎穿刺术

(一) 适应证

1. 测量脑脊液压力,以判断椎管是否存在阻塞及其阻塞程度。

2. 对脑脊液进行化验,辅助诊断神经系统炎性病变、脱髓鞘疾病、蛛网膜下腔出血、脑膜癌以及某些颅内占位性病变等。

3. 动态观察脑脊液的变化,有助于判断病情、预后及指导治疗。

4. 进行鞘内注射药物治疗相应疾病;注入液体或放出脑脊液,以维持和调整颅内压平衡;注入麻药进行麻醉;注入放射性核素进行脑、脊髓扫描等。

(二) 禁忌证

1. 颅内压明显升高,或已有脑疝迹象,尤其是怀疑后颅窝占位性病变的患者。

2. 脊髓压迫症患者,其脊髓功能处于即将丧失的临界状态。

3. 腰椎穿刺部位局部皮肤存在创伤、感染的患者或脊柱结核患者。

4. 具有出血倾向的患者。

5. 处于休克、衰竭或濒危状态的患者。

(三) 操作流程

1. **术前准备**

(1) 向患者或家属说明检查的目的、意义、术后注意事项等,确保患者及其家属签署知情同意书。

(2) 器械准备:腰椎穿刺包、聚维酮碘、一次性无菌棉签、2% 盐酸利多卡因注射液、抢救药品、锐器盒、医疗垃圾桶、听诊器、血压计、手消毒剂。

(3) 患者准备:排空大小便,疑明显高颅压者预先脱水降低颅内压,躁动不安无法合作者予以镇静。

(4) 医生准备:洗手,戴口罩、帽子。

2. **操作步骤**

(1) 体位摆放:患者取侧卧位,背部与床面垂直,头颈部向前屈曲,采用屈髋抱膝的头膝屈曲位。

(2) 穿刺点的选择:成人首选 L_{3-4} 间隙,两髂嵴连线与脊柱正中线相交处;也可上移或下移 1 个椎体,即 L_{2-3} 或 L_{4-5} 间隙为穿刺点,儿童以 L_{2-4} 间隙为穿刺点。

(3) 消毒:以穿刺点为中心,向周围进行常规皮肤消毒,范围约 15cm,采用叠瓦形方式消毒两次,第二次消毒范围略小于第一次。

(4) 打开穿刺包,佩戴无菌手套,并检查包内器械是否齐全。铺设无菌洞巾,使用 2% 盐酸利多卡因注射液对穿刺点进行逐层局部麻醉。左手固定穿刺点皮肤,右手持穿刺针垂直刺入皮下。

(5) 进针方向:穿刺针应垂直于脊背平面,针头略向头端倾斜。缓慢推进穿刺针,当感到阻力突然减小时,可缓慢抽出针芯,观察是否有脑脊液滴出。若无脑脊液滴出,可调整进针深度。若调整后仍不成功,可将针头退至皮下,调整进针方向后再次尝试。若反复穿刺仍不成功,则更换穿刺点。成人的进针深度通常为 4~6cm,儿童则为 2~4cm。

(6) 拔出针芯后,可见脑脊液滴出。此时应连接测压管,并让患者双腿缓慢伸直放松。观察脑脊液在测压管内的平面随呼吸波动的情况,并记录脑脊液压力。随后取下测压管,使用无菌试管接取 2~4ml 脑脊液送检。

(7) 插入针芯后,快速拔出穿刺针。对穿刺点进行消毒处理,并覆盖消毒纱布,使用胶布固定。术后患者应去枕平卧 4~6h,并注意观察其生命体征以及瞳孔变化。

(8) 检查所用器械是否完整,并将其放置在指定地点。填写检验申请单并送检,详细书写腰椎穿刺记录。

3. **操作注意事项**

(1) 严格掌握适应证,对于疑有颅内压升高的患者,必须先进行眼底检查,以明确是否存在明显的视盘水肿或脑疝先兆。

(2) 在高颅压情况下留取标本时,应尽量放慢滴速,可采用穿刺针芯进行半堵半放的操作方式。

(3) 在穿刺过程中,若患者出现呼吸、脉搏、面色异常等症状时,应立即停止操作,并采取相应的处理措施。

(4) 标本的检验顺序应为:第一管进行生化分析,第二管进行微生物检查,第三管进行常规和细胞学检查。

(四) 案例分享

患者,男,26 岁,发热、头痛 3d,意识障碍半天。患者 3d 无明显诱因出现发热,体温最高达 39.5℃,并出现全头持续性胀痛,伴畏寒、恶心、呕吐症状。病后在当地门诊就诊,行血常规检查提示白细胞总数 15.0×10^9/L,中性粒细胞比例 85%。考虑急性上呼吸道感染,予退热、抗生素治疗,症状未见好转,半天前患者出现意识障碍,表现为烦躁、意识模糊,遂由家属送至医院。入院查体:体温 39.0℃,脉率 100 次 /min,呼吸 26 次 /min,血压 120/86mmHg,心肺腹检查未见异常。神经系统:意识模糊,烦躁,高级神经功能检查不能配合,四肢肌力约 5 级,腱反射 (++),双侧病理征 (−),脑膜刺激征:颈强直 (+),双侧克尼格征 (+),巴宾斯基征 (−)。头颅 CT 检查结果未见异常。

【问题】

(1)考虑的诊断是什么?

(2)需要与哪些疾病相鉴别?

(3)入院需完善哪些检查?

教学视频:
腰椎穿刺术

【回答】

(1)针对此患者的临床表现,以发热、头痛和意识障碍为主要症状,体检提示存在意识障碍和脑膜刺激征阳性。血常规结果显示白细胞及中性粒细胞比值增高。头颅 CT 扫描未见异常。综合上述线索,考虑颅内感染(尤其是细菌性脑膜炎)的可能性较大。

(2)在诊断过程中,需注意与蛛网膜下腔出血、脑肿瘤以及其他类型的颅内感染进行鉴别诊断,详细询问病史以排除这些可能性。

(3)需完善腰椎穿刺术脑脊液检查、脑电图检查、影像学检查。在影像检查中,MRI 的诊断价值优于 CT。其中腰椎穿刺术脑脊液检查在疾病诊断和鉴别诊断中起至关重要作用。该患者病史过程中出现意识模糊、呕吐症状,不排除颅内压增高可能。因此,在进行腰椎穿刺术前,可先行眼底镜检查以观察患者视盘情况,并在必要时使用甘露醇等药物降低颅内压。

(五)腰椎穿刺术评分标准(表 1-10)

表 1-10　腰椎穿刺术评分标准

项目	细则要求	分值	得分
准备	患者准备: 1. 核对患者姓名、性别、年龄(2 分),核对检查穿刺点有无红肿、破溃、流脓等,测量生命体征(心率、血压、呼吸)并评估体力状况(2 分) 2. 核对并确保患者及其家属签署穿刺同意书(1 分),向患者及家属交代腰椎穿刺目的及相关注意事项(1 分) 3. 告知需要配合的事项(操作过程中避免随意活动,保持体位,如有不适及时报告)(2 分)	8	
	物品准备:一次性骨髓穿刺包(1 分),棉签、0.5% 聚维酮碘 /75% 酒精、2% 盐酸利多卡因、胶布、无菌手套(1 分),抢救物品(肾上腺素)(1 分),生活垃圾桶、医疗垃圾桶、锐器盒(1 分)。核对物品消毒的有效期、完好性及密闭性(1 分)	5	
	操作者准备:检查患者前后、准备物品前、操作前洗手(1 分),戴口罩、帽子(1 分)	2	
体位	嘱患者侧卧,背部与床面垂直。头向前胸屈曲,双手抱紧膝紧贴腹部,使躯干呈弓形	4	
定位	以 $L_{3\sim4}$ 椎间隙(双髂前上棘连线与后正中线交会处)为穿刺点(小儿为 $L_{4\sim5}$ 椎间隙),检查穿刺点无红肿、破溃、流脓等	10	
消毒	定位以后,以穿刺点为中心,直径 15cm,由内向外用聚维酮碘环形消毒皮肤 3 遍(第一次范围最大,后两次范围次第减小),不留空隙	10	
穿刺过程	1. 打开穿刺包,戴无菌手套(5 分) 2. 铺洞巾(5 分) 3. 核对包内器械是否齐全(1 分),检查穿刺针是否通畅(5 分) 4. 用 2% 盐酸利多卡因自皮肤到椎间韧带作局部浸润麻醉(每次注射麻药前必须确保注射器回抽无血)(5 分) 5. 左手固定皮肤,右手持腰椎穿刺针,从穿刺点垂直腰椎进针(患者体位不正时,需调整进针方向)。进针 4~6cm,有落空感时,表明针头已穿过黄韧带与硬脊膜。此时将腰椎穿刺针针芯拔出,可见脑脊液流出(5 分) 6. 连接测压管,测量脑脊液压力并记录。正常 70~180mmH$_2$O(5 分) 7. 撤去测压管,放出部分脑脊液或用试管收集脑脊液化验(5 分) 8. 抽吸完毕,将针芯重新插入;将穿刺针连同针芯一起拔出,按压穿刺点 1~2min,无菌纱布覆盖,用胶布固定(5 分)	40	

项目	细则要求	分值	得分
术后处理	1. 嘱患者去枕平卧 4~6h(3 分) 2. 操作结束后告知患者及家属相关注意事项,测量脉搏、血压并交代注意事项(保持穿刺口干燥,24h 内不能碰水)(3 分) 3. 整理用后物品并口述用后物品按医疗物品管理条例分类处理(2 分) 4. 洗手后书写操作记录(2 分)	10	
标本送检	标本送检	6	
职业素质	1. 操作前能以和蔼的态度告知患者腰椎穿刺的目的,取得患者的配合(1 分) 2. 操作时注意无菌观念,动作轻柔规范,体现爱护患者的意识(1 分) 3. 操作结束后应告知患者相关注意事项(1 分) 4. 着装整洁,仪表端庄,举止大方,语言文明,认真细致,表现出良好的职业素质(2 分)	5	
总分		100 分	

(唐雄林、黄俊芳)

第二章

外 科

第一节 外科基本操作技术

一、外科无菌技术

(一) 手臂消毒法

1. **目的** 最大限度清除皮肤表面的细菌,虽不能完全消灭藏在皮肤深处的细菌,但配合戴无菌橡胶手套和穿无菌手术衣,可防止细菌移位到皮肤表面而污染手术切口。

2. **操作流程**

(1)操作前准备

1)进手术室前在更衣室换穿手术室准备的专用洗手衣裤和清洁鞋。

2)为防止衣着宽大影响消毒隔离,上衣下襟应放在裤内,上衣袖口须卷至上臂上 1/3 处。

3)戴好口罩及帽子,口罩要盖住鼻孔,帽子要盖住前面发际和后面发尾的全部头发。

4)去除首饰,剪短指甲,并除去甲缘下积垢。

5)患呼吸道感染者或手臂皮肤破损有化脓感染时,不能参加手术。

(2)肥皂水刷洗酒精浸泡法步骤

1)用肥皂和清水按六步洗手法将手、前臂、肘部和上臂冲洗一遍,取无菌小方巾擦干。

2)用消毒毛刷、无菌软皂液刷洗手,由远而近、左右交替分段刷洗双手、前臂和上臂下段 1/3 处。①第一段(手腕部):指端、指间和甲沟→包括各指在内的手的掌面、背面→各指的桡侧尺侧→各指间→腕关节四周,左右交替。②第二段:前臂的四周,包括手腕和前臂。③第三段:肘和上臂的上 1/3 四周。刷洗动作应稍用力,不可逆行,不可留空白区,以此步骤进行三遍刷洗,共约 10min。指尖、甲缘、指间、手掌、肘部等皮肤皱褶部位应着重刷洗。

3)打开水龙头用水冲洗,注意严禁用手打开,双手对拢朝上,肘部向下,使水顺手部、前臂与上臂,向肘部流下,不可由肘部再流向手臂。

4)刷洗完毕后用无菌小毛巾自手指向上擦干手前臂和肘部,先擦拭双手,将小毛巾斜对折成三角形,折叠处向上,挂在腕部,另一手牵住下垂两角,拉紧旋转并由下而上擦干一侧前臂、肘关节和部分刷洗过的上臂,注意不超过消毒范围。反面对折三角巾,同样方法擦干另一侧前臂、肘部和上臂;注意已擦干的手,不可接触擦过臂部的毛巾面,只许牵住毛巾的两角,擦过肘部的毛巾不可再擦手部,而且旋向上擦干时,手和毛巾都不可接触到未洗刷过的皮肤和衣裳。

5)将手、前臂和肘部浸泡在 70% 酒精内,浸泡范围到肘上 6cm 处,5min 后取出,保持拱手状态,待其自干,伸入或离开酒精桶时,手和手指不可碰到桶边。(注意:桶内酒精浸泡有一定次数限制,一般为 20 次,每浸泡一次操作者取出一枚计数用纽扣,如桶内无计数纽扣则不能浸泡。)亦可应用1:2 000 氯己定(浸泡 3min)或 1:1 000 苯扎溴铵溶液(浸泡 5min)浸泡。

(3)氯己定制剂手臂消毒法步骤

1)用洗手液和水清洗双手、前臂至肘上10cm后,用无菌刷蘸氯己定3~5ml,刷手到肘上10cm范围,约3min,只需刷1遍,流水冲净(刷法同肥皂刷洗法)。

2)取无菌纱布(小毛巾)擦干手及前臂肘部到上臂,再取吸足氯己定的纱布球涂擦手和前臂到肘上6cm,待自然干燥即可形成灭菌屏障,然后穿手术衣、戴手套。

(4)络合碘刷手法步骤

1)首先用洗手液和自来水把双手、前臂至肘上10cm清洗一遍(六步洗手法),清水冲净,取出无菌小方巾擦干。

2)夹取浸透0.5%络合碘纱布涂擦手、前臂至肘上10cm,时间为3min。刷手原则为交替上升,由远及近,沿1个方向顺序刷洗,具体分为三段:①第一段左右交替刷双手,依次为指端、甲缘及甲沟,由拇指到小指依次刷五指和指蹼、手背、手掌;②第二段交替刷手腕、前臂、肘窝、肘关节;③第三段交替刷上臂,到肘上10cm。刷洗动作应稍用力,不可逆行,不可留空白区,时间安排不是均匀分配,指尖、甲缘、指间、手掌、肘部等皮肤皱褶部位应着重刷洗。

3)手直接拿取络合碘纱布第二遍涂刷手,方法同第一遍,到肘上6cm,时间同为3min。

4)拿取无菌小毛巾,先擦拭双手后将小毛巾斜对折成三角形,折叠处向上,挂在腕部,另一手牵住下垂两角,拉紧旋转并由下而上擦干一侧前臂、肘关节和部分刷洗过的上臂,注意不超过消毒范围。翻转三角巾,同样方法擦干另一侧前臂、肘部和上臂;注意擦拭目的是戴手套方便和防止浸湿手术衣,可适当留一些络合碘在手臂形成一层防护膜。外科六步洗手步骤见图2-1。

3. 操作注意事项

(1)应特别注意指尖、指甲边缘、指间和手掌等部位的刷洗。

(2)手臂上的肥皂必须冲净,因苯扎溴铵溶液是一种阳离子除污剂,肥皂是阴离子除污剂,带入肥皂将明显影响苯扎溴铵溶液的杀菌效力。配制的1∶1 000苯扎溴铵溶液一般在使用40次后,不再继续使用。

(3)洗手消毒完毕,保持双手上举,作拱手姿势,双手远离胸部30cm以外,向上不能高于肩部,向下不能低于腰际以下;手臂不应下垂,晾干手臂上的消毒液。不可再接触未经消毒的物品,否则即应重新洗手。

(二)穿无菌手术衣和戴无菌手套

1. 目的 隔绝手术室医护人员皮肤及衣物上的细菌,防止细菌移位引起致手术切口和皮肤污染。

2. 操作流程

(1)操作前准备

1)用手打开手术衣无菌包外层,使用无菌钳打开手术衣无菌包内层。

2)穿衣时,选择手术室内靠近器械台侧较宽敞的空间,避免穿手术衣时接触污染物。

3)根据标号选择无菌手套的大小。

(2)半覆盖式手术衣穿着步骤:①手臂消毒后,拿取折叠好的手术衣,并注意衣服的折法(手不得触及下面的手术衣),站立于较宽敞地方,远离胸前及手术台和其他人员,确认衣领和衣服内外侧,双手提起衣领两端,认清手术衣无菌面,抖开手术衣,使内侧面朝向自己;②将手术衣向空中轻轻抛起,两手臂顺势插入袖内,并向前平伸,不能向两边或向上伸展双臂;③由巡回护士在身后协助拉紧衣领两角并系好背部衣带,穿衣者将手向前伸出袖口(穿衣者两手臂交叉将衣袖推至腕部,或用手插入另一侧手术衣袖口内面,将手术衣袖由手掌部推至腕部,避免手部接触手术衣外面);④穿上手术衣后,微微弯腰,使腰带悬空离开手术衣(避免手指触及手术衣),两手在前面交叉提起腰带中段(腰带不交叉)向后递于巡回护士,巡回护士从背后系好腰带(避免接触穿衣者的手指),见图2-2。

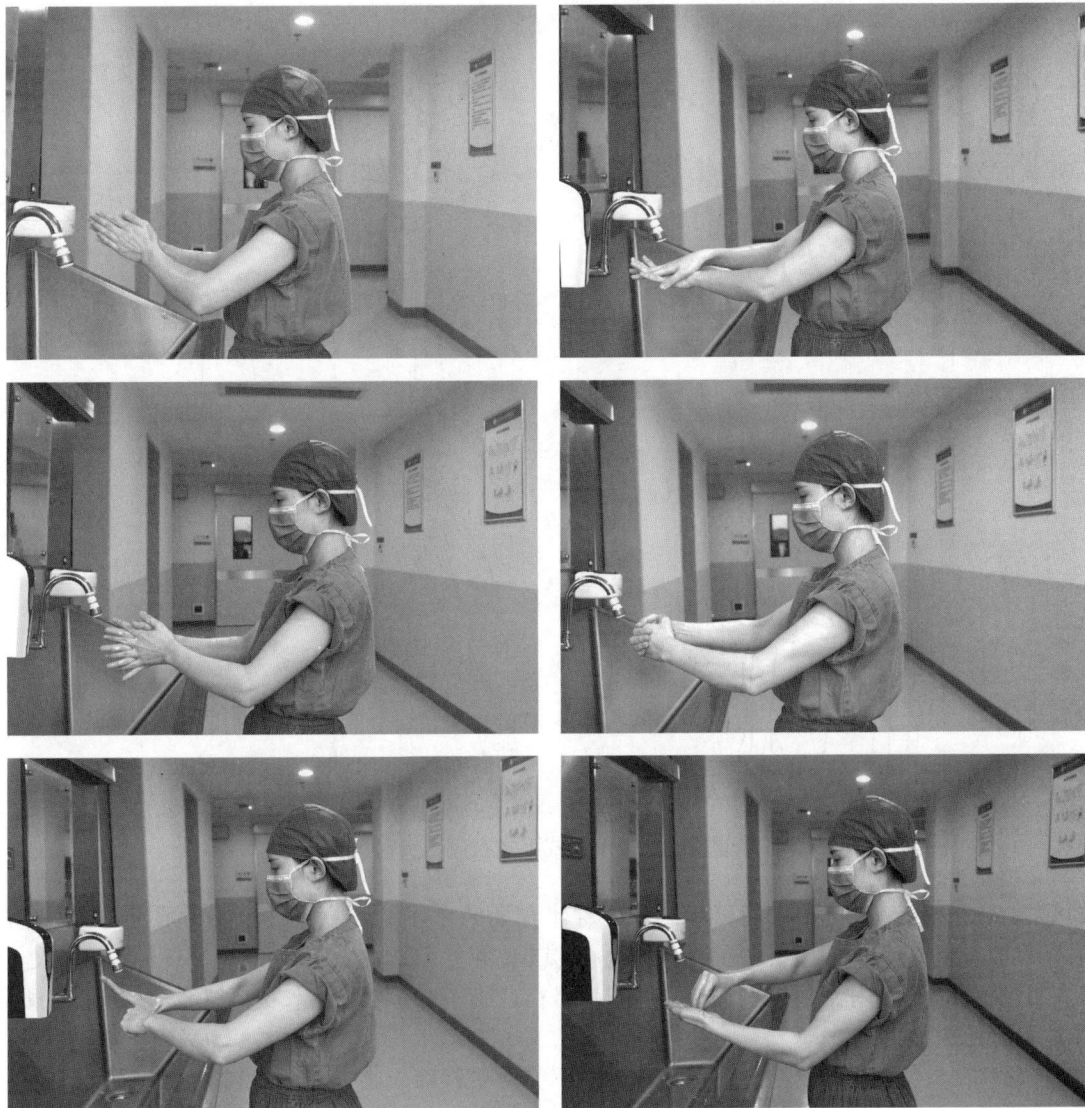

图 2-1 外科六步洗手步骤

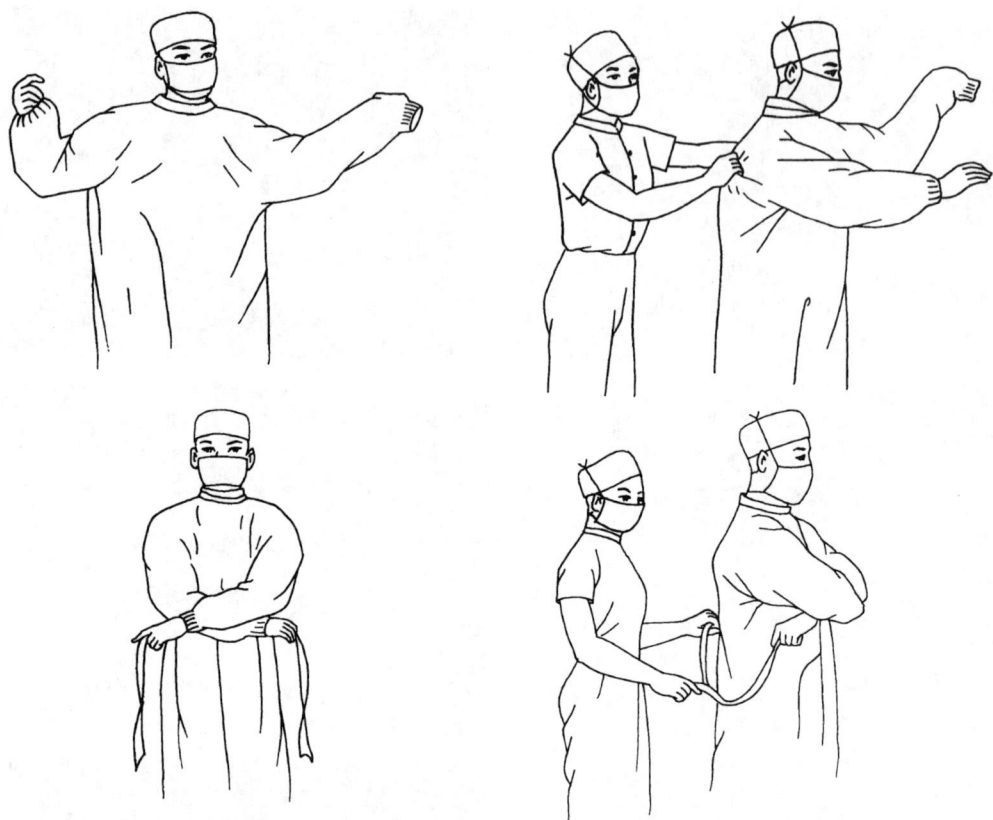

图2-2 半覆盖式手术衣穿着步骤

（3）包背式手术衣穿着步骤：前三步同上述穿半覆盖式手术衣；④穿衣者戴好无菌手套后，解开系在腰间的腰带并将右侧腰带递给台上其他手术人员（已穿手术衣、戴手套）或巡回护士，手术人员用已戴手套的手或巡回护士用无菌持物钳夹住腰带，穿衣者旋转一周，使手术衣包绕其背部，接过腰带，在腰部系紧即可见图2-3。

（4）脱手术衣步骤：解开腰带，请巡回护士解开衣领和背部衣带结后，用手抓住衣服肩部向外翻脱手术衣，再脱手套。

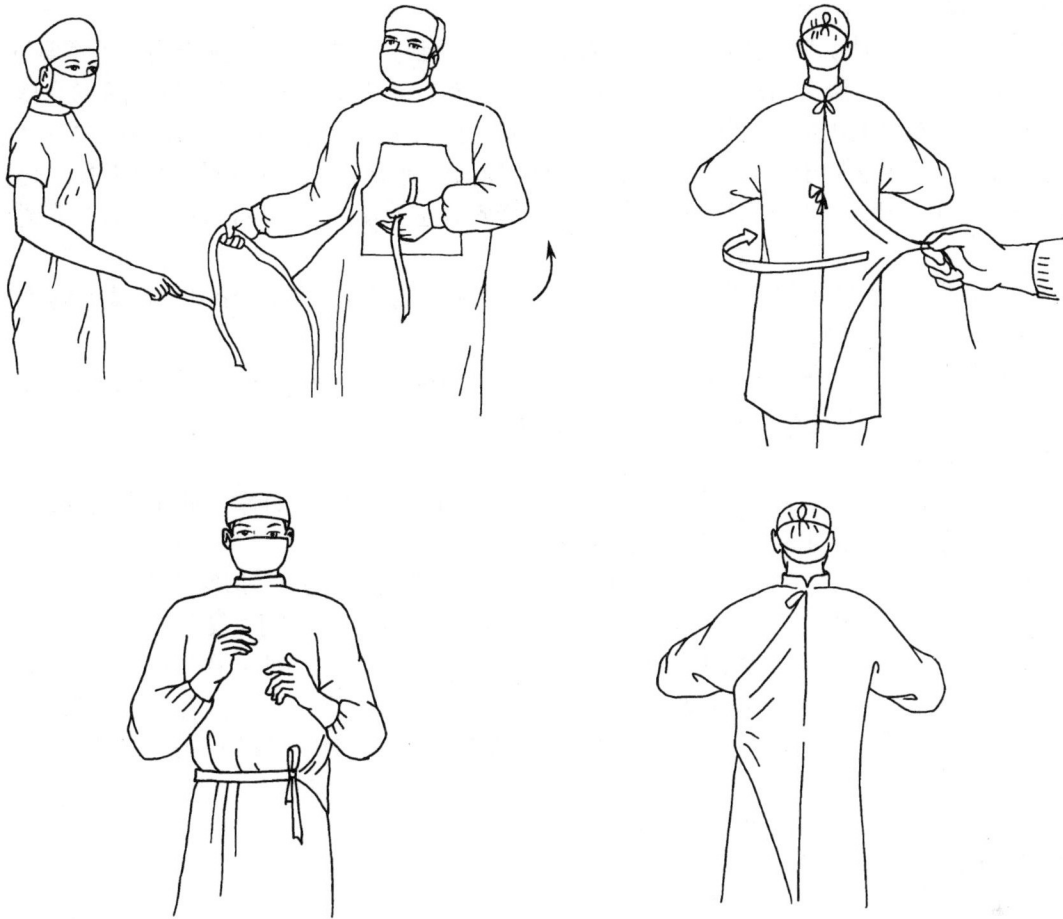

图 2-3 包背式手术衣穿着步骤

（5）戴无菌手套步骤

1）戴干手套法：用左手自手套夹内捏住手套上向外翻折部，将手套取出。对好两只手套，先用右手插入右手手套内，注意勿触及手套外面；再用已戴好手套的右手指插入左手手套向内翻折部，帮助左手插入手套内。已戴手套的右手不可触碰左手皮肤。将手套翻折部翻回盖住手术衣袖口。用无菌盐水冲净手套外面的滑石粉，冲洗时双手不可低于脐下，以免冲洗水反溅，污染手套，见图 2-4。

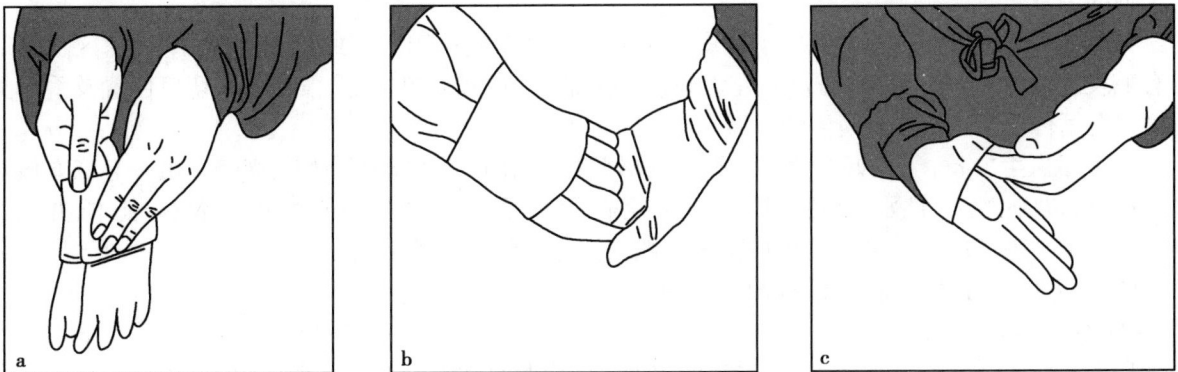

图 2-4 无菌干手套穿戴步骤

2）戴湿手套法：手套内要先盛放适量的无菌水，使手套撑开，便于戴上。戴好手套后，将手腕部向上举起，使水顺前臂沿肘流下，再穿手术衣。

3）无接触式戴无菌手套（2 种方式）

方式 1：穿手术衣时双手不露出袖口，隔衣袖取左手手套。将左手手套置于同侧手掌掌面（大拇指朝外），指端朝向前臂，拇指相对，反折边与袖口平齐。隔衣袖抓住手套边缘。右手翻转手套边缘包裹手及袖口，同时左手伸出袖口，手指伸入手套各对应手指内。再以右手隔衣袖调整好左手手套。拿取右手手套，将右手手套置于同侧手掌掌面，指端朝向前臂，拇指相对，反折边与袖口平齐。翻转手套边缘包裹手及袖口，同时右手伸出袖口，手指伸入手套各对应手指内。再以戴好手套的左手调整好右手手套。

方式 2：协助者（通常是穿好手术衣、戴好无菌手套的器械护士）将手套撑开，被戴者的手直接插入手套中并翻转包裹手和袖口。

（6）脱无菌手套法：脱手套时一手捏住另一手套外面，翻转脱下，再将脱下手套的手插入另一手套内将其翻转脱下。脱下手套放入医疗废物黄色包装袋内。

3. 操作注意事项

（1）在提取腰带时，手不可接触手术衣的正面，协助者在接腰带时只许拿取腰带末梢部，不可接触衣服的前正面，更不可碰到术者已经洗刷消毒的双手。

（2）戴干手套时，应先穿手术衣，后戴手套；如戴湿手套，则应先戴手套，后穿手术衣。

（3）如清洁手术完毕手套未破，连续施行另一手术时，可不用重新刷手，仅需浸泡酒精、苯扎溴铵溶液 5min 或氯己定涂擦手和前臂，再穿手术衣和戴手套。但应采用下列脱手术衣方法：先将手术衣自背部向前反折脱去，使手套的腕部随之翻转于手上，然后用右手扯下左手手套至手掌部，再以左手指脱去右手手套，最后用右手指在左手掌部推下左手手套。若前一次手术为污染手术，则连接施行手术前应重新洗手。

（4）脱手套时，手套的外面不能接触皮肤。

（三）手术区皮肤消毒

1. 目的　消灭拟作切口处及其周围皮肤上的细菌。

2. 操作流程

（1）操作前准备

1）了解不同手术区域消毒范围，总原则应包括手术切口周围 15~20cm 的区域。

2）根据患者手术部位、性质及消毒原则选择不同的消毒方式：①离心形消毒：清洁手术消毒应由手术中心向四周涂擦；②向心形消毒：如为感染伤口或会阴、肛门区手术，则自手术区外周涂向感染伤口或会阴、肛门处。

3）消毒方式及适用范围：①环形或螺旋形消毒用于小手术野消毒；②平行或叠瓦形消毒用于大手术野的消毒。

4）患者手术区皮肤准备：①手术区皮肤有油脂或胶布残迹用乙醚或汽油擦净；②手术区及其周围有毛发应剃除；③消毒前检查皮肤有无破损及感染；④做好切口标记，根据手术切口位置及手术类型摆好合适体位并确定皮肤消毒的区域。

5）手术医生准备：①换好洗手衣、裤、鞋，戴好口罩、帽子；②与巡回护士、麻醉医生一起三方核对患者信息，包括：姓名、性别、年龄、科室、床号、疾病、手术部位、手术知情同意书及授权委托书，并在安全核查表上签字；③洗手；④手术区的消毒一般由洗好手的第一助手执行。

6）器械准备：手术消毒包、消毒剂、污物桶 1 个。

（2）操作步骤

1）助手洗手后保持拱手姿势，接过器械护士手中内装有消毒纱布的无菌治疗碗与消毒钳。

2）站在患者右侧，左手持治疗碗，右手持消毒钳，消毒钳头部朝下钳夹消毒纱布。

3）从切口中心开始，由内向外消毒切口周围 15~20cm 范围（清洁术口皮肤消毒为离心形消毒，会阴部、肛门或感染术口采用向心形消毒方法）。

4）用叠瓦形的方式消毒，每次需覆盖前一次的 1/3~1/2，不留空白。

5）第 1 遍消毒液晾干后,换消毒钳以同样方法再次涂擦消毒液两遍,每次范围不能超过前 1 次,共消毒 3 遍。

6）碘伏和酒精作为消毒液时,用碘伏涂擦皮肤 1 次,待碘伏自然干后,以 75% 酒精脱碘两次。用 1 : 1 000 苯扎溴铵溶液或 0.5% 碘尔康溶液涂擦两遍。对婴儿、面部皮肤、口腔、肛门、外生殖器,一般用 1 : 1 000 苯扎溴铵溶液或 1 : 1 000 氯己定涂擦两次消毒。也可用 0.75% 吡咯烷酮碘消毒,此药刺激性小,作用持久。忌用碘伏,以免灼伤皮肤和黏膜。在植皮时,供皮区的消毒可用酒精涂擦 2~3 次。

（3）手术区域皮肤消毒范围:包括切口周围 15cm 以上的区域,如预计可能术中会延长切口,则消毒范围应适当扩大。不同手术部位的皮肤消毒范围见表 2-1 所示。

表 2-1　不同手术部位的皮肤消毒范围

手术部位	皮肤消毒范围
头部	头及前额
颈部	上至下口唇线,两侧至斜方肌前缘的区域,下至两乳头连线
胸部（侧卧位）	前后过中线,上至锁骨及上臂 1/3 处,下过肋缘
上腹部	上至两乳头的连线,两侧至腋中线,下至耻骨联合的区域
下腹部	上自剑突水平,两侧至腋中线,下至大腿中上 1/3 交界处的区域
腹股沟区	上至脐部水平,两侧至腋中线,下至大腿中上 1/3 交界处的区域
会阴部	耻骨联合、大腿上 1/3 内侧、臀及肛门周围的区域
四肢	上下各超过 1 个关节,确保周圈均匀消毒
颈椎	上至颅顶,下至过肩达两侧腋窝连线,两侧至颈前
胸椎	上至肩,下至两髂嵴连线,两侧至腋中线
腰椎	上至两侧腋窝连线平面,下过臀部,两侧至腋中线
肾脏	前后超过中线,上至腋窝水平,下至腹股沟平面
乳腺根治手术	前至对侧锁骨中线,后至腋后线,上过锁骨及上臂,下过肚脐平行线

3. 操作后处理

（1）消毒后用过的纱布放入指定医疗垃圾桶。

（2）消毒后的卵圆钳和治疗碗不可放回手术器械台上。

4. 操作注意事项

（1）蘸取消毒液时,量不宜过多。消毒步骤需遵循 "三原则":即由上而下、由中心向四周、由最清洁区域开始至最不清洁区域结束。涂擦方向应保持一致,避免来回涂擦。对于肛门会阴处或感染手术的消毒,应由外周向肛门或感染伤口方向进行涂擦。

（2）手术区域皮肤的消毒范围应至少包括切口周围 15cm 的区域。若存在延长切口的可能性,则应适当扩大消毒范围。

（3）在消毒腹部皮肤时,应先在脐窝中滴入数滴消毒溶液。待皮肤消毒完成后,翻转卵圆钳,使用纱布的另一侧将肚脐内的消毒液蘸干。

（4）已经接触过污染部位的药液纱布,不应再用于擦涂清洁部位。

（5）消毒者的手应避免接触患者的皮肤及其他物品,同时,消毒钳及治疗碗在使用后不可放回手术器械桌。

（四）铺无菌手术单

1. 目的　除显露手术切口所必需的皮肤区以外,遮盖住其他部位,使手术区域成为较大区域的无菌环境,以避免和尽量减少手术中的污染。

2. 操作流程

(1)操作前准备:确定手术区域,根据手术切口的走向判断铺巾顺序。

(2)操作步骤

1)消毒结束后,铺单者一般站在患者的右侧,确定切口后,双手从器械护士双手内侧接过第1块无菌巾(近切口侧的无菌巾反折1/4,反折部朝下),距皮肤10cm以上高度放下,以覆盖术口下方,然后用第2、3块无菌巾依次铺手术野的对侧、头侧,第4块无菌巾铺在消毒者贴身侧。

2)器械护士按顺序传递无菌巾,前3块折边朝向铺单者,第4块折边朝向器械护士。

3)4块无菌巾交叉铺于手术野后,以4把巾钳固定无菌巾交叉处,或用薄膜手术巾覆盖切口。使用巾钳时避免夹住皮肤及巾钳向上翘。

4)铺单者和器械护士二人分别站在手术床两侧,由器械护士传递中单,先铺患者足侧,再铺器械台,后铺患者头侧,头侧应完全覆盖麻醉架,足侧应完全覆盖手术台。

5)铺完中单后,铺单者应再用消毒剂泡手3min或用络合碘制剂涂擦手臂,穿手术衣、戴手套,铺大单。

6)铺带孔的剖腹大单,将洞口对准切口部位,大单短端(箭头方向)位于切口上方向头部,大单长端向下肢,并将其展开。铺巾者寻找到上、下两角,先展开铺大单上端,盖住患者头部和麻醉架,再展开铺大单下端,盖住器械托盘和患者足端,手术床两侧及患者足端应下垂超过床缘30cm。铺巾的步骤见图2-5。

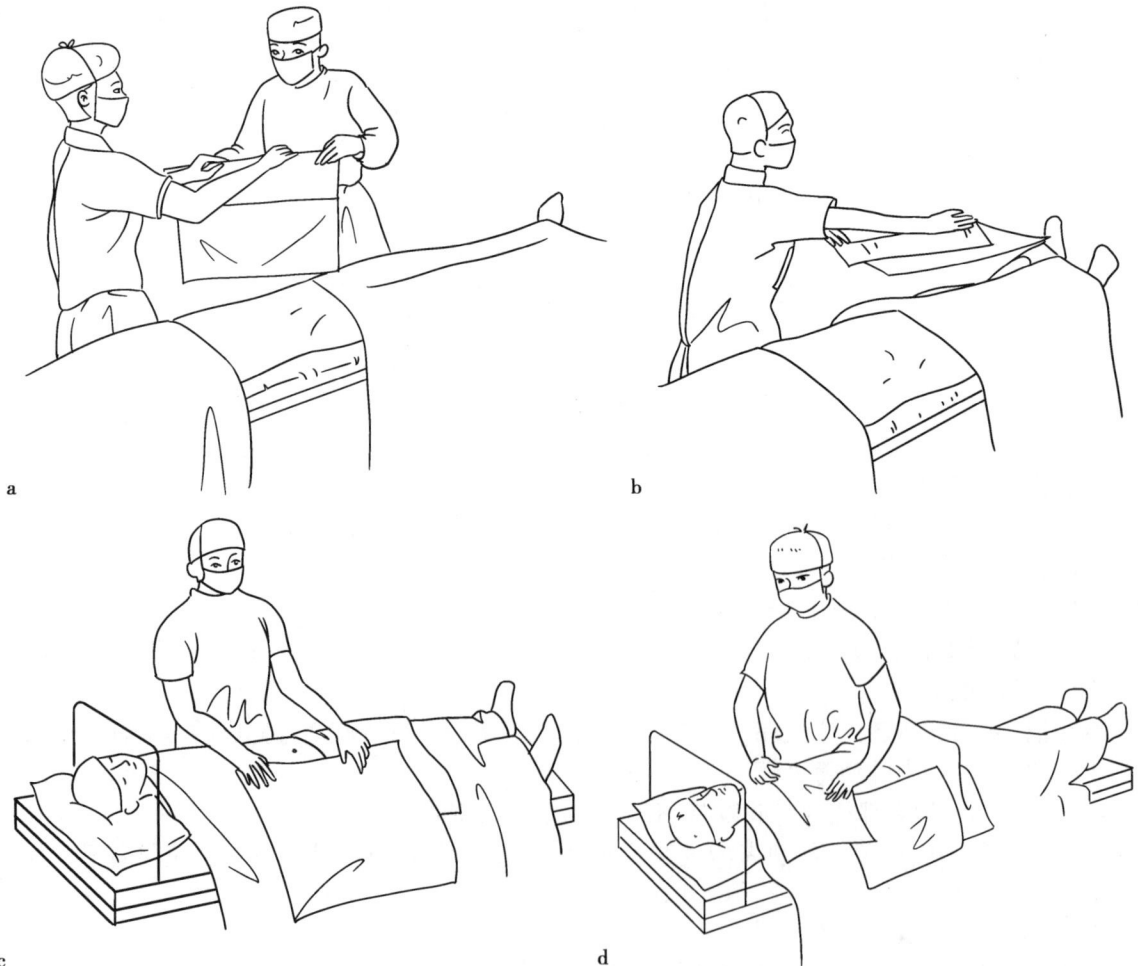

a

b

c

d

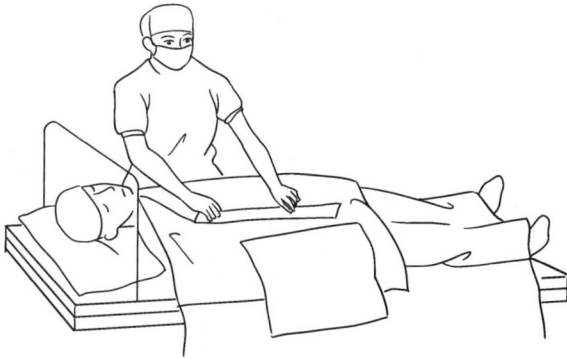

e

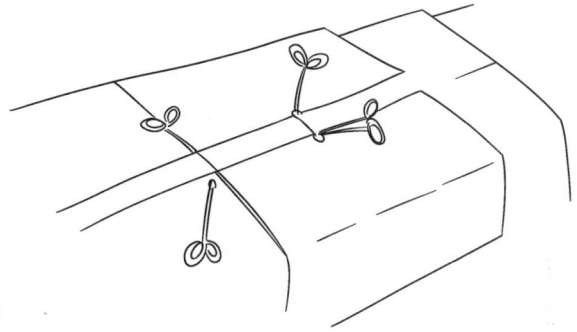

f

g

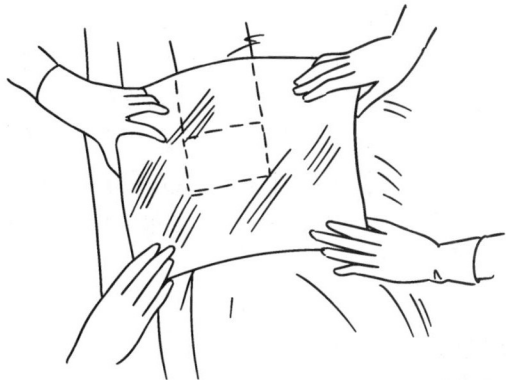

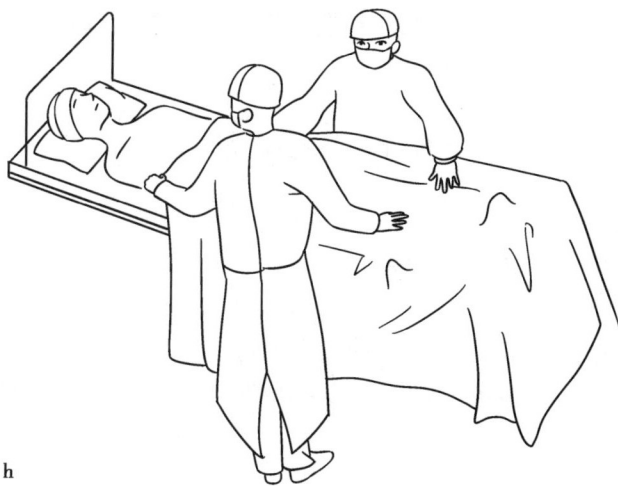

h

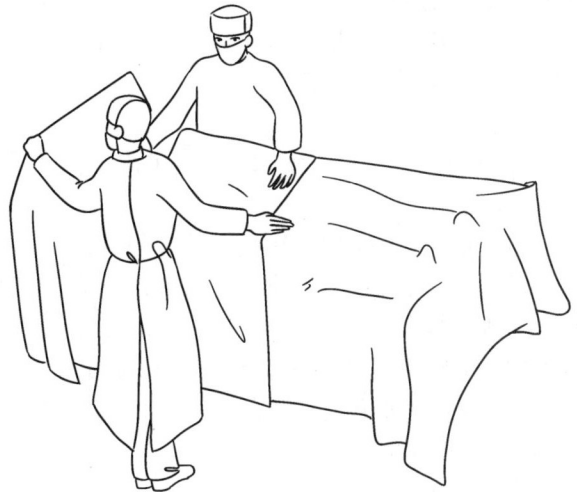

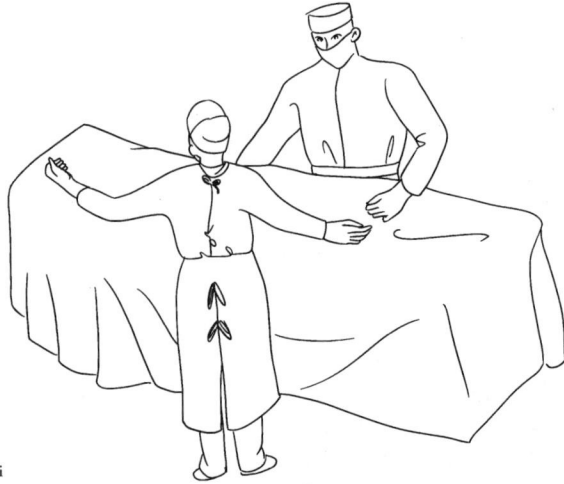

图 2-5　铺巾步骤

a. 器械护士传递第 1 块无菌巾；b. 第 1 块无菌巾铺盖切口下方；c. 第 2 块无菌巾铺盖切口对侧；d. 第 3 块无菌巾铺盖切口上方；e. 第 4 块无菌巾铺盖切口同侧；f. 巾钳固定；g. 薄膜手术巾覆盖切口固定无菌巾；h. 先切口下方、后上方各铺中单一条；i. 铺大单。

3. 操作注意事项

（1）在铺设无菌巾之前，务必先确定切口部位。每块无菌巾的反折部应靠近切口，并确保反折部向下。铺设完四块无菌巾后，应使用巾钳将其固定，以防止下滑。

（2）无菌巾铺设完成后，不得随意移动。如位置不准确，只能由手术区向外调整，而不能向内移动（以避免污染手术区）。否则，需取走并重新铺设新的无菌巾。

（3）在铺设手术单时，双手应仅接触手术单的边角部分。已消毒的手臂不得接触靠近手术区的灭菌敷料。

（4）手术野四周及托盘上的无菌巾应覆盖 4 层或 4 层以上的无菌材料，而手术野以外的区域则应覆盖 2 层或 2 层以上的无菌材料。

（5）在铺设无菌单时，应确保其下缘不接触无菌衣腰平面以下的部分及其他有菌物品。如铺设过程中无菌单被污染，应立即更换。

（6）固定最外一层无菌单或固定皮管、电刀线等时，不得使用巾钳，以防止钳子移动造成污染。建议使用组织钳进行固定。

（五）案例分享

1. 案例一　患者，女，45 岁，诊断右侧甲状腺腺瘤明确，拟行右侧甲状腺腺叶切除术。

【问题】

（1）请用络合碘洗手法洗手后穿包背式手术衣。

（2）请完成该手术部位的皮肤消毒（已备术前无菌术操作训练模型）。

【物品准备】

（1）挂钟、洗手液、络合碘纱布、无菌方巾、全覆盖式无菌手术衣、各种型号手套。

（2）手术消毒包（无菌治疗碗 1 个，消毒钳 2 把，无菌纱布数块），络合碘，污物桶 2 个（医疗垃圾桶及生活垃圾桶各 1 个）。

【临床思维】

（1）按外科六步洗手步骤洗手，并按操作流程穿手术衣和戴手套。

（2）消毒范围为上至下唇水平线，下至两乳头连线，两侧至斜方肌前缘。甲状腺手术为Ⅰ类手术，消毒应遵循离心形消毒原则，即以切口为中心从内向外消毒。

2. 案例二　患者，女，40 岁，诊断胸骨后巨大甲状腺肿，拟行手术治疗。

【问题】

请完成该患者术前手术区消毒(已备术前无菌术操作训练模型)。

【物品准备】

手术消毒包(无菌治疗碗 1 个,消毒钳 2 把,无菌纱布数块),络合碘,污物桶 2 个(医疗垃圾桶及生活垃圾桶各 1 个)。

【临床思维】

(1)胸骨后甲状腺肿手术前应考虑到术中开胸可能,消毒范围应扩大到胸部手术区域,避免手术过程二次消毒。

(2)甲状腺手术为Ⅰ类手术,消毒应遵循离心形消毒原则。

3. **案例三** 患者,男,60 岁,因"反复上腹胀痛伴消瘦 1 年"就诊,诊断胃癌,拟行手术治疗。

【问题】

请完成该患者术前手术区消毒铺巾,包括无菌巾、中单、大单(已备术前无菌术操作训练模型)。

【物品准备】

手术消毒包(无菌治疗碗 1 个,消毒钳 2 把,无菌纱布数块),无菌单包(小无菌巾 4 块,中单 3 块,带孔大单 1 块),络合碘,污物桶 2 个(医疗垃圾桶及生活垃圾桶各 1 个)。

【临床思维】

(1)上腹部手术区域消毒范围:上至乳头水平线,下至耻骨联合,两侧至腋中线。

(2)胃癌手术为Ⅱ类手术,消毒应遵循离心形消毒原则。

(3)遵循腹部手术铺巾原则完成铺巾过程,两位操作者分别充当消毒医生及器械护士,按照职责完成整个操作。

4. **案例四** 患者,男,6 岁 6 个月,因"发现左侧腹股沟区嵌顿性包块 1h"就诊,拟行急诊手术治疗。

【问题】

请完成该患儿术前手术区消毒及铺巾(已备术前无菌术操作训练模型)。

【物品准备】

手术消毒包(无菌治疗碗 1 个,消毒钳 2 把,无菌纱布数块),无菌单包(小无菌巾 4 块,中单 3 块,带孔大单 1 块),络合碘,污物桶 2 个(医疗垃圾桶及生活垃圾桶各 1 个)。

【临床思维】

(1)腹股沟部手术区域消毒范围:上至脐水平线,下至大腿中上 1/3 交界处。

(2)疝手术切口为一类切口,腹股沟区消毒应遵循离心形消毒原则,会阴部应遵循向心形消毒原则。

(3)遵循腹部手术铺巾原则完成铺巾过程。

教学视频:外科手臂消毒法

教学视频:穿脱手术衣

教学视频:手术区皮肤消毒及铺无菌手术单

(郭俊宇、谷世行)

二、手术基本技术

(一)手术切开

1. 操作前准备

(1)皮肤切开的基本原则:适宜切口,利于重建,充分显露,减少损伤。①按正常的局部解剖结构,切口应选择在病变附近;②尽量与该部位血管和神经路径平行,不损伤重要血管、神经;③愈合后不影响局部生理功能;④经过的组织层次尽量少,有利于缝合。

(2)皮肤切开的要求:①直视下进行,切口大小以方便手术操作为原则;②切开时要用力适当,方向要精确,深层浅层大小一致;③力求一次完成,由浅至深,逐层切开,避免中途起刀再切;④按解剖学层次进行切开。

(3)正确的上、下刀片方法:①刀尖对外侧;②用持针器夹刀刃的背侧上方(上刀片时)或下方(下刀片时)。

(4)掌握正确执刀方式及适应证:①执弓式:常用的执刀法,用于较大的皮肤切口及腹直肌前鞘的切开等。拇指在刀柄下,示指和中指在刀柄上,腕部用力。②执笔式:用于解剖血管、神经、腹膜切开和短小切口等,为短距离精细操作,动作的主要用力点在指部。③抓持式:用于用力较大的切开,如截肢、肌腱切开、较长的皮肤切口等。此方法握持刀比较稳定,切割范围较广。④反挑式:多用于脓肿切开及小范围精细操作,全靠指端用力挑开,以防损伤深层组织。

2. 操作步骤

(1)为保证切口方向不偏离,途径不弯曲,可用刀背先作线形压迹,用镊子或血管钳头作想象切口途径的多个点状压迹,作为切口的标志。

(2)切开前再次消毒一次皮肤,进刀和出刀时,刀与皮肤应呈90°,切口进行中采用45°,以达到两端和中间深度的一致的效果,不致使切口呈舟状或漏斗状,见图2-6。

(3)根据皮肤或组织的韧性和所拟切开的深度而适当用力。力求一次切开皮肤皮下组织,避免多次重复切割,造成皮缘不整齐。

(4)若采用单人操作,手术者需使用左手的拇指和示指,以均等的力量将绷紧切口两侧皮肤。若为双人操作,则由术者与助手共同固定皮肤。首先,要将切口开始端两侧的皮肤进行固定并绷紧,同时向切口的反方向进行牵拉。随后,手术者右手执刀进行切开。随着切口的进行,左手的固定和牵张动作也要随之移动。

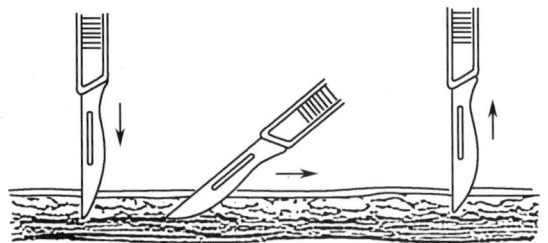

图2-6 切开方法

若患者的皮下脂肪组织较厚,导致手术者用拇指和示指进行牵张动作不便时,可由助手协助完成牵张动作,但必须确保用力均等,以避免因牵张用力不均而导致伤口弯曲。

(5)在皮肤和皮下组织被切开后,应在切口两侧各置消毒巾,可将切口与皮肤隔离,并换另一把手术刀进行下一层的切开操作,以免皮肤对切口和手术野的污染。

(6)每当完成一次的切开后,如未能达到预期效果,应在同一切口线内进行补充切开,以减少组织的过多损伤和保证切面的整齐。

(7)切开腹膜需要注意的程序:①术者与第一助手交替提起腹膜,用手指或刀柄检查确保没有夹到下方的其他组织;②在两钳之间先用刀片斜行切开小口,再稍加扩大;③术者及助手分别用弯止血钳直视下钳夹对侧的腹膜(可以与腹直肌后鞘一起),并向上方提起;④直视下切开扩大腹膜切口至与皮肤切口大小一致(稍大),过程中始终上抬腹壁(如腹腔肠管影响,可由切开的腹膜破口处将全部打湿的无菌棉垫塞入腹腔,衬垫于腹膜和腹腔脏器之间);⑤完全打开腹腔后,用切口垫或切口保护套正确保护切口,探查。

3. 操作注意事项

(1)皮肤切开后需要注意更换刀片。

(2)皮肤切开后需要注意切口的保护。

(二) 手术止血

1. 适应证 明确常用止血方法适用的临床情况,防止失血过多,保证手术野清晰,便于手术操作,避免误伤重要组织器官。

2. 操作方法

(1)压迫止血:①一般用于创面游离性渗血,可直接用纱布压迫数分钟,即可控制止血;渗血较多时,用热0.9%氯化钠溶液纱布或肾上腺素盐水纱布压迫创面3~5min,可较有效控制渗血。②面对大血管出血或活动性出血,若一时无法显露出血点,应迅速以纱布或手指压迫止血,在辨明出血点后,再准确地用血管钳钳住或缝扎。③出血量大、病情危急时,可用纱布填塞压迫止血,一般3~5d病情稳定后再逐步取出纱布,取出过早可能致再出血,取出过迟可能导致感染。

（2）电凝止血：通过高频电流凝固组织而达到止血目的，可用电刀尖端直接电凝出血点，或血管钳夹住出血点，再用电刀头接触血管钳达到电凝，也可用单极或双极电凝镊直接夹住出血点止血。一般用于较小的出血点或不便结扎的渗血。电凝止血的止血效果不完全可靠，一是凝固的组织脱落后，有再出血的可能；二是对较大血管的出血不能达到止血目的。此外，大量电凝亦会留下过多坏死组织引起明显的吸收反应。

（3）钳夹、结扎止血：最常用可靠的止血方法。结扎止血分单纯结扎和贯穿缝扎两种，单纯结扎需用止血钳尖端对准出血点准确地夹住，然后用适当型号丝线进行结扎。缝扎止血需先用止血钳钳夹血管及周围少许组织，然后用缝针在钳下组织行单纯缝合或"8"字缝合，最后穿过血管断端和组织并结扎。单纯结扎通常用于：①被切断的血管，经止血钳控制后的结扎；②较大血管经解剖游离，两端先各置止血钳控制，其后中间切断，再分别结扎；③对重要的大血管，经游离后，两端先予结扎，以后中间再予切断。贯穿缝合结扎比单纯结扎更安全可靠。一般用于：①对钳夹切断后的重大血管，考虑到单纯结扎时，可能勒断血管壁，造成破裂出血，以带线缝针贯穿血管后再围绕血管予以结扎；②止血钳不便控制的出血点，直接缝合结扎；③已钳夹、切断和单纯结扎后的大血管，为防止单纯结扎滑脱可能，于结扎远端再加一道贯穿缝扎的操作，见图2-7。

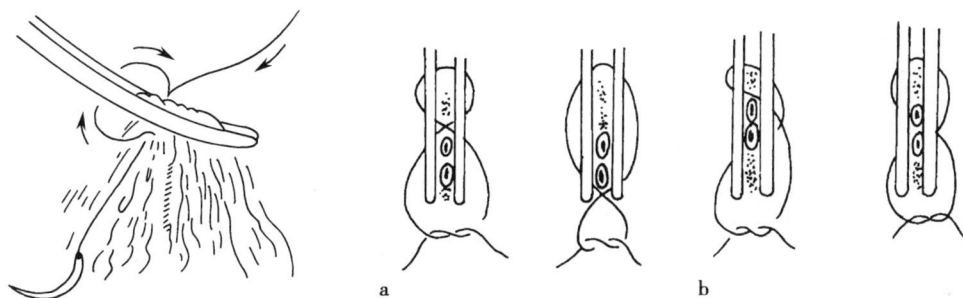

图2-7　钳夹、结扎止血

（4）局部药物止血法：用可以吸收的止血药物压迫或填塞出血部位或渗血处，以达到止血目的。常用的有胶原蛋白海绵、明胶海绵、羟甲基纤维素纱布及中草药提取的止血粉等。

（5）其他：四肢出血可用止血带，注意止血带使用方法。骨髓腔出血时，可以用骨蜡封闭止血。

（三）手术打结

打结是外科手术中重要技术，术中缝合与止血都离不开打结，是最基本操作之一。临床上应用丝线结扎最多，丝线的粗细，术中根据结扎部位灵活使用，要以张力足够而又遗留异物最少为原则。

1. 常用外科结种类　单结、方结、外科结、三叠结等，见图2-8。

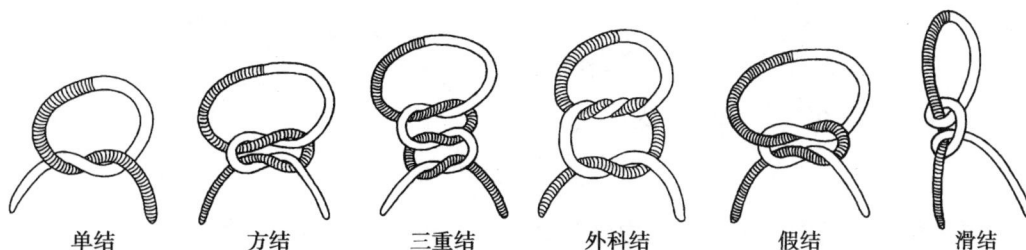

单结　　方结　　三重结　　外科结　　假结　　滑结
图2-8　外科结种类

（1）单结：为外科结扣的基本结，只绕一圈，易松脱、解开，仅用于暂时阻断，如胆囊逆行切除暂时阻断胆囊管。

（2）方结：又称平结，由方向相反的两个单结组成（第二单结与第一单结方向相反），是外科手术中主要的结扎方式。其特点是结扎线来回交错,着力均匀,打成后愈拉愈紧,不会松开或脱落,因而牢固可靠,多用于结扎较小血管和各种缝合时的结扎。

(3)外科结:第一个线扣重绕两次,使线间的摩擦面及摩擦系数增大,从而也增加了安全系数。打第二个线扣时不易滑脱和松动,比较牢固。用于较大血管和组织张力较大部位的结扎。但因麻烦及费时,手术中极少采用。

(4)三叠结:又称三重结、加强结,在外科手术中最常用,是在方结的基础上再重复第一个结,第三个结与第二个结的方向相反,以加强结扎线间的摩擦力,防止线松散滑脱,因而牢固可靠,注意第一结必须保持缚紧状态。常用于较大血管和较多组织的结扎,也用于张力较大组织缝合。尼龙线、肠线的打结也常用此方法。缺点为组织内的结扎线头较大,使较大异物遗留在组织中。

2. **不宜在手术中采用的结** 假结、滑结、松结。

(1)滑结:两个单结的形式与方结相同,但由于在打结的过程中将其中一个线头拉紧,只用了另一个线头打结所造成。改变拉线力量分布及方向即可避免。或是在打方结时,两手用力不均匀,致使结线彼此垂直重叠无法结牢而形成滑结,而不是方结,更容易脱落,特别是在结扎大血管时应尽量注意避免发生。

(2)假结:又称顺结、"十字"结,是两道结扎线方向相同的结,结扎后易自行滑脱和松解,手术中不宜使用,尤其是在重要部位的结扎时忌用。

(3)松结:即第一个结或第二个结松弛,未扎紧而不牢固。

3. **操作步骤**

(1)单纯结扎止血:先用止血尖钳夹出血点,然后将丝线绕过止血钳下的血管和周围少许组织,结扎止血。结扎时,持钳者应先抬起钳柄,当结扎者将缝线绕过止血钳后,下落钳柄,将钳头翘起,并转向结扎者的对侧,显露结扎部位,使结扎者打结方便。当第一道结收紧后,助手应随之以放开和拔出的动作撤出止血钳。结扎者打第二道结,遇到重要血管在打好第一道结后,应在原位稍微放开止血钳,以便第一道结进一步收紧,随后夹住血管,打第二道结,然后再重复第二次打结。

(2)打结递线:术中打结递线一般有手递线法和器械递线法两种,见图2-9。

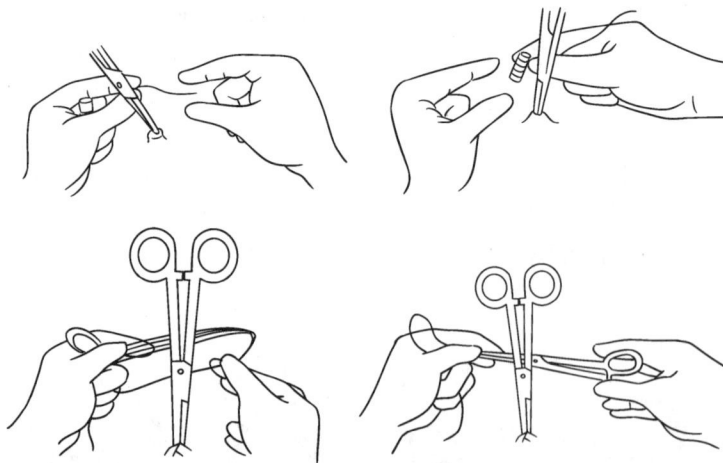

图2-9 递线法

递线后根据结扎线的两端是否交叉而分为交叉递线和非交叉递线。对于交叉递线来说,第一个单结为右手示指结,作结后双手可直接拉紧结扎线,无须再作交叉;如果是非交叉递线,第一个单结为右手中指结,作结后双手需交叉以后才能拉紧结扎线。

(3)打结方法可分为单手打结法、双手打结法及器械打结法3种,见图2-10。

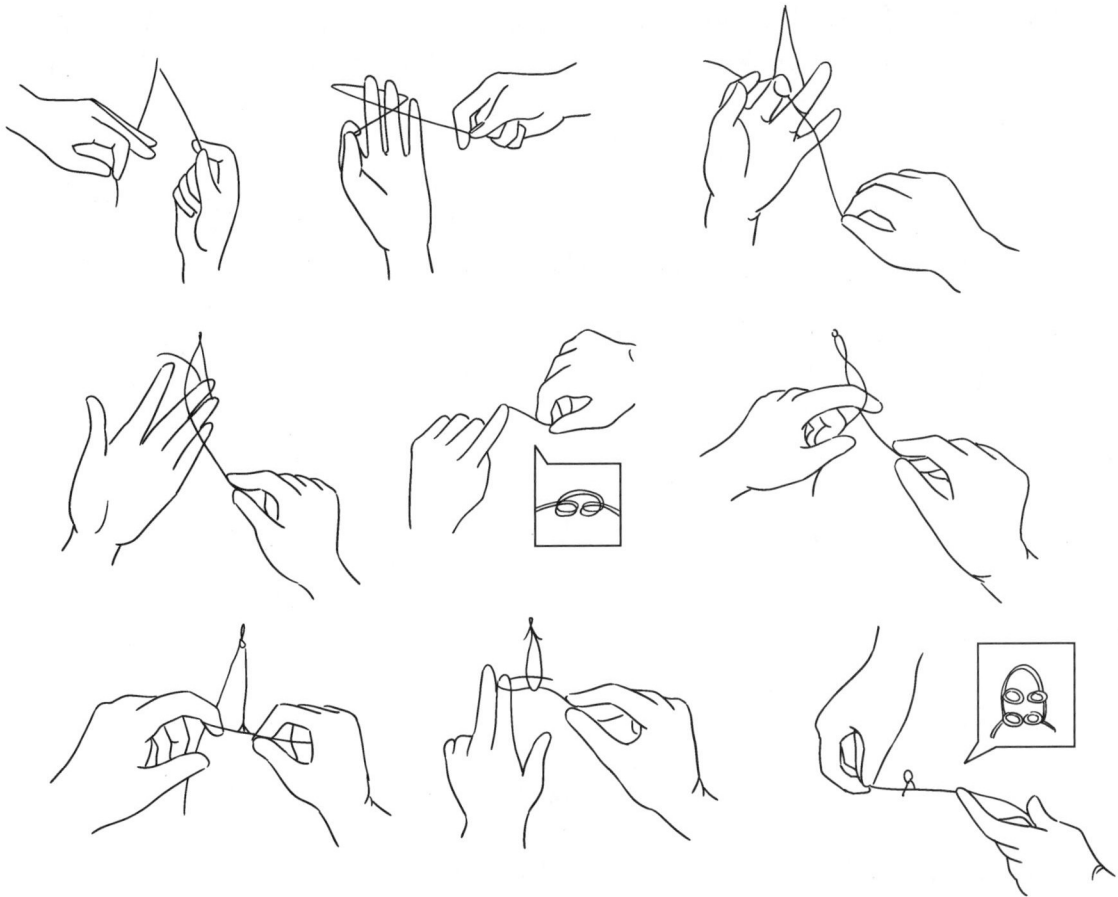

图 2-10　打结方法

1) 单手打结法:最常用,简单、迅速,左右两手均可进行,应用广泛,应重点掌握和练习。打结时,一手持线,另一手动作打结,拉线作结时要注意线的方向。此法适合于各部位的结扎,见图 2-11。

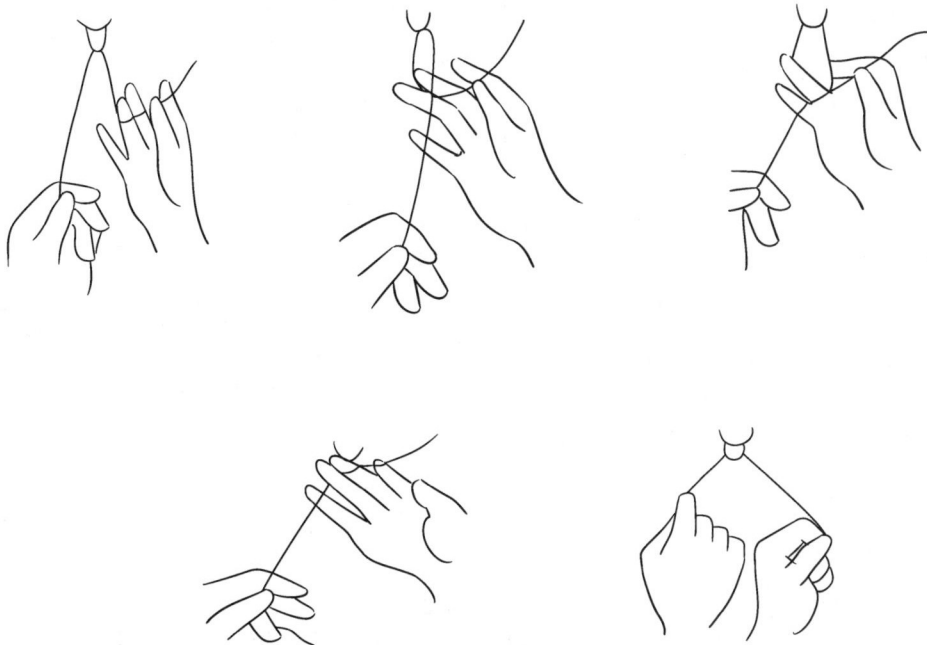

图 2-11　单手打结法

2)双手打结法：分别以左右手用相同的方法打成两个交叉结，打结过程中需保持一定张力，不易滑结，较单手打结法更为可靠。对深部或组织张力较大的缝合结扎较为可靠、方便。此法适用于深部组织的结扎和缝扎，见图2-12。

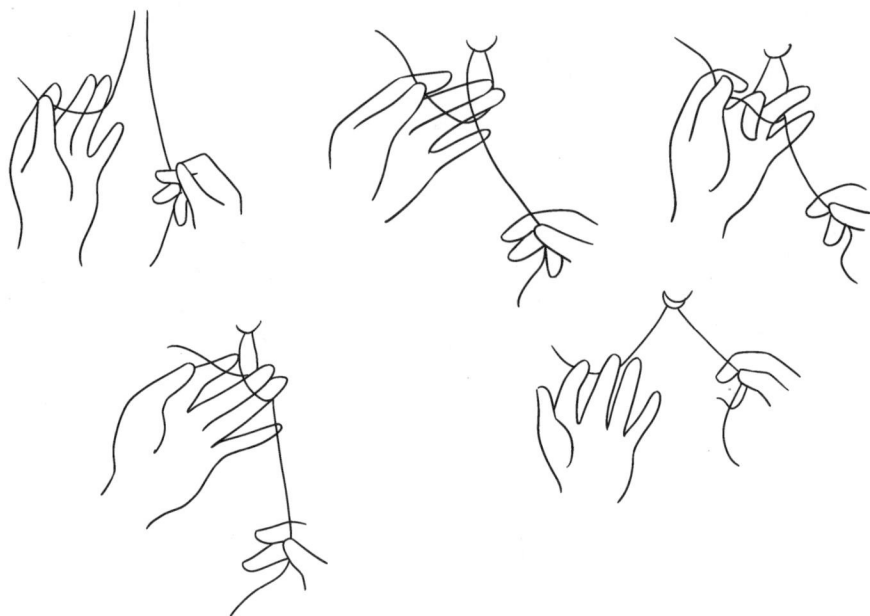

图 2-12　双手打结法

3)器械打结法：用血管钳或持针器打结，方法为左手捏住缝合针线一端，右手拿持针器或止血钳打结，适用于深部、狭小手术野的结扎或缝线过短用手打结有困难时。此法优点是可节约穿线时间，节省缝线及不妨碍视线。其缺点是当有张力缝合时，第一结易松滑，需助手辅助才能扎紧，见图2-13。

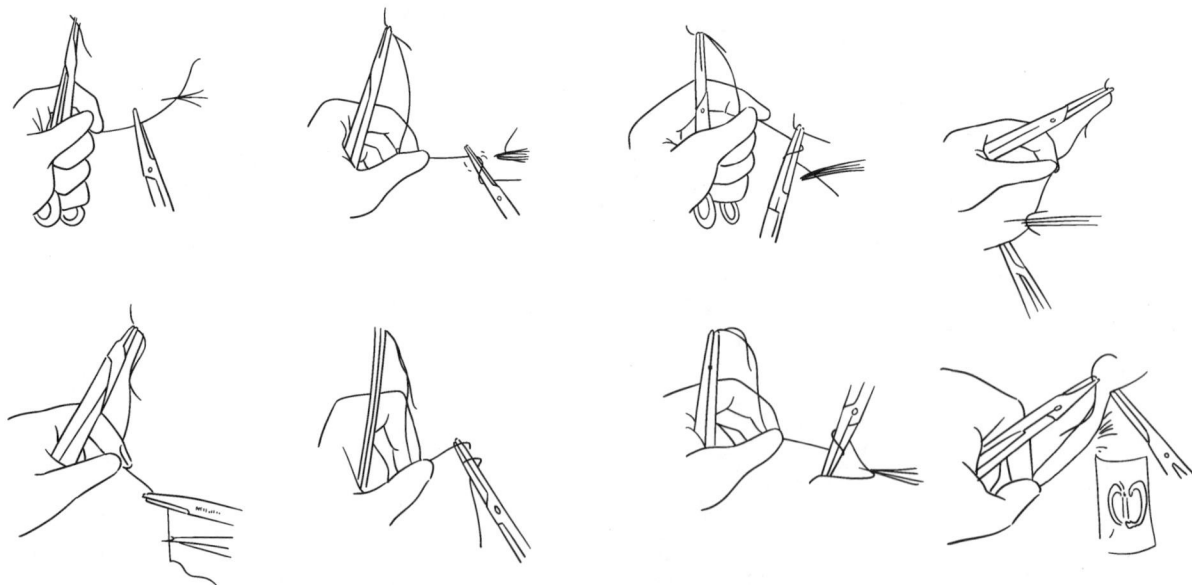

图 2-13　器械打结法

4)深部打结：腹盆腔深部常用，不论用手或止血钳，在第一道线结起后，将一线拉紧，用另一手将线结推下，同样以相反方向结扎第二个线结。打结手应距离线结0.5cm以内，见图2-14。

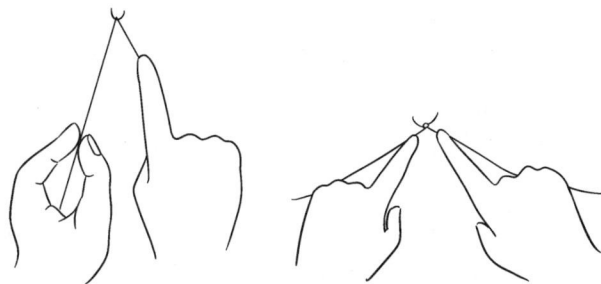

图2-14 深部打结法

4. 操作注意事项

(1)无论用何种方法打结,第一及第二结的方向不能相同,要打成一方结,两道结方向就必须相反。开始第一结,线处于平行状态,结扎后双手交叉相反方向拉紧缝线,打第二结双手不交叉;若开始第一结在结扎前线已处交叉状态,结扎后双手不交叉,拉紧缝线,第二结结扎后双手再交叉。

(2)两手用力均匀:在打结的过程中,两手的用力一定要均匀一致。否则,可能导致滑结。

(3)收紧后打结线要求三点(即两手用力点与结扎点)成一直线,两手的反方向力量相等,每一结均应放平后再拉紧。如果未放平,可于线尾交换位置,忌使之成锐角,否则稍一用力,线即被折断。不能成角向上提拉,否则易使结扎点撕裂或线结松脱,应双手平压使三点成一直线。

(4)结扎时,两手的距离不宜离线结处太远,最好用一手指按线结近处,徐徐拉紧,用力缓慢、均匀。用力过猛或突然用力,均易将线扯断或未扎紧而滑脱。

(5)打第二结扣时,注意第一结扣不要松弛,必要时可用一把止血钳压住第一结扣处,待收紧第二结扣时,再移去止血钳,或第一结扣打完后,双手稍带力牵引结扎线。

(6)打结应在直视下进行。

(7)打结时,要选择质量好且粗细合适的线。结扎前将线浸湿,因线湿后能增加线间的摩擦力,增加拉力。干线易断。

(8)埋在组织内的线结,只要不引起线结松脱,线头越短越好,丝线、棉线线头一般留1~2mm,但如系较大血管的结扎,则应略长,肠线线头留3~4mm,不锈钢丝线头留5~6mm。

(四)手术缝合

1. **目的** 将切开或切断的组织或器官,或因损伤而破裂或断裂的组织或器官进行再对合,重建其通道或连续性,恢复功能,保证其良好愈合。

2. **缝线选择** 了解各种型号缝线的规格和临床常规用途。选用缝线最基本的原则为:尽量使用细而拉力大,对组织反应最小的缝线。各种缝线的粗细以号数与零数表示:号数越大表示缝线越粗,常用的有1号、4号、7号、10号。零数越多表示缝线越细,常用的有1/0~10/0。

(1)医用丝线:是外科广泛、基本使用的缝线,多用于缝合体内各种组织、脏器及血管等。在组织内反应小,但在体内不吸收而形成异物,手术感染后影响切口愈合。一般缝线多采用黑色,操作时易与组织区分。

(2)无损伤缝线:有不可吸收和可吸收线两种。

1)不可吸收线:有锦纶(尼龙)线、涤纶编结线、聚丙烯线。①锦纶(尼龙)线:即聚酰胺纤维缝线,抗张力及韧性皆强于丝线,在组织内反应小。型号有6/0~11/0,常用于血管、神经的吻合与修补,也用于输卵管吻合手术。②涤纶编结线:即聚酯缝线,抗张力强度高,常用于心脏瓣膜置换、矫形外科肌腱修补及显微血管吻合手术。粗线有1~10号,细线型号有2/0~6/0,常用10号作减张缝合。③聚丙烯缝线:又名滑线,抗强度高,多用于吻合血管神经等,其型号有2/0~6/0。使用滑线打结时,须将手打湿。

2)可吸收缝线:一种较理想的缝线,有表面光滑、吸收快、损伤小、组织反应小的特点。其型号有0~9/0等,带针。针有大、小、圆针与三角针之分,使用时应根据临床用途进行选择。常用于肠道、胆道、肌肉、关节囊、子宫、腹膜等组织脏器的缝合,也用于眼科和烧伤整形科手术。

(3)医用肠线:分普通肠线和铬制肠线两种,均可吸收。一般 6~20d 可完全吸收,吸收所需时间的长短,依肠线的粗细及组织的情况而定。

1)普通肠线:吸收快,但组织对肠线的反应稍大。多用于愈合较快的组织和缝合感染伤口等。一般常用于子宫、膀胱等黏膜层。

2)铬制肠线:造成的炎症反应比普通肠线少。一般多用于妇科及泌尿系统手术,是肾脏及输尿管手术常常选用的缝线。使用时浸泡,待软化后拉直,以便于手术操作。

3. **缝针选择** 须了解各种缝针的规格和用途。一般手术缝针由针尖、针身及针孔(针眼)组成。按针尖形状分圆形及三角形两种,按针身弯曲度分为弯形、半弯形及直形。依身体组织、脏器及血管等的脆弱度,选用缝针时必须注意针尖的锐利度及针眼的大小,避免造成组织的创伤;依组织脏器部位的深浅,选用时注意缝针的弯曲角度。目前常用的几种缝针介绍如下。

(1)圆形缝针:主要用于柔软容易穿透的组织,如腹膜、胃肠道及心脏组织,穿过时损伤小。

(2)三角形缝针:适用于坚韧的组织,针尖具有锋利的切割边缘,针身部分是圆形的,用于穿透坚韧难穿透的组织,如筋膜及皮肤等。

(3)无损伤缝针:多用于血管吻合及管状或环形构造缝合,亦用于连续缝合,如肠道吻合和心脏手术时,有弯形和直形两种。

(4)引线针:多用于深部组织结扎血管时引导缝线,如肝脏手术,不易割伤,便于操作。

手术缝针的型号有 5×12、6×14、7×17、8×20、9×24、9×34、10×28、11×24 等。选用以上各种类、各型号的缝针时,应选用大小不同的持针钳配搭,避免配搭不当造成针体弯曲或折断,影响手术进行。

4. **缝合要领(以皮肤间断缝合为例)**

(1)进针:缝合时左手执有齿镊,提起皮肤边缘,右手执持针钳,垂直于组织,用腕臂力由外旋进,以顺针的弧度刺入皮肤,经皮下从对侧切口皮缘穿出。

(2)拔针:可用有齿镊顺针前端顺针的弧度向外拔出,同时持针器从针后部顺势前推。

(3)出针:当针要完全拔出时,阻力已很小,可松开持针器,单用镊子夹针继续外拔,持针器迅速转位再夹针体(后 1/3 弧处),将针完全拔出,由第一助手打结,第二助手剪线,完成缝合步骤。

缝合过程中注意三垂直,即进针时针尖与皮肤垂直、针体与切口垂直、出针时针尖与皮肤垂直。

5. **缝合种类**

(1)单纯缝合法:单纯缝合适用于各种组织或脏器的手术切开、损伤或病理性破坏的缝合。缝合的深度、针距和两侧距创缘的距离,应根据手术需要而决定,但要尽可能均等,以达到对合整齐和美观。

1)单纯间断缝合法:最常用、简单的缝合方法。每缝一针单独打结,用于皮肤、皮下组织、肌肉、腱膜的缝合,尤其适用于有感染的创口缝合。缝合皮肤时必须保证切缘的正确对拢,防止一侧皮肤翻入或嵌进切口内,以免影响皮肤切口的愈合。

2)单纯连续缝合法:在第一针缝合后打结,继而用该缝线连续缝合整个创口。结束前的一针,将重线尾拉出形成双线,留在对侧,与重线尾打结固定。单纯连续缝合对缝合处血供影响较大,留下缝线异物较多,腹腔缝合应用单纯连续缝合时,一旦某处缝合断裂则可导致切口裂开。因此该方法仅适用于腹腔小切口,胃肠、血管吻合的缝合。

单纯间断缝合法和单纯连续缝合法见图 2-15。

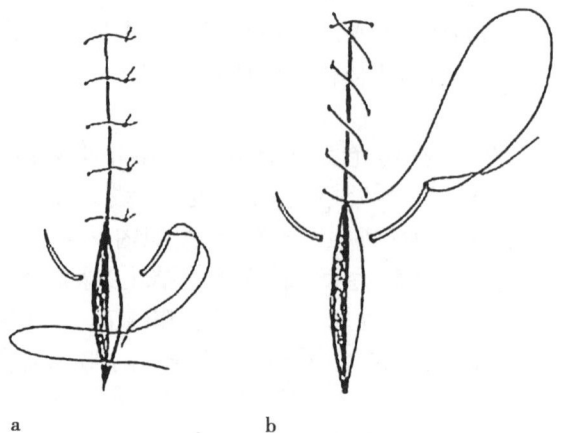

图 2-15 单纯缝合法
a. 单纯间断缝合法;b. 单纯连续缝合法。

3）连续锁边式缝合法：类似于连续缝合，但缝合过程中每次将线交错，由于其止血效果较好，多用于缝合阴囊鞘膜切缘、胃肠道吻合的后壁全层缝合或用于游离植皮时边缘的固定缝合，见图 2-16。

4）"8"字形缝合法：有内"8"字和外"8"字缝合两种，以交叉的部分作为区分。其优点是缝合组织大、较省时、止血作用较好和缝合组织不易断裂。可用于缝合筋膜、肌腱和肌肉等组织断端，亦常用于缝扎不便钳夹的出血点，见图 2-17。

5）减张缝合法：用于缝合愈合能力较差、组织张力过大的切口，亦用于腹壁切口裂开的再缝合。通常用 10 号丝线或不锈钢丝，在距离创缘 2~2.5cm 处进针，经过腹直肌后鞘与腹膜之间均由腹内向皮外出针，以保层次的准确性，亦可避免损伤脏器。缝合间距 3~4cm，缝合腹直肌鞘或筋膜时，间距应较缝合皮肤时稍宽，使其承受更多的切口张力，结扎前将缝线穿过一段橡皮管或纱布做的枕垫，以防皮肤被割裂，结扎时切勿过紧，以免影响血液循环，见图 2-18。

图 2-16 连续锁边式缝合法　　图 2-17 "8"字形缝合法　　图 2-18 减张缝合法

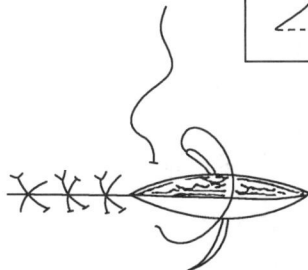

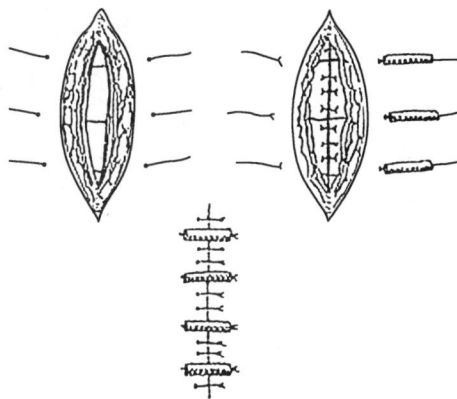

6）贯穿缝合法：多与止血钳钳夹止血配合使用，用于钳夹的组织较多，线结容易脱落或单纯结扎有困难时。

（2）内翻缝合法：目的是将缝合组织边缘向内翻入。主要用于胃肠道缝合以保证愈合完善和减少污染。一般多用间断缝合法。对小范围的内翻，如修补胃肠道或阑尾切除后的根部，可用荷包或内翻缝合；胃肠道断端两角外层可用半荷包或内翻缝合法。

1）间断垂直褥式内翻缝合法：常用于胃肠道吻合时缝合浆肌层。从切缘 0.4~0.5cm 进针，据切缘 0.2cm 处穿出，跨切口，再由对侧 0.2cm 进针，0.4~0.5cm 处出针。打结轻拢不要过紧，将结打在进、出针处，注意不要缝合全层，见图 2-19。

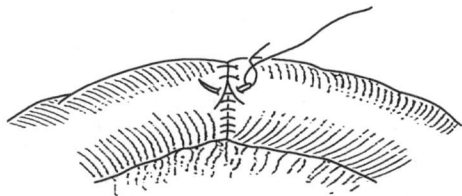

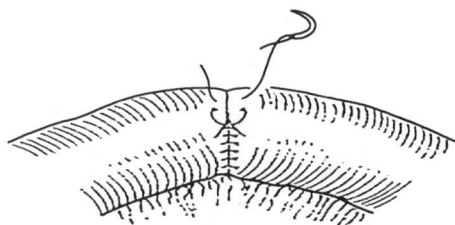

2）间断水平褥式内翻缝合法：多用于胃肠道浆肌层缝合或修补胃肠道穿孔，见图 2-20。

图 2-19 间断垂直褥式内翻缝合法　　图 2-20 间断水平褥式内翻缝合法

3）连续水平褥式浆肌层内翻缝合法：如胃肠道浆肌层缝合，见图 2-21。

4）连续内翻缝合法：全层连续内翻缝合（水平），其进出针方法同单纯间断内翻缝合，可因缝合不当引起吻合口狭窄，常用于胃肠道全层缝合，见图 2-22。

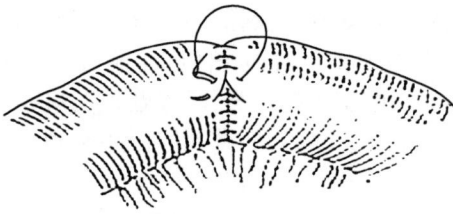

图 2-21 连续水平褥式浆肌层内翻缝合法

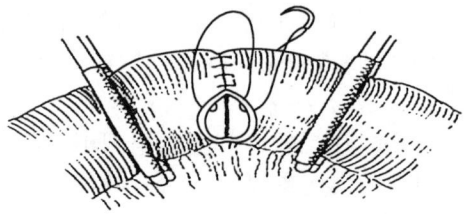

图 2-22 连续内翻缝合法

5)荷包缝合法:在组织表面以环形连续缝合一周,结扎时将中心内翻包埋,表面光滑,有利于愈合。常用于胃肠道小切口或针眼的关闭、阑尾残端的包埋、造瘘管在器官的固定等,见图 2-23。

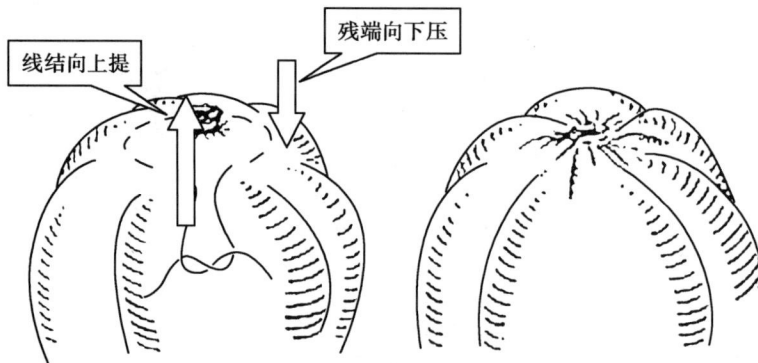

图 2-23 荷包缝合法

6)半荷包缝合法:方法基本同荷包缝合,缝线的走行轨迹形成 1 个半环状或多半环状。常用于十二指肠残角部、胃残端角部的包埋内翻等,见图 2-24。

(3)外翻缝合法:将缝合组织的边缘向外翻,保证缝合处内面的光滑,一般用于血管吻合或缝合,以防术后栓塞。也用于松弛皮肤(如阴囊、老人和经产妇腹壁及皮肤层)的缝合,以保证切线对合良好,防止皮肤内翻而影响愈合。见图 2-25。

1)间断垂直褥式外翻缝合法:如松弛皮肤的缝合,在回针时,注意针走行于皮内,剪线时皮肤缝合线头留 0.5~0.8cm,以利于拆线。

2)间断水平褥式外翻缝合法:如腹膜缝合。

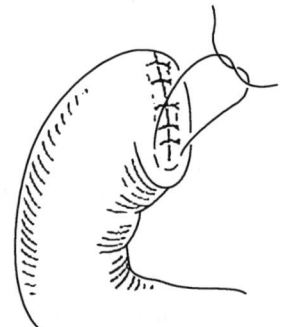

图 2-24 半荷包缝合法

3)连续水平褥式外翻缝合法:多用于血管壁吻合。

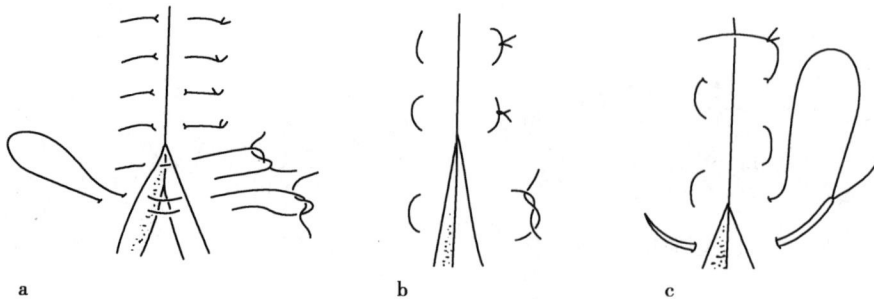

图 2-25 各种外翻缝合法

(4)皮内缝合法:可分为皮内间断(图 2-26)及皮内连续缝合(图 2-27)两种。缝合要领:从切口的一端进针,然后交替经两侧切口边缘的皮内穿过,一直缝到切口的另一端穿出,最后抽紧,两端可作蝴蝶结或纱布小球垫。皮内缝合应用带针的滑线,分为可吸收线和不可吸收线两种。常用于外露皮肤切口的缝合,如颈部甲状腺手术切口。其缝合的好坏与皮下组织缝合的密度、层次对合有关。此法缝合的优点是对合好、拆线早、愈合瘢痕小、美观。如切口张力大,皮下缝合对拢欠佳,不应采用此法。

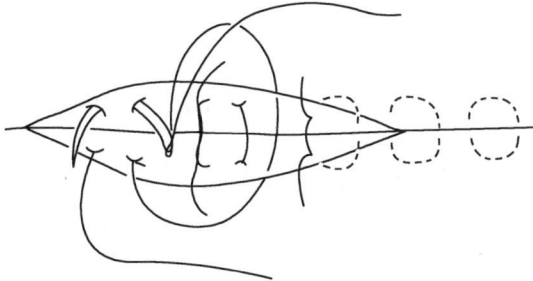

图 2-26 皮内间断缝合

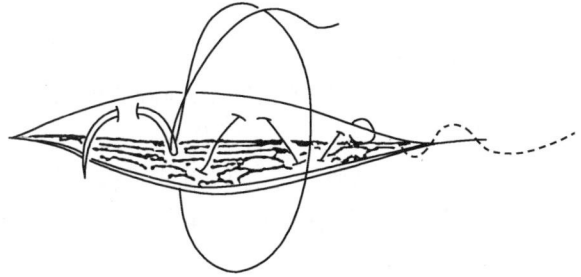

图 2-27 皮内连续缝合

6. **剪线法** 正确的剪线方法用靠、滑、斜、剪四个动作(图 2-28)。术者打结完毕后将双线尾合拢提起斜向助手右侧,助手持线剪略微张开尖端,以线剪的一刃靠住结扎线,顺线尾向下滑动至线结处,再将线剪向上倾斜将线剪断。线剪倾斜角度一般为 25°~45°,但取决于留下线头的长短,线剪与缝线的倾斜角度越大,留的线头越长。留线头的长短取决于结扎点的不同,术中视结扎的要求不同,一般丝线保留线头 1~2mm;较大血管、重要部位的结扎、缝扎,保留线头应稍长些 3~4mm;肠线保留线头 3~4mm;不锈钢丝保留线头 5~6mm,并应将线头扭转,埋入组织中;皮肤缝合保留线头 1cm,以便拆线。如需要留长线头,不必行靠滑斜剪步骤,线剪直接在需要剪线处剪断即可。

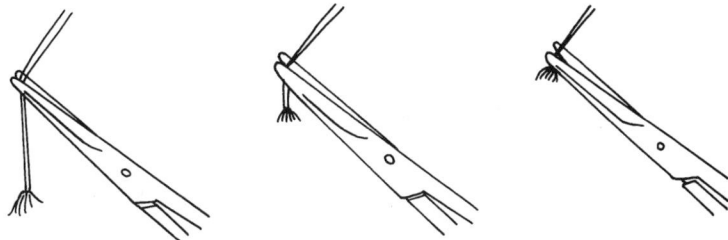

偏向左侧　　　　　顺线下滑　　　　倾斜45°并剪断缝线

图 2-28 剪线

7. **操作注意事项**

(1)切口两侧组织(皮肤)要对合良好,缝线包括两侧组织应该等量、对称,避免皮肤内翻及留有死腔,皮肤缝合后应沿伤口方向用纱布卷进行滚动包扎,避免积血或积液残留。

(2)缝合后打结松紧适中,过松使创缘对合不良,遗留间隙,易发生渗血、积液;过紧则压迫创缘,影响血液循环,边缘组织坏死,而且因缝线切割可造成组织撕裂。

(3)缝合应在无张力或最小张力下进行,切口张力较大时应做减张切口,防止切口血液循环障碍、术后裂开和愈合瘢痕过粗。

(4)选用合适的缝线,并尽量减少缝线残留和用量,缝合的组织之间不能夹有其他组织,以免影响愈合。

(5)下睑、口角等功能部位缝合,要避免过长的直线缝合,以免愈合瘢痕直线收缩,导致组织器官移位。

(6)潜在感染切口应间断缝合,虽连续缝合抗张力较间断缝合强,但切口感染难处理,且一旦断裂全部松脱。

(五)案例分享

1. **案例一** 请两人配合在外科止血模型或打结器上完成血管结扎或打结,并分别剪线。

【模型要求】

各种外科止血模型或打结器模具。

【物品准备】

各种型号缝针及缝线、各种止血钳、线剪、持针器、无菌手套、纱布、棉垫、止血带、绷带、胶布。

【临床思维】

根据各种外科止血模型作出准确判断,选择最快、最有效的方法进行处理。通常需要两人或两人以上的配合。基本操作可分解为压迫、钳夹、缝合、打结等。

2. **案例二** 请戴手套按以下要求按顺序依次完成缝合及打结、剪线:皮肤切口(无张力)间断缝合2针,皮肤切口(皮肤松弛)间断缝合2针,皮肤切口(张力极大)间断缝合2针,小肠破口(已全程缝合)浆肌层包埋2针。

【模型要求】

人工皮或动物离体器官。

【物品准备】

各种型号针线、剪刀、有齿镊、无齿镊、持针器、纱布、胶布。

【临床思维】

各种缝合方法,缝合技术。

操作思路:主要在于不同场景缝针、缝线、镊子的选择是否正确,操作前要看清题目要求是否需要戴手套,是否序贯等。

3. **案例三** 被尖刀刺伤腹部患者的小肠标本,请完成相应修补。

【模型要求】

动物离体器官(小肠)。

【物品准备】

各种型号针线、剪刀、有齿镊、无齿镊、持针器。

【临床思维】

医生应检查小肠是否有贯穿伤,不应只修补一侧肠壁而忽略另一侧肠壁的破口。

教学视频:
手术切开、
结扎止血及
打结

(郭俊宇)

三、微创外科基本技术

通过模拟训练,改善腹腔镜下操作的深度感和视觉空间感,提高手眼协调能力;提高双手的灵活性和协调性,并且进一步加深对腹腔镜手术器械使用方法的理解,增强操作的准确性和有效性。

(一)操作前准备

1. **所需器材** 腹腔镜基本技术训练模拟箱及套件;分离钳、抓钳、剪刀、持针器、针、缝线,各种操作模块如珠子搬家模块、柱体搬运模块、穿针引线模块、3D缝合模型模块、肠管吻合模块等。

2. **所需物品** ①各种豆子:黄豆、绿豆等;②葡萄、熟鸡蛋;③泡沫板、纱布块、针线等。

(二)基本操作技术

1. **移珠子、传豆子**

(1)练习目的:视觉转化、手眼配合、双手配合、纵深感练习。

(2)训练器材:夹豆子模块、分离钳、抓钳。

(3)训练要求:用抓钳、分离钳等器械进行彩珠或豆子定位和传接训练。

(4)考核标准:在限定时间内完成10个彩珠或豆子的抓持、传递、放置。优秀:用时<40s,合格:用时≤60s。

(5)操作示范及技术要点:器械进入模拟器,把彩珠从杯子中移到"梅花桩"上,在"梅花桩"之间移动彩珠,最后把彩珠从"梅花桩"上移动到杯子里,各种不同操作,提供了多种不同难度的体验。记得左右手互换器械。如果在模拟训练箱内放入豆子,用抓钳、分离钳等器械进行豆子定位和传接训练;左、右手分别握持一把抓钳或分离钳从器械操作口进入到训练视野内(左、右手握持器械次序按个人习惯定)。若一次性未夹住,马上放弃该粒豆子,重新定位另一粒(新学员刚开始训练时,不要求速度过快,关键是要学会准确定位),随后将分离钳抓持的豆子传接到另一只手的抓钳中。分别旋转分离钳或抓钳到适当的传接角度;待抓钳夹稳豆子后,分离钳松开,见图 2-29。

2. 柱状体搬家

(1)练习目的:锻炼视觉转化能力、手眼协调能力、双手配合能力、纵深感知能力,以及镜下定位技能。

(2)训练器材:柱体搬运模块、弯分离钳、细齿抓钳。

(3)训练要求:首先,使用非优势手(以左手为例)从钉板左侧抓取 1 个彩色套筒,并将其转移至优势手(以右手为例),然后放置在右侧的柱子上,如此完成 6 个彩色套筒的转移。接着,反向操作,使用优势手(右手)从钉板抓取彩色套筒,转移至非优势手(左手),并放置在左侧的钉柱上,同样完成 6 个彩色套筒的转移。

(4)考核标准:完成 6 个彩色套筒的准确放置,并注重方向性。优秀:用时<2min,合格:用时≤5min。

(5)操作示范及技术要点:首先,将器械伸入模拟器内,使用细齿抓钳抓取 1 个彩色套筒,然后传递给另一只手的弯分离钳。最后,使用弯分离钳将彩色套筒放置到对面的镜像柱子中。注意左右手需互换器械和操作。另外,可以使用细齿抓钳或弯分离钳中的任意一把抓取一根彩色橡皮筋,然后使用这两把器械将橡皮筋组合成特定形状(如三角形,其他形状可自行设定)。重复此操作,直至所有橡皮筋均完成组合。组合完毕后,再使用这两把器械将所有橡皮筋取下并还原。橡皮筋的适当张力可以模拟真实手术中移动器官位置的触觉反馈,具体见图 2-30。

图 2-29 "梅花桩"

图 2-30 柱状体搬家

3. 穿隧道

(1)训练目的:提升视觉转化能力、手眼协调能力、双手配合能力、纵深感知以及镜下定位技能。

(2)所需器材:穿隧道训练模块、分离钳、抓钳。

(3)训练步骤:以右手为优势手为例,首先用右手抓起绒丝的一端,传入铁环的一侧。接着,以左手为非优势手调整绒丝的角度,确保绒丝能够顺利穿过下一个铁环。按照此方法,依次穿过一排铁环中的所有铁环。重复此过程,分别完成三排铁环的穿越操作。

(4)考核标准:要求三条绒丝依次成功穿过三排铁环。优秀标准:用时不超过 3.5min;合格标准:用时不超过 5min。

(5)操作示范与技术要点:首先,将器械送入模拟器中。左手持分离钳,右手持抓钳。右手使用细齿抓钳抓起一根彩色绒丝的头端,穿过第一个圆环。随后,左手持分离钳接过绒丝并调整其头端方向,确保绒丝能顺利穿过第二个圆环。双手需密切配合操作,按照相同的方法继续交接传递,依次将绒丝穿过一排圆环,以完成一排隧道的抓持、传递与交接。完成这一步操作后,使用任意一把器械抓起白色的绳子,继续穿过最后两排金属圆环。在此过程中,记得左右手互换器械,并同时改变操作顺序和方向。具体操作见2-31。

4. 剥葡萄(鸡蛋壳)

(1)练习目的:视觉转化、手眼配合、双手配合、纵深感练习、组织分离。

(2)训练器材:无损抓钳、分离钳、剪刀、葡萄若干。

训练要求通过双手协调,用钳和剪刀完整地剥离葡萄皮或鸡蛋壳、鸡蛋皮进行组织分离。

(3)考核标准:完整剥离8颗葡萄。优秀:用时≤3min,合格:用时≤5min。

(4)操作示范及技术要点:器械进入模拟器后,先以无损抓钳固定葡萄,再用剪刀于葡萄蒂部剪开一小裂口。接着,换用分离钳固定葡萄,同时用无损抓钳夹住裂口处的皮。之后,双手分别持分离钳和无损抓钳,同时向两侧撕拉葡萄皮。最后,夹住已撕裂的葡萄皮边缘不同位置,双手反向持力,进一步剥开葡萄皮,直至露出完整果肉,见图2-32。可采用相同方法剥离鸡蛋皮。

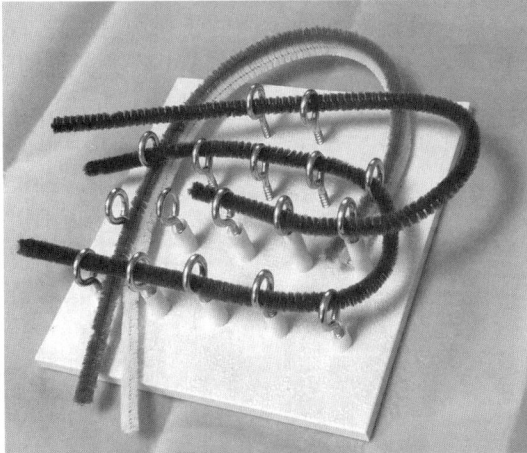

图 2-31 穿隧道

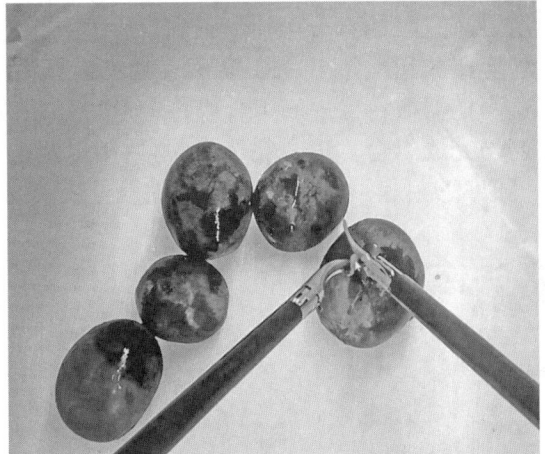

图 2-32 剥葡萄

5. 剪纸(圆圈)

(1)练习目的:视觉转化、手眼配合、双手配合、纵深感练习、组织分离。

(2)训练器材:精细剪切模块(纸片或橡胶模块)、穿刺器、分离钳、分离剪。

(3)训练要求:双手配合,一手持分离钳,牵引纸模块到最合适的角度,一手准确切割操作区域为3mm的绘制线,直到把圆圈完全剪切下来。

(4)考核标准:沿绘制线完成圆圈剪切,并取出圆圈。优秀:用时<1.5min,合格:用时≤4min。

(5)操作示范及技术要点:器械进入模拟器后,左手持分离钳抓起纸片的边缘,暴露并给予3mm绘制线处一定的张力,右手持分离剪在此张力最大处剪开一小窗。随后,沿窗口方向在绘制线边界继续精细剪切,确保剪切线在绘制线范围内,直到把圆圈完全剪下,见图2-33。

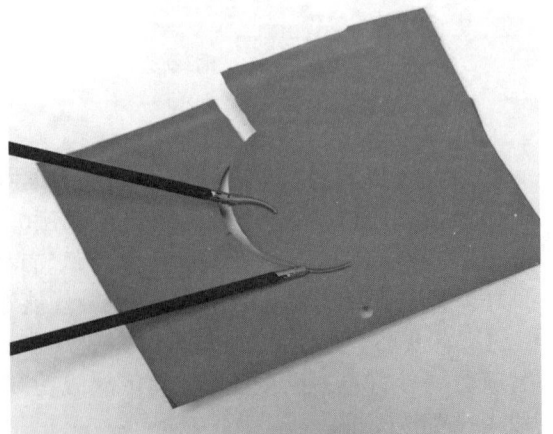

图 2-33 剪纸(圆圈)

6. 缝合打结

(1)练习目的:视觉转化、手眼配合、双手精准配合、腔镜下缝合打结技巧。

(2)训练器材:缝合打结硅胶模块、带针缝线、分离钳、分离剪、腔镜持针器。

(3)训练要求:腔内持针钳和分离钳配合缝合打结。

(4)考核标准:完成1个外科结+1个单结。优秀:用时<1.5mi,合格:用时≤3min。

(5)操作示范及技术要点

1)腔镜下缝合:体会持针、进针、拔针、转针的感觉。用持针器抓住针眼后的缝线,将其送入模拟器,先用左手抓钳抓住针,再用右手持针器抓住针体的中后段,使针尖朝上,左手抓钳抓住模块固定,针尖以适当角度进针,右手腕按顺时针方向旋转,将针穿过模块组织出针,拔出缝针,将针上的缝线渐次拉出,预留10~15cm长,进行打结剪线。在实际临床工作中,仅仅掌握单一角度的缝合是远远不够的,因此多角度缝合练习的目的就是为了适应临床缝合中各种各样的情况。从四个完全不同的角度(90°,180°,270°,360°)去缝合。

2)腔镜下打结:训练各种打结方法,单结、方结、外科结等。传统打结法:两把钳子呈90°夹角操作,左手抓钳提起结扎线的一端(线头),右手抓钳前端置于线头的下方逆时针环绕后,再钳夹住结扎线的另一端(线尾),左右手抓钳拉紧后打好第一个结;打第二个结时,左手抓钳松开线头去钳夹住线尾,右手抓钳前端置于线尾的上方顺时针环绕后,再钳夹住线头拉紧,即完成1个标准的方结。打外科结时则需环绕2圈。这样的打结方法避免了两把抓钳在箱内拉线时交叉而影响操作,简便易学,提高了打结效率。打每一结时,必须顺着结扎方向拉线,否则线易折断。必须打原位结,避免牵扯组织造成损伤。打第二结时,第一结不要提起以防松弛;拉紧缝线时,两手用力点与结扎点3点连成一直线,否则易造成结扎线的脱落;打结时用力要均匀,交换方向要正确,防止打成滑结。

7. 吻合练习　通过肠管吻合模块,将两端肠管吻合在一起,两针之间针距为0.3~0.5cm。

(汪建初、郭俊宇)

四、围手术期的处理

(一)适应证

围手术期处理指为患者手术做准备和促进术后康复。所有需要外科手术治疗的疾病,无论是急症手术、择期手术还是限期手术,均需要进行围手术期处理。

对于急症手术,术前准备应尽可能时间短、项目少,但同时也必须对可能同样危及生命的伴随疾病进行评估,如急性心肌梗死、严重凝血障碍等;而对于限期手术和择期手术,则必须对患者的整体状态和伴随疾病进行充分的评估,以确保围手术期的安全。

(二)禁忌证

疾病终末期、多器官功能衰竭期等无需外科手术治疗的疾病。

(三)操作方法

1. 评估术前准备

(1)评估患者的一般状态

1)心理准备:主要涉及2个方面内容,即患者自身的心理准备以及其亲属或监护人的心理准备。鉴于手术对患者而言构成一种显著的心理应激源,医生需依据疾病类型的不同,采取差异化的沟通策略:①针对那些预期不直接威胁患者生命的疾病(例如阑尾炎),医生应积极与患者进行直接沟通,提升患者对疾病的认识,并增强其对治疗的信心;②对于直接影响患者生命的疾病(例如恶性肿瘤),医生应与患者亲属或监护人协同合作,向患者传达积极的信息,营造轻松的氛围,以确保患者对即将进行的治疗做好充分的心理准备。

2)生理准备:主要涉及3个方面内容。①年龄:年龄是影响患者生存状态及手术耐受性的重要因素。随着年龄增长,心脑血管意外的风险增加,尤其是65岁以上的患者。同时,机体对肾血流灌注的调节能力亦随年龄增长而显著降低。其他器官,如肺、肝等,其功能储备亦随年龄增长而减少,导致对手术的耐受能力下降。②习惯：有吸烟和饮酒习惯的患者应在入院后立即戒断，最佳情况是在术前6周开始戒烟。③适应术中和术后变化的准备：术后患者常因伤口疼痛和担忧伤口问题而不愿进行深呼吸或咳嗽，这可能导致坠积性肺炎和肺不张。因此，术前应指导患者进行深呼吸训练。非胸部手术患者应学习正确的胸式深呼吸；若为胸部手术，则应训练腹式深呼吸。对于胸部或腹部手术患者，术前还应教会其有效咳嗽排痰的方法，并指导患者及其陪护人员学习保护伤口的技巧。

(2)评估患者的特殊状态

1)营养不良：患者血浆白蛋白低于30g/L或转铁蛋白低于0.15g/L，术前行肠内或肠外营养支持。

2)心脏系统疾病：非心脏手术对心脏的影响与多种因素有关，包括手术的紧急程度、大小、类型、操作时间，以及手术引起的体温变化、血液丢失、体液重新分布等。根据对心脏可能造成的危害，外科手术可分为三类：低风险手术(心脏意外发生率低于1%)、中等风险手术(心脏意外发生率为1%~5%)、高风险手术(心脏意外发生率高于5%)。在必要时，应选择对心脏影响较小的手术方式替代标准手术方式。心力衰竭、高血压、冠心病、心律失常和传导缺陷等均为围手术期发生冠状动脉事件的独立危险因素。对于其他心脏瓣膜病患者，非心脏手术的围手术期风险较大。当主动脉瓣面积小于$1cm^2/m^2$或$0.6cm^2/m^2$体表面积时，禁止进行任何择期手术，并应考虑先行瓣膜置换术。对于已进行心脏人工瓣膜置换术的患者，应在可短时间停用抗凝药时进行择期手术；围手术期可使用治疗剂量的肝素或低分子量肝素进行抗凝替代；为预防心内膜炎，围手术期应使用抗生素。对于心肌病患者，应评估心脏功能，如左心室射血分数等。

3)呼吸系统疾病：任何外科择期手术都应避免在呼吸系统感染性疾病发作期进行，哮喘的急性发作期也是手术禁忌。动脉血氧分压(PaO_2)小于60mmHg和/或动脉血二氧化碳分压($PaCO_2$)大于50mmHg的患者，要高度关注手术的耐受能力，并评估术后肺部并发症发生的可能性。对于有慢性呼吸系统疾病的患者和/或年龄大于65岁的患者，术前应进行肺功能检查以发现可能影响手术的因素。

4)肝脏疾病：任何外科手术，包括麻醉用药，都会增加肝脏负担，可能造成肝脏损害。对于伴有肝脏疾病的手术患者，很可能发生肝功能失代偿。①急性肝炎期间，禁止进行择期手术，需待患者临床表现恢复正常且肝功能生化指标接近正常后进行；②酒精性肝炎期间，相对禁忌手术，急诊手术病死率非常高；③急性肝衰竭期间，患者可接受肝移植手术，其他手术绝对禁忌；④肝硬化患者的手术耐受性可根据Child-Pugh分级进行评价：肝硬化Child A级患者通常可接受择期手术；肝硬化Child B级患者需进行完善的术前评估及术前治疗，在病情可控的情况下，可考虑进行择期手术(但肝脏手术和心脏手术仍被视为相对禁忌)，但仍需警惕肝性脑病、出血、肾衰竭和不可控制的腹水等并发症的发生和加重；肝硬化Child C级患者被视为任何手术的禁忌证。

5)肾脏疾病：①急性肾衰竭是择期手术的禁忌证。②慢性肾衰竭患者承受手术的耐受性应根据血清肌酐、肾小球滤过率(glomerular filtration rate, GFR)进行判断，血清肌酐>3mg/dl(265mmol/L)和GFR<30ml/min者应高度关注，并与相关专业医生进行商讨。③低白蛋白血症患者的血清肌酐值可能会有误差。④无论是否已患有肾衰竭，短时间内的肾功能指标急剧恶化都应避免择期手术。⑤对于肾衰竭导致的高钾血症，应在血清钾可控制在基本正常范围时再进行择期手术。⑥血液透析患者在围手术期时，应考虑适当的无肝素透析时间，以避免术后出血。用药应根据药物的代谢情况、血液透析对药物清除的影响调整用药量和用药频率，并在血液透析后调整用药量。

6)血糖代谢异常：血糖升高并非外科手术的禁忌证，但控制血糖有助于避免围手术期并发症。对于行择期手术的血糖代谢异常(空腹血糖大于100mg/dl或随机血糖大于180mg/dl)患者，建议进行糖化血红蛋白检测，以判断患者近3个月的血糖情况，但围手术期血糖控制最为关键。美国临床内分泌医师学会和美国糖尿病学会均建议手术患者围手术期血糖应控制在100~180mg/dl，重症监护病房患者的血糖控制在140~180mg/dl。糖尿病患者需警惕低血糖的发生，术前需禁食的糖尿病患者应关注血糖，以避免低血糖。

7)凝血障碍：术前应仔细询问相关病史并进行体格检查。病史询问中应包括患者及家族成员有无出血和血栓栓塞史,是否曾输血,有无出血倾向的表现(如手术和月经时有无严重出血,是否易发生皮下瘀斑、鼻出血或牙龈出血等),是否同时患有肝脏疾病、肾脏疾病,有无导致营养不良的饮食习惯,有无过量饮酒,是否服用阿司匹林、非甾体抗炎药或降血脂药(可能导致维生素 K 缺乏),是否进行抗凝治疗(如心房纤颤、静脉血栓栓塞、植入人工机械瓣膜时服用华法林)等。若临床确定存在凝血障碍,择期手术前应进行相应治疗。急症手术时,由于术前无足够时间纠正凝血障碍,必须输注血浆制品。当血小板 50×10^9/L,建议输血小板,使其保持 75×10^9/L,神经系统手术血小板临界点为 100×10^9/L。

8)下肢深静脉血栓形成的预防:血栓形成常发生在下肢深静脉,血栓脱落可引发致命的肺动脉栓塞。因此,对于存在静脉血栓危险因素的患者,应预防性使用低分子量肝素、间断气袋加压下肢和口服华法林(近期曾接受神经外科手术或有胃肠道出血的患者慎用);对于高危患者,可联合应用多种方法如抗凝、使用间断加压气袋等。

9)其他:甲状腺功能亢进患者手术前应用丙硫氧嘧啶 + 碘剂进行准备,嗜铬细胞瘤患者手术前需要使用酚苄明控制血压。

(3)评估手术相关准备

1)影响手术患者的生理状态:对于女性患者,应避开月经期进行择期手术,以免不必要的失血和盆腔抗感染能力下降。对于睡眠不良的患者,应先行调整睡眠状况。

2)手术切口和抗生素使用:外科手术的切口分级见表2-2。①对于一类切口,原则上不需应用抗生素进行预防;但在以下特定情况下,可考虑使用抗生素以预防感染:手术范围广泛、持续时间较长、失血量大;涉及重要器官的手术,例如心脏手术、颅脑手术等;异物植入手术,例如心脏瓣膜置换手术、人工关节置换手术、疝修补手术中使用人工网片等。②对于二类和三类切口,则需预防性使用抗生素,所选抗生素种类应基于可能引起感染的细菌种类来确定。抗生素的给药方法是在手术开始前0.5~2h 内给予一个剂量,并根据手术持续时间的长短决定是否追加剂量。此外,手术区域的局部感染,如毛囊炎、疖等,也是引起手术感染的因素,应在适当控制后再进行择期手术。

表 2-2 外科手术的切口分类

切口分类	意义	举例
一类切口	清洁切口	颅脑手术
二类切口	清洁 - 污染切口	经过良好准备的胃肠道手术
三类切口	污染切口	新鲜开放性创伤
四类切口	感染切口	脓肿手术

3)肠道的准备:为避免术中呕吐造成窒息和吸入性肺炎,美国麻醉医师协会建议择期手术应术前禁食 6h、禁饮 2h。胃肠道手术术前留置持续胃肠减压。对于存在幽门梗阻的患者,术前 3d 左右留置持续胃肠减压,每天以温 3% 氯化钠溶液洗胃以排空和清洁胃腔,并减轻胃壁水肿。对于涉及结直肠的手术患者,术前应进行肠道准备,包括术前 3d 给予无渣或低渣饮食,术前 1d 应用导泻药物加清洁洗肠清空肠道。对于不全肠梗阻的患者,应慎用导泻药物。

2. 评估术后处理

(1)常规处理

1)术后医嘱及术后病程记录:术后医嘱必须详尽无遗,明确记录所施行的手术名称、所采用的监测方法、术后治疗措施,以及各种管道、插管、引流物的具体处理方式。病程记录同样重要,不可轻视,能为病情变化时在场的急救医生提供直接的参考依据,以便实施精准的急救措施。

2)监测:重大手术后的患者,可视情况送入外科重症监护治疗室。对于术后复苏后返回病房的患者,应常规监测生命体征,包括体温、心率、血压、呼吸频率,以及每小时(或数小时)的尿量,并详细记录出入量。

3）静脉输液：遵循加速康复外科（enhanced recovery after surgery，ERAS）理念，给予患者适当量的静脉输液，以促进其尽快恢复进食。

4）引流管管理：为促进患者的快速康复，应尽可能减少不必要的引流管留置。同时，定时观察引流物的量和性质，确保引流管妥善固定，防止其脱落体内或脱出。

（2）体位：对于休克患者，应将下肢抬高 15°~20°，头部和躯干抬高 20°~30°；除非存在禁忌或特殊情况，全身麻醉尚未清醒的患者应取平卧位，头部转向一侧，以避免误吸入气管；蛛网膜下腔阻滞的患者应平卧或取头低卧位 12h，以防止脑脊液外渗导致头痛；颅脑手术后患者应取 15°~30° 的头高脚低斜坡卧位；颈部、胸部手术后患者，为便于呼吸机引流，应取高半坐位卧式；腹部手术后患者多取低半坐位卧式或斜坡卧位，以减少腹壁张力；对于腹腔内有污染的患者，应尽早改为半坐位或头高脚低位，以便进行体位引流；对于肥胖患者，可取侧卧位，以利于呼吸和静脉回流。

（3）各种不适的处理

1）疼痛：术后实施有效的镇痛措施，可以鼓励患者早期积极参与体能锻炼，从而降低肺不张、静脉淤滞、血栓形成及栓塞的风险。然而，药物剂量应控制在较小范围，用药间隔时间需逐渐延长，及早停用镇痛剂有助于胃肠动力的恢复。

2）呃逆：术后早期，可采取压迫眶上缘、短时间吸入二氧化碳、抽吸胃内积气积液、给予镇静或解痉药物等措施。若出现顽固性呃逆，应高度警惕膈下积液或感染的可能性。此时，应进行 CT、X 线或超声检查以明确诊断，一旦确认存在膈下积液或感染，需立即处理。

（4）胃肠道管理：剖腹术后，胃肠道蠕动功能会暂时减弱。通常，术后 2~3d，待消化道动力恢复后，患者可开始口服摄食，饮食应从流质逐渐过渡到半流质和普通饮食。

（5）活动建议：手术后，若镇痛效果良好，患者应尽早进行床上活动，并努力在短期内下床活动。早期活动有助于增加肺活量，减少肺部并发症，改善全身血液循环，促进切口愈合，降低深静脉血栓形成的风险，同时有利于肠道蠕动和膀胱收缩功能的恢复，减少腹胀和尿潴留的发生。

（6）缝线拆除：根据手术部位的不同，拆线时间也有所差异。具体来说，头、面颈部手术术后 4~5d 拆线；下腹部、会阴部手术术后 6~7d 拆线；胸部、上腹部、背部、臀部手术术后 7~9d 拆线；四肢手术术后 10~12d 拆线（近关节处可适当延长）；使用了减张缝线的手术术后 14d 拆线。对于青少年患者，可适当缩短拆线时间；而对于年老、营养不良的患者，则可延迟拆线时间。同时，也可根据患者的实际情况采用间隔拆线的方法。

3. 评估术后并发症

（1）术后出血：腹腔手术后 24 小时内若患者出现休克症状，应考虑内出血可能，表现为心动过速、血压下降、尿量减少及外周血管收缩。若出血持续，腹围可能增大。超声检查及腹腔穿刺可明确诊断。胸腔手术后，若胸腔引流管内每小时引流出血液量超过 100ml，则提示内出血。胸部 X 线检查可显示胸腔积液。中心静脉压低于 $5cmH_2O$；每小时尿量少于 25ml；或在输注足够的血液和液体后，休克征象和监测指标均无好转，继续加重，或一度好转后又恶化等，都提示有术后出血，应当迅速再手术止血，清除血凝块，用 0.9% 氯化钠溶液冲洗腹腔。

（2）术后发热与低体温

1）发热：术后最常见的症状，发热不一定表示伴发感染。如体温不超过 38.5℃ 可不予处理。高于 38.5℃，患者感到不适时，可进行物理降温，对症处理，严密观察。

2）低体温：轻度低体温也是常见术后并发症，多由麻醉药阻断了机体的调节过程、开腹或开胸手术热量散失、输注冷的液体和库存血液等造成。术中应监测体温，尽可能输注恒温液体。

（3）呼吸系统并发症

1）肺膨胀不全：肥胖、长期吸烟和有呼吸系统疾病的患者常见，多发生在术后 48h 内（90% 的发热可能与此并发症有关）。超过 72h 则可能导致肺炎，但多数患者可自愈。预防和治疗包括叩击胸背部、鼓励咳嗽和深呼吸、经鼻气管吸引分泌物，严重时雾化吸入支气管扩张药。

2）肺炎：肺膨胀不全、异物吸入和大量的分泌物均可导致肺炎发生，术后肺炎 50% 以上由革兰氏阴性杆菌引起。

3）肺栓塞：临床表现可为突发性呼吸困难、胸痛、咯血、晕厥；不明原因的急性右心衰竭或休克、血氧饱和度下降；肺动脉瓣区收缩期杂音、第二心音（P2）的增强等。肺栓塞的治疗主要包括下列 4 点。①一般处理：重症监护、绝对卧床、适当应用镇静、止痛药物缓解患者的焦虑和惊恐症状；②呼吸支持：吸氧、经气管插管机械通气；③循环支持；④溶栓、抗凝治疗等。其预后与呼吸功能不全的严重程度相关。

（4）术后感染

1）腹腔脓肿和腹膜炎：其症状包括发热、腹痛、腹部触痛以及白细胞计数增加。若诊断为弥漫性腹膜炎，应立即进行急诊剖腹探查。若感染局限，可通过腹部和盆腔的超声或 CT 扫描来明确诊断。定位腹腔脓肿后，可在超声引导下进行穿刺置管引流，必要时需实施开腹引流。抗生素的选择应根据细菌培养及药敏试验结果进行针对性应用。

2）真菌感染：临床上多由假丝酵母菌（念珠菌）引起，常发生在长期使用广谱抗生素的患者中。若患者出现持续发热且未找到明确的病原菌，应考虑真菌感染的可能性。治疗时可选用两性霉素 B 或氟康唑等药物。

（5）切口并发症

1）血肿、积血和血凝块：最常见的并发症，与止血技术的不完善密切相关。其临床表现包括切口部位的不适、肿胀、边缘隆起及变色。严重时，血液可能渗透皮肤缝线而外渗。甲状腺、甲状旁腺或颈动脉手术后的颈部血肿可能压迫呼吸道，导致患者窒息，因此需紧急处理。治疗方法包括在无菌条件下排空凝血块，结扎出血的血管，并重新缝合伤口。切口部位的小血肿虽有可能自行吸收，但会增加伤口感染的风险。

2）血清肿：伤口处积聚的液体为非血液或非脓液性质，其形成与手术过程中切断较多淋巴管有关。血清肿可导致伤口愈合延迟，并增加感染风险。对于较大的血清肿，可采用空针抽吸处理，随后使用敷料进行加压包扎。

3）伤口裂开：通常发生在术后 1 周内，可能涉及切口的任何一层或全层。腹壁全层裂开时，常有腹腔内脏器膨出的现象。其主要原因包括营养不良导致的组织愈合能力差、切口缝合技术缺陷以及腹腔内压力突然增高的动作。预防和治疗措施包括：缝线应距离伤口边缘 2~3cm，针距应为 1cm，以消除死腔并确保引流物不通过切口。对于切口裂开风险高的患者，可采取预防措施，如加用全层腹壁减张缝线、在腹壁松弛条件下缝合切口、及时处理腹胀、指导患者咳嗽时采取平卧姿势以及适当的腹部加压包扎。当切口完全裂开时，应立即用无菌敷料覆盖并在良好麻醉条件下重新缝合，同时加用减张缝线。

4）切口感染：表现为伤口局部的红、肿、热、疼痛和触痛，伴有分泌物（浅表伤口感染），并可能伴有或不伴有发热和白细胞增加。处理原则包括在伤口红肿处拆除缝线以引流脓液，并同时进行细菌培养。

（6）泌尿系统并发症

1）尿潴留：手术后 6~8h 内，若患者尚未排尿，或虽有排尿但尿量甚少且次数频繁，应在下腹部耻骨上区进行叩诊检查。若发现明显浊音区，即表明存在尿潴留，应及时处理。此时，应安抚患者情绪，如无禁忌，可协助患者坐于床沿或站立，尝试自行排尿。若此方法无效，可在确保无菌的条件下进行导尿操作。

2）泌尿道感染：下泌尿道感染是医院内最常见的获得性感染。急性膀胱炎的症状包括尿频、尿急、尿痛和排尿困难，并伴有轻度发热；而急性肾盂肾炎则表现为高热、腰部疼痛与触痛。尿液检查可发现大量白细胞和脓细胞，通过细菌培养可确诊此病。预防和治疗包括：严格遵守无菌操作规程，以防止泌尿系统污染，同时及时预防和有效处理尿潴留情况；确保患者摄入充足液体，促进膀胱彻底引流，并根据具体病情选用合适的抗生素进行治疗。

（四）案例分享

患者，男，45 岁，因"反复右上腹部疼痛 1 年余，再发加重 3d"入院。患者自诉 1 年前进食油炸食物后出现右上腹疼痛,阵发性胀痛,偶而放射至右侧肩部,改变体位无缓解,伴恶心、呕吐,呕吐胃内容物,无畏寒、高热、身目黄染、皮肤瘙痒、解陶土样便,无呼吸急促、胸闷、呼吸困难,无腹泻、便秘、便血。就诊当地医院诊断慢性胆囊炎,给予药物治疗(具体欠详)后症状缓解。此后上述症状反复发作,均保守治疗。3d 前上述症状再发,疼痛加剧,症状无缓解,感病情加重,遂到上级医院就诊。门诊拟慢性胆囊炎急性发作收治入院。病后精神、食欲、睡眠欠佳,二便正常,体重无改变。

既往有糖尿病史,服用二甲双胍片控制血糖;有多年慢性支气管炎病史。

查体:神志清楚,生命体征平稳,皮肤巩膜无黄染,双下肺闻及少量湿啰音,心率 68 次 /min,心律不齐,各瓣膜未闻及杂音,腹平软,胆囊点压痛,墨菲征阴性,肝脾肋下未扪及,肠鸣音正常。

辅助检查:暂缺。

【问题】

1. 拟行腹腔镜胆囊切除术,该患者围手术期评估流程?

2. 该患者围手术期评估重点有哪些?

3. 该患者手术的切口分类是什么?

【回答】

1. 术前准备评估:心理准备(与患者及患者委托人充分沟通,消除焦虑)→生理准备(戒烟、戒酒)→深呼吸与咳痰锻炼(合并慢性支气管炎)→评估营养状态→评估肺功能→评估心脏功能→评估肝功能、肾功能、凝血功能→无须肠道准备→预防性使用抗生素(合并慢性支气管炎)→术前备皮→术后医嘱记录手术方式、术后监测生命征及血糖、限制含糖液体、无须放置引流管→早期下床活动→术后预防切口延迟愈合甚至切口感染,预防肺部感染。

2. 患者有慢性支气管炎病史、糖尿病史,评估重点有 3 点。①术前准备:评估肺功能、血糖控制情况及慢性支气管炎可能引起的肺源性心脏病和糖尿病引起的肾功能不全;②术后干预:术后医嘱液体需严格限制糖用量并检测血糖;③术后并发症:注意预防糖尿病引起的切口愈合延长或不愈合甚至切口感染,注意预防肺部感染。

3. 一类切口。

(吴贤建、许桂丹)

第二节 普通外科基本技能操作

一、清创术

清创术是指用外科手术的方法清除伤口内的血块、异物、脱落的组织碎片和坏死、失活或严重污染的组织等,使其转变为清洁伤口的方法。

(一) 适应证

1. 伤后 6~8h 以内的伤口。

2. 污染较轻,不超过 24h 的伤口;虽已超过 24h,但早期已得到清洗、使用抗生素且无明显感染者亦可行清创术。

3. 头面部伤口,一般在伤后 24~48h 以内,若局部情况好,可争取清创后一期缝合。

(二) 禁忌证

1. 有大出血、休克、昏迷等病情危重患者,须先行有效的抢救,待病情平稳后再进行清创。

2. 有多发性创伤,如内脏损伤、脑损伤等严重伤,病情不稳定或有可能恶化者。

(三) 操作流程

1. 操作前准备

(1)患者准备

1)全面评估患者病情。对于存在颅脑损伤、胸腹部内脏器损伤,或已表现出休克症状的患者,需立即采取相应的治疗措施。

2）对疑似骨折的患者,应进行 X 线检查,以明确是否存在骨折及骨折的具体情况。对于颅脑损伤的患者,则应进行头颅 CT 检查。

3）预防感染措施。对于伤口面积大、损伤时间较长或污染较严重的患者,在术前应使用抗生素;同时,常规肌内注射破伤风抗毒素 1500U。

4）与患者及其家属进行充分沟通,详细解释一期缝合的原则、可能发生感染的风险及预后情况、若不进行手术将采取的下一步处理方法,以及这些处理可能对受伤肢体的功能和外观造成的影响等。提供两个或两个以上的手术方案,并分析各方案的优劣,由患者及其家属做出选择。在必要时,可给予较理想方案的建议。确保患者在术中能保持清醒并配合,同时确保患者及其家属签署手术知情同意书。

5）确保患者处于良好的麻醉状态,这包括局部麻醉或全身麻醉的选择。

(2)材料准备:无菌清创包、无菌橡胶手套、无菌注射器、无菌手术刀片、无菌双极电凝、无菌软毛刷、肥皂液、2% 盐酸利多卡因、0.9% 氯化钠溶液、1∶1 000 苯扎溴铵、3% 过氧化氢溶液、75% 酒精、碘伏或 0.5% 聚维酮碘(眼周损伤备 5% 聚维酮碘)、止血带、无菌敷料和绷带等。

(3)操作者准备

1）戴帽子、口罩、无菌橡胶手套。

2）充分了解伤情,详细检查受伤部位,判断是否有重要神经、血管、肌腱和骨损伤;根据伤情,进行必要的准备。

2. 操作步骤

(1)清洗与准备

1）戴无菌手套,以无菌纱布覆盖伤口,剃除伤口周围的毛发,其范围应距离伤口边缘 5cm 以上,有油污者,用酒精擦除。更换覆盖伤口的无菌纱布和无菌手套,用 0.9% 氯化钠溶液和用无菌软毛刷蘸肥皂液交替刷洗伤肢及伤口周围皮肤 2~3 次,冲洗后更换无菌毛刷、无菌手套和覆盖伤口的无菌纱布,直至伤口周边皮肤清洁为止,注意勿使冲洗液污染伤口。

2）揭去覆盖伤口的纱布,用 0.9% 氯化钠溶液冲洗伤口,用无菌小纱布球轻柔擦去伤口内的异物,较大或锋利的异物用无菌镊夹除,用 3% 过氧化氢溶液冲洗,再用 0.9% 氯化钠溶液充分冲洗。擦干皮肤,用 0.5% 聚维酮碘进行伤口周围消毒,其范围应距离伤口边缘 15cm 以上,铺无菌巾。

(2)深层清创与止血

1）术者按常规外科洗手消毒、穿无菌手术衣、戴无菌手套。依解剖层次由浅入深仔细探查,判断组织活力,检查是否有重要的神经、血管、肌腱和骨的损伤,如有明显的出血,应予止血。若四肢中、远端伤口或创面有大量出血,可用止血带,并记录上止血带的压力及时间。

2）清除因创伤确已失去活力的皮肤。对创缘不整齐有血供的皮肤,沿伤口边缘切除 1~2mm 以修整。彻底清除游离、污染、失去活力的皮下组织,直至正常组织为止。对于撕脱伤剥脱的完全或大部分游离皮瓣,切不可直接原位缝合,应清理创面基底,包埋重要组织,彻底清除皮瓣的皮下组织,仅保留皮肤全层行原位移植,注意充分开窗引流,并使用厚敷料或打包材料进行外部加压包扎。

3）充分暴露潜行的创腔、创袋,必要时切开组织,彻底清创并检查其深部组织损伤情况。若有深部组织损伤,需纵向切开深筋膜,彻底清除挫裂严重、无血供的组织,尤其是坏死的肌肉,应切除直至出现出血现象,并刺激肌肉组织产生收缩反应为止。

4）进行重要组织清创。①神经清创:对污染轻者,可用生理盐水棉球小心轻拭;若污染严重,应谨慎剥离并切除已污染的神经外膜,并尽可能保留其分支。对于损伤严重无法保留的神经,其残端用利器修整,切勿钳夹或缝扎,避免术后出现神经性疼痛。②血管清创:对于仅受污染而未断裂的血管,可清除受污染的血管外膜;对于完全断裂、挫伤或有栓塞的重要血管,则需将其切除后吻合或行血管移植;对于挫伤严重的小血管,应予以切除,断端可直接结扎或缝扎。③肌腱清创:严重挫裂、污染、无生机的肌腱应予以切除;未受伤的肌腱,小心加以保护。④骨折断端清创:污染的骨折端应彻底清除。游离的小骨片酌情将其摘除;与周围组织有联系的小碎骨片,切勿随意游离除去,可进行复位固定。大块游离骨片在清创后用1∶1 000苯扎溴铵浸泡5min,再用0.9%氯化钠溶液清洗后原位回植并进行较稳妥的内固定。⑤再次清洗:经彻底清创后,用0.9%氯化钠溶液再次冲洗伤口2~3次,然后以1∶1 000苯扎溴铵浸泡伤口3~5min。若伤口污染较重、受伤时间较长,可用3%过氧化氢溶液浸泡,最后用0.9%氯化钠溶液冲洗。更换手术器械、手套,伤口周围再铺一层无菌巾。

（3）修复与闭合

1）骨折的整复和固定:骨折应在直视下整复,若复位后较为稳定,可用石膏托、持续骨牵引或骨外固定器行外固定。下列情况可考虑内固定:①血管、神经损伤行吻合修复者;②整复后骨折端极不稳定者;③多发和多段骨折者。然而,对损伤污染较严重、受伤时间较长、不易彻底清创的骨折,内固定感染率高,使用时应特别谨慎。对于骨折后出现骨缺损且有可能影响其功能情况,可考虑行自体骨组织移植。

2）血管修复:重要血管损伤清创后应在无张力下进行一期吻合。若缺损较多,可行自体血管移植修复。

3）神经修复:神经断裂后,术中力争立即缝合。如有缺损,可游离神经远端、近端或屈曲邻近关节使两断端靠拢缝合。若缺损>2cm行自体神经移植。若条件不允许,可留待二期处理。

4）肌腱修复:用手术刀平整切断,可在术中将肌腱缝合。若有重要肌腱较多缺损难以直接缝合,则行肌腱移植修复。如污染严重、处理不及时,不宜一期修复,可将断端缝合在附近肌肉上,待伤口愈合后1~3个月再作二期修复。

5）伤口引流:伤口表浅、止血良好,不需放置引流物。伤口深、损伤重、污染严重的伤口,以及存在死腔或可能形成血肿的情况,应在伤口低位或另外切口放置引流物以保持引流通畅。

6）伤口闭合:组织损伤及污染较轻,清创及时(伤后6~8h以内)且彻底者,行一期缝合;否则,宜暂缓缝合伤口。有皮肤缺损不能直接缝合者可用邻近皮瓣转移修复。若缺损较大难以邻近皮瓣修复者可行植皮术。若有血管、神经、肌腱、骨骼等重要组织外露者,宜行皮瓣转移以覆盖外露的重要组织。若伤口缺损较大且不具备一期修复条件或污染严重无法彻底清创者,可采用负压封闭引流处理以期二期修复。

3. 术后处理

（1）密切观察病情变化,尤其注意重要脏器的功能监测。

（2）对于相应重要组织损伤术后,按相应的原则处理。有血管和神经损伤者注意观察肢端血液循环及肢体活动功能;行皮瓣移植者注意局部保暖和观察血液循环。

（3）根据病情给予合理的预防感染治疗。

（4）酌情使用镇静、止痛药物。

（5）加强营养,促进愈合。

（6）术后严密观察切口,如局部已发生感染,应拆线并充分引流,取脓液进行细菌培养和药敏,局部按感染伤口处理,并适当延长应用抗生素时间或根据药敏更换抗生素。引流物视情况择期拔除。若伤口愈合良好无异常表现者,应如期进行拆线,否则适当延期拆线,并间断拆线。

（四）操作注意事项

1. 清创术应尽早施行,越早术后感染的可能性越小,效果越好。

2. 操作应严格无菌观念,认真清洗和消毒伤口。

3. 术中要正确判断组织活力,游离组织碎片、血块、异物、坏死和失活的组织要彻底清除,但不要矫枉过正;尽可能保留和修复重要的组织,如血管、神经、肌腱等。

4. 彻底止血,以免术后形成血肿和术后出血;按组织解剖层次对合缝合,消灭死腔。

（五）案例分享

1. **案例一**　患者,男,29岁。因"翻车致全身多处疼痛、流血1h"由120急救车送入院。自诉1h前自驾车时不慎翻车致头部、左前臂损伤,伤后疼痛、出血,曾有约5s神志不清,自行清醒,无逆行性遗忘,伤后由同车家人拨打急救电话求救,在现场作简单处理后被送入院,未作特殊处理。入院查:神志清楚,对答切题。左头部有一肿块,大小约3.0cm×4.0cm,表皮有挫伤痕,压痛,质软,有波动感。左前臂前内侧有一斜形创口,长约13.0cm,深达肌肉深层,活动性出血,边缘欠整齐。

【问题】

(1)为明确诊断和治疗,请提出诊疗方案。

(2)在处理左前臂伤口时应注意什么?

【回答】

(1)诊疗方案

1)常规监测生命体征。

2)完善各项检查:①患者头部有血肿,伤后曾有昏迷史,应行急诊头颅CT检查,以了解头颅损伤情况;②行术前常规检查;③左前臂有伤口,应进一步完善资料,进行左手运动及感觉功能检查,了解左前臂血管、神经、肌腱等损伤情况;④左前臂X线检查以了解前臂骨有无损伤。

3)若无脑组织损伤,可安排急诊清创术;若有脑损伤,应先处理,待病情稳定后再视情况行创口处理。

4)初步诊断:①左前臂软组织挫裂伤;②左头皮下血肿;③脑震荡(脑损伤待排查)。

(2)注意事项

1)注意了解左前臂的损伤情况,探查深部有无重要组织损伤,若有损伤,应作相应处理。

2)手术中注意与患者交流,可适当活动手指等以了解损伤、修复等情况。

3)术后绷带包扎不宜过紧,以不影响肢端血液循环为度。

【临床思维】

处理有多部位软组织损伤的车祸患者时,医生应先了解患者的生命体征情况;对于头部损伤且曾有昏迷史的患者,应考虑有脑组织损伤的可能,需留观并密切观察病情变化,同时申请急诊头颅CT检查以明确诊断;对于头皮血肿,可采用绷带加压包扎,若血肿继续增大,说明有较大血管破裂出血,可在局部麻醉下切开探查并止血;对于四肢的开放性伤口,若出血较多,可先加压包扎或上止血带以控制出血,待出血得到控制后,应进行肢体感觉和运动功能检查,以了解骨骼、肌腱、血管、神经等有无损伤,并常规进行四肢骨的X线检查,必要时行CT、MRI检查以进一步明确诊断;若车祸患者存在多部位、多器官损伤,应请多学科联合进行急会诊;只有在患者各重要脏器无损伤,生命体征平稳的情况下,才可考虑行清创术;在进行清创术时,应优先考虑使用局部浸润性麻醉,这样患者可以在完全清醒的状态下配合完成手术,从而达到安全、高效和经济的手术效果。

2. **案例二** 患者,男,22岁。因"从树上坠落致右小腿疼痛,出血2h"入院。自述2h前在家摘果时不慎从约2m高的树上坠落,双足先着地,伤后感右小腿疼痛,有伤口、出血,无昏迷,否认有异物刺伤,自行站立,但行走困难,自行棉布包扎,余下无特殊处理,为明确诊断而急诊入院。伤后一般情况好。查体:生命体征正常。心肺腹无异常。右小腿外观明显呈畸形,中段前外侧有一长约3cm伤口,活动性渗血,有骨擦感。

【问题】

根据上述病历资料,请您给出初步诊断。为明确诊断,首选什么辅助检查?

【回答】

初步诊断:右小腿胫腓骨开放性骨折;首选右小腿X线检查可以明确诊断。

回答后出示提示卡:患者经X线检查,发现右胫骨中段斜形骨折,右腓骨下段斜形骨折,全身情况好,拟行急诊手术。

【临床思维】

患者损伤后致右小腿疼痛,出血2h入院。从2m高处坠落,双足先着地,无昏迷,一般可排除脑损伤。患者虽能自行站立,但行走困难。查体发现右小腿明显畸形,考虑存在胫腓骨骨折。患者否认有异物刺伤史,右小腿中段可见一长3cm的伤口,推测此伤口是由胫骨锋利断端刺破皮肤软组织所致,因此判断骨折为开放性。

教学视频:
清创缝合术

（六）清创术耗材及物品准备清单（表2-3）

表2-3　清创术耗材及物品准备清单

序号	物品名称	数量
1	无菌清创包	1个
2	无菌手术刀片、无菌双极电凝、5ml 无菌注射器、无菌软毛刷、绷带、胶布	各1个
3	无菌手套、无菌纱布和棉垫	若干
4	2% 盐酸利多卡因 5ml	5支
5	去甲肾上腺素 1ml	1支
6	肥皂水	1瓶
7	0.9% 氯化钠溶液 100ml、0.9% 氯化钠溶液 500ml	各1瓶
8	3% 过氧化氢溶液 500ml、75% 酒精 100ml、0.5% 聚维酮碘 100ml	各1瓶
9	3-0 尼龙线、4-0 尼龙线	各1包

（七）清创术（局部浸润性麻醉）评分标准（表2-4）

表2-4　清创术（局部浸润性麻醉）评分标准

项目		细则要求	分值	得分
操作前（15分）	术前准备	核对患者（1分） 沟通： 1. 与患者说明手术的目的、可能出现的风险及手术必要性（1分） 2. 嘱患者术前排尿（1分） 3. 确保患者或家属签字同意（1分） 物品准备： 1. 无菌清创包（0.5分） 2. 无菌手术刀片、无菌双极电凝（自选）、5ml 无菌注射器、无菌手套、无菌纱布和棉垫、2% 盐酸利多卡因 5ml、去甲肾上腺素 1ml、肥皂水、0.9% 注射用 0.9% 氯化钠溶液 100ml、0.9% 氯化钠溶液 500ml、3% 过氧化氢溶液 500ml、75% 酒精 100ml、0.5% 聚维酮碘 100ml、缝合线、手消毒剂（3分） 3. 核对物品的有效期、完好性及密闭性（0.5分） 术者准备： 1. 检查患者前后、准备物品前、操作前洗手（1分），戴口罩、帽子（1分） 2. 在患者手术部位垫一次性垫巾或中单（0.5分），协助患者摆好体位（1分） 3. 取下伤口敷料（0.5分），打开清创包（1分），放入无菌手术用品：手术刀、注射器、手套、纱布、棉垫和缝线等（1分） 4. 配好麻醉药：2% 盐酸利多卡因 5ml×4 支 +0.9% 氯化钠溶液 40ml+ 肾上腺素针 12~14 滴（4.5 号针头）（1分）	15	
操作中（70分）	清洗及洗手穿衣戴手套	1. 皮肤清洗（4分）：戴无菌手套，用无菌纱布覆盖伤口，剃除伤口周围的毛发，距离伤口边缘 5cm 以上，有油污者，用 75% 酒精擦除。更换覆盖伤口的无菌纱布，更换无菌手套，用水和用无菌软毛刷蘸肥皂液刷洗伤肢及伤口周围皮肤 2~3 次，每次用大量 0.9% 氯化钠溶液冲洗，每次冲洗后更换无菌毛刷及无菌手套，更换覆盖伤口的无菌纱布 2. 伤口清洗（4分）：揭去覆盖伤口的纱布，用 0.9% 氯化钠溶液冲洗伤口，并用小纱布球轻轻擦去伤口内的污物和异物，后用 3% 过氧化氢溶液冲洗，再用 0.9% 氯化钠溶液冲洗干净；擦干皮肤 3. 常规外科洗手消毒、穿无菌手术衣、戴无菌手套（2分）	10	

项目		细则要求	分值	得分
操作中 (70分)	消毒铺巾	1. 用0.5%聚维酮碘在伤口周围消毒2遍(注意勿使聚维酮碘流入伤口), 其范围应距离伤口边缘15cm以上(3分) 2. 铺无菌巾(2分)	5	
	麻醉	在伤口周围作浸润麻醉(5分)	5	
	探查、清理	1. 由浅入深仔细探查,了解组织损伤情况(5分) 2. 皮肤清创(5分) 3. 清理失活组织(5分) 4. 清理重要神经、血管、肌腱和肌肉组织(15分)	30	
	修复	1. 充分止血(5分) 2. 再次用3%过氧化氢和0.9%氯化钠溶液清洗创腔(5分) 3. 修复重要组织,逐层间断缝合各层组织及皮肤,不留死腔,可留置引流条(10分)	20	
操作后 (15分)	术后处理	1. 包扎:75%酒精擦洗伤口后无菌纱布、棉垫包扎(2分) 2. 观察肢端血液循环(1分) 3. 交代术后注意事项(1分) 4. 手消毒(1分)	5	
	质量	1. 操作熟练(2分) 2. 无菌观念强(3分) 3. 整个过程关注患者反应,动作轻柔,体现人文关怀(5分)	10	
总分			100	

（黄志群、韦达隆）

二、换药术

(一) 目的

1. 观察伤口的状况及其变化过程。

2. 根据伤口的清洁或污染程度,采取规范的换药措施,为伤口愈合创造有利条件。

3. 保护伤口,防止其再次受损。

4. 预防并控制伤口继发性感染。

(二) 适应证

1. 术后无菌伤口,若无特殊反应,应在术后3d进行首次换药。

2. 伤口有血液或液体流出时,须进行换药检查,对于出血较多的情况应立即采取止血措施。

3. 对于感染伤口,若分泌物较多,需每天换药1~2次。

4. 对于新鲜肉芽创面,可每隔1~2d进行一次换药。

5. 对于严重感染或置有引流的伤口,如粪瘘等,应根据渗出情况或引流量的多少来决定每天换药的次数。

6. 对于皮片、纱条引流的伤口,需每天换药1~2次,以保持外敷料的干燥。

7. 硅胶管引流的伤口,应每隔2~3d换药一次,且在3~7d内更换或拔除引流管时,需同时进行换药处理。

(三) 操作流程

1. 患者准备

(1)全面了解换药伤口的具体状况,并对操作过程中可能出现的各种情况作出准确评估。

(2)向患者详细解释换药的目的、整个操作流程以及可能遇到的情况,包括可能产生的不适感。

(3)指导患者采取既舒适又便于操作的体位,同时确保伤口能够充分暴露,并注意妥善保护患者的隐私。

(4)注意为患者保暖,防止因身体部位过多暴露而受凉。

(5)对于伤口情况较为复杂或预期疼痛可能较为明显的患者,可在换药前适当给予镇痛或镇静药物。

2. 操作者准备

(1)了解情况:深入了解患者的伤口状况和心理状态,并协助患者摆放至合适的体位。

(2)安排时间:合理安排换药时间,避免与患者进食时间及家属探访时间冲突,同时确保换药房间在操作前半小时内不进行清扫。

(3)决定换药顺序:在处理多个伤口时,应遵循先清洁伤口、再轻污染伤口、最后处理污染较重和感染伤口的原则,以有效避免交叉感染。

(4)无菌准备:操作者须穿着清洁的工作服、帽子和口罩,修剪指甲,并进行彻底的洗手消毒。

(5)换药地点选择:根据所需用品、参与人员以及伤口的大小和复杂程度,灵活选择在病房或换药室进行换药。对于需要麻醉的换药操作,应安排在手术室进行。

3. 材料准备

(1)治疗车上的物品准备

1)换药包:治疗碗(盘)2个,有齿、无齿镊各1把或血管钳2把。

2)换药用品:酒精棉球、0.5%聚维酮碘、生理盐水棉球、覆盖伤口用敷料、胶布、无菌手套、无菌线剪或组织剪。

(2)其他用品:无菌持物筒和持物镊、引流物、探针、注射器(5ml或20ml)、手消毒剂、松节油、棉签。

(3)根据伤口需要,酌情准备胸带、腹带或绷带(特指弹力绷带)。必要时备酒精灯、打火机、穿刺针和无菌试管等。

4. 操作步骤

(1)一般换药方法

1)开换药包,放置物品:于准备室内,首先检查换药包(留意比色纸是否变色以判断灭菌状态,同时确认包装上的有效期是否过期)。随后,解开包扎绳索,顺手揭开最外层包布。对于剩余的三块呈"三角状"的外层包布及内层包布,应使用无菌镊子小心打开(同时再次检查比色纸状态)。接着,利用持物镊将包内上方的弯盘移至下方弯盘旁边(确保不超出包布边缘)。随后,使用持物镊将所需的生理盐水棉球和酒精棉球分别置入大弯盘内,并将所需敷料放置于大弯盘中央。根据实际需求,将不同物品放置于弯盘内或包内指定位置。若需在病房进行换药操作,应使用无菌镊子夹取包布的内面,并重新包扎好。在此过程中,连着绳子的最外层包布可用手接触其外侧进行操作。最后,将换药车放置于患者右侧床边适当位置,以确保操作过程符合无菌原则,避免交叉感染。

2)暴露伤口,揭去敷料:在做好换药准备后,把一弯盘放置于床上近伤口一侧,用手揭去外层敷料,将污染敷料内面朝上放入弯盘中,再用镊子轻轻揭下内层敷料。如分泌物干结粘连内层敷料,可用外用0.9%氯化钠溶液充分湿润后揭取,如粘连过紧,用3%过氧化氢溶液湿敷1~2min后再揭取,以免引起疼痛,损伤肉芽组织及新生上皮。

3)观察伤口,了解渗出:注意揭下敷料吸附的渗出物,观察伤口有无红、肿、出血或压痛,有无分泌物,观察分泌物颜色、量及性质,观察创面、皮肤、黏膜和肉芽组织的颜色。

4)清理伤口,更换引流:用双手执镊操作法。一把可直接触碰伤口,另一把镊子专用于从换药盘中夹取无菌物品,传递给接触伤口的镊子时无菌镊应在上方,两镊不可相碰。先以酒精棉球自内向外消毒伤口及周围皮肤两次(清洁伤口者),范围应稍大于敷料覆盖的区域,然后以生理盐水棉球轻轻拭去伤口内脓液或分泌物,若伤口清洁、干燥,可不需要放置任何引流物,若有脓性分泌物,则适当安放引流物(纱布、凡士林纱布条、皮片或引流管等)。

5) 覆盖伤口,固定敷料:盖上 2 张无菌干纱布,用胶布粘贴固定,胶布粘贴方向应与肢体或躯体长轴垂直。如创面较大、渗液多,可加用棉垫。关节部位胶布不易固定时可用绷带包扎,外用胶布纵向粘贴,防止绷带松动、滑脱。

(2) 缝合伤口的换药

1) 更换敷料者:通常在缝合后第 3 天检查伤口,注意有无感染现象。如无感染,切口及周围皮肤消毒后用无菌纱布盖好。检查发现伤口稍有发红者,可用 75% 酒精湿敷;对针眼有脓点者,应挑破脓头;对有脓液渗出或伤口周围红肿甚至波动感者,应拆除缝线,按感染伤口处理,留取分泌物或脓液送检并作药敏试验。

2) 存在引流者:对于手术中渗血较多或有污染者,伤口放置皮片或硅胶管等引流时,如渗血、渗液湿透外层敷料,应随时更换。

3) 取出引流者:一般根据引流情况和引流物决定拔出时机。对于皮片引流者,引流量少时皮片引流通常在手术后 24~48h 取出;引流量较多时,应更换引流片;对于硅胶管引流者,3~7d 可拔除引流管,如需换管,应在术后 5~7d 窦道形成后方可实施。局部以 75% 酒精消毒后,拔除引流物,清洁引流口后覆盖无菌敷料。

4) 伤口异常者:若患者在伤口部位感到疼痛或在术后 3~4d 内出现发热症状,应立即检查伤口,以评估是否存在感染的可能性。通常,在术后 2~3d 内,由于组织对缝线的正常反应,缝线的针眼周围可能会出现轻微的红肿现象,此时可采用 75% 酒精进行湿敷处理。若观察到针眼处出现小水疱,则应提前拆除该处的缝线。若局部红肿范围扩大,并可触及硬结,甚至出现波动感,表明可能存在更深层次的感染或脓液积聚,此时应提前拆除缝线,将伤口敞开以充分引流,并按照脓腔伤口的处理原则进行管理和治疗。

5) 拆线者:正常手术伤口已到拆线时间,应及时拆除。①各部位正常拆线时间有所不同:头面颈术后 4~5d,下腹部、会阴部术后 6~7d,胸部、上腹部、背部和臀部术后 7~9d,四肢术后 10~12d,近关节处可适当延长,减张缝合术后 14d。视伤口愈合情况,有的虽到拆线时间,但伤口愈合不太理想,也可采取间断拆线后 1~2d 再全部拆除。②方法:首先使用 75% 酒精消毒伤口,然后轻轻拉动缝线线头,将埋在皮内的线段拉出针眼外 1~2mm,接着用线剪紧贴皮肤将皮内拉出的线段剪断,最后剪刀轻压伤口并向剪断缝线的一侧拔除,动作需轻巧。若向对侧硬拉,可能因张力导致伤口裂开并引起疼痛。此时,可再次使用 75% 酒精擦拭伤口,并覆盖无菌敷料。

(3) 不同创面的换药

1) 浅、平、洁净的创面:用生理盐水棉球拭去伤口渗液后,盖以凡士林纱布、干纱布保护,必要时外包棉垫,1~2d 换药一次。

2) 肉芽过度生长的创面:正常肉芽组织应呈现鲜红色,质地致密且洁净,表面平坦,触碰时易出血。若发现肉芽色泽转变为淡红色或灰暗色,表面变得粗大且呈颗粒状,出现水肿并发亮,且高于创面边缘,这表明肉芽开始老化。此时,可采取剪除或刮除措施,并进行压迫止血;另外,也可选择使用 10%~20% 的硝酸银溶液进行烧灼处理,随后用 0.9% 氯化钠溶液擦拭清洁。若肉芽组织仅出现轻度水肿,则可使用 3%~10% 的氯化钠溶液进行湿敷处理。

3) 脓液或分泌物较多的创面或创腔:适宜采用消毒溶液进行湿敷,以减少脓液或分泌物的积聚。湿敷药物的选择应根据创面的具体情况而定,可选用呋喃妥因溶液或硼酸溶液等。若创面脓液和坏死组织较多,应先用 3% 过氧化氢溶液进行冲洗,随后再用 0.9% 氯化钠溶液进行清洗。换药频率应为每天 2~4 次,同时,应将脓性物送检进行细菌培养。根据创面培养结果得出的不同菌种,全身性地应用敏感的抗生素(注意,切勿在局部应用敏感抗生素)。对于具有较深脓腔或窦道的伤口,必须保持引流的通畅,可以使用 0.9% 氯化钠溶液或各种具有杀菌去腐作用的溶液(例如 3% 过氧化氢溶液)进行冲洗,并在伤口内放置适当的引流物。

4) 慢性顽固性溃疡的处理:由于局部循环障碍、营养不良、早期处理不当或特异性感染等原因,引起创面长期溃烂,难以愈合。在处理此类创面时,首先应找出其根本原因,积极治疗基础疾病,改善全身状况。搔刮创面、微波照射、高压氧治疗以及局部应用生长因子和生肌散等方法,均有助于促进肉芽的生长。

5. 换药后处理

(1)换药后整理衣服和床单,协助病盖好被子。

(2)每次换药后,应把换下的敷料放入指定医疗垃圾桶内以便分类处理。

(3)向患者和家属说明伤口情况,交代换药后注意事项,保持伤口清洁干燥,避免碰撞或剧烈运动。

(4)每次换药完毕,须将所有的药品、用具放回指定位置,认真洗净双手并消毒。

(四) 操作注意事项

1. 在充分了解伤口情况的基础上,准备适量的换药用品,确保物尽其用,避免浪费现象。

2. 在操作过程中,应保持稳定、准确、轻柔的手法,切忌动作粗暴,并严格遵守无菌操作原则。

3. 对于特殊感染伤口(如气性坏疽、破伤风、铜绿假单胞菌等感染),应安排在最后进行换药,并最好指定专人进行操作。换药时必须严格执行隔离技术,除必要物品外,不得携带其他物品。用过的器械要进行专门处理,敷料则须密封打包后送焚烧或深埋。

4. 在操作过程中,应与患者进行必要的沟通交流,询问患者是否感到疼痛,以体现人文关怀。

5. 在换药和拆线操作过程中,应特别注意无菌技术的执行:①换药者在操作前应做好手卫生;②操作时应使用两把镊子,其中一把用于夹持棉球、敷料等,另一把则用于夹持接触伤口或沾染伤口分泌物的敷料等;③两把镊子在操作过程中,其尖端应始终朝下,交接物品时不能互相触碰,且取无菌物品的镊子应位于上方,而接触过伤口或污染敷料的镊子应位于下方;④各种无菌物品从容器中取出后,不得再放回原容器;⑤换下的敷料应放入弯盘或污物桶内,不得随意丢弃;⑥在处理多个伤口或患者换药时,应先处理清洁伤口,再处理污染伤口,最后处理感染伤口;在处理各种感染伤口时,应先处理一般感染伤口,再处理特殊感染伤口。

(五) 案例分享

1. **案例一**　患者,女,36岁,因右侧甲状腺腺瘤行瘤体切除术,伤口留置引流胶片,今为术后第1天。

【问题】

作为主管医生,今日查房需了解伤口的哪些情况?请 A 回答并给予换药处理。

若换药时发现伤口渗血稍多,且外敷料已潮湿,应如何处理?请 B 回答。

【回答】

A 回答要点:①外层敷料是否潮湿;②有否渗出以及渗出液的性质;③引流胶片是否在位;④伤口皮肤血液循环情况;⑤伤口内是否有积血等。

B 回答要点:伤口渗血稍多,且外敷料已潮湿,说明伤口仍有渗血,常规换药后应继续保留引流胶片。

【临床思维】

该患者为甲状腺腺瘤切除术后第1天,可能出现术后大出血,术中损伤喉上喉返神经和误把甲状腺缝合至颈肌等,若患者无特殊情况,伤口渗血少,可常规换药并拔除引流胶片,若伤口渗血较多,外敷已潮湿,伤口清洁消毒后继续保留引流胶片至48h,若伤口渗血量大,应考虑有较大血管出血,可适当压迫止血,必要时打开伤口,探查止血。

2. **案例二**　患者,男,43岁。因十二指肠球部溃疡并穿孔而行胃大部切除术,今天是术后第5天,患者诉术口疼痛已有两天。查体:体温38.6℃,腹部切口内敷料潮湿,伤口局部红、肿、热,压痛明显,有少量脓性物溢出。

【问题】

请给患者处理伤口。

【物品准备】

除常规换药术耗材及物品准备,还需要准备纱布和棉垫若干、无菌手套、线剪、0.5% 聚维酮碘、3% 过氧化氢溶液、呋喃妥因溶液、0.9% 氯化钠溶液、2% 盐酸利多卡因针和注射用 0.9% 氯化钠溶液(必要时局部麻醉)。

【临床思维】

该患者胃大部切除术后第 5 天,诉伤口疼痛已持续 2d,伴有发热、局部红、肿、热,压痛明显,且有少量脓性物溢出,应明确诊断为十二指肠球部溃疡并穿孔术后切口急性化脓性感染。处理要点包括:①拆除缝线,彻底清除脓液,放置引流纱条,保持引流通畅,并根据脓性分泌物的量决定每天换药次数;②取脓液进行细菌培养及药敏试验;③在药敏试验结果回报前,可选择应用广谱抗生素,待结果回报后根据药敏试验选用敏感抗生素;④加强营养支持,提高患者抵抗力。

教学视频:
换药术

(六) 换药术耗材及物品准备清单(表 2-5)

表 2-5 换药术耗材及物品准备清单

序号	物品名称	数量
1	无菌换药包	1 个
2	无菌持物筒和持物镊	各 1 个
3	无菌纱布	2 张
4	无菌棉垫	1 张
5	酒精棉球、生理盐水棉球	若干
6	胶布	1 卷
7	手消毒剂	1 瓶

(七) 换药术评分标准(表 2-6)

表 2-6 换药术评分标准

项目		细则要求	分值	得分
操作前 (15 分)	术前准备	1. 穿清洁工作服,戴口罩、帽子(1 分) 2. 洗手(1 分)	2	
		1. 核对患者信息(1 分) 2. 告知患者操作目的,取得配合(1 分) 3. 换药可能出现的情况(1 分)	3	
		摆体位(1 分),询问患者伤口感觉,了解伤口情况(1 分),再次洗手后用手消毒剂手消毒(1 分)	3	
		评估环境(1 分),注意保暖,保护隐私(1 分)	2	
		物品准备: 1. 无菌换药包、无菌持物筒和持物镊(1 分) 2. 酒精棉球、生理盐水棉球(1 分) 3. 无菌纱布、无菌棉垫(1 分) 4. 手消毒剂(1 分) 5. 胶布(1 分)	5	

续表

项目		细则要求	分值	得分
操作中 (70分)	取无菌物品	1. 取无菌换药包、无菌持物筒,检查有效期(3分) 2. 打开无菌换药包,检查灭菌指示卡是否变色(2分) 3. 打开无菌持物筒,用持物镊夹持无菌物品(酒精棉球6个,生理盐水棉球6个,无菌纱布2张,无菌棉垫1张)放入换药包内(5分)	10	
	暴露伤口	1. 暴露患者换药部位(2分) 2. 用手沿切口方向揭开外层敷料(3分) 3. 用镊子揭开内层敷料(5分)(若敷料粘连于伤口,先用0.9%氯化钠溶液渗透后再取下)	10	
	观察伤口	对合情况(2分)、渗出情况(2分)、有无红肿(2分)、有无压痛(2分)、引流胶片是否到位(2分)	10	
	消毒清洗	1. 手消毒(2分) 2. 用75%酒精棉球由内向外消毒切口(3分)及其周围皮肤5~6cm(5分) 3. 消毒范围应超出敷料覆盖范围,第二遍范围小于第一遍(5分) 4. 生理盐水擦净伤口(5分)	20	
	拔除引流	1. 拔除引流胶片(5分) 2. 用生理盐水棉球轻轻挤压伤口周围组织以排出积血、积液(3分),并擦净伤口(2分)	10	
	覆盖敷料	1. 覆盖无菌纱布(3分) 2. 外层盖上无菌棉垫(3分) 3. 擦干敷料周围皮肤后胶布横向固定(3分) 4. 手消毒(1分)	10	
操作后 (15分)	术后处理	1. 整理患者衣服、床单,盖好被子(1分) 2. 整理用物,将垃圾分类处理(1分) 3. 感谢患者配合(1分) 4. 交代患者注意事项(1分) 5. 手消毒(1分)	5	
	质量	1. 操作熟练(2分) 2. 无菌观念强(两把镊子的正确使用)(3分) 3. 关注患者感受,动作轻柔,体现人文关怀(5分)	10	
总分			100	

(黄志群、梁飞腾)

三、烧伤的处理

(一) 热力烧伤的基本知识

1. **烧伤面积的估算** 我国目前主要采用"中国九分法"为面积估算的常用方法。成年人:①头部占1个9%:其中头、面、颈部各占3%。②双上肢占2个9%:其中双手占5%,双前臂占6%,双上臂占7%。③躯干占3个9%:其中前面占13%,后面占13%,会阴部占1%。④双下肢占5个9%+1%,其中双足占7%,双小腿占13%,双大腿占21%,双臀部占5%。成年女性双臂和双足各占6%。总共11×9%+1%。小儿头大四肢小,一般随着年龄不同按如下方法计算:头面颈部面积 = [9+(12-年龄)]%,双下肢面积 = [46-(12-年龄)]%。在估算烧伤面积时Ⅰ度烧伤面积不计算在内,总面积后需要分别标明浅Ⅱ度、深Ⅱ度、Ⅲ度烧伤各自的面积。

2. **烧伤创面深度的识别** 目前我国最常采用的烧伤深度分类是三度四分法。具体分为Ⅰ度、浅

Ⅱ度、深Ⅱ度、Ⅲ度,特点如表2-7。

表2-7 烧伤深度识别表

深度	损伤深度	感觉	临床特点	预后
Ⅰ度	表皮	烧灼样痛	红斑,无水疱	3~7d脱屑痊愈,短期内有色素沉着
浅Ⅱ度	真皮浅层	剧痛,感觉过敏	红、肿、大水疱,创面湿润,基底潮红	如无感染,1~2周内愈合。3个月内有色素沉着,无瘢痕
深Ⅱ度	真皮深层	剧痛,感觉稍迟钝	红、肿、小水疱,创面微湿,基底红白相间	如无感染,3~4周愈合。常有瘢痕增生
Ⅲ度	皮肤全层甚至皮下、肌肉、骨骼	疼痛消失,感觉减退	焦痂,呈蜡白或焦黄色,皮革样硬	植皮或皮瓣修复,瘢痕增生严重

3. 吸入性损伤的诊断 ①燃烧现场相对密闭;②口鼻周、面、颈部常有深度烧伤,鼻毛烧焦,声音嘶哑;③呼吸道刺激症状:咳出炭末样痰,呼吸困难,肺部可有哮鸣音。

4. 烧伤严重性分度

(1)轻度烧伤:损伤总面积在10%以下的烧伤。

(2)中度烧伤:损伤总面积在10%~30%之间或Ⅲ度烧伤面积不足10%。

(3)重度烧伤:损伤总面积在30%~50%之间或Ⅲ度烧伤面积在10%~20%之间,或Ⅱ度、Ⅲ度烧伤面积未达到上述百分比,但合并有吸入性损伤、较重的复合伤,或已发生严重休克等并发症。

(4)特重度烧伤:烧伤总面积在50%以上或Ⅲ度烧伤面积在20%以上者。

5. 烧伤的液体治疗

(1)早期补液方案:公式 = 体重(kg)× Ⅱ度、Ⅲ度烧伤面积 × 晶体量和/或胶体量(成人1.5ml,小儿2.0ml),生理需要量:成人2 000~3 000ml(水分),小儿每天60~100ml/kg。补液成分:中、重度烧伤时,晶体与胶体的比例为2:1,即1:0.5;特重烧伤时,晶体与胶体的比例为1:1,即0.75:0.75。

(2)补液方式

1)第一个24h补液:第一个8h时,补充晶体量、胶体量的1/2,水分1/3;第二、三个8h时,补充剩余部分。

2)第二个24h补液:第一个24h补充晶体量、胶体量的1/2,水分为24h的量。

(3)补液注意事项

1)晶体首选平衡液,胶体首选血浆,补充水分时,首选5%葡萄糖溶液。

2)多通道补液。

3)先快后慢,先补晶体后补胶体再补水分,并根据尿量调节补液量、性质及速度。

4)防止"水中毒"。

5)适当纠正代谢性酸中毒。

(4)补液观测主要指标

1)尿量:成人30~50ml/h、小儿1ml/kg·h(大面积以上的烧伤患者尿量应达60~100ml/h或以上,小儿尿量应达1.5~2.0ml/kg·h)。

2)患者安静,肢端温暖。

3)无明显口渴。

(二)烧伤的基本处理

1. 操作要求

(1)掌握烧伤面积、深度的判断。

(2)掌握烧伤的早期处理。

（3）掌握烧伤休克的液体复苏治疗。

（4）掌握烧伤创面的早期初步处理方法。

2. 操作流程

（1）操作前准备

1）评估烧伤患者一般情况，了解周围环境是否安全，初步判断患者烧伤面积及深度，评估有无严重合并疾病，建立静脉通道，给予患者液体治疗，必要的时候给予镇静止痛等。与患者及家属沟通。

2）物品准备：换药包、剪刀、清创包、气管切开包、血压计、氧气袋、面罩、烧伤敷料、纱布、绷带、胶布、无菌单、手套、注射器、聚维酮碘溶液、2% 盐酸利多卡因注射液、3% 过氧化氢溶液、0.9% 氯化钠溶液、凡士林纱布等。

（2）操作步骤

1）现场急救：①快速脱离热源至安全地带，尽快扑灭火焰，脱去或剪掉着火或热液浸渍的衣物，及时冷疗，冷疗时间无明确限制，一般到冷疗停止后不再有剧痛为止，大多需要 0.5~1h，冷疗一般适用于中小面积烧伤；②注意保护受伤部位，可用无菌治疗巾简单包扎；③检查并救治其他严重复合伤（如开放性气胸、骨折、窒息、大出血、颅脑损伤等）；④注意检查有无吸入性损伤，维持呼吸道通畅；⑤尽早建立静脉通道，及时补液，必要时给予镇静止痛。

2）烧伤的初步处理：①了解病史（受伤史）及患者的一般资料，注意询问体重等，测量体温、脉搏、血压、呼吸等生命体征；②简单检查清洗创面，了解烧伤部位，估算并记录烧伤面积，判断烧伤深度；③注意检查有无复合伤、吸入性损伤等；④建立静脉通道，及时补液，必要时给予多通道补液，注意记录二十四小时出入量；⑤早期使用抗生素预防感染，行破伤风抗毒素预防注射。

3）轻度烧伤创面的早期处理：轻度烧伤的治疗初期即以创面处理为主，可剃除创面及周围毛发，用 0.9% 氯化钠溶液或稀释的聚维酮碘溶液冲洗消毒创面。①包扎疗法：适用于浅Ⅱ度或面积比较小的深Ⅱ度、Ⅲ度烧伤创面，四肢及面积不大的躯干烧伤患者多采用包扎疗法。创面清洗消毒后覆盖凡士林纱布及无菌敷料包扎。②暴露疗法：适用于深Ⅱ度至Ⅲ度且烧伤面积较大的患者或头面、颈、会阴、臀部等不易包扎的部位。污染严重的创面应使用暴露疗法。对于发生感染的创面，特别是铜绿假单胞菌、真菌感染，应从包扎改为暴露疗法。③水疱皮的处理：对于完整且无感染、毒物等因素的水疱皮应予保留，可用注射器将水疱内液体抽出或在水疱皮上剪开小口引流。较深的深Ⅱ度创面及已破裂、污染严重的水疱皮应清除。

4）中、重度烧伤的早期处理：处置中、重度以上烧伤患者时，除了简单处理创面外，最重要的是休克的早期防治及其他并发症、合并疾病的处理。①建立多个静脉通道，根据烧伤面积、深度及患者体重，依据烧伤补液公式拟定并实施抗休克补液计划。②留置导尿，注意观察有无血红蛋白尿或血尿，统计每小时尿量及二十四小时出入量。③对有呼吸困难、已行气管切开（插管）或已有休克者，应给予吸氧或使用呼吸机辅助呼吸，注意观察呼吸道分泌物，保持气道通畅。④完善相关检查：如血、尿、大便常规，电解质、肝肾功能等，注意纠正酸碱及电解质平衡紊乱。⑤根据烧伤患者病情，进行创面简单清创清洗后，应合理选择包扎或暴露疗法。对四肢或躯干环形深Ⅱ度至Ⅲ度烧伤，若形成环形缩窄造成肢端血液循环障碍或呼吸选择困难，应尽早行焦痂切开减张术。⑥对有吸入性损伤或者面颈部深度烧伤患者，入院后应考虑行预防性气管切开。

（3）操作后处理

1）密切监测患者生命体征变化，根据中心静脉压及每小时尿量调整输液速度及输液成分。

2）注意肢体摆放，抬高患肢，对大面积烧伤或翻身困难的患者可使用悬浮床。

3）密切观察患肢末端血液循环情况，如发现血液循环障碍，应立即查找原因并及时处理。

4）注意观察创面渗液情况，如渗液较多应及时更换敷料，对行焦痂切开减张术的患者要密切关注创面渗血情况。

5）严格按照感控要求处理烧伤创面清创冲洗后的各种污物，不得随意丢弃。

6）注意人文关怀，耐心沟通，在操作前后酌情给予患者镇静镇痛药物。

3. 操作注意事项

(1)操作过程中应密切监测患者生命体征变化,如生命体征不稳定就停止操作,以生命安全优先。

(2)对于重度烧伤患者,可对创面进行简单清创,尽量在短时间内完成操作,不必行彻底清创,处理时要注意先后顺序,对需要手术切开减张的患者应尽早处理。

(3)在烧伤创面处理过程中要严格执行无菌术,动作要轻柔,肢体包扎要松紧适宜,包扎厚度为3~5cm,包扎应超过创面5cm。

(4)头面颈部及会阴部宜采用暴露或半暴露疗法。

(三)小面积烧伤创面清创及包扎评分标准(表2-8)

表2-8 小面积烧伤创面清创及包扎评分标准

项目	细则要求	分值	得分
术前准备	沟通: 1. 查看患者了解创面情况(2分) 2. 向患者解释操作目的及操作过程及过后可能出现的问题(2分) 3. 整理周围环境(如关窗、拉隔离帘等)(1分)	5	
	物品准备:换药包、剪刀、烧伤敷料、纱布、绷带、胶布、手套、注射器、0.5%聚维酮碘溶液、3%过氧化氢溶液、0.9%氯化钠溶液、凡士林纱布等。(每项0.5分)	6	
	术者准备: 1. 触碰患者前后、准备物品前、操作前洗手(3分) 2. 戴口罩、帽子(2分)	5	
清洗消毒	1. 患者平卧位或坐位,抬起患肢(2分) 2. 开包将所需无菌物品放入换药包,将消毒液倒入碗内,戴无菌手套(5分) 3. 用纱布蘸0.9%氯化钠溶液清洗创面周围正常皮肤,以聚维酮碘溶液消毒(5分) 4. 用3%过氧化氢溶液消毒创面、0.9%氯化钠溶液冲洗(5分)	17	
创面清创	1. 剪除、清除深Ⅱ度创面及已破溃的水疱皮(6分) 2. 用注射器抽出浅Ⅱ度创面水疱内的液体,也可用剪刀开小口将液体放出,保护好水疱皮(6分) 3. 0.9%氯化钠溶液冲洗,纱布蘸干创面(6分)	18	
包扎	1. 创面用一层凡士林纱布覆盖(5分) 2. 外加吸水敷料(如棉垫或烧伤敷料)厚约3~5cm,包扎应超过创面5cm(9分) 3. 绷带稍加压力包扎(敷料无松垮、患者无明显不适)(5分) 4. 胶布固定(1分)	20	
术后处理	1. 仔细观察患肢末端的血液循环情况(5分) 2. 注意肢体的摆放位置,确保患肢被适当抬高(5分) 3. 所有污物需按照感染控制的要求进行处理(3分) 4. 嘱咐患者在清创换药术后注意相关事项,如创面渗出物增多导致外层敷料湿透时,应及时报告;如疼痛感加剧,可适量使用镇痛药物进行缓解(3分)	16	
质量	1. 操作熟练(5分) 2. 无菌观念强(5分) 3. 整个过程关注患者反应,动作轻柔,体现人文关怀(3分)	13	
总分		100	

(陆 钢)

四、体表肿块切除术

(一) 操作流程

1. 操作前准备

(1) 手术适应证:体表良性肿瘤,如脂肪瘤、皮脂腺囊肿、神经纤维瘤、血管瘤、瘢痕疙瘩、表皮样囊肿等。

(2) 手术禁忌证:①诊断明确的无法全部扩大切除的恶性肿瘤;②体表巨大血管瘤;③患者精神异常,无法配合手术;④不能耐受手术,此类多为择期手术,术前需根据病史、体格检查、辅助检查全面评估患者情况。

(3) 与患者及家属谈话,将手术方式及手术风险充分告知后,确保患者及其家属签署手术同意书和医患沟通书。

(4) 准备手术所需物品:无菌手术包、聚维酮碘、无菌纱布、注射器(5ml)、透气胶布、手术刀片、(尖、圆)缝针、2-0丝线、4-0丝线、6-0丝线等。

2. 操作步骤

(1) 核对患者姓名、性别、年龄、术前初步诊断、手术名称等信息。操作者自我介绍,再次解释手术方式及手术风险,交代术中注意事项,嘱托排空膀胱。

(2) 体位:根据肿物位置选择合适的体位。原则是待手术区域在正上方,但要兼顾患者的呼吸情况。如果手术时间较长,还要注意避免周围组织、神经受压迫。

(3) 麻醉:成年人通常用2%盐酸利多卡因局部浸润麻醉或神经阻滞麻醉。儿童可以考虑静脉复合麻醉或者插管全麻。

(4) 切口选择:切口选择尽量比较隐蔽且顺着郎格氏线,减少术后瘢痕形成概率。

(5) 手术区域消毒:清洁伤口以切口为中心,由外周到中心消毒;污染切口由外周到中心消毒。消毒范围均为15cm。

(6) 铺无菌孔巾后,用0.5%~1%利多卡因溶液行皮内、皮下逐层浸润麻醉。

(7) 麻醉起效后用手术刀切开皮肤,根据肿瘤大小选择切口长度。用组织钳和组织剪钝性分离皮下组织至肿物,用组织剪刀沿肿物周围逐层游离肿物,直到肿物完全切除。结扎或者电凝止血。

(8) 若术中不慎刺破肿物,应先用无菌注射器或者负压吸引清除肿物内容物,然后继续将肿物完整切除。如果是腱鞘囊肿,则需将囊肿连同根部病变组织切除,以降低术后复发率。

(9) 消毒术区皮肤后,逐层缝合切口皮下组织及皮肤,一般建议采用间断缝合方式。清洁术区通常不放置引流,如果术区渗出较多、位置较深或者肿物破裂,则建议放置引流条或者引流管。

(10) 对术区进行包扎,首先使用75%酒精纱布覆盖术口,然后用无菌棉垫覆盖整个术区,注意棉垫需超出术口边缘5cm。最后,用透气胶布固定棉垫,必要时可加用绷带进行固定。

3. 操作后处理

(1) 肿块切除后,需立即检查肿块及包膜是否完整,术区内是否有肿物残余,是否有活动性出血。用0.9%氯化钠溶液清洗术口。若肿物术中破裂,尤其是皮脂腺囊肿或感染性病灶,则需要用3%过氧化氢溶液和0.9%氯化钠溶液反复冲洗术区。

(2) 组织标本置于10%甲醛溶液中固定,进行常规的病理学检查。如术中考虑恶性肿瘤,则需将标本送交快速病理学检查,以便根据病理结果决定下一步治疗方案。

(二) 操作注意事项

(1) 严格掌握肿物切除的适应证和禁忌证。

(2) 严格遵循无菌原则。

(3) 如果有多个肿物需要手术切除,则应排好先后顺序,逐个切除。

(4) 术中应彻底止血,可行肾上腺素湿敷、缝扎止血、电凝止血等,根据术中情况决定是否放置引流条、引流管。

(5)缝合时应逐层缝合术区,不留死腔,若直接缝合张力过大,还需设计邻近皮瓣修复。

(三)案例分享

1. **案例一** 患者,女性,42岁,因"发现右前臂肿物6年"入院。查体:右前臂可触及一肿块,约4cm×3cm大小,略突出于正常皮肤表面,质地中等,呈分叶状,无压痛,无波动感,肿物皮肤未见红肿,未见溃疡。B型超声显示:肿块呈类圆形,位于皮下2cm,与正常组织分界尚清,有包膜。肿块内部探及不均的低或无回声区,内可见分隔状或网格状结构。肿块内未见血流回声。"

【问题】

请行右前臂肿块切除术(已备体表肿物模型)。

【物品准备】

门诊手术包、无菌手套、0.5%聚维酮碘、无菌小纱布、胶布、2%盐酸利多卡因、5ml注射器、手术刀片、(尖、圆)缝针、2-0丝线、4-0丝线、6-0丝线等。

【临床思维】

(1)根据B型超声影像学描述判断该肿物为脂肪瘤。

(2)注射利多卡因时一定要回抽,避免麻醉药物进入血管。

(3)术中将肿物完整切除。

(4)术中要彻底止血,缝合时不留死腔,根据肿物大小选择放置引流条或者引流管。

2. **案例二** 患儿,女性,10岁,因"发现右上睑肿物1年"就诊。查体:右上睑可见一肿物,直径1cm,质地柔软,肿物表面皮肤紫红色,压迫时肿物变小,颜色消退,撤离后迅速恢复。B型超声显示:右上睑皮下1cm可探及一肿物,直径1cm,肿物内血流信号丰富。患者家属要求门诊手术切除。

【问题】

请作出相应处理(已备体表肿物模型)。

【物品准备】

手术包、无菌手套、0.5%聚维酮碘、无菌小纱布、胶布、2%盐酸利多卡因、5ml注射器、透气胶布、手术刀片、(尖、圆)缝针、2-0丝线、4-0丝线、6-0丝线等。

【临床思维】

对于小儿体表肿物,尤其是靠近重要器官的肿物,不能随意在门诊进行切除。学生应根据题目提供的B型超声、MRI、CT等辅助检查结果,仔细排除血管瘤的可能性。若辅助检查提示可能为血管瘤,则应与患者家属进行深入沟通,明确告知门诊手术的难度及潜在风险,并建议住院后在全麻下进行手术切除。若选择在门诊进行局麻切除,极易导致术中大出血等不良事件。若学生未经充分评估直接进行切除,将按零分处理。需要注意的是,对于非血管瘤的体表肿物,其切除操作流程与脂肪瘤相似。

教学视频:
肿物切除术

(四)体表肿物切除术评分标准(表2-9)

表2-9 体表肿物切除术评分标准

项目	细则要求	分值	得分
仪表	仪表端庄,服装整洁,手卫生	6	
术前准备	1. 全面询问病史,全身体格检查,详细了解患者情况	6	
	2. 正确评估肿物切除后创面的大小,是否需要皮片或皮瓣修复	4	
	3. 确定肿物的大小及界限,以便选择修复的方式	4	
	4. 了解患者凝血功能是否正常,如有异常应延期手术	4	
	5. 手术区域备皮	2	
麻醉	1. 表浅、较小、容易切除的肿物可选择局部浸润麻醉	10	
	2. 四肢的较大肿物,可选用神经阻滞麻醉,如臂丛阻滞麻醉		
	3. 躯干、面、颈部较大肿物,或者位置较深,难以切除的肿物则多选用全麻		

续表

项目	细则要求	分值	得分
手术过程	1. 常规消毒,铺巾 15cm	6	
	2. 设计手术切口正确、画线	6	
	3. 切口尽可能选择平行于皮肤纹理或顺体表轮廓	3	
	4. 手术刀沿皮纹切开肿物的表面皮肤	3	
	5. 用弯止血钳和组织剪分离肿瘤,钳夹及结扎所有见到的血管	6	
	6. 完整切除肿瘤,分层缝合切口	6	
	7. 充分止血	4	
	8. 放置引流	4	
	9. 包扎手术区	4	
	10. 操作严格遵守无创、无张力缝合等原则	4	
术后处理	1. 包扎、固定术区,必要时制动	2	
	2. 根据术区情况酌情预防应用抗生素	2	
	3. 按时更换敷料,检查术区情况	2	
	4. 根据部位及缝合情况拆线	2	
整体评价	1. 严格遵循无菌原则,操作熟练	3	
	2. 肿物切除彻底,皮肤创缘对合整齐,不留死腔	3	
	3. 包扎术区	2	
	4. 人文关怀	2	
合计		100	

（唐　强）

五、脓肿切开引流术

（一）操作流程

1. 操作前准备

（1）脓肿切开引流术的适应证：①急性化脓性感染,已形成局限脓肿；②表浅脓肿,且表面有波动感；③深部组织感染,经诊断性穿刺可抽吸出脓液,且辅助检查（彩超或者 CT 检查）提示存在深部脓肿病灶。

（2）脓肿切开引流术禁忌证：①全身出血性疾病、凝血功能不佳者；②组织炎症早期,脓肿尚未形成者；③心肺功能不全,不能耐受手术者。

（3）术前准备：①监测患者生命体征,全面评估患者对麻醉和手术的耐受能力；②通过超声、X 线、CT、MRI 及诊断性穿刺等辅助检查,明确脓肿的部位、大小、深度及毗邻关系；③进行血常规、肝功能、电解质、血糖和凝血全套检测,以排除凝血功能障碍；④对于病情较重、全身中毒症状明显的患者,应给予抗生素治疗以控制感染,及时纠正水电解质紊乱及酸碱平衡失调,重度贫血者应术前纠正；⑤向患者及家属详细解释脓肿切开引流术的手术方式、目的及风险并取得其同意,确保患者及其家属签署手术同意书。

（4）材料准备：①无菌手术包（内含无菌棉球、无菌杯、治疗碗、孔巾、布巾钳、手术刀片、刀柄、止血钳、有齿镊、无齿镊、组织剪、线剪、持针器、三角针、丝线、纱布若干、弯盘等）；② 5ml 注射器 1 个、10ml 注射器 1 个、2% 盐酸利多卡因注射液、引流条（引流管）、过氧化氢、0.9% 氯化钠溶液、手术衣、无菌手套;③抢救车一辆及抢救药物。

(5)与患者和家属沟通,自我介绍,并再次核对患者姓名、性别、床号、诊断及手术部位等信息。嘱咐患者术中注意事项,包括保持体位,术中如有不适应及时告知医生。

2. 操作步骤

(1)根据患者脓肿部位协助护士摆好体位,暴露手术区域,标记切口(画线)。

(2)消毒铺巾:①洗手,用手消毒剂消毒,消毒杯内放置无菌小纱布,由助手倒入聚维酮碘;②消毒手术区域(自外向内进行消毒,消毒范围直径约 15cm),铺治疗巾;③再次进行双手消毒,穿无菌手术衣,戴无菌手套,铺中单和孔巾(注意孔巾中心对准手术中区域)。

(3)麻醉:①浅表脓肿可采用局部浸润麻醉,注射麻醉药物时应由远及近向脓腔附近推进,避免针头接触感染区域,防止感染扩散;②深部或较大脓肿则宜采用全身麻醉或者其他麻醉方式。

(4)切开排脓:①在脓肿波动感最明显处用手术刀(尖刀)刺入,进入脓腔后用手术刀向上反挑扩大切口,以排出脓液。②取部分脓液置入细菌培养管中,行细菌培养和药敏试验。③清除脓液,用示指伸入脓腔,探查其大小、位置以及形态,必要时考虑延长切口。如果脓腔内多个小房者病灶者,应用手指或组织剪分离,使其形成单一大脓腔,以便引流(术中应轻柔操作,避免损伤血管导致大出血,禁止挤压脓肿,以免造成感染扩散)。④对于深部脓肿,切开皮肤及皮下组织后,用止血钳分离组织至脓腔,明确脓肿解剖毗邻关系,再扩大切口,用组织剪和手术刀将脓肿区残留的坏死组织(包膜)及分泌物尽可能清除干净。⑤用 3% 过氧化氢溶液、0.9% 氯化钠溶液反复冲洗脓腔,并彻底止血。⑥放置无菌纱条(引流物不宜填塞过紧,以免引流不畅)。⑦用外层无菌敷料覆盖,胶布固定,必要时对肢体进行制动。

3. 操作后处理

(1)手术结束后,确保所有医疗废物被正确放置在指定的医疗垃圾桶内,特别是针头、安瓿等锐器物品,应放入专用的锐器盒中。

(2)帮助患者恢复平卧位,整理衣物,交代术后相关注意事项。

(3)术后根据渗出情况决定换药频率,如外层敷料被浸湿、污染则应立即换药。

(4)根据术后渗血情况,酌情使用止血药物。

(5)术后应根据脓液培养及药敏结果,合理选择抗生素进行治疗。

(6)注意全身情况的治疗,及时纠正贫血、低蛋白血症、电解质紊乱和酸碱平衡失调等问题。

(7)交代患者和家属术后注意事项。

(二) 操作注意事项

1. 切口位置与方向

(1)浅表脓肿应在波动最明显处切开引流。

(2)切口应有足够长度,并设置在低位,以利引流。

(3)切口方向一般要与皮纹、大血管、神经干平行,避免跨越关节,以免瘢痕挛缩,影响关节功能。关节区可行 "S" 或者 "Z" 形切口。

2. 切口大小与引流

(1)切口应足够大,以确保术区能够达到脓肿的基底部,便于有效引流。

(2)所有切开引流的区域都应放置引流物。对于较大的脓腔,引流物应妥善固定,防止遗留在脓腔内。

3. 无菌原则与交叉感染预防

(1)脓肿切开引流应严格遵循无菌原则,预防交叉感染。

(2)应在手术中取少量脓液进行细菌培养和药敏试验,以便指导后续的抗生素治疗,进一步控制感染。

4. 探查脓腔与止血

(1)在切开深部脓肿前,应先进行穿刺抽脓,以明确脓肿的部位和深度。

(2)脓液排出后,应仔细用手指探查脓腔,并分开脓腔内的纤维间隔,确保引流顺畅。

(3)若术区出现广泛渗血且未发现明确的出血点时,可以使用肾上腺素 0.9% 氯化钠溶液纱布进行填塞止血。

5. 记录与换药管理

(1)应准确记录放入脓腔内的油纱布或引流条的数量,以便在换药时能够核对,确保不会将它们遗留在脓腔内,从而影响伤口愈合。

(2)切口的设计应避免穿过对侧脓腔壁达到正常组织,以防止感染扩散。

(三)案例分享

1. 案例一 患者宋某某,女性,22 岁,哺乳期,左侧乳房红、肿、热、痛 1d,伴有畏寒、发热,体温最高达 39.2℃。

【问题】

初步诊断什么? 下一步需要做什么检查项目确诊?

【回答】

初步诊断:右乳腺脓肿,约 8cm×6cm 大小,波动性明显;行乳腺彩超确诊。

【操作】

请为该患者行右乳腺脓肿切开引流术(已备半身乳腺脓肿切开引流术模型)。

【物品准备】

(1)无菌手术包,内含无菌棉球、无菌杯、治疗碗、孔巾、布巾钳、手术刀片、刀柄、止血钳、有齿镊、无齿镊、组织剪、线剪、持针器、三角针、丝线、纱布若干、弯盘等。

(2)5ml 注射器 1 个、10ml 注射器 1 个、2% 盐酸利多卡因注射液、引流条(引流管)、过氧化氢、0.9% 氯化钠溶液、手术衣、无菌手套。

(3)一辆抢救车及抢救药物。

【临床思维】

哺乳期妇女出现乳房红、肿、热、痛的症状,体温升高,综合考虑急性乳腺炎,为明确诊断可先行触诊,同时行血常规、诊断性穿刺确诊,行乳腺彩超以确定是否有脓肿形成及脓肿大小。

2. 案例二 患者男性,56 岁,因"背部红肿 3d,流脓 1d"入院,查体:背部右侧可见一 15cm×12cm 大小结节,红、肿、热、触痛明显,波动感明显,挤压后可见褐色脓液渗出。既往有糖尿病史。彩超提示:病灶区存在低回声病灶,存在液平面。

【问题】

患者的初步诊断什么?

【回答】

初步诊断:考虑背部脓肿;糖尿病。

【操作】

请为患者行脓肿切开引流术(已备半身背部脓肿切开引流术模型)。

【物品准备】

1)无菌手术包(内含无菌棉球、无菌杯、治疗碗、孔巾、布巾钳、手术刀片、刀柄、止血钳、有齿镊、无齿镊、组织剪、线剪、持针器、三角针、丝线、纱布若干、弯盘等)。

2)5ml 注射器 1 个、10ml 注射器 1 个、2% 盐酸利多卡因注射液、引流条(引流管)、过氧化氢、0.9% 氯化钠溶液、手术衣、无菌手套。

3)抢救车一辆及抢救药物。

【临床思维】

体格检查发现明显波动感时,穿刺抽出脓液;彩超提示病灶区存在低回声病灶及液平面。根据这些情况可判断脓肿已经形成。背部脓肿如为深部脓肿,应注意先行诊断性穿刺,确定脓肿的位置和深度。在治疗时,切口应足够大,以确保彻底清创引流。

教学视频:脓肿切开引流术

(四) 脓肿切开引流术评分标准(表 2-10)

表 2-10 脓肿切开引流术评分标准

项目	细则要求	分值	得分
术前准备	与患者解释操作的目的和必要性(2.5 分) 确保患者或家属签字同意(2.5 分)	5	
	器械准备	2.5	
	洗手、戴口罩、帽子	2.5	
术中操作	定位:判定脓肿波动感最明显处并予标志	5	
	麻醉: 1. 常规消毒(2 分) 2. 正确戴无菌手套(2 分) 3. 铺巾(3 分) 4. 于脓肿周围予 1% 利多卡因局部浸润麻醉,麻醉时进针方向由周围正常组织向脓肿方向进针(8 分)	15	
	穿刺抽脓:用注射器于波动感最明显处穿刺抽脓,以排除非脓肿性疾病的可能性,并准确判断脓肿深度	5	
	脓肿处理: 1. 切口位置应精确选择于脓肿波动感最显著处(2.5 分) 2. 切口长度需足够,以便于充分引流,并尽量做在低位,利用重力作用促进脓液自然流出(2.5 分) 3. 切口方向通常应与皮纹平行,避免经关节区的纵行切口(2.5 分) 4. 彻底排尽脓液或用吸引器吸尽脓液(2.5 分) 5. 取部分脓液行细菌培养及药敏试验(10 分) 6. 用手指探查脓腔,并将脓腔内纤维间隔分开(10 分) 7. 脓腔内置入纱布填塞或引流条引流,并记录(10 分)	40	
	用 75% 酒精在伤口周围消毒,伤口覆盖无菌敷料并用胶布固定	5	
术后	术后嘱患者注意事项(2.5 分) 污物、标本等处理(2.5 分)	5	
无菌	整个操作过程严格遵守无菌原则	5	
问题	提出问题,正确回答问题得满分	10	
总分		100	

(唐 强)

第三节 心胸血管外科基本技能操作

一、深静脉血栓形成的处理

(一) 深静脉血栓形成的诊断

1. 病因 造成深静脉血栓形成(deep venous thrombosis, DVT)的三大主要病因:静脉壁损伤、血流缓慢和血液高凝状态。

2. 临床表现 DVT 的主要临床表现包括突发的患肢肿痛、皮肤张力增高,症状在活动后或长时间站立时加重,而在平卧休息、抬高患肢后可减轻。部分患者可能出现浅表静脉的显露或扩张,Homans 征和压迫腓肠肌试验可能呈阳性。严重下肢 DVT 患者可能出现股白肿或股青肿,后者是由于髂股静脉主干及其侧支循环被血栓堵塞,导致静脉回流严重受阻,组织张力极高,患肢剧烈疼痛,皮肤出现紫斑和水疱,皮温低,足背动脉搏动消失,需及时处理以防静脉性坏疽或危及生命。急性期血栓不稳定,一旦脱落,可引发肺动脉栓塞,严重者可致命。慢性期患者可能发展为血栓后综合征,表现为下肢水肿、色素沉着、湿疹、静脉曲张,严重者可能出现足靴区的脂性硬皮病和反复不愈合的溃疡。

3. 辅助检查

(1)血浆 D- 二聚体测定。

(2)多普勒超声检查。

(3)螺旋 CT 静脉成像。

(4)MRI 静脉成像。

(5)静脉造影。

(二)临床可能性评估

DVT 评估参考 Wells 临床评分见表 2-11。DVT 可能性评估见图 2-34。临床可能性:低度 ≤ 0,中度 1~2 分;高度 ≥ 3。若双侧下肢均有症状,以症状严重的一侧为准。

表 2-11　Wells 临床评分

病史及临床表现	评分
肿瘤	1
瘫痪或近期下肢石膏固定	1
近期卧床>3d 或近 4 周内大手术	1
沿深静脉走行的局部压痛	1
全身下肢水肿	1
与健侧相比,小腿肿胀>3cm	1
既往有 DVT 病史	1
凹陷性水肿(症状侧下肢)	1
有浅静脉的侧支循环(非静脉曲张)	1
类似或与下肢深静脉血栓相近的诊断	−2

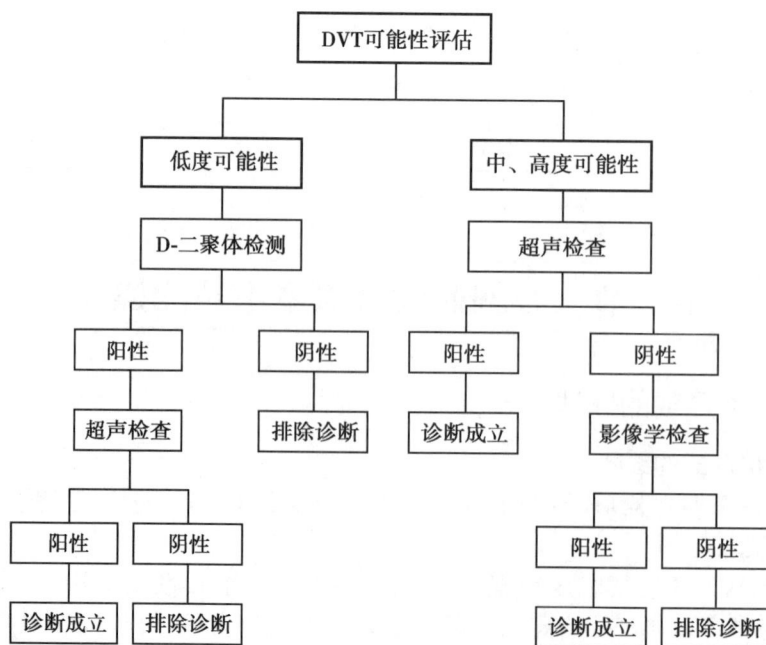

图 2-34　DVT 可能性评估

（三）DVT 的临床分期

1. 急性期 DVT：发病后 1~14d。

2. 亚急性期 DVT：发病 15~30d。

3. 慢性期 DVT：发病 > 30d。

（四）DVT 的治疗

1. **早期治疗**

（1）抗凝：抗凝是 DVT 的基本治疗。药物包括普通肝素、低分子量肝素、维生素 K 拮抗剂、直接 Ⅱa 因子抑制剂、间接 Xa 因子抑制剂、直接 Xa 因子抑制剂等。急性期 DVT，建议使用维生素 K 拮抗剂联合低分子量肝素或普通肝素；在国际标准化比值（international normalized ratio，INR）达标且稳定 24h 后，停低分子量肝素或普通肝素。也可以选用直接（间接）Xa 因子抑制剂，如利伐沙班抗凝。

（2）溶栓治疗

1）溶栓药物：包括尿激酶、链激酶、重组组织型纤溶酶原激活剂等，临床上尿激酶最为常用。

2）溶栓方法：包括导管接触性溶栓和系统溶栓。导管接触性溶栓是将溶栓导管置入静脉血栓内，溶栓药物直接作用于血栓；相对于系统性溶栓其溶栓效果较好。因此，对于急性期中央型或混合型 DVT，在全身情况好、预期生存期 ≥ 1 年、出血风险较小的前提下，首选导管接触性溶栓。

（3）手术取栓：出现股青肿时，应立即手术取栓。对于发病 7d 以内的中央型或混合型 DVT 患者，全身情况良好，无重要脏器功能障碍也可行手术取栓。

（4）合并髂静脉卡压的处理：部分的 DVT 患者中存在髂静脉卡压，在成功行导管溶栓或切开取栓后，如造影发现髂静脉狭窄 > 50%，首选球囊扩张和 / 或支架置入术，必要时采用外科手术解除髂静脉阻塞。

（5）下腔静脉滤器置入：下腔静脉滤器可以预防和减少肺栓塞的发生。对于有抗凝治疗禁忌证或有并发症，或在充分抗凝治疗的情况下仍发生肺栓塞者，建议置入下腔静脉滤器。

2. **长期治疗** DVT 患者长期治疗的目的在于防止血栓蔓延和 / 或血栓复发。

（1）抗凝治疗

1）抗凝的药物：维生素 K 拮抗剂、直接 Xa 因子抑制剂等对预防复发有效。如果使用维生素 K 拮抗剂，治疗过程中应使 INR 维持在 2.0~3.0，需定期监测。

2）抗凝的疗程：对于继发于一过性危险因素的初发 DVT 患者，使用维生素 K 拮抗剂 3 个月；危险因素不明的初发 DVT 患者，使用维生素 K 拮抗剂 6~12 个月或更长；伴有癌症并首次发生的 DVT，应用低分子量肝素 3~6 个月后，长期使用维生素 K 拮抗剂。对于反复发病的 DVT 患者和易栓症患者，建议长期抗凝，但需定期进行风险 - 效益评估。

（2）其他治疗

1）静脉血管活性药物。

2）物理治疗。

3）肌泵的锻炼。

（五）案例分享

1. **案例一** 患者，女，48 岁，因"突发左下肢肿痛 7d"被收治入院。患者发病前曾坐了 6h 长途大巴，下车后即感左下肢肿痛明显，查体：体温 36.3℃，脉率 78 次 /min，呼吸 18 次 /min，血压 100/60mmHg，身高 160cm，体重 50kg，神志清醒，急性痛苦病容，查体尚合作。颜面无水肿，皮肤黏膜无苍白、黄染，浅表淋巴结未触及肿大，颈软，气管居中，甲状腺未触及肿大，胸部两侧对称，无畸形，胸壁无静脉曲张及压痛，肋间隙无增宽或变窄，心前区无隆起，心界扩大，心率 78 次 /min，心律整齐，各瓣膜未闻及杂音。腹平软，全腹无压痛无反跳痛，肝脾不大，肝区、双肾区无叩痛，移动性浊音阴性，神经系统检查未见异常，左下肢肿胀明显，未见明显浅静脉曲张及发绀，左小腿皮温增高，足背动脉搏动良好，感觉、运动存在，左膝关节上 15cm 周径 30cm，右膝关节上 15cm 周径 26cm，Homans 征和压迫腓肠肌试验阳性。

【问题】

(1)首先考虑什么疾病？请问您应该如何处理？

(2)如果患者诊断左下肢深静脉血栓明确,在体检时发现患者左下肢肿胀明显,组织张力高,皮肤发亮呈青紫色、皮温低伴有水疱,足背动脉搏动消失。请问应该如何处理？

【回答】

(1)首先考虑左下肢 DVT,此病例患者临床可能性评估依据 Wells 临床评分:①沿深静脉走行的压痛;②全下肢肿胀;③与健侧相比,小腿肿胀>3cm。其评分为 3 分,DVT 可能性评估为高度可能性,因此需在急诊科进一步完善下肢静脉彩超,如检查结果证实为血栓,则进一步收入相关科室治疗。如下肢静脉彩超未发现血栓,则排除诊断为 DVT。

(2)请参考有关左下肢深静脉血栓股青肿的手术处理回答。股青肿是下肢深静脉血栓最严重临床表现,处理不及时会造成患肢的静脉性缺血坏死,依据指南推荐在出现股青肿时,应立即手术取栓。对于发病 7d 以内的中央型或混合型 DVT 患者,全身情况良好,无重要脏器功能障碍也可行手术取栓。

【临床思维】

(1)在问题 1 中,患者因长途旅行后出现左下肢明显肿胀,未见明显的浅静脉曲张及发绀,左小腿皮温增高,足背动脉搏动良好,感觉和运动功能存在。同时,左膝关节上 15cm 处的周径为 30cm,而右膝关节上 15cm 处的周径为 26cm,且 Homans 征和压迫腓肠肌试验均为阳性。综合考虑上述临床表现和体征,接诊医生可以初步判断患者左下肢深静脉血栓形成的可能性较大,并且依据 Wells 临床评分及 DVT 可能性评估进行进一步判断。

(2)如果在体检时发现患者左下肢肿胀明显,组织张力极高,皮肤发亮并呈青紫色,皮温降低,且出现水疱,足背动脉搏动消失,这时接诊医生需要高度警惕股青肿的发生。股青肿是一种严重的下肢深静脉血栓形成并发症,如果不及时处理,清除血栓、疏通静脉、降低皮肤张力,将导致下肢缺血坏死的风险增加,甚至可能需要截肢。因此,在这种情况下,应果断决策,立即进行手术取栓治疗。

2. **案例二**　患者,女,45 岁,因"突发左下肢肿痛 5d"入院,追问病史,患者发病前曾因膀胱癌行 2 次化疗。查体:体温 36.8℃,脉率 82 次 /min,呼吸 12 次 /min,血压 120/60mmHg,身高 162cm,体重 52kg,神志清醒,痛苦面容,查体尚合作。颜面无水肿,皮肤黏膜无苍白、黄染,浅表淋巴结未触及肿大,颈软,气管居中,甲状腺未触及肿大,胸部两侧对称,无畸形,胸壁无静脉曲张及压痛,肋间隙无增宽或变窄,心前区无隆起,心界扩大,心率 78~82 次 /min,心律整齐,各瓣膜未闻及杂音。腹平软,全腹无压痛无反跳痛,肝脾不大,肝区、双肾区无叩痛,移动性浊音阴性,神经系统检查未见异常,左下肢肿胀,未见明显浅静脉曲张及发绀,左小腿皮温增高,足背动脉搏动良好,感觉、运动存在,左膝关节上 15cm,周径 28cm;右膝关节上 15cm,周径 26cm,Homans 征和压迫腓肠肌试验阳性。下肢静脉彩超均提示:左下肢 DVT(混合型)。

【问题】

(1)请你初步评估该患者的 DVT 临床分期,并依据分期作出合理的治疗方案。

(2)患者经过积极治疗后已具备出院指征,请您就患者出院后患者注意事项作出陈述。

【回答】

(1)患者处于 DVT 急性期,建议抗凝治疗和导管接触溶栓,必要时置入下腔静脉滤器。

(2)出院后注意抗凝药物监测、穿戴弹力袜、功能锻炼,定期复查,保持健康生活方式。

【临床思维】

从患者的主诉中了解到,患者发病已 5d。根据 DVT 临床分期,急性期通常处于发病后的 14d 以内,因此,医生判断患者目前处于 DVT 急性期。参照 DVT 急性期的治疗方案,可制订了以下方案:抗凝治疗、导管接触溶栓作为优先选择,以及下腔静脉滤器置入。如果患者合并有髂静脉卡压综合征,则建议使用球囊扩张,必要时进行支架置入术。

若患者经过积极治疗并达到出院指征,由于该患者是肿瘤患者,在出院时,应特别交代以下注意事项：首先，在抗凝药物的选择及疗程上，建议患者应用低分子量肝素3~6个月后，长期口服维生素K拮抗剂进行治疗，使INR维持在2.0~3.0的范围内，并定期监测、及时回院复查，或者使用新型抗凝药物如利伐沙班片进行治疗。其次，建议患者长期穿戴弹力袜，以加强下肢的血液循环。最后，应指导患者加强肌泵的功能锻炼，以促进下肢静脉的回流，减少DVT的复发风险。

（罗世官、曾德创）

二、胸腔闭式引流术

(一) 适应证

1. 患有中量以上气胸及血胸、乳糜胸、脓胸的患者。
2. 经反复胸腔穿刺术治疗后肺无法复张的患者。
3. 任何使用机械通气或人工通气的气胸或血气胸患者。
4. 切开胸膜手术后需引流的患者。

(二) 禁忌证

1. 有凝血功能障碍或重症血小板减少者，严重出血倾向，大咯血。
2. 对局麻药过敏者。
3. 严重的肺脏层胸膜与胸壁粘连是胸腔闭式引流术的绝对禁忌证，例如结核性脓胸。
4. 诊断为恶性胸腔积液的患者，如持续引流可导致丢失大量蛋白质和电解质风险。

(三) 操作流程

1. 术前准备

(1)需认真查看患者及询问病史，认真阅读胸部X线、CT等影像学资料，尤其是局限性或包裹性积液的患者，需超声检查协助定位。

(2)手术前物品准备：无菌缝合包（内含无菌洞巾、纱布、缝合针线、弯钳、刀片）无菌手套、0.5%聚维酮碘、5ml注射器及针头、2%盐酸利多卡因、0.9%氯化钠溶液500ml、水封瓶、包扎无菌敷料及胶布、胸导管。其中，对不同患者需准备直径合适的引流管，单纯气胸可选用口径较细的引流管（8.5~14F导管）。引流液体时，尤其为急性血胸患者进行引流，一般选用28~32F导管，有利于为患者胸腔引流的同时，兼评估持续出血量。对脓胸患者，则需选择32~36F导管。

(3)向家属及患者详细说明，取得患者配合和家属理解。

2. 操作步骤

(1)置管位置的选择：气胸患者引流点应选在患侧锁骨中线第2肋间；胸腔积液及血胸患者引流点应选在患侧腋中线与腋后线第7~8肋间；对于局限性或包裹性积液患者的引流，则须依据超声影像学定位来选择合适引流点。

(2)局部麻醉：0.5%聚维酮碘消毒皮肤后，铺巾，用注射器抽取2%盐酸利多卡因5ml，在引流穿刺点沿肋骨上缘予以行从皮肤到壁层胸膜局部浸润麻醉，抽出液体或气体后即可确诊进入胸腔，退针少许，再将余下药物注入，充分麻醉胸膜。

(3)手术步骤

1)切开皮肤，选择尖刀片，沿引流穿刺点做一平行肋间的切口，长度约2~3cm。用弯血管钳交替钝性分离切口各层组织，于肋骨上缘穿破壁胸膜进入胸腔。此时有明显的突破感，同时切口中有液体溢出或气体喷出。

2)用止血钳撑开、扩大创口，用另一把血管钳沿长轴夹住引流管前端，顺着撑开的血管钳将引流管送入胸腔，其侧孔应进入胸内3~5cm左右。引流管远端接水封瓶，观察水柱波动是否良好，必要时调整引流管的位置。

3)缝合固定引流管，重新检查各接头是否牢固，避免漏气。再次消毒，覆盖无菌敷料，胶布固定。

3. 术后处理

(1)操作结束后嘱患者卧床休息30min，注意监测患者生命体征，观察其术后反应，判断有无发生复张性肺水肿、出血、气胸等并发症。

(2)必要时需复查胸部影像学检查以明确病情变化情况。

4. 操作注意事项

(1)术前应向患者阐明手术的目的和大致过程,以消除其顾虑,取得配合。并根据体征及影像学检查再三确认手术部位,严防穿错部位。

(2)应避免在腋后线第 8 肋以下穿刺,以免穿透膈肌导致损伤肝脏等腹腔脏器。

(3)操作过程中应密切观察患者的反应,如有头晕、胸闷、面色苍白、出汗,甚至晕厥等胸膜过敏反应,应立即停止操作,让患者平卧,必要时皮下注射 0.1% 肾上腺素 0.3~0.5ml,或进行其他对症处理。

(4)发生肺长时间萎陷的患者,如排放气体或液体过快,容易出现肺迅速复张,导致复张性肺水肿发生,建议适当夹闭引流管,定时开放,可预防纵隔摆动及复张性肺水肿的发生。

(5)密切观察胸导管引流情况,如出现胸腔内持续引流出大量新鲜血或者气体明显增多者,必要时需行剖胸探查术。

(四)案例分享

患者,男,25 岁,因"胸闷气促一周,加重 4h",既往 1 年前有右侧自发性气胸病史,在外院行右侧胸膜腔穿刺抽气治疗后痊愈出院。查体:气管偏向左侧,两侧胸廓不对称,右侧胸廓隆起,右锁骨中线第 2 肋间处叩诊鼓音,呼吸音未闻及,左侧呼吸音粗。

【问题】

1. 为明确诊断和治疗,请提出诊疗方案。请 A 回答,然后 A、B 共同进行处置。

2. 在操作过程中患者出现头晕、面色苍白、大汗淋漓、胸部压迫感、晕厥等症状,这时考虑出现了什么情况?应如何处理?请 B 回答。

【回答】

A 回答要点:诊疗方案为常规监测生命体征;完善各项检查:①完善胸部 X 线或胸部 CT 等影像学检查,判断患肺受压情况。②行血常规、凝血功能、输血前检查、心电图等术前常规检查。初步诊断是右侧自发性气胸,肺大疱破裂可能。

如果患者出现胸闷、气促症状,可予以鼻导管给氧,半卧位休息,若胸部影像学检查提示右肺受压超过 30%,结合患者既往有右侧自发性气胸病史,曾行胸膜腔穿刺抽气治疗,复发气胸的患者可安排行胸腔闭式引流术治疗。

A 回答后展示提示卡:患者胸部 X 线提示右肺向肺门萎陷呈圆球形阴影,外带透亮度增加,未见肺纹理,考虑右肺受压约 80%,可在局部麻醉下行右侧胸腔闭式引流术。由 A.B 共同完成。

B 回答要点:①考虑为操作过程中刺激胸膜所产生的胸膜反应;②出现胸膜反应后应该立即停止操作,让患者平卧,予以吸氧,密切观察患者生命体征;③如出现血压下降,可予以皮下注射 0.1% 肾上腺素 0.3~0.5ml。

【临床思维】

在处理自发性气胸患者时,首先会了解患者的生命体征情况。对于有气胸复发史的患者,会考虑有较大的肺大疱破裂形成活瓣,导致出现张力性气胸的可能性。这类患者应留院观察,并密切观察生命体征及病情变化,同时急诊申请胸部影像学检查。如确诊为张力性气胸,会立即于患侧胸腔插粗针头减压,并尽快安排行胸腔闭式引流术。在选择麻醉方式时,会优先考虑局部浸润性麻醉,这样患者可以在完全清醒的情况下配合完成手术,确保手术的安全、快速和经济。在进行胸膜麻醉时要确保麻醉充分,并在操作过程中密切观察患者的反应,警惕出现胸膜反应等并发症。

针对该患者的诊疗方案,应遵循自发性气胸的诊疗原则,完善各项检查,包括胸部 X 线或 CT 等影像学检查,以及血常规、凝血功能、输血前检查、心电图等术前常规检查。对于患者的胸闷、气促症状,会给予鼻导管给氧,并安排半卧位休息。如胸部影像学检查提示右肺受压超过 30%,结合患者的既往病史,安排行胸腔闭式引流术治疗。

在操作过程中,如果患者出现头晕、面色苍白、大汗淋漓、胸部压迫感、晕厥等症状,应立即考虑这是否为操作过程中刺激胸膜所产生的胸膜反应。一旦出现这种情况,操作者立即停止操作,让患者平卧,并给予吸氧,同时密切观察患者的生命体征。如出现血压下降,给予皮下注射 0.1% 肾上腺素 0.3~0.5ml 进行紧急处理。

（五）胸腔闭式引流术耗材及物品准备清单（表 2-12）

表 2-12　胸腔闭式引流术耗材及物品准备清单

序号	物品名称	数量
1	无菌手术包	1 个
2	无菌手术刀片、5ml 无菌注射器、胶布	各 1 个
3	无菌手套、无菌纱布和棉垫	若干
4	0# 丝线	1 包
5	2% 盐酸利多卡因 5ml	2 支
6	0.5% 聚维酮碘 100ml	1 瓶
7	0.9% 氯化钠溶液 500ml	1 瓶
8	胸导管	1 根
9	水封瓶	1 个

（六）胸腔闭式引流术评分标准（表 2-13）

表 2-13　胸腔闭式引流术评分标准

项目		细则要求	分值	得分
操作前 （10 分）	术前准备 （10 分）	核对患者信息及查阅胸部 X 线等资料	2	
		工作衣、帽子、口罩穿戴整齐,六步洗手法洗手	2	
		核对无菌缝合包及胸导管、水封瓶消毒日期是否在有效时限内	2	
		物品准备:无菌缝合包（内含无菌洞巾、纱布、缝合针线、弯钳、刀片）无菌手套、0.5% 聚维酮碘、10ml 注射器 1 个、2% 盐酸利多卡因、0.9% 氯化钠溶液 500ml 一瓶、胸导管一根、水封瓶一个、包扎敷料及胶布	4	
操作中 （70 分）	消毒铺巾 （15 分）	站在患侧	2	
		暴露并标记患者手术部位	1	
		由内至外消毒切口及周围皮肤 15cm	4	
		每次消毒的范围应较上次消毒范围小	2	
		戴手套	3	
		铺无菌巾并固定	3	
	麻醉 （15 分）	正确选择麻醉方式:局部浸润麻醉	3	
		注射麻醉药物时需回抽	3	
		边进针边注射麻醉药物	3	
		至有落空感或回抽到有气体或液体	3	
		测试麻醉效果	3	

续表

项目		细则要求	分值	得分
操作中 (70分)	手术步骤 (40分)	正确选择尖刀片	2	
		上刀片动作流畅	2	
		切开皮肤	5	
		分离皮下、肌层直至进入胸膜腔	5	
		置入胸腔引流管	5	
		连接胸腔闭式引流瓶	5	
		验证置管正确	3	
		缝合固定引流管	2	
		覆盖敷料(4~6层)	2	
		胶布固定	5	
		操作熟练度	4	
无菌观念			10	
人文关怀 (10分)		手术前须告知患者手术目的	2	
		操作前、后须询问患者感觉	3	
		结束手术后将患者衣物及被褥恢复原样	2	
		最后需向患者交代手术后注意事项	3	
总分			100	

(李日著)

三、动脉切开缝合术

(一) 适应证

1. 须行动脉输血治疗的重度休克者。
2. 施行某些特殊检查者,如心血管检查、造影术、体外循环等。
3. 需直接监测动脉血压者。

(二) 禁忌证

1. 动脉周围皮肤有感染。
2. 动脉血管栓塞。
3. 凝血功能障碍。

(三) 操作流程

1. 术前准备

(1)术前需与患者及委托家属进行充分沟通,明确说明操作的必要性,并确保患者及其家属签署操作同意书。

(2)准备无菌缝合包、刀片、缝合针、缝合线、2% 盐酸利多卡因注射液 1 支、5ml 无菌注射器、无菌输液管、无菌纱布、0.5% 聚维酮碘、无菌手套等手术所需物品。

2. 操作步骤(以桡动脉为例)

(1)患者取仰卧位,术侧上肢外展外旋,腕关节下方垫高以利于充分暴露桡动脉,对局部进行消毒并铺巾。

(2)使用 2% 盐酸利多卡因注射液进行局部浸润麻醉,注射时需回抽注射器观察有无回血,以防止将利多卡因误注入血管内。

(3)在腕部沿桡动脉径路(搏动明显处)作 2~3cm 的直切口或横切口。使用止血钳进行钝性分离,暴露出桡动脉。

(4)在动脉下方穿过 2 根细丝线,先用 1 根结扎动脉远侧,暂不剪断丝线,留作牵引用。

(5)牵引远心侧丝线将动脉提起,再将近侧丝线提起动脉,在两牵引线之间用小组织剪剪一小口,迅速向近心侧插入导管,然后结扎近侧丝线,以固定导管。

(6)剪去多余丝线,缝合皮肤切口。

(7)输液完毕后,拔除导管。对于动脉切开者,尽量将切口进行缝合修补或给予结扎处理。最后缝合皮肤切口,覆盖无菌纱布,并以绷带加压包扎。

(四)术后处理

1. 密切观察术口渗血情况。

2. 仔细观察肢端血液循环情况,包括皮温、动脉搏动、皮肤色泽、运动功能、感觉等。

3. 及时更换敷料,保持术口清洁,以促进术口愈合。

(五)操作注意事项

1. 在进行切口时,务必控制深度,以避免直接损伤到血管。

2. 在分离动脉的过程中,需仔细辨别,切勿将伴行的静脉误认为是动脉。

3. 分离动脉时,必须小心谨慎,以免损伤到周围的神经。

4. 应尽可能进行动脉血管切口的修补术,以防止肢体因缺血而发生坏死。

5. 在进行上肢动脉切开缝合术时,建议优先选择左侧进行操作。

(六)案例分享

患者,女,54 岁,因"反复劳力性胸闷、心悸 10 余年,加重 7d"入院,入院查体:体温 36.1℃,脉率 120 次/min,呼吸 20 次/min,血压 97/70mmHg,身高 165cm,体重 75kg,神志清楚,慢性病病容,查体合作。颜面无水肿,皮肤黏膜无苍白、黄染,浅表淋巴结未触及肿大,颈软,气管居中,甲状腺未触及肿大,胸部两侧对称,无畸形,胸壁无静脉曲张及压痛,肋间隙无增宽或变窄,心前区无隆起,心界扩大,心率 115 次/min,心律不齐,二尖瓣听诊区可闻及 3/6 级舒张期隆隆样杂音,其他瓣膜未闻及杂音。腹平软,全腹无压痛及反跳痛,肝脾不大,肝区、双肾区无叩痛,移动性浊音阴性,双下肢无水肿,神经系统检查未见异常。入院诊断:风湿性心脏瓣膜病二尖瓣重度狭窄并关闭不全快速型房颤左房血栓心功能 3 级。患者拟予安排手术在体外循环下行二尖瓣置换术+左房血栓清除术,手术中及手术后必须实时监测有创动脉压,但在麻醉后发现患者做左上肢桡动脉搏动细弱、弥散,多次穿刺无法成功,行经皮动脉穿刺置管术。

【问题】

(1)请问患者桡动脉细弱、弥散的可能原因是什么?

(2)为保证手术的顺利进行,请问有何种方法代替经皮动脉穿刺置管术?

【临床思维】

临床中遇到这类患者,应注意到麻醉后触及的左桡动脉搏动呈现弥散、细弱的特点。在分析可能的原因时,考虑到患者术前心功能较差,且合并有房颤,这可能导致术前脉搏相对较弱。麻醉后,可能由于血压的一过性下降或诱发心源性休克,使得脉搏进一步变得细弱。在这种情况下,如多次尝试经皮动脉置管穿刺未能成功,建议优先考虑行上肢动脉切开缝合术。

同时,还需注意到患者术前被诊断出左房存在血栓。因此,不排除麻醉后左房血栓脱落导致动脉栓塞的可能性。为了进一步明确情况,建议进行双上肢脉搏强度和血压的对比检查,并可考虑进行上肢动脉的超声检查或造影检查以明确诊断。如若确诊上肢动脉栓塞,则在积极处理栓塞的同时,建议在另一侧肢体桡动脉搏动良好的位置进行经皮动脉穿刺置管术或动脉切开缝合术。

(七) 动脉切开缝合术耗材及物品准备清单(表2-14)

表2-14　动脉切开缝合术耗材及物品准备清单

序号	物品名称	数量
1	无菌缝合包、手术刀片、缝合针、缝合线	各1个
2	2%盐酸利多卡因1支、5ml无菌注射器、无菌输液管	各1个
3	无菌纱布、0.5%聚维酮碘、无菌手套	各1个

(八) 动脉切开缝合术操作评分标准(表2-15)

表2-15　动脉切开缝合术操作评分标准

项目	细则要求	分值	得分
操作前 (15分)	沟通病情,确保患者及其家属手术同意书	3	
	戴口罩、帽子	2	
	无菌缝合包、刀片、缝合针、缝合线	5	
	2%盐酸利多卡因1支、5ml无菌注射器、无菌输液管、无菌纱布、0.5%聚维酮碘、无菌手套等	5	
操作中 (70分)	患者仰卧,术侧上肢外展外旋,腕关节垫高以利于暴露桡动脉,局部消毒、铺巾	7	
	以2%盐酸利多卡因注射液局部浸润麻醉,注射时注意回抽注射器观察有无回血,防止将利多卡因注入血管内	7	
	于腕部沿桡动脉径路(搏动明显处)作一长2~3cm直切口或横切口。用止血钳钝性分离出桡动脉	11	
	动脉下穿过细丝线2根,用1根先结扎动脉远侧,暂不剪断丝线,留作牵引用	12	
	牵引远心侧丝线将动脉提起,再将近侧丝线提起动脉,在两牵引线之间用小组织剪剪一小口,迅速向近心侧插入导管,结扎近侧丝线,固定导管	15	
	剪去多余丝线,缝合皮肤切口	7	
	输液完毕后,拔除导管。动脉切开者,尽量将切口缝合修补或予结扎。缝合皮肤切口,覆盖无菌纱布,以绷带加压包扎	11	
操作后 (15分)	注意观察术口渗血情况	5	
	注意观察肢端血液循环情况(皮温、动脉搏动、皮肤色泽、运动、感觉等)	6	
	及时换药,保持术口清洁,促进术口愈合	4	
总分	特殊说明	100	

(罗世官、曾德创)

第四节　泌尿外科基本技能操作

耻骨上膀胱穿刺造瘘术

(一) 适应证

1. 暂时性膀胱穿刺造瘘术的适应证

(1)急、慢性尿潴留导尿未成功者。

(2)某些下尿路手术如尿道成形术等需要膀胱穿刺造瘘引流尿液者。

(3)尿道外伤无法留置导尿管者。

(4)尿道炎、急性睾丸炎、急性附睾炎、急性化脓性前列腺炎等泌尿生殖系统急性感染者。

(5)留置导尿管后出现泌尿生殖系统急性感染者。

2. 永久性膀胱穿刺造瘘术的适应证

(1)神经源性膀胱不能长期留置导尿管的患者。

(2)下尿路梗阻不能耐受手术的患者。

(3)行尿道切除的尿道肿瘤患者。

(二)禁忌证

1. 严重凝血功能障碍者。

2. 膀胱空虚、术前无法使之充盈的患者。

3. 有下腹部及盆腔手术史,行膀胱穿刺可能有损伤腹腔脏器风险的患者。

4. 婴儿或任何情况引起的膀胱容量过少的患者。

5. 过度肥胖者。

6. 患有膀胱或盆腔肿瘤,有穿刺损伤风险的患者。

(三)操作流程

1. 操作前准备

(1)沟通:与患者及家属充分沟通,确保患者及其家属签署穿刺同意书,告知患者膀胱穿刺造瘘术的目的及穿刺可能出现的各种意外情况。

(2)操作者准备:单人操作,着装整洁、戴好口罩帽子、洗手。

(3)患者准备:患者平躺于铺有防水中单的治疗床,着宽松衣物。

(4)环境准备:操作区域宽敞、明亮,温湿度适宜,安静、清洁,请无关人员回避以保护患者隐私。

2. 操作步骤

(1)与患者沟通:自我介绍,查对患者信息,同时嘱患者放松及注意操作前的注意事项。

(2)准备物品:用手消毒剂消毒双手,打开无菌简易缝合包,将膀胱穿刺针、无菌石蜡油、注射器、手术刀片、缝针、缝线、无菌导尿管、引流袋、2% 盐酸利多卡因及 0.9% 氯化钠溶液等投放于无菌包中。

(3)体位及消毒:取平卧位,如患者下腹部有较多毛发,先用备皮刀备皮,下腹部用聚维酮碘消毒,戴手套、铺巾。

(4)麻醉:选择耻骨联合上 2 横指中线处,用 2% 盐酸利多卡因作局部麻醉达膀胱壁层。

(5)穿刺:于麻醉部位作 1~1.5cm 的皮肤切口,直达腹直肌前鞘,右手持握膀胱穿刺针,左手在下方保护,沿原麻醉方向垂直刺入膀胱,见有尿液溢出后再将穿刺管置入 2cm,可以一边取出针芯,一边送外套管。自外套管插入导尿管,气囊位于膀胱内,注水 10ml 防止尿管滑出,回退导尿管使气囊位于较高位置,导尿管连接引流袋,缝合伤口并固定导尿管。

(6)用方纱覆盖伤口并胶布固定。

(四)操作后处理

1. 穿刺结束后嘱患者暂时静卧休息,监测脉搏、血压等。

2. 观察术后反应,注意有无血尿、肠道损伤等并发症。

(五)操作注意事项

1. 严格掌握适应证及禁忌证。

2. 严格执行无菌技术及手卫生操作规程,以防感染。

3. 穿刺前必须确定膀胱已充分充盈,若不能通过查体证实,可使用 B 型超声检查证实膀胱已充盈。

4. 穿刺点切忌过高,以免穿刺进入腹腔损伤肠道。

5. 穿刺针不宜过深,以免因膀胱充盈欠佳误伤肠道。

6. 抽出针芯及插入导尿管时,应固定好穿刺针外套,防止摆动并保持深度,以减少膀胱损伤或穿刺针外套脱出。

7. 安置导尿管深度适当并保持导尿管通畅,以防因引流不畅,尿液从膀胱造瘘口渗出。

(六)案例分享

患者,男,73 岁,因"进行性排尿困难 6 年余,尿潴留 1d"入院。既往有冠心病、支气管扩张病史。门诊彩超示:前列腺体积增大,膀胱过度充盈,双侧输尿管对称性扩张、双肾中度积水。查体:神志清楚,血压 137/86mmHg,脉率 78 次 /min,呼吸 21 次 /min,体温 37.2℃,膀胱区膨隆,叩诊浊音,拒绝按压。直肠指诊:前列腺Ⅱ度大,质韧,表面光滑,中间沟消失,指套无染指。初步诊断:良性前列腺增生并尿潴留,继发肾功能受损。实验室检查:尿常规脓细胞、白细胞增高;血肌酐及尿素氮升高;血常规白细胞及中性粒细胞升高。给予留置双腔气囊尿管引流尿液及左氧氟沙星抗感染治疗,治疗 3d 后出现左侧阴囊肿胀。查体:左侧附睾、睾丸边界不清、触痛明显。体温 39.1℃。中段尿液细菌培养结果:培养出大肠埃希菌,对所有喹诺酮类抗生素均已耐药。

【问题】

1. 下一步该如何干预?

2. 请完成耻骨上膀胱穿刺造瘘术。

3. 穿刺后患者出现膀胱痉挛,应如何处理?

【回答】

1. 下一步应选择耻骨上膀胱穿刺造瘘术,更换敏感抗生素。因为患者合并严重尿路感染,留置尿管后加重尿路感染,细菌逆行感染导致急性睾丸、附睾炎;细菌培养及药敏试验出来后应根据结果选择敏感抗生素进行抗感染治疗。

2. 按操作规程准备用物,完成耻骨上膀胱穿刺造瘘术。

3. 耻骨上膀胱穿刺造瘘术出现膀胱痉挛是常见并发症,可先调整造瘘管位置,必要时肌内注射山莨菪碱等解痉药。

【临床思维】

1. 患者为老年男性,病史、门诊彩超及查体提示下尿路梗阻。该梗阻已继发尿路感染,并导致肾功能受损,因此有留置导尿管的适应证。然而,由于患者尿路感染严重,且感染细菌对所使用的抗生素已产生耐药性,从而导致在留置导尿管后继发急性睾丸炎和急性附睾炎。

2. 急性睾丸炎、急性附睾炎是继续留置导尿管的禁忌证,故下一步选择耻骨上膀胱穿刺造瘘术,并更换敏感抗生素处理。

3. 膀胱穿刺造瘘术后常见的膀胱痉挛多由造瘘管末端刺激膀胱黏膜引起,表现为强烈尿意、不自主排尿等,故可适当调整造瘘管位置或使用解痉药物缓解症状。

(七)耻骨上膀胱穿刺造瘘术耗材及物品准备清单(表 2-16)

表 2-16　耻骨上膀胱穿刺造瘘术耗材及物品准备清单

序号	物品名称	数量	序号	物品名称	数量
1	膀胱穿刺造瘘针	1 个	6	10ml 注射器、0.9% 氯化钠溶液	各 1 个
2	手消毒剂、无菌石蜡油	各 1 个	7	2% 盐酸利多卡因注射液	2 个
3	一次性无菌手套	1 个	8	治疗车、简易缝合包	各 1 个
4	无菌导尿管、引流袋	各 1 个	9	无菌纱布、无菌棉球	若干个
5	手术刀片、缝针、缝线	各 1 个	10	聚维酮碘、胶布、备皮包	各 1 个

（八）耻骨上膀胱穿刺造瘘术评分标准（表 2-17）

表 2-17 耻骨上膀胱穿刺造瘘术评分标准

序号	细则要求	分值	得分
操作前（15分）	操作者着装整洁、戴好口罩帽子、洗手	2	
	核对患者	2	
	与患者及家属沟通并取得配合,确保患者及其家属签署穿刺同意书,告知患者膀胱穿刺造瘘术的目的及穿刺可能出现的各种意外情况。请无关人员回避以保护患者的隐私	5	
	物品准备: 膀胱穿刺针、治疗车、简易缝合包、手消毒剂、石蜡油、无菌手套、导尿管、引流袋、手术刀片、缝针、注射器、0.9% 氯化钠溶液、2% 盐酸利多卡因、无菌纱布、备皮包、无菌棉球及消毒材料等	6	
操作中（70分）	查对患者信息,同时嘱患者放松及注意操作前的注意事项	5	
	手消毒剂消毒双手,打开无菌简易缝合包,将膀胱穿刺针、无菌石蜡油、注射器、手术刀片、缝针、缝线、无菌导尿管、引流袋、2% 盐酸利多卡因及 0.9% 氯化钠溶液等投放于无菌包中	15	
	再次消毒双手	3	
	取平卧位,如患者下腹部有较多毛发,先用备皮刀备皮,下腹部用聚维酮碘消毒,戴手套、铺巾	10	
	麻醉:选择耻骨联合上 2 横指中线处用 2% 盐酸利多卡因作局部麻醉达膀胱壁	12	
	穿刺:于麻醉部位作 1~1.5cm 的皮肤切口,直达腹直肌前鞘,右手持握膀胱穿刺针,左手在下方保护,沿原麻醉方向垂直刺入膀胱见有尿液溢出后再将穿刺管置入 2cm,可以一边退出针芯,一边送外套管。自外套管插入导尿管,气囊位于膀胱内,注水 10ml 防止尿管滑出,回退导尿管使气囊位于较高位置,导尿管连接引流袋,缝合伤口并固定导尿管	20	
	方纱盖住伤口并胶布固定	5	
操作后（15分）	整理用物,协助患者穿裤子、整理床单等	5	
	1. 记录膀胱穿刺造瘘时间 2. 监测脉搏、血压、尿量、尿液颜色及性质等 3. 操作过程流畅,全程遵守无菌技术原则。全程体现人文关怀	10	
总分		100	

（黄敏玉）

第五节 骨外科基本技能操作

一、运动系统理学检查

（一）运动系统理学检查方法及内容

运动系统理学检查是骨科专科体格检查,在完成一般查体后才实施。检查方法包括视诊、触诊、叩诊、听诊、动诊和量诊,以及一些特殊检查。在检查中应遵循左右对比;先健侧后患侧;先查主动运动后查被动运动等检查的原则。在具体检查过程中,应根据患者情况综合分析,灵活选择检查方法,并注意检查的条理性。

1. **视诊**

(1)整体视诊：躯干和四肢的姿势、轴线及步态有无异常，左、右肢体的对称性如何，肢体的长度、粗细是否有明显异常。

(2)局部视诊：皮肤有无红肿、色素沉着、瘢痕、窦道等；局部软组织有无肿胀淤血；肌肉是否萎缩；伤口的形状、大小及深度，有无异物及活动性出血等。

2. **触诊**

(1)压痛：部位、范围、深度、程度和性质。

(2)包块：部位、大小、硬度、活动度、与邻近组织的关系、有无波动感。

(3)其他：局部皮肤的温度、湿度；有无异常活动和骨擦感；骨性标志有无异常，例如棘突触诊可检查脊柱有无侧弯。

3. **叩诊**

(1)直接叩击痛：可在相应部位出现直接叩击痛。

(2)间接叩击痛：又称轴向叩击痛或传导痛。用拳头或叩诊锤沿肢体长轴叩诊肢体远端，相应部位出现疼痛即为阳性，提示骨、关节有损伤或炎性等。

4. **听诊**

(1)关节弹响：若关节弹响不伴有其他临床症状，多无临床意义。

(2)摩擦音：骨折的特征性表现之一。检查时应注意手法轻柔，切勿因检查而加重患者损伤。

5. **动诊**

(1)主动活动：注意肢体的肌力和关节活动范围。

(2)被动活动：与主动运动的关节活动范围进行比较。

(3)异常活动：观察有无关节强直、假关节活动、关节活动范围超常等。

注意，如疑有骨折的患者，应避免或减少相应部位的动诊检查，以免加重患者损伤。

6. **量诊**

(1)长度测量：调整肢体在对称位置，以骨性标志进行测量。测量下肢时，应先将骨盆摆正。主要测量指标有：

1)上肢长度：自肩峰至桡骨茎突或中指指尖的长度。

2)上臂长度：自肩峰至肱骨外髁的长度。

3)前臂长度：自尺骨鹰嘴至尺骨茎突或桡骨小头至桡骨茎突的长度。

4)下肢长度：自髂前上棘至内踝尖或脐至内踝尖为间接长度；自股骨大转子至外踝尖为直接长度。

5)大腿长度：自股骨大转子顶点至外侧膝关节间隙的长度。

6)小腿长度：自内侧膝关节间隙至内踝尖或腓骨小头至外踝尖的长度。

(2)周径测量：注意左右对比，并取同一水平测量。在确定测量水平时可选择就近的骨性标志物为参照。

(3)角度测量：测量主动运动与被动运动检查中各关节的活动角度；畸形角度的测量如肘关节内、外翻角度的测量，膝关节内、外翻角度等。

(4)轴线测定：如下肢轴线测量，正常人下肢伸直时，髂前上棘与第1、2趾间连线经过髌骨中心前方。

（二）上肢理学检查

1. **肩关节检查**　肩关节是一个有多个运动轴的球窝关节，为全身活动度最大的关节。肱骨头大而关节盂浅，灵活而缺乏稳定性是肩关节易脱位的原因之一。肩部的运动是肱盂关节、肩锁关节、胸锁关节及肩胛骨胸壁联结均参与的复合运动。

(1)视诊：肩的正常外形呈圆弧形，两肩胛等高、对称。如三角肌萎缩、腋神经麻痹或肩关节脱位后弧度变平，称为"方肩"；斜方肌瘫痪表现为肩胛骨内上角稍升高，称为"垂肩"；前锯肌瘫痪，向前平举上肢时表现为"翼状肩胛"。

（2）触诊：锁骨位置表浅,可触及全长。按压锁骨外端如有弹性活动,提示肩锁关节脱位;在结节间沟触及肌腱的弹跳,提示肱二头肌长头肌腱滑脱;在大结节顶点有压痛,提示冈上肌腱有可疑损伤;肩峰下方内侧有压痛点,提示肩峰下方滑囊炎;在三角肌的外侧有较广泛的压痛,提示三角肌下滑囊炎;肩周围软组织多有不同程度的压痛,提示肩周炎。

（3）动诊和量诊：检查肩关节活动范围时,须用手指将肩胛骨下角固定。中立位(0°)为上肢自然下垂,肘窝向前。正常活动范围包括：外展 80°~90°;内收 20°~40°;前屈 70°~90°;后伸 40°;内旋45°~70°;外旋 45°~60°。肩外展超过 90° 时称为上举,需有肱骨和肩胛骨共同参与才能完成。如肩周炎时,仅外展、外旋明显受限;如关节炎时,在各个方向运动均受限。如冈上肌腱炎、冈上肌腱钙化、冈上肌腱不全撕裂、肩峰下滑囊炎和肱骨大结节损伤时,外展至 45° 出现疼痛,一直到上举 160° 以上则疼痛消失;同样放下时,在 160°~45° 区间疼痛,称为"疼痛弧征"。

（4）特殊检查：① Dugas 征：患者能用手摸到对侧肩部,且肘部能够贴到胸壁为阴性;若不能为阳性,表明肩关节有脱位。②肱二头肌抗阻力试验：患者屈肘 90°,检查者用力使其前臂旋前,患者对抗用力使前臂旋后,若肱骨结节间沟处疼痛则为阳性,提示肱二头肌长头腱的肌腱炎或腱鞘炎。

2. **肘关节检查** 肘关节包括肱尺关节、肱桡关节、桡尺近侧关节 3 个关节。除具有屈、伸活动功能外,还有前臂的旋转功能。

（1）视诊：观察外观是否对称。当前臂充分旋后时,上臂与前臂之间有 10°~15° 外翻角,又称提携角;当该角度减小时,称为肘内翻;而当角度增大时,则称为肘外翻。在肘关节伸直位时,肘部鹰嘴的桡侧有一小凹陷,如果消失,考虑桡骨头骨折或肘关节积液。当肘关节后脱位及伸直型肱骨髁上骨折时,肘部会向后突出,状如足跟。对于肘关节结核者,关节会呈现微屈状态,并伴有梭形肿胀。上臂可能显得比前臂细,且关节周围可能出现窦道和溃疡。对于幼儿而言,如果发生桡骨小头半脱位,前臂会呈现微屈旋前的状态,并垂置在身旁。

（2）触诊：在肱二头肌与肱三头肌之间,可以触及肱骨干。肱骨的内、外上髁和尺骨鹰嘴位置表浅,容易触及。肘部慢性劳损的常见部位在肱骨内上髁处。肱骨外上髁局部明显压痛提示肱骨外上髁炎,也称为网球肘。而内上髁的压痛则提示肱骨内上髁炎,也称为高尔夫球肘。

（3）动诊和量诊：肘关节屈伸运动通常以完全伸直为中立位(0°)。活动范围包括：屈曲135°~150°;伸直 0°,可有 5°~10° 过伸;旋前 80°~90°;旋后 80°~90°。肘关节的屈伸活动幅度受关节面的角度和周围软组织制约。在肘关节完全伸直位时,因侧副韧带被拉紧,故不可能出现侧方运动。如果出现异常的侧方运动,则提示侧副韧带断裂或肱骨内、外上髁骨折。

（4）特殊检查：①肘后三角：正常肘关节完全伸直时,肱骨内、外上髁和尺骨鹰嘴在一条直线上;肘关节完全屈曲时,这 3 个骨突构成一等腰三角形。肘关节脱位时,3 点关系发生改变;肱骨髁上骨折时,此 3 点关系不变。②米尔征：患者肘部伸直,屈腕,前臂旋前,进行抗阻伸的动作时,肱骨外上髁部疼痛为阳性,提示肱骨外上髁炎。

3. **腕关节检查** 腕关节包括桡骨和尺骨的远端、腕骨、掌骨基底、桡腕关节、腕掌关节及相关软组织。腕部是前臂肌腱和腱鞘的必经之路。

（1）视诊：注意外观有无畸形,两侧是否对称。解剖学"鼻烟窝"是腕背侧的明显标志,由拇长展肌和拇短伸肌腱、拇长伸肌腱围成。如腕舟骨骨折时,该窝变浅或肿起。桡骨远端伸直型骨折时,可出现"餐叉"畸形。桡神经损伤时,可呈"垂腕"畸形。腕关节结核和类风湿关节炎时,表现为全关节肿胀。腕背皮下半球形肿物多为腱鞘囊肿。月骨脱位后腕背或掌侧肿胀时,握拳可见第 3 掌骨头向近侧回缩。

（2）触诊：舟骨骨折时,"鼻烟窝"有压痛。桡骨茎突部狭窄性腱鞘炎时,桡骨茎突部有压痛,且当拇指被动掌屈时疼痛加剧。三角软骨损伤及尺侧副韧带损伤时,尺骨茎突部有压痛。腕管综合征时,由于正中神经在腕管内被压迫或刺激,可引起自腕部至桡侧 3 个半手指的放射痛及麻木感,按压腕管可加重症状。腱鞘囊肿常发生于手腕背部,为圆形、质韧、囊性感明显的肿物。疑有月骨或月骨病变时,让患者半握拳尺偏,敲击第 3 掌骨头时腕部近中线处疼痛。

(3)动诊和量诊:以掌骨与前臂纵轴呈一直线为腕关节中立位(0°)。正常活动范围包括:背屈35°~60°;掌屈50°~60°;桡偏25°~30°;尺偏30°~40°。

(4)特殊检查:①握拳尺偏试验:患者拇指屈曲握拳,将拇指握于掌心内,然后使腕关节被动尺偏,引起桡骨茎突处明显疼痛为阳性征,见于桡骨茎突狭窄性腱鞘炎。②屈腕试验:操作者手握患者腕部,拇指按压在腕横纹处,同时嘱患腕屈曲,若患手麻痛加重,并放射到中指示指,即为阳性,表示患腕管综合征。

4. 掌、指关节检查 手由5个掌骨和14个指骨组成。拇指的对掌功能是人类区别于其他哺乳动物的重要特征。

(1)视诊:常见的畸形有多指、并指、巨指(多由脂肪瘤、淋巴瘤、血管瘤引起)。"爪形手"提示骨间肌萎缩,见于尺神经损伤或前臂肌群缺血性挛缩;而"猿手"见于正中神经损伤。指伸肌腱在远侧指间关节处断裂时,可形成远侧指间关节屈曲和近侧指间关节过伸的"锤状指"。"梭形指"多为结核、内生软骨瘤或指间关节损伤。类风湿关节炎呈双侧多发掌指关节、指间和腕关节肿大,晚期掌指关节尺偏。

(2)触诊:手指掌骨均可触到。如手部有瘢痕时需配合动诊,观察有无肌腱、神经粘连。手部感染时,可引起剧烈疼痛。

(3)动诊和量诊:手指各关节完全伸直为中立位(0°)。活动范围包括:掌指关节屈60°~90°,伸0°~3°,过伸20°;近侧指间关节屈90°,伸0°;远侧指间关节屈60°~90°,伸0°。

(4)特殊检查:①弹响指或扳机指:屈伸患指可听到弹响,提示手指发生屈肌腱鞘炎;②夹纸试验:嘱患者用示指、中指、无名指和小指夹紧纸片,若不能夹住则为阳性,提示尺神经损伤。

(三)下肢理学检查

1. 髋关节检查 髋关节是人体最大、最稳定的关节之一,由股骨头、髋臼形成关节。股骨颈位于股骨头下方,与股骨干相连。由于其解剖结构的稳定性,髋关节在没有遭受极端暴力的情况下,很少发生脱位。

(1)视诊:注意髋部疾患所致的病态步态,常需配合行走、站立和卧位进行检查。例如,下肢骨关节疼痛或肌肉萎缩时,可见跛行步态;痉挛性脑性瘫痪时,可见剪刀步态;先天性髋关节脱位时,可见鸭步步态;髋关节患慢性感染时,常呈屈曲内收畸形;髋关节后脱位时,常呈屈曲内收内旋畸形;股骨颈及转子间骨折时,患肢呈外旋畸形。对于股三角区的包块,应注意疝和结核性寒性脓肿的鉴别。

(2)触诊:在先天性髋关节脱位和股骨头缺血性坏死的患者中,多伴有内收肌挛缩,可触及紧张的内收肌群。骨折患者通常在受伤区域有局部肿胀和压痛。髋关节感染性疾病患者,受影响区域可能呈现红肿、局部温度升高和压痛。外伤性脱位患者可能在受伤部位出现明显的不对称性或突出。

(3)动诊:髋关节中立位(0°)为髋膝伸直,髌骨向上。正常活动范围包括:屈130°~140°;伸0°,过伸可达15°;内收20°~30°;外展30°~45°;内旋40°~50°;外旋30°~40°。除检查活动范围外,还应注意在双腿并拢下蹲时有无弹响。臀肌挛缩症患者,双膝并拢时无法下蹲,髋关节活动时会发生弹响,常称弹响髋。

(4)量诊:发生股骨颈骨折、髋关节结核或化脓性关节炎股骨头破坏时,大转子向上移位。测量方法:① Shoemaker 线:正常情况下,从大转子尖到髂前上棘的连线应在脐上方与腹中线相交;若大转子上移,则该线与腹中线在脐下方相交。② Nelaton 线:患者侧卧且髋关节半屈,从髂前上棘到坐骨结节画线,正常情况下此线应触及大转子尖。③ Bryant 三角:患者取仰卧位,自髂前上棘垂直向下及至大转子尖端分别绘制一条线,由此构成一个三角形。若观察到患侧的大转子上移,则该侧的三角形底边相较于健康侧会显得较短。

(5)特殊检查

1)"4"字试验:患者取仰卧位,健肢伸直,患肢髋与膝屈曲,大腿外展、外旋将小腿置于健侧大腿上形成一个"4"字,检查者一手固定骨盆,另一手下压患肢,出现疼痛为阳性。提示骶髂关节、髋关节病变或内收肌痉挛。

2)托马斯征:患者取仰卧位,充分屈曲健侧髋膝,并使腰部贴于床面。患肢自动抬高、屈膝离床或迫使患肢与床面接触时腰部前凸,为阳性。提示髋部病变、腰肌挛缩。

3)骨盆挤压分离试验:患者取仰卧位,从双侧髂前上棘处对向挤压或向后外分离骨盆,引起骨盆疼痛为阳性。注意检查时手法要轻柔,以免加重骨折端出血。

4)单足站立试验:患者背向检查者,用患肢站立,健侧屈髋屈膝上提。健侧骨盆及臀褶下降为阳性。提示臀中、小肌麻痹,髋关节脱位,以及陈旧性股骨颈骨折。

5)艾利斯征:患者取仰卧位,屈髋屈膝,两足平行放于床面,足跟对齐,观察双膝的高度,如一侧膝比另一侧高时则为阳性。提示髋关节脱位、股骨或胫骨短缩。

2. 膝关节检查 膝关节是人体最复杂的关节,主要功能为屈伸活动,膝部内外侧韧带、关节囊、半月板和周围的软组织保持其稳定。

(1)视诊:首先,检查时患者呈站立位。正常时,两膝和两踝应能同时并拢互相接触,若两踝能并拢而两膝不能接触则为膝内翻,又称"O"形腿;如两膝并拢而踝不能接触则为膝外翻,又称"X"形腿。膝内、外翻是指远侧肢体的指向。在伸膝位,髌韧带两侧稍凹陷。有关节积液或滑膜增厚时,凹陷消失。应比较两侧股四头肌有无萎缩,早期萎缩时,内侧头可能稍显平坦。

(2)触诊:触诊的顺序为先检查前侧,如股四头肌、髌骨、髌韧带和胫骨结节之间的关系等,然后再俯卧位检查膝后侧,在屈曲位检查腘窝、外侧的股二头肌、内侧的半腱半膜肌有无压痛或挛缩。

1)髌前出现囊性肿物提示髌前滑囊炎。髌前外侧有肿物提示半月板囊肿。膝后部的肿物提示膝关节积血或积液,可行浮髌试验。膝关节表面软组织较少,压痛点的位置往往是病灶位置,因此检查压痛点对定位诊断有很大的帮助。髌骨下缘的平面正是关节间隙,若关节间隙有压痛,可能考虑为半月板损伤或骨赘。

2)内侧副韧带的压痛点通常不在关节间隙,而是在股骨内髁结节处。外侧副韧带的压痛点在腓骨小头的上方。髌骨上方的压痛点代表髌上囊的病灶。此外,若膝关节疼痛,要注意检查髋关节,因为髋关节疾患可以刺激闭孔神经,引起膝关节牵涉痛。如果膝关节持续性疼痛、进行性加重,考虑可能有股骨下端和胫骨下端肿瘤。

(3)动诊和量诊:膝伸直为中立位(0°)。正常活动范围包括:屈120°~150°;伸0°;过伸5°~10°。一般情况下,伸直痛是关节面的病变,而屈曲痛是膝关节水肿或滑膜炎的表现。当膝关节外翻同时有膝关节屈曲动作时,若产生外侧疼痛,则说明股骨外髁和外侧半月板有病变;反之,若内翻同时有屈曲疼痛者,则病变在股骨内髁或内侧半月板。

(4)特殊检查

1)侧方应力试验:患者取仰卧位,伸膝,分别进行膝关节的被动外翻或内翻检查,并与健侧对比。若超出正常外翻或内翻范围,则为阳性,可表明有内侧或外侧副韧带损伤。

2)抽屉试验:患者取仰卧位,屈膝90°,检查者轻坐在患侧足背上,双手握住小腿上段,向后推,再向前拉;前交叉韧带断裂时,可向前拉0.5cm以上;后交叉韧带断裂者可向后推0.5cm以上。将膝置于屈曲10°~15°进行试验,则可增加本试验的阳性率,有利于判断前交叉韧带的前内束或外束损伤。

3)半月板回旋挤压试验:患者取仰卧位,检查者一手按住患膝,另一手握住踝部,将膝完全屈曲,足踝抵住臀部,将小腿极度外展外旋,或内收内旋,然后逐渐伸直,在伸直过程中若听到或感到弹响,或出现疼痛为阳性,提示半月板损伤。

4)浮髌试验:患者取仰卧位,伸膝,放松股四头肌,检查者的一手放在髌骨近侧,将髌上囊的液体挤向关节腔,同时另一手示指和中指急速下压。若感到髌骨碰击股骨髁时,为浮髌试验阳性。中等量(50ml)以上的积液时,浮髌试验才呈阳性。

3. 足部检查 足由骨和关节形成内纵弓、外纵弓及前部的横弓,是维持身体平衡的重要结构。

(1)视诊:观察双足大小和外形是否正常一致。足部存在多种先天性和后天性畸形很,常见的有马蹄内翻足、高弓足、平足、踇外翻等。足印对检查足弓、足的负重点以及足的宽度均有重要的意义。外伤时,踝部及足部均出现明显肿胀。

(2)触诊:主要注意疼痛的部位、性质、肿物的大小、质地。注意检查足背动脉,以了解足和下肢的血液循环状态。一般可在足背第 1、2 跖骨之间触及其搏动。

(3)动诊和量诊：踝关节中立位为小腿与足外侧缘垂直,正常活动范围包括:背屈 20°~30°；跖屈 40°~50°。足内外翻活动主要在胫距关节；内收、外展在跗跖和跗间关节,正常活动范围包括:外翻 30°~35°,内翻 30°。跖趾关节呈中立位时,足与地面平行。正常活动范围包括:背屈 30°~40°,跖屈 30°~40°。

(四)脊柱理学检查

1. 脊椎检查　脊柱由 7 个颈椎、12 个胸椎、5 个腰椎、5 个骶椎、4 个尾椎构成。常见的脊柱疾病多发生于颈椎和腰椎。

(1)视诊：脊柱位于身体的中心轴线上,具有颈、胸、腰段的生理弯曲。正常情况下,第 7 颈椎棘突最为突出。异常的前凸、后凸和侧凸应记录其方向和部位,脊柱侧凸的方向通常以骨盆为参考。若脊柱侧凸继发于神经纤维瘤病,皮肤上可能出现黄褐斑,这可作为诊断依据之一。腰骶部的丛毛或膨出可能是脊柱裂的表现。常见的脊柱畸形包括角状后凸(如结核、肿瘤、骨折等)、圆弧状后凸(如强直性脊柱炎、青年圆背)和侧凸(如特发性脊柱侧凸、先天性脊柱侧凸、腰椎间盘突出症等)。此外,还有先天性肌性斜颈等。还应注意观察患者的姿势和步态,如腰扭伤或腰椎结核患者可能双手扶腰行走,腰椎间盘突出症患者行走时身体可能向前侧方倾斜。

(2)触诊：颈椎从枕骨结节向下,首先触及的是第 2 颈椎棘突。颈前屈时,第 7 颈椎棘突最为明显,因此也称为隆椎。两肩胛下角连线通过第 7 胸椎棘突,大约平齐第 8 胸椎椎体。两髂嵴最高点连线通过第 4 腰椎棘突或第 4、5 椎体间隙,常以此确定胸腰椎的位置。棘突上的压痛可能提示棘上韧带损伤、棘突骨折或棘突过敏症；棘间韧带压痛可能提示棘间韧带损伤；腰背肌压痛可能提示腰肌劳损；腰部肌痉挛可能是腰椎结核、急性腰扭伤及腰椎滑脱等的保护性反应。

(3)动诊和量诊：脊柱中立位是指身体直立,目视前方。颈段活动范围包括:前屈、后伸、侧屈均 45°。腰段活动范围包括:前屈 45°,后伸 30°,侧屈 30°。颈椎活动范围的简单测量方法：正常时,屈颈下颌可抵前胸；后伸时鼻尖与前额的连线与体轴垂直；侧屈肩稍耸耳可触肩。腰椎间盘突出症患者,脊柱侧屈及前屈受限；脊椎结核或强直性脊柱炎患者的各个方向均受限,失去正常的运动曲线。腰椎管狭窄症的患者主观症状多,客观体征较少,脊柱后伸多受限。

(4)特殊检查

1)臂丛神经牵拉试验：患者取坐位,检查者一手将患者头部推向健侧,另一手握住患者腕部向外下牵引,如出现患肢疼痛、麻木感为阳性。提示颈椎病。

2)椎间孔挤压试验：患者取端坐位,头后倾并侧向患侧,术者用手掌在其头顶加压,出现颈痛以及肢体放射性疼痛或麻木感为阳性。颈椎病时,可出现此征。

3)拾物试验：将物品放在地上,让患者拾起。脊椎正常者可两膝伸直,腰部自然弯曲,俯身将物品拾起；若患者先以一手扶膝、蹲下、腰部挺直地用手接近物品,屈膝屈髋而不弯腰地拾起物品,则为拾物试验阳性,表示患者脊柱可能有功能障碍,多见于脊椎病变如脊椎结核、强直性脊柱炎、腰椎间盘突出,腰肌外伤及炎症等。

4)直腿抬高试验：患者取仰卧位,检查者一手托患者足跟,另一手保持膝关节伸直,缓慢抬高患肢,如在 60° 范围之内即出现坐骨神经的放射痛,则称为直腿抬高试验阳性。在直腿抬高试验阳性时,缓慢放低患肢高度,待放射痛消失后,再将踝关节被动背屈,如再度出现放射痛,则称为直腿抬高加强试验阳性。这两个试验阳性为腰椎间盘突出症的主要诊断依据。

2. 脊髓检查　脊柱骨折、脱位及脊髓损伤的发病率逐年上升,神经系统检查对脊髓损伤的部位、程度进行初步判断,并进一步检查和治疗具有重大意义。其检查包括感觉、运动、反射、交感神经、括约肌功能等多个方面。

(1)视诊：检查时应尽量不搬动患者,去除衣服,注意观察下列几项内容。①呼吸：若胸腹式主动呼吸均消失,仅有腹部反常活动者为颈髓损伤。仅有胸部呼吸而无主动腹式呼吸者,为胸髓中段以下的损伤。②伤肢姿势：上肢完全瘫显示上颈髓损伤；屈肘位瘫为第 7 颈髓损伤。③阴茎可勃起者,反映脊髓休克已解除,尚保持骶神经功能。

(2)触诊和动诊:一般检查躯干和肢体的痛觉、触觉,根据脊髓节段分布判断感觉障碍平面所反映的损伤部位,并做好记录;可反复检查几遍,前后对比,以增强准确性并为观察疗效提供依据。麻痹平面的上升或下降表示病情的加重或好转。不能忽略会阴部及肛周感觉检查。检查膀胱有无尿潴留。肛门指诊以检查肛门括约肌功能。触诊脊柱棘突及棘突旁有无压痛及后凸畸形,判断是否与脊髓损伤平面相符。

(3)详细检查肌力、腱反射、病理反射和其他反射:①腹壁反射:用钝针在上、中、下腹皮肤上轻划。正常者可见同侧腹肌收缩,上、中、下各段分别相当于 $T_{7\sim8}$、$T_{8\sim9}$、$T_{9\sim10}$。②提睾反射:用钝针划大腿内侧上 1/3 皮肤,正常时同侧睾丸上提。③球海绵体反射:用拇指和示指挤压龟头或阴蒂,或牵拉插在膀胱内的导尿管,球海绵体和肛门外括约肌收缩。④肛门反射:针刺肛门周围皮肤,肛门皮肤出现皱缩或肛诊时,感到肛门括约肌收缩。肛门反射、肛周感觉、球海绵体反射和屈趾肌自主活动的消失,合称为脊髓损伤四征。如伤后 24h 内恢复,表示脊髓休克期已过,仅为脊髓局部损伤或脊髓震荡,恢复功能的希望大。脊髓损伤四征保留越多,预后越好。

(五)案例分享

患者,男,13 岁,因"与同伴玩耍中不慎被撞倒至左肩部疼痛活动受限 2h"入院。查生命征正常。既往体健,无外伤、手术史。

【问题】

1. 请 A 对患者进行相应专科查体;请 B 回答检查原则。

2. 请 C 回答为明确诊断,下一步应该做什么检查?

【回答】

A 为患者进行肩关节理学检查。

B 回答要点:是否两侧对比,广泛暴露;是否按先健侧后患侧,先主动后被动原则;是否按视、触、叩、动、量诊的顺序;是否有综合思考,查体是否全面合理。

C 回答要点:进行影像学检查(X 线、CT 或 MRI)。

【临床思维】

在临床实践中,应详细询问患者的受伤过程及受力部位。对于该患者,摔倒后出现肩部疼痛、活动受限的症状,初步考虑可能为肩关节脱位或肱骨近端骨折。除了进行常规的视、触、听、动、量检查外,还应进行杜加斯征检查以进一步明确诊断。

(六)肩关节理学检查耗材及物品准备清单(表 2-18)

表 2-18 肩关节理学检查耗材及物品准备清单

序号	物品名称	数量
1	手消毒剂	1 瓶
2	尺子	1 个
3	笔	2 个

(七)肩关节理学检查评分标准(表 2-19)

表 2-19 肩关节理学检查评分标准

项目		细则要求	分值	得分
操作前 (15 分)	术者准备	着装整洁(1 分),洗手、戴口罩(2 分)	3	
	患者准备	告知患者操作目的及配合要点,取得患者配合	6	
	物品准备	手消毒剂、尺子、笔	3	
	环境准备	清洁(1 分)、安静(1 分),温度及光线适宜(1 分)	3	

续表

项目		细则要求	分值	得分
操作中 (70分)	核对	自我介绍(1分),核对患者身份信息(2分),解释操作配合要点(3分)	6	
	体位	协助患者取端坐位,双侧广泛暴露	3	
	视诊	1. 观察双侧肩部是否等高、对称,有无畸形(5分) 2. 局部有无肿胀,皮肤有无红肿、窦道等,如有伤口或包块,需进一步具体描述(5分)	10	
	触诊	1. 局部有无压痛:部位、深度、范围、程度和性质(5分) 2. 局部有无包块:部位、大小、硬度、活动度、与邻近组织的关系、有无波动感(5分) 3. 局部皮肤的温度和湿度有无异常(2分) 4. 局部触诊有无异常活动和骨擦感(2分) 5. 肩三角是否有异常(1分)	15	
	听诊	有无关节弹响及骨擦音	4	
	活动度	1. 先让患者主动活动(屈伸、内收外展、内旋外旋)并目测活动幅度,注意分析活动与疼痛(5分) 2. 被动活动肩关节(屈伸、内收外展、内旋外旋),并目测活动幅度,注意分析活动与疼痛(5分) 3. 测量肩关节各方向肌力(5分) 4. 杜加试验是否阳性(5分)	20	
	其他	1. 上肢长度测量(2分) 2. 上肢肢体周径测量(2分)	4	
	查体原则	1. 是否两侧对比,广泛暴露(2分) 2. 是否按先健侧后患侧,先主动后被动原则(2分) 3. 是否按视触叩动量顺序(2分) 4. 是否有综合思考,体格检查是否全面合理(2分)	8	
操作后 (15分)	处理	按消毒技术规范要求分类整理使用后物品	2	
	洗手	洗手、记录	3	
	质量	1. 操作熟练(5分) 2. 整个过程关注患者反应,动作轻柔,体现人文关怀(5分)	10	
总分			100	

(罗群强)

二、骨科基本操作技术

(一) 石膏固定技术

1. 适应证

(1)骨折、关节损伤的固定。

(2)四肢神经、血管、肌腱、骨折等手术前后的制动。

(3)躯干和肢体矫形手术后的外固定。

(4)骨与关节结核、化脓性炎症肢体固定,以减轻疼痛并预防畸形。

2. 禁忌证

(1)肢体出现进行性肿胀,伴有血液循环障碍。

(2)存在开放性损伤,包括软组织缺损或开放性骨折。

(3)合并有严重心、肺、肝、肾等疾病。

3. 术前准备

(1)术者准备:着装整洁、洗手,戴口罩、帽子。固定前检查伤肢末端的血液循环及感觉、运动功能情况,并根据患者情况进行麻醉和手法复位等操作。

(2)患者准备:与患者及家属沟通,向患者及其家属说明石膏固定的必要性,确保患者及其家属签署操作同意书。询问药物过敏史。

(3)物品准备:石膏绷带、水桶或水盆(盛温水)、普通绷带、棉衬及袜套、卷尺、标记笔、拆除石膏所需的剪锯及撑开器、三角巾、污物容器。如需麻醉,另备 2% 盐酸利多卡因、5~10ml 注射器、棉签、皮肤消毒剂、锐器盒。

(4)环境准备:清洁、安静,温度及光线适宜。

4. 操作步骤

(1)石膏夹板

1)根据骨折的部位及类型确定所需石膏夹板的长度,裁剪合适长度的棉衬。用棉衬保护皮肤,骨性突起部位还可加衬垫保护。

2)根据所测长度,将石膏绷带平整铺开,来回重叠,上肢 10~12 层,下肢 12~14 层。将铺好的石膏绷带卷成柱状,再放入温水内,待气泡出净,手握两端,轻轻挤去水分,水平摊开抹平。

3)将石膏夹板置于骨折端两侧,双手掌轻轻按压并调整,使石膏和肢体尽可能贴合。调整完毕后,助手用手掌扶托石膏维持位置,避免用手指挤捏。用普通绷带(可打湿后再使用)固定石膏夹板,注意绷带由近端向远端滚动缠绕,每层绷带覆盖上一层的 1/3~1/2,缠绕过程中不能拉得过紧,以免固定压力过高并影响石膏与肢体的贴合效果。

4)石膏硬化后,在适当位置标注操作日期。上肢应用三角巾悬吊于胸前。

(2)石膏管型

1)根据骨折部位及类型选择合适型号的袜套,并裁剪至合适长度。袜套紧贴皮肤套于伤肢,骨性突起部位还可加衬垫保护。

2)必要时可根据骨折部位制作一个 6~8 层石膏,并托置于伤肢(上臂置于外侧,前臂置于背侧,下肢置于后侧),以维持固定所需位置。选择合适大小的石膏绷带卷,浸入温水中,待气泡出净,手握两端,轻轻挤去水分。

3)从远端向近端,将浸透的石膏绷带在固定肢体上均匀滚动缠绕。相邻的绷带应相互重叠1/3~1/2,接触肢体的内层石膏绷带要保持平整,不要缠绕过紧。在缠绕石膏绷带时,操作者应逐层用手掌均匀抚摸,以确保各层紧密接触。一共缠绕 5~8 层(如果没有石膏托作为内衬,可以适当增加缠绕层数)。石膏包扎完毕后,应按照肢体的轮廓进行调整,以增强石膏绷带对肢体的固定性能。将边缘多余部分修剪,充分露出不包括在固定范围内的关节以及指(趾),以便观察肢体血液循环、感觉及运动功能情况,同时有利于患者进行功能锻炼。

4)石膏硬化后,在适当位置标注操作日期。上肢应用三角巾悬吊于胸前。

5. 术后处理

(1)抬高患肢,有助静脉及淋巴回流,防止肿胀。

(2)进行了复位的患者及时复查 X 线,观察骨折对位对线情况。

(3)搬动患者时,应注意避免折断石膏,如有折断需及时修补。

6. 操作注意事项

1)注意患肢末端血液循环、感觉及运动功能情况,经常观察指、趾皮肤的颜色、温度变化,并与健侧比较。如出现剧痛、麻木,肿胀、发冷、苍白或青紫等提示神经受压或血液循环障碍的情况,应及时松解外固定装置。

2)当出现固定肢体局部疼痛不适时,也应及时拆开外固定检查,以防发生压迫性溃疡。

3)骨折附近未固定的关节,每天应进行适当的功能活动锻炼,以预防肌肉萎缩及关节僵硬。

7. 并发症　可能包括麻醉意外,损伤周围组织、血管、神经,手法复位不成功,邻近部位的骨折或关节脱位,骨 - 筋膜室综合征,肌肉萎缩,关节僵硬,皮肤压疮,以及其他不可预料的意外等。

8. 案例分享　患者,男,40 岁,因"跌倒摔伤致左侧腕部肿痛、畸形 3h"入院。自述入院前 3h,下楼时不慎摔倒,左手掌撑地,左腕疼痛、肿胀、畸形,皮肤无伤口流血,X 线检查显示左桡骨远端粉碎性骨折。

【问题】

请 A 对患者进行相应手法复位及石膏外固定。

请 B 配合 A 操作并回答固定后如何观察患肢端情况。

C 回答操作相关注意事项。

【回答】

A 进行手法复位及石膏外固定。

B 回答要点:注意患肢末端血液循环及感觉、运动功能情况,经常观察手指皮肤的颜色、温度变化,并与健侧比较。如有剧痛、麻木、肿胀、发冷、苍白或青紫等,提示血液循环障碍或神经受压,应及时松解外固定装置。

C 回答要点:石膏固定前,注意在骨性突起部位加垫保护。石膏包扎时应使石膏和肢体尽可能贴合。包扎完毕后,助手应避免使用手指托扶石膏。绷带固定完毕后,在石膏上注明操作时间,并向患者交代注意事项,包括及时复查 X 线,检查骨折对位对线情况。同时,教育患者进行适当的功能锻炼。

【临床思维】

在临床实践中,进行石膏固定前需要先进行手法复位,根据患者个体情况予以局部麻醉。在复位前,应充分进行牵引,复位时需注意纠正骨折的成角畸形及移位。石膏板应具有一定厚度(通常为10~12 层),以确保其强度。在固定时,需特别注意在骨性突起部位加垫保护,以避免压迫。用石膏包扎时,应使石膏和肢体尽可能贴合,以确保固定效果。调整完毕后,助手应避免使用手指托扶石膏,以免影响其稳定性。绷带固定完毕后,应在石膏上注明操作时间,并向患者详细交代注意事项,包括及时复查 X 线,以检查骨折的对位对线情况。同时,应教育患者进行适当的功能锻炼,以防止肌肉萎缩。

9. 石膏固定术耗材及物品准备清单　见表 2-20。

表 2-20　石膏固定术耗材及物品准备清单

序号	物品名称	数量
1	石膏绷带	若干
2	水桶或水盆(盛温水)	1 盆
3	棉衬及袜套	若干
4	普通绷带	若干
5	卷尺	若干
6	标记笔	1 支
7	拆除石膏所需的剪锯及撑开器	1 把
8	三角巾	1 条
9	污物容器	1 个

10. 石膏固定术评分标准　见表 2-21。

表 2-21　石膏固定术评分标准

序号		细则要求	分值	得分
操作前 (15分)	患者准备	1. 告知患者手术目的、必要性及手术风险(2分) 2. 签字同意(2分) 3. 询问有无麻醉药物过敏史(1分)	5	
	物品准备	石膏绷带、水桶或水盆(盛温水)普通绷带、棉衬及袜套、卷尺、标记笔、拆除石膏所需的剪锯及撑开器、污物容器。如需麻醉,另备2%盐酸利多卡因、5~10ml注射器、棉签、皮肤消毒剂、锐器盒(每个物品0.5分)	5	
	术者准备	着装整洁(1分),洗手、戴口罩(1分)	2	
	环境准备	清洁(1分)、安静(1分),温度及光线适宜(1分)	3	
操作中 (70分)	核对	1. 自我介绍(1分) 2. 核对患者身份信息(2分) 3. 解释操作配合要点(3分)	6	
	查验	1. 核查患者影像学检查(2分) 2. 测量脉搏和血压(2分) 3. 检查患肢末端血液循环、感觉运动功能情况(2分)	6	
	消毒	消毒骨折处皮肤,由内向外环形消毒皮肤,络合碘消毒至少2遍,注意勿留空隙,棉签不要返回已消毒区域	3	
	麻醉	1. 核对麻醉药,抽吸10ml左右麻醉药(如2%盐酸利多卡因)(1分) 2. 在骨折部位最肿胀处进针,回抽见淤血后注入麻醉药物,等待5~10min(2分)	3	
	手法复位	1. 两人操作,一人固定伤肢肘关节,一人固定伤肢手掌(一只手握住拇指,另一只手握住其余四指),充分牵引腕关节,并保持牵引状态(4分) 2. 术者双手握住腕部,拇指压住骨折远端向远处侧推挤,其余四指抵住骨折近端,加大屈腕角度,纠正成角,然后向尺侧挤压,缓慢放松并维持牵引,在屈腕、尺偏移位检查骨折对位对线及稳定性情况(4分)	8	
	测量长度	根据骨折的部位及类型确定所需石膏夹板的长度	2	
	皮肤保护	棉质袜套套于伤肢,并外附适当厚度棉衬,骨折突起部位加衬垫保护	2	
	石膏准备	1. 根据所测长度,将石膏绷带在平整桌面上铺开,来回重叠10~12层(5分) 2. 将铺好的石膏绷带卷成柱状,再放入温水内,待气泡出净,手握两端,轻轻挤去水分,在水平桌面摊开抹平(5分)	10	
	固定	1. 将石膏夹板置于骨折端两侧,双手掌塑形,使石膏和肢体尽可能贴合(5分) 2. 塑形完毕后助手维持位置,用手掌扶托石膏避免用手指挤捏(5分) 3. 用普通绷带(可打湿后再使用)固定石膏夹板,注意绷带由远端向近端滚动缠绕,每层绷带覆盖上一层的1/3~1/2,缠绕过程中不能拉紧再绷,以免固定压力过高并影响石膏塑形效果(10分)	20	
	标注	石膏硬化后,在适当位置标注操作日期	2	
	悬吊	上肢应用三角巾悬吊于胸前	2	
	注意	1. 检查肢体末梢感觉、血液循环(2分) 2. 交代术后注意事项(4分)	6	

续表

序号		细则要求	分值	得分
操作后 (15分)	处理	按消毒技术规范要求分类整理使用后物品	1	
	洗手	洗手、记录	2	
	观察	术后测血压、脉搏并观察反应	2	
	质量	1. 操作熟练(5分) 2. 整个过程关注患者反应,动作轻柔,体现人文关怀(5分)	10	
		总分	100	

（二）小夹板固定技术

1. 适应证

（1）肱骨骨折。

（2）尺骨骨折。

（3）桡骨骨折。

（4）胫骨骨折。

（5）腓骨骨折。

2. 禁忌证

（1）患者依从性不高,不能按时随访。

（2）伤肢肿胀严重,远端血液循环障碍。

（3）开放性骨折。

（4）皮肤外伤严重,广泛擦伤。

（5）骨折合并神经损伤,局部加垫可能加重神经损伤。

（6）肢体肥胖,固定不牢。

3. 术前准备

（1）术者准备:着装整洁、洗手、戴口罩、帽子。在进行小夹板固定前,检查伤肢末端的血液循环、感觉及运动功能,并根据患者情况进行麻醉和手法复位等操作。

（2）患者准备:与患者及家属沟通,向患者及其家属说明小夹板固定的必要性,确保患者签署操作同意书。

（3）物品准备:小夹板(可用柳木、椴木或杉木,根据肢体部位及长度可做成各种不同形状及规格)纸压垫或分骨垫、棉纸、布带或绷带、胶带、标记笔、三角巾、污物容器。如需麻醉,另备 2% 盐酸利多卡因、5~10ml 注射器、棉签、皮肤消毒剂、锐器盒。

（4）环境准备:清洁、安静、温度及光线适宜。

4. 操作步骤

（1）合理放置伤肢,适当牵引,外套纱套或包 1~2 层棉纸或绷带,以免压坏皮肤。

（2）根据骨折部位及类型,放置数个纸压垫或分骨垫。选择纸压垫大小要合适,加压点位置要准确,胶带固定妥当,防止移动。

（3）选用合适大小及形状的小夹板,依次放置于伤肢的前、后、内、外侧,贴紧肢体,由助手扶托稳固。

（4）选择布带进一步固定小夹板,布带要长短适宜,先扎骨折端部位,然后向两端等距离捆扎,捆扎松紧度为布带能上下移动约 1cm。

（5）小夹板捆扎固定完毕后,上肢应用三角巾悬吊于胸前。再次检查伤肢末端的血液循环及感觉、运动功能情况。

5. 术后处理

（1）伤肢固定后 1~3d 内需特别注意观察伤肢末端血液循环及感觉情况,并随时酌情调节布带捆扎的松紧度。之后每周进行X线检查及调整捆扎松紧度1~2次,直至骨折愈合。

(2)适当抬高患肢,以利肿胀消退,下肢可用软枕垫高。

(3)小夹板固定治疗后,搬运患者时应尽量平稳,以防外力造成骨折再移位。

6. 操作注意事项

(1)注意患肢末端血液循环及感觉、运动功能情况,经常观察指、趾皮肤的颜色、温度变化,并与健侧比较,如有剧痛、麻木、肿胀、发冷、苍白或青紫等,提示神经受压或血液循环障碍,应及时松解外固定装置。

(2)当出现固定肢体局部疼痛不适时,也应及时拆开外固定检查,以防发生压迫性溃疡。

(3)对骨折附近未固定的关节,应每天进行适当的功能活动锻炼,预防肌肉萎缩及关节僵硬。

7. 并发症　麻醉意外,手法复位不成功,损伤周围组织、血管、神经,邻近部位的骨折或关节脱位,骨 - 筋膜室综合征,肌肉萎缩,皮肤发生压创,其他不可预料的意外等。

8. 案例分享

患者,女,18岁,因"不慎跌倒摔伤右上肢4h"就诊。右侧前臂疼痛、畸形,活动受限,患肢皮肤无开放性伤口。X线检查显示右侧尺桡骨骨折。

【问题】

请A对患者进行相应手法复位及夹板外固定。

请B配合A操作并回答夹板放置位置。

请C回答术后可能发生的并发症。

【回答】

A进行手法复位及夹板外固定。

B回答要点:选用合适大小及形状的小夹板,依次放置于伤肢的前、后、内、外侧,贴紧肢体。

C回答要点:麻醉意外,手法复位不成功,损伤周围组织、血管、神经,邻近部位的骨折或关节脱位,骨 - 筋膜室综合征,肌肉萎缩,皮肤发生压创,其他不可预料的意外等。

【临床思维】

在临床实践中,对于骨折患者,复位前后都需要仔细评估患肢末端的感觉、运动以及血液循环情况,以排查是否存在血管或神经损伤。根据术前骨折的移位情况,应合理选择小夹板固定时纸压垫的放置位置,并注意固定时的相关细节操作要点。同时,在操作前后需要进行相关的神经血管功能检查,以确保患者的安全。

9. 小夹板固定技术耗材及物品准备清单　见表2-22。

表2-22　小夹板固定技术耗材及物品准备清单

序号	物品名称	数量
1	小夹板(可用柳木、椴木或杉木,根据肢体部位及长度可做成各种不同形状及规格)	若干
2	纸压垫或分骨垫	若干
3	棉纸	若干
4	布带或绷带	若干
5	胶带	1卷
6	标记笔	1支
7	三角巾	1条
8	污物容器	1个

10. 小夹板固定技术评分标准　见表2-23。

表 2-23 小夹板固定技术评分标准

序号		细则要求	分值	得分
操作前 (15分)	患者准备	1. 告知患者手术目的、必要性及手术风险(2分) 2. 签字同意(2分) 3. 询问有无麻醉药物过敏史(1分)	5	
	物品准备	小夹板(可用柳木、椴木或杉木,根据肢体部位及长度可做成各种不同形状及规格)、纸压垫或分骨垫、棉纸、布带或绷带、胶带、标记笔、污物容器。如需麻醉,另备2%盐酸利多卡因、5~10ml注射器、棉签、皮肤消毒剂、锐器盒(每种物品0.5分)	5	
	术者准备	着装整洁(1分),洗手、戴口罩(1分)	2	
	环境准备	清洁(1分),安静(1分),温度及光线适宜(1分)	3	
操作中 (70分)	核对	1. 自我介绍(1分) 2. 核对患者身份信息(2分) 3. 解释操作配合要点(3分)	6	
	查验	1. 核查患者影像学检查(2分) 2. 测量脉搏和血压(2分) 3. 检查患肢末端血液循环、感觉、运动功能情况(2分)	6	
	消毒	消毒骨折处皮肤,由内向外环形消毒皮肤,络合碘消毒至少2遍,注意勿留空隙,棉签不要返回已消毒区域(3分)	3	
	麻醉	1. 核对麻醉药,抽吸10ml左右麻醉药(如2%盐酸利多卡因)(1分) 2. 在骨折部位最肿胀处进针,回抽见淤血后注入麻醉药物,等待5~10min(2分)	3	
	手法复位	1. 两人操作,一人固定伤肢肘关节,一人固定伤肢手掌(一手握住拇指,另一只握住其余四指),充分牵引,并保持牵引状态(4分) 2. 术者双手握住腕部,拇指压住骨折远端向远处侧推挤,其余四指抵住骨折近端,加大屈腕角度,纠正成角,然后向尺侧挤压,缓慢放松并维持牵引,在屈腕、尺偏移位检查骨折对位对线及稳定性情况(4分)	8	
	皮肤保护	棉质袜套套于伤肢,并外附适当厚度棉衬,骨折突起部位加衬垫保护	5	
	放加压垫	1. 根据骨折部位及类型,放置数个纸压垫或分骨垫(2分) 2. 选择纸压垫大小要合适,加压点位置要准确,胶带固定妥当,防止移动(2分)	4	
	放夹板	1. 选用合适大小及形状的小夹板,依次放置于伤肢的前、后、内、外侧(8分) 2. 贴紧肢体,由助手扶托稳固(2分)	10	
	捆扎	1. 选择布带进一步固定小夹板,布带要长短适宜(5分) 2. 先扎骨折端部位,然后向两端等距离捆扎(5分) 3. 捆扎松紧度为布带能上下移动约1cm(5分)	15	
	标注	在适当位置标注操作日期	2	
	悬吊	上肢应用三角巾悬吊于胸前	2	
	注意	1. 检查肢体末梢感觉、血液循环(2分) 2. 交代术后注意事项(4分)	6	
操作后 (15分)	处理	按消毒技术规范要求分类整理使用后物品	1	
	洗手	洗手、记录	2	
	观察	术后测血压、脉搏并观察反应	2	
	质量	1. 操作熟练(5分) 2. 整个过程关注患者反应,动作轻柔,体现人文关怀(5分)	10	
总分			100	

（三）皮牵引术

1. **适应证**

（1）小儿股骨骨折的牵引治疗。

（2）不宜手术的老年患者下肢骨折治疗。

（3）下肢骨折手术前后的辅助固定治疗。

2. **禁忌证** 皮肤有创伤、炎症、溃疡、静脉曲张以及胶带过敏者。

3. **术前准备**

1）术者准备：着装整洁、洗手,戴口罩、帽子。

2）患者准备：与患者及家属沟通,告知操作的目的必要性及风险,确保患者及家属签署牵引同意书。选用粘贴胶布做皮牵引时,操作前应将局部皮肤洗净、剃除毛发。

3）物品准备：手消毒剂 1 瓶、皮牵引套 1 或皮牵引胶带、绷带、棉垫等若干、牵引架 1 个、牵引砝码。

4）环境准备：清洁、安静,温度及光线适宜。

4. **操作步骤**

1）与患者及家属沟通,自我介绍,核对患者身份信息,同时嘱咐患者放松。

2）查看 X 线检查报告,检查患肢感觉及末梢血液循环,了解有无并发神经、血管损伤,并确认皮肤完好。

3）皮肤保护：骨性突起部位注意加垫保护,如腓骨小头。

4）安装牵引：选择皮牵引胶带或合适大小的皮牵引套,并正确置于伤肢表面。如牵引套太松,可内衬棉垫或毛巾增加摩擦力。牵引胶带或牵引套外缠绕绷带进一步加固。注意牵引方向与肢体长轴方向一致,以获得最大的轴向牵引力。牵引重量一般不超过 5kg,否则易损伤皮肤,影响继续牵引。

5. **术后处理**

1）检查皮套有无松动、滑脱,绷带是否缠绕过紧,确认牵引绳走行是否顺畅,有无扭转卡顿。

2）术后再次复查患肢感觉及末梢血液循环。

6. **操作注意事项**

1）牵引期间,定时检查患肢长度,及时调整牵引重量及体位,防止过度牵引导致骨折端分离、关节囊松弛、关节脱位。

2）牵引期间,定期检查患肢感觉、活动及末梢血液循环,若出现血管、神经损伤表现,应及时松解牵引并行相关处置。

3）牵引后,定期通过透视或 X 线检查了解骨折端对线、对位情况,及时调整牵引重量和体位,必要时加小夹板或纸垫纠正成角和侧方移位。

7. **并发症** 胶带过敏、皮肤溃烂、卡压血管及神经,严重可能导致肢体坏疽。

8. **案例分享** 患者,男,2 岁,因"摔伤致右大腿疼痛畸形、活动受限 7h"就诊。查伤肢无伤口流血,下肢感觉、末梢血液循环无异常,患儿母亲代诉伤后无昏迷及呕吐,无抽搐,无胸腹部疼痛。X 线检查显示右股骨中段骨折。

【问题】

请A对患者进行皮牵引操作。

请B配合A操作并回答该项牵引期间的注意事项。

请C回答：牵引 1h 后,患者右下肢麻木,右踝不能背伸。请判断出现并发症的原因并进行处理。

【回答】

A进行皮牵引操作。

B回答要点：牵引期间,定时检查患肢长度,及时调整牵引重量及体位,防止过度牵引导致骨折端分离、关节囊松弛、关节脱位等；定期检查患肢感觉、活动及末梢血液循环,若出现血管、神经损伤表现,应及时松解牵引并行相关处置；定期通过透视或 X 线检查了解骨折端对线、对位情况,及时调整牵引重量和体位,必要时加小夹板或纸垫纠正成角和侧方移位。

C 回答要点:考虑原因是右侧腓总神经压迫麻痹。处理措施:及时解除皮牵引套,待症状缓解后,重新进行皮牵引操作,加强腓骨小头处保护,防止再次发生腓总神经麻痹。

【临床思维】

结合临床症状及影像资料,诊断为右侧股骨中段骨折。皮牵引操作前应注意检查伤肢末端血液循环及感觉,排除血管、神经损伤。在用皮牵引套固定前,骨性突起部位注意加垫保护。皮牵引重量不得超过 5kg。

9. 皮牵引术耗材及物品准备清单 见表 2-24。

表 2-24 皮牵引术耗材及物品准备清单

序号	物品名称	数量
1	手消毒剂	1 瓶
2	皮牵引套	1 套
3	皮牵引胶带	若干
4	绷带	若干
5	棉垫	若干
6	牵引架	1 个
7	牵引砝码	若干

10. 皮牵引术评分标准 见表 2-25。

表 2-25 皮牵引术评分标准

序号		细则要求	分值	得分
操作前 (15 分)	患者准备	1. 告知患者手术目的、必要性及手术风险(2 分) 2. 确保患者及家属签署同意书(2 分) 3. 查看患肢皮肤完整,询问有无胶带过敏(1 分)	5	
	准备	手消毒剂 1 瓶、皮牵引套 1 个或皮牵引胶带、绷带、棉垫等若干、牵引架 1 个、牵引砝码	5	
	术者准备	着装整洁(1 分),洗手、戴口罩(1 分)	2	
	环境准备	清洁(1 分)、安静(1 分),温度及光线适宜(1 分)	3	
操作中 (70 分)	核对	1. 自我介绍(1 分) 2. 核对患者身份信息(2 分) 3. 解释操作配合要点(3 分)	6	
	查验	1. 查看 X 线检查报告(3 分) 2. 检查患肢感觉及末梢血液循环,了解有无并发神经、血管损伤,确认患肢皮肤完好(3 分)	6	
	选择	选择皮牵引胶带或合适大小的皮牵引套	10	
	保护	骨性突起部位用棉垫保护皮肤,如腓骨小头	4	
	安装	1. 正确放置皮牵引套于伤肢表面(10 分) 2. 如皮牵引套太松,可内衬棉垫或毛巾增加摩擦力(5 分)	15	
	加固	皮牵引胶带或皮牵引套外缠绕绷带进一步加固	7	
	方向	注意牵引方向与肢体长轴方向一致,以获得最大的轴向牵引力	8	
	重量	牵引重量一般不超过 5kg,否则易损伤皮肤,影响继续牵引	8	
	注意	1. 检查肢体末梢感觉、血液循环(2 分) 2. 交代术后注意事项(4 分)	6	

序号		细则要求	分值	得分
操作后 (15分)	处理	按消毒技术规范要求分类整理使用后物品	1	
	洗手	洗手、记录	2	
	观察	术后测血压、脉搏并观察反应	2	
	质量	1. 操作熟练(5分) 2. 整个过程关注患者反应,动作轻柔,体现人文关怀(5分)	10	
		总分	100	

(四) 骨牵引术

1. **适应证** 用于皮肤损伤、严重肿胀、创口感染或骨骼粉碎严重,暂不宜行其他固定手术的患者。

2. **禁忌证** 患者存在严重凝血功能障碍或合并其他严重疾病不宜行骨牵引治疗。

3. **术前准备**

(1)术者准备:着装整洁、洗手,戴口罩、帽子。

(2)患者准备:与患者及家属沟通,告知操作的必要性及风险,确保患者及家属签署牵引同意书。核查患者血常规、凝血功能检查结果,询问有无麻醉药物过敏史。

(3)物品准备:手消毒剂 1 瓶、无菌骨牵引包 1 个、无菌牵引针若干、无菌持物钳 1 套、皮肤消毒液 1 瓶、无菌手套 1 副、5ml 注射器 1 个、2% 盐酸利多卡因 1 支、手摇钻 1 把、锤子 1 把、带胶塞的小药瓶 2 个、牵引装置(牵引凳、牵引架、牵引弓、牵引砝码)1 套、标记笔 1 支、锐器盒 1 个、污物容器(医疗垃圾桶、生活垃圾桶)2 个。

(4)环境准备:清洁、安静,温度及光线适宜。

4. **操作步骤**

(1)与患者沟通:自我介绍,核对患者身份信息,解释操作配合要点,嘱其在操作中勿随意挪动肢体。

(2)查看 X 线检查报告,检查患肢感觉及末梢血液循环,了解有无并发神经、血管损伤,确认穿刺部位皮肤基本完好,避开创面选择进针点。

(3)确定穿刺部位及位点

1)股骨髁上牵引:自髌骨上缘近侧 1cm 内,画一条与股骨垂直的横线,再沿腓骨小头前缘与股骨内髁隆起最高点,各作一条与髌骨上缘横线相交的垂直线,相交的两点为标志,即牵引针的进出点,由内向外进针。

2)胫骨结节牵引:自胫骨结节向下 1cm 内,画一条与胫骨垂直的横线,在纵轴两侧各 3cm 左右处,画两条与纵轴平行的纵线与横线相交的两点,即为牵引针的进出点,由外向内进针。

3)跟骨牵引:踝关节保持中立位,内踝尖与跟骨后下缘连线的中点为进针点,自内向外进针。

(4)消毒铺巾:以穿刺点为中心,由内向外进行穿刺点部位皮肤消毒 2 次,消毒范围直径约 15cm。打开穿刺包,戴无菌手套,检查穿刺包内器械,注意牵引针直径是否合适,铺盖消毒孔巾。

(5)麻醉:局部麻醉,用注射器抽取 2% 盐酸利多卡因 2ml,在穿刺点作自皮肤到骨膜层的局部麻醉,注射前确认回抽无血液,方可推注麻醉药。

(6)穿刺过程:将伤肢放在牵引架上,持针保持水平位,与肢体长轴垂直。进针前助手将皮肤向肢体近侧稍许推移,以免进针后牵引针切割远侧皮肤。手摇钻钻入或锤入牵引针,穿透骨皮质时禁用锤击,以免造成骨质碎裂(慎用快速电钻,易热灼伤致骨坏死)。调整牵引针使外露皮肤部分等长对称,进出针部位用无菌敷料保护,定期换药观察。连接牵引弓时,锐利针尖用带胶塞的小药瓶保护。

(7)安装牵引弓:通过牵引绳及支架滑轮连接牵引砝码,注意调整肢体高度,保持牵引绳方向与肢体长轴方向一致。牵引重量一般为患者自身体重的 1/8~1/7,临床上应根据患者身体状况及骨折复位情况作适当调整。

5. 术后处理

1）术后再次复测患肢感觉及末梢血液循环。

2）经常检查牵引针进出部位有无不适和炎性分泌物，保持皮肤干燥；定期换药，感染严重时，应拔出牵引针。

6. 操作注意事项

1）牵引后，定期通过透视或X线检查了解骨折端对线、对位情况，及时调整牵引重量和体位，必要时加小夹板或纸垫来纠正成角和侧方移位。

2）骨牵引时间一般4~8周，特别是小儿和老年患者不宜超过8周，如仍需继续牵引治疗，则应改用皮肤牵引或更换其他固定方法。

3）小儿慎用骨牵引，因小儿有骨骺，骨牵引可影响骨骺生长。

7. 并发症　麻醉意外，出血，感染，损伤周围组织、血管、神经，药物过敏，骨质劈裂，其他不可预料的意外等。

8. 案例分享　患者，女，48岁，不慎从高处跌落，左足着地，疼痛、畸形6h就诊。观患肢踝关节严重肿胀，查生命体征正常，既往无外伤史、手术史。X线检查提示为左侧踝关节Pilon骨折。

【问题】

请A对患者进行骨牵引操作。

请B配合A同学操作并回答牵引穿刺点定位。

请C回答骨牵引术后观察要点。

【回答】

A进行骨牵引操作。

B回答要点：由于该患者为踝关节骨折，穿刺点应选择跟骨骨牵引。踝关节保持中立位，内踝尖与跟骨后下缘连线的中点为进针点，自内向外进针。

C回答要点：牵引绳方向与肢体长轴方向是否一致；牵引针进出部位有无不适和炎性分泌物；牵引重量是否合适；患肢感觉、活动及末梢血液循环情况如何；定时测量患肢长度及X线检查骨折端对线、对位情况等。

【临床思维】

X线检查提示左侧踝关节Pilon骨折。由于受伤早期患肢局部软组织肿胀，暂时不宜进行手术。因此，可以先进行床旁跟骨骨牵引，以减轻患者症状、稳定肢体、松弛软组织，为后续手术提供便利。由于该患者为踝关节骨折，穿刺点应选择跟骨。在进行骨牵引操作时，需注意无菌观念和避免进一步伤害的意识，确保牵引方向与肢体力学轴线保持一致。同时，在操作前后需仔细检查肢体末端的感觉、运动功能和血液循环情况。

9. 骨牵引术耗材及物品准备清单　见表2-26。

表2-26　骨牵引术耗材及物品准备清单

序号	物品名称	数量
1	手消毒剂	1瓶
2	无菌骨牵引包	1个
3	无菌牵引针	若干
4	无菌持物钳	1套
5	皮肤消毒液	1瓶
6	无菌手套	若干
7	5ml注射器	1个

序号	物品名称	数量
8	2% 盐酸利多卡因注射液	1 支
9	手摇钻	1 把
10	锤子	1 把
11	带胶塞的小药瓶	2 个
12	牵引装置(牵引凳、牵引架、牵引弓、牵引砝码)	1 套
13	标记笔	1 支
14	锐器盒	1 个
15	污物容器(医疗垃圾桶、生活垃圾桶)	2 个

10. 骨牵引术评分标准 见表 2-27。

表 2-27 骨牵引术评分标准

序号		细则要求	分值	得分
操作前 (15 分)	患者准备	1. 告知患者手术目的、必要性及手术风险(2 分) 2. 签字同意(2 分) 3. 询问有无麻醉药物过敏史(1 分)	5	
	物品准备	手消毒剂 1 瓶、无菌骨牵引包 1 个、无菌牵引针若干、无菌持物钳 1 套、皮肤消毒液 1 瓶、无菌手套 1 副、5ml 注射器 1 个、2% 盐酸利多卡因注射液 1 支、手摇钻 1 把、锤子 1 把、带胶塞的小药瓶 2 个、牵引装置(牵引凳、牵引架、牵引弓、牵引砝码)1 套、标记笔 1 支、锐器盒 1 个、污物容器(医疗垃圾桶、生活垃圾桶)2 个	5	
	术者准备	着装整洁(1 分),洗手、戴口罩(1 分)	2	
	环境准备	清洁(1 分)、安静(1 分),温度及光线适宜(1 分)	3	
操作中 (70 分)	核对	1. 自我介绍(1 分) 2. 核对患者身份信息(2 分) 3. 解释操作配合要点,嘱其在操作中勿随意挪动肢体(3 分)	6	
	查验	1. 查看 X 线检查报告和凝血功能、血常规检查报告(3 分) 2. 检查患肢感觉及末梢血液循环,了解有无并发神经、血管损伤,确认穿刺部位皮肤基本完好,避开创面选择进针点(3 分)	6	
	定位	1. 确定牵引部位(1 分) 2. 进出针点位置标记(1 分) 3. 确定进出针方向(1 分)	3	
	消毒	1. 以穿刺点为中心(1 分) 2. 由内向外进行穿刺点部位皮肤消毒 3 次(2 分) 3. 消毒范围直径约 15cm(1 分) 4. 注意勿留空隙,消毒棉签不应返回已消毒区域(1 分)	5	
	铺巾	1. 检查牵引包消毒日期(1 分) 2. 打开穿刺包(1 分) 3. 戴无菌手套(1 分) 4. 检查包内消毒指示卡(1 分) 5. 检查穿刺包内器械(1 分) 6. 注意牵引针直径是否合适(1 分) 7. 铺盖消毒孔巾(1 分)	7	

续表

序号		细则要求	分值	得分
操作中 (70分)	麻醉	1. 核对麻醉药(2%盐酸利多卡因)并抽吸2ml(1分) 2. 先打皮丘,再垂直进针(2分) 3. 逐层浸润麻醉直至骨膜(2分) 4. 推药前确认回抽无血液,方可推注麻醉药(2分)	7	
	穿刺	1. 将伤肢放在牵引架上,持针保持水平位,牵引针垂直肢体长轴(4分) 2. 用手摇钻缓慢钻入或锤入(4分) 3. 出针点位置合适,无明显偏差(4分) 4. 调节外露牵引针长度,双侧对称(2分) 5. 接牵引弓,牵引针两端用带胶塞的小药瓶保护(2分) 6. 进出针点皮肤消毒,无菌敷料保护(2分) 7. 询问并观察患者反应(2分)	20	
	安装	1. 通过牵引绳和支架滑轮将牵引弓与牵引砝码连接(4分) 2. 注意调整肢体高度,保持牵引绳方向与肢体长轴方向一致(4分) 3. 牵引重量一般为患者自身体重的1/8~1/7,临床上应根据患者身体状况及骨折复位情况作适当调整(2分)	10	
	注意	1. 检查肢体末梢感觉、血液循环(2分) 2. 交代术后注意事项(4分)	6	
操作后 (15分)	处理	按消毒技术规范要求分类整理使用后物品	1	
	洗手	洗手、记录	2	
	观察	术后测血压、脉搏并观察反应	2	
	质量	1. 操作熟练(2分) 2. 无菌观念强(3分) 3. 整个过程关注患者反应,动作轻柔,体现人文关怀(5分)	10	
总分			100	

（五）关节腔穿刺术

1. 适应证

(1)诊断性穿刺,以确定积液的性质。

(2)穿刺抽液以减轻关节腔内积液压力。

(3)关节内注射药物或造影剂,如封闭治疗等。

2. 禁忌证 患者存在严重凝血功能障碍或合并其他严重疾病不宜行关节穿刺操作。

3. 术前准备

(1)术者准备:着装整洁、洗手、戴口罩、帽子。

(2)患者准备:与患者及家属沟通,告知操作的目的、必要性及手术风险,确保患者及家属签署穿刺同意书。核查患者血常规、凝血功能检查结果,询问有无麻醉药物过敏史。

(3)物品准备:手消毒剂1瓶、无菌穿刺包1包(弯盘、孔巾、18~20号穿刺针1枚、纱布、绷带、试管1支)、无菌手套若干、皮肤消毒液1瓶、5ml及20ml注射器各1个、2%盐酸利多卡因注射液1支、胶带、锐器盒1个、污物容器(医疗垃圾桶、生活垃圾桶)各1个。必要时在C型臂X线机引导下操作。

(4)环境准备:清洁、安静,温度及光线适宜。

4. 操作步骤

(1)与患者沟通:自我介绍,核对患者身份信息,解释操作配合要点,嘱其在操作中勿随意挪动肢体。

(2)确认患者的病情、体征：测量脉搏和血压，相关部位的体格检查，如膝关节积液时可行浮髌试验判断关节腔积液情况，评估肢端血液循环、感觉及活动情况，查看相关影像学资料，确认需要的操作无误。

(3)选择合适的体位姿势并确定穿刺点

1)膝关节：患者取仰卧位，以髌骨上缘的水平线与髌骨外缘的垂直线的交点为穿刺点，经此点贴近髌骨下方向内下进针刺入关节腔；或患者取坐位，屈膝90°，在髌骨下缘髌韧带两侧的膝眼处垂直向后进针。

2)肩关节：患者取端坐位，患肢轻度外展外旋，肘关节屈曲给予适当支撑。前方入路：于喙突与肱骨小结节之间垂直刺入关节腔；后方入路：于肩峰后外侧角下1cm，向前内侧指向喙突方向刺入关节腔。

3)肘关节：肘关节屈曲90°，紧靠桡骨头近侧，于后外向前下进针；或在尺骨鹰嘴顶端和肱骨外上髁之间向内前方刺入关节腔；或经尺骨鹰嘴上方，通过肱三头肌腱向前下方刺入关节腔。

4)腕关节：在腕关节背面，找到"鼻烟窝"尺侧，在桡骨远端垂直进针刺入关节腔。

(4)消毒铺巾：以穿刺点为中心，由内向外进行穿刺点部位皮肤消毒3次，消毒范围直径约15cm。解开穿刺包，戴无菌手套，检查穿刺包内器械，铺盖消毒孔巾。

(5)局部麻醉：以5ml注射器抽取2%盐酸利多卡因2ml，在穿刺点作皮肤及皮下的局部浸润麻醉，注射前应确认回抽无血液，方可推注麻醉药。

(6)穿刺过程：根据不同的穿刺部位，选择相应的穿刺针，肘关节、膝关节等关节腔相对表浅，可直接选用10ml或20ml注射器进行穿刺；肩关节等关节腔位置相对较深，应选用18~20号长穿刺针进行穿刺。穿刺时左手固定进针部位皮肤，缓慢向关节腔进针，当有落空感时，可抽出关节液。如刺入血管，应退出少许，改变方向后再进针。穿刺不宜过深，以免损伤关节软骨。如需关节腔内给药，可将药液用注射器抽好，与穿刺针连接，回抽少量关节液稀释，然后缓慢注入关节腔。

(7)标本送检：根据患者情况选择相应的送检项目(如需注射药物，需在注射药物前送检)，如常规、生化、病原学检查等。通过肉眼观察初步判断积液性质：正常滑液为淡黄色透明液体；暗红色或陈旧性血液，通常指示外伤，若抽出血液中含有脂肪滴，提示关节内骨折；脓液或浑浊的液体，则提示感染。

5. **术后处理**

(1)穿刺完毕后拔针按压，消毒穿刺点，覆盖无菌纱布，以胶布固定；大量穿刺抽液后，还应适当加压包扎，固定。

(2)术后再次复测患者脉搏及血压，检查肢端血液循环、感觉及活动情况，并嘱其休息，观察有无术后特殊不适。

6. **操作注意事项**

(1)严格无菌操作，避免医源性感染。

(2)反复注射类固醇类药物，可造成关节软骨损伤。因此应避免反复多次关节内注射类固醇药物(局部封闭)。

(3)穿刺时，需密切观察患者反应，如有头晕、面色苍白、出汗、心悸等表现，应立即停止抽液，并进行对症处理。

7. **并发症** 出血，感染，损伤周围组织、血管、神经，药物过敏，麻醉意外，其他不可预料的意外等。

8. **案例分享** 患者，女，20岁，舞蹈演员，因左膝关节扭伤后肿胀、疼痛1d就诊。患者膝关节明显疼痛、肿胀，浮髌试验阳性，生命体征正常。MRI显示：左膝关节半月板损伤。

【问题】

为及时缓解患者症状，请A对患者进行相应处置。

请B回答该项操作的定位方法。

请C回答相应部位的运动系统理学检查

【回答】

A 进行膝关节腔穿刺术。

B 回答要点：患者仰卧位时，以髌骨上缘的水平线与髌骨外缘的垂直线的交点为穿刺点，经此点贴近髌骨下方向内下进针刺入关节腔；或患者坐位时，屈膝90°，在髌骨下缘髌韧带两侧的膝眼处垂直向后进针。

C 回答要点：口述浮髌试验、半月板回旋挤压试验（McMurray's test）、侧方挤压试验（Bohler test）以及抽屉试验（drawer test）等检查流程及内容。

【临床思维】

患者 MRI 检查结果提示膝关节半月板损伤，在进行运动系统理学检查时，应遵循一般流程与内容，同时需特别关注膝关节运动损伤的相关特殊查体手法。这些手法包括浮髌试验、麦氏试验（McMurray's test，用于检测半月板损伤）、侧方应压试验以及抽屉试验（drawer test）等。患者浮髌试验阳性，关节肿胀、疼痛明显，考虑为大量关节积血导致关节腔张力过高所引起的疼痛，若要缓解症状，应行关节腔穿刺抽液减轻关节腔压力而缓解症状。注意无菌操作规范，同时穿刺抽液完毕后，应行膝关节加压包扎。

教学视频：石膏固定术

9. 关节腔穿刺术耗材及物品准备清单　见表2-28。

表2-28　关节腔穿刺术耗材及物品准备清单

序号	物品名称	数量
1	手消毒剂	1瓶
2	无菌穿刺包（弯盘、孔巾、18~20号穿刺针1枚、纱布、绷带、试管1支）	1包
3	无菌手套	若干
4	皮肤消毒液	1瓶
5	5ml 及 20ml 注射器	各1个
6	2% 盐酸利多卡因注射液	1支
7	胶带	1卷
8	锐器盒	1个
9	污物容器（医疗垃圾桶、生活垃圾桶）	2个
10	膝关节穿刺抽液模具	1个

10. 关节腔穿刺术评分标准　见表2-29。

表2-29　关节腔穿刺术评分标准（膝关节为例）

序号		细则要求	分值	得分
操作前（15分）	患者准备	1. 告知患者手术目的、必要性及手术风险（2分） 2. 签字同意（2分） 3. 询问有无麻醉药物过敏史（1分）	5	
	物品准备	手消毒剂1瓶、无菌穿刺包1包（弯盘、孔巾、18~20号穿刺针1枚、纱布、绷带、试管1支）、无菌手套若干、皮肤消毒液1瓶、5ml 及 20ml 注射器各1个、2% 盐酸利多卡因注射液1支、胶带、锐器盒1个、污物容器（医疗垃圾桶、生活垃圾桶）2个。必要时在 C 型臂 X 线机引导下操作	5	
	术者准备	着装整洁（1分），洗手、戴口罩（1分）	2	
	环境准备	清洁（1分），安静（1分），温度及光线适宜（1分）	3	

续表

序号		细则要求	分值	得分
操作中 (70分)	核对	1. 自我介绍(1分) 2. 核对患者身份信息(2分) 3. 解释操作配合要点,嘱其在操作中勿随意挪动肢体(3分)	6	
	查验	1. 核查患者血常规、凝血功能、影像学检查;测量脉搏和血压(2分) 2. 进行浮髌试验判断关节腔积液情况(2分) 3. 评估肢端血液循环、感觉及活动情况,确认操作无误(2分)	6	
	定位	1. 患者取仰卧位(2分) 2. 以髌骨上缘的水平线与髌骨外缘的垂直线的交点为穿刺点(3分) 3. 经此点贴近髌骨下方向内下进针刺入关节腔或患者取坐位,屈膝90°,在髌骨下缘髌韧带两侧的膝眼处垂直向后进针(3分)	8	
	消毒	1. 以穿刺点为中心(1分),由内向外进行穿刺点部位皮肤消毒3次(2分) 2. 消毒范围直径约15cm(1分),注意勿留空隙,棉签不要返回已消毒区域(1分)	5	
	铺巾	1. 检查穿刺包消毒日期(1分),打开穿刺包(1分) 2. 戴无菌手套(1分),检查包内消毒指示卡(1分) 3. 检查穿刺包内器械(1分) 4. 注意穿针刺针直径是否合适、通畅(1分) 5. 铺盖消毒孔巾(1分)	7	
	麻醉	1. 核对麻醉药(2%盐酸利多卡因)并抽吸2ml(1分) 2. 在穿刺点皮肤先打皮丘,再垂直进针作皮下的局部浸润麻醉(2分) 3. 推药前回抽确认无血液后,方可推注麻醉药(2分)	5	
	穿刺	1. 膝关节腔相对表浅,可直接选用10ml或20ml注射器进行穿刺(5分) 2. 穿刺时左手固定进针部位皮肤(5分) 3. 缓慢向关节腔进针,当有落空感时,可抽出关节液(5分) 4. 若穿刺抽液不成功时,可适当调整进针方向,不应直接拔出穿刺针。如刺入血管,应退出少许,改变方向后再进针。穿刺不宜过深,以免损伤关节软骨(5分)	20	
	标本	1. 拔下注射器,针头不动(2分) 2. 用试管接取关节液,按需要留取标本送检(生化、常规、病原学检查等),如需注药,将装有药物的注射器接针头,注入药物(3分)	5	
	拔针	穿刺完毕后拔针按压,消毒穿刺点,覆盖无菌纱布,以胶布固定;大量穿刺抽液后,还应适当加压包扎,固定	2	
	注意	1. 检查肢体末梢感觉、血液循环(2分) 2. 交代术后注意事项(4分)	6	
操作后 (15分)	处理	按消毒技术规范要求分类整理使用后物品	1	
	洗手	洗手、记录	2	
	观察	术后测血压、脉搏并观察反应	2	
	质量	1. 操作熟练(2分) 2. 无菌观念强(3分) 3. 整个过程关注患者反应,动作轻柔,体现人文关怀(5分)	10	
总分			100	

(罗群强)

三、四肢骨折的现场处理

(一)目的

四肢骨折的现场处理的目的是用简单而有效方法固定并保护伤肢,避免继发性血管、神经及周围软组织损伤,并通过合理地固定,防止骨折端加重移位导致骨折端刺出皮肤外转变为开放性骨折,同时通过有效固定可减轻患者疼痛,便于安全而迅速搬运患者。骨折现场急救原则是抢救生命第一,处理开放伤口,肢体简单固定并进行必要制动,确保安全转运。

(二)操作流程

1. 操作前准备

(1)物品准备:担架、大夹板、绷带、宽扁带、三角巾、纱布、棉垫(开放性骨折还需准备橡皮止血带或气压止血带)。

(2)现场安全评估:评估受伤现场情况,确保现场救护人员自身安全及避免患者的二次伤害。

(3)评估伤情

1)检查意识、呼吸、脉搏,根据患者意识及呼吸、脉搏情况,判断有无休克等危及生命等情况,遵循先救命后治伤的原则,出现心搏呼吸骤停者需立即行心肺复苏。同时识别患者是否存在需紧急处理的致命性损伤,如张力性气胸、呼吸道阻塞,此时应立即采取紧急处理,抢救生命。有开放创口及大出血时,应先处理伤口并止血包扎,然后再固定骨折肢体。

2)患者伤肢的判断:凡可疑骨折的患者均按骨折处理,如患者意识清醒,生命体征平稳,初步判断无危及生命的损伤,则应快速对患者行全身检查,如发现损伤处肿胀、畸形、反常活动及骨擦音、骨擦感,即可判断为肢体骨折。并检查损伤范围有无开放伤口及出血,判断其属于闭合性骨折还是开放性骨折。

(4)操作前与患者沟通:告知要操作意图及注意事项并取得患者配合。

2. 处理开放性骨折的操作步骤 根据伤口情况选择加压包扎或止血带止血。

(1)选用加压包扎止血法:适用于各类开放伤口,是一种比较可靠的非手术止血法。根据伤口大小及出血量,准备足够的无菌敷料(纱布、棉垫)及绷带,在戴好硅胶手套的基础上先用足够量无菌纱布或棉垫覆盖压迫伤口,再由助手轻柔抬起患肢后用绷带用力包扎,包扎范围应该比伤口稍大,如止血效果不满意,还可外加弹力绷带弹性包扎以更好地起到加压包扎的止血效果。这是一种目前最常用的止血方法。

(2)选用止血带止血法:仅适用于四肢较大开放伤口合并大动脉损伤的活动性出血,并且其他方法不能有效止血及患者有因出血危及生命的可能时才使用。常用的有橡皮止血带和气压止血带。以气压止血带效果最好,且副作用小。紧急情况下,可使用橡皮管、三角巾或绷带等代替,禁用电线或细绳索等绑扎肢体,容易继发损伤肢体软组织及神经。

1)用橡皮止血带止血:先将患者肢体适当抬高,在肢体创口近心端邻近伤口且皮肤软组织较完整的部位局部包裹上棉垫或毛巾等软织物保护,将止血带适当拉长,缠绕肢体2~3周,在外侧打结固定,借助橡皮管(带)的弹性,压迫动脉供血而达到止血的目的。松紧度以摸不到远端动脉的搏动、伤口刚好止血为宜。

2)用气压止血带止血:可用血压计袖带代替。扎止血带部位同橡皮止血带,在扎止血带部位先用一棉垫或毛巾包裹保护,再将止血带扎上,外层再以绷带缠绕固定以防止气压止血带滑脱影响止血效果,然后充气直至伤口停止出血,上肢压力250~300mmHg,下肢压力400~500mmHg,并记录好时间。

3. 处理闭合性骨折的操作步骤

(1)上臂骨折(肱骨干骨折)固定:固定范围一般不超过肘关节,多采用短夹板固定。

1)物品准备:夹板两块、宽扁带、绷带、三角巾、棉垫若干。

2)患者取坐位或平躺仰卧位,准备好长度及大小合适两块夹板、长度合适的宽扁带或绷带。

3)助手一手握住患者上臂远端,一手握住前臂适当纵向牵引减轻患者疼痛。

4）操作者分别于受伤上臂内侧及外侧各安置一夹板，内侧夹板上至腋顶，下端至肘关节最低处，外侧夹板上至肩部三角肌上缘，下达肘关节外侧最低处。

5）腋窝及肘关节内外侧骨凸起处放置棉垫缓解压迫。

6）肘关节于屈曲 90°，用宽扁带或绷带捆扎上臂 3~4 圈，先固定近骨折端，再固定远骨折端，捆扎带松紧适中，捆扎好后以悬带悬挂或三角巾悬挂于胸前，或再以宽布带将上臂固定于胸侧壁。

7）肢体固定于躯干时上臂与躯干之间需加软垫，再以宽布带通过骨折部位绕过胸廓并在对侧打结固定，伤肢应屈肘 90° 将前臂悬挂于胸前。

8）检查指端血液循环及桡动脉搏动情况，如手指及指端皮肤颜色改变（如皮肤苍白或瘀红、桡动脉搏动未触及、毛细血管充盈反应过快或过慢），提示静脉回流欠佳或动脉供血受阻，可适当松弛骨折端的捆扎带。

（2）前臂骨折（尺、桡骨骨折）固定：固定范围可以超过腕关节。

1）物品准备：夹板两块、宽扁带、绷带、棉垫、三角巾（悬臂带）。

2）患者取坐位或平躺仰卧位，先由助手一手握住患者肘关节，一手握住腕关节适当纵向牵引以减轻患者疼痛。

3）操作者分别于前掌侧和背侧各安放一合适长度的夹板，夹板可以超过腕关节，前臂于屈肘 90° 中立位，肘关节及腕部骨性凸起处加棉垫衬垫，用 3~4 条宽带捆扎夹板，再用三角巾（悬臂带）悬挂于胸前。

（3）腕部骨折固定：固定范围为肘部至掌指关节。

1）物品准备：夹板一块、宽扁带、绷带、三角巾（悬臂带）。

2）患者取坐位或平躺仰卧位，先由助手一手托住患者肘关节，一手握住手掌适当纵向牵引减轻患者疼痛。

3）操作者于前臂掌侧自肘关节至手掌及指尖放置一块夹板，手握绷带卷，利用夹板将前臂以远拖住，再用宽扁带或绷带于靠近肘关节、前臂远端及手掌处捆扎将肢体固定于夹板上，再用三角巾（悬臂带）悬挂于胸前。

（4）大腿骨折固定：股骨骨折大夹板外固定范围应超过髋关节及膝关节。

1）物品准备：长夹板两块、宽扁带、绷带、棉垫。

2）患者取仰卧位，先由助手一手托起小腿，一手握住踝关节，适当进行纵向反牵引以减轻患者疼痛，并将伤肢摆放于中立位。

3）操作者先于伤肢外侧安放一块长夹板，从伤侧腋下至外踝，再于伤肢内侧大腿根部至内踝处，在髋部大粗隆处、内侧大腿根部、膝关节及踝关节骨突部放棉垫保护。并于骨折端上下、腋下、腰部、髋部、膝关节、小腿、踝关节部以宽布带捆绑将伤肢固定于两块长夹板。

（5）小腿骨折固定：固定范围为大腿中段至足跟。

1）物品准备：长夹板两块、宽扁带、绷带、棉垫。

2）患者取仰卧位，先由助手一手握住踝关节，一手握住中足部，适当进行纵向反牵引以减轻患者疼痛，并将伤肢摆放于中立位。

3）操作者于骨折肢体内外侧放置两块夹板，夹板长度为从大腿中段到足跟，在膝关节、踝关节骨突部放棉垫保护，用 5 条宽布带或绷带将伤肢捆扎固定于骨折端上下、大腿、膝关节、踝关节。

（6）踝部骨折固定：踝部骨折夹板外固定范围为小腿中上段至足尖。

1）物品准备：宽直角夹板一块，宽扁带，绷带，棉垫。

2）患者取仰卧位，先由助手一手拖住足跟，一手握住足中部，适当进行纵向反牵引以减轻患者疼痛，稍抬起伤肢，操作者于小腿后侧至足尖放置直角夹板，放置直角夹板时助手拖住足跟的手释放出并抓扶直角夹板，内外踝及足跟部放棉垫保护，于小腿中段，踝关节上缘及足中部捆绑固定伤肢于直角夹板上。

4. 处理四肢骨折的操作步骤

（1）当患者因下肢骨折、上肢骨折合并其他伤势，或全身状况不允许自行行走时，应使用担架进行搬运。

(2)搬运时的具体步骤

1)搬运团队的组成:至少需要3至4名搬运人员,确保有足够的人力进行安全搬运。

2)搬运姿势:搬运人员应跪在患者同一侧,分别负责患者的头部、背部、髋部和腿部。

3)平托法:三人协同使用平托法,即同时将患者抬起,避免使用搂抱或一人抬头、一人抬足的错误方法。

4)担架固定:将患者平稳放置在硬质担架上,并使用至少4条带子固定患者,防止在搬运过程中滑落。

5)固定点:通常在胸部与上臂中段、前臂与腰部、膝部和踝部水平进行固定。

6)搬运执行:由两人负责抬起担架,第三人负责跟随保护患者,并观察患者情况。

(三) 操作注意事项

1. 处理开放性骨折的注意事项

(1)开放性骨折的现场处理:禁用水冲洗,保持伤口清洁,不外敷药物或外涂药物,更不能外敷草药止血,外露骨折端严禁送回伤口内,避免将外在污染物带进伤口内,增加感染可能。

(2)止血带止血的注意事项

1)位置选择合理:止血带应扎在伤口近心端,尽量靠近伤口。不必过分强调"标准位置",但特殊部位如上臂中段后外侧因有桡神经斜行经过并紧贴肱骨,在该处扎止血带易损伤桡神经,应予避免。下肢止血带最好绑扎在大腿中、下1/3交界处附近,此部位血管邻近骨骼且肌肉软组织较少,止血效果较好。

2)松紧适度:止血带过紧可能引起皮肤及神经损伤,过松则达不到止血目的,以刚好使远端动脉搏动消失为度。

3)注意保护皮肤:止血带不能直接接触在皮肤上,应先用棉垫、毛巾或衣服等平整铺垫以隔开止血带,以免止血带直接勒伤皮肤。

4)适当放松:止血带加压捆扎止血持续时间一般不超过1h,累计时间不超过5h。放松时要缓慢,并可用指压法压迫创口近心端动脉临时止血,每次放松2~3min或刚好出新鲜血为止。

5)做好标记和后续处理:绑扎止血带应有明显标记,注明上止血带的时间和部位,以便救护人员继续处理。四肢开放性损伤经伤口包扎止血等处理后按闭合性骨折进行。

2. 处理闭合性骨折的注意事项

1)现场固定目的是制动患肢,减轻疼痛,不要轻易对骨折进行整复,若骨折端明显畸形,不利于肢体固定,方能适当予纵向牵引,纠正畸形,再行肢体固定。

2)固定材料不能直接接触皮肤,需用敷料、毛巾或衣物等保护皮肤,骨性凸起处需棉垫保护,以免固定物压迫致皮肤破损或坏死。

3)长夹板固定要求:应超关节固定(肱骨骨折除外),夹板需支撑整个伤肢。

4)对于脊柱损伤、大小腿骨折者,不能随便移动。对于四肢骨折患者,应先固定骨折近端,再固定骨折远端,以减少固定过程中出现骨折端移位加重。

5)捆绑妥当后观察肢端血液循环,并迅速转运。

3. 搬运四肢骨折患者时的注意事项

1)评估患者的伤势、体重、所运送的路程。根据急救员的体力及可能遇到的困难,选择切实可行的搬运方式。

2)没有把握,切勿尝试。

3)注意保持平衡,脚步要站稳,切忌操之过急。

4)搬运时腰部挺直,避免弯腰。

5)尽量动员人手,确保所有人员明白搬运意图及搬运步骤。

教学视频:四肢骨折的现场处理

(莫雄革)

四、脊柱外伤搬运

（一）目的

所有可疑脊柱损伤应按脊柱损伤情况处理,将脊柱不稳定的患者仰卧固定在一块坚硬长背板(脊椎板)上,脊柱保持伸直位,使患者躯干及四肢与坚硬长背板固定成一整体,避免脊柱弯曲及扭曲,造成继发脊柱脊髓损伤。

（二）适应证

所有可疑脊柱损患者均需行脊柱固定。可疑脊柱损伤包括:①脊柱疼痛或触痛;②出现神经性缺损主诉或体征,如肢体不能自主活动及肢体出现感觉异常;③脊柱结构变形。

（三）操作流程

1. **物品准备** 脊柱固定担架或脊椎板、固定带、颈托、头部固定器。

2. **颈椎损伤固定与搬运操作**

(1)操作前准备

1)现场环境评估:评估受伤现场情况,确保现场救护人员自身安全及避免患者的二次伤害。

2)评估患者情况:呼喊及轻拍患者双肩,检查患者生命体征,根据患者意识及呼吸、脉搏情况,判断有无休克等危及生命等情况,如有呼吸、心搏骤停,必须迅速抢救生命,如立即进行心肺复苏(CPR)。

3)识别患者是否存在需紧急处理的致命性损伤,如大动脉出血、张力性气胸、呼吸道阻塞,并立即采取紧急处理,抢救生命。如患者合并有四肢骨折或其他开放伤,则需进行现场包扎并妥善固定等处理。

4)操作前与患者沟通,告知患者搬运过程中注意事项,不要做任何自主动作,初步判断伤情,简要说明急救目的并取得患者配合。

(2)操作步骤

1)患者体位的准备:患者取仰卧位,头部、颈部、躯干、骨盆应以中心直线位,脊柱不能屈曲或扭转,双上肢伸直放置于身旁,双下肢伸直。若患者受伤时体位为俯卧位,应先进行翻身操作,翻身时注意保持患者脊柱为一轴线。

2)调整颈部位置:操作者使用颈椎损伤上头锁,并指导患者配合。助手通过示指定位胸骨正中,协助操作者调整头颈部,确保与胸骨正中成一直线。另一助手准备颈托,并在患者身体对侧适当位置放置脊椎板。

3)检查头颈部:助手在前胸部进行头胸锁,固定头颈部后,操作者检查颈椎形状、畸形和压痛情况。确认无异常后,再次上头锁,并由助手为患者选择合适的颈托尺寸,正确套上并固定。

4)全身检查排除其他合并伤:助手进行快速全身检查,顺序为头部、颈部、胸部、腹部、骨盆、大腿、小腿、上臂和前臂,确保未遗漏其他伤情。

5)整体翻身:操作者使用头锁和头肩锁,指挥两位助手协同进行轴位整体侧翻,保持脊柱在同一轴线。翻身后,助手检查背部及胸腰椎段,确保没有异常。

6)患者置入脊椎板:一助手将脊椎板拉至患者背部的适当位置。在操作者的指挥下,统一步调将患者平稳移至脊椎板上,并确保完全仰卧位。

7)患者固定:一助手进行头胸锁,另一助手准备头部固定器。操作者解锁头肩锁后,上头部固定器,并与助手一起使用约束带固定胸部、髋部、膝部和踝部。

8)患者的搬运:再次检查患者,确保固定稳妥。操作者指挥,两位助手分别负责担架足部两端,操作者负责担架头侧,并观察头颈部情况。平稳抬起患者,确保搬运过程中患者的安全和舒适。

3. **胸腰椎损伤固定与搬运操作**

(1)操作前准备

1)现场环境评估:评估受伤现场情况,确保现场救护人员自身安全及避免患者的二次伤害。

2）评估患者情况：呼喊及轻拍患者双肩,检查意识、呼吸、脉搏,判断有无休克等危及生命等情况,必要时迅速抢救生命,如立即进行心肺复苏(CPR)。同时识别患者是否存在需紧急处理的致命性损伤,如张力性气胸、呼吸道阻塞并立即采取紧急处理,抢救生命。如患者合并有四肢骨折或其他开放伤,则需进行现场包扎并妥善固定等处理。

3）操作前与患者沟通,告知患者不要做任何自主动作,简要说明急救目的并取得患者配合。

（2）操作步骤

1）患者体位的准备：患者取仰卧位,确保头部、颈部、躯干和骨盆对齐,避免脊柱屈曲或扭转,上肢和下肢伸直并放于身体两侧。

2）救援人员定位：三名救援人员跪于患者同侧,分别在患者头部、颈肩部、腰臀部、膝踝部找到支撑点,准备进行协调搬运。

3）统一指挥：由负责头部的救援人员统一指挥,确保所有救援人员同步行动,包括抬高、换腿、起立和搬运。

4）平稳搬运至担架：在搬运过程中,使用平托法将患者平稳放置于硬质担架上,避免使用搂抱或不正确的搬运姿势。在伤处垫一薄枕,以利于脊柱后伸,减少脊髓压迫。

5）固定患者：使用四条带子在患者的上臂胸部水平、髋部、膝部、踝部进行固定,确保患者身体稳定,防止左右转动。

6）检查与转运：检查固定带的安全性,观察患者的生命体征,平稳抬起担架,并安全转运患者。

（四）操作注意事项

1. 脊柱损伤搬运始终保持脊柱伸直位,并保持同一轴线,严格避免任何扭转或弯曲动作。

2. 各项抢救措施的先后顺序为：环境安全→生命体征平稳(CPR)→处理开放性创伤及严重肢体骨折(创口止血、骨折固定)→脊柱固定→搬运。

3. 转运过程中需注意观察患者生命体征和病情变化,发现异常及时寻找原因并采取相应急救措施。

（五）案例分享

患者,男,28岁,因工地施工不慎从高约4m的脚手架坠落,倒地不起,由工友拨打120,急救车赶赴现场后经询问患者发现：患者颈部疼痛,四肢无力及麻木,不能站立行走,左小腿有疼痛及伤口出血。

【问题】

1. 根据患者主诉及现场情况,判断患者可能的主要伤情,请A判断,判断后指挥现场救治。

2. 根据患者伤情进行现场固定及搬运操作：A为操作者,B和C为助手,三人对患者进行现场救治。

【临床思维】

患者为高处坠落伤,感颈部疼痛,四肢无力及麻木,考虑颈椎损伤可能,应按照颈椎损伤进行处置,同时左小腿开放伤口需按加压包扎止血方法优先处理,处理完毕后再进行颈椎骨折固定与搬运。颈椎损伤的搬运需三人配合进行,由主要操作者专人保护头部,避免颈部扭转、过屈及过伸。搬运前使用颈托保护颈椎,搬运中保持患者脊柱的"同轴性"移动。将患者稳妥地固定在担架上后,方可进行搬运。

（六）脊柱外伤搬运物品耗材及物品清单（表2-30）

表2-30 脊柱外伤搬运物品耗材及物品清单

序号	物品	数量
1	全身模具（左侧小腿外侧做一大小约7cm开放伤口）	1个
2	脊柱搬运担架	1套
3	检查手套	1盒

续表

序号	物品	数量
4	弹力、普通绷带	数卷
5	棉垫	数包
6	方纱	数包
7	止血带	1条
8	标记牌	1个
9	标记笔	1支
10	胶布	2卷
11	手消毒剂	1瓶

(七) 颈椎损伤搬运评分标准(表2-31)

表2-31 颈椎损伤搬运评分标准

项目		细则要求	分值	得分
准备 (4分)		评估周围环境安全(1分)	1	
		初步判断伤情(意识、截瘫)(1分)	1	
		表明身份(1分),安慰患者,告知患者不能随意活动(1分)	2	
操作 流程 (96分)		助手按分工准备物品及脊柱板,做好操作准备(2分)	2	
	初步固 定头部	术者位置正确(2分),使用头锁手法正确(5分)(即跪于患者头顶部→双肘固定在地面或膝上→双手手指张开→拇指放在患者额顶部→示指与其他手指分开避免覆盖耳郭,捉紧头颅)	7	
		助手示、中指置患者胸骨正中指引,术者调整颈部位置(2分)	2	
	助手头 胸锁 操作	助手使用头胸锁手法正确: 1. 跪或半蹲跪在患者一侧(2分) 2. 近额的肘部固定在膝上或小腿内侧,手指按住患者前额(3分) 3. 另一手臂枕于患者胸骨,用拇指及中指分按患者两颧,手掌弧曲不盖患者口鼻(3分)	8	
	助手安 置颈托	测量颈部长度手法: 1. 用手指量度患者肩顶至下颌的距离(1分) 2. 调整颈托(2分) 3. 安置颈托方法正确(2分)	5	
	助手初 步判断 伤情	检查顺序和方法正确(顺序:头面部→颈部→胸部→腹部→骨盆会阴→右下肢→左下肢→右上肢→左上肢)。报:左侧小腿外侧有开放伤口,创口有活动性出血(3分)	3	
	止血 包扎	1. 敷料选择合适(2分) 2. 创面覆盖完整(3分) 3. 扎绷带方法正确(5分) 4. 加压均匀、适度(3分) 5. 绷带卷无脱落(2分) 6. 包扎美观,敷料无外露(3分)	18	

续表

项目		细则要求	分值	得分
操作流程（96分）	术者头肩锁操作	1. 助手作头胸锁固定（3分） 2. 术者换头肩锁手法，即跪于患者头顶部（3分） 3. 翻向的一侧使用长手，肘部固定于大腿近膝处，抓住患者肩部，前臂紧贴头部颞侧（不要翻腕）（3分） 4. 翻向的对侧使用短手，肘部固定在另一大腿上，拇指置于额部顶角，其他手指抓紧患者枕部（3分）	12	
	翻动患者于侧卧位	术者指挥，助手左右手交叉，分别抱住患者肩、髋及腰、小腿（3分）	3	
		将患者轴位翻动于侧卧位，动作协调、平稳（3分）	3	
		助手检查患者脊柱及背部情况（2分）	2	
	移动患者于脊柱板	将脊柱板安置于患者背部适当的位置（1分）	1	
		术者指挥，助手左右手交叉，将患者轴位放至仰卧位（2分）	2	
		1. 助手作头胸锁固定（2分） 2. 术者换肩锁手法，即双膝分开跪于患者头顶部；双手捉住患者肩部（翻腕）（2分） 3. 用双前臂尺侧夹紧患者颞侧（手臂平衡，肘部离地）（2分） 4. 再用力捉紧肩部（2分）	8	
		术者指挥，助手双手交叉用前臂将患者推至脊柱板适当位置，术者及助手手法正确、动作协调平稳（2分）	4	
	固定患者	安置头部固定器（3分）	3	
		按头部、胸部、髋关节、膝关节、踝关节的顺序规范固定（4分）	2	
		固定带松紧度适当（2分）	2	
	搬运患者	平稳抬起患者，足先行（2分）	2	
		术者在头侧，同时观察头颈部情况（2分）	2	
熟练程度		同学操作手法规范，口令简洁，动作交替流畅（5分）	5	
总分			100	

（莫雄革）

第六节　麻醉科基本技能操作

一、斜角肌肌间沟入路法臂丛神经阻滞

（一）适应证

1. 上肢手术麻醉、术后镇痛、创伤镇痛和外伤换药。

2. 关节复位。

3. 带状疱疹后遗神经痛的治疗。

（二）禁忌证

1. 凝血障碍。

2. 穿刺部位附近有感染。

3. 神经疾病如多发性硬化、脊髓灰质炎。

4. 患者不同意或不配合。

（三）操作流程

1. 操作前准备

（1）知晓臂丛神经阻滞的适应证。临床上，臂丛神经阻滞主要用于上肢手术麻醉、关节复位及带状疱疹后遗神经痛的治疗。

（2）通过详细询问病史和查体了解有无臂丛神经阻滞的禁忌证。

（3）与患者及家属说明操作的必要性及相关的注意事项，并确保患者及家属签署操作同意书。

（4）患者的准备：穿刺前患者均应开放静脉输液，以备紧急情况下给予药物治疗。并连接好生命体征监测装置以便麻醉操作中，随时了解患者的生命体征变化。

2. 操作步骤

（1）与患者沟通：自我介绍，核对患者资料，同时告知患者操作中的注意事项。

（2）患者取去枕仰卧位，头偏向对侧，手臂垂直放松平贴身旁，充分暴露颈部区域。令患者抬头，以确定前、中斜角肌间隙。当示指下压时，患者出现手臂麻木感，即可确定该位置为肌间沟。经颈 6 横突或环状软骨作一连线，该连线与肌间隙交点即为穿刺点。

（3）常规消毒后铺治疗巾，术者右手持 3~4cm 长、7 或 8 号短针，垂直刺进皮肤，向尾侧进针直至出现易感或抵达横突。

（4）固定穿刺针，确保位置稳定。回抽无血液或脑脊液后注入局麻药 20~30ml，注药时用手指压迫穿刺上方，尽量使药液向下扩散以阻滞尺神经。

3. 术后处理

（1）阻滞成功后退出穿刺针，在穿刺点贴上敷贴，摆正患者体位。

（2）关注患者的生命体征变化，及时发现并处理并发症。

（3）按要求清理好穿刺物品。

（四）操作注意事项

1. 无菌术 在操作中严格执行无菌原则。例如，操作医生的有菌部位和有菌物品不越过无菌区域上方；消毒范围以穿刺点为中心，半径至少 15cm。

2. 理论知识准备 充分熟悉臂丛神经的解剖及走行，根据解剖特点进行操作。

3. 肌间沟臂丛神经阻滞失败的原因 患者体位不当，严重肥胖，穿刺点定位困难。穿刺针误入旁边间隙或其他组织而未被察觉等。

4. 防治并发症

（1）膈神经阻滞是可能发生的并发症之一，较为常见。对于肺储备功能降低的患者，应慎用该种阻滞。

（2）双侧肌间沟臂丛神经阻滞能导致双侧膈神经阻滞和喉返神经阻滞，因此应予避免。

（3）为避免药液误注入蛛网膜下腔导致全脊麻，注药前必须回抽注射器，确认无脑脊液。

（4）药液若误注入硬膜外腔，将导致双侧颈段发生硬膜外麻醉。

（5）若药液误注入椎动脉，即使极小剂量的局麻药也可能导致中枢神经系统毒性反应。

（6）喉返神经阻滞可导致声音嘶哑和声带功能障碍。

（7）颈交感神经阻滞可导致同侧 Horner 综合征。

（五）案例分享

案例一 患者，男，46 岁，在其所在的建筑工地受伤，致"右侧肱骨、桡骨骨折"。拟在"臂丛神经阻滞"下行"骨折复位内固定术"，经肌间沟给予 0.5% 罗哌卡因 30ml 后，患者自觉呼吸困难，缓解后手术开始，术后患者自诉右臂持续感觉异常、麻木。

【问题】

1. 该患者采用臂丛神经阻滞有何优点？

2. 患者出现呼吸困难的原因是什么？

【回答】

1. 臂丛阻滞可以为上肢手术提供良好的麻醉,对患者全身生理状况影响小,对于急诊手术可以降低发生误吸的风险,而且能够提供良好的术后镇痛效果。

2. 肌间沟臂丛神经阻滞可导致同侧膈肌麻痹,引起胸壁运动和肺功能发生改变。阻滞后用力肺活量和一秒用力呼气量可下降25%。行肌间沟臂丛神经阻滞的患者会出现由于膈肌麻痹而导致的吸气无力、咳嗽和清除分泌物能力下降等表现。

【临床思维】

临床中遇到这类患者,采用臂丛神经阻滞比全身麻醉更合适,因为臂丛阻滞可以为上肢手术提供良好的麻醉,对患者全身生理状况影响小,对于急诊手术可以降低发生误吸的风险,而且能够提供良好的术后镇痛效果。另外,肌间沟臂丛神经阻滞可导致同侧膈肌麻痹,也会引起胸壁运动和肺功能发生改变。阻滞后用力肺活量和一秒用力呼气量可下降25%。与膈肌麻痹发生时间相似,肺功能下降程度在15min达到平台。总之,行肌间沟臂丛神经阻滞的患者会出现由于膈肌麻痹而导致的吸气无力、咳嗽和清除分泌物能力下降。所以,对于既往存在肺部疾病患者,事先评估他们不能耐受麻醉后肺功能的下降,则需要采用其他麻醉方式。

(六) 肌间沟臂丛神经阻滞耗材及物品准备清单 (表 2-32)

表 2-32　肌间沟臂丛神经阻滞耗材及物品准备清单

序号	物品名称	数量
1	神经阻滞穿刺包、面罩、吸氧管、氧气、简易呼吸囊、适合的气管导管、气管插管喉镜、监护仪及麻醉机;输液装置、胶布、无菌纱布	若干个
2	消毒用品、无菌手套、0.9% 氯化钠溶液	3 个
3	局麻药及急救药品	4 个

(七) 肌间沟臂丛神经阻滞操作评分标准 (表 2-33)

表 2-33　肌间沟臂丛神经阻滞操作评分标准

序号	细则要求	分值	得分
操作前 (15 分)	沟通: 1. 向患者解释操作目的及必要性 (2 分) 2. 嘱患者操作前排尿 (1 分) 3. 确保患者或家属签字同意 (2 分)	5	
	物品准备: 1. 神经阻滞穿刺包、面罩、吸氧管、氧气、简易呼吸器、适合的气管导管、气管插管喉镜、监护仪及麻醉机;输液装置、胶布、无菌纱布 (2 分) 2. 消毒用品、无菌手套、0.9% 氯化钠溶液 (2 分) 3. 核对物品的有效期、完好性及密闭性 (1 分)	5	
	术者准备: 1. 检查患者前后、准备物品前、操作前洗手 (1 分) 2. 戴口罩、帽子 (1 分)	2	
	患者的准备: 1. 穿刺前患者均应开放静脉输液 (1.5 分) 2. 连接好生命体征监测装置 (1.5 分)	3	

续表

序号	细则要求	分值	得分
操作中 (70分)	与患者沟通: 1. 自我介绍(2分) 2. 核对患者资料(3分) 3. 告知患者操作中的注意事项,不要摆动头部,当有触电感等异感时告诉操作者,或有其他不适时随时及时告诉医生(5分)	10	
	摆位置:患者去枕仰卧位,头偏向对侧,手臂垂直放松平贴身旁,充分暴露颈部	3	
	体表定位: 1. 令患者抬头确定前、中斜角肌间隙(4分) 2. 术者示指沿间隙下移,直至触及锁骨下动脉(4分) 3. 示指下压患者出现手臂麻木感,即可确定为肌间沟(4分) 4. 再经颈6横突或环状软骨作一连线,与肌间隙交点即为穿刺点(5分)	17	
	打开神经阻滞穿刺包及消毒: 1. 打开穿刺包,将消毒液倒入装有棉球的碗,戴无菌手套(3分) 2. 消毒顺序:从穿刺点开始,周围15cm(3分) 3. 方式:左右对称,不留间隙(3分) 4. 消毒2遍(3分) 5. 消毒后铺孔巾(3分)	15	
	打药: 1. 术者右手持3~4cm长,7或8号短针,垂直刺进皮肤,向尾侧进针直至出现易感或抵达横突(10分) 2. 固定穿刺针,回吸无血液或脑脊液后注入局麻药20~30ml(10分) 3. 注药时用手指压迫穿刺上方,尽量使药液向下扩散以阻滞尺神经(5分)	25	
操作后 (15分)	操作后处理: 1. 阻滞成功后退出穿刺针,在穿刺点贴上敷贴(3分) 2. 摆正患者体位(2分) 3. 口述关注患者的生命体征变化,及时发现并处理并发症(8分) 4. 按要求清理好穿刺物品(2分)	15	
	总分	100	

(韦忠良)

二、腰硬联合麻醉

(一) 适应证

1. 下腹部及盆腔手术。

2. 肛门及会阴部手术。

3. 下肢手术。

(二) 禁忌证

1. 患有精神病、严重的神经症、中枢神经系统疾病、颅内高压等。

2. 严重低血容量的患者、凝血功能异常的患者。

3. 穿刺部位有感染、全身感染的患者。

4. 患有脊椎外伤、脊椎畸形、腰痛、解剖结构异常者,不明原因的脊神经压迫症状者。

（三）操作流程

1. 操作前准备

（1）与患者沟通：自我介绍，核对患者资料，告知其操作中要注意及配合的事项，确保患者及家属签署麻醉同意书。

（2）准备好抢救用品及药物（麻醉机、气管插管包、阿托品、麻黄碱、肾上腺素等）。

（3）麻醉用具：腰硬联合穿刺包（检查日期是否过期、外包装是否完整无破损）。

2. 操作步骤

（1）选择合适的体位，确定穿刺点。

1）体位：患者左侧或右侧卧位，背部靠近手术床沿，头向胸壁弯曲，双膝弯曲贴近腹部，腰背部向后弯曲呈弧形，使棘突间隙尽可能打开。

2）穿刺部位的选择：患者两侧髂嵴的最高点连线与脊柱相交处即为 L_{3-4} 棘突间隙或 L_4，成人常选用 L_{2-3} 或 L_{3-4} 棘突间隙作为穿刺点，因成人脊髓止于 $L_1 \sim L_2$ 之间，选此腰椎间隙不会伤及脊髓，同时此处蛛网膜下腔的间隙也较宽，易于穿刺。

（2）消毒铺巾：严格遵守无菌操作原则。打开腰硬联合穿刺包，戴消毒手套，常规以聚维酮碘消毒穿刺点周围皮肤，消毒范围：上至两肩胛下角，下至尾椎，两侧至腋后线。聚维酮碘消毒至少2遍，注意不要留有空隙，消毒后铺消毒孔巾，暴露出穿刺点。

（3）局部浸润麻醉：用手指固定穿刺点两侧皮肤，核对麻醉药，用注射器抽取1%~2%盐酸利多卡因2ml，在穿刺点处逐层行局部浸润麻醉，注射局麻药前先回抽注射器观察是否有血，无血后才可推注局麻药。

（4）穿刺方法：用手指固定穿刺点皮肤，穿刺针与患者背部垂直，针尖在棘突间隙中点缓慢刺入，当针穿过黄韧带时，有阻力突然消失的"落空感"，提示针尖已到达硬膜外腔。穿刺针进入了硬脊膜外腔的指征：①黄韧带突破感；②毛细玻璃管负压试验阳性；③内有生理盐水和小气泡的注射器推注无阻力；④回抽注射器无脑脊液或血液流出。当硬膜外穿刺针到达硬膜外腔后，拔出硬膜外腔穿刺针针芯，再经硬膜外穿刺针置入蛛网膜下腔穿刺针，当有轻微"突破感"时，提示穿破硬膜进入蛛网膜下腔，此时拔出蛛网膜下腔穿刺针针芯，有透明脑脊液流出。经蛛网膜下腔穿刺针注入局麻药（0.5%、0.75%布比卡因8、12mg或0.375%、0.5%盐酸罗哌卡因5~10mg）至蛛网膜下腔后，拔出蛛网膜下腔穿刺针，经硬膜外穿刺针置入硬膜外导管，留置导管3~5cm，退出硬膜外穿刺针，将硬膜外导管固定好并从肩部引出。

3. 术后处理

（1）摆正患者体位，注意调节麻醉平面。

（2）严密观察患者的生命体征变化，及时发现并处理并发症。

（3）按要求清理好穿刺物品。

（四）操作注意事项

1. 保证患者安全及给予人文关怀：操作中关注观察患者的生命体体征变化，询问患者是否有不适感。

2. 无菌术：操作中严格执行无菌原则。

3. 成人常选用 L_{2-3} 或 L_{3-4} 间隙，因脊髓于此已形成终丝，不会伤及脊髓，同时此处蛛网膜下腔的间隙也较宽，易于穿刺。

4. 硬膜外导管置管：①置入硬膜外腔的导管长度以3~5cm为宜，太长易发生扭折、盘旋，太短退针时易被带出；②置管过程中如患者出现一侧肢体有"触电感"，提示导管偏于一侧刺激到脊神经根，此时应将导管与穿刺针一起拔出，重新穿刺置管；③导管越过穿刺针斜口后遇到阻力需将导管退出时，不可只拔导管，必须将导管与穿刺针一并拔出，否则针尖斜口有可能将导管割断；④硬膜外间隙有丰富的血管丛，导管误入血管时有鲜血从硬膜外导管流出，此时可用0.9%氯化钠溶液作冲洗，并拔出硬膜外导管重新穿刺。

5. 遇到下列情况应放弃椎管内穿刺:①多次穿破硬脊膜;②误伤脊髓或脊神经时;③导管被割断残留于硬膜外腔。

（五）案例分享

1. **案例一** 患者,男,33岁,因股骨中段骨折术后愈合,拟行股骨切开内固定取出术。术前检查:血常规、凝血功能、心电图,肝肾功能均正常。ASA 病情分级 Ⅰ 级(表示患者为健康成年人,没有器官功能障碍,能够很好地耐受麻醉和手术),麻醉选择:腰硬联合麻醉。

【问题】

(1)患者经蛛网膜下腔注射 0.75% 布比卡因 12mg 后行硬膜外腔置管,平卧后再次经硬膜外导管注入射 0.75% 布比卡因 50mg,2min 后患者出现意识不清、呼吸消失、肌无力、血压 55/30mmHg,心率 40 次/min。

请行腰硬联合麻醉,然后回答穿刺点的选择及理由。

(2)患者发生上述情况的主要原因是什么? 如何处理? 如何避免该情况发生?

【回答】

(1)穿刺点:可以选择 $L_{2\sim3}$ 或 $L_{3\sim4}$ 棘突间隙,理由:根据手术及麻醉平面范围,下肢骨手术可行腰硬联合麻醉。

(2)患者发生了全脊髓麻醉。处理:①立即建立人工气道及通气;②经静脉快速输液扩容,使用血管活性药物维持血流动力学的稳定;③发生心搏骤停应立即行心肺复苏。避免:①确保局麻药注入硬膜外腔:注药前注射器要缓慢及反复回抽确认无脑脊液回流;②必须先从硬膜外导管给予试验剂量(2% 盐酸利多卡因 3~5ml),试验剂量不应超过蛛网膜下腔麻醉用量,观察至少 5min;③发生硬膜穿破建议改用其他麻醉方法(如全身麻醉),如继续使用硬膜外腔麻醉,应严密监测并少量分次给药。

【临床思维】

医生在选择腰硬联合麻醉的穿刺点时,通常会考虑 $L_{2\sim3}$ 或 $L_{3\sim4}$ 棘突间隙,这是因为根据手术及麻醉平面范围,下肢骨手术可行腰硬联合麻醉。然而,在实施此麻醉方法时,医生必须高度警惕全脊髓麻醉的风险。全脊髓麻醉多由于医生误将硬膜外腔麻醉剂量的局麻药注射入蛛网膜下腔所引起。由于局麻药在硬膜外腔麻醉的用量远高于蛛网膜下腔麻醉的用药量,一旦注入错误部位,注药后患者会迅速出现广泛的运动及感觉神经的阻滞。具体表现为注药后 5min 内迅速出现意识不清、呼吸停止、心动过缓、低血压,双侧瞳孔扩大固定、肌无力,严重的甚至出现心搏骤停。

面对这样的情况,医生需要立即采取处理措施,包括建立人工气道及通气,经静脉快速输液扩容,使用血管活性药物维持血流动力学的稳定,并在发生心搏骤停时立即行心肺复苏。为了避免此类情况的再次发生,在实施麻醉时应确保局麻药注入硬膜外腔,注药前注射器要缓慢及反复回抽确认无脑脊液回流。同时,必须先从硬膜外导管给予试验剂量(如 2% 盐酸利多卡因 3~5ml),试验剂量不应超过蛛网膜下腔麻醉用量,并观察至少 5min。如果发生硬膜穿破,应考虑改用其他麻醉方法(如全身麻醉),如继续使用硬膜外腔麻醉,则应严密监测并少量分次给药。

2. **案例二** 患者,女,27岁,因 G_1P_0 孕 40 周拟行剖宫产术,术前凝血功能、血常规、肝肾功能、心电图检查正常,血压 120/75mmHg,心率 90 次/min,ASA 病情分级 Ⅰ 级(表示患者为健康成年人,没有器官功能障碍,能够很好地耐受麻醉和手术),麻醉选择:腰硬联合麻醉。

【问题】

(1)患者经蛛网膜下腔注射 0.75% 布比卡因 10mg 后行硬膜外腔置管,取平卧位后约 4min 出现恶心呕吐、烦躁不安,血压 66/41mmHg,心率 125 次/min。测麻醉平面达 T_8。请行腰硬联合麻醉,然后回答穿刺点的选择及理由。

(2)患者出现血压下降的原因是什么? 应该怎么处理?

【回答】

(1)穿刺点:可以选择 $L_{2\sim3}$ 或 $L_{3\sim4}$ 棘突间隙。理由:根据手术及麻醉平面范围,下腹部手术可行腰硬联合麻醉。

（2）患者血压下降考虑出现仰卧位低血压综合征。处理：应立即调整手术床为左侧卧位或抬高产妇右臀约30°，并给予适当的血管收缩药（如麻黄碱），加快补液。

【临床思维】

医生在面对该产妇病例时，首先考虑了腰硬联合麻醉穿刺点的选择，依据手术及麻醉平面范围，选择 L_{2-3} 或 L_{3-4} 棘突间隙进行穿刺是合适的，因为这样的选择能够满足下腹部手术的麻醉需求。在麻醉过程中，产妇仰卧后出现低血压，但麻醉平面并不高，医生迅速判断这可能是由巨大子宫压迫下腔静脉所致的仰卧位低血压综合征。该综合征的临床表现为低血压、心动过速、虚脱和晕厥。为了预防仰卧位低血压综合征，医生应在麻醉前为产妇开放外周静脉，并进行预防性输液 500ml。同时，可以采用将手术床左侧倾斜 30° 的体位，或者垫高产妇右髋部，使之往左侧倾斜约 30° 的体位，这样可以有效减轻子宫对腹后壁大血管的压迫症状，从而避免低血压的发生。在处理该产妇的低血压状况时，医生应立即调整手术床体位，并给予适当的血管收缩药，如麻黄碱，同时加快补液，以稳定产妇的生命体征。

（六）腰硬联合麻醉耗材及物品准备清单（表2-34）

表2-34 腰硬联合麻醉耗材及物品准备清单

序号	物品名称	数量
1	腰硬联合穿刺包	1个
2	硬膜外穿刺置管模型	1个
3	利多卡因、布比卡因或盐酸罗哌卡因	各1支
4	监护仪、麻醉机、气管插管包、抢救药品（肾上腺素、阿托品、麻黄碱）、聚维酮碘消毒液	若干

（七）腰硬联合麻醉评分标准（表2-35）

表2-35 腰硬联合麻醉评分标准

序号	细则要求	分值	得分
操作前 （15分）	与患者沟通：自我介绍，核对患者资料，同时告知患者操作中的注意事项，确保患者及家属签署麻醉同意书	5	
	备好急救设备、药物和物品（麻醉机、气管插管用品、麻黄碱、阿托品、肾上腺素等）	5	
	麻醉用具：腰硬联合穿刺包（检查日期是否过期、外包装是否完整无破损）	5	
操作中 （70分）	体位及穿刺点选择： 1. 体位：右侧或左侧卧位，患者背部靠近手术床沿，头向胸壁弯曲，双膝弯曲贴近腹部，腰背部向后弯曲呈弧形，使棘突间隙尽可能打开 2. 穿刺点选择：成人常选用 L_{2-3} 或 L_{3-4} 间隙	10	
	消毒铺巾：洗净手，戴口罩、帽子，打开硬膜外穿刺包，戴消毒手套，常规以络合碘消毒穿刺点皮肤，消毒范围应上至肩胛下角，下至尾椎，两侧至腋后线，聚维酮碘消毒至少2遍，注意勿留空隙，消毒刷不要返回已消毒区域，铺消毒孔巾，露出穿刺点	8	
	局部浸润麻醉：用左手示指和中指固定穿刺点两侧皮肤核对麻醉药后以 5ml 注射器抽取 1%~2% 盐酸利多卡因 2ml，在穿刺点处逐层行局部浸润麻醉，注射局麻药前应回抽，观察无血、无气方可推注	8	
	1. 穿刺法：用手指固定穿刺点皮肤，穿刺针与患者背部垂直，侧在棘突间隙中点缓慢刺入，当针穿过黄韧带时，有阻力突然消失的"落空感"，提示针尖已到达硬膜外腔 2. 穿刺针进入了硬脊膜外腔的指征：①黄韧带突破感；②毛细玻璃管负压试验阳性：毛细玻璃管水珠被吸入；③内有生理盐水和小气泡的注射器推注无阻力；④回抽注射器无脑脊液或血液流出	14	

续表

序号	细则要求	分值	得分
操作中 (70分)	蛛网膜下腔穿刺针置入:拔出硬膜外腔穿刺针针芯;再经硬膜外穿刺针置入蛛网膜下腔穿刺针,当有轻微"突破感"时,提示穿破硬膜进入蛛网膜下腔,此时拔出蛛网膜下腔穿刺针针芯,有透明脑脊液流出	12	
	蛛网膜下腔给药:核对局麻药,经蛛网膜下腔穿刺针注入局麻药(0.5%、0.75%布比卡因8、12mg或0.375%、0.5%盐酸罗哌卡因5~10mg)	8	
	置硬膜外导管:拔出蛛网膜下腔穿刺针,经硬膜外穿刺针置入硬膜外导管,留置导管3~5cm,退出硬膜外穿刺针,将硬膜外导管固定好并从肩部引出	10	
操作后 (15分)	摆正患者体位,注意调节麻醉平面	5	
	严密观察患者的生命体征变化,及时发现并处理并发症	5	
	按要求清理好穿刺物品	5	
	总分	100	

(覃 英)

三、全身麻醉

(一)喉罩适应证

1. 气管内插管困难的患者。

2. 颈椎不稳定需维持呼吸道通畅的患者。

3. 不希望使用气管内插管的患者。

4. 用于检查气管、喉头与清除气管内异物的患者。

5. 用于需要急救复苏的患者。

(二)喉罩禁忌证

1. 曾饱食、腹内压过高的患者,误吸高度危险、习惯性呕吐、习惯性反流史患者。

2. 咽喉部存在感染或其他病理改变的患者。

3. 必须保持持续正压通气的手术,通气压力需大于 $25cmH_2O$($1cmH_2O=0.098kPa$)的慢性呼吸道疾病患者。

4. 呼吸道出血的患者,扁桃体异常肿大的患者。

5. 有潜在呼吸道梗阻的患者,如气管受压、气管软化、咽喉部肿瘤、脓肿、血肿等。

(三)操作流程

1. 麻醉前准备

(1)评估患者身体状态及实验室检查资料:①除手术疾病外是否发现有其他疾病;②实验室检查是否有缺项和异常;③麻醉分级是否正确。

(2)确定麻醉方法。

(3)麻醉前用药:①掌握用药原则;②用药是否正确;③剂量是否正确。

(4)确保患者及家属签署麻醉同意书。

(5)置入喉罩前的准备与评估。

1)牙齿情况判定:牙齿松动度,清除活动性义齿。

2)张口度(正常3.5~5.6cm,平均4.5cm;1度:张口困难2.5~3cm;2度:1.2~2cm;3度:小于1cm),须张口至少3cm。

3)麻醉机设备:电源、气源、密闭性、呼吸机、蒸发器药物输出情况、钠(钙)石灰效能。

4)控制呼吸用具:面罩、头带、口咽通气道、呼吸器等。

5）喉罩用具：体重较轻的成人（30~50kg）选 3 号，体重正常的成人（50~70kg）选 4 号，体重较重的成人（70~100kg）选 5 号。同时，也可根据性别选择，女性推荐 4 号，男性推荐 5 号。

6）固定及判定用具：牙垫、胶布、听诊器。

（6）全身麻醉监测仪器准备：循环功能监测仪（血压、心率、血氧饱和度）、麻醉气体监测（CO_2、吸入麻醉药）、呼吸机功能监测、麻醉深度监测、神经肌肉刺激监测、脑氧饱和度监测等。

（7）全身麻醉药物及急救药物准备。

1）麻醉药物：全身麻醉药、麻醉性镇痛药、骨骼肌松弛药等药物。

2）急救药物：肾上腺素、多巴胺、阿托品、2% 盐酸利多卡因等药物。

2. 麻醉诱导

（1）静脉诱导：诱导前面罩吸纯氧 3~5min，增加肺氧气储备，并排除肺内的氮气。根据年龄体重，首先静脉注射强效的静脉麻醉药如咪达唑仑和丙泊酚，患者意识消失后继续给予其他的药物（如镇痛药），置入喉罩。手术要求肌肉松弛时，应给予骨骼肌松弛药，然后置入喉罩。

（2）吸入诱导：诱导前面罩吸纯氧 3~5min，从低浓度开始逐渐在每 3~5 次呼吸后增加吸入麻醉药的浓度，常用药物有异氟烷、七氟烷，意识消失并进入手术期后置入喉罩。

（3）喉罩置入操作。

1）戴手套，并对喉罩进行漏气、形状等完整性检查。

2）根据患者的体型和气道情况，选择合适的喉罩型号，通常选择 3~5 号。

3）体位：将患者置于仰卧位，头位摆正。

4）在患者的枕部垫上薄垫，以保持气道开放，面罩加压给氧，"E-C" 手法正确，气量适中：400~600ml（8~12ml/kg），频率保持在 10~18 次 /min，给纯氧 2~3min。

5）右手拇指、示指 "剪刀式" 交叉，推开上下牙齿，使口腔张开。

6）采用握笔式夹住喉罩，将喉罩的背尖部置于前侧牙齿的后部。

7）用示指辅助喉罩沿硬、软腭向后顺序进入，持续沿着头颅方向后压，在移开示指前，用另一手轻轻地压住喉管，以防止喉罩移位。

8）充气喉罩，胶布正确固定喉罩，长短合适，粘贴牢靠放置牙垫（固定翼不可压迫口唇）。

9）进行人工通气，听诊双肺确认导管位置正确，或连接呼气末二氧化碳装置观察 PET-CO_2 曲线。

10）轻柔地复位患者的头颅，确保患者舒适。

3. 麻醉维持

（1）静脉麻醉药维持：静脉维持给药分单次、间断和连续注入法三种，所有药物及方法应根据手术需要选择。常用药物有丙泊酚、右美托咪定、咪达唑仑等，推荐连续或靶控输注。

（2）吸入麻醉药维持：常用药物有七氟烷、异氟烷等，麻醉强度不一，可单独维持麻醉。

（3）复合全身麻醉维持：采用了多种药物和方法联合使用，避免为达到麻醉效果而大剂量使用一种麻醉药物引起毒性反应。辅助强效镇痛药芬太尼、舒芬太尼、瑞芬太尼，可提高镇痛效果，而辅助骨骼肌松弛药不但可以提高肌肉松弛效果，还可以减少全身麻醉药和镇痛药的用量。

（4）全身麻醉深度判断：根据基础生命征变化如体动、瞳孔、呼吸、心率、血压，调整麻醉深度，有条件的可进行麻醉深度监测、肌松监测、脑氧饱和度监测。

4. 麻醉苏醒

（1）手术结束逐渐停用全身麻醉药物，适当镇痛，送麻醉恢复室复苏。

（2）注意保温，严密观察生命体征，维持患者循环、内环境稳定。

（3）根据情况，合理使用特异拮抗药。

（4）达到麻醉恢复室患者转出标准护送病房。

（四）操作注意事项

1. 术前评估患者，做好各项麻醉前准备。

2. 麻醉诱导平稳,避免浅麻醉下置入喉罩,易引发喉痉挛。

3. 正确判断喉罩位置:喉罩进入咽腔,喉罩下端进入食管上口,喉罩上端紧贴会厌腹面的底部,喉罩内通气口正对声门。喉罩套囊充气后,在喉头部形成封闭圈,保证通气效果,<10 岁的患儿置入喉罩的平均深度 =10(cm)+0.3× 年龄(岁)。置入喉罩后正压通气,观察胸廓起伏,听诊两侧呼吸音,听诊颈前区是否有漏气音,或连接呼气末二氧化碳装置观察 PET-CO$_2$ 曲线。

4. 术中严密观察患者各项生命征,确保麻醉维持平稳,出现异常情况及时处理,尽量避免麻醉并发症发生。

5. 防治全身麻醉常见并发症。

(1)低血压、高血压:尽可能祛除病因,针对性处理,合理使用血管活性药物。

(2)心律失常:正确诊断,应用抗心律失常药物。

(3)反流和误吸:常见饱食、产妇、小儿患者,严重者可危及生命。重在预防,备好吸引装置,严格遵守禁饮食规定,促进胃排空,消化道梗阻患者置入胃管减压,并加强气道保护。

(4)呼吸道梗阻:上呼吸道梗阻多见于舌根后坠、口腔和鼻腔分泌物堵塞、喉头水肿、喉痉挛等。一旦发现,应尽快开放气道处理,使用口鼻咽通气管道,加压面罩给氧,未有明显改善者应行环甲膜穿刺置管或气管切开术。对于下呼吸道梗阻,如哮喘、支气管痉挛者,应首先加强氧合治疗。若症状未得到缓解,可考虑静脉使用支气管扩张药、糖皮质激素、肾上腺素等药物。

(5)低氧血症、高碳酸血症:查找通气不足原因,改善氧合。

(6)恶心、呕吐:司琼类药物、阿托品、地塞米松可降低发生率。

(7)尿潴留:采用热敷、针灸等治疗方法,必要时留置导尿管。

(8)术后谵妄:多见于老年、接受大手术患者,目前发生机制不明确,以对症治疗为主。

(五)案例分享

1. **案例一** 患者,男,因"车祸致双下肢疼痛、肿胀、活动受限 9h"急诊入院。入院查体:身高 164cm,体重 8 0kg,体温 36.3 ℃,心率 70 次 /min,呼吸 20 次 /min,血压 114/78mmHg,神志清楚,精神可。左下肢肿胀屈曲畸形,会阴部淤血、压痛。既往史、个人史、家族史特殊。辅助检查:双下肢 CT 平扫 + 三维重建,胸部、头颅 CT 平扫(我院急诊)示:①考虑 C$_3$~C$_4$ 椎体左侧横突骨折;②考虑右下肺炎性病变,挫裂伤不除外;③左侧股骨大转子骨折;④左腓骨上段及左外踝粉碎性骨折;⑤ L$_3$~L$_4$ 右侧横突骨折。各项血液检查及心电图未出结果。拟行股骨大转子骨折、左外踝粉碎性骨折切开复位内固定术。

【问题】

1. 考虑颈椎不稳可能,患者及其家属不接受气管插管术,请问如何选择适当的麻醉操作和麻醉方法?

2. 患者进行该项麻醉操作的正确位置如何判断?

【回答】

1. 喉罩置入,全身麻醉。

2. 喉罩置入正确位置的判断:人工通气听诊双肺确认导管位置正确,或连接呼气末二氧化碳装置观察 PET-CO$_2$ 曲线。

【临床思维】

患者有 L$_3$~L$_4$ 右侧横突骨折,不适合椎管内麻醉。颈椎不稳,气管插管可能会加重颈部损伤,患者及其家属不接受气管插管术,喉罩置入 + 全身麻醉优先考虑。要正确放置喉罩,首先确保喉罩完全进入咽部,喉罩的下端应该位于气管的上口处。喉罩的上端应紧贴会厌的下表面,确保喉罩内部的通气孔正好对准声门,以便进行有效的通气。喉罩套囊充气后,即在喉头部形成封闭圈,保证通气效果。

【耗材及物品准备清单】

喉罩置入技术耗材及物品准备清单见表 2-36。

表 2-36　喉罩置入技术耗材及物品准备清单

序号	物品名称	数量
1	面罩	1个
2	呼吸囊	1个
3	喉罩	1个
4	全身麻醉包	1件
5	听诊器	1副

【评分标准】

喉罩置入技术操作标准及评分标准见表 2-37。

表 2-37　喉罩置入技术操作标准及评分标准

项目	细则要求	分值	得分
操作前 (15分)	着装规范,工作服整洁;佩戴口罩、帽子;清洁双手	2	
	评估患者病情及气道情况	2	
	与患者沟通,交代注意事项,取得其配合	2	
	确保患者及家属签署知情同意书	2	
	听诊器、面罩、呼吸皮囊、吸引器、吸痰管、胶布、空针、喉罩、模型	3	
	急救车,心电监护仪,吸引装置	2	
	根据情况适当选用镇静、镇痛或肌肉松弛药	2	
操作中 (65分)	戴手套	2	
	漏气检查	2	
	选择合适型号的喉罩 3~5 号	2	
	轻度过度充气检查	2	
	弯曲度检查,弯曲180°是否能恢复原状	2	
	在喉罩背顶尖部涂些可溶水的润滑剂	2	
	体位:仰卧。枕部垫薄底,气道开放满意	2	
	清除活动性义齿、口腔异物或分泌物	2	
	面罩加压给氧;"E-C"手法正确	2	
	气量适中:400~600ml(8~12ml/kg),频率 10~18 次/min	2	
	给纯氧 2~3min	2	
	右手拇指示指"剪刀式"交叉,推开上下牙齿,张开口腔	2	
	握笔式夹住喉罩	2	
	置喉罩的背尖部于前侧牙齿的后部	2	
	用示指辅助喉罩沿硬、软腭向后顺序进入	3	
	持续沿着头颅方向后压	2	

续表

项目	细则要求	分值	得分
操作中 (65分)	把喉罩延伸至下咽腔部位直到感觉稍有阻力为止	3	
	排出喉罩里的气体	2	
	在移开示指前,用另一手轻轻地压住喉管,以防止喉罩移位	3	
	充气喉罩	4	
	放置牙垫(固定翼不可压迫口唇)	3	
	气囊充气,压力适中(充气囊弹性似鼻尖)	3	
	接简易呼吸器人工通气	2	
	听诊双肺确认导管位置正确,或连接呼气末二氧化碳装置观察 PET-CO$_2$ 曲线	4	
	轻柔复位头颅	2	
	胶布正确固定喉罩,长短合适,粘贴牢靠	2	
	口唇未被牙垫、胶布卡压	2	
	吸痰,连接呼吸机	2	
操作后 (20分)	再次查对患者信息,协助患者取舒适体位,交代注意事项	2	
	整理物品、垃圾分类放置	3	
	严格遵循查对制度,操作中无菌观念强	3	
	自我介绍	2	
	保护患者隐私、保暖	2	
	观察、询问患者不适感及安慰患者	2	
	操作后整理复原患者衣服	2	
	操作流畅	2	
	程序正确	2	
总分		100	

2. **案例二**　患者,男,68岁,诊断为"腰椎管狭窄",于全麻下行"腰椎减压融合术"。麻醉诱导使用丙泊酚、芬太尼、罗库溴铵,维持应用七氟烷、丙泊酚、瑞芬太尼,诱导期及术中平稳,术后苏醒较慢,既往高血压病史,服用多种药物,但术日晨未用。在复苏室血压升至 200/100mmHg,心率 105 次/min。

【问题】

1. 患者为什么发生术后高血压?

2. 怎样避免患者发生术后高血压?

【回答】

1. 患者出现高血压的原因可能有:①缺氧、二氧化碳蓄积。②术中应用短效镇痛药,术毕未使用中长效镇痛药,导致患者疼痛、烦躁。③既往高血压病史,手术当天早晨未服药,导致术后高血压。

2. 避免术后高血压的措施:①高血压患者行择期手术,应服用降压药直到手术当日。②了解术前基础血压作为术后治疗的参考。③治疗术后高血压的病因。④排除能引起或加重术后高血压的因素后,开始静脉使用短效降压药(硝酸甘油、硝普钠、艾司洛尔等)。⑤术后尽快恢复口服降压药以减少反跳性高血压的发生率。

【临床思维】

全身麻醉引起高血压有多方面原因:麻醉过浅或不足;通气障碍导致缺氧、二氧化碳蓄积;基础病如原发性高血压、糖尿病、肥胖、颅内压增高等;使用引起高血压的药物;不适和疼痛。

治疗原则:寻找原因,针对性处理,使用适当的降压药物,稳定血压,避免高血压危象。

(韦 克)

第三章

妇 产 科

第一节 妇科基本技能操作

一、妇科基本检查

(一)适应证

怀疑阴道、子宫、双附件、子宫旁组织、骨盆腔内壁有病变者,以及常规妇科查体的人员均可进行妇科检查。

(二)禁忌证

无性生活史者,禁做双合诊、三合诊检查。确有必要时,需要征得患者或家属同意并签字后再行双合诊、三合诊检查。

(三) 操作流程

1. 操作前准备 嘱患者排空膀胱,大便充盈者应于排便或灌肠后检查。为避免交叉感染,每位患者应在臀部下放置一次性垫单。患者取膀胱截石位,臀部置于检查台缘,头部略抬高,双手平放于身旁。检查者面向患者,站立在其两腿之间。如患者病情危重也可在病床上检查,检查者站于病床的右侧。

2. 操作步骤

(1)双合诊(阴道 - 腹部诊)

1)检查阴道:检查者一手戴无菌手套,以示、中两指蘸润滑剂后放入阴道内,触摸阴道的弹性、通畅度、深度,有无触痛、畸形、肿物、阴道后穹隆结节及饱满感。

2)检查宫颈:触诊子宫颈大小、形状、软硬度,有无举痛或摇摆痛,有无肿物或接触性出血等。

3)检查子宫及附件:将置于阴道内的手指放在子宫颈后方,另一手的四指放患者腹部平脐处,当阴道内手指向上向前抬举子宫颈时,腹部手指向下向后按压腹壁,并逐渐向耻骨联合移动,检查子宫的位置、大小、形状、软硬度、活动度及有无压痛。然后将置于阴道内的手指移向阴道侧穹,置于下腹部的手同时自该侧髂嵴水平开始移向盆腔的同侧与阴道内手指对合,检查子宫旁组织及附件。正常输卵管难以扪及,卵巢有时可触及,压之有酸胀感。注意附件区有无增厚、压痛或肿块,如有肿块,应进一步查清肿物的大小、形状、软硬度、活动度,有无压痛以及与子宫的关系。

(2)三合诊(阴道 - 直肠 - 腹部诊):以一手示指伸入阴道,中指伸入直肠,另一手置于下腹部协同触诊。可查清后倾或后屈子宫的大小,子宫后壁情况,主韧带、骶韧带、直肠子宫陷凹、直肠阴道隔、盆腔内侧壁及直肠等情况,注意有无增厚、压痛及肿瘤。如宫颈癌患者必须做三合诊检查,以确定临床分期,指导治疗。

3. 操作后处理 按解剖部位先后顺序记录检查结果:阴道 - 宫颈 - 子宫 - 附件 - 直肠。

(四)操作注意事项

1. 月经期尽量避免行妇科检查。如有异常阴道流血必须检查,应先消毒外阴,使用无菌手套及器械,以防发生感染。

2. 疑有盆腔内病变的患者,如腹壁肥厚、高度紧张不合作等致双合诊检查不满意时,可在麻醉下进行盆腔检查,或改行超声检查。

3. 男医生检查患者时需有女性助手或女护士陪同。

（五）案例分享

1. **案例一**　患者,女,28 岁,下腹隐痛 3 个月,加重 2d,末次月经为 10d 前,来妇科门诊就诊,查体:血压 120/77mmHg,体温、脉搏、呼吸正常。心肺检查无明显异常。下腹稍隆起。B 型超声提示:子宫后方见囊性低密度肿块,壁厚,边界清,大小约 110cm × 70cm × 85cm,病变可能来源于左侧附件。

【问题】

为了解包块性质,下一步应该做什么妇科检查? 请 A 判断,判断后 C 处置。

患者进行该项检查时的记录内容有哪些? 请 B 回答。

【回答】

A 回答要点:下一步需要做双合诊、三合诊,需询问患者是否有过性生活,没有则行直肠 - 腹部诊。A 回答后展示提示卡:患者 G_2P_2。

B 回答要点:患者进行该项检查时的记录内容有阴道、宫颈、宫体、附件、直肠。

【临床思维】

临床中遇到盆腔包块的患者,其包块可能来源于子宫、附件,也可能来源于附近器官,如胃肠道、泌尿系统等,注意与子宫肿瘤、卵巢肿瘤、胃肠道肿瘤鉴别,鉴别的重要方法之一就是行体格检查,体格检查能够体现临床医生的基本素养。该患者包块来源附件可能性大,所以应行双合诊,因其位于子宫后方,双合诊触诊是不满意的,需同时行三合诊检查,以充分了解包块性质及与周围组织关系,以协助诊断。行以上检查均需进入阴道操作,故一定要询问患者是否有性生活史,无论年龄大小均应习惯性询问,若未询问病史直接操作,造成患者处女膜破裂,则可能会面临医疗纠纷。

2. **案例二**　患者,女,45 岁,阴道接触性出血 3 个月,来妇科门诊就诊,G_1P_1,查体:血压 120/80mmHg,体温、脉搏、呼吸正常。心肺腹检查无明显异常。B 型超声:宫颈异常增大,血流信号丰富,宫体大小正常,双侧附件未发现异常包块。阴道检查:宫颈呈菜花状改变,一碰就出血。

【问题】

本病例考虑的诊断可能是什么? 为明确诊断应进一步做什么检查? 请 C 判断,判断后根据提示卡,请 A 进一步处理。

该患者做妇科检查的时候需注意的事项是什么? 请 B 回答。

【回答】

A 回答要点:宫颈癌,行宫颈活检术。A 回答后展示提示卡一:患者病理报告显示宫颈癌,下一步请行妇科检查了解肿瘤临床分期。

B 回答要点:该患者做妇科检查的时候需注意的事项是:患者有异常阴道流血,做妇科检查前应先消毒外阴,过程中使用无菌手套及器械,以防发生感染。

【临床思维】

宫颈癌作为女性恶性肿瘤中发病率排名第二的疾病,其诊断流程通常包括筛查、阴道镜检查及组织活检三步。在本病例中,鉴于患者宫颈已呈现典型的菜花状外观,这一直观表现高度提示宫颈癌,因此可省略筛查和阴道镜步骤,直接进行宫颈活检以明确诊断。宫颈癌的分期为临床分期,除了影像学检查,还必须做双合诊、三合诊,双合诊、三合诊需有经验的妇科肿瘤医生进行检查及判断,通过检查了解病灶大小、穹隆、阴道、宫旁组织、主韧带、骶韧带、直肠是否受侵犯等综合判断分期。考虑到该患者存在异常阴道流血,不仅表明阴道防御能力下降,而且血液是细菌最好的培养基,增加了感染风险。因此,在执行上述妇科检查时,必须严格遵守无菌操作原则,包括会阴部的彻底消毒及佩戴无菌手套等措施,以防细菌通过操作途径进入阴道,则可能引发阴道感染、宫腔感染乃至盆腔感染、脓毒血症等严重并发症。

（六）妇科检查耗材及物品准备清单（表3-1）

表 3-1　妇科检查耗材及物品准备清单

序号	物品名称	数量
1	妇检模型	1个
2	无菌手套	1副
3	治疗车	1辆
4	石蜡油	1瓶
5	一次性垫单	1张
6	手消毒剂	1瓶
7	污物桶（医疗垃圾、生活垃圾、锐器盒）	3个
8	鹅颈灯	1个
9	无菌持物镊	1个

（七）妇科检查法评分标准（表3-2）

表 3-2　妇科检查法评分标准

项目	细则要求	满分	得分
操作前（10分）	1. 核对患者姓名，与患者及家属沟通 2. 解释检查的目的，取得患者的配合，评估环境	3	
	排空膀胱	2	
	洗手，六步法（用水或手消毒剂）	2	
	检查所需物品：无菌手套、一次性臀垫、润滑剂、手消毒剂、污物桶、治疗车（缺少一项扣0.5分）	3	
操作中（70分）	摆体位：患者取膀胱截石位 1. 脱去一条裤腿（1分） 2. 屁股在垫子上（1分） 3. 两腿搭在两边的架子上（1分） 4. 躺在检查床上（1分） 5. 手放在身体两侧，放松（1分）	5	
	双合诊： 1. 检查阴道：检查者一手戴无菌手套，以示、中两指蘸润滑剂后放入阴道内，触摸阴道的弹性，通畅度、深度，以及有无触痛、畸形、肿物、阴道后穹隆结节及饱满感（5分） 2. 检查宫颈：再扪触宫颈大小、形状、硬度及宫颈外口情况，有无接触性出血（5分） 3. 检查子宫：将置于阴道内的手指放在子宫颈后方，同时另一手的四指放在患者腹部平脐处。当阴道内的手指向上向前抬举子宫颈时，腹部的手指则向下向后按压腹壁，并逐渐向耻骨联合移动。通过内、外手指的同时分别抬举和按压，相互协调，以检查子宫的位置、大小、形状、软硬度、活动度及有无压痛（15分） 4. 检查附件：将阴道内的两指由宫颈后方移至一侧穹隆部，尽可能往上向盆腔深部扪触。与此同时，另一手从同侧下腹壁髂嵴水平开始，由上往下按压腹壁，与阴道内的手指相互对合，以触摸该侧子宫附件区有无肿块、增厚或压痛。若触及包块，应进一步摸清包块的位置、大小、性质、与子宫的关系、边界以及有无压痛等（15分）	40	
	将手指退出阴道，检查接触性出血，脱去手套，嘱患者穿衣起床	5	

续表

项目	细则要求	满分	得分
操作中 (70分)	三合诊: 1. 以一手示指伸入阴道,中指伸入直肠,另一手置于下腹部协同触诊(5分) 2. 可查清后倾或后屈子宫的大小,子宫后壁情况(5分) 3. 主韧带、骶韧带、直肠子宫陷凹、直肠阴道隔、盆腔内侧壁及直肠等情况,注意有无增厚、压痛及肿瘤(5分) 4. 如宫颈癌患者必须做三合诊检查,以确定临床分期,指导治疗(5分)	20	
操作后 (20分)	1. 协助患者穿裤子,交代注意事项(5分) 2. 记录结果:按解剖部位先后顺序记录检查结果(5分)	10	
	整体评价: 1. 操作熟练,动作流畅(5分) 2. 整个过程关注患者反应,动作轻柔,体现人文关怀(5分)	10	
总分		100	

(梁月秀、归楠楠)

二、放取环技术

(一) 宫内节育器放置术

1. 适应证

(1)育龄期女性,自愿要求放置且无禁忌证者均可放置。

(2)用于紧急避孕(性生活 5d 内)而无禁忌证者。

(3)特殊疾病的辅助治疗者(如子宫腺肌病,宫腔粘连术后等)。

2. 禁忌证

(1)严重全身疾病的急性期患者。

(2)生殖道炎症患者,如急、慢性盆腔炎、阴道炎及宫颈急性炎症等。

(3)有月经频发、月经过多(宫内节育系统治疗除外)或有阴道不规则流血病史等的患者。

(4)生殖器官畸形(双子宫、纵隔子宫等)或生殖器官肿瘤的患者禁用,卵巢肿瘤、子宫肌瘤等的患者慎用。

(5)宫腔深度过小或过大不宜放置者(子宫腔<5.5cm 或>9.0cm),人工流产术同时例外。

(6)子宫脱垂Ⅱ度以上、宫颈口过松、严重裂伤者。

(7)妊娠或可疑妊娠者,待终止或排除妊娠后再放;有异位妊娠或葡萄胎病史者慎用。

(8)人工流产术中出血过多,怀疑胎盘组织残留或感染可能者。

(9)铜过敏者不宜放置带铜节育器。

3. 操作流程

(1)术前准备

1)环境准备:注意室温及保护患者隐私。

2)患者准备:①核对患者信息,详细询问病史。②化验报告(血常规、白带常规、妇科 B 型超声等)。③确保患者及家属签署手术同意书,告知可能的并发症(如出血、感染、子宫穿孔、节育器异位、带器妊娠,其他不可预料的意外等)。④术前测体温(当天两次体温 37.5 ℃以上者不宜操作),术前排空膀胱。

3)物品准备:治疗车,皮肤黏膜消毒液(聚维酮碘)、一次性垫单、无菌手套、节育器等;宫内节育器放置手术器械包(检查消毒日期),内含治疗碗 2 个,小药杯 1 个(内有棉球数个),纱布数块,卵圆钳 2 把,镊子 1 把,阴道窥器 2 个(长、短各一),宫颈钳 1 把,宫腔探针 1 个,宫颈扩张棒 4~6 号各 1 个,上环叉 1 个,剪刀(上"T"形节育器用)。

4）操作者准备：应穿好工作服，戴好帽子、口罩，洗手（七步洗手法）。

（2）操作步骤

1）患者取膀胱截石位，臀下垫一次性垫单。

2）打开宫内节育器放置手术器械包，检查灭菌指示卡及包内器械是否齐备。将聚维酮碘倒入相应容器。

3）戴无菌手套，外阴常规消毒2遍（顺序：小、大阴唇→阴阜→大腿内上1/3→会阴→肛门），铺无菌巾。窥阴器暴露子宫颈、阴道，消毒阴道2遍。

4）行双合诊，了解子宫大小及位置，更换手套。

5）窥阴器暴露子宫颈，固定，宫颈钳夹持子宫颈，聚维酮碘小棉签消毒子宫颈管2次。

6）探查子宫腔（探查子宫腔时确认探到子宫底），了解子宫位置及宫腔长度。选择大小合适的节育器。

7）将放置器刻度调至子宫腔长度，用放置器将节育器推送入子宫腔，节育器上缘应达到子宫底部，取出放置器，带有尾丝者在距子宫口2cm处剪断尾丝。

8）观察无出血，再次消毒阴道，确认无异物残留，取出宫颈钳和窥阴器。

（3）术后处理

1）交代术后注意事项：①术后休息3d，1周内避免重体力劳动，2周内禁性生活和盆浴。②保持外阴清洁，3个月内经期及大小便后注意有无宫内节育器脱落。③术后1、3、6个月各随访1次，以后每年随访1次。

2）整理用物，医疗垃圾分类处理。

3）洗手，及时完成手术记录的书写。

4. 操作注意事项

（1）放置时间

1）月经干净3~7d内，且无性生活。

2）早期人工流产术后可立即放置；自然流产或中期妊娠引产、药物流产2次正常月经后放置。

3）正常产后42d恶露已干净，会阴伤口已愈合，子宫恢复正常者。

4）哺乳期或可疑妊娠者，在排除妊娠后放置。

5）含孕激素节育器在月经第3~7天经量较少时放置。

6）用于紧急避孕者，应在无保护性行为后5d内放置。

（2）术前必须检查子宫大小、位置，防止子宫穿孔。

（3）根据宫腔深度及宽度来选择节育器。

（4）术中必须无菌操作，节育器放置器及节育环避免接触外阴和阴道，以防感染。操作需轻柔，以防损伤子宫壁而引起节育器嵌顿。放置时不要任意扭转放置器方向，以防节育器变形，同时一定将节育器放到宫底。

5. 案例分享 患者女性，40岁，G₂P₂，产后半年。平素月经规律，3~5/28d，现月经干净3d，为寻求长效可逆性女方避孕措施至妇科门诊就诊。查体：生命体征正常。心肺腹检查无明显异常。妇科检查：外阴、阴道、宫颈检查正常，子宫前位，正常大小，双附件未见明显异常。

【问题】

（1）你认为最合适患者的避孕措施是什么？请判断后进一进行处置。

（2）问题：患者进行该项操作时容易出现的并发症有哪些？

【回答】

（1）放置宫内节育器（上环）；术前血常规、B超及白带常规检查正常，无手术禁忌，可予行宫内节育器放置术。

（2）患者进行该项操作时容易出现的并发症有：①出血；②子宫穿孔；③感染；④节育器异位、嵌顿、移位、脱落；⑤带器妊娠。

【临床思维】

医生首先考虑其避孕需求。患者平时月经规律,现月经干净 3d,寻求长效可逆性的避孕措施,可根据患者的年龄、生育史以及避孕需求,认为放置宫内节育器(上环)是最合适的避孕措施。为了进行这项操作,医生会先确保患者的术前检查,包括血常规、B 型超声及白带常规检查均正常,且无手术禁忌,然后才会进行宫内节育器放置术。

在进行这项操作时,医生也需要注意可能出现的并发症,包括出血、子宫穿孔、感染、节育器异位、嵌顿、移位、脱落以及带器妊娠等。这些都是在放置宫内节育器时需要考虑和防范的风险。医生需要熟悉并掌握这些并发症的处理方法,以确保患者的安全和健康。

6. 宫内节育器放置术耗材及物品准备清单 见表 3-3。

表 3-3 宫内节育器放置术耗材及物品准备清单

序号	物品名称	数量
1	宫内节育器放置手术器械包	1 个
2	放环模型	1 个
3	治疗车	1 辆
4	皮肤黏膜消毒液(聚维酮碘)	1 瓶
5	一次性垫单	1 张
6	无菌手套	2 副
7	宫内节育器	1 个
8	手消毒剂	1 瓶
9	污物桶(医疗垃圾、生活垃圾、锐器盒)	3 个
10	鹅颈灯	1 个
11	无菌持物镊	1 个

7. 宫内节育器放置术评分标准 见表 3-4。

表 3-4 宫内节育器放置术评分标准

项目		细则要求	分值	得分
操作前 (18 分)	术前 准备	术者准备: 1. 戴好口罩、帽子(2 分) 2. 检查患者前后、准备物品前、操作前洗手(2 分)	4	
		患者准备: 1. 了解患者病史及确认患者有操作的适应证,无禁忌证,确保患者及家属签署知情同意书(2 分) 2. 测生命体征及术前行相关检查无禁忌证(2 分) 3. 排空膀胱后取膀胱截石位(2 分) 4. 注意患者保暖及隐私保护(2 分)(不嘱患者排空膀胱扣 2 分)	8	
		物品准备: 1. 上环包(卵圆钳 2 把、窥阴器 2 个、宫颈钳、长镊子、探针、扩宫棒、放环叉、弯盘 1 个、碗 1 个、剪刀 1 把,小药杯、无菌棉球、纱布若干)(2 分) 2. 节育器(1 分) 3. 无菌手套 2 副、治疗车(1 分) 4. 消毒液、手消毒剂(1 分) 5. 核对物品的有效期、完好性及密闭性(1 分)	6	

项目		细则要求	分值	得分
操作中 (67分)	外阴 消毒	1. 打开上环包,将消毒液倒入装有棉球的碗,检查灭菌指示卡及包内器械是否齐备(2分) 2. 戴无菌手套,消毒外阴2遍,顺序为:小、大阴唇→阴阜→大腿内上1/3→会阴→肛门(4分),方式:左右对称,不留间隙(2分)(消毒顺序错,扣4分;消毒过程留有间隙,扣2分) 3. 消毒外阴后卵圆钳夹于包布边缘(2分) 4. 铺无菌孔巾(2分)	12	
	阴道宫 颈消毒	1. 消毒液润滑窥阴器前端(1分) 2. 左手示指和拇指分开小阴唇(1分) 3. 右手持窥阴器根部闭合双叶靠近后方放入阴道(2分) 4. 边放入边转正窥阴器(2分) 5. 打开窥器,右手用卵圆钳夹蘸有消毒液的棉球消毒宫颈外口(2分) 6. 消毒阴道,消毒时窥器适当旋转,不留间隙(3分) 7. 取出窥器,放于治疗车下层(2分)(违反无菌操作原则,扣13分)	13	
	双合诊	1. 右手(左手)示指和中指蘸消毒液或润滑液(1分) 2. 放入阴道,检查阴道及宫颈(2分) 3. 放于后穹隆下方向上抬举(2分) 4. 配合另一手于脐平面向耻骨联合方向触诊,确定子宫位置、大小、活动度、有无包块(4分) 5. 阴道内手移至侧穹隆,配合外手从髂前上棘向耻骨联合方向触诊,检查附件有无肿物、增厚、压痛(4分)	13	
	更换手套(2分)		2	
	上宫 颈钳	1. 取另一窥器润滑,暴露子宫颈,固定(2分) 2. 取宫颈钳钳夹宫颈前唇,一般钳夹前唇右上方(2分) 3. 再次消毒子宫颈管2次(4分)	8	
	探宫深	1. 用子宫探针顺子宫方向探查宫腔深度并记录宫深(3分) 2. 选大小合适的节育器(2分)	5	
	放置节 育器	1. 将放置节育器刻度调至子宫腔长度(3分) 2. 用放置节育器将节育器推送入子宫腔,节育器上缘应到达子宫底部,取出放置器(5分)(带有尾丝者在距宫口2cm处剪断尾丝) 3. 观察无出血,再次消毒阴道,确认无异物残留(2分) 4. 松开宫颈钳(2分) 5. 取出窥阴器,撤下铺巾(2分)	14	
操作后 (15分)		1. 对物品行相应处置(2分) 2. 交代术后注意事项、随访并记录(3分)	5	
		整体评价: 1. 操作熟练(2分) 2. 无菌观念强(3分) 3. 整个过程关注患者反应,动作轻柔,体现人文关怀(5分)	10	
总分		最终结果(注:节育器未放置宫底扣20分;违反无菌原则扣20分)	100	

（二）宫内节育器取出术

1. **适应证**

（1）育龄期女性计划妊娠者。

（2）带器妊娠（包括宫内或宫外妊娠）者。

（3）因并发症或不良反应经治疗无效，要求改用其他避孕方法者。

（4）围绝经期月经紊乱或停经半年后者。

（5）节育器到期需更换者。

2. **禁忌证**

（1）严重全身疾病的急性期，不能胜任手术者，待病情稳定后再取出。

（2）生殖道急性炎症需治疗后再取，严重感染者可在积极抗感染同时取出节育器。

3. **操作流程**

（1）术前准备

1）环境准备：注意室温及保护患者隐私。

2）患者准备：①核对患者信息，详细询问病史（包括既往放置的节育器种类及时间）。②化验报告（血常规、白带常规、妇科 B 型超声等）。③确保患者及家属签署手术同意书，告知可能的并发症（如出血、感染、子宫穿孔、节育器异位、带器妊娠，其他不可预料的意外等）。④术前测体温（当天两次体温37.5 ℃以上者不宜操作），术前排空膀胱。

3）物品准备：治疗车，皮肤黏膜消毒液（聚维酮碘）一次性垫单、无菌手套、节育器等；宫内节育器放置手术器械包（检查消毒日期），即治疗碗 2 个，小药杯 1 个（内有棉球数个），纱布数块，卵圆钳 2 把，镊子 1 把，窥阴器 2 个（长、短各一），宫颈钳 1 把，宫腔探针 1 个，宫颈扩张棒 4~6 号各 1 个，取环钩 1 个，剪刀（上"T"形节育器用）。

4）操作者准备：应穿好工作服，戴好帽子、口罩，洗手（六步洗手法）。

（2）操作步骤

1）患者取膀胱截石位，臀下垫一次性垫单。

2）打开手术器械包，检查灭菌指示卡及包内器械是否齐备。将聚维酮碘倒入相应容器。

3）戴无菌手套，外阴常规消毒 2 遍（顺序：小、大阴唇→阴阜→大腿内上 1/3 →会阴→肛门），铺无菌巾。窥阴器暴露子宫颈、阴道，消毒阴道 2 遍。

4）行双合诊，了解子宫大小及位置，更换手套。

5）窥阴器暴露子宫颈，固定，宫颈钳夹持子宫颈，聚维酮碘小棉签消毒子宫颈管 2 次。

6）如子宫颈管过紧，可用扩宫器扩张至 4~5 号。

7）如可见尾丝，用长血管钳夹住尾丝轻轻牵引取出。如无尾丝，探查子宫腔（确认已探到子宫底），了解子宫位置、宫腔深度及节育环位置。用取环钳或取环钩沿子宫方向放入子宫底部，将节育器夹住或钩住，轻轻取出。

8）确认宫内节育器完整取出，观察无出血，再次消毒阴道，确认无异物残留，取出宫颈钳和窥阴器。

（3）术后处理

1）交代术后注意事项：①术后休息 3d，1 周内避免重体力劳动，2 周内禁性生活和盆浴。②保持外阴清洁，3 个月内经期及大小便后注意有无宫内节育器脱落。③术后 1、3、6 个月各随访 1 次，以后每年随访 1 次。

2）整理用物，医疗垃圾分类处理。

3）洗手，及时完成手术记录的书写。

4. **操作注意事项**

（1）取出时间：①月经干净 3~7d 内，无性生活为宜。②宫内带器妊娠者在行人工流产时取出，带器异位妊娠术前进行诊断性刮宫时，或术后出院前取出，如病情危重可在下次转经后取出。③子宫不规则出血者可随时取出，必要时可同时行诊断性刮宫，刮出物送病理学检查。

（2）取环钩尖端容易损伤子宫内膜或肌壁组织,导致子宫穿孔及盆腔脏器损伤。如取出困难可扩张子宫颈管至 6 号后进行。如尾丝断裂或钩取困难,可在 B 型超声引导或宫腔镜下取出。

（3）在取出过程中如果节育器断裂,取出后应核对是否完整。疑有残留,应进一步设法取出或进一步检查后取出。

（4）常见并发症为出血、感染及宫颈损伤,如注意无菌操作,技术轻巧熟练,一般可避免。

5. **案例分享** 患者,女,26 岁,阴道点滴出血 3 个月,来妇科门诊就诊。既往月经规律,1 年前放置宫内节育器,查体:血压 100/65mmHg,体温、脉搏、呼吸正常。心肺腹检查无明显异常。妇科检查:外阴、阴道正常,宫颈光滑,宫口见少许血性液流出。血常规、凝血功能、宫颈癌筛查、性激素正常,血人绒毛膜促性腺激素（HCG）阴性,B 型超声提示:子宫大小正常,内膜厚 4mm,节育器距离宫底 25mm,双附件未见明显异常。

【问题】

（1）你认为该患者应该如何处置?请判断,判断后根据提示卡一一进行处置。

（2）回答哪些情况下需行该项操作?

【回答】

（1）宫内节育器下移,行宫内节育器取出术(下环)。回答后展示提示卡:患者放置的是宫形环。

（2）以下情况下需行该项操作:①育龄期女性计划妊娠者;②带器妊娠(包括宫内或宫外妊娠);③因并发症或不良反应经治疗无效,要求改用其他避孕方法;④围绝经期月经紊乱或停经半年后;⑤节育器到期需更换者。

【临床思维】

此病例旨在考查育龄期女性月经异常病因的识别。患者月经紊乱前有放置宫内节育器的病史。通过妇科检查及辅助检查,已排除外阴、阴道、宫颈、宫腔及附件的占位性病变,同时也排除了内分泌异常。检查发现节育器距离宫底 25mm,若不了解宫内节育器应正确放置至宫底的知识,则可能无法判断该病例为宫内节育器下移所导致的月经异常,这是放置宫内节育器的一个常见并发症,故需取出节育器。相较于有尾丝的节育器,无尾丝的节育器取出更为困难。本题特意选用了宫型环,这增加了取环的技术含量。但需要注意的是,吉尼环需要使用专用取环钳进行取出,不能直接牵拉尾丝,否则有很大可能导致节育器在宫内断裂。

教学视频:宫内节育器放置取出

6. **宫内节育器取出术耗材及物品准备清单** 见表 3-5。

表 3-5 宫内节育器取出术耗材及物品准备清单

序号	物品名称	数量
1	宫内节育器放置手术器械包	1 个
2	放环模型	1 个
3	治疗车	1 辆
4	皮肤黏膜消毒液(聚维酮碘)	1 瓶
5	一次性垫单	1 张
6	无菌手套	2 副
7	宫内节育器	1 个
8	手消毒剂	1 瓶
9	污物桶(医疗垃圾、生活垃圾、锐器盒)	3 个
10	鹅颈灯	1 个
11	无菌持物镊	1 个

7. **宫内节育器取出术评分标准** 见表 3-6。

表 3-6　宫内节育器取出术评分标准

项目	细则要求	分值	得分
术前准备	术者准备： 1. 戴好口罩、帽子 2. 检查患者前后、准备物品前、操作前洗手	4	
	患者准备： 1. 了解患者病史及确认患者有操作的适应证,无禁忌证,签署知情同意书 2. 测生命体征及术前行相关检查无禁忌证 3. 排空膀胱后取膀胱截石位 4. 注意患者保暖及隐私保护	8	
	物品准备： 1. 取环包(卵圆钳 2 把、窥阴器 2 个、宫颈钳、长镊子、探针、扩宫棒、取环钩或取环钳、弯盘 1 个、碗 1 个、小药杯、无菌棉球、纱布若干) 2. 无菌橡胶手套 2 副、治疗车 3. 消毒液、免洗手消毒液 4. 核对物品的有效期、完好性及密闭性	8	
操作流程	1. 打开取环包,将消毒液倒入装有棉球的碗,检查灭菌指示卡及包内器械是否齐备 2. 戴无菌手套,消毒外阴 2 遍,顺序为：小、大阴唇→阴阜→大腿内上 1/3 →会阴→肛门,方式：左右对称,不留间隙 3. 消毒外阴后卵圆钳夹于包布边缘 4. 铺无菌孔巾	8	
	1. 消毒液润滑窥阴器前端 2. 左手示指和拇指分开小阴唇 3. 右手持窥阴器根部闭合双叶靠近后方放入阴道 4. 边放入边转正窥阴器 5. 打开窥阴器,右手用卵圆钳夹蘸有消毒液的棉球消毒宫颈外口 6. 消毒阴道,消毒时窥阴器适当旋转,不留间隙 7. 取出窥阴器,放于治疗车下层	14	
	1. 右手(左手)示指和中指蘸消毒液或润滑液 2. 放入阴道,检查阴道及宫颈 3. 放于后穹隆下方向上抬举 4. 配合另一手于脐平面向耻骨联合方向触诊,确定子宫位置,大小,活动度,有无包块 5. 阴道内手移至侧穹隆,配合外手从髂前上棘向耻骨联合方向触诊,检查附件有无肿物、增厚、压痛	10	
	更换手套	6	
	1. 取另一窥阴器润滑、暴露子宫颈,固定 2. 取宫颈钳钳夹宫颈前唇,一般钳夹前唇右上方 3. 消毒子宫颈管 2 次	12	
	如子宫颈管过紧,可用扩宫器扩张至 6~7 号	4	
	1. 如可见尾丝,用长血管钳夹住尾丝轻轻牵引取出 2. 如不可见尾丝 (1)探查子宫腔,了解子宫位置、宫腔深度及节育环位置 (2)用取环钳或取环钩沿子宫方向放入子宫底部,将节育器夹住或钩住,轻轻取出 (3)观察无出血,再次消毒阴道,确认无异物残留 (4)松开宫颈钳 (5)取出窥阴器,撤下铺巾	10	

项目	细则要求	分值	得分
术后处理	交代术后注意事项、随访并记录	2	
	整理物品、垃圾分类放置	2	
整体评价	操作熟练	2	
	无菌观念强	2	
	整个过程关注患者反应,动作轻柔,体现人文关怀	2	
	观察、询问患者不适感及安慰患者	2	
	操作后整理复原患者衣服	2	
	程序正确	2	
合计		100	

(梁月秀　归楠楠)

三、后穹隆穿刺术

(一) 适应证

1. 疑有腹腔内出血时(如异位妊娠破裂、卵巢黄体破裂等)。

2. 可疑盆腔内积液或积脓,为明确积液性质。

3. 盆腔脓肿穿刺引流及局部药物注射。

4. 盆腔肿块位于直肠子宫陷凹内,经阴道后穹隆穿刺直接抽吸肿块内容物,涂片行细胞学检查以明确性质。如高度怀疑恶性肿瘤,应尽量避免穿刺,一旦穿刺确诊为恶性肿瘤,应尽早手术。

5. 在超声引导下,对卵巢子宫内膜异位囊肿或输卵管妊娠部位进行注射药物治疗。

6. 在辅助生殖技术中,超声引导下经阴道后穹隆穿刺取卵细胞的应用。

(二) 禁忌证

1. 可疑子宫后壁与肠管粘连的情况。

2. 直肠子宫陷凹被较大肿块占据,且肿块向直肠方向凸向。

3. 临床高度怀疑恶性肿瘤的情况。

4. 异位妊娠拟采用非手术治疗时,应避免穿刺,以免引起感染。

(三) 操作流程

1. 术前准备

(1)环境准备:注意室温及保护患者隐私。

(2)患者准备

1)核对患者信息,详细询问病史。

2)化验报告(血常规、凝血功能、妇科 B 型超声等)。

3)确保患者及家属签署手术同意书,告知可能的并发症(如出血、感染、损伤邻近脏器,其他不可预料的意外等)。

4)术前测生命征,视病情,必要时建立静脉通道、连接心电监护仪等。

5)嘱患者术前排空膀胱。

(3)物品准备:治疗车;皮肤黏膜消毒液(聚维酮碘)、一次性垫单、无菌手套、5ml 或 10ml 注射器等;经阴道后穹隆穿刺包(有效消毒日期内)治疗碗 1 个,小药杯 1 个(内有棉球数个),纱布 3 块,卵圆钳 2 把,镊子 1 把,阴道窥器 2 个(长短各一),宫颈钳 1 把,22 号穿刺针 1 根。

(4)操作者准备:应穿好工作服,戴好帽子、口罩,洗手(六步洗手法)。

2. 操作步骤

(1)嘱患者取膀胱截石位,臀下垫一次性垫单。

(2)打开后穹隆穿刺手术器械包,检查灭菌指示卡及包内器械是否齐备,将聚维酮碘倒入相应容器。

(3)戴无菌手套,外阴常规消毒(消毒顺序:小、大阴唇→阴阜→大腿内上 1/3 →会阴→肛门),铺无菌孔巾。窥阴器暴露子宫颈、阴道,消毒 2 遍。

(4)行双合诊,了解子宫、附件情况,注意阴道后穹隆是否饱满,有无宫颈举痛或摇摆痛。更换手套。

(5)放置窥阴器暴露子宫颈及阴道后穹隆,以宫颈钳钳夹宫颈后唇,向前提拉,充分暴露阴道后穹隆。再次消毒。

(6)用 22 号穿刺针接 5ml 或 10ml 注射器(检查注射器及针头有无堵塞),在宫颈后唇与阴道后壁交接处稍下方,阴道后穹隆中央或稍偏患侧,取与子宫颈平行稍向后的方向刺入 2~3cm。

(7)进针后有落空感后开始抽吸,如无液体,可边抽吸边拔出针头。如为囊性肿物,可选择囊性感最明显处穿刺。

(8)抽吸完毕,拔针。观察抽出物性状,必要时送检。

(9)检查穿刺点有无渗血,如渗血可用无菌纱布填塞压迫止血,待血止后连同宫颈钳、窥阴器取出,取下孔巾。

3. 术后处理

(1)术后复测生命体征,感谢患者配合,送其返回病房。根据穿刺的不同结果予以相应医嘱(如考虑腹腔内出血,需要急诊手术患者,嘱其暂时禁饮禁食)。

(2)穿刺标本应及时送检,如为盆腔积脓等,穿刺液需进行涂片、培养及药敏试验。

(3)整理用物,医疗垃圾分类处理。

(4)洗手,及时完成穿刺操作记录书写(包括手术时间、名称,手术步骤,术中病情变化和处理,术后医嘱,标本性状及送检情况等)。

(四)操作注意事项

1. 抽出液体均应涂片行常规及细胞学检查。若抽吸物为鲜血时,放置 4~5min,血液凝固为血管内血液;若放置 6min 以上仍为不凝血,则为腹腔内出血,多见于异位妊娠、卵巢滤泡破裂、黄体破裂等引起的腹腔内出血。若抽出物为不凝固的陈旧性血块,可能为陈旧性异位妊娠。若抽吸的液体为淡红色、微浑、稀薄甚至脓液,多为盆腔炎性渗出液。

2. 穿刺时,针头进入直肠子宫陷凹不可过深,一般为 2~3cm,以免超过液平面吸不出积液。过深可刺入盆腔脏器或血管。

3. 穿刺时,一定要注意进针方向与宫颈管平行,避免伤及子宫体或直肠。怀疑肠管与子宫后壁粘连时,禁止使用经阴道后穹隆穿刺术。

4. 穿刺未抽出血液,不能完全排除异位妊娠。出血量少、与周围组织粘连、血肿位置高时可造成假阴性。

5. 如果病情或条件允许,可先行 B 型超声检查,明确有无积液及积液量。

(五)案例分享

1. 案例一 患者,女,36 岁,因"停经48d,阴道流血 2d,右下腹痛 5h"急诊入院。平时月经 3~5/28~30d。查体:脉率或心率 105 次 /min,血压 90/55mmHg,体温正常。腹肌紧张,下腹压痛、反跳痛。B 型超声提示:右侧附件见大小约 22mm × 16mm 的混合性结节内,内含疑似卵黄囊结构,盆腔探及范围约 96mm × 54mm 的低回声团,盆腔积血? 尿 HCG 检测结果为阳性。

【问题】

为明确诊断,下一步处理应该做什么? 请 A 判断,判断后进行处置。

本病例行该项操作的目的是什么,如行该操作未取出任何标本,考虑可能的原因是什么? 请 B 回答。

【回答】

A 回答要点:开放静脉通道,连接心电监护仪,急查血常规、凝血功能、交叉配血、心电图等术前准备,复测血压,如血压上升至正常,可行后穹隆穿刺术明确诊断,如血压不稳定,则不能行该项操作。

A 回答后展示提示卡:患者经治疗后血压正常。术前常规检查正常,无手术禁忌,可行后穹隆穿刺术。

B 回答要点:明确腹腔是否有内出血,协助异位妊娠破裂的诊断,可能的原因:出血量少、与周围组织粘连、血肿位置高。

【临床思维】

在妇科急腹症中,最常见的病因是异位妊娠,所以急诊科医生遇到女性患者时,一定要注意询问月经、阴道流血情况,并避免将异常阴道流血与正常月经混淆。同时,还需要注意与黄体破裂、卵巢肿瘤蒂扭转、急性阑尾炎等疾病进行鉴别。根据病例病史及辅助检查,通常可以较容易地做出异位妊娠的诊断。

异位妊娠的主要治疗手段是手术治疗,只要确定有内出血,都可以考虑手术治疗。是否需立即手术,则取决于内出血的量是否已威胁到患者的生命安全。后穹隆穿刺术是判断是否有内出血的重要方法。由于直肠子宫陷凹是盆腔的最低位置,有出血时会首先积聚在此处。而阴道后穹隆与该陷凹相邻,因此通过此处穿刺能较容易地抽出腹腔内的血液。由于腹膜具有去纤维化作用,腹腔内的出血不易凝结,表现为不凝血,这有助于鉴别抽出的是腹腔内血液还是血管内血液。需要注意的是,直肠子宫陷凹的后面是直肠,如果穿刺针向后太多可能会穿破直肠,从而可能引发急性腹膜炎、感染性休克等严重后果。因此,操作时一定要规范。此外,如果患者开始时的生命体征不太稳定,医生应该首先把生命支持和抢救放在第一位,同时做好急诊手术的两手准备。如果患者生命体征平稳,可以先行后穹隆穿刺进一步明确诊断,然后再行手术,这样更为妥当和谨慎。

2. **案例二** 患者,女,36 岁,因"停经 35d,同房后右下腹痛 3h"急诊入院。平时月经 3~5/35~45d。查体:脉率/心率 90 次,血压 100/65mmHg,体温正常。腹肌紧张,下腹压痛、反跳痛。B 型超声提示:右侧附件区见大小约 45mm×30mm 混合性结节,盆腹腔积液;尿 HCG 阴性。

【问题】

(1)为明确诊断,下一步处理应该做什么?请 A 判断,判断后进行处置。

(2)本病例考虑什么诊断,需与哪些疾病相鉴别?行该项操作的目的是什么。请 B 回答。

【回答】

A 回答要点:开放静脉通道,连接心电监护仪,急查血常规、凝血功能、交叉配血、心电图等术前准备,如患者腹痛好转,生命体征平稳,可暂时观察。如腹痛加剧,血压继续下降,则行后穹隆穿刺术。

A 回答后展示提示卡:患者经治疗后腹痛仍加重,血压下降。术前常规检查正常,无手术禁忌,需行后穹隆穿刺术。

B 回答要点:诊断考虑黄体破裂,需与异位妊娠、急性阑尾炎、卵巢肿瘤蒂扭转等鉴别;明确腹腔是否有内出血,是否需急诊手术。

【临床思维】

该患者所患疾病为妇科急腹症中另一个较为常见的疾病——黄体破裂。此类患者病史中往往有黄体期同房的病史。黄体是在排卵后形成的,排卵后的 7~8d,其体积和功能达到高峰,并有丰富的血管形成。此时,过于剧烈的运动,尤其是同房,有可能导致其破裂。虽然大部分患者的出血能够自行停止,无须手术治疗,但少部分患者会出现持续性出血,威胁生命安全,这就需要紧急手术处置。

与异位妊娠的处理不同,即使后穹隆穿刺确定有内出血,黄体破裂也不一定需要手术。在临床中,医生通常会先给予对症支持和观察治疗。如果患者的生命体征持续平稳,那么可以暂时不进行后穹隆穿刺术。但如果患者的腹痛持续不缓解或者血压下降,那么就可以进行穿刺术以证实内出血,给手术提供依据。

教学视频:后穹隆穿刺术

181

（六）后穹隆穿刺技术耗材及物品准备清单（表3-7）

表3-7 后穹隆穿刺技术耗材及物品准备清单

序号	物品名称	数量
1	经阴道后穹隆穿刺包	1个
2	后穹隆穿刺模型	1个
3	治疗车	1辆
4	皮肤黏膜消毒液（聚维酮碘）	1瓶
5	一次性垫单	1张
6	无菌手套	2副
7	5ml或10ml注射器	1个
8	手消毒剂	1瓶
9	污物桶（医疗垃圾、生活垃圾、锐器盒）	3个
10	鹅颈灯	1个
11	无菌持物镊	1个

（七）后穹隆穿刺技术评分标准（表3-8）

表3-8 后穹隆穿刺技术评分标准

项目	细则要求	分值	得分
操作前 （15分）	操作者准备： 1. 戴好口罩、帽子（1分） 2. 了解患者病史及确认患者有操作的适应证无禁忌证（1分） 3. 检查患者前后、准备物品前、操作前洗手（1分）	3	
	患者准备： 1. 确保患者及家属签署知情同意书（2分） 2. 测生命体征及术前行相关检查无穿刺禁忌证（2分） 3. 排空膀胱后取膀胱截石位（2分） 4. 在患者臀部下方垫一次性垫单（不排空膀胱,扣2分）	6	
	物品准备： 1. 后穹隆穿刺包（卵圆钳2把、窥阴器2个、宫颈钳、长镊子、22号长针头、弯盘1个、碗1个,无菌纱布、无菌棉球若干）（1分） 2. 无菌橡胶手套2副（0.5分） 3. 5ml或10ml注射器（0.5分） 4. 消毒液（聚维酮碘）（0.5分） 5. 一次性垫巾1张（0.5分） 6. 无菌持物镊（0.5分） 7. 标本瓶（0.5分） 8. 手消毒剂（0.5分） 9. 孔巾1张（0.5分） 10. 核对物品的有效期、完好性及密闭性（1分）	6	

项目	细则要求	分值	得分
操作中 (69分)	外阴消毒: 1. 开穿刺包,无菌镊将器械有序排列,将消毒液倒入装有棉球或纱布的碗、弯盘、烧杯,戴无菌手套(2分) 2. 消毒外阴顺序:小阴唇、大阴唇→阴阜→大腿内上 1/3 →会阴→肛门(4分)。 3. 消毒方式:左右对称,不留间隙(2分)(消毒顺序错,扣4分;消毒过程留有间隙,扣2分) 4. 消毒外阴后卵圆钳夹于包布边缘(2分)	10	
	铺巾:铺孔巾(2分),嘱患者抬臀,孔巾下半部分置于患者臀部下方(1分)	3	
	阴道宫颈消毒: 1. 消毒液润滑窥阴器前端(1分) 2. 用左手示指和拇指分开小阴唇(1分) 3. 右手持窥阴器根部闭合双叶靠近后方放入阴道(2分) 4. 边放入边转正窥器(1分) 5. 打开窥器,右手用卵圆钳夹蘸有消毒液的棉球消毒宫颈口(2分) 6. 消毒阴道,消毒时窥阴器适当旋转,不留间隙(3分) 7. 取出窥器,放于治疗车下层(2分)(违反无菌操作原则,扣12分)	12	
	双合诊: 1. 右手(左手)示指和中指蘸消毒液或润滑液(1分) 2. 放入阴道检查阴道及宫颈(2分) 3. 放于后穹隆下方向上抬举、摆动(1分) 4. 配合另一手于脐平面向耻骨联合方向触诊,确定子宫位置,大小,活动度,有无包块(3分) 5. 阴道内手移至侧穹隆,配合外手从髂前上棘向耻骨联合方向触诊,检查附件有无肿物、增厚、压痛(3分) 6. 双合诊结束后更换无菌手套(2分)	12	
	上宫颈钳: 1. 取另一窥阴器润滑,放入阴道,固定,充分暴露宫颈及阴道后穹隆(2分) 2. 取宫颈钳钳夹宫颈后唇,一般钳夹后唇右下方(2分) 3. 加强消毒阴道后穹隆处(2分)	6	
	后穹隆穿刺: 1. 针头接注射器,检查针头有无堵塞(2分) 2. 左手向前上方轻轻牵拉宫颈钳(2分) 3. 右手持注射器在后穹隆中央或稍偏向患侧(2分) 4. 距离阴道后壁与宫颈后唇交界处稍下方平行宫颈管方向缓缓刺入(6分) 5. 当针头穿过阴道壁,有落空感(进针深约 2~3cm)后立即抽吸(6分) 6. 口述"抽出液体静置 10min 以上,观察其是否凝集"(2分) 7. 轻轻拔出针头,注意穿刺点有无活动性出血,并可用棉球压迫止血(2分) 8. 用消毒棉球再次消毒穿刺点(2分) 9. 松开宫颈钳,取出窥阴器,撤下铺巾(2分)	26	
操作后 (16分)	1. 交代术后注意事项并记录(2分) 2. 对标本行相应处置:标本放入标本瓶并标记(2分) 3. 按消毒技术规范要求分类处理使用后物品,分离利器,用过的物品放置到相应垃圾桶,用过的穿刺包放至治疗车下层(2分)	6	
	整体评价: 1. 操作熟练,动作流畅(2分) 2. 无菌观念强(3分) 3. 整个过程关注患者反应,动作轻柔,体现人文关怀(5分)	10	

续表

项目	细则要求	分值	得分
总分	最终结果：失败(不抽出液体)扣 30 分；穿刺进直肠并抽出绿色液体扣 40 分。成功为抽出红色液体	100	

（施桂玲）

四、白带检查、生殖道液基细胞学检查

（一）白带检查

1. 适应证

（1）出现白带异常，如透明黏性白带（分泌量较平日明显增多）、灰黄色或黄白色稀薄泡沫状白带、豆腐渣样白带、鱼腥臭味白带、脓性白带、血性白带、水样白带。

（2）有外阴阴道瘙痒或同房性生活后有尿频、尿急症状者。

2. 禁忌证

（1）月经期女性。

（2）阴道有积血者。

3. 操作流程

（1）操作前准备

1）一张载玻片、2 根小棉签、一个干燥试管、一个窥阴器。

2）一支 0.9% 氯化钠溶液。

3）女性排尿后取膀胱截石位。

（2）操作步骤

1）查找滴虫及线索细胞：干燥玻片一张，其上滴一滴 0.9% 氯化钠溶液，棉拭子刮取阴道侧壁上 1/3 黏膜上附着的分泌物，混入已制备好的玻片上的 0.9% 氯化钠溶液悬滴液，立即放在显微镜低倍镜下观看，查找滴虫，后转高倍镜下观看，查找线索细胞。

2）找假丝酵母菌：干燥玻片一张，棉拭子刮取阴道侧壁上 1/3 黏膜上附着的分泌物，将分泌物均匀涂抹在玻片上，进行革兰氏染色后在显微镜低倍镜下检查。

3）淋球菌检查：干燥玻片一张，擦净宫颈表面分泌物，棉拭子深入宫颈管内 1.5cm，转动并停留 20~30s，均匀涂于玻片上，革兰氏染色后镜检。

4）支原体、衣原体检查培养法：无菌试管 2 个，2 根长棉拭子分别在宫颈口内转 2 周，取宫颈管内分泌物，逐一无碰触地放入试管内，盖好盖子，送检。

（3）操作后处理

1）整理操作用品，医疗垃圾分类处理。

2）协助患者穿好衣裤。

4. 操作注意事项

（1）询问和再次确认患者是否已婚；如患者未婚，则询问是否曾经有过性生活史。

（2）取白带前 48h 无性生活或阴道冲洗、放药。

（3）放置窥阴器时动作轻柔。

（二）生殖道液基细胞学检查

1. 适应证

（1）女性预防宫颈癌的常规筛查法。

（2）有接触性出血、不规则阴道流血或有阴道排液、临床检查宫颈异常。

（3）因妇科良性疾患拟行子宫切除手术前。

（4）高危人群的复查：如曾有过细胞学异常、宫颈病变或宫颈癌治疗后随诊。

2. **禁忌证**

(1)月经期女性。

(2)阴道有积血者。

3. **操作流程**

(1)操作前准备

1)一次性宫颈细胞采集器、一个含甲醇的细胞保存液小瓶、一个窥阴器。

2)女性排尿后取膀胱截石位。

(2)操作步骤

1)用一次性宫颈细胞采集器插入宫颈口,顺时针转 4~5 圈,停留 4~5s,取出后把采集器前端脱出将其放入保存液中。

2)细胞标本瓶整瓶送到细胞学实验室。

(3)操作后处理

1)整理操作用品,医疗垃圾分类处理。

2)协助患者穿好衣裤。

4. **操作注意事项**

(1)询问和再次确认患者是否已婚;如患者未婚,则询问是否曾经有过性生活史。

(2)放置窥阴器时动作轻柔。

(3)充分暴露宫颈。

5. **案例分享** 患者,女,39 岁,G_3P_2,人流 1 次,同房后阴道少许出血 3 次。现在月经干净 7d,近 5d 感到阴道瘙痒伴白带增多。妇科检查:阴道分泌物豆渣样改变,宫颈肥大,轻度糜烂,有小乳头状物凸起,子宫正常大小,双附件未见明显异常。

【问题】

请根据以上病史,在医学模拟人上进行进一步的白带常规检查及宫颈液基细胞学检查。

1. 外阴阴道假丝酵母菌病的主要临床表现及其白带的典型表现。

2. 滴虫性阴道炎的主要临床表现及其白带的典型表现。

【回答】

1. 外阴阴道假丝酵母菌病的主要临床表现:外阴阴道瘙痒、灼痛,严重时候坐卧不安,可伴有尿频、尿急、性交痛。白带典型表现:白色稠厚呈乳凝块状或豆腐渣样。

2. 滴虫性阴道炎主要临床表现:阴道分泌物增多,伴有外阴瘙痒,间或有灼热、疼痛、性交痛等。白带典型表现:呈稀薄、脓性、黄绿色、泡沫状、有臭味。

【临床思维】

女性患者同房后出血,首先要注意是否为月经期前后,以排除经血影响,注意检查是阴道出血、宫颈出血,还是宫腔流血。因为不同的出血部位诊断和鉴别诊断有所不同。同房后的接触性出血,最常见的原因是宫颈病变或子宫内膜病变。

教学视频:白带检查、生殖道液基细胞学检查

(三)白带检查、生殖道液基细胞学检查耗材及物品准备清单(表 3-9)

表 3-9　白带检查、生殖道液基细胞学检查耗材及物品准备清单

序号	物品	序号	物品
1	妇检模具	6	窥阴器
2	载玻片	7	一次性宫颈细胞采集器
3	检查手套	8	含甲醇的细胞保存液小瓶
4	棉签	9	标记笔
5	试管	10	一次性垫巾

（四）白带检查、生殖道液基细胞学检查评分标准（表3-10）

表3-10 白带检查、生殖道液基细胞学检查评分标准

项目	技术操作要求	分值	得分
操作前 （7分）	患者准备： 1. 向患者解释操作的目的和必要性,检查前24h内无性生活（1分） 2. 告知需要配合,嘱其排空膀胱（1分） 3. 拉屏风保护患者隐私,垫上一次性垫单（1分）	3	
	物品准备：无菌试管2个,玻片3张,窥阴器1个,液基细胞取样刷子、标本固定液各1个	4	
操作中 （64分）	1. 检查者面向患者,站立在其两腿之间（2分） 2. 嘱其仰卧在检查床上,头部稍垫高,双腿屈曲分开,使腹肌放松（3分）	5	
	放置窥阴器： 1. 检查者左手分开大小阴唇,暴露阴道口,右手持经0.9%氯化钠溶液润滑的窥阴器（6分） 2. 先将其前后两叶闭合,再斜行45°沿阴道侧后壁缓慢插入阴道,边推进边旋转90°（6分） 3. 摆正窥阴器并打开前后两叶,最终暴露宫颈（6分）	18	
	白带检查： 1. 放置好玻片、试管；先标记123（2分） 2. 干燥玻片一张,其上滴一滴0.9%氯化钠溶液,棉拭子刮取阴道侧壁上1/3黏膜上附着的分泌物（2分） 3. 混入已制备好的玻片上的0.9%氯化钠溶液悬滴液,立即放在显微镜低倍镜下观看,查找滴虫（口述）（2分） 4. 后转高倍镜下观看,查找线索细胞（口述）（2分） 假丝酵母菌检查涂片法： 1. 干燥玻片一张,棉拭子刮取阴道侧壁上1/3黏膜上附着的分泌物（2分） 2. 将分泌物均匀涂抹在玻片上,进行革兰氏染色后显微镜低倍镜下检查（口述）（2分） 淋球菌检查： 1. 干燥玻片一张,擦净宫颈表面分泌物,棉拭子深入宫颈管内1.5cm,转动并停留20~30s（1分） 2. 均匀涂于玻片上,革兰氏染色后镜检（1分） 支原体、衣原体检查培养法： 1. 无菌试管2个,2根长棉拭子分别在宫颈口内转2周（2分） 2. 取宫颈管内分泌物,逐一无碰触地放入试管内,盖好盖子,送检（2分）	18	
	取一个液基细胞标本瓶,在其表面写上患者姓名	5	
	液基细胞学检查： 1. 用大棉签轻轻擦拭宫颈表面黏液样分泌物（6分） 2. 用液基细胞取样刷子伸入宫颈管约1cm（6分） 3. 以宫颈外口为中心,旋转360°~720°后取出（6分）	18	
操作后 （29分）	后续处理： 1. 并将刚才取好的毛刷头浸泡至保存液体中备检（5分） 2. 检查完毕后,稍退出窥阴器至宫颈下方后（5分） 3. 再使两叶闭合,旋转90°后轻轻取出（5分） 4. 协助患者穿好衣裤（4分） 5. 交代当天暂不同房,结果回报后及时就诊并做好门诊记录（4分）	23	
	沟通流畅、操作规范、患者舒适（各2分）	6	
	总分	100	

（施桂玲、易雪丽）

五、诊断性刮宫术

(一) 适应证

1. **异常子宫出血** 诊断性刮宫术同时行子宫内膜活组织检查,可以了解子宫内膜的病理诊断,同时具有诊断和止血的双重功效。

2. **子宫内膜癌或宫颈管癌** 常行分段诊刮术,分开刮取宫颈管内膜和子宫内膜送病理学检查。

3. **不孕症** 间接反映卵巢功能,了解子宫内膜周期变化、子宫发育程度、有无子宫颈管粘连和宫腔粘连。

4. **宫腔内组织残留或占位性病变** 由影像技术检查宫腔发现。

5. **非典型腺细胞** 由阴道脱落细胞检查提示发现。

(二) 禁忌证

1. 生殖道急性、亚急性炎症,如滴虫性阴道炎、细菌性阴道炎、外阴阴道假丝酵母菌病、急性盆腔炎者。

2. 疑似妊娠妇女。

3. 发热患者。

4. 严重全身性疾病患者。

(三) 操作流程

1. 术前准备

(1) 核对患者基本信息,了解有无手术适应证、禁忌证和药物过敏史。

(2) 与患者及家属沟通,解释操作的必要性,告知可能出现的并发症及出现并发症的应对方法、手术中有可能出现一些不可预见的意外;确保患者及家属签署手术同意书。

(3) 嘱患者排空膀胱,引导患者上操作床,取膀胱截石位。

(4) 术者戴好口罩帽子,六步洗手法洗手(检查患者前后、准备物品前、操作前洗手)。

(5) 物品准备:治疗车、诊刮包、病理瓶、一次性垫单、聚维酮碘、方纱、大棉签、无菌孔巾、无菌手套、手消毒剂、0.9% 氯化钠溶液、水性笔、垃圾桶、鹅颈灯。

2. 操作步骤

(1) 拉上帘子或设置屏风,确保患者隐私得到保护。

(2) 再次核对患者的基本信息,并确认患者已排尿。告知患者其相关检查结果正常,具有操作指征,无禁忌证,可以进行诊刮术。随后,为患者垫上一次性垫单。

(3) 检查诊刮包是否在有效期内,打开诊刮包,并出示灭菌指示卡。在无菌区内整齐摆放操作器械,由助手将聚维酮碘溶液倒入小杯子中备用。

(4) 戴上无菌手套,进行外阴消毒。消毒顺序为:小阴唇、大阴唇、阴阜、大腿内上 1/3 处、会阴及肛门周围。确保左右对称,不留间隙,并重复消毒两遍。

(5) 铺设无菌孔巾,进行双合诊检查,以了解子宫的大小、位置、活动度及其与周围组织的关系。

(6) 放入窥阴器,对阴道和宫颈进行消毒,重复消毒两遍后取出窥阴器。

(7) 取另一窥阴器进行润滑,放入阴道并固定,以暴露宫颈。使用宫颈钳钳夹宫颈前唇,再次对宫颈及宫颈管进行消毒。然后,在阴道后穹隆处放置一块 0.9% 氯化钠溶液纱布。

(8) 如需鉴别子宫内膜癌或宫颈管癌,则进行分段诊刮术。使用 6 号刮匙从宫颈内口至宫颈外口搔刮一圈,以刮取宫颈管组织。

(9) 取出阴道内的纱布,置于弯盘内。

(10) 使用探针检查宫腔的位置和深度,然后使用扩宫棒从小至大依次扩张至 6.5 号。在阴道后穹隆处放置另一块 0.9% 氯化钠溶液纱布。接着,取 6 号刮匙顺子宫方向进入宫腔,搔刮子宫内膜 1~2 周,确保搔刮到宫腔四壁、宫底及两侧宫角。

(11) 取出刮匙,将刮出物置于纱布上,并使用长钳夹出纱布。擦拭阴道内的血液,检查有无异物残留。松开宫颈钳,对宫颈及阴道进行消毒,取出窥阴器,并撤下孔巾。

(12)将刮出物分别装入病理瓶中,标记清楚后送检。

3. 术后处理

(1)术后向患者交代注意事项,观察患者的精神状态及对答情况,然后送患者回病房休息。

(2)术后如患者出现剧烈腹痛或阴道流血过多的情况,应及时告知值班医生。

(3)嘱咐患者术后 2 周内禁止性生活和坐浴。

(4)整理操作用品,确保医疗垃圾得到分类处理。

(5)及时完成手术操作记录。

(四)操作注意事项

1. 对于不孕症或无排卵性异常子宫出血的患者,应在月经前 1~2d 或月经来潮 6h 内进行刮宫,以判断有无排卵或黄体功能不全。如需尽快减少大量出血并排除器质性病变,可随时进行诊刮。为确定子宫内膜不规则脱落的情况,可在月经第 5~7 天进行诊刮。

2. 出血、子宫穿孔和感染是诊刮术的主要并发症,应予以高度重视。

3. 对于瘢痕子宫、哺乳期、绝经后及恶性肿瘤的患者,在诊刮术前应查清子宫位置并谨慎操作,以防止子宫穿孔的发生。同时,由于诊刮术时可能出现大出血的情况,因此应术前进行输液、配血等准备,并做好开腹手术的应急准备。

4. 对于阴道出血时间较长的患者,应在术前和术后给予抗生素以预防感染。在术中应严格遵循无菌操作原则,并嘱咐患者术后 2 周内禁止性生活及坐浴,以防止感染的发生。

(五)案例分享

1. 案例一 患者,女,56 岁,绝经后 6 年,阴道少量流血 20d,来妇科门诊就诊。查体:血压 180/115mmHg,体温、脉搏、呼吸正常。心肺腹检查无明显异常。妇科检查:外阴萎缩,阴毛稀少,变白,阴道萎缩,阴道内少许积血,暗红色,无血块,宫颈常大,子宫前位,稍大,质地中等,活动,压痛轻,双附件未见明显异常。B 型超声提示:子宫大小约 7cm×6cm×5cm,肌壁回声均匀,子宫内膜增厚,连续中断,宫腔内见一实液混合性包块,约 4cm×3cm,双附件未见明显异常。

【问题】

1. 为明确诊断,下一步处理应该做什么?请 A 判断,判断后进行处置。

2. 请 B 在纸上答题:患者进行该项诊断性操作时容易出现什么并发症?

【回答】

A 回答要点:让患者休息 30min,复测血压,如血压仍然与先前一样高,则让患者到心内科就诊治疗高血压,恢复正常后回门诊行分段诊刮术。

A 回答后展示提示卡:患者经治疗后血压正常。术前常规检查正常,无手术禁忌,可予行分段诊刮术。

B. 患者进行该项诊断性操作时容易出现的并发症有:①出血;②子宫穿孔;③感染。

【临床思维】

在临床中遇到这类患者,尤其是绝经期女性,出现阴道不规则流血时,应高度怀疑子宫内膜癌的可能性。此时,需要注意与萎缩性阴道炎、尿路感染等疾病进行鉴别,并通过详细询问病史来排除这些可能性。

对于该患者,生命体征检查提示血压升高。妇科检查发现阴道黏膜无充血,无散在小出血点,因此暂时不考虑萎缩性阴道炎。宫颈大小正常,未出现萎缩,提示医生需要注意有无宫颈病变的可能性。子宫前位,稍大,也提示需要注意有无子宫内膜病变。B 型超声检查发现子宫内膜增厚,连续中断,宫腔内见一实液混合性包块,这高度怀疑子宫内膜癌。但此时还需要注意与子宫黏膜下肌瘤、宫腔积脓等疾病进行鉴别。

2. 案例二 患者,女,41 岁,G_2P_1,平素月经 28d 来潮一次,持续 5d 干净。近 3 个月来月经周期延长至 40d,经期 10~15d。近日阴道流血 20d 未干净来就诊。既往健康,半年前妇科体检超声检查子宫及双附件未见异常,宫颈液基细胞检查及人乳头瘤病毒(HPV)检查未见异常。查体:生命体征正常。心肺腹检查无明显异常。妇科检查:外阴发育正常,阴毛女性分布,阴道通畅,阴道内较多积血,有血块,宫颈常大,无肉样组织堵塞宫口,出血较多未内诊。B型超声提示:子宫前位,肌壁回声均匀,子宫内膜增厚,约20mm,连续好,双附件未见明显异常。

【问题】

请为患者行一般诊断性刮宫,并测量子宫深度。

【耗材及物品准备清单】

物品准备见表3-11,但须取出子宫探针。

【临床思维】

在临床中遇到这类围绝经期女性患者,出现阴道不规则流血时,医生应高度怀疑无排卵性异常子宫出血的可能性。由于患者有定期体检的习惯,并且宫颈癌筛查结果未见异常,这为医生提供了一定的诊断线索。此时,需要注意与子宫内膜癌进行鉴别。

在进行诊断时,医生通常会使用子宫探针来测量宫深,因为子宫探针上有清晰的刻度,便于准确测量。然而,在特定情况下,如操作过程中没有探针提供,会采用4号扩宫棒探入宫腔至宫底,以了解子宫位置。医生会用右手示指放置在扩宫棒子宫颈外口水平进行标记,结合棒体上凹痕对应的7cm位置,来估算宫深。这样的操作流程既灵活又实用,能够帮助医生在没有探针的情况下,依然能够较为准确地判断宫深,为进一步的诊断和治疗提供重要依据。

教学视频:诊断性刮宫术

(六) 分段诊刮术耗材及物品准备清单(表3-11)

表3-11 分段诊刮术耗材及物品准备清单

序号	物品名称	数量
1	诊刮模型	1个
2	诊刮包(内含刮匙6~8号各1个、宫颈钳1把、窥阴器2个、卵圆钳1个、扩宫棒4~7号各1支,子宫探针1个、小杯子1个、弯盘1个、碗2个)	1个
3	病理瓶	2个
4	臀部垫巾	1张
5	聚维酮碘	1瓶
6	方纱(小包)	3包
7	大棉签	1包
8	无菌孔巾	1张
9	各种型号无菌手套	2副
10	手消毒剂	1瓶
11	0.9%氯化钠溶液(100ml)	1瓶
12	黑色水性笔	1支
13	生活垃圾桶	1个
14	医疗垃圾桶	1个
15	鹅颈灯	1个
16	治疗车	1辆

（七）分段诊刮术评分标准（表 3-12）

表 3-12 分段诊刮术评分标准

项目		细则要求	分值	得分
操作前 （15分）	术前 准备	1. 核对患者基本信息（2分） 2. 向患者解释操作目的及必要性（1分） 3. 嘱患者操作前排尿（1分） 4. 确保患者或家属签字同意（1分）	5	
		物品准备： 1. 诊刮包（子宫探针、宫颈钳、窥阴器2个、扩宫棒4~7号各1支，大小不同刮匙2个、弯盘或治疗碗1个，无菌纱布、无菌棉球若干）（2分） 2. 病理瓶2个、无菌橡胶手套2副、聚维酮碘、大棉签、一次性垫巾、孔巾、手消毒剂（2分） 3. 核对物品的有效期、完好性及密闭性（1分）	5	
		术者准备： 1. 检查患者前后、准备物品前、操作前洗手（1分） 2. 戴口罩、帽子（1分）	2	
		在患者臀部垫一次性垫巾防止交叉感染（2分） 患者体位：取膀胱截石位（1分）	3	
操作中 （70分）	外阴 消毒	1. 开包，将消毒液倒入装有棉球的碗，戴无菌手套（2分） 2. 消毒外阴，顺序：小阴唇、大阴唇、阴阜、大腿内上1/3、会阴及肛门周围（5分） 3. 方式：左右对称，不留间隙（1分） 4. 消毒2遍，消毒完外阴后卵圆钳夹于包布边缘（2分）	10	
	铺巾	1. 铺孔巾（2分） 2. 嘱患者抬臀，孔巾下半部分置于患者臀部下方（2分）	4	
	双合诊	1. 右手（左手）示指和中指蘸消毒液或润滑液，放入阴道，检查阴道及宫颈（1分） 2. 放于后穹隆下方向上抬举（1分） 3. 配合另一手于脐平面向耻骨联合方向触诊，确定子宫位置、大小、活动度、有无包块（4分） 4. 阴道内手移至侧穹隆，配合外手从髂前上棘向耻骨联合方向触诊，检查附件有无肿物、增厚、压痛（2分），脱无菌手套	8	
	阴道宫 颈消毒	1. 润滑窥阴器前端，一手示指和拇指分开小阴唇，另一手持窥阴器根部闭合双叶靠近侧后方放入阴道，边放入边转正窥阴（3分） 2. 打开窥阴器，右手用蘸有消毒液的棉球消毒宫颈外口、阴道穹隆、阴道各壁，消毒时窥阴器适当旋转（5分），消毒2遍（1分） 3. 取出窥阴器，放于治疗车下层（1分）	10	
	上宫 颈钳	1. 取另一窥阴器润滑、放入阴道，固定，暴露宫颈（2分） 2. 取宫颈钳钳夹宫颈前唇，向前轻轻提拉（2分） 3. 消毒宫颈及宫颈管（2分） 4. 长钳夹一生理盐水纱布置于阴道后穹隆处（1分）	7	
	搔刮 宫颈	1. 左手轻轻牵拉宫颈钳固定宫颈，右手持刮匙自宫颈内口至外口顺序刮宫颈管1周至2周（5分） 2. 刮出物置于纱布上，取出纱布（1分）	6	

项目		细则要求	分值	得分
操作中 (70分)	搔刮 宫腔	1. 长钳夹一纱布置于阴道后穹隆处(1分) 2. 探宫深:右手持探针或扩条顺子宫方向放入宫腔至宫底,右手示指深入阴道 至宫颈外口,同时取出探针,测量宫腔深度(5分) 3. 扩条由小到大逐步扩宫至6.5号(5分) 4. 刮匙顺子宫方向进入宫腔搔刮子宫内膜1~2周,搔刮宫腔四壁、宫底及两侧 宫角(10分) 5. 取出刮匙,刮出物置于纱布上,长钳夹出纱布(1分) 6. 松开宫颈钳,长钳夹一纱布清洁宫颈(1分),消毒宫颈及阴道(1分),取出窥 器,撤下孔巾(1分)	25	
操作后 (15分)	术后 整理	1. 刮出的宫颈及宫腔组织分别装瓶、固定,送病理(3分) 2. 交代术后注意事项并记录(2分)	5	
	质量	1. 操作熟练(2分) 2. 无菌观念强(3分) 3. 整个过程关注患者反应,动作轻柔,体现人文关怀(5分)	10	
总分		未做判断或判断不当直接操作,扣10分;未处理血压直接操作扣50分	100	

（施桂玲）

六、基础体温测定

(一) 适应证

1. 判断是否有排卵,指导避孕或备孕。

2. 诊断早期妊娠和判断妊娠早期安危。

3. 观察黄体功能情况。

(二) 定义和原理

1. **定义** 人体在较长时间(6~8h)睡眠后醒来,尚未进行任何活动之前所测量的体温。

2. **原理** 正常育龄妇女的基础体温与月经周期一样,呈周期性变化。这种体温的变化与排卵有关。女性的月经具有周期性和自限性,以出血第1天为月经周期的开始。两次月经第一天的间隔时间称为一个月经周期,其长短因人而异,一般为21~35d不等,平均为28d。月经周期以排卵日为分隔,分为排卵前的卵泡期和排卵后的黄体期。卵泡期的长短不一定,与卵泡的发育速度有关,而黄体期则固定为14d±2d。排卵后次日形成黄体,黄体分泌孕激素会使体温上升0.3~0.5℃,使体温呈现高低两相的变化。高温期持续12~16d(平均14d)。若未妊娠,黄体逐渐萎缩并停止分泌孕激素,体温下降,回到基线水平,随后月经来潮。若已妊娠,黄体在胚胎分泌的人绒毛膜促性腺激素作用下转变为妊娠黄体,继续分泌孕激素,体温持续高温。若卵巢功能不良,卵泡发育不成熟,则既无排卵也无黄体形成,体温将持续低温。

(三) 操作流程

1. **操作前准备**

(1) 准备一支基础体温计。这种体温计与一般体温计不同,其刻度相对较密,通常以36.7℃作为高低温的分界点。

(2) 每晚睡前将体温计水银柱甩至35℃或以下(如果是电子体温计,则将其设为初始值),并放置在醒来后伸手可及的地方。

2. **操作步骤** 第2天清晨醒来后,不说话、不活动,立即将体温计放在舌下测量3~5min(或测口温5min)。每天测量体温的时间最好固定不变,并将结果记录在特制的基础体温表格上。也可以选择腋下测量体温,但通常腋下温度不如口腔温度稳定。

3. 操作后处理

(1) 记录可能影响基础体温的因素,如感冒、发热、腹泻、失眠、饮酒、使用电热毯、晚睡晚起等,并在测量时特别注意,同时做好标记说明。

(2) 在基础体温表上附加记号标示月经期和性生活日(同房日用三角形表示,月经期用菱形表示,并标注不同颜色)。如遇有饮酒、发热、睡眠欠佳等可能影响体温的状况,也应标记说明。

(3) 将测量体温的数据记录在基础体温表上,除了纸质记录外,最好还记录在专门的基础体温表上,以便于观察基础体温曲线,并找到低温期和高温期。

(4) 基础体温需连续测量,至少覆盖 3 个月经周期。

(四) 操作注意事项

1. 注意避免影响基础体温的相关因素。

2. 测量体温前严禁起床活动、讲话、大小便、饮食等。

3. 保持生活规律。

(五) 临床应用

1. 指导避孕与受孕 育龄期妇女,排卵期大约在下次月经来潮前 14d。基础体温上升 4d 后一般已经排卵,此时至下次月经来潮前的 10d 称为安全期。基础体温上升的前后 2~3d 是围排卵期,也是易受孕期。月经周期 28d 时,基础体温曲线呈标准的高低温两相变化,见图 3-1。从月经开始直至排卵日,低温期为 14d,排卵后高温期持续 14d 之后下降,直至下次月经来潮,其中月经周期第 14 天为排卵日。

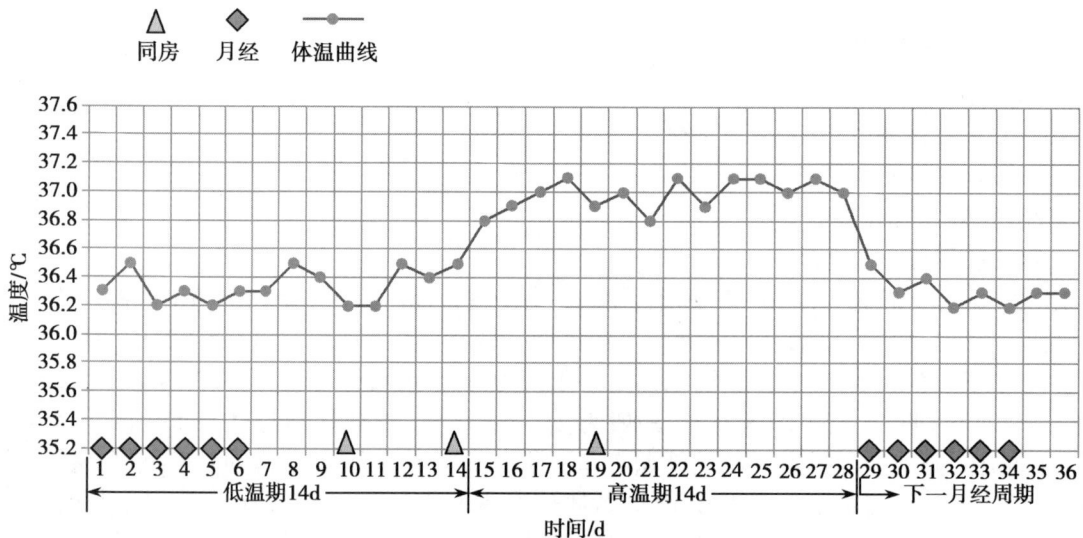

图 3-1 基础体温曲线两相变化情况

2. 协助诊断妊娠 基础体温上升持续 18d 即可协助诊断早期妊娠,若高温期超过三周,则早孕可能性极大。已经怀孕的基础体温曲线见图 3-2,高温从第 15 天一直持续到第 34 天,高温相已经持续 20d。一般来说高温持续超过 16d 就是妊娠的征兆。

3. 协助诊断月经失调 无排卵型异常子宫出血的基础体温曲线呈现为单相型。排卵型异常子宫出血,若黄体期少于 11d,为黄体过早萎缩;若基础体温升高的持续时间虽正常,但体温上升幅度<0.3℃,则可能为黄体发育不良,导致孕激素分泌不足。无排卵型的基础体温曲线见图 3-3,为持续低温期,没有高温期,没有形成高低温的双相体温改变,如果是测量发现如图所示的情况则需要到医院就诊,检查不排卵的原因。

由黄体功能不全导致体温下降缓慢的基础体温曲线见图 3-4。一般而言,未受孕的情况下,孕激素的浓度会因子宫内膜脱落而急速下降。若基础体温虽为双相型,但下降缓慢,则说明黄体功能不良,可能是黄体萎缩过程延长,导致子宫内膜不规则脱落,也不利于怀孕。

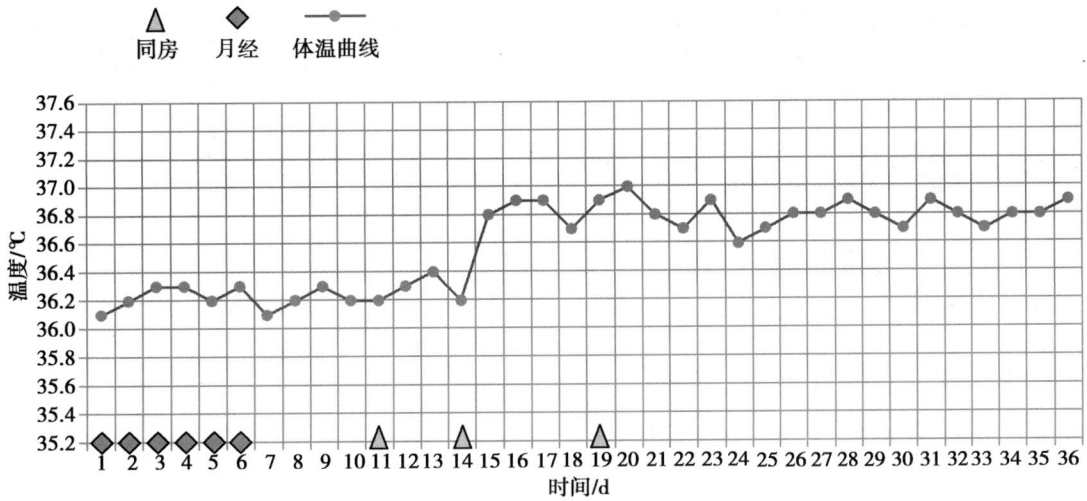

图 3-2 怀孕的基础体温曲线

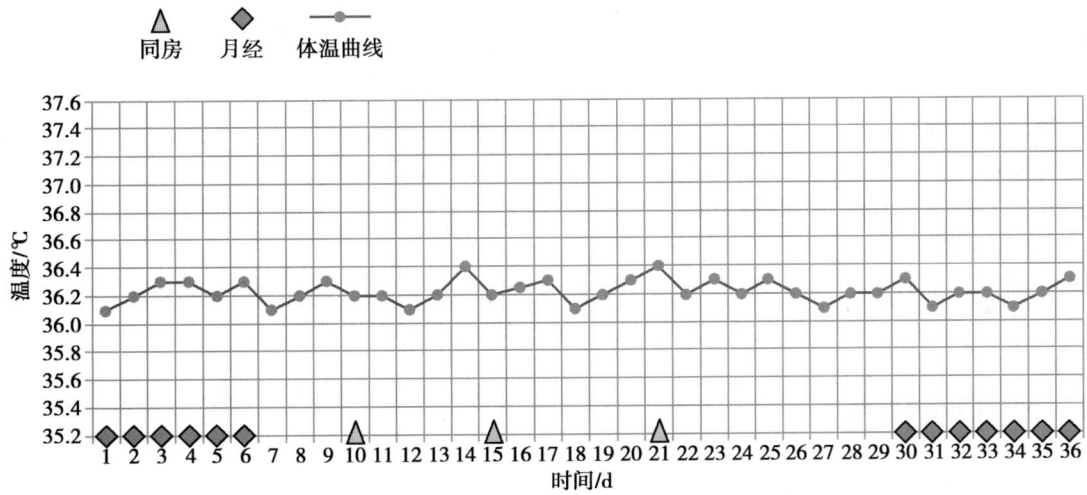

图 3-3 无排卵型的基础体温曲线

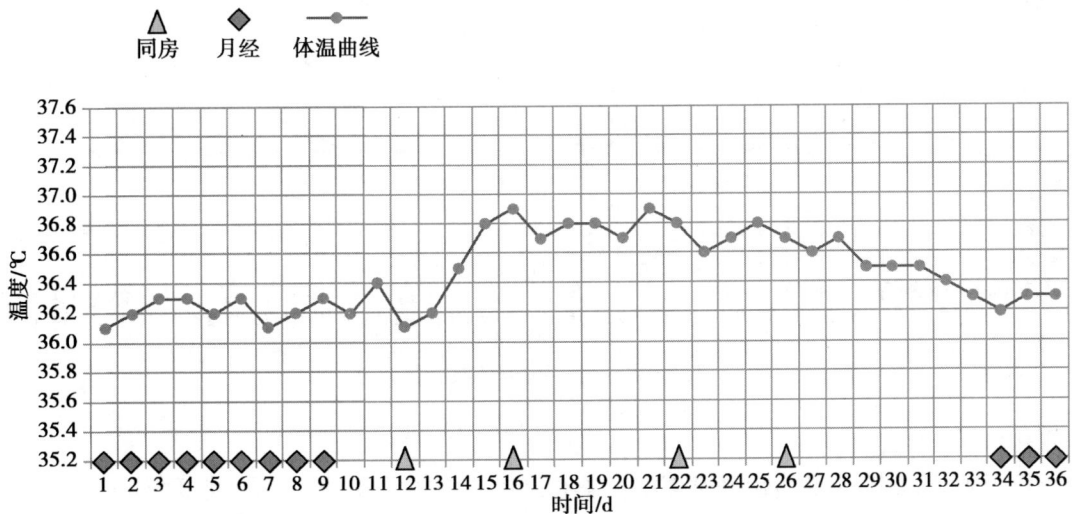

图 3-4 黄体功能不全的基础体温曲线

孕激素浓度不足导致排卵后体温缓慢上升的基础体温曲线见图3-5,从图中可以观察到在14日排卵后,15日开始基础体温缓慢上升。这种情形代表着体内分泌的孕激素浓度不够高,从而导致体温上升幅度缓慢。通常也代表着排卵状况不良,受孕概率下降。

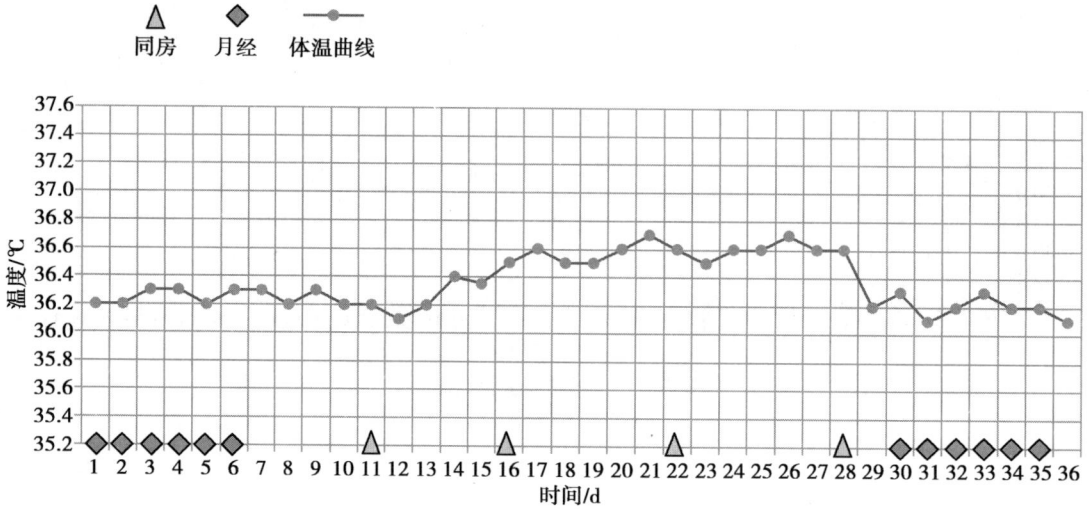

图 3-5　孕激素不足的基础体温曲线

4. 检查不孕症的原因　测量基础体温以了解有无排卵及黄体功能。

5. 诊断闭经　基础体温呈双相变化,提示闭经原因在子宫,如宫腔粘连;基础体温为单相,闭经的病变部位可能在下丘脑、垂体或卵巢。

（六）案例分享

1. 案例一　患者,女,28岁,已婚,G_1P_0,平素月经不规律,月经 3~6/26~50d,月经量不多,无明显痛经,末次月经为 2020 年 9 月 1 日。彩超提示:双侧卵巢呈多囊样改变,卵泡直径小于 10mm,卵泡数分别为 18 个(左侧)及 16 个(右侧)。

患者的基础体温见图3-6。

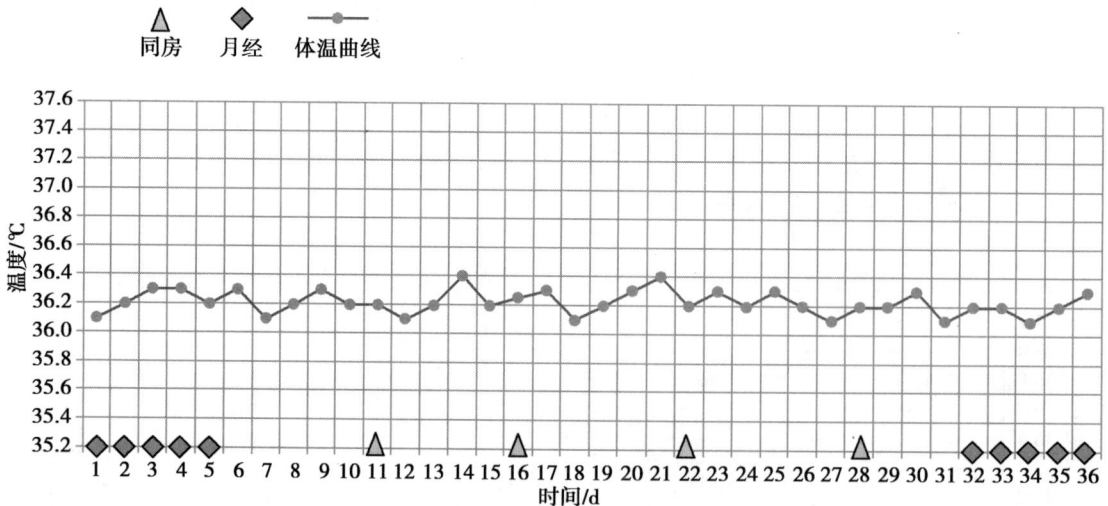

图 3-6　案例一患者的基础体温

【问题】

从上图基础体温中,您能看出基础体温呈单相型还是双相型,患者本月排卵正常吗?

【回答】

基础体温呈单相型,持续低温,没有高低温两相的变化,该患者本月无排卵。

【临床思维】

一般情况下,卵泡期的基础体温为 36.5℃左右。排卵后,进入黄体期,基础体温会上升 0.3~0.5℃或以上,并持续大约 10d。此时,基础体温曲线图会出现双相变化,表示有排卵发生。而上图所示为单相型体温,这提示患者可能无排卵。结合该患者的月经不规律、月经稀发的症状,以及彩超检查结果提示的双侧卵巢呈多囊样改变,可高度怀疑患者患有多囊卵巢综合征。为了进一步明确诊断,建议在月经期的第 2~5 天测定基础性激素,以便更准确地找出病因。

2. **案例二** 患者,女,35 岁,已婚,P_1G_0,平素月经规律,月经 5~7/28~35d,月经量不多,无明显痛经,末次月经 2021 年 9 月 1 日。

患者的基础体温见图 3-7。

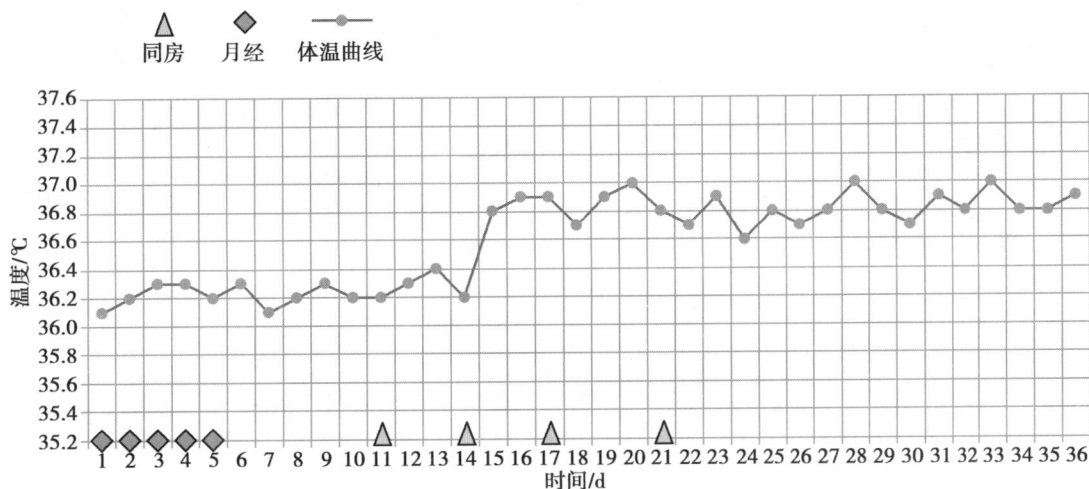

图 3-7 案例二患者的基础体温

【问题】

1. 从上图基础体温中,您能看出基础体温呈单相型还是双相型?

2. 高温相持续时间超过 22d 有什么意义?

【回答】

1. 基础体温曲线呈高低温双相型变化。

2. 高温相持续时间超过 22d,代表该患者已妊娠,孕酮升高使基础体温上升。

【临床思维】

一般情况下,卵泡期基础体温为 36.5 ℃。排卵后进入黄体期,基础体温会上升 0.3~0.5℃或以上,并持续大约 10d,出现双相表现,这表示有排卵发生。若女性已经妊娠,黄体在胚胎分泌的人绒毛膜促性腺激素的作用下,会转变为妊娠黄体,继续分泌孕激素,导致体温持续处于高温状态。如果持续 16d 的高温期,那么女性怀孕的可能性达到 97%;若高温期达到 20d,则几乎可以 100% 确定已经怀孕。

(张联玲、施桂玲)

第二节 产科基本技能操作

一、孕期检查与保健

(一) 产前检查的次数、时间及孕周

孕周分别为妊娠 6~13 周[+6],14~19 周[+6],20~24 周,25~28 周,29~32 周,33~36 周,37~41 周。产检共 7~11 次。如有高危因素者,酌情增加产检次数。

（二）孕期检查与保健的内容

包括详细询问病史、全面体格检查、产科检查及必要的辅助检查。具体内容见表3-13。

表 3-13　孕期保健处理方案

检查次数	常规保健内容	必查项目	备查项目	健康教育及指导
首次检查（孕 6~13 周$^{+6}$）	1. 建立孕期保健手册 2. 确定孕周，推算预产期 3. 评估孕期高危因素 4. 全面体格检查，包括心肺听诊，测量血压、体重与体质量指数 5. 常规妇科检查 6. 胎心率测定（孕12周及以上）	1. 血常规 2. 尿常规 3. 血型（ABO 和 Rh 血型） 4. 肝功能、肾功能、空腹血糖 5. 乙型肝炎表面抗原检测、梅毒血清抗体及人类免疫缺陷病毒（HIV）筛查 6. 地中海贫血筛查 7. 超声检查（确诊宫内妊娠及孕周、胎儿数量等）	1. 丙型肝炎病毒筛查 2. 抗 D 滴度检测（Rh 阴性者） 3. 甲状腺功能检测 4. 血清铁蛋白（血红蛋白<110g/L 者） 5. 75g 口服葡萄糖耐量试验（高危孕妇） 6. 心电图检查 7. 子宫颈细胞学检查（孕前 12 个月未检查者） 8. 子宫颈分泌物检测淋球菌和沙眼衣原体（高危孕妇或有症状者） 9. 阴道炎症的检测（有症状或早产史者） 10. 胎儿染色体非整倍体的孕早期母体血清学筛查（孕 10~13 周$^{+6}$） 11. 孕 11~13 周$^{+6}$ 超声检查测量胎儿颈项透明层的厚度 12. 绒毛穿刺活检（孕 10~13 周$^{+6}$，针对高危孕妇）	1. 流产的认识和预防 2. 营养和生活方式的指导 3. 继续补充叶酸 0.4~0.8mg/d 至怀孕 3 个月，有条件者可继续服用含叶酸的复合维生素 4. 慎用药物，避免接触有毒有害的物质和宠物 5. 改变不良生活习惯及方式，避免家庭暴力、高强度的工作和高噪声环境 6. 保持心理健康，解除精神压力
第2次检查（孕 14~19 周$^{+6}$）	1. 分析首次产前检查的结果 2. 测量血压、体重 3. 测量宫底高度 4. 胎心率测定	无	1. 孕 12~22 周$^{+6}$ 行无创产前检测 2. 胎儿染色体非整倍体的中孕期母体血清学筛查（孕 15~20 周） 3. 羊膜腔穿刺检测胎儿染色体（孕 16~22 周），针对高危人群	1. 妊娠生理知识 2. 中孕期胎儿染色体非整倍体筛查的意义 3. 诊断明确的缺铁性贫血孕妇，应补充元素铁 100~200mg/d，非贫血孕妇，如血清铁蛋白<30μg/L，应补充元素铁 60mg/d 4. 开始常规补充钙剂 0.6~1.5g/d
第3次检查（孕 20~24 周）	1. 测量血压、体重 2. 测量宫底高度 3. 胎心率测定	1. 胎儿系统超声筛查胎儿有无畸形（孕 20~24 周） 2. 血常规 3. 尿常规	经阴道超声测量子宫颈长度，预测早产（早产高危者）	1. 早产的认识和预防 2. 营养和生活方式的指导 3. 常规胎儿系统超声筛查的意义
第4次检查（孕 25~28 周）	1. 测量血压、体重 2. 测量宫底高度 3. 胎心率测定	1. GDM 筛查 -75g 口服葡萄糖耐量试验 2. 血常规、铁蛋白 3. 尿常规	1. 抗 D 滴度检测（Rh 阴性者） 2. 子宫颈分泌物检测胎儿纤连蛋白水平（子宫颈长度为 20~30mm 者）	1. 早产的认识和预防 2. 营养和生活方式的指导 3. 妊娠糖尿病筛查的意义

检查次数	常规保健内容	必查项目	备查项目	健康教育及指导
第5次检查(孕29~32周)	1. 测量血压、体重 2. 测量宫底高度 3. 胎心率测定 4. 注意胎位	1. 血常规 2. 尿常规 3. 产科超声检查	无	1. 分娩方式指导 2. 注意胎动 3. 母乳喂养指导 4. 新生儿护理指导
第6次检查(孕33~36周)	1. 测量血压、体重 2. 测量宫底高度 3. 胎心率测定 4. 注意胎位	尿常规	1. 孕35~37周B族链球筛查 2. 孕32~34周肝功能、血清胆汁酸检测 3. 妊娠32~34周以后电子胎心监护(无应激试验) 4. 复查心电图(高危孕妇)	1. 分娩前生活方式的指导 2. 分娩相关知识 3. 新生儿疾病筛查 4. 抑郁症的预防
第7~11次检查(孕37~41周)	1. 测量血压、体重 2. 测量宫底高度 3. 胎心率测定 4. 注意胎位	1. 无应激试验检查(每周1次) 2. 产科超声检查	1. 宫颈检查(Bishop评分) 2. 阴道分泌物检查有无阴道炎	1. 分娩相关知识 2. 新生儿免疫接种指导 3. 胎儿宫内情况的监护 4. 妊娠≥41周,住院并引产 5. 产褥期指导

（杨　力）

二、产科腹部检查

（一）适应证

1. 妊娠中期（孕24周以后）　每次产前检查均应测量宫底高度及腹围,以协助判断胎儿大小,并评估胎儿大小与妊娠周数是否相符。

2. 妊娠晚期　每次产前检查均需测量宫底高度及腹围,并进行四步触诊。四步触诊法是产科常用的检查方法,通过此方法可以判断胎产式、胎先露、胎方位,以及胎先露是否衔接,子宫大小是否与妊娠周数相符,并评估胎儿大小。

（二）禁忌证

无绝对禁忌证。对于子宫过于敏感或先兆早产的孕妇,操作过程应轻柔,尽量减少操作时间及检查次数,并应在宫缩间隙期进行检查。

（三）操作流程

1. 操作前准备

(1)自我介绍,核对孕妇基本信息,了解有无适应证及禁忌证。

(2)向孕妇简单说明检查目的和方法,以消除顾虑,配合检查。

(3)检查前嘱孕妇先排尿,取仰卧位,头稍垫高,两腿略屈曲稍分开。

(4)检查者戴好口罩帽子、手消毒剂,看孕妇前后、准备物品前、操作前洗手。

(5)物品准备:治疗车、软尺、手消毒剂、一次性臀部垫单、屏风(如检查床有拉帘则不用准备)、一次性手套、笔、多普勒胎心听诊仪或胎心听筒、手表、产检手册或纸张、垃圾桶。

2. 操作步骤

(1)拉上帘子或屏风,保护孕妇隐私;再次核对孕妇基本信息,再次确认是否排尿。

(2)检查者消毒双手,手要温暖。检查者立于孕妇右侧。

(3)视诊:观察腹部大小及形状,注意腹部有无水肿、手术瘢痕、妊娠纹等。

(4)触诊

1)测量子宫高度及腹围:明确子宫底位置,用软尺测量耻骨联合上缘中点至宫底的距离作为子宫高度;以肚脐为准,用软尺水平绕腹一周测得的数值即为腹围。

2)四步触诊:前3步检查时,检查者面向孕妇头端;第4步检查时,检查者应面向孕妇足端。

第1步:检查者两手放至子宫底部,了解子宫外形并测量宫底高度,评估胎儿大小与孕周数是否相符。然后两手指腹相对轻推,判断宫底部胎儿的部分。

第2步:检查者左右手分别放置于腹部左右侧,一手固定,另一手轻轻深按检查,两手交替,仔细分辨以明确胎背及胎儿肢体的位置。如触及平坦饱满者则为胎背侧,可变形的高低不平的胎儿部分则为胎儿肢体,有时可触及胎儿肢体活动。

第3步:检查者右手拇指与其余四指分开,置于耻骨联合上方握住胎先露部,进一步确定是胎头或胎臀,并左右推动以确定胎先露是否衔接。如果先露部仍浮动,表示尚未入盆衔接。若已入盆衔接,胎先露部则不能被推动。

第4步:检查者双手分别放置于胎先露部的两侧,沿骨盆入口方向向下深按,再次核对胎先露部的判断是否正确,并确定胎先露部入盆的程度。

(5)听诊:在靠近胎背上方的孕妇腹壁上听诊。听诊部位需根据孕周、胎先露部及其下降程度确定。头先露时,胎心听诊在脐下左或右侧;臀先露时,胎心听诊在脐上左或右侧;肩先露时,胎心在靠近脐部下方听诊最清晰。

3. 术后处理

(1)操作完毕,协助孕妇穿好衣服,并感谢孕妇配合。

(2)交代注意事项并做好记录。

(四)操作注意事项

1. 确保沟通流畅,操作规范,使孕妇感到舒适,并注意保护其隐私。

2. 检查前嘱孕妇先排尿,取仰卧位,头稍垫高,两腿略屈曲并稍分开,以使腹肌放松。

3. 检查者立于孕妇右侧进行检查。

(五)案例分享

1. 案例一 患者,女,26岁,首次妊娠,末次月经为2019年11月15日,自觉胎动正常,无自觉特殊不适,于2020年6月28日来院行常规产检。既往无特殊。

【问题】

该患者预产期是什么时候?该孕周需进行哪些产科腹部检查?请A回答并进行处置。

如测量子宫宫高值为34.5cm,需考虑存在哪些可能?下一步应做何检查明确诊断?请B回答。

【回答】

A回答要点:预产期是2020年8月22日,现属晚孕,产科腹部检查需测量宫高、腹围,进行四步触诊,听胎心音。

B回答要点:①实际孕周与末次月经是否相符;②多胎妊娠或羊水过多;③合并子宫肌瘤;④妊娠糖尿病;⑤巨大胎儿等。

下一步应进行超声检查,并结合孕早期超声检查结果,确定诊断并进行相应处理。

B回答正确后出示提示卡:现妊娠32周,请进行产科腹部检查。

【临床思维】

在临床中遇到这类育龄期妇女患者时,我们应根据其末次月经时间和孕早期超声检查结果来核实孕周,并核对预产期。同时,我们需要熟练掌握孕期保健检查的相关内容,以便合理安排定期检查项目。在询问病史时,要特别注意患者有无妊娠合并疾病及并发症。如果检查过程中发现任何异常,应及时进行下一步检查,并作出相应的处理。

2. 案例二 患者,女,30岁,G_2P_1,现妊娠32周,自觉胎动正常,无自觉特殊不适,常规来院复诊。既往无特殊。

【问题】

(1)请考生为患者进行产科腹部检查。

(2)请根据上述检查结果初步评估胎儿大小与孕周是否相符。

【临床思维】

在临床中,应熟练掌握与不同孕周相对应的孕期保健检查内容,并合理安排定期的产前检查项目。这包括进行产科腹部检查,具体涵盖腹部视诊,腹部触诊以测量宫高腹围并执行四步触诊法,以及胎心听诊。同时,需要熟悉与孕周相对应的宫高范围,以便准确评估胎儿的生长情况。在询问病史时,要特别关注患者是否存在妊娠合并疾病或并发症,这些因素可能影响孕期进程和胎儿健康。宫高和腹围数据可以初步判断胎儿的大小是否与孕周相符。如果在腹部触诊过程中发现胎位异常、胎儿偏大或偏小等异常情况,应及时安排进行超声检查等更进一步的检查手段,以获取更详细的胎儿生长和发育信息。根据超声检查结果及其他相关检查结果,应作出相应的处理,比如调整饮食建议、增加产前检查频率、进行胎位矫正操指导或转诊至专科医院等,确保孕期管理的科学性和有效性,保障母婴安全。

教学视频:产科腹部检查

(六) 产科腹部检查耗材及物品准备清单(表3-14)

表3-14 产科腹部检查耗材及物品准备清单

序号	物品名称	数量
1	软尺	1根
2	手消毒剂	1瓶
3	一次性臀部垫单	1包
4	一次性手套	1包
5	笔	1支
6	多普勒胎心听诊仪或胎心听筒	1个
7	手表	1个
8	屏风(视具体环境而定)	1个
9	孕妇模型	1个
10	治疗车	1个
11	医疗垃圾桶	1个
12	产检手册或纸张	1份

(七) 产科腹部检查评分标准(表3-15)

表3-15 产科腹部检查评分标准

项目		细则要求	分值	得分
操作前 (12分)	操作前准备	1. 自我介绍,核对孕妇基本信息(1分) 2. 与孕妇解释操作目的及必要性(1分) 3. 嘱孕妇操作前排尿(1分) 4. 注意保护孕妇隐私(1分)	4	
		物品准备: 1. 治疗车、软尺、手消毒剂、一次性臀部垫单、屏风(如检查床有拉帘则不用准备)、一次性手套、多普勒胎心听诊仪或胎心听筒、垃圾桶(2分) 2. 笔、手表、产检手册或纸张(2分)	4	

续表

项目		细则要求	分值	得分
操作前 (12分)	操作前 准备	操作者准备:看孕妇前后、准备物品前、操作前消毒双手(1分),戴口罩、帽子(1分)	2	
		1. 在孕妇臀部垫一次性垫巾防止交叉感染(1分) 2. 孕妇体位:仰卧位(1分)	2	
操作中 (77分)	视诊	1. 观察孕妇腹形及大小(2分) 2. 腹部有无水肿、手术瘢痕、妊娠纹等(2分)	4	
	触诊	1. 测量宫高:明确子宫底位置,用软尺测量耻骨联合上缘中点至宫底的距离(3分) 2. 测量腹围:以孕妇肚脐为准,软尺水平绕腹一周,测得的数值即为腹围(3分)	6	
	四步 触诊	1. 检查者位于孕妇右侧,前三步面向孕妇头侧(2分) 2. 嘱其仰卧在检查床上,头部稍垫高,暴露孕妇腹部(2分) 3. 双腿略屈曲稍分开,使腹肌放松(2分)	6	
		检查者双手置于子宫底部(2分),先确定子宫底高度(2分),估计宫底高度与孕周是否相符(2分)。再以双手指腹交替轻推,仔细分辨宫底部是胎体的哪一部分(4分),圆而硬且有浮球感的为胎头(3分),宽而软且不规则的为胎臀(3分)	16	
		1. 检查者双手置于腹部两侧,一手固定,另一手轻轻深按,两手交替进行检查(6分) 2. 分辨胎背及胎儿四肢各在母体腹壁的哪一侧,平坦饱满者为胎背(3分),高低不平、有结节者为胎儿肢体(3分)	12	
		1. 检查者右手拇指与其余四指分开,置于耻骨联合上方,握住先露部(4分) 2. 按第一步特点判断先露是头还是臀(3分),再左右推动先露部,以确定是否入盆(4分),能被推动提示未入盆,反之提示已入盆(3分)	14	
		1. 检查者面向孕妇足部(2分) 2. 检查者两手分别放置于先露部两侧,沿骨盆入口向下深按(4分),再一次核对先露部的诊断是否正确(3分),并确定先露部入盆程度(3分)	12	
	听诊	在靠近胎背上方的孕妇腹壁上听诊(5分)	5	
	操作 完毕	协助孕妇穿好衣服(2分)	2	
操作后 (11分)	后续 整理	交代注意事项(2分),并记录胎先露(1分)、胎方位(1分)、是否入盆(1分)	5	
	整体 质量	1. 操作熟练(3分) 2. 整个过程关注孕妇反应,动作轻柔,体现人文关怀(3分)	6	
总分			100	

(杨 力)

三、电子胎心监护

(一) 适应证

电子胎心监护(electronic fetal monitoring,EFM)作为一种评估胎儿宫内状态的重要手段,旨在及时发现胎儿宫内缺氧情况,以便及时采取进一步措施。监护通常从妊娠 32~34 周开始,高危妊娠孕妇可酌情提前。该监护借助胎心监护仪连续观察并记录胎心率的动态变化,了解胎心变化与胎动、宫缩之间的关系,从而评估胎儿宫内的安危。主要分为无应激试验(none-stress test,NST)和缩宫素激惹试验(oxytocin challenge test,OCT)两种。

1. NST 指在无外界负荷刺激、无宫缩的情况下,连续观察并记录胎动与胎心率变化之间的关系,以了解胎儿的宫内储备能力。

2. OCT 使用缩宫素诱发宫缩,随后用电子胎心监护仪记录胎心率的变化情况。这是一种用于了解胎盘在宫缩时一过性缺氧的负荷试验,旨在评估胎儿的宫内储备能力。当 NST 反复出现无反应型、怀疑胎儿宫内缺氧时,可进行 OCT 以进一步评估胎儿宫内状态。

(二)禁忌证

1. NST 无禁忌证。

2. OCT 禁忌证:①不明原因产前出血、前置胎盘或胎盘早剥者。②已明确胎儿宫内缺氧者。③此次妊娠未足月,既往有先兆早产史、早产史或宫颈功能不全者。④胎位不正等不能阴道分娩者。

(三)操作流程

1. 操作前准备

(1)核对孕妇基本信息,了解有无适应证及禁忌证,注意自我介绍。

(2)向孕妇简单说明检查目的和方法,以消除顾虑,配合检查。

(3)检查前嘱孕妇先排尿,取半卧位,NST 试验可取坐位。

(4)检查者戴好口罩帽子、手消毒剂,检查患者前后、准备物品前、操作前洗手。

(5)物品准备:治疗车、电子胎心监护仪、专用胎心监护固定绑带、超声耦合剂、手消毒剂、一次性臀部垫单、屏风(如检查床有拉帘则不用准备)、笔、产检手册或纸张、清洁纸巾或纱布、垃圾桶。

2. 操作步骤

(1)NST

1)拉上帘子或屏风,保护孕妇隐私;再次核对孕妇基本信息,再次确认是否排尿。

2)孕妇取坐位或半卧位。

3)检查者连接电源,启动胎心监护仪;消毒双手,手要温暖。室内温度适宜。

4)通过快速四步触诊确定胎背侧。

5)将胎心探头放在胎背侧胎心听诊最清楚处,并用绑带固定。

6)宫缩传感探头固定于孕妇腹部前壁靠近宫底处。

7)将胎动计数器交到孕妇手中,并告知其使用注意事项及方法。

8)按归零键归零,设定测定时间为 20min。由于胎儿存在睡眠周期,如结果为无反应型,可能需要监护 40min 或更长时间;或需刺激胎儿,如改变孕妇体位、进食、推动胎儿等,再继续监测 20min。

9)监护结束后,撤去探头,帮孕妇擦净皮肤上的耦合剂,并协助孕妇穿好衣服。

10)帮助孕妇取舒适体位,整理监护用物。

(2)OCT

1)操作步骤与 NST 相同,直至第 8 步。

2)诱发宫缩前,先行 NST 及测定子宫收缩 10~20min 的胎心率变化作为对照。如宫缩已达到规定要求,则不需再刺激宫缩。

3)诱发宫缩。临床常用诱发宫缩方法:将缩宫素 2.5U 加入 5% 葡萄糖液 500ml 中静脉滴注。开始剂量为 4~5 滴 /min,每 10~15min 调整 1 次,每次增加 4~5 滴 /min,最大剂量不超过 40 滴 /min,以诱发出满意宫缩时的最小剂量缩宫素维持静滴,直至试验结束。诱发满意宫缩的标志为每 10min 出现 3~5 次宫缩,宫缩持续 40~60s,宫腔压力为 50~60mmHg。

4)子宫缩间隙期按归零键归零,设定测定时间为 30min。

5)试验结束后,停止静滴缩宫素,并持续观察至宫缩完全消失。

6）后续步骤与 NST 相同,从监护结束开始。

3. 术后处理

(1)在胎心监护图上标注检查日期、时间,以及孕妇的姓名和年龄。

(2)判读 NST/OCT 结果并告知孕妇,同时给出处理意见和交代注意事项,并做好相关记录。

（四）操作注意事项

(1)确保沟通流畅、操作规范,使孕妇感到舒适,并注意保护其隐私。

(2)检查前嘱孕妇先排尿,取坐位或半卧位进行检查。

(3)试验前 12h 内避免使用镇静类药物,避免在空腹时进行监测,并保持环境安静。

(4)若持续 10min 及以上出现胎心基线>160 次 /min,应注意监测孕妇体温与脉搏。

(5)在 OCT 试验过程中,若出现宫缩过频过强或胎心减速的情况,应立即停止试验刺激,协助孕妇取左侧卧位并吸氧,同时持续监护胎心率的变化情况。

（五）结果判读

1. NST 分型 分为正常 / 有反应型、不典型 / 可疑型、异常 / 无反应型。

(1)有反应型:评价指标(基线、变异)均正常,无减速或偶发变异减速持续短于 30s,20min 内出现 2 次或 2 次以上胎心加速。

(2)可疑型:基线异常(100~110 次 /min 或>160 次 /min<30min)、变异异常(40~80min 内变异缺失 / 微小变异)、有变异减速(持续 30~60s)、加速不足(40~80min 内两次以下加速)。任意一项未达到正常,但是又不是很严重,需要进一步评估。

(3)无反应型:指超过 40min 没有足够的胎心加速。

1)基线异常:胎心过缓<100 次 /min 或胎心过速>160 次 /min 超过 30min 或基线不确定。

2)变异异常:变异缺失 / 微小变异 ≥80min 或显著变异>10min 或正弦波形。

3)有变异减速或晚期减速:变异减速持续时间超过 60s 或出现晚期减速。

4)几乎无加速:大于 80min 两次以下加速。

任意一项严重异常,需全面评估,必要时终止妊娠(注意:28~32 周,15%NST 为无反应型)。

(4)各类胎监图

1)正常胎心基线(胎心基线 110~160 次 /min)见图 3-8。

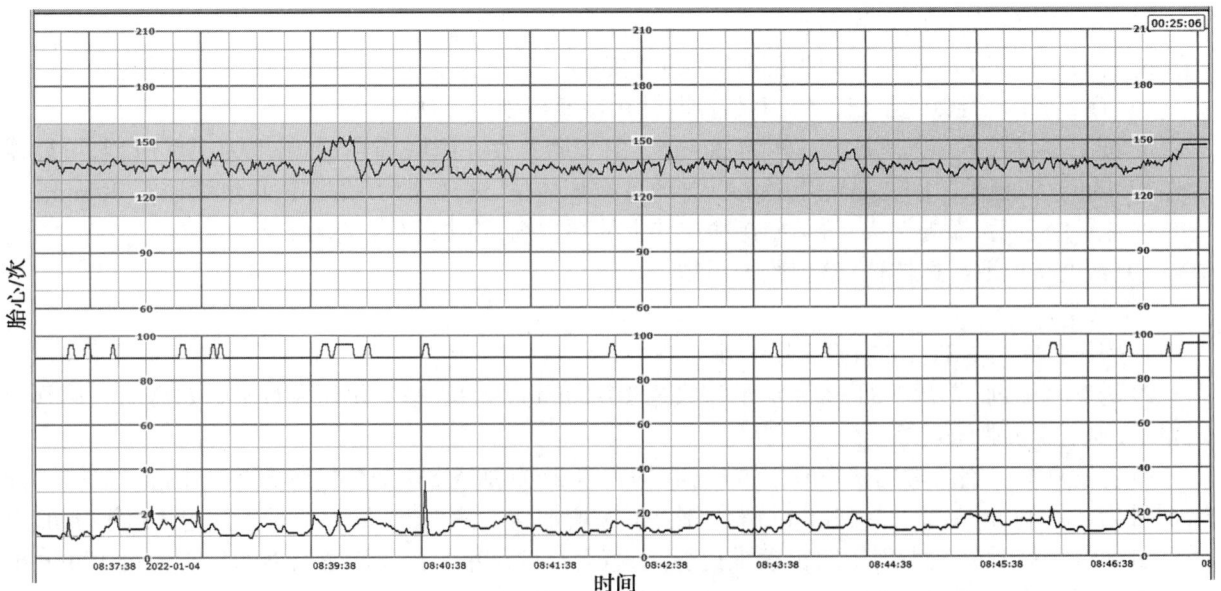

图 3-8 正常胎心基线

2）NST 反应型见图 3-9。

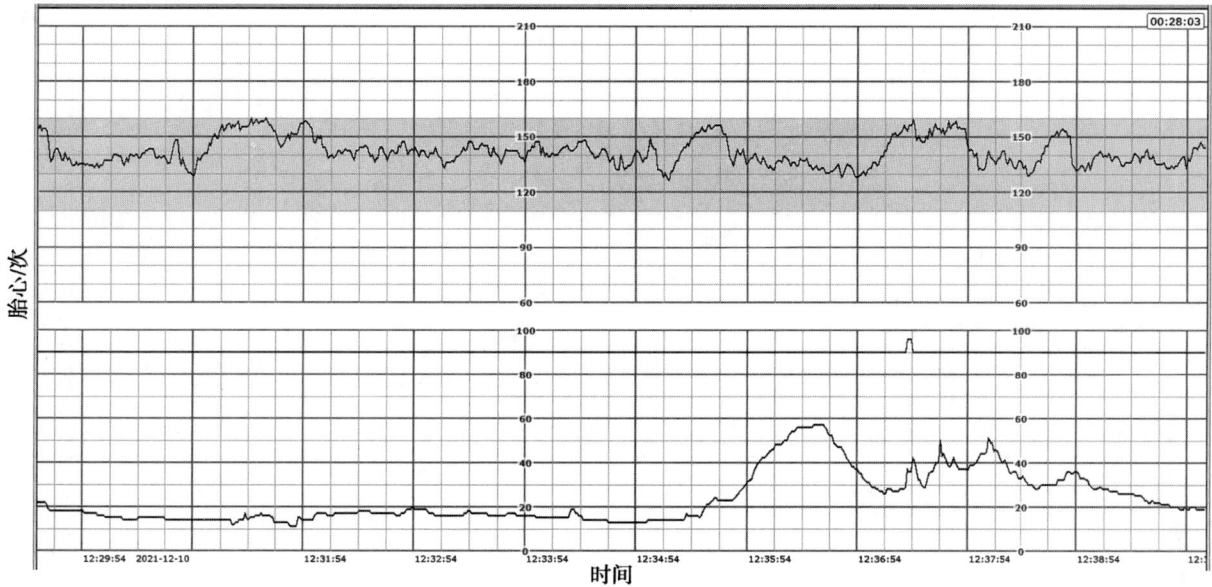

图 3-9　NST 反应型

3）胎儿心动过速（胎心基线 > 160 次 /min，持续 ≥ 10min）见图 3-10。

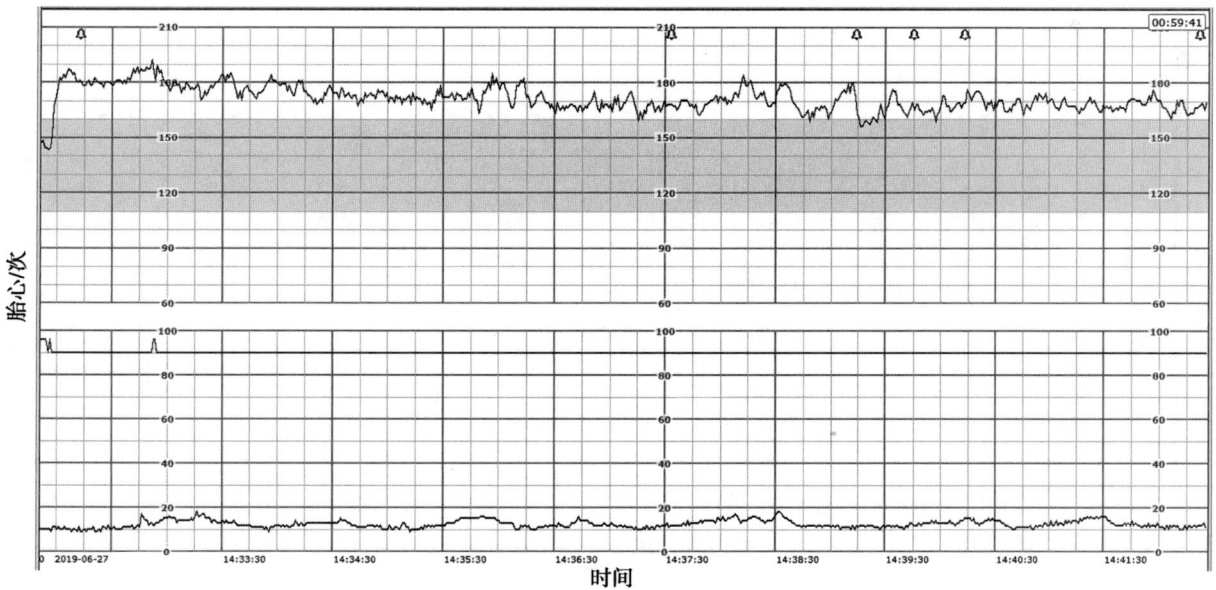

图 3-10　胎儿心动过速

4）胎儿心动过缓（胎心基线＜100 次 /min，持续 ≥ 10min）见图 3-11。

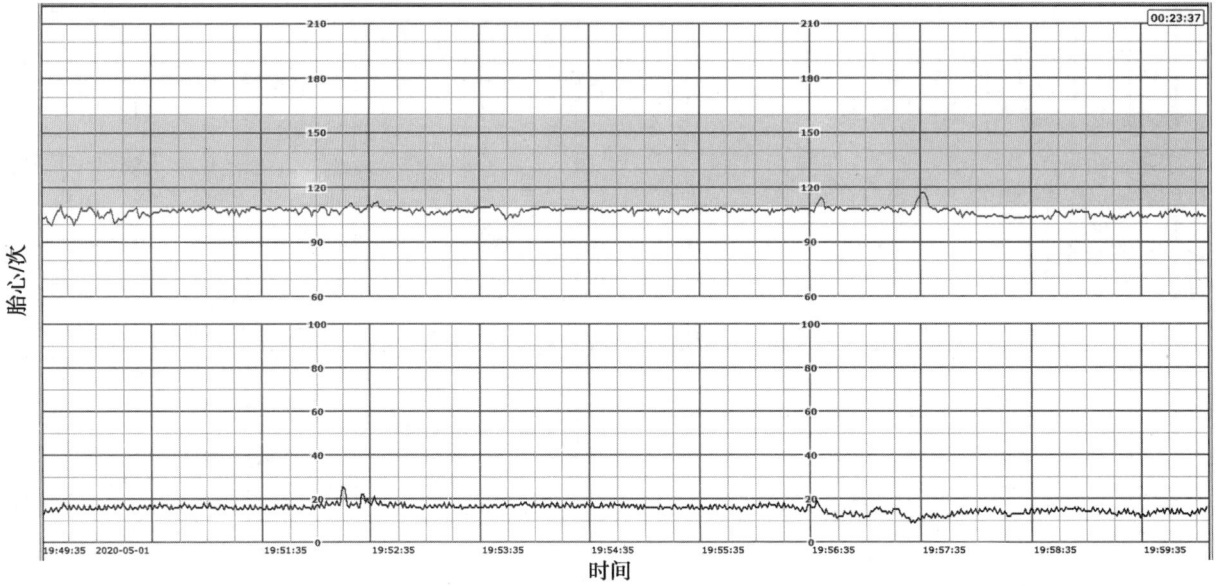

图 3-11　胎儿心动过缓

5）胎心延长减速见图 3-12。

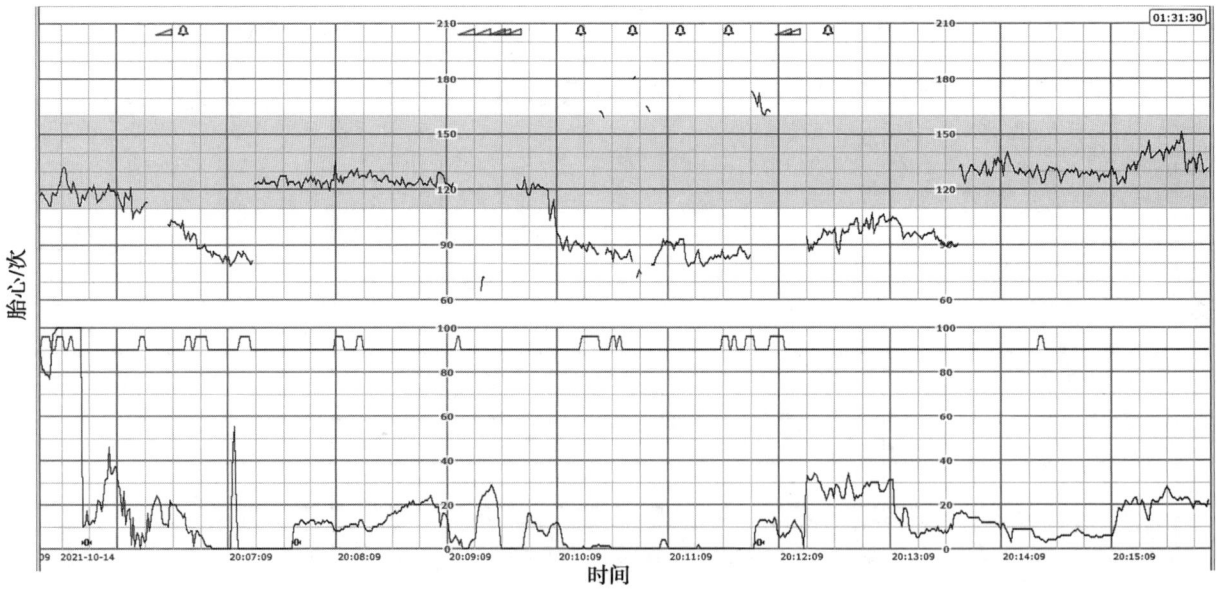

图 3-12　胎心延长减速

6）NST 无反应型见图 3-13。

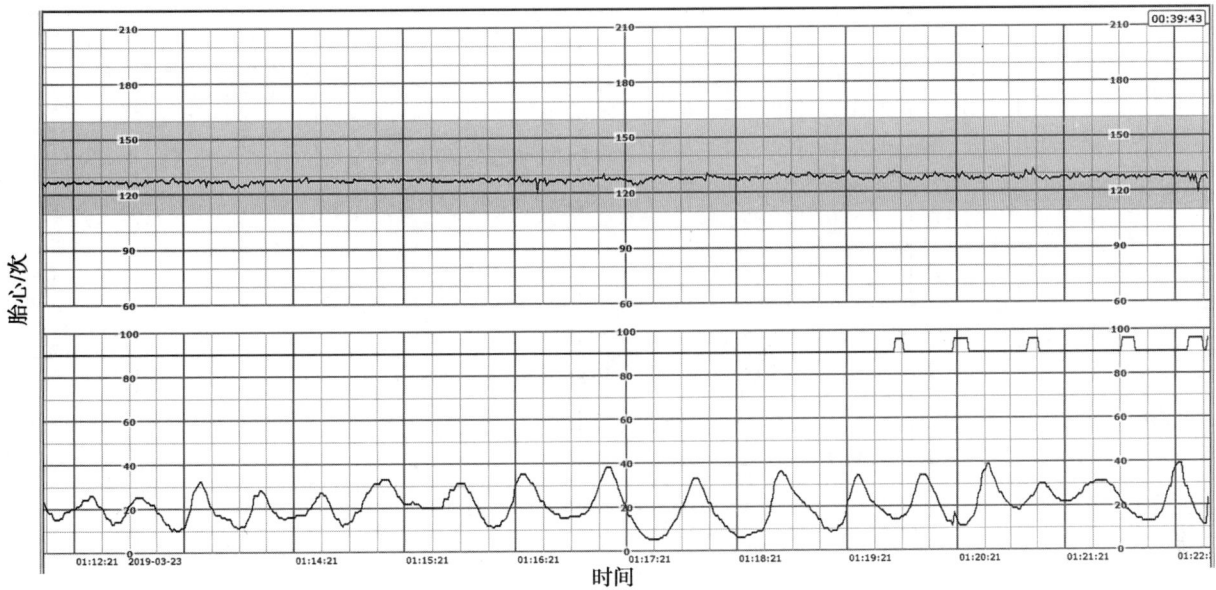

图 3-13　NST 无反应型

7）正弦波形见图 3-14。

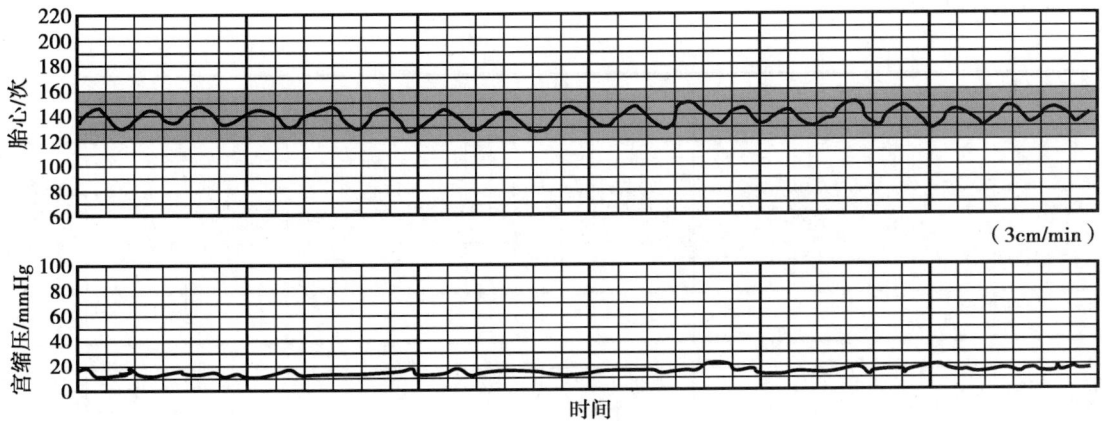

图 3-14　正弦波形

2. OCT 图形结果判读　主要基于是否出现晚期减速。

（1）阴性：无晚期减速或明显的变异减速。

（2）阳性：50% 以上的宫缩后出现晚期减速（即使宫缩频率<3 次 /10min）。

（3）可疑阳性：间断出现晚期减速或明显的变异减速。

（4）可疑过度刺激：宫缩过频时（>5 次 /10min）或每次宫缩时间>90s 时出现胎心减速。

（5）不满意的 CST：宫缩频率<3 次 /10min 或出现无法解释的图形。

（6）各类 OCT 图形见下列 5 种。

1) OCT 阴性见图 3-15。

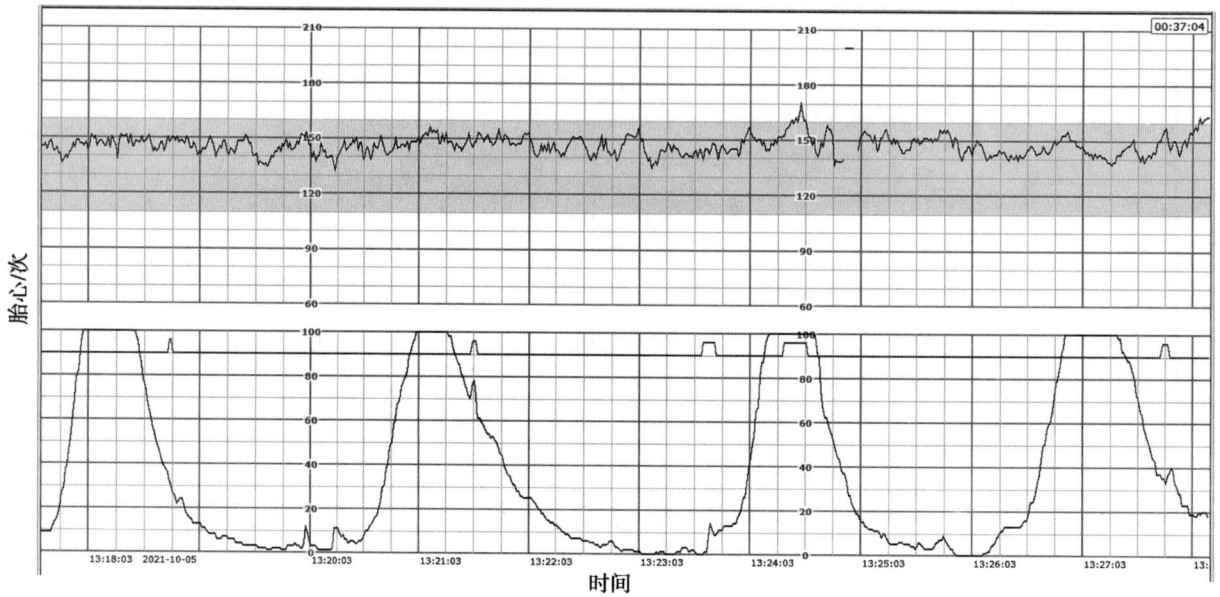

图 3-15 OCT 阴性

2) OCT 阳性见图 3-16。

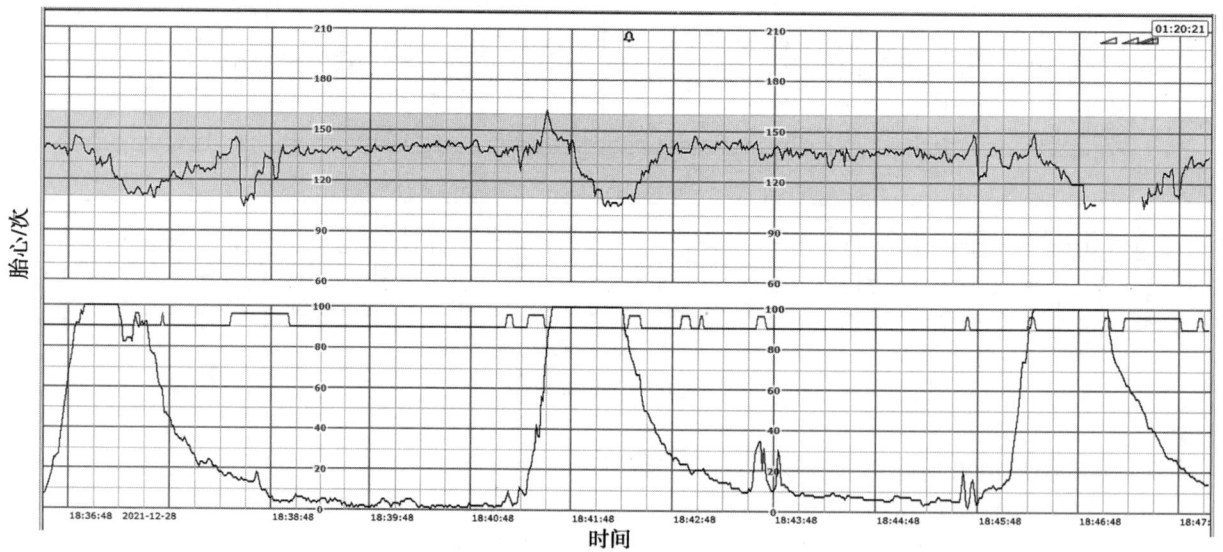

图 3-16 OCT 阳性

3）OCT 可疑阳性见图 3-17。

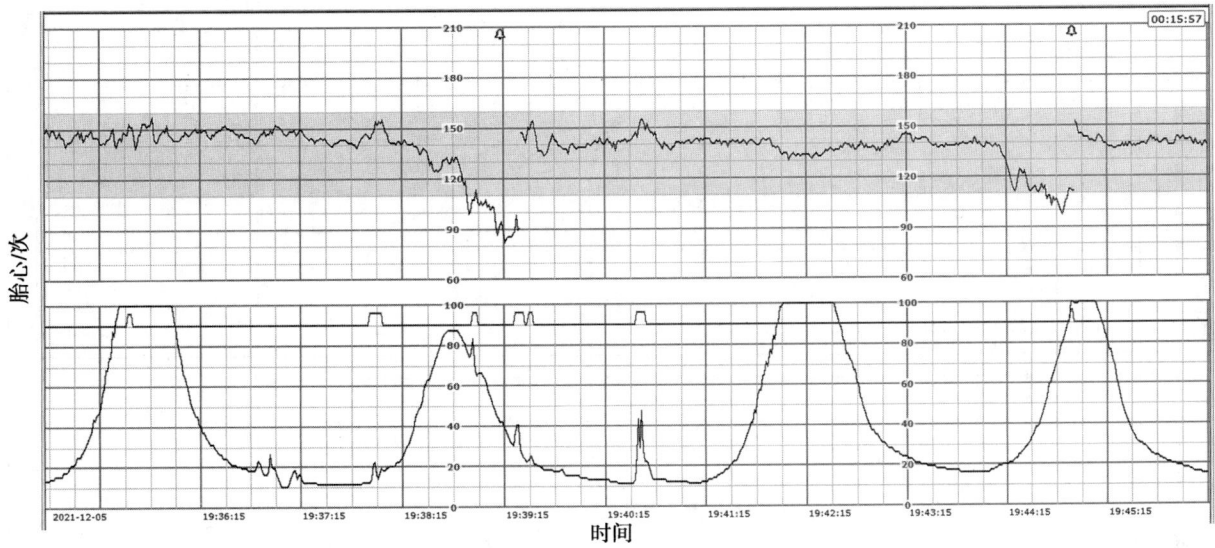

图 3-17　OCT 可疑阳性

4）OCT 可疑过度刺激见图 3-18。

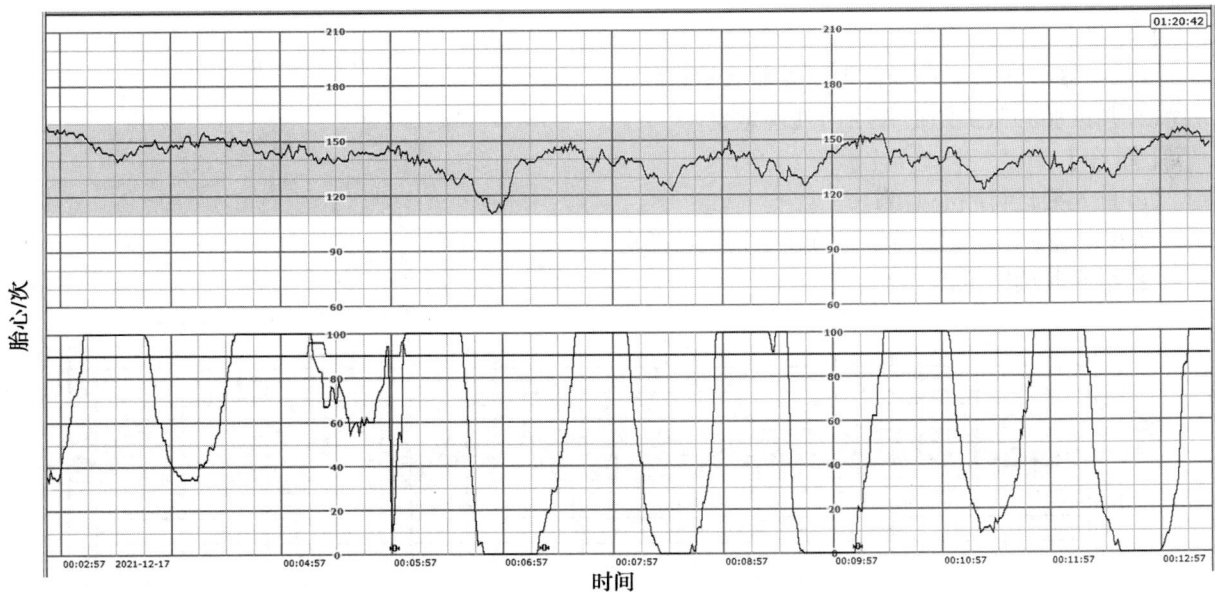

图 3-18　OCT 可疑过度刺激

5）不满意的 OCT 见图 3-19。

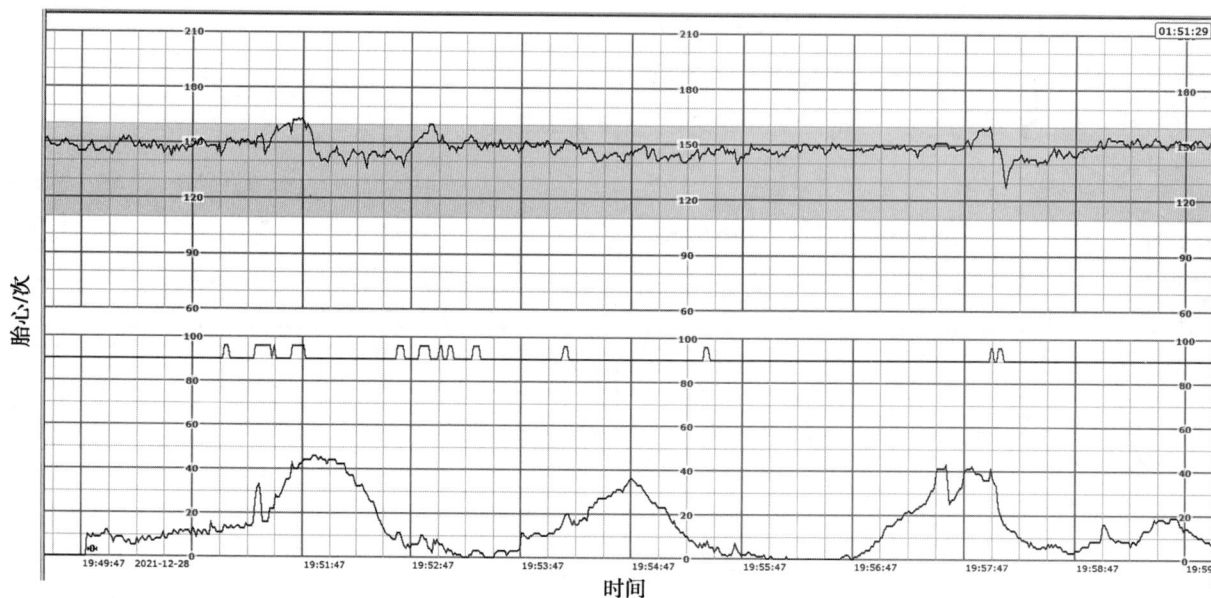

图 3-19　不满意的 OCT

（六）案例分享

1. **案例一**　患者,女,28 岁,首次妊娠,既往产检无特殊。现孕 38 周,无腹痛、阴道流血流液,自觉胎动减少半天来诊。

【问题】

（1）为明确诊断,下一步首先要做什么检查?

（2）判读胎心监护图形并给出处理意见。

【回答】

（1）首先要进行胎心监测。

回答正确后出示提示卡:请为该孕妇进行胎心监测。

（2）结果判读图见图 3-20。

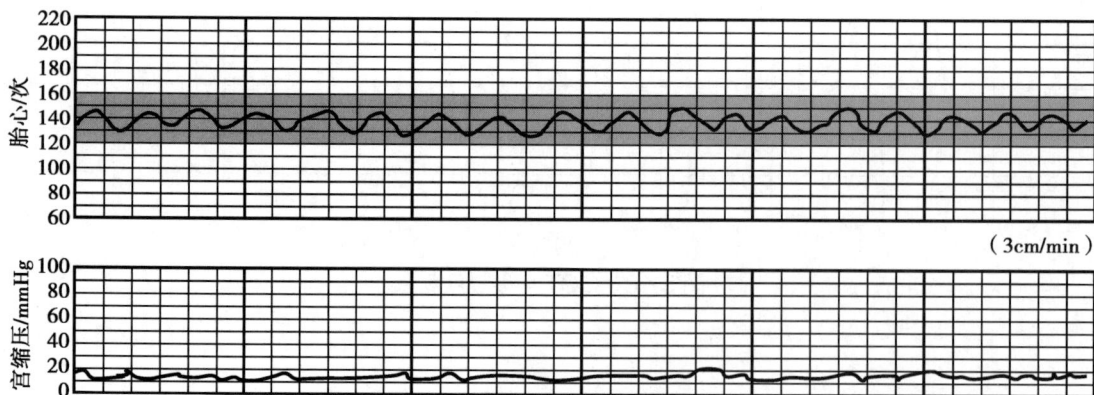

图 3-20　案例一胎心监护图形

胎心监测为正弦波形,提示胎儿宫内缺氧,立即予孕妇左侧卧位、吸氧、适当输液改善胎盘灌注、持续胎心监护等,如观察胎心反应仍无改善,应紧急行剖宫产术终止妊娠。

【临床思维】

监测胎动是孕妇自我评估胎儿宫内安危的简单而有效的方法。胎动减少往往提示胎儿宫内缺氧可能,需行胎心监护评价胎儿宫内安危状况。根据胎心监护图判断胎儿是否存在缺氧。胎心监测为正弦波形提示胎儿宫内缺氧,经左侧卧位、吸氧、适当输液改善胎盘灌注、持续胎心监护等,如观察胎心反应仍无改善,应紧急行剖宫产术终止妊娠。

2. **案例二** 孕妇,女,30 岁,G_2P_1,现妊娠 39 周,自觉胎动减少 1d,既往无特殊。

【问题】

请为该孕妇进行处置。

【回答】

针对这位孕妇,应立刻进行胎心监护和 B 超检查,评估胎儿状况。如发现缺氧迹象,建议左侧卧位、吸氧,并密切监测。必要时,考虑紧急剖宫产以确保母婴安全。

【临床思维】

当胎动减少时,这往往提示胎儿可能存在宫内缺氧的情况。此时,医生会进行四步触诊后,紧接着进行电子胎心监护,以全面评价胎儿在宫内的状况。

如果可疑或明确胎儿缺氧,应建议孕妇采取左侧卧位,给予吸氧,并适当输液以改善胎盘的灌注情况。同时,医生会进行持续的胎心监护,密切观察胎儿的反应。如果经过上述处理后,观察胎心反应仍无改善,应考虑紧急终止妊娠,以确保孕妇和胎儿的安全。

教学视频:电子胎心监护

(七) 胎心监测耗材及物品准备清单(表3-16)。

表 3-16 胎心监测耗材及物品准备清单

序号	物品名称	数量
1	孕妇模型	1 个
2	治疗车	1 个
3	电子胎心监护仪	1 个
4	胎心监测绑带	2 条
5	超声耦合剂	1 瓶
6	手消毒剂	1 瓶
7	一次性臀部垫单	1 包
8	笔	1 支
9	产检手册或纸张	1 份
10	屏风(视具体环境而定)	1 个
11	纸巾	1 包
12	医疗垃圾桶	1 个

（八）电子胎心监测评分标准（表3-17）

表3-17　电子胎心监测评分标准

项目		细则要求	分值	得分
操作前 （10分）	操作前 准备	1. 自我介绍,核对孕妇及孕周(1分)。 2. 向孕妇解释操作目的及必要性(1分) 3. 嘱孕妇操作前排尿(1分) 4. 室内温度适宜,注意保护孕妇隐私(1分)	4	
		物品准备: 1. 治疗车、电子胎心监护仪、专用胎心监护固定绑带、超声耦合剂(2分) 2. 手消毒剂、一次性臀部垫单、屏风(如检查床有拉帘则不用准备)、清洁纸巾或纱布、垃圾桶、笔、产检手册或纸张(2分)	4	
		操作者准备:看孕妇前后、准备物品前、操作前消毒双手(1分),戴口罩、帽子(1分)	2	
操作中 （78分）	操作 步骤	1. 拉上帘子或屏风,保护孕妇隐私(1分) 2. 再次核对孕妇,再次确认是否排尿(1分)	2	
		在孕妇臀部垫一次性垫巾防止交叉感染(1分),孕妇体位:半卧位(1分)	2	
		连接电源,启动胎心监护仪(4分);消毒双手,手要温暖(2分)	6	
		合理暴露腹部,适当抚摸腹部使孕妇放松,四步触诊确定胎位,判断胎背的位置(10分)	10	
		1. 将胎心探头放在胎背侧胎心听诊最清楚处,并用绑带固定(8分) 2. 宫缩传感探头固定于孕妇腹部前壁靠近宫底处(8分) 3. 将胎动计数器交到孕妇手中,并告知其使用注意事项及方法(8分)	24	
		按归零键归零,测定时间设为20min	6	
		操作过程中注意观察孕妇有无异常情况,及时处理	5	
		1. 监护结束,撤去探头(2分) 2. 帮孕妇擦净皮肤上的耦合剂(2分) 3. 协助孕妇穿好衣服,帮助孕妇取舒适体位(2分)	6	
		整理监护用物,并消毒双手	5	
		操作结束后处理: 1. 在胎心监护图上标注检查日期、时间,孕妇姓名、年龄(2分) 2. 判读胎心监测结果(10分)	12	
操作后 （12分）	指导	1. 告知孕妇正常胎心率的范围110~160次/min(2分) 2. 告知监测结果,同时给出处理意见,交代注意事项并做好记录(2分) 3. 告知孕妇自我监测胎动的方法(2分)	6	
	总体 质量	1. 操作熟练(3分) 2. 整个过程关注孕妇反应,动作轻柔,体现人文关怀(3分)	6	
总分			100	

（杨　力）

四、正常体位分娩助产

(一)适应证

1. 孕 28 周以后需要阴道分娩的产妇。

2. 绝大多数产妇均适用。

3. 阴道助产时,如产钳助产术、胎头吸引术、臀位牵引术等情况。

(二)禁忌证

1. 无阴道试产条件,须剖宫产终止妊娠者。

2. 身体残疾者,无法摆正体位。

(三)操作流程

1. 术前准备

(1)着装规范、戴外科口罩、帽子。

(2)环境准备:准备舒适、温湿度适宜的环境,确保私密性,如拉帘子或屏风,以保护患者隐私。

(3)核对产妇信息,了解其特殊病史及药物过敏史,并解释相关内容以取得产妇的配合。

(4)物品准备:灭菌产包、无菌手套、一次性手术衣、聚维酮碘、大棉签、无菌小方纱、新生儿复苏抢救用物(辐射台、气管导管、吸痰管、简易呼吸器、急救用药)、石蜡油。

(5)评估产妇病情:密切监测产妇的生命体征、子宫收缩、胎先露下降、胎方位等情况。同时,观察胎头拨露和着冠情况,以及会阴局部情况,了解子宫收缩的持续时间和间歇时间、强度和胎心音情况。

(6)产妇准备:协助产妇选择舒适的体位,排空膀胱。指导产妇在宫缩时配合腹压,自主意愿屏气用力,并及时给予正性回馈以增强产妇的信心。

(7)冲洗并消毒会阴:小、大阴唇→阴阜→两大腿内侧上 1/3 →会阴及肛周。

(8)以抗菌洗手液按六步洗手法清洗双手,清水冲净,无菌小毛巾擦干;取消毒液 3~5ml 于掌心,涂抹双手及前臂、待干;戴无菌手套、穿手术衣。

(9)助手协助打开产包,并出示灭菌指示卡。术者进行会阴铺巾并铺设产台,按照从近到远、由内向外的原则进行产科铺单。

(10)整理产包内的物品,将器械按照使用先后顺序摆放于产台上,并用聚血器盖住器械,露出手柄端。

2. 操作步骤

(1)再次指导产妇用力方法:产妇取仰卧位,双膝屈曲外展,双足蹬在产床上,双手握住床把手。在宫缩时深吸气后向下屏气用力,宫缩间歇期自由呼吸并放松全身,下次宫缩时再次屏气用力。

(2)胎头娩出

1)胎头拨露使阴唇联合紧张时,右手大鱼际顶住会阴部,宫缩时向上方托压,同时左手 2~3 指轻压胎头枕部,协助俯屈和下降,宫缩间歇时放松(防水肿),宫缩间歇时娩出胎头。

2)当胎头枕部到达耻骨弓下时,协助胎头仰伸。

3)左手自鼻根向下颏挤压,挤出口鼻内黏液和羊水,右手仍保护会阴。

4)协助复位和外旋转。

5)胎头娩出后迅速检查有无脐带绕颈。若有脐带绕颈,应触摸脐动脉搏动,检查脐带缠绕是否过紧。若脐带搏动且较松,可用手将脐带顺胎肩上推或沿胎头滑下;若脐带绕颈过紧,则立即用两把血管钳夹住一段脐带从中间剪断并松解,注意不要伤及胎儿颈部。

(3)娩出胎肩:协助前肩娩出(左手将胎儿颈部向下轻压、右手保护会阴);协助后肩娩出(左手托胎儿颈部向上、右手保护会阴)。

(4)指导产妇用力或等待下一阵宫缩,双手协助胎体及下肢相继以侧位缓慢娩出胎儿,并记录时间。

(5)胎儿娩出后,用吸球清理呼吸道。

(6)待羊水流尽后在产妇臀下放置聚血器,以计测出血量。

(7)断脐操作:待脐动脉搏动消失后(出生 1~3min),用套好脐圈的止血钳钳夹距离脐轮 2cm 处的脐带上,再用第二把止血钳钳夹离脐轮 5cm 处的脐带上。在两把止血钳中间剪断脐带,消毒脐带残端并上脐圈。然后松开止血钳,修整脐圈线。

(8)胎盘娩出:确认胎盘剥离且子宫收缩时,左手握住宫底并按压,同时右手轻拉脐带以协助娩出胎盘。当胎盘娩至阴道口时,双手捧住胎盘并向一个方向旋转且缓慢向外牵拉。必要时,使用止血钳钳夹住胎膜尾端以协助胎膜完整排出。

(9)检查胎膜胎盘完整性:将胎盘铺平并先检查母体面,观察胎盘小叶有无缺损。然后提起胎盘检查胎膜是否完整,再仔细检查胎盘两边缘有无血管断裂。

(10)按顺序检查软产道,包括宫颈、阴道和会阴。

3. 术后处理

(1)协助产妇取舒适体位并整理床单。按照消毒技术规范要求分类整理使用后的物品,并进行医疗垃圾分类处理。

(2)观察产妇的精神状态及对答情况,告知其注意事项。同时观察宫缩及阴道流血情况,并向产妇解释新生儿早接触、早吸吮的意义。指导产妇进食营养丰富的食物并告知母乳喂养的好处。

(3)洗手并完成分娩记录。

(四)操作注意事项

1. 关心并体贴产妇,指导其正确使用腹压。确保手法正确且动作轻柔,避免粗暴操作。

2. 全程保持无菌操作。

3. 全程监测胎心音及孕妇的生命体征情况。

4. 注意倾听产妇的主诉并密切观察其生命体征。

(五)案例分享

患者,女,25 岁,初孕,既往月经周期规则,现停经 9 月余,自觉腹阵痛 8h,肛门坠胀感 10min 来诊。孕妇查体:生命征正常,腹隆起如孕月大小,腹壁可见肢体活动,膀胱充盈,会阴体膨隆变薄,阴道检查:宫口近全,胎膜存,胎位左枕前(LOA),先露 +1。

【问题】

孕妇已临产,直接送入产房,作为产房接诊医生,最应该先完成哪两项操作?

【回答】

应立即听诊胎心音,嘱孕妇排空膀胱。

回答后展示提示卡:孕妇不能自行排尿,请给予导尿(导尿准备及评分标准详见护理章节)。

进行导尿准备时即可向其出提示卡:导尿后孕妇胎膜自破,羊水清,宫口开全,胎位左枕前,请上台接生,可请助手协助。

【临床思维】

在临床中遇到急诊腹痛孕妇时,首先要进行胎心音听诊,以确定胎儿是否存活。随后,应测量孕妇的生命体征,并详细询问相关病史,以排除阴道分娩的禁忌证。在评估可以进行接产后,一定要注意检查膀胱是否充盈。因为膀胱充盈在产前可影响胎头下降,导致产程异常;而在产后则可能影响子宫收缩,增加产后出血的风险。因此,在接产前务必确保膀胱已排空。

(六)分娩助产耗材及物品准备清单(表 3-18)

表 3-18 分娩助产耗材及物品准备清单

序号	物品名称	数量
1	接生模型	1 个
2	产包(包内有:手术衣 1 件、大产单 1 套、治疗单 5 块、纱布 5 块、脐圈 1 个、阴纱 1 条、血管钳 3 把、侧切剪 1 把、组织剪 1 把、持针器 1 把、镊子 1 把、弯盘 2 个、小药杯 2 个、聚血器 1 个、气门芯 2 个,吸球 1 个)	1 个

序号	物品名称	数量
3	正压呼吸器	1套
4	臀部垫巾	1张
5	聚维酮碘	1瓶
6	吸痰管	1根
7	大棉签	1包
8	各种型号无菌手套	2副
9	手消毒剂	1瓶
10	生活垃圾桶	1个
11	医疗垃圾桶	1个
12	鹅颈灯	1个
13	治疗车	1辆

(七) 正常体位分娩助产评分标准(表 3-19)

表 3-19 正常体位分娩助产评分标准

项目		细则要求	分值	得分
操作前 (13 分)	术前准备	核对产妇(2 分) 沟通: 1. 解释病情,安慰、鼓励患者(1 分) 2. 嘱患者排尿(1 分)	4	
		物品准备: 1. 灭菌产包一个(手术衣 1 件、大产单 1 套、治疗单 5 块、纱布 5 块、脐圈 1 个、阴纱 1 条);接生盘一套(血管钳 3 把、侧切剪 1 把、组织剪 1 把、持针器 1 把、镊子 1 把、弯盘 2 个、小药杯 2 个、聚血器 1 个、气门芯 2 个,吸球 1 个);正压呼吸气囊 1 套、吸痰管 1 根、灭菌手套 2 双(3 分) 2. 聚维酮碘、大棉签、一次性垫巾、手消毒剂(1 分) 3. 核对物品的有效期、完好性及密闭性(1 分)	5	
		术者准备: 1. 看产妇前后、准备物品前、操作前洗手(1 分) 2. 戴口罩、帽子,穿洗手衣(1 分)	2	
		1. 在患者臀部垫一次性垫巾防止交叉感染(1 分) 2. 患者体位:取膀胱截石位(1 分)	2	
操作中 (75 分)	外阴消毒	1. 开包,将消毒液倒入小药杯(1 分) 2. 大棉签消毒外阴,顺序:小阴唇→大阴唇、阴阜→大腿内上 1/3 →会阴及肛门周围(2 分) 3. 方式:左右对称,不留间隙,消毒 2 遍(1 分)	4	
	铺巾	1. 按六步洗手法洗手(1 分)后戴无菌手套、穿手术衣(2 分) 2. 按无菌技术、产科铺单原则:从近到远,由内向外;顺序:先臀下→两侧腿部(先右后左)→孔巾→会阴保护巾(4 分)	7	

续表

项目		细则要求	分值	得分
操作中 (75分)	整理 器械	1. 整理产包内的物品,将脐圈1个套于血管钳上(1分) 2. 并将器械按使用先后顺序摆放于产台上(1分) 3. 并用聚血器盖于器械上,露出手柄端(1分)	3	
	助产	1. 指导产妇用力并口述听胎心音(3分) 2. 胎头拨露使阴唇联合紧张时,右手大鱼际顶住会阴部,宫缩时向上方托压(2分) 3. 同时左手轻压胎头枕部,协助俯屈和下降(3分) 4. 宫缩间歇时放松(防水肿)(2分) 5. 胎头枕部到达耻骨弓下时,协助胎头仰伸(3分) 6. 宫缩间歇时娩出胎头(3分) 7. 左手自鼻根向下颏挤压,挤出口鼻内黏液和羊水(3分) 8. 右手仍保护会阴(3分) 9. 协助复位和外旋转(3分) 10. 脐绕颈的处理(2分) 11. 协助前肩娩出(左手将胎儿颈部向下轻压、右手保护会阴)(3分) 12. 协助后肩娩出(左手托胎儿颈部向上、右手保护会阴)(3分) 13. 双手协助胎体及下肢相继以侧位娩出并记录时间(3分);清理呼吸道(3分) 14. 待羊水流尽后在产妇臀下放置聚血器,以计测出血量(3分)	42	
	新生儿 处理	断脐: 1. 待脐动脉搏动消失后(出生1~3min)(1分) 2. 用带脐圈的止血钳夹距离脐轮2cm处的脐带上(2分) 3. 第二把止血钳夹离脐轮5cm处的脐带上(1分) 4. 在两把止血钳中间剪断脐带(1分) 5. 消毒脐带残端上脐圈(2分) 6. 松开止血钳,修整脐圈线(1分) 7. 双手托抱新生儿,给产妇看性别,随后交给台下助手(2分)	10	
	胎盘 娩出	1. 确认胎盘是否剥离(1分) 2. 子宫收缩时,左手握住宫底并按压,同时,右手轻拉脐带,协助娩出胎盘;胎盘娩至阴道口时,双手捧住胎盘,向一个方向旋转并缓慢向外牵拉,协助胎膜完整排出(3分) 3. 检查胎盘、胎膜完整性:将胎盘铺平,先检查母体面,检查胎盘小叶有无缺损,然后将胎盘提起,检查胎膜是否完整,再仔细检查胎盘两边缘有无血管断裂(2分)	6	
	检查 软产道	检查软产道;按宫颈、阴道、会阴顺序	3	
操作后 (12分)	术后 整理	1. 协助产妇取舒适体位(1分) 2. 整理床单,按消毒技术规范要求分类整理使用后物品,医疗垃圾分类处理(1分) 3. 观察患者精神及对答情况,告知注意事项,观察宫缩及阴道流血情况(1分) 4. 洗手(1分) 5. 完成分娩记录(1分)	5	
	质量	1. 操作熟练(2分) 2. 无菌观念强(3分) 3. 整个过程关注患者反应,动作轻柔,体现人文关怀(2分)	7	
总分		动作粗暴扣20分	100	

(甘海丝)

五、新生儿出生的处置

(一) 适应证

所有的新生儿。

(二) 禁忌证

1. 新生儿呼吸不正常,需要使用持续气道正压。

2. 母亲出现医疗状况,需紧急处理。

(三) 操作流程

1. 操作前准备

(1)健康教育:待产过程中向孕产妇及其家属介绍新生儿早期基本保健的内容、优点和注意事项等,使孕产妇及其家属能够理解、接受和配合。

(2)环境准备

1)分娩区:保持产房光线充足,室内清洁,室温控制在 25~26℃,关闭电扇及门窗,确保无空气对流。产房配备带有秒针的时钟,以便于记录时间。接产前,助产人员按照七步洗手法认真洗手,开产包,放置两双干净的手套(如果是同一接产人员处理脐带)、注射器一个,将治疗单铺于产妇臀下,在产妇腹部放置一条无菌干毛巾,为擦干新生儿做准备。并将另外一条无菌干毛巾和1个软的新生儿小帽子放置于便于助产人员拿取的位置(如产妇肩上),为新生儿保暖做准备。

2)新生儿复苏区:以右势手为例,新生儿复苏区应设置于助产人员左侧。复苏区可以是辐射保暖台(设置温度 34℃)或提前预热的处置台,复苏区应放置一条无菌干毛巾。检查复苏囊、面罩和吸引装置等复苏设备是否功能良好。复苏区与产床距离不应超过 2m。复苏区和复苏气囊等设备应与产床按 1∶1 配备。

3)接产人员准备:接产人员按照七步洗手法洗手,穿手术衣,戴 2 副手套,按照便于使用的顺序放好止血钳、脐带剪,注射器抽吸缩宫素及棉签蘸碘伏备用(如果是同一接产人员肌注缩宫素)。

(3)物品准备

1)无菌产包:①无菌干毛巾 3 条、小帽子 1 个、无菌手套 2 副、手术衣 1 件、止血钳 2 把、断脐剪 1 把、脐带结扎胶圈 1 根或脐带夹 1 个。②集血器 1 个、带尾纱 2 张、纱布数块、棉签 2 根、缝针 1 把、持针钳 1 把、线剪 1 把。

2)助产相应的器械和物品:心电监护仪、胎心监护仪、悬吊式分娩床、助行车、分娩椅、分娩球、靠垫等。

3)新生儿复苏设备:血氧饱和度监护仪、负压装置、氧气源、面罩、复苏囊、气管导管、喉镜、胎粪吸引器等复苏设备功能良好。

4)婴儿衣服及包被各 1 张、尿片 1 张、婴儿手腕带 2 个、胸卡 1 个、卷尺 1 个、病历单 1 张、印油 1 个。

(3)药品准备

1)新生儿抢救常用药物:1∶10 000 肾上腺素、0.9% 氯化钠溶液。

2)常用药物:缩宫素、维生素 K_1。

3)注射器:1ml、2ml、10ml 注射器数个。

2. 操作步骤

(1)生后 1min 内的保健措施:新生儿娩出后,接产人员立即报告新生儿出生时间(某时某分某秒)及性别。并将新生儿仰卧置于母亲腹部已经铺好的干毛巾上,在 5s 内开始彻底擦干新生儿,20~30s 内完成擦干动作。按照顺序擦干眼睛、面部、头、躯干、四肢及背部。擦干后撤除湿毛巾,将新生儿置于俯卧位(腹部朝下,头偏向一侧),取另一张干毛巾遮盖新生儿身体,给新生儿戴上小帽子保暖,与母亲开始皮肤接触。同时立即快速评估新生儿的呼吸状况,若新生儿有呼吸或哭声,检查无第二个宝宝,分娩后 1min 内给妈妈注射缩宫素 10U。如果新生儿出现喘息或无呼吸,接产人员应求助助手,立即脱掉第一副手套,快速用无菌止血钳夹住并剪断脐带,迅速移至预热的复苏区,在转移的过程中,快速盖好宝宝。参照《中国新生儿复苏指南》,实施新生儿复苏。开始复苏时,务必在 1min 内建立有效通气,如果有胎粪污染且新生儿无活力,需要立即进行气管内插管吸引胎粪,除此以外,所有新生儿生后 1min 内不建议常规进行口鼻吸引。

(2)新生儿生后 1~3min 的保健措施

1)皮肤接触:如果新生儿状况良好,不要将新生儿与母亲分开,保持新生儿与母亲皮肤接触。

2)处理脐带:接产人员脱掉外面的手套,右手抓住新生儿肩膀侧翻,左手检查脐带的搏动,脐带搏动停止后再夹脐带(通常需要 1~3min),用 2 把无菌止血钳分别在距脐带根部 2cm 和 5cm 处夹住脐带,用无菌剪刀剪断脐部,并扎上脐带胶圈止血,确保接触或处理脐带的手套和器械是无菌的。WHO 指南建议,在医院内分娩且严格执行无菌操作的条件下(除非有感染迹象),不使用任何消毒剂消毒脐带的断端及周围皮肤,让脐带断端暴露在空气中并保持清洁和干燥,有利于脐带脱落。

(3)生后 90min 内的保健措施:保持新生儿与母亲不间断、持续的皮肤接触至少 90min。严密观察新生儿的呼吸、心率、面色。当新生儿出现张嘴、舔舌 / 嘴唇、口水流、寻找或爬行、吸吮手指等觅乳征象时,应指导母亲开始母乳喂养,促进早吸吮和早开奶。医护人员不要强迫新生儿和母亲进行母乳喂养,应在有觅乳征象后再进行母乳喂养指导,并确保母亲正确的哺乳体位和新生儿正确的含接姿势。每隔 15min 监测 1 次新生儿的呼吸和体温,如果新生儿出现疾病症状,则对新生儿进行检查并及时处理。如果新生儿复苏成功后,生命体征平稳,把宝宝抱回来和母亲进行皮肤接触,盖好宝宝。

(4)新生儿出生后 90~120min 的保健措施:协助母亲及新生儿进行皮肤接触及早吸吮 90min 后,在母亲旁边完成以下新生儿保健内容。操作者清洁手后,向母亲解释准备操作的内容和方法。

1)体格检查:确定新生儿健康状况是否良好或存在异常问题。检查内容包括呼吸情况(包括有无呻吟、胸廓凹陷、呼吸急促或缓慢等呼吸困难)、肌张力及活动、皮肤颜色、脐带水肿或渗血、有无产伤和畸形等。检查结束后,给新生儿右手腕及右脚踝戴上有身份标识的腕带,并在病历上印上脚印及母亲的手印。鼓励母亲与新生儿持续进行皮肤接触。如果母亲由于并发症等不能和新生儿进行皮肤接触,应教会父亲或其他家属进行正确的袋鼠式护理。

2)测量体重和身长:与母亲核实新生儿性别后,测量新生儿头围、胸围、身长、体重,并告知母亲和家长测量结果。体重秤称重结束后要及时清洁。

3)测量体温:注意保温,因早产儿和低出生体重儿低体温容易导致死亡。新生儿早期基本保健指南(EENC)指出,新生儿的正常腋下体温是 36.5~37.5℃。体温在 35.5~36.4℃ 则低于正常,需要改善保暖(如袋鼠式护理)。使用水银体温计测温时,应将体温计的尖端夹在新生儿的腋窝下,握紧新生儿的上臂以夹紧体温计,持续 5min 后查看结果。注意必须使用能够测量 35.5℃ 以下的体温计测量,每次测量完毕用酒精浸泡消毒体温计。

4)眼部护理:新生儿常规进行眼部护理能预防严重的眼部感染,尤其是有生殖道感染的情况。新生儿早期基本保健指南推荐使用红霉素眼膏预防眼部感染。使用红霉素眼膏时,将长约 0.5cm 的眼膏从下眼睑鼻侧一端开始涂抹,扩展至眼睑的另一端。同法用于另一只眼睛。眼部用药护理 1 次即可,如果眼睑红、肿胀、分泌物过多,需转专科诊疗。

5)脐部护理:断脐时无需给脐带断端外敷任何药物,包括草药或其他消毒剂,除非脐带断端有感染迹象。脐带断端应暴露在空气中并保持清洁和干燥,不要在脐带断端上缠绷带、盖纸尿裤或包裹其他东西,以利于脐带残端脱落。如果脐带断端被粪便或尿液污染,可用清洁的水清洗后擦干保持干燥。如果脐带断端出血,需重新结扎脐带。如果脐带断端红肿或流脓,用 75% 的酒精护理感染部位每天 3 次,然后用干净的棉签擦干。如果流脓和红肿 2d 内无好转,应转诊治疗。

6)肌内注射维生素 K_1:建议常规给新生儿使用维生素 K_1 预防出血,使用剂量是 1mg 肌内注射(<1 500g 的早产儿用 0.5mg)。注射部位为新生儿大腿中部正面靠外侧。

7)预防接种:出生后尽快接种乙肝疫苗及卡介苗。如果母亲为乙肝携带者,新生儿应在出生后 6h 内注射乙型肝炎高效免疫球蛋白(100~200U)和乙肝疫苗(10μg)。

(四)操作注意事项

1. 医护人员需严格无菌操作,接触新生儿前后必须洗手,患感染性疾病或带菌者不应探视。

2. 操作者动作需轻柔,以免损伤新生儿。

3. 乙肝病毒携带的母亲,其新生儿应尽早注射乙型肝炎高效免疫球蛋白(100~200U)和乙肝疫苗(10μg)。

(五) 案例分享

患者,女,30 岁,G$_1$P$_1$,孕 39 周,于 10 时 25 分阴道分娩一活男婴,助产士立即置于母亲腹部已经铺好的干毛巾上,并迅速擦干新生儿,快速评估 1min Apgar 评分 10 分。助产士撤除湿毛巾后将新生儿腹部向下,头偏向一侧呈俯卧位与母亲进行皮肤早接触。助手同时取另一清洁预热的干毛巾覆盖新生儿身体,并给新生儿戴上小帽子。10 时 28 分,助产士判断脐带停止搏动后,不消毒脐部,直接用 2 把无菌止血钳分别在距脐带根部 2cm 及 5cm 处夹住脐带,断脐后扎上脐圈止血,保持脐带断端暴露、清洁和干燥。

【问题】

1. 该操作是否正确? 下一步处理应该做什么? 请判断后处置。

2. 进行该操作时容易出现什么问题?

【回答】

1. 操作判断:该操作是正确的。新生儿出生后立即置于母亲腹部进行擦干,并在脐动脉搏动停止后进行断脐,符合新生儿早期基本保健的要求。

2. 后续处理:应保持新生儿与母亲的持续皮肤接触至少 90min。期间应严密观察新生儿的呼吸、面色等体征。当出现流口水、张大嘴、舔舌/嘴唇、寻找/爬行动作、咬手指动作等觅食征象时,指导母亲进行母乳喂养,促进早吸吮和早开奶。

3. **操作中可能出现的问题**

(1)新生儿出生后没有在母亲的腹部进行擦干。

(2)新生儿擦干启动时间没有在出生后 5s 内进行。

(3)擦干时间没有在 20~30s 的范围内或是擦干不彻底。

(4)缩宫素没有在分娩后 1min 内进行注射。

(5)断脐时没有脱手套,未严格执行无菌操作。

(6)皮肤接触时没有完全裸露皮肤。

(7)新生儿出现觅乳征象时没有及时指导第一次母乳喂养。

(8)母婴皮肤接触时间不足 90min。

(9)母婴皮肤接触时有干扰操作或是中断皮肤接触。

【临床思维】

新生儿早期基本保健指南强调出生后即刻保健,包括立即擦干、避免常规吸痰、母婴皮肤接触至少 90min、待脐动脉停止搏动后再结扎脐带、鼓励早期母乳喂养等。这些措施旨在降低新生儿死亡率,促进母婴健康。我国已开始推广这一指南,以改变一些可能有害的传统做法。

教学视频:新生儿的出生处置

(六) 新生儿出生的处置耗材及物品准备清单(表 3-20)

表 3-20 新生儿出生的处置耗材及物品准备清单

序号	物品名称	数量
1	无菌产包、监护仪	各 1 套
2	无菌产包(无菌干毛巾 3 条、小帽子 1 个、无菌手套 2 副、手术衣 1 件、止血钳 2 把、断脐剪 1 把、脐带结扎胶圈 1 根或脐带夹 1 个、集血器 1 个,带尾纱 2 张、纱布数块、缝针、剪刀)	1 个
3	1:10 000 肾上腺素、0.9% 氯化钠溶液、缩宫素及维生素 K$_1$ 针剂	各 1 个

（七）新生儿出生的处置评分标准（表3-21）

表3-21　新生儿出生的处置评分标准

项目		细则要求	分值	得分
操作前 （20分）	分娩前 准备	环境准备：保持产房光线充足，室内清洁，室温控制在25~26℃，关闭电扇及门窗，确保无空气对流。墙上有秒针的手表或电子表	2	
		物品准备： 1. 无菌产包1个（无菌干毛巾3条、小帽子1个、无菌手套2副、手术衣1件、止血钳2把、断脐剪1把、脐带结扎胶圈1根或脐带夹1个、集血器1个，带尾纱2张、纱布数块、缝针、剪刀） 2. 助产相应的器械和物品：如监护仪、助行车、分娩椅、分娩球、靠垫等 3. 新生儿用物：预热辐射保暖台、新生儿复苏设备、预热干净的干毛巾、吸耳球或负压吸引器、氧源、新生儿面罩、复苏囊、气管导管、喉镜、胎粪吸引器、婴儿衣服及包被1张、婴儿手腕带2个、胸卡1个、卷尺1个、病历单1张、印油1个	5	
		药品准备： 1. 新生儿抢救常用药物：1∶10 000肾上腺素、0.9%氯化钠溶液 2. 常用药物：缩宫素及维生素K_1 3. 注射器：1ml、2ml、10ml注射器数个	5	
		监测与沟通：准备物品的同时加强对母胎的密切监测，并根据监测情况与产妇及时沟通处理	3	
		准备产台： 1. 助产人员认真七步洗手，开产包，放置两双干净的手套（如果是同一接产人员处理脐带）、注射器一个，将将产单铺于产妇臀下。在产妇腹部放置一条无菌干毛巾，为擦干新生儿做准备，并将另外一条无菌干毛巾和1个软的新生儿小帽子放置于便于接产人员拿取的位置（如产妇肩上），给新生儿保暖做准备 2. 将一条无菌干毛巾放置于新生儿辐射保暖台，打开电源，设置温度34℃，检查复苏囊、面罩和吸引装置等复苏设备是否功能良好 3. 接产人员按照七步洗手法洗手，穿手术衣，戴2副手套，放好止血钳、脐带剪，注射器抽吸缩宫素及棉签蘸碘伏备用（如果是同一接产人员肌注缩宫素）	5	
操作中 （70分）	新生儿出 生至生后 90min的保 健措施	生后1min内的保健措施： 1. 胎儿娩出后，接产人员立即报告新生儿出生时间（某时某分某秒）及性别 2. 并将新生儿仰卧置于母亲腹部已经铺好的干毛巾上，在5s内开始彻底擦干新生儿，20~30s内完成擦干动作。按照顺序擦干眼睛、面部、头、躯干、四肢及背部。擦干后撤除湿毛巾，将新生儿置于俯卧位（腹部朝下，头偏向一侧），取另一张干毛巾遮盖新生儿身体，给新生儿戴上小帽子保暖，与母亲开始皮肤接触 3. 擦干同时立即快速评估新生儿的呼吸状况，若新生儿有呼吸或哭声，检查无第二个宝宝，分娩后1分钟内给妈妈注射缩宫素10U 4. 如果新生儿出现喘息或无呼吸，接产人员应求助助手，立即脱掉第一副手套，快速用无菌止血钳夹住并剪断脐带，迅速移至预热的复苏区，在转移的过程中，快速的盖好宝宝 5. 如果有胎粪污染且新生儿无活力时需要立即进行气管内插管吸引胎粪，除此以外所有新生儿生后1min内不建议常规进行口鼻吸引	10	

续表

项目		细则要求	分值	得分
操作中 (70 分)	新生儿出生至生后90min 的保健措施	新生儿生后 1~3min 的保健措施： 1. 皮肤接触：新生儿状况良好，不要将新生儿与母亲分开，保持新生儿与母亲皮肤接触 2. 处理脐带：等待脐动脉搏动停止后方可处理脐带，可在母婴皮肤接触同时处理，用 2 把无菌止血钳分别在距脐带根部 2cm 和 5cm 处夹住脐带，并用无菌剪刀剪断脐部，并扎上脐圈止血	10	
		生后 90min 内的保健措施： 1. 保持新生儿与母亲不间断、持续的皮肤接触至少 90min。观察新生儿觅乳征象时指导母亲开始母乳喂养，尽快早吸吮和早开奶。期间加强巡视母亲和新生儿，每隔 15min 测量 1 次新生儿的呼吸、心率和体温，发现新生儿出现异常疾病症状时应及时进行检查并处理 2. 如果新生儿复苏成功后，生命体征平稳，把宝宝抱回来和母亲进行皮肤接触，盖好宝宝。	10	
	新生儿生后90~120min的保健措施	体格检查：检查呼吸情况、肌张力及活动、皮肤颜色、脐带水肿或渗血、有无产伤和畸形等。检查结束后，给新生儿右手腕及右脚踝戴上有身份标识的腕带，并在病历上印新生儿脚印及母亲的手印	10	
		测量体重和身长：与母亲核实新生儿性别后，测量新生儿头围、胸围、身长、体重并告知母亲和家长测量结果	5	
		测量体温：注意保温，出生体重 <2 500g 的新生儿需要加强保暖或进行袋鼠式护理等特殊护理，预防低体温的发生	5	
		眼部护理：新生儿早期基本保健指南推荐使用红霉素眼膏预防眼部感染。眼部用药护理 1 次即可，如果眼睑红、肿胀、分泌物过多，需转专科诊疗	5	
		脐部护理：断脐时无需给脐带断端外敷任何药物，包括草药或其他消毒剂除非脐带断端有感染迹象	5	
		肌内注射维生素 K_1：常规给新生儿使用维生素 K_1 预防出血，在新生儿大腿中部正面靠外侧肌内注射 1~5mg	5	
		预防接种：出生后尽快接种乙肝疫苗及卡介苗，如果母亲为乙肝携带者，新生儿应在出生后 6h 内注射乙型肝炎高效免疫球蛋白(100~200U)和乙肝疫苗(10μg)	5	
操作后 (10 分)	注意事项	1. 医护人员严格无菌操作，接触新生儿前后必须洗手，患感染性疾病或带菌者应不能探视 2. 操作者要动作轻柔，以免损伤新生儿 3. 对于乙肝病毒携带的母亲，其新生儿应尽早注射乙型肝炎高效免疫球蛋白(100~200U)和乙肝疫苗(10μg)	10	
		总分	100	

（陈丽芬）

第四章

儿 科

第一节 新生儿科基本技能操作

一、新生儿窒息复苏

(一) 适应证

新生儿窒息是引发新生儿死亡和伤残的主要原因,因此,采取正确且规范的复苏措施对于降低由窒息导致的死亡率和伤残率具有至关重要的意义。在新生儿中,大约90%能够无需任何辅助即顺利完成从宫内到宫外环境的过渡,但仍有约10%的新生儿需要一定的辅助才能开始呼吸,更有极少数(少于1%)的新生儿需要更为深入的干预措施。鉴于无法每次准确预测新生儿是否需要复苏,医疗团队必须时刻保持高度准备,以便对每一例新生儿实施迅速且有效的生命拯救复苏措施,尤其对于那些伴有高危因素的新生儿。

(二) 复苏的准备

1. **医务人员的配备** 每次分娩时,需确保有负责处理新生儿的人员在场,至少应有一名合格且熟练掌握复苏技能的医务人员在场。若存在高危因素,则需多名复苏人员,组建一个合格的、掌握完整复苏技术的团队,并做好具体的分工,包括评估产前危险因素、确定团队组长、分配各项任务、决定记录人员、确保所需物品、仪器和药品处于良好功能状态,以及明确如何呼叫以寻求进一步支援。

2. **器械和用品的准备** 复苏所需要的所有仪器和材料应准备齐全并检查,保证其功能良好,如图4-1、图4-2、图4-3、图4-4所示。

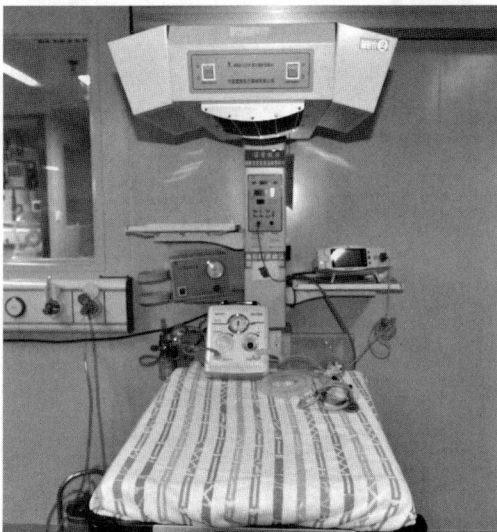

图 4-1　保暖远红外辐射保暖台

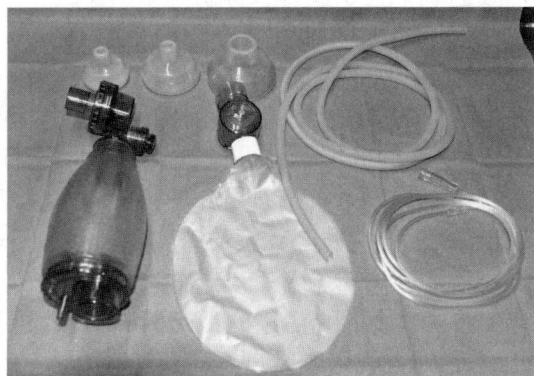

图 4-2　面罩及复苏器

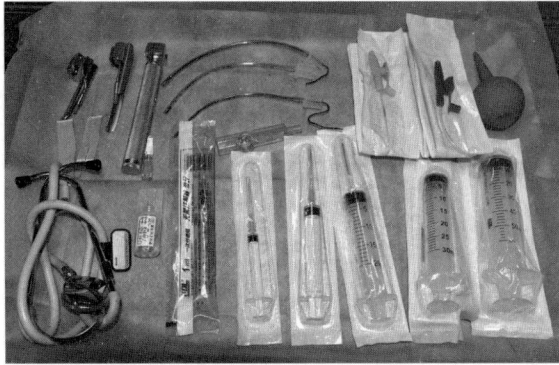

图 4-3 气管插管配备物品

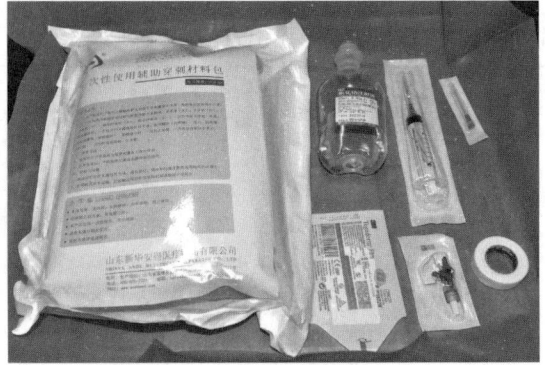

图 4-4 脐静脉穿刺物品

(1) 保暖：设置产房温度为 24~26℃。远红外辐射保暖台，开启并调好温度 32~34℃；预热毛巾或毛毡(至少 2 张)；温度传感器；帽子；塑料袋或保鲜膜(<32 周)；预热的床垫。

(2) 清理呼吸道：吸引球、10 号或 12 号吸痰管连接负压吸引器，压力 80~100mmHg、胎粪吸引管。

(3) 听诊：听诊器。

(4) 通气：各种型号的面罩(足月儿、早产儿)、气流充气式或自动充气式复苏囊、T- 组合复苏器、6 号和 8 号胃管和大号空针。

(5) 氧气装置：配有气流表和导管的氧源、3- 导联心电监护仪和电极片或脉搏氧饱和度仪及传感器、目标氧饱和度值表格。

(6) 气管插管：喉镜 0 号、1 号镜片、导管芯(金属导丝)、不同型号的气管导管、卷尺、气管插管插入深度表、防水胶布、剪刀、灯泡、电池、垫肩、无菌手套、喉罩气道(1 号)、5ml 注射器、时钟。

(7) 用药：1∶10 000 肾上腺素、0.9% 氯化钠溶液、纳洛酮、脐静脉插管和给药所需物品(脐静脉穿刺包，含 1ml、5ml、10ml、20ml、50ml 注射器、头皮针)。

(三) 复苏的步骤

1. **快速评估** 出生后立即用几秒钟的时间快速评估 4 项指标：①足月吗？②羊水清吗？③有哭声或呼吸好吗？④肌张力好吗？如以上 4 项中有 1 项为"否"，则进行以下初步复苏。

2. **初步复苏**

(1) 保暖：将新生儿放在辐射保暖台上或因地制宜采取保温措施，如用预热的毯子裹住新生儿以减少热量散失等。有条件的医疗单位对体重<1 500g 的极低出生体重儿可将其头部以下躯体和四肢放在清洁的塑料袋内，或盖以塑料薄膜置于辐射保暖台上，摆好体位后继续初步复苏的其他步骤。另外，要注意保暖温度不能过高，以防引发呼吸抑制。见图 4-5。

(2) 体位：将新生儿头颅置于轻度仰伸位(鼻吸气位)。

(3) 吸引：在肩娩出前助产者用手将新生儿的口咽、鼻中的分泌物挤出。娩出后，用吸引球或吸痰管

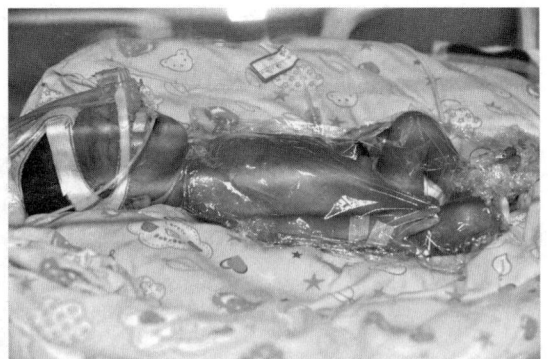

图 4-5 保暖

(10F 或 12F)先口咽后鼻清理分泌物。过度用力吸引可导致喉痉挛和迷走神经性的心动过缓并使自主呼吸出现延迟。应限制吸管的深度和吸引时间(10s)，吸引器的负压不超过 100mmHg(13.3kPa)。见图 4-6。

但在遇到羊水胎粪污染的情况时，根据我国国情及实践经验，建议首先评估新生儿是否具有活力(活力是指呼吸规则或哭声响亮、肌张力良好及心率>100 次 /min，若其中任何一项不符合，则视为无活力)。若新生儿有活力，应继续进行初步复苏；若新生儿无活力，则应在出生后 20s 内完成气管插

管,并使用胎粪吸引管吸引胎粪,随后再进行初步复苏。如果若不具备气管插管的条件而新生儿又无活力时,应迅速清理口鼻分泌物,并立即使用气囊面罩开始正压通气。

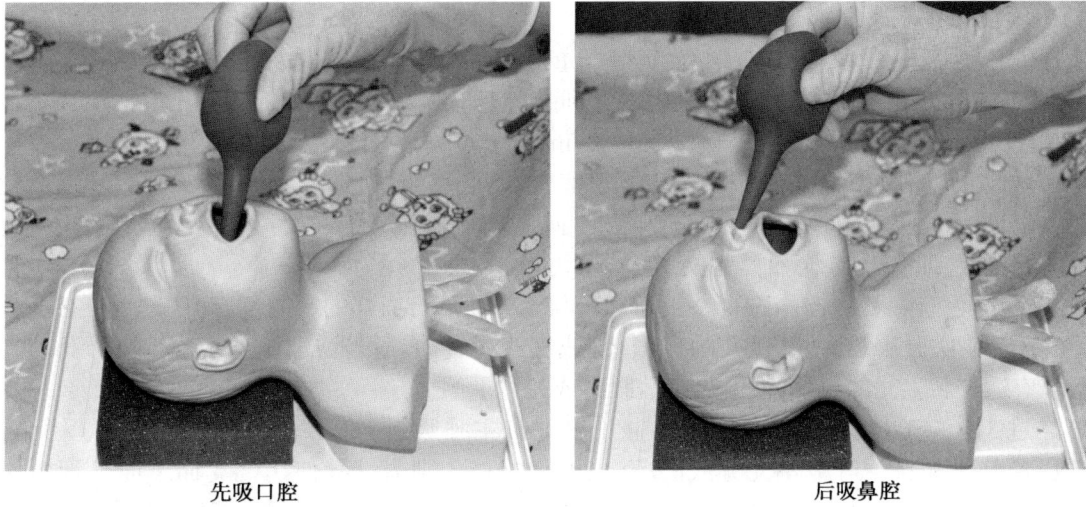

先吸口腔　　　　　　　　　　　　后吸鼻腔

图4-6　清理口鼻分泌物

(4)擦干:快速擦干全身,拿掉湿毛巾。

(5)刺激:手拍打或手指轻弹新生儿的足底或摩擦背部两次以诱发自主呼吸,如这些努力无效表明新生儿处于继发性呼吸暂停,需要正压通气。见图4-7。

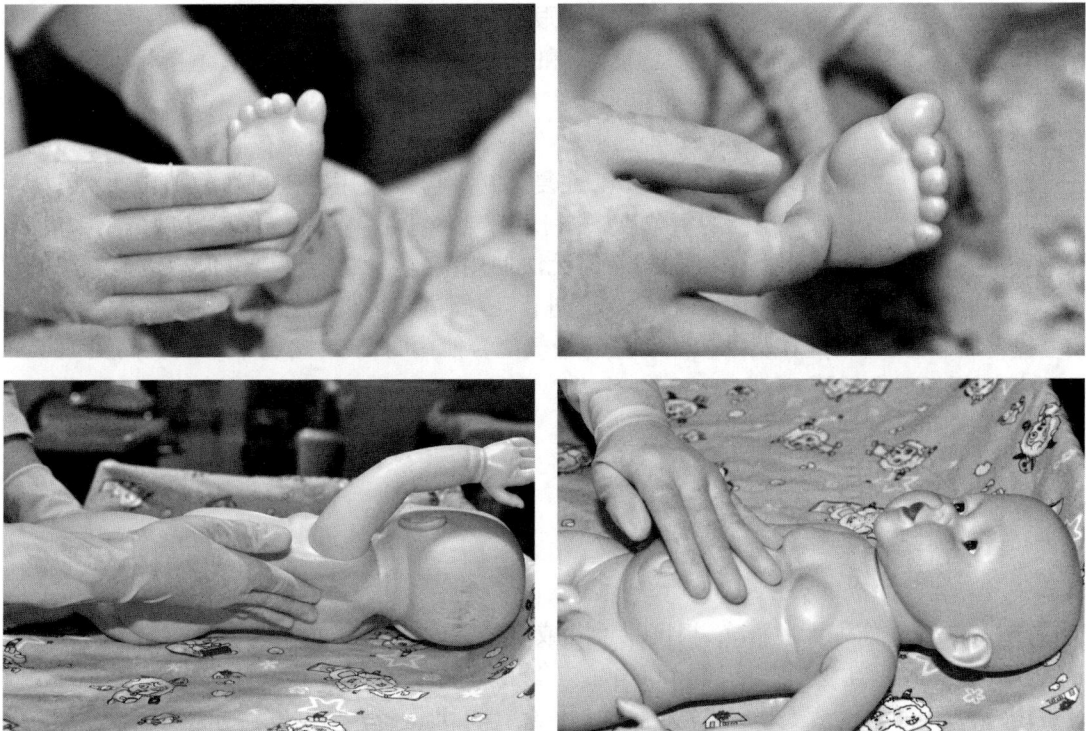

图4-7　刺激

3. 正压通气　新生儿复苏成功的关键是新生儿肺部的有效通气。

(1)指征

1)呼吸暂停或喘息样呼吸。

2）心率<100 次 /min。

3）有呼吸、心率≥100 次 /min，但有呼吸困难或持续发绀、给持续气道正压通气或常压给氧后血氧饱和度不能维持在目标值。

（2）气囊面罩正压通气

1）通气压力需要 20~25cmH_2O，少数病情严重的初生儿可用 2~3 次 30~40cmH_2O 压力通气，以后通气压力维持在 20cmH_2O。如无压力表则以达到胸口起伏和心率增加为标准。

2）频率 40~60 次 /min（胸外按压时为 30 次 /min）。

3）有效的正压通气应能迅速提升心率，并通过监测心率、观察胸廓起伏、听诊呼吸音以及检测血氧饱和度来进行评估。因此，在正压通气实施之前，应将脉搏血氧饱和度仪的传感器放置于新生儿动脉导管前的位置，即右上肢，通常是手腕或手掌部位。

4）如正压通气效果不佳，需进行矫正通气步骤检查面罩与面部的密闭性，确认是否存在气道阻塞（可调整头位，清除分泌物，使新生儿的口张开）或气囊漏气，或适当增加压力，直至观察到胸廓运动。面罩型号应适合新生儿的口鼻，但不能遮盖眼睛或超过下颌。

5）经过 30s 的充分正压通气后，如新生儿出现自主呼吸且心率≥100 次 /min，可逐渐减少并停止正压通气。如自主呼吸不充分或心率<100 次 /min，则需继续使用气囊面罩或气管插管进行正压通气，并检查及调整通气操作。如心率<60 次 /min，应立即进行气管插管正压通气并开始胸外按压。

6）持续气囊面罩正压通气（>2min）可产生胃充盈，应常规经口插入 8F 胃管，用注射器抽气并保持胃管远端处于开放状态。

7）国内使用的新生儿复苏囊为自动充气式气囊（250ml），使用前要检查减压阀。有条件最好配备压力表。自动充气式气囊不能用于常压给氧。有条件时最好使用具备呼气末正压的复苏囊并配备压力表。T- 组合复苏器是一种由气流控制、有压力限制的机械装置，能提供恒定的吸气峰压及呼气末压，维持功能残气量，有助于提高早产儿复苏效率和安全性，现已在三级医院普遍应用。

8）关于用氧的推荐措施：建议县级及以上医疗单位应创造条件，在产房内配备空气 - 氧混合仪以及脉搏氧饱和度监测仪。对于足月儿和早产儿，在实施正压通气时，均需在脉搏氧饱和度监测仪的指导下进行。足月儿以及胎龄≥35 周的早产儿，在复苏初期可以使用空气进行复苏。而对于胎龄<35 周的早产儿，初始应给予 21%~30% 的氧浓度，并利用空气 - 氧混合仪根据氧饱和度调整给氧浓度，以确保氧饱和度达到目标值（参见图 4-9）。若暂时无法使用空气 - 氧混合仪，可采用接上氧源的自动充气式气囊，并去除储氧袋（此时氧浓度约为 40%）进行正压通气。在有效通气 90s 后，若心率未增加或氧饱和度提升不满意，特别是在胸外按压与正压通气配合使用时，应考虑将氧浓度提高至 100%。

4. 喉镜下经口气管插管

（1）气管插管的指征

1）需要气管内吸引清除胎粪时。

2）气囊面罩正压通气无效或要延长时。

3）进行胸外按压时。

4）经气管注入药物时。

5）特殊复苏情况，如先天性膈疝、极度早产儿或需气管内给表面活性物质。

（2）准备：进行气管插管所需的器械和用品应集中保存，并在每个产房、手术室、新生儿室和急救室随时备用。常用的气管导管为直管（无管肩）、不透射线和带有厘米刻度。如使用金属导丝，不可超过管端，气管插管时助手需给予常压给氧。表 4-1 提供了气管导管型号和插入深度的选择方法。

（3）方法

1）左手持喉镜，使用带直镜片（早产儿用 0 号，足月儿用 1 号）的喉镜进行经口气管插管。喉镜应夹在拇指与前三个手指间，镜片朝前，小指靠在新生儿颌部以提供稳定性。将喉镜镜片沿舌面右边滑入，将舌头推至口腔左边，推进镜片直至其顶端到达会厌软骨谷。

表 4-1　不同体重新生儿气管导管型号和插入深度的选择

体重 /g	导管内径 /mm	唇 - 端距离 */cm
≤ 1 000	2.5	6~7
~2 000	3.0	7~8
~3 000	3.5	8~9
>3 000	4.0	9~10

注：*为上唇至气管导管管端的距离。

2）暴露声门：采用一抬一压的手法，轻轻抬起镜片，上抬时需将整个镜片平行朝镜柄方向移动，使会厌软骨抬起，从而暴露声门和声带。如未完全暴露，操作者可用自己的小指或由助手用示指向下稍用力压环状软骨，使气管下移，有助于看到声门。在暴露声门时，不可上撬镜片顶端来抬起镜片。

3）插入带有金属导丝的气管导管，将管端置于声门与气管隆凸之间，接近气管中点。

4）整个操作要求在 20s 内完成。插入导管时，如声带关闭，可采用 Hemlish 手法，由助手用右手示、中两指在胸外按压的部位向脊柱方向快速按压一次，促使呼气产生，从而使声门张开（图 4-8，见文末彩插一）。

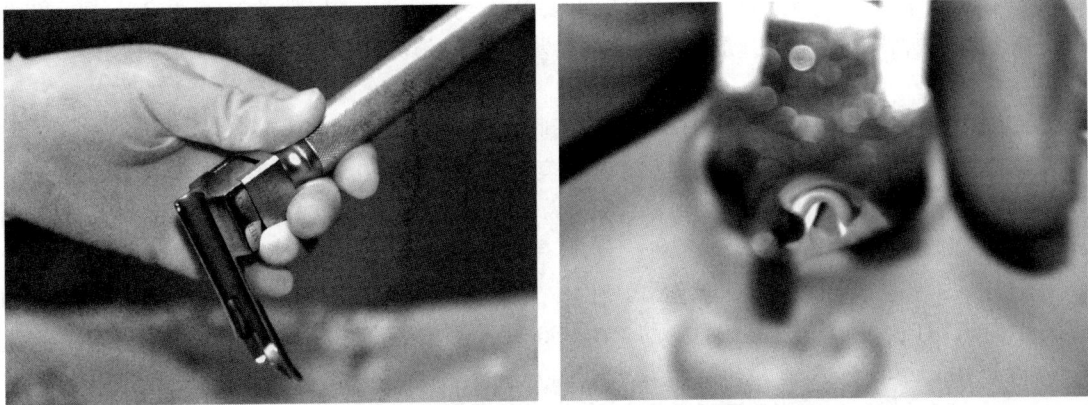

图 4-8　插管时手握喉镜的正确方法及喉镜下声门结构

（4）胎粪吸引管的使用：在进行气管内吸引胎粪时，将胎粪吸引管直接连接至气管导管，以清除气管内残留的胎粪。吸引时，复苏者用右手示指将气管导管固定在新生儿的上颚，左手示指按压胎粪吸引管的手控口以产生负压，边退气管导管边吸引，3~5s 后将气管导管撤出。必要时可重复插管再吸引。

（5）判断导管管端位于气管中点的常用方法

1）声带线法：当导管声带线与声带水平吻合时。

2）胸骨上切迹摸管法：操作者或助手的小指尖垂直置于胸骨上切迹，当导管在气管内前进时，小指尖触摸到管端即表示管端已达气管中点。

3）体重法：根据新生儿的体重，唇 - 端距离分别为 6~7cm（1kg）、7~8cm（2kg）、8~9cm（3kg）。需注意，头位的改变会影响插入深度。

（6）确定导管位置正确的方法

1）胸廓起伏对称。

2）听诊双肺呼吸音一致，尤其是腋下，且胃部无呼吸音。

3）无胃部扩张。

4）呼气时导管内有雾气。

5）心率、肤色和新生儿反应好转。

6）有条件时,可使用呼出 CO_2 检测器,以有效确定有自主循环的新生儿气管插管位置是否正确。

5. 胸外按压

（1）指征:有效正压通气 30s 后,若心率仍<60 次 /min,则需在继续进行正压通气的同时实施胸外按压。

（2）方法:按压位置应选在新生儿两乳头连线中点的下方,即胸骨体下 1/3 处。

1）拇指法:采用双手拇指端按压胸骨。根据新生儿体型不同,双拇指可重叠或并列,同时双手环抱胸廓以支撑背部。此法不易导致疲劳,能较好地控制压下深度,并有效增强心脏收缩和冠状动脉灌流。

2）双指法:将右手示指和中指指尖置于胸骨上,左手则支撑背部。此法的优点是不受患儿体型大小及操作者手大小的限制。按压深度约为前后胸直径的 1/3,以达到可触及脉搏的效果。按压和放松的比例应为按压时间稍短于放松时间,且在放松时,拇指或其他手指应不离开胸壁。

（3）胸外按压和正压通气时氧浓度需调至 100%,且需默契配合:在进行胸外按压时,应同步进行气管插管的正压通气。鉴于通气障碍是新生儿窒息的首要原因,胸外按压和正压通气的比例应为 3：1,即每分钟 90 次按压和 30 次呼吸,总共约 120 个动作。因此,每个动作约占 1/2s,每 2s 内完成 3 次胸外按压和 1 次正压通气。经过 60s 后重新评估心率,如心率仍 <60 次 /min,除继续胸外按压外,还应考虑使用肾上腺素。

6. 药物治疗 在新生儿复苏过程中,很少需要使用药物。新生儿心动过缓通常是由于肺部充盈不充分或严重缺氧所致,而纠正心动过缓的最重要步骤是实施充分的正压通气。

（1）肾上腺素

1）指征:心搏停止或在经过 60s 的 100% 氧正压通气和 60s 的胸外按压后,心率仍 <60 次 /min。

2）剂量:静脉注射 0.1~0.3ml/kg 的 1：10 000 溶液;气管注入 0.5~1ml/kg 的 1：10 000 溶液。如有必要,可在 3~5min 后重复注射一次。注意,浓度为 1：1 000 的肾上腺素可能会增加早产儿颅内出血的风险。

3）用药方法:首选脐静脉导管(脐静脉)注入。有条件的医院可通过脐静脉导管给药。如脐静脉插管操作尚未完成,可首选气管内注入 1：10 000 肾上腺素,每次 0.5~1.0ml/kg,并快速挤压复苏囊 3~4 次,以促进药物尽快进入肺部并被吸收。若需重复给药,则应选择静脉途径;无条件开展脐静脉导管的单位,在符合指征的情况下仍可采用气管内注入。

（2）扩容剂

1）指征:对于存在低血容量、怀疑失血或休克的新生儿,在对其他复苏措施无反应时,可考虑扩充血容量。

2）扩容剂的选择:可选择等渗晶体溶液,推荐使用 0.9% 氯化钠溶液。对于大量失血的情况,则需要输入与患儿交叉配血阴性的同型血或 O 型红细胞悬液。

3）方法:首次剂量为 10ml/kg,可通过外周静脉或脐静脉(输注时间应超过 10min)缓慢推入。在进一步的临床评估和反应观察后,可重复注入一次。需要注意的是,给窒息新生儿和早产儿不恰当地使用扩容剂可能会导致血容量超负荷或发生并发症,如颅内出血。

（3）碳酸氢钠:在新生儿复苏过程中,一般不推荐使用碳酸氢钠。

（4）纳洛酮:仅用于分娩前 4h 内母亲使用过麻醉镇静剂的新生儿。

（5）脐静脉插管:脐静脉是静脉注射的最佳途径,可用于注射肾上腺素以及扩容剂。可插入 3.5F 或 5F 的不透射线的脐静脉导管,导管尖端应仅达皮下并进入静脉,轻轻抽吸即可见回血。注意避免插入过深,因为高渗透性和影响血管的药物可能直接损伤肝脏。务必避免将空气推入脐静脉。

新生儿复苏流程图见图 4-9。

产前咨询，组成团队，检查物品

出生

足月吗？
羊水清吗？
肌张力好吗？
哭声或呼吸好吗？ ——是——→

常规护理：
新生儿和母亲在一起
彻底擦干
母婴皮肤接触
保暖和维持正常体温
延迟脐带结扎
继续评估

否

1min

A
保暖和维持正常体温
摆正体位，清理气道（必要时）
擦干和刺激

呼吸暂停或喘息样呼吸？
心率<100次/min？ ——否——→ 呼吸困难或持续发绀？

是

B
正压通气
脉搏血氧饱和度监测
考虑使用3-导联心电检测

是

摆正体位，清理气道
脉搏血氧饱和度监测
必要时常压给氧
考虑持续气道正压通气

心率<100次/min？ ——否——→ 复苏后护理和监护

是

检查胸廓运动
需要时矫正通气步骤
需要时气管插管或喉罩气道

否

心率<60次/min？

是

C
气管插管
胸外按压与正压通气配合，100%氧
使用3-导联心电监测
考虑紧急脐静脉置管

心率<60次/min？

是

D
静脉注射肾上腺素
若心率持续<60次/min
考虑低血容量
考虑气胸

生后导管前氧饱和度标准

1min	60%~65%
2min	65%~70%
3min	70%~75%
4min	75%~80%
5min	80%~85%
10min	85%~90%

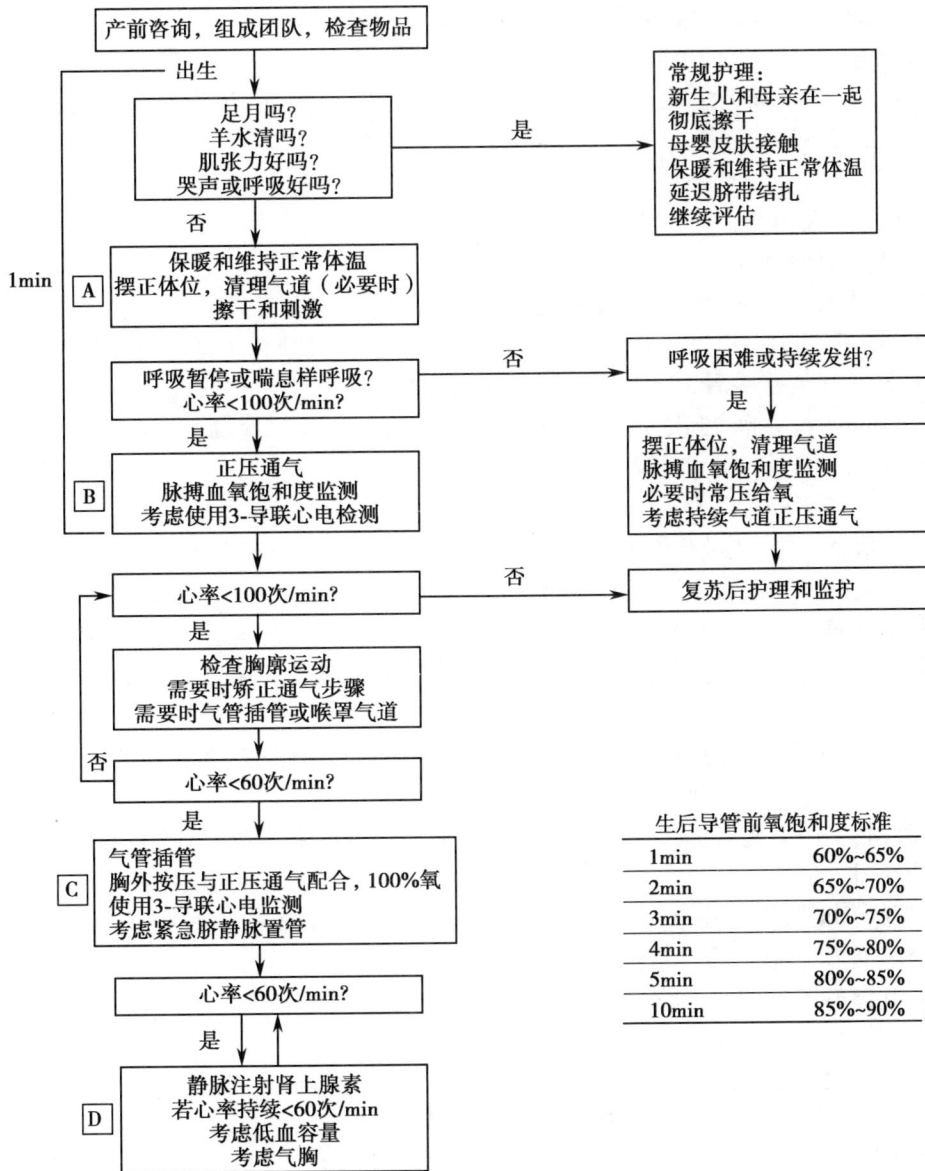

图 4-9 新生儿复苏流程图

（四）复苏后处理

1. **常规护理** 出生后有活力的足月儿和虽有高危因素但生后呼吸和反应良好的新生儿，应立即与母亲进行皮肤接触、母乳喂养，并采取保暖等措施。同时，需密切观察其呼吸、体温、喂养情况及活力。

2. **复苏后新生儿的监护** 复苏后的新生儿可能面临多器官损害的风险，并有可能再次恶化。因此，一旦建立足够的通气和循环，应立即转入新生儿病房或 NICU，进行生命体征的密切监测和进一步治疗。

（五）操作注意事项

1. 操作需迅速进行，确保在规定的时间内完成并进行评估。

2. 操作步骤需按顺序进行，不得颠倒或遗漏。

（六）诊断

Apgar 评分是一种简易而可靠的临床评价指标，用于评估刚出生新生儿的状况和复苏效果。该评分通过对生后 1 分钟内新生儿的呼吸、心率、皮肤颜色、肌张力及对刺激的反应等五项指标进行评价，每项指标最高 2 分，总分 10 分。评分越高，表明窒息程度越轻。评分应分别于生后 1min、5min 和 10min 进行。如果新生儿需要复苏，还应在 15min、20min 时再次进行评分。具体评分标准如下：1 分

227

钟评分 8~10 分为正常,4~7 分为轻度窒息,0~3 分为重度窒息。

(七)案例分享

患者,女,G_1P_1 孕 41 周新生儿,出生体重 3 200g,羊水Ⅲ度浑浊,出生时全身皮肤发绀伴胎粪污染,无自主呼吸,心率 80 次 /min,心音低,四肢松弛,肌张力低下。

【问题】

请对患儿进行紧急处置。

提示卡 1:胎粪已吸干净。

提示卡 2:出生后 30s 时,心率 70 次 /min,无自主呼吸。

提示卡 3:60s 时,心率 70 次 /min,仍全身发绀,无自主呼吸,肌张力低下,血氧饱和度:无数据。

提示卡 4:矫正通气步骤后,心率 50 次 /min,仍无自主呼吸,全身皮肤青紫,血氧饱和度:无数据。

提示卡 5:2min 时,心率 55 次 /min,无自主呼吸,血氧饱和度:无数据。

提示卡 6:心率 100 次 /min,呼吸正常,血氧饱和度 97%。

【回答】

根据提示卡信息,对患儿进行以下紧急处置:

1. 立即清理呼吸道,确保胎粪已吸干净(提示卡 1)。

2. 出生后 30s 时,心率降至 70 次 /min,无自主呼吸,立即开始正压通气(提示卡 2)。

3. 60s 时,心率仍未提升,全身发绀,无自主呼吸,肌张力低下。继续正压通气,并考虑胸外按压(提示卡 3)。

4. 矫正通气步骤后,心率仍低,全身皮肤青紫。持续进行正压通气和胸外按压(提示卡 4)。

5. 2min 时,心率略有提升但仍无自主呼吸。继续正压通气和胸外按压,并密切监测血氧饱和度(提示卡 5)。

教学视频:
婴儿心肺复苏术

6. 经过持续复苏措施,心率恢复至 100 次 /min,呼吸正常,血氧饱和度 97%。患儿状况稳定,转入新生儿病房进一步观察和治疗(提示卡 6)。

(八)新生儿复苏操作评分标准(表 4-2)

表 4-2 新生儿复苏操作评分标准

项目	细则要求(肾上腺素)	分值	得分
操作前 (9 分)	操作者准备: 1. 戴好口罩、帽子 2. 了解采集围产期相关病史,如孕周数、胎儿数、羊水清浊程度、高危因素 3. 看患儿前后、准备物品前、操作前洗手	3	
	患儿准备: 1. 确保家属签署知情同意书 2. 主要操作者在头位	2	
	物品准备: 1. 干毛巾 2 块、吸球或吸引器、吸痰管(10 号或 12 号) 2. 听诊器、氧饱和度检测传感器、新生儿复苏囊、面罩 3. 喉镜(0#、1#)、气管插管导管(3.5 号 2 根)及金属管芯 4. 肾上腺素、0.9% 氯化钠溶液、注射器	4	

续表

项目	细则要求(肾上腺素)	分值	得分
操作中 (86分)	快速评估:足月、羊水清浊程度,呼吸、肌张力	4	
	初步复苏(30s 内): 1. 保温(将患儿放在远红外线台)(3分) 2. 摆正体位(轻度仰伸)(3分) 3. 清理气道(吸管先口咽,后鼻腔)(3分) 4. 擦干全身(2分) 5. 刺激呼吸(轻拍或轻弹足底,也可沿脊柱长轴按摩背部 2 次)(3分) 6. 重新摆正体位(2分) 7. 30s 内完成(3分) 8. 发绀:鼻导管或面罩给氧(氧流量为 5L/min)(4分)	23	
	评估呼吸和心率: 1. 若呼吸不规则,心率<100 次/min,正压通气(初始压力 30~40cmH₂O,以后维持 20cmH₂O)(4分) 2. 频率为 40~60 次/min(3分) 3. 30s 内完成(3分) 4. 正压通气时间>2min 需插胃管(口述)	10	
	评估心率、脉搏氧饱和度,矫正通气后,再次评估心率、脉搏氧饱和度	3	
	1. 如正压通气后心率<60 次/min,有胸外心脏按压指征,但为保证通气效果,需先行气管插管,再给予胸外心脏按压(用示指、中指或两拇指有节奏的按压胸骨中下段 1/3 处)(5分),将氧浓度调至 100% 2. 按压深度为胸廓前后径 1/3,频率为 90 次/min(5分) 3. 同步正压通气,按压通气比例为 3∶1(7分) 4. 30s 内完成(3分)	20	
	评估呼吸、心率、面色	3	
	胸外心脏按压同步正压通气后心率仍<60 次/min,心率仍未见恢复,用 1∶10 000 肾上腺素 0.1~0.3ml/kg 静脉注射或 0.5~1ml/kg 气管内滴入	5	
	评估呼吸、心率、肤色	3	
	1. 若心率<100 次/min,100% 纯氧正压通气(初始压力 30~40cmH₂O,以后维持 20cmH₂O)(4分) 2. 频率为 40~60 次/min(3分) 3. 30s 内完成(3分)	10	
	评估呼吸、心率、肤色	3	
	若心率>100 次/min,四肢红润,抢救完成后口述:复苏后监护。	2	
操作后 (5分)	继续评估和监测,观察呼吸是否持续平稳,保持体温(用干毛巾包好)	1	
	整理物品、垃圾分类放置	1	
	操作熟练,动作流畅	1	
	整个过程关注患儿反应,动作轻柔,体现人文关怀	1	
	程序正确	1	
合计		100	

(姚小敏)

二、光照疗法

(一) 目的

光照治疗是一种通过荧光灯照射治疗新生儿高胆红素血症的辅助疗法。主要作用是使 4Z,15Z-胆红素转变成 4Z,15Z-胆红素异构体(C15 处双键旋转 180 度)和光红素异构体,从而易于从胆汁和尿液中排出体外。

(二) 指征

1. 胎龄 ≥ 35 周早产儿及足月儿的光疗参考曲线见图 4-10。

2. 出生体重<2 500g 的早产儿光疗参考标准见表 4-3。

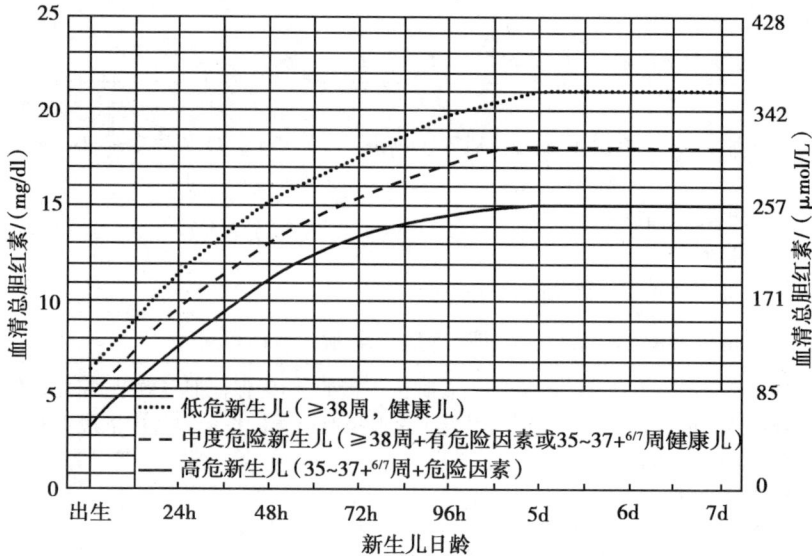

图 4-10 胎龄 ≥ 35 周早产儿及足月儿的光疗参考曲线

高危因素包括同族免疫性溶血,葡萄糖 -6- 磷酸脱氢酶(G6PD)缺乏,窒息、显著的嗜睡、体温不稳定、败血症、代谢性酸中毒、低白蛋白血症。

表 4-3 出生体重<2 500g 的早产儿光疗参考标准　　　　　　　　单位:mg/dl

出生体重	<24h 光疗	<48h 光疗	<72h 光疗	<96h 光疗	<120h 光疗	≥120h 光疗
<1 000g	4	5	6	7	8	8
1 000~1 249g	5	6	7	9	10	10
1 250~1 999g	6	7	9	10	12	12
2 000~2 299g	7	8	10	12	13	14
2 300~2 499g	9	12	14	16	17	18

(三) 禁忌证

无绝对禁忌证。

(四) 操作流程

1. 操作前准备

(1)了解患者资料及对家长病情告知:全面了解患儿的诊断信息,包括日龄、体重、黄疸的范围和程度,胆红素检查结果,生命体征以及精神反应等。确定患儿是否存在适应证或禁忌证,进行自我介绍,并向家长详细解释光疗的目的、可能产生的副作用以及相应的处理方法。

（2）物品准备

1）光疗箱：优选波长在 420~470nm 之间的蓝色荧光灯,绿光或白光亦可,光亮度建议为 160~320瓦。光疗箱分为单面和双面两种,单面光疗箱需配备 6~8 支 20 瓦灯管,可平列或排列成弧形;双面光疗箱上下各需装 5~6 支 20 瓦灯管,灯管与皮肤的距离应保持在 33~50cm。

2）遮光眼罩：用不透光的布或纸制成。

3）其他：长条尿布、尿布带、胶布等。

（3）操作前戴眼罩,洗手。

（4）患者准备：患儿在接受光疗前需进行皮肤清洁,禁止在皮肤上涂抹任何粉剂或油类物质,剪短指甲以防止抓伤皮肤。双眼需佩戴遮光眼罩以避免光线对视网膜的损伤。患儿需脱去全部衣物,全身裸露,仅使用长条尿布遮盖会阴部,男婴需特别注意保护阴囊。见图 4-11。

2. 操作步骤

（1）光疗前准备：彻底清洁光疗箱,特别是灯管及反射板上的灰尘。向箱内湿化器水箱加水至 2/3满,接通电源并检查线路及光管亮度。预热光疗箱至患儿适中的温度,并保持相对湿度在 55%~65%。

（2）入箱操作：将患儿裸体放入已预热的光疗箱中,并记录开始照射的时间。见图 4-12。

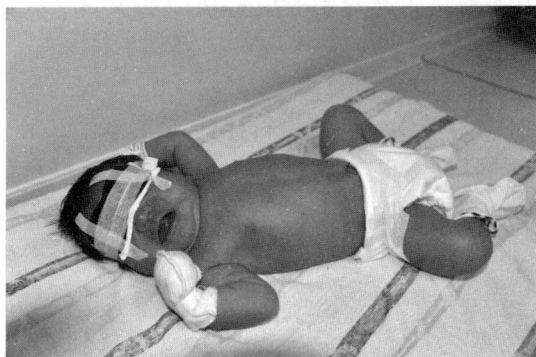

图 4-11 患者准备

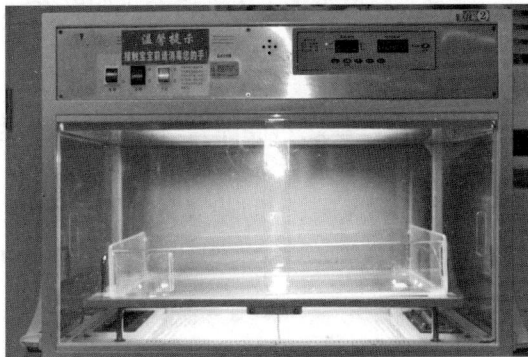

图 4-12 入箱操作

（3）光疗实施：确保患儿皮肤均匀受光,尽量避免任何遮挡物。若使用单面光疗箱,每 2h 更换一次体位,包括仰卧、侧卧、俯卧等。俯卧时需专人巡视,以防止口鼻受压影响呼吸。

（4）监测体温和箱温变化：光疗时间时应每 2~4h 测体温 1 次或根据病情、体温情况随时测量,使体温保持在 36~37℃为宜。根据体温变化调节箱温,光疗最好在空调病室中进行,注意冬季保暖和夏季防热,若体温上升至 38.5℃或以上,需暂停光疗,待体温恢复正常后继续。

（5）保证水分及营养供给：光疗过程中,应按医嘱进行静脉输液和按需喂奶。由于光疗时患儿的不显性失水比正常儿童高 2~3 倍,因此应在喂奶间隙喂水,并观察出入量。

（6）严密观察病情：光疗前后及期间需监测血清胆红素的变化以评估疗效。同时,要密切观察患儿的精神反应、生命体征、黄疸的部位和程度、大小便的颜色和性状,以及皮肤是否出现发红、干燥、皮疹等异常情况。还需注意患儿是否出现呼吸暂停、烦躁、嗜睡、发热、腹胀、呕吐、惊厥等症状,以及吸吮能力和哭声的变化。一旦发现异常,需立即检查原因并处理。见图 4-13。

（7）出箱操作：一般采用光照 12~24h 才能使血清总胆红素下降,一般情况下,血清总胆红素 <171μmol/L（10mg/dl）时可停光疗。出箱时给患儿穿好衣服,除去眼罩,抱回病床,并作好各项记录。

（8）光疗箱的维护与保养：光疗结束后,关好电源,拔出电源插座,做好整机的清洁、消毒工作,有机玻璃

图 4-13 观察病情

制品忌用酒精擦洗。光疗箱应放置在干净、温湿度变化较小、无阳光直射的场所。

（9）保持灯管及反射板的清洁与更换：保持灯管及反射板的清洁，并定期更换灯管。每天应清洁灯箱及反射板，灯管使用 300h 后其灯光能量输出减弱 20%，900h 后减弱 35%，因此灯管使用 1 000h 后必须更换。

（五）操作注意事项

1. 在进行光疗时，必须保护患儿的眼睛，以防止视网膜受到损害。

2. 夏季使用光疗箱时，需注意通风以防止过热；冬季则需注意保暖。

3. 由于光疗过程中患儿散热较多，常易发生脱水，应适当增加补液量。

4. 光疗的分解产物可能刺激肠壁，引起腹泻，需留意观察。

5. 光疗可能导致皮疹，具体原因尚不明确，但停止光疗后可消失。

6. 光疗可使维生素 B_2 分解，在光疗前或后补充维生素 B_2，不宜同时补充。

（六）案例分享

1. **案例一** 患儿，男，因"皮肤黄染 3d"入院，孕 39 周，出生体重 3 200g，出生时一般情况好，无窒息抢救史，生后第 2 天皮肤黄染，逐渐加重，吃奶正常，无抽搐等。查体：全身皮肤重度黄染，达双下肢皮肤，手足心轻度黄染。入院时经皮胆红素 20mg/dl，血清总胆红素 351.2μmol/L。母亲及患儿血型均为 O 型 Rh 阳性。母亲有 G6PD 缺乏史。

【临床思维】

患儿有 G6PD 缺乏可能性大，有高危因素，光疗指征应参照中危曲线进行评估。

2. **案例二** 患儿，女，生后 1h 由产科转入，因孕 32 周早产，出生体重 1 400g，出生时无窒息抢救史，入院后置暖箱保暖，辅助持续气道正压通气，入院第 2 天（出生后 48h）皮肤轻度黄染，达胸腹部皮肤，未达双下肢。入院时经皮胆红素 10.6mg/dl，血清总胆红素 181.5μmol/L。母亲 B 型 Rh 阳性，患儿 O 型 Rh 阳性。

【临床思维】

早产儿光疗指征较足月儿低，应根据患儿体重、时龄的最低胆红素值判断是否达到光疗指征。

（七）光疗箱的使用操作评分标准（表 4-4）

表 4-4　光疗箱的使用操作评分标准

项目	细则要求	分值	得分
操作前 （20分）	仪表端庄，着装整洁	2	
	核对医嘱、治疗单（卡）	5	
	评估：患儿病情、血清总胆红素值、体温 向家长解释操作目的，取得配合	6	
	洗手，戴口罩	2	
	物品准备：光疗箱、温湿度计、蒸馏水、眼罩、尿布、胶带、纱布、消毒液	5	
操作中 （62分）	入箱前准备：备好光疗箱，检查各项仪表是否正常。相对湿度保持在 50%~60%，冬季温度保持在 30℃，夏季保持在 28℃	10	
	核对患儿床号，姓名，光疗箱的温度、湿度	5	
	入箱前裸露患儿，清洁皮肤，剪指甲，戴眼罩，遮盖会阴，测体温、体重并记录	10	
	将患儿放入光疗箱，记录入箱时间及灯管开启时间	5	
	入箱后观察及护理： 1. 2~4h 测体温一次，有异常随时测量 2. 观察患儿精神反应、呼吸、脉搏、四肢张力有无变化 3. 观察皮肤完整性及黄疸进展程度 4. 单面疗法每 2h 更换一次体位	10	

续表

项目	细则要求	分值	得分
操作中 (62分)	记录患儿状况	2	
	光照过程中患儿如出现烦躁、嗜睡、高热、皮疹、呕吐、拒奶、腹泻及脱水等症状时,及时与医生联系,妥善处理	3	
	出箱处理: 1. 切断电源 2. 取下患儿眼罩,将患儿衣服整理舒适 3. 记录出箱时间及灯管使用时间 4. 倒尽水槽中水,用消毒液擦净光疗箱,备用	10	
	1. 协助患儿取舒适体位,整理床单位和用物 2. 态度和蔼,沟通有效	3	
	洗手	2	
	记录	2	
操作后 (18分)	按消毒技术规范要求分类整理使用后物品	4	
	正确指导患儿家长: 1. 光疗的目的、方法及注意事项 2. 光疗过程中可能出现的不良反应 3. 如何观察患儿的反应,发现异常及时报告	6	
	言语通俗易懂,态度和蔼,沟通有效	3	
	全过程动作熟练、规范,符合操作原则	5	
总分		100	

(梁玉美)

第二节　儿科基本技能操作

一、体格生长指标测量及结果判读

(一)体重测量

1. 适应证

(1)判断小儿体格生长。

(2)判断小儿营养状况。

(3)体重是儿科给药量和输液量的重要依据。

2. 测量前准备

(1)选择合适的体重秤:1岁内婴儿用载重10~15kg的盘式杠杆秤,1到7岁小儿用载重50kg的杠杆秤测量,7岁以上儿童用载重100kg的杠杆秤测量。测量前确保秤已校正至零点。

(2)测量前应该让小儿排空大小便。

(3)调节测量室内空调温度为28~30 ℃。

3. 操作步骤

(1)再次核对秤是否已校正至零点。

(2)将儿童的包被、衣裤、鞋袜、帽子等全部脱掉,以确保测量的准确性。

(3)将儿童平稳地置于秤的中央位置。

(4)读出体重数,7岁前小儿准确读数至50g,7岁及以上儿童准确读数至100g。

4. 操作注意事项

(1)在测量过程中要特别注意保护儿童,尤其是婴儿,避免其因哭闹或挣扎而从秤上跌下。

(2)如室内无空调且气温较低时,可以先带着衣物测量体重,然后再减去衣裤、鞋袜、帽子的重量,以计算其裸体重量。

5. 结果判读

(1)按体重计算公式粗略估算是否正常:3~12月龄婴儿体重(kg)=(月龄+9)/2,1~6岁儿童体重(kg)=年龄×2+8。

(2)与国内同年龄、同性别儿童的体重均数标准差或百分位数进行比较,判定是否正常:均数±2个标准差或第3个百分位数至第97个百分位数为正常范围。

(3)还可以按身高的标准体重来判定是否正常。

(4)需要注意的是,急性脱水、短期营养供给不足等因素都会对小儿体重产生明显影响,因此在判读结果时需要综合考虑这些因素。

(二)身长(高)测量

1. 适应证

(1)判断小儿骨骼尤其是长骨生长,从而了解是否有遗传与内分泌等疾病。

(2)判断儿童是否存在长期慢性营养不良。

2. 测量前准备

(1)对于婴幼儿,使用测量床测量卧位身长;3岁以上儿童使用身高测量仪测量站立身高。

(2)测量前将儿童的鞋袜与帽子脱掉。

3. 操作步骤

(1)对于3岁以下婴幼儿,将儿童仰卧于测量床的中线上,头顶接触测量床的零点,助手固定头部,测量者一手按压儿童膝部,确保下肢伸直并拢,另一手移动足板至儿童足底,并确保与底板垂直,精确读取刻度至0.1cm,见图4-14。

(2)对于3岁及以上儿童,站立于身高测量仪上,身体直立,平静呼吸,双眼直视前方,双手自然下垂,足跟并拢且足尖分开约60°,身体各部位接触测量仪立柱,测量者调整头顶板至儿童头顶,并在水平位置读取数值,记录至0.1cm。

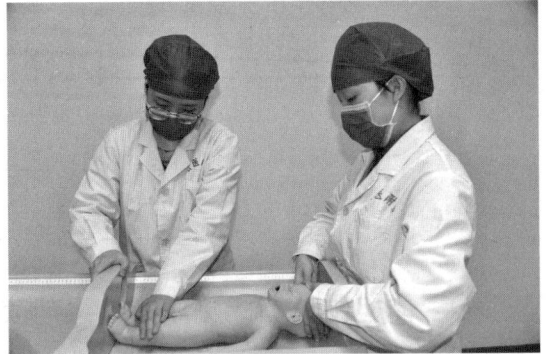

图4-14 身长测量

4. 操作注意事项 婴幼儿在测量过程中可能会哭闹或挣扎,这可能导致头部偏离测量板的零点,从而影响测量结果的准确性,需注意及时纠正。

5. 结果判读 正常足月儿出生时平均身长约为50cm,6个月时约65cm,1岁时约75cm,2岁时约85cm;2岁至青春前期,每年增长约5~7cm。2岁后,可使用以下公式估算身高:2~6岁儿童身高(cm)=75+7×年龄,6~12岁儿童身高(cm)=80+6×年龄。同龄同性别儿童的身高存在个体差异,通常波动在正常值的±30%左右。

根据国内同龄同性别儿童的身高平均数、标准差或百分位数进行判定,平均数±2个标准差或第3个百分位数至第97个百分位数范围内视为正常。身高明显低于正常值可能提示甲状腺功能减退症、生长激素缺乏性侏儒症、营养不良或佝偻病等。急性疾病或短期营养不足对身高的影响通常不明显。

(三)坐高(顶臀长)测量

坐高是指从头顶至坐骨结节的长度,3岁以前的婴幼儿用顶臀长代替坐高,顶臀长是从头顶至耻骨联合上缘的垂直距离。坐高(顶臀长)代表头与脊柱的生长。

1. 适应证 判断小儿身高(长)的比例,从而了解是否有遗传与内分泌等疾病。

2. 测量前准备

(1)物品准备:身长测量床或身高测量仪。

(2)测量前将儿童鞋袜与帽子脱掉。

3. 操作步骤

(1)对于 3 岁以下儿童,平卧于测量床上,助手固定儿童头顶于测量床零点处,测量者一手提起儿童小腿,使膝关节屈曲,大腿与底板垂直,另一手移动足板紧压臀部,记录足板所到的数字至 0.1cm,见图 4-15。

(2)对于 3 岁以上儿童,坐在身高测量仪的坐凳上,身体先前倾使骶部紧靠量板,再挺身坐直,大腿靠拢紧贴凳面与躯干成直角,两脚平放,移动头板与头顶接触并成水平,记录至 0.1cm。

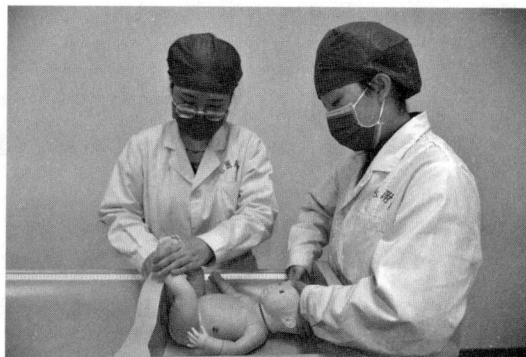

图 4-15 顶臀长测量

4. 操作注意事项 在测量顶臀长过程中,婴幼儿哭闹或挣扎可能导致头部偏离测量床的零点,需注意及时纠正以避免测量偏差。

5. 结果判读 坐高用于评估身体匀称度。出生时坐高约占身高的 0.67,随着年龄增长,下肢增长,坐高占身高比例逐渐降低,6 岁时约为 0.55,14 岁时约为 0.53。坐高占身高比例异常时,需考虑内分泌疾病或骨骼发育异常。

(四) 头围测量

1. 适应证

(1)判断小儿颅骨生长情况。

(2)判断小儿大脑发育情况。

2. 测量前准备

(1)物品准备:软尺。

(2)测量前将儿童帽子脱掉。

3. 操作步骤 定右侧眉弓上缘为零点,用软尺紧贴头皮,往右向后经枕骨结节,再从左侧眉弓上缘回到零点测得的长度,即为头围,准确记录至 0.1cm。

4. 操作注意事项 在测量过程中婴幼儿可能哭闹挣扎使软尺偏离位置造成测量偏差,应注意纠正。

5. 结果判读

(1)足月新生儿出生时头围平均 34cm。此后随年(月)龄增长头围也增长,出生后 3 个月增长约 6cm,与出生后 9 个月的增长相当,故 1 岁时头围为 46cm;第二年增长 2cm 到 2 岁时为 48cm,5 岁时为 50cm,15 岁时接近成人水平,为 54~58cm。小儿在 2 岁以前测量头围意义最大,应连续追踪测量。

(2)头围低于国内同年龄提示脑发育不良或小头畸形。

(3)头围增大者提示脑积水、佝偻病等。

(五) 胸围测量

1. 适应证 判断小儿肺和胸廓的发育。

2. 测量前准备

(1)物品准备:软尺。

(2)测量前将儿童上衣脱掉或挽起。

3. 操作步骤 小儿取平卧位或站(坐)位、平静呼吸,测量者左手将软尺零点固定在右乳头下缘,右手将软尺经背部两侧肩胛骨下缘绕胸一周,从左乳头下缘回到零点,取呼气、吸气时的平均值,精确读数至 0.1cm。

4. **结果判读** 胸围主要反映肺和胸廓的发育。足月儿出生时胸围平均 32cm,出生后第一年约增长 14cm,故 1 岁时胸围等于头围,1 岁以后胸围超过头围,1~12 岁儿童胸围 = 头围 + 岁数 −1。胸围增大常见于肥胖、胸壁大范围皮下气肿或肺气肿,胸围减小常见于营养不良消瘦者。

(六) 腹围测量

1. **适应证** 判断小儿是否存在胃肠胀气或腹水及其程度。

2. **测量前准备**

(1)物品准备:软尺。

(2)测量前将儿童上衣脱掉或挽起。

3. **操作步骤** 小儿取平卧位、平静呼吸,测量者用软尺定在剑突与脐连线的中点,水平绕腹一周,松紧适中,精确读数至 0.1cm。

4. **结果判读**

(1)腹部明显凹陷、腹围小,常见于消瘦营养不良患儿。

(2)短时间内腹围进行性增大,考虑急性胃肠胀气、肠梗阻或大量腹水。

(七) 上臂围测量

1. **适应证** 代表上臂骨骼肌肉与皮下组织的发育,用于评估 5 岁以下儿童的营养状况。

2. **测量前准备**

(1)物品准备:软尺。

(2)测量前将儿童上衣脱掉。

3. **操作步骤** 小儿取平卧位、坐位或站位,测量者将软尺零点定在左上臂肩峰与尺骨鹰嘴连线的中点,然后将软尺水平绕左上臂一周,松紧适中,精确读数至 0.1cm,见图 4-16。

4. **结果判读** 5 岁以下儿童测量上臂围有一定价值,如上臂围大于 13.5cm 提示营养良好,在 12.5~13.5cm 之间提示营养中等,小于 12.5cm 提示养不良。

(八) 腹部皮下脂肪厚度测量

1. **适应证** 用于评估小儿的营养状况

2. **测量前准备**

(1)物品准备:皮褶卡,测量前校正刻度为零。

(2)常用测量部位为腹部、左臂肱三头肌、肩胛下角,由于小儿营养不良皮下脂肪消退先始于腹部,故常测量腹部皮下脂肪厚度。

3. **操作步骤(以腹部皮下脂肪厚度测量为例)** 在腹部脐旁乳头线上以左手拇指和示指相距 3cm 处,将皮肤捏起,然后右手用皮褶卡钳住皮褶,测量其上沿厚度,上下刻度线对齐所指示的读数为皮褶厚度,精确到 0.5mm,见图 4-17。

4. **结果判读** 腹部皮下脂肪厚度增加见于肥胖症,减少见于营养不良。

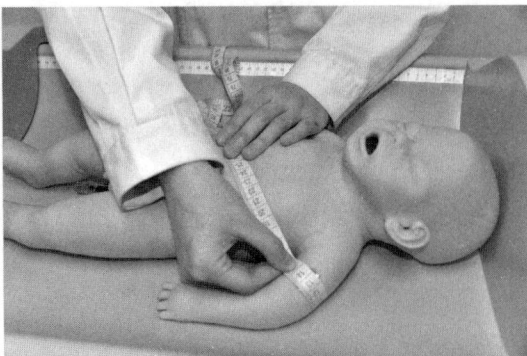

图 4-16 上臂围测量

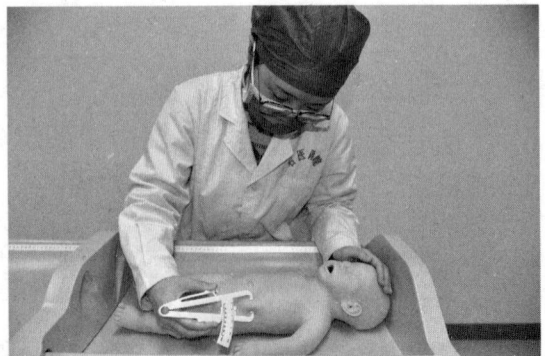

图 4-17 腹部皮下脂肪厚度测量

(九) 小儿体格测量评分标准(表4-5)

表4-5 小儿体格测量评分标准

项目		细则要求	分值	得分
操作前 (5分)	操作前 准备	沟通:与家属解释操作目的及必要性,患儿操作前排尿,调节室内温度	2	
		物品准备:体重秤、身长测量床、软尺、手消毒剂、记录笔与纸张	2	
		操作者洗手,戴口罩、帽子	1	
操作中 (85分)	体重 测量	检查体重计,并校正零点	5	
		脱去婴儿衣物(包括尿布)	5	
		将婴儿放至体重计托盘上测量,准确读数至10g。注意保护婴儿	5	
		测量结束后帮婴儿穿好衣服,交给其母亲	5	
	身长与 顶臀长 测量	婴儿仰卧于测量床底板中位线上	2	
		固定婴儿头部使其接触到头板零点线	5	
		测量者左手握其两膝部,使其双下肢并拢紧贴底板,右手移动测量足板,使足板紧贴足跟	8	
		测量婴儿卧位身长,精确读数至0.1cm	2	
		测量者一手提起小儿小腿使其膝关节屈曲,大腿与底板垂直而骶骨紧贴底板,一手移动足板紧压臀部,足板的数字为顶臀长,准确记录至0.1cm	8	
	头围 测量	将软尺0点固定于头部右侧眉弓上缘,将软尺贴头皮枕骨结节最突点到左侧眉弓上缘回至0点	4	
		精确读数至0.1cm	2	
		注意软尺要紧贴皮肤,左右对称	4	
	胸围 测量	用软尺紧贴胸壁经乳头下缘和肩胛骨下缘绕胸一周,取呼气、吸气时的平均值,精确读数至0.1cm	10	
	腹围 测量	用软尺在剑突与脐连线的中点,水平绕腹一周,松紧适中,精确读数至0.1cm	10	
	上臂围	取立位,坐位或仰卧位	2	
		被测量双手自然平放或下垂,取左上臂肩峰(锁骨的肩峰端)与尺骨鹰嘴连线中点为测量点	5	
		软尺以测量点为水平绕上臂一周	5	
		软尺轻轻接触皮肤进行测量,精确读数至0.1cm	3	
操作后 (10分)	整体 评价	整个测量过程流畅、规范,体现人文关怀	10	
总分			100	

教学视频:小儿身长(高)测量 教学视频:小儿坐高(顶臀长)测量 教学视频:小儿体重测量 教学视频:小儿头围测量 教学视频:小儿胸围测量 教学视频:小儿上臂围测量 教学视频:小儿腹围测量 教学视频:小儿皮下脂肪厚度测量

(李　强)

二、儿童胃肠减压术

(一)目的

1. 降低胃肠道压力,缓解腹胀,减轻患儿不适感。

2. 改善胃肠血液循环,促进功能恢复。

3. 对于需进行胃肠手术者,可减少手术难度,提升安全性,并有利于术后吻合口的愈合。

(二)适应证

1. 急性胃扩张、肠梗阻。

2. 上消化道穿孔。

3. 较大的腹部手术后。

(三)禁忌证

1. 严重的食管静脉曲张,鼻咽部、食管或贲门狭窄或梗阻。

2. 吞食腐蚀性物品致食管、胃腐蚀性损伤。

3. 严重心肺功能不全。

(四)操作流程

1. 操作前准备

(1)向患儿及家属解释操作目的,确保其配合,以保障插胃管顺利进行。

(2)器械准备:备齐胃肠减压器、消毒胃管、弯盘、钳子或镊子、10ml注射器、纱布、治疗巾、石蜡油、棉签、胶布、夹子及听诊器。

(3)检查胃管是否通畅,长度标记是否清晰可见。

(4)插管前检查鼻腔通气状况,选择通气顺畅的一侧鼻孔进行插管。

2. 操作步骤

(1)执行者常规洗手,佩戴口罩、帽子和无菌手套,核对患儿姓名、性别与年龄。

(2)将患儿置于半坐卧位,肩部略垫高。

(3)先清洁鼻腔,用0.9%氯化钠溶液或无菌石蜡油润滑胃管,然后缓慢从鼻腔插入胃管。当估计胃管到达咽部时,指导年长儿进行吞咽动作,以利胃管顺利进入胃内;对年幼儿则需注意胃管是否在口腔内盘旋。胃管插入长度约为鼻尖至耳垂再至剑突的距离,或前额发际到胸骨剑突的距离。

(4)确定胃管位置:使用注射器抽出胃液表示胃管已在胃内,或将听诊器置于上腹部,向胃管内注入空气,听到气泡声亦可证实。确认胃管位置后,用胶布条将其固定在近鼻孔处。

(5)连接胃肠减压器,维持低压抽吸状态。

(五)操作注意事项

1. 根据患儿的性别与年龄,选择长度、周径适宜的胃管。

2. 操作过程中需密切观察患儿有无呛咳、青紫、呼吸困难等症状,一旦出现应立即停止操作。

3. 每日定期检查胃管是否保持在胃内,负压吸引器的压力是否在正常范围,并记录胃肠引流物的量与颜色。

(六)小儿胃肠减压技术操作评分标准(表4-6)

表4-6　小儿胃肠减压术评分标准

项目	细则要求	分值	得分
操作前准备 (20分)	仪表端庄,着装整洁	2	
	核对医嘱、治疗单(卡)	6	

续表

项目	细则要求	分值	得分
操作前准备(20分)	评估: 1. 意识状态,呼吸,鼻腔情况 2. 是否有人工气道,食管,胃肠梗阻情况 3. 解释操作目的,取得患者配合	6	
	洗手,戴口罩	2	
	物品准备:治疗盘、治疗碗内盛0.9%氯化钠溶液或凉开水、垫巾、适当型号胃管、镊子、20ml注射器、纱布、别针、液状石蜡、棉签、胶布、止血钳、弯盘、压舌板、听诊器、胃肠减压器(负压引流袋)、手套	7	
操作流程(60分)	携用物至床旁,核对患者床号、姓名	4	
	向患儿或家属告知操作配合要点,协助患儿取舒适体位	4	
	颌下铺垫巾,把弯盘置于颌下	2	
	戴手套,清洁鼻腔	2	
	检查胃管,测量插管长度(婴幼儿14~18cm)	5	
	用石蜡油棉球润滑胃管前端,将胃管沿一侧鼻孔轻轻插入,到咽喉部时,指导患者做深呼吸或吞咽动作,随后迅速将胃管插入	10	
	证实胃管在胃内,可选用以下一种方法: 1. 胃管末端接注射器抽吸,有胃液抽出 2. 置听诊器于胃部,用注射器从胃管注入10ml空气,听到气过水声 3. 当患者呼气时,将胃管末端置入治疗碗水中,无气泡逸出	12	
	固定胃管	3	
	使胃肠减压器形成负压,连接胃管,妥善固定	4	
	注意观察胃肠引流液的颜色、性质、量	5	
	询问患者对操作的感受,告知注意事项	5	
	协助患者取舒适体位,整理床单位和用物,沟通有效	2	
	洗手	2	
	记录	2	
操作后(15分)	按消毒技术规范要求分类整理使用后物品	3	
	指导患者: 1. 告知患者胃肠减压的目的、方法及注意事项 2. 告知患者留置胃肠减压期间禁止饮水和进食	5	
	语言通俗易懂,态度和蔼,沟通有效	2	
	全过程动作熟练、规范,符合操作原则	5	
总分		100	

(李 强)

三、儿童骨髓穿刺术

(一)适应证

1. 诊断性穿刺

(1)抽取骨髓液,用于骨髓细胞形态学、组织化学染色、免疫表型、基因分析、染色体分析、微小残留病监测、造血细胞培养等多种检查,以辅助诊断及观察各种血液系统疾病的疗效,如白血病、再生障碍性贫血等。

(2)检测某些恶性肿瘤的骨髓转移情况,例如恶性淋巴瘤、神经母细胞瘤等。

(3)病原微生物的检测:①骨髓液细菌或真菌培养,辅助败血症的诊断和病原菌的确定;②某些传染病或寄生虫的病原体确定,如疟疾、黑热病等;③采用原位 PCR 方法检测病毒。

(4)辅助诊断单核吞噬细胞系统贮积病,例如戈谢病、尼曼 - 皮克病等。

2. 治疗性穿刺 紧急情况下骨髓穿刺可作为液体输注途径。

(二)禁忌证

1. 先天性凝血因子缺乏或出血性疾病伴活动性出血,如血友病等。

2. 血小板重度减少伴显著出血倾向。

3. 穿刺部位皮肤或皮下组织感染。

(三)操作流程

1. 患儿准备

(1)了解患儿出血情况;向患儿及家属交代骨髓穿刺的目的、可能出现的意外情况及常见并发症。再次询问有无药物过敏史,确保患儿及家属签署知情同意书。

(2)确认患儿姓名;安抚患儿,消除紧张情绪。

(3)将患儿送到已消毒的治疗室。

(4)术前测量血压、血糖、心率或脉搏。

2. 器械准备

(1)铺台:准备无菌钳、碘伏、75% 酒精、2% 盐酸利多卡因、注射器、棉签、胶布等。

(2)检查并准备一次性骨髓穿刺包,确认消毒日期。包内应包含:带针芯的骨髓穿刺针、无菌孔巾、无菌纱布。

(3)准备载玻片 6~8 张、推玻片 1 张,按需准备细菌培养瓶、酒精灯和火柴等。

3. 不同穿刺部位的选择及穿刺步骤

(1)胸骨穿刺术

1)体位:采取仰卧位时让患儿(或由助手固定患儿)仰卧位于硬板床上,两臂束于身旁,肩背部可稍垫高;充分暴露术野,便于穿刺。

2)穿刺点选择:胸骨中线、胸骨角(相当于第 2 肋骨或第 2 肋间的平面)上下各 1~1.5cm 平坦处。

3)操作步骤:①助手打开骨髓穿刺包并置于器械车上。②操作者按照消毒原则洗手,佩戴帽子、口罩及无菌手套。检查骨髓穿刺包内器械后,对皮肤进行常规消毒 3 次,消毒顺序为由中心向外周,每次消毒范围 10~15cm,注意最后一次消毒范围应小于前两次。根据患儿年龄及体形选择合适的穿刺针(通常使用 5ml 或 10ml 注射器),并检查穿刺针的通畅性及针尖力度。③铺设无菌孔巾,并使用无菌针或胶带将其上方固定于患儿皮肤。④用非主力手(通常为左手)的拇指和示指持穿刺针插入第 2 肋间的胸骨两侧以固定皮肤。主力手(通常为右手)持 5ml 或 10ml 注射器,手腕部稳定在患儿胸前。针头斜面朝向髓腔,针尖朝向患儿头部,与胸骨呈 45°~60° 角,沿中线刺入,刺入时稍作旋转动作。在距胸骨骨膜下 0.5~1cm 处常有落空感。⑤抽取骨髓,此时患儿可能感到疼痛。骨髓的抽取量根据骨髓穿刺目的而定,如涂片检查可取 0.1~0.2ml,如进行培养则可取 1~3ml。⑥若仅进行涂片检查,抽得骨髓后立即将注射器与针头同时拔出;若还需进行骨髓细菌培养或其他检查(如免疫分型、染色体分析等),则先抽吸 0.1~0.2ml 涂片(针头保留不拔出),随后再次抽吸 1~3ml,然后将注射器与针头同时拔出。助手立即用无菌消毒纱布覆盖针孔,轻轻按压以止血,并贴好胶布。⑦操作者迅速将骨髓液滴于玻片一端,并推制涂片 3~8 张(初诊者至少需要 5 张)。若需抽取较多骨髓液,可由助手协助推制涂片,以防止骨髓液凝固。

(2)髂前上棘穿刺术

1)体位:适用于年长儿。采取仰卧位:让患儿(或助手固定患儿)仰卧位于硬板床上,充分暴露术野(髂前上棘最突出部位),便于穿刺。

2)穿刺点选择:髂前上棘最突出部位。

3)操作步骤:①助手打开骨髓穿刺包并置于器械车上。②消毒过程同上。根据患儿的年龄及体型,选择合适的穿刺针(通常使用 10ml 注射器或专用骨髓穿刺针),并检查穿刺针的通畅性及针尖力度。若使用骨髓穿刺针,需根据患儿体型调整穿刺针的长度。③铺消毒洞巾并固定。④使用 2% 盐酸利多卡因 2ml 进行局部麻醉。先在穿刺点打一皮丘,然后从皮肤、皮下直深到骨膜,边进针边推药。⑤左手示指顶住髂前上棘,中指、拇指固定髂骨,右手持针在髂前上棘最突出部位(髂前上棘后 1~2cm 处下方)呈水平刺入,其深度视皮下组织及髂骨厚度而定。髂嵴骨质较厚,穿刺时须稍用力。⑥骨髓的吸取方法同上。⑦抽得骨髓后随即将注射器与针头同时拔出,助手立即用无菌消毒纱布盖好针孔,轻轻压迫止血,贴好胶布。⑧涂片的推制方法同上。

(3)髂后上棘穿刺术

1)体位:让患儿(或由助手固定患儿)俯卧或侧卧双腿屈曲位于硬板床上,充分暴露术野,便于穿刺。

2)穿刺点选择:髂骨翼与第 5 腰椎间圆钝或三角形骨突起部位。

3)操作步骤:①助手打开骨髓穿刺包并置于器械车上。②消毒过程同上。根据患儿的年龄及体型,选择合适的穿刺针(通常使用 10ml 注射器或专用骨髓穿刺针),并检查穿刺针的通畅性及针尖力度。若使用骨髓穿刺针,需根据患儿体型调整穿刺针的长度。③铺消毒洞巾并固定。④使用 2% 盐酸利多卡因进行局部麻醉过程同上。⑤左手负责固定皮肤,右手持穿刺针垂直刺入髂后上棘,深度通常为 1~1.5cm(对于体型较大的患儿,深度可达 2cm)。穿刺针在骨面上需垂直并稍向外侧倾斜,旋转进针,当突感阻力消失,针头固定不动时,即表示已进入骨髓腔,此时可迅速吸取骨髓以制作涂片。髂骨骨髓腔较大,含有丰富骨髓,且附近无重要器官,因此穿刺十分安全,不易引起患儿的恐惧和紧张。髂后上棘较易刺入,故在临床中被广泛应用。⑥骨髓的吸取方法同上。⑦抽得骨髓后,立即将注射器和针头同时拔出。助手迅速用无菌消毒纱布盖好针孔,轻轻压迫以止血,并贴好胶布。⑧涂片的推制方法同上。

(4)脊椎棘突穿刺术

1)体位:侧卧双腿屈曲位,使棘突暴露,让患儿(或由助手固定患儿)侧卧双腿屈曲位,卧于硬板床上,充分暴露术野,便于穿刺。

2)穿刺点选择:通常取第 3、4 腰椎棘突(L$_{1~4}$ 均可)。

3)操作步骤:①助手打开骨髓穿刺包并置于器械车上。②消毒过程同上。根据患儿的年龄及体型,选择合适的穿刺针(通常使用 5ml 或 10ml 注射器),并检查穿刺针的通畅性及针尖力度。③铺消毒洞巾并固定。④术者用左手固定皮肤,右手持注射器穿刺,由棘突的顶点垂直刺入。亦可选择由棘突侧方与正中线呈 45° 角刺入骨髓腔以抽取骨髓。此穿刺方法相对安全,但需注意骨质较硬,髓腔较小,易混入血液。⑤骨髓的吸取方法同上。⑥抽得骨髓后,立即将注射器和针头同时抽出。助手迅速用无菌消毒纱布盖好针孔,轻轻压迫以止血,并贴好胶布。⑦涂片的推制方法同上。

(5)胫骨穿刺术

1)体位:多应用于 6 个月以下婴儿,让助手固定患儿仰卧位于硬板床上,屈曲外展位,充分暴露胫骨术野,便于穿刺。

2)穿刺点选择:胫骨前内侧,胫骨粗隆下 1~2cm 的骨面平坦处。

3)操作步骤:①助手打开骨髓穿刺包并置于器械车上。②消毒过程同上。选择与年龄及体形相符的穿刺针(骨髓穿刺针),检查穿刺针是否通畅和针尖力度。使用骨髓穿刺针时需调节穿针长度。③铺消毒洞巾并固定。④术者用左手固定皮肤,右手持骨髓穿刺针,由棘突的顶点垂直刺入。亦可选择由棘突侧方与正中线呈 45° 角刺入骨髓腔以抽取骨髓。此穿刺方法相对安全,但需注意骨质较硬,髓腔较小,易混入血液。⑤骨髓的吸取方法同上。⑥抽得骨髓后,立即将注射器和针头同时抽出。助手迅速用无菌消毒纱布盖好针孔,轻轻压迫以止血,并贴好胶布。⑦涂片的推制方法同上。

(四)操作注意事项

1. 术前准备工作一定要妥善,严格掌握骨髓穿刺的适应证和禁忌证。

2. 在穿刺前,应向患儿及其家属充分说明穿刺的目的,并给予适当的安慰,以减轻患儿的恐惧心理,争取其配合。对于年幼儿,操作应迅速且熟练,尽量缩短整个穿刺过程的时间。若患儿躁动不安,无法配合检查,可考虑在镇静后进行穿刺。

3. 穿刺过程中应严格执行无菌操作规范,以避免穿刺局部感染,甚至骨髓炎的发生。

4. 胸骨部位表浅,骨质较薄,且邻近心脏及大血管。因此,在穿刺时切勿用力过猛,必须保持稳定且缓慢的操作节奏,以防穿透胸骨壁,导致严重出血。此部位适于较大儿童,3 岁以下儿童因可能无法配合而存在一定危险性,应酌情选择是否应用。

5. 髂嵴骨质较厚,穿刺时需稍用力。在使用注射器抽取骨髓液时,应避免用力过猛,以免负压过大导致血窦破裂,进而使骨髓液稀释。当需要同时进行涂片和培养时,应先抽取 0.1~0.2ml 骨髓液进行推制涂片,然后再继续抽出 1~3ml 骨髓液进行培养。

6. 对于有出血倾向的血液病患儿,穿刺部位应以消毒敷料进行局部按压,并延长按压时间,直至出血停止。

7. 推制涂片时,玻璃片必须干净,不能有油污(如手指上皮脂),不能用酒精涂擦。涂片边缘要光滑整齐。推制血片时,动作要迅速,力均而片薄,室内温度不能太高,以防血膜溶血及细胞破碎、皱缩。如骨髓混有外周血液,可将骨髓液全部推至玻璃片上,再将血液吸回注射器,将残留在玻璃片上的骨髓颗粒制成涂片。

(五)案例分享

1. **案例一** 患儿,男,3 岁,家属代述反复发热伴乏力、面色苍白 2 月余,无咳嗽、气促、喘息、发绀、呼吸困难、呕吐、腹泻等症状。查体:体温 38.0 ℃,呼吸 30 次 /min,心率 110 次 /min,营养稍差,精神差,面色及甲床苍白,胸骨压痛,两肺呼吸音粗,无明显啰音,心率齐,心音有力,未闻及杂音,腹软,肝右肋下 2cm,脾肋下 2cm 可触及,无压痛,神经系统检查阴性。患者平素有反复鼻出血及牙龈出血病史,否认其他疾病史。

【问题】

患儿目前需做哪项操作及检查最有助于诊断。

【回答】

需行小儿骨髓穿刺术。

2. **案例二** 患儿,男,3 岁,体重 12kg,主诉:发现面色苍白 1 月余,牙龈出血 10d 入院。病程中有时伴有发热症状,精神、食欲欠佳。2 个月前家里迁新居,新房装修 3 个月即入住。查体:体温 38℃,脉率 130 次 /min,呼吸 35 次 /min,精神欠佳,面色、口唇苍白,全身皮肤可见散在出血点和瘀斑,颈部、腋窝、腹股沟可触及数颗淋巴结(最大为 1.5cm×1.5cm,质地中等),心肺听诊未见明显异常,肝右肋下 4.5cm,脾左肋下 4cm,质软。血常规:白细胞计数 $165×10^9/L$,淋巴细胞占 90%。

【问题】

1. 该患儿目前初步诊断是什么?

2. 需做哪项操作及检查最有助于诊断?

【临床思维】

1. 确定是否为白血病,根据以下几点判断。

(1)有贫血、出血、感染症状。

(2)肝、脾、淋巴结肿大,并有骨关节疼痛。

(3)有病毒感染史,有电离辐射、苯及其衍生物接触史。

(4)外周血可见白细胞计数明显增高或减少,血红蛋白减少,血小板减少,外周血涂片可见幼稚细胞。

(5)确定为哪种类型的白血病:急性淋巴细胞白血病(ALL)还是急性非淋巴细胞白血病(ANLL),主要根据病史、临床表现、骨髓细胞学的 MIC(形态学 - 免疫学 - 细胞遗传学)分型等进行判断。

(6)细胞形态学分型:通常采用 FAB 分型,根据细胞形态及细胞化学染色将急性白血病分为急性淋巴细胞白血病和急性非淋巴细胞白血病,亦称为急性髓性白血病。急性淋巴细胞白血病进一步分为 L1、L2、L3 三个亚形,急性非淋巴细胞白血病进一步分为 M1~M7 型。

(7) 免疫学分型:可帮助急性非淋巴细胞白血病和急性淋巴细胞白血病的区分,急性淋巴细胞白血病进一步区分为普通型、未分化型、T 细胞型、前 B 细胞型和 B 细胞型。

(8) 细胞遗传学异常:可分为染色体数量异常和染色体结构异常两类。

2. 急性白血病的诊断程序:急性白血病的诊断主要是骨髓细胞学的 MIC 分型诊断。

【思维导图】

白血病 MIC 分型

骨髓穿刺检查

细胞形态学分型 / 免疫学分型 / 细胞遗传学分型

细胞形态学检查 / 瑞特染色 / POX染色 / 白血病细胞免疫检查 / 白血病细胞染色体检查

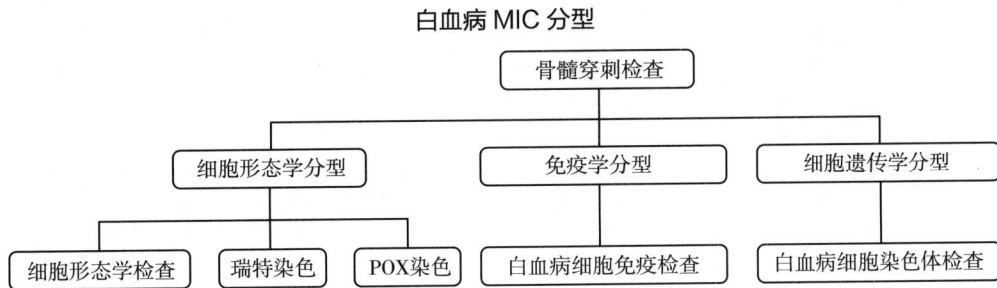

(六) 骨髓穿刺术耗材及物品准备清单(表 4-7)

表 4-7　儿童骨髓穿刺耗材及物品准备清单

序号	名称	数量
1	骨髓穿刺包	1 包
2	无菌手套	2 副
3	消毒剂	1 瓶
4	麻醉剂	1 支
5	棉签	1 包
6	注射器	2 副
7	纱布	1 包
8	胶布	1 个
9	玻片	8 张

(七) 骨髓穿刺术操作方法及评分标准(表 4-8)

表 4-8　骨髓穿刺术评分标准

项目		细则要求	评分	得分
操作前 (23分)	操作者 准备 (可询问)	着装规范,工作服整洁	1	
		评估患者情况及生命体征,核对患者信息,简单问诊及查体,评估适应证和禁忌证	4	
		评估患者凝血功能、血常规情况,检查穿刺部位皮肤、皮下组织是否有感染	5	
		确保患者及家属签署知情同意书,解释并发症及注意事项(口述,有解释嘱咐即可)	4	
		佩戴口罩、帽子;洗手(口述六步法)	3	
	患者准备	根据病情需要取合适体位(平卧位、俯卧位或稍侧卧位)	3	

续表

项目		细则要求	评分	得分
操作前 (23分)	物品准备	骨髓穿刺包1个,5ml注射器、10ml注射器各1个,聚维酮碘1瓶,酒精1瓶,棉签1包,胶布1卷,2%盐酸利多卡因1支,砂轮1个,载玻片1盒,小枕1个,标记笔1支,肾上腺1支,无菌手套3副,洗手液	3	
操作中 (54分)	穿刺	穿刺点的选择(1岁以内小儿:胫骨粗隆1cm之前内侧)及标记	5	
		核对麻醉药物	3	
		消毒穿刺部位皮肤以穿刺点为中心,消毒半径约15cm(口述消毒范围)	3	
		打开骨髓穿刺包	3	
		戴无菌手套	4	
		清点骨髓穿刺包内物品,检查骨髓穿刺针及注射器通畅性	4	
		铺洞巾	2	
		抽吸麻药,排空气泡	3	
		于穿刺点进行麻醉药皮丘注射	4	
		边进针边回抽,逐层浸润麻醉	4	
		在骨膜表面行多点麻醉	2	
	穿刺	穿刺:固定穿刺针长度为1~1.5cm,左手拇指,示指紧绷穿刺点附近皮肤,右手持穿刺针垂直刺入皮肤,到达骨膜后,针尖向下使穿刺针与骨干长垂直旋转缓慢进针(左右旋转缓慢进针,有明显落空感停止)	5	
	抽液	穿刺针固定,拔出针芯	3	
		干燥注射器回抽1~2ml空气	2	
		抽出骨髓液约0.1~0.2ml,插入针芯	2	
	制片及 送检	无菌纱布覆盖穿刺点,胶布固定	2	
		涂6张骨髓片送检,涂片手法正确	3	
操作后 (23分)		摆放患者体位,使患者处于平卧位休息,密切观察患者	2	
		术后监测生命体征(口述即可)	3	
		整理物品、垃圾分类放置	3	
	无菌观念	器械取用、开包、戴手套、穿刺过程等操作遵循无菌原则	3	
	人文关怀	操作者自我介绍	2	
		保护患者隐私权、保暖	2	
		观察、询问患者不适感及安慰患者	2	
		操作后整理复原患者衣物	2	
	操作 熟练	操作流畅	2	
		程序正确	2	
		总分	100	

(黄月艳)

四、儿童腰椎穿刺术

教学视频:
儿童骨髓(胫骨)穿刺术

(一) 适应证

1. 诊断性穿刺

(1)中枢神经系统感染性疾病的诊断与鉴别诊断:腰椎穿刺脑脊液检查有助于对化脓性脑膜炎、结核性脑膜炎、病毒性脑膜炎、真菌性脑膜炎等疾病的诊断与鉴别诊断。

(2)测定脑脊液压力:通过腰椎穿刺测定脑脊液压力,以了解颅内压高低及蛛网膜下腔通畅情况。

(3)肿瘤性疾病的诊断与治疗:腰椎穿刺术可用于诊断脑膜白血病,并通过腰椎穿刺鞘内注射化疗药物治疗脑膜白血病。

(4)脑血管意外的诊断与鉴别诊断:包括脑出血、脑梗死、蛛网膜下腔出血等疾病的诊断与鉴别诊断。

(5)协助诊断神经系统免疫性疾病。

(6)脑脊液检查:通过脑脊液动力学检查和常规生化检查,协助诊断脊髓病变的性质。

(7)脑和脊髓造影检查:通过腰椎穿刺行脑和脊髓造影检查,如椎管造影、气脑造影、脑室脑池放射性核素扫描等,以了解脑室大小、移位及脊髓椎管有无阻塞等情况。

2. 治疗性穿刺

(1)腰椎麻醉注药:进行腰椎麻醉注药,鞘内注射化疗药物有效预防和治疗白血病、噬血细胞性淋巴组织细胞增生症等疾病的中枢神经系统浸润。

(2)颅内感染性疾病治疗:对于结核性脑膜炎、化脓性脑膜炎等颅内感染性疾病,行腰椎穿刺减压及椎内注药治疗。

(3)外伤性蛛网膜下腔出血治疗:外伤性蛛网膜下腔出血时,进行腰椎穿刺放脑脊液治疗,以减少并发症的发生。

(4)脊髓蛛网膜炎治疗:通过腰椎穿刺注入氧气治疗脊髓蛛网膜炎。

3. 疗效监测性穿刺　中枢神经系统感染性疾病治疗后,复查脑脊液以了解疾病的转归。

(二) 禁忌证

1. 绝对禁忌证

(1)后颅窝占位性病变患者,严重颅内压增高、脑疝或有脑疝早期征象应视为腰椎穿刺的绝对禁忌证。

(2)病情危重,如休克、严重呼吸困难、频繁抽搐者,衰竭或濒危患者。

(3)严重出血性疾病患者。

2. 相对禁忌证

(1)穿刺部位出现皮肤、皮下组织、脊柱感染者。

(2)穿刺部位出现腰椎严重畸形或骨质破坏者。

(3)不能确定有无脊柱结核、硬膜外脓肿者,要先做影像学检查,除外后方可进行腰椎穿刺。

(4)其他脊髓压迫症患儿,开放性颅脑损伤或有脑脊液漏者。

(三) 操作流程

1. 术前准备

(1)患儿准备

1)核对患者信息,详细向患儿及委托人说明腰椎穿刺的目的、可能发生的意外情况及常见并发症,并确认患者及家属已签署知情同意书。

2)安抚患儿情绪,消除其紧张心理。

3)术前测量血压、脉搏。

4)再次核对患儿姓名,将患儿送到已消毒的治疗室。

(2)器械准备

1)器械车铺台:其上放置无菌钳、碘伏、75% 酒精、0.1% 肾上腺素、2% 盐酸利多卡因、注射器、棉签、胶布、手消毒剂、无菌手套等。

2)准备并检查一次性腰椎穿刺包的外观,审核消毒日期。腰椎穿刺包内包含必需的器件:一支带针芯的腰椎穿刺针、手术巾、收集管和一个测压计。首选22G穿刺针,因为穿刺孔较小可减少发生脑脊液渗漏的危险。一般说来,婴儿使用3.8cm的针,儿童使用6.3cm的针。

2. 操作步骤

(1)体位

1)除特殊情况外,患儿多采取左侧卧位。

2)让患儿(或由助手协助)左侧卧于硬板床上,助手左手扶住患儿腘窝,右手置于其颈后,使背部与床面垂直,头部向胸部俯屈(学龄儿童可双手抱膝),屈髋屈膝至腹部,以充分暴露椎间隙,便于穿刺。

(2)穿刺点选择

1)两髂嵴连线和脊柱交点为第4腰椎棘突,其上为$L_{3~4}$间隙,其下为$L_{4~5}$间隙,在$L_{3~4}$或$L_{4~5}$之间的间隙进针,因为这些位置点位于脊髓终末段的下方。选定穿刺点后,可用标记笔作一标记。

2)再次检查患儿体位是否符合穿刺要求。

(3)穿刺前准备

1)助手打开腰椎穿刺包并置于器械车上。

2)遵循消毒原则洗手,戴帽子、口罩及无菌手套。术者检查腰椎穿刺包内器械后,常规消毒皮肤2次,消毒顺序为从中心向外周,消毒范围10~15cm,最后一次消毒范围应小于前一次。选择与患儿年龄及体形相符的穿刺针,并检查穿刺针是否通畅以及针尖的锐度。

3)铺消毒洞巾,助手可用胶带将消毒洞巾上方固定于患儿皮肤。

(4)局部麻醉:使用2%盐酸利多卡因2ml进行局部麻醉,先在穿刺点打一皮丘,针尖深达韧带,边退针边推药。

(5)穿刺步骤

1)左手固定穿刺点皮肤,右手持针进行穿刺。将穿刺针斜面指向头部的方向,垂直缓慢刺入皮肤,并依次通过皮下组织、棘上韧带、棘间的棘间韧带、黄韧带、硬膜外隙,进入蛛网膜下腔。

2)儿童穿刺深度为2~4cm,婴幼儿(包括新生儿)穿刺深度为1.5~2cm。当穿刺针穿过黄韧带和硬脊膜时,可感到阻力突然消失(即"落空感"),此时针尖已进入蛛网膜下腔。缓慢抽出部分针芯,可见脑脊液流出。

3)如未见脑脊液流出,可先转动针尾或插入针芯,将针缓慢退至皮下,调整针的角度后再行试穿。如脑脊液流出不畅,可将针头旋转90°,因针头开口处可能被神经根堵塞。

(6)测量颅内压

1)仅侧卧位患者可测量开放压,且应在收集任何样本前完成。

2)右手持压力管,示指堵在其上端。左手缓慢拔出针芯,将压力管下端插入针尾。助手辅助患儿放松头部及双下肢,均匀呼吸,再松开右手示指(若脑脊液压力高,则视具体情况而定)。待压力管内水柱稳定后,读取压力值(cmH_2O)。

(7)样本收集

1)根据不同疾病的需要,将脑脊液分别收集到无菌小瓶中送检。

2)应让脑脊液滴入收集管内,避免进行抽吸,因为即使是很小的负压也极易导致出血。收集的液量应限制在最小需要量,通常为3~4ml。

(8)拔针及术毕处理

1)将针芯插入后拔出穿刺针。助手用棉球消毒穿刺点及周围皮肤,用无菌纱布覆盖,并用胶布固定。

2)术毕将患儿平抱回病房,嘱患儿去枕平卧4~6h,多饮水预防穿刺后头痛。

(9)腰椎穿刺质量控制:由本院住院总医师或主治医师以上职称亲自督导完成。

（四）并发症

（1）脑疝：最危险的并发症，当发生脑疝时，应根据情况立即静脉滴注甘露醇溶液，可增大剂量（每次 1.5~2g/kg），或进行其他快速有效的脱水治疗，也可应用呋塞米（每次 1~2mg/kg）、肾上腺皮质激素（地塞米松）（每次 0.5~1mg/kg）等。如出现呼吸循环衰竭，立即行气管插管机械通气。

（2）头痛：最常见的并发症，多认为与低颅压有关，故应在穿刺后去枕平卧 4~6h。若仍出现头痛，可予 0.9% 氯化钠溶液静脉滴注。

（3）脑膜炎：穿刺时未严格执行无菌操作是其主要原因。患儿表现为发热、头痛、恶心、呕吐，查体脑膜刺激征阳性。

（4）腰背部痛及神经根痛：较常见，通常持续数天或数月后可自行缓解。可采用局部理疗或热敷等方法进行治疗。同时，应警惕鞘内引入异物或药物可能导致的急性化学性脑膜炎、慢性脊髓蛛网膜炎、惊厥发作以及原有神经系统疾病的加重。针对这些情况，可采取抗感染和抗惊厥治疗。

（五）操作注意事项

1. 严格掌握腰椎穿刺的适应证和禁忌证。

2. 哭闹不安，不能配合检查者，需要镇静后进行。

3. 穿刺中如果出现损伤出血，则拔出穿刺针压迫止血。根据情况可换另一椎间隙或三天后再行穿刺。

4. 当患者出现严重颅内压增高并伴有视神经盘水肿时，应先进行头颅影像学检查，以排除占位性病变。对于存在颅高压表现的脑炎、脑膜炎等患者，在每次静脉滴注 5ml/kg 甘露醇并等待半小时后，可谨慎进行穿刺。在穿刺过程中，需小心拔出针芯并半堵针孔，避免在颅高压下脑脊液大量喷出，仅留取 1~1.5ml 脑脊液进行检测。

5. 当脑脊液压力过高时，应避免留取脑脊液，以防止诱发脑疝。

6. 留取的脑脊液标本应及时送检，放置时间不应超过 1h，以免影响检验结果。

7. 在进行鞘内注射给药时，应先放出等量的脑脊液，然后再将药物注入。

8. 在穿刺过程中，如患者出现面色苍白、脉搏、呼吸、血压异常等症状，应立即停止操作，并进行相应的处理。

9. 对于需要检测寡克隆区带脑脊液 1gG 指数、髓鞘碱性蛋白的患者，所需标本量为 2~3ml，并需同时取静脉血 2ml 进行检测。

10. 严格遵守无菌操作规程，并确保医疗废物的正确处理。

（六）案例分享

1. **案例一** 2 岁，女孩，因"发热 5d，呕吐、抽搐、意识障碍 2d"入院，伴咳嗽，无气促、呼吸困难、腹泻、皮疹等症状。查体：体温 38.5 ℃，呼吸 40 次/min，心率 130 次/min，意识障碍，颈稍抵抗，两肺呼吸音粗，无明显啰音，心律齐，心音有力，未闻及杂音，腹软，肝右肋下 2cm，双侧巴宾斯基征阳性。患者既往体健，否认其他疾病史。

【问题】

该患儿目前需做哪项操作及检查最有助于诊断？请完成操作全过程，请 A 做主操作，B 做助手，共同完成。

必要说明：所准备的物品并不需要全部使用，A 和 B 先互助完成，测颅内压及收集脑脊液标本可以省略。

【回答】

A 和 B 准备消毒包、无菌手套、局部麻醉药、腰椎穿刺针等。A 进行皮肤消毒，B 协助固定患儿。A 戴手套，局部麻醉后，A 进行腰椎穿刺，收集脑脊液标本送检。

2. **案例二** 患儿，男，8 个月，体重 5.5kg，主诉：发热 3d，伴精神差、呕吐 2d，抽搐 1d 入院。既往史、个人史、家族史无特殊。查体：体温 39 ℃，脉率 150 次/min，呼吸 45 次/min，嗜睡状态，偶有烦躁哭闹，前囟饱满，双侧瞳孔等大等圆，对光反射欠灵敏，颈项强直、布鲁津斯基征、克尼格征阳性。血常规：白细胞计数 25×10^9/L,中性粒细胞占 90%。

【问题】

(1)该患儿目前初步诊断是什么?

(2)需做哪项操作及检查最有助于诊断?

【临床思维】

(1)根据感染中毒症状、中枢神经系统功能改变、颅内压增高表现、脑膜刺激征、脑膜炎的类型作出判断。脑膜炎的类型须依据病史、临床表现、脑脊液检查及头颅 CT 或 MRI 等进行判断。

1)病毒性脑膜炎:急性起病,有发热、头痛、呕吐及某些病毒感染的有关症状,有脑膜刺激征,脑脊液压力正常或稍高,白细胞计数、蛋白正常或稍高,糖、氯化物正常。病毒分离阳性。

2)化脓性脑膜炎:急性起病,有局灶或全身化脓性感染史,全身感染中毒症状重,脑膜刺激征阳性,伴或不伴有神经系统的局灶症状,脑脊液白细胞计数增高,以多核细胞为主,糖含量降低,蛋白增高应考虑化脓性脑膜炎的诊断,但确诊需血或脑脊液细菌培养阳性。

3)结核性脑膜炎:亚急性起病,约 2 周后出现脑膜刺激征,无结核接触史或其他部位结核感染灶。脑脊液示:毛玻璃状,细胞轻中度升高,以淋巴细胞为主,糖与氯化物同时下降,蛋白升高,抗酸染色找到结核分枝杆菌。

4)隐球菌性脑膜脑炎:亚急性或慢性起病,颅内压增高为主要症状,眼底视神经盘水肿,脑脊液改变类似结核性脑膜炎,病原学检查见隐球菌,和 / 或墨汁染色乳胶凝集试验阳性。

(2)需要做儿童腰椎穿刺术。发热、呕吐、抽搐并具有脑膜刺激征表现,脑脊液细胞数不同程度增高,为各种脑膜炎共有的临床表现。因此,对脑膜炎的典型病例的诊断并不困难,尤其是典型的化脓性脑膜炎,依据典型的临床表现(感染表现、颅内压增高、脑膜刺激征)及脑脊液的特点(脑脊液外观脓性、脑脊液细胞数 $>1\,000 \times 10^6$/L,以中性粒细胞为主,涂片或培养可找到致病菌)。

(七)儿童腰椎穿刺术耗材及物品准备清单(表 4-9)

表 4-9　儿童腰椎穿刺术耗材及物品准备清单

序号	名称	数量
1	腰椎穿刺包	1 个
2	无菌手套	2 副
3	消毒剂	1 瓶
4	麻醉剂	1 支
5	棉签	1 包
6	注射器	2 副
7	胶布	1 个

(八)儿童腰椎穿刺术评分标准(表 4-10)

表 4-10　儿童腰椎穿刺术评分标准

项目	细则要求	分值	得分
操作前 (39 分)	患者准备: 1. 核对患者姓名、性别、年龄,核对检查穿刺点有无红肿、破溃、流脓等,测量生命体征(心率、血压、呼吸)并评估体力状况(4 分) 2. 核对穿刺同意书是否已签署,向患者及家属交代腰椎穿刺目的及相关注意事项(2 分) 3. 告知需要配合的事项(操作过程中避免随意活动,保持体位,如有不适及时报告)(2 分)	8	

续表

项目	细则要求	分值	得分
操作前 (39分)	物品准备：一次性骨髓穿刺包，棉签、0.5%碘伏/75%酒精、2%利多卡因、胶布、无菌手套，抢救物品(肾上腺素)、生活垃圾桶、医疗垃圾桶、锐器盒。核对物品消毒的有效期、完好性及密闭性	5	
	操作者准备：检查患者前后、准备物品前、操作前洗手、戴口罩、帽子	2	
	体位定位：患者侧卧，背部与床面垂直。头向前胸屈曲，双手抱紧膝紧贴腹部，使躯干呈弓形	4	
	以 $L_3 \sim L_4$(双髂前上棘连线与后正中线交会处)为穿刺点(小儿为 $L_4 \sim L_5$)，检查穿刺点无红肿、破溃、流脓等	10	
	消毒：定位以后，以穿刺点为中心，直径15cm，由内向外用碘伏环形消毒皮肤3遍(第一次范围最大，后两次范围次第减小)，不留空隙	10	
操作中 (40分)	打开穿刺包，戴无菌手套	4	
	铺洞巾	4	
	核对包内器械是否齐全，检查穿刺针是否通畅	4	
	用2%利多卡因自皮肤到椎间韧带作局部浸润麻醉(每次注射麻药前必须确保注射器回抽无血)	6	
	左手固定皮肤，右手持腰椎穿刺针，从穿刺点垂直腰椎进针(患者体位不正时，需调整进针方向)。进针4~6cm，有落空感时，表明针头已穿黄韧带与硬脊膜。此时将腰椎穿刺针针芯拔出，可见脑脊液流出	10	
	连接测压管，测量脑脊液压力并记录。正常 $70 \sim 180cmH_2O$	4	
	撤去测压管，放出部分脑脊液或用试管收集脑脊液化验	4	
	抽吸完毕，将针芯重新插入；将穿刺针连同针芯一起拔出，按压穿刺点1~2min，无菌纱布覆盖，用胶布固定	4	
操作后 (21分)	嘱患者去枕平卧4~6h，操作结束后告知患者及家属相关注意事项，测量脉搏、血压并交代注意事项(保持穿刺口干燥，24h内不能碰水)，整理用后物品并口述用后物品按医疗物品管理条例分类处理。洗手后书写操作记录	10	
	标本送检	6	
	职业素质： 1. 操作前能以和蔼的态度告知患者腰椎穿刺的目的，取得患者的配合，操作时注意无菌观念，动作轻柔规范，体现爱护患者的意识。操作结束后应告知患者相关注意事项 2. 着装整洁，仪表端庄，举止大方，语言文明，认真细致，表现出良好的职业素质	5	
合计		100	

(黄月艳)

五、儿童腹腔穿刺术

(一) 适应证

1. 腹水原因不明，或疑有内出血者。

2. 大量腹水引起难以忍受的呼吸困难及腹胀者。

3. 需腹腔内注药或腹水浓缩再输入者。

(二) 禁忌证

1. 广泛腹膜粘连者。

2. 有肝性脑病先兆、肝包虫病及巨大卵巢囊肿者。

3. 大量腹水伴有严重电解质紊乱者禁忌大量放液者。

4. 精神异常或不能配合者。

5. 妊娠妇女。

(三) 操作流程

1. 术前准备

(1)患者准备

1)口述:测量生命体征(心率、血压、呼吸),体力状况评价。

2)向患者解释腹腔穿刺的目的、操作过程、可能的风险。

3)告知需要配合的事项(操作前排尿、保持体位、如有不适及时报告)。

4)确保患者及家属签署知情同意书。

(2)操作者准备:检查患者前后、准备物品前、操作前洗手,戴口罩、帽子。

(3)物品准备:腹腔穿刺包、消毒用品、棉签、麻醉药物、注射器(2ml 或 5ml,20ml 或 50ml 各一个)、胶布、无菌手套、抢救物品、医疗垃圾桶、锐器盒。同时核对物品消毒的有效期、密闭性及完好性。

2. 操作步骤

(1)定位:操作前再次核对患者,嘱仰卧位,穿刺部位为脐与左髂前上棘连线中外 1/3 交点或取脐与耻骨联合连线中点上 1cm,偏左或偏右 1.5cm。定位后,用标记笔标记。

(2)消毒铺巾:常规叠瓦形消毒,消毒范围大于 20cm,正确戴无菌手套,铺无菌孔巾。

(3)麻醉

1)核对麻醉药物后,用注射器抽取 2% 盐酸利多卡因 2ml。

2)在穿刺点局部皮下注射形成 1 个皮丘,将注射器垂直于腹壁皮肤表面,缓慢刺入。

3)间断负压回抽,每进 2~3mm 回吸一次,如无液体或鲜血吸出,则注射麻醉药物,逐层浸润麻醉各层组织,直至腹膜;如有液体吸出,则提示进入腹腔。

(4)穿刺:先将穿刺针后的胶皮管用止血钳夹住,左手固定皮肤,右手持穿刺针经麻醉路径进行穿刺,当针尖通过皮肤到达皮下后,稍向周围移动一下穿刺针头,再垂直刺入腹壁,待感到穿刺针抵抗突然消失表示已进入腹腔,抽取腹水。

(5)抽液:用 50ml 注射器连接橡皮管,松开止血钳,缓慢匀速抽取腹水,抽取 10ml 后再次用止血钳夹住胶管,然后取下注射器,将液体注入标本试管中,以便送检;术中注意观察患者的反应,询问患者有无不适等。

(6)拔针:拔出穿刺针,用纱布按压穿刺部位,局部消毒,压迫片刻,无菌敷料覆盖。

(7)术后处理

1)交代患者注意事项。

2)用后物品按医疗物品管理条例分类处理。

3)标本送检,并洗手书写操作记录。

(四) 操作注意事项

1. 穿刺时需迷路进针。

2. 穿刺抽吸出的第 1 管需弃去,不做留置标本使用。

3. 拔针后需加压包扎以防腹水漏出。

(五) 案例分享

患儿家属代诉及患儿自诉 1 月前无明显诱下因出现乏力、腹胀,伴尿黄、纳差、右上腹隐胀痛,无发热、恶心、呕吐、呼吸困难等不适,查体:体温 37.4 ℃,脉率 84 次 /min,呼吸 20 次 /min,血压 120/80mmHg,一般情况可,无皮疹,全身浅表淋巴结未触及,巩膜稍黄染,咽无充血,颈软,气管居中,颈静脉无怒张,甲状腺未触及肿大,胸壁无压痛,两侧语颤对称,两肺叩诊清音,两肺呼吸音清,未闻及明显干、湿啰音,心界不大,心率 84 次 /min,心律齐,无杂音,各瓣膜区未闻及杂音。腹平软,移动性浊音阳性,右上腹轻压痛,肝肋下三横指可触及,脾未及,双下肢中度凹陷性水肿。腹部 B 型超声显示:腹水。

【问题】

1. 为明确诊断,需对该患者进行何种诊断性操作?

2. 请简述渗出性腹水和漏出性腹水的鉴别点?

【回答】

1. 腹腔穿刺术。

2. 渗出性腹水与漏出性腹水的鉴别点主要包括下列6点。

(1)原因:漏出液常见的原因有低蛋白血症,血管渗透压增高,淋巴回流受阻;渗出液的常见原因常见于细菌感染。

(2)外观:漏出液是澄清的,渗出液是浑浊的。

(3)蛋白含量:漏出液在25g/L以下,渗出液在25g/L以上。

(4)比重:漏出液<1.018,渗出液>1.018。

(5)细菌计数:漏出液<0.50×10^9/L,渗出液>0.50×10^9/L。

(6)凝固性:漏出液不能自凝固,渗出液常自行凝固。

【临床思维】

腹腔穿刺术是诊断不明原因的腹水的重要诊断手段,对腹水性质的判断至关重要:①腹腔穿刺术的阳性率有90%以上,对判断腹腔内有无脏器损伤、是哪一类脏器损伤有很大帮助;②当腹腔穿刺出不凝固血液,提示实质性脏器或大血管损伤;③如抽出物为消化液,含胆汁、食物、粪便、尿液或为混浊液体时,均提示相应的空腔脏器的破裂;④对腹腔内出血较少,诊断性腹腔穿刺没有液体抽出而又高度怀疑腹腔内损伤时,应加强病情观察必要时可反复穿刺或腹腔灌洗术。

(六)儿童腹腔穿刺术耗材及物品准备清单(表4-11)

表4-11 儿童腹腔穿刺术耗材及物品准备清单

序号	物品名称	数量
1	腹腔穿刺包	1个
2	聚维酮碘、棉签	1个
3	注射器(2ml或5ml,20ml或50ml各一个)	1个
4	胶布	1个
5	无菌手套	2个
6	肾上腺素、2%盐酸利多卡因	1个
7	医疗垃圾桶、污物垃圾桶、锐器盒	1个

(七)儿童腹腔穿刺术评分标准(表4-12)

表4-12 儿童腹腔穿刺术评分标准

项目		细则要求	分值	得分
操作前 (19分)	操作前准备	操作者:戴好口罩、帽子,穿工作服,着装整洁	4	
		准备物品:腹腔穿刺包、聚维酮碘、棉签,5ml一次性注射器、利多卡因,无菌手套、无菌纱布、胶布、医疗垃圾桶、生活垃圾桶、锐器盒等。	4	
		核对信息:核对患者姓名、性别、年龄	3	
		交代操作目的,取得患者配合并嘱患者排空膀胱	2	
		查看患者血压、脉搏,腹部叩诊,确定患者有无操作适应证及禁忌证,告知风险并确保患者签署穿刺同意书	4	
		环境准备:调节室内光线及温度,拉床帘保护患者隐私	2	

续表

项目		细则要求	分值	得分
操作中 (61分)	体位与 定位	仰卧位:左下腹部脐与左髂前上棘连线中外1/3处(常用)或脐与耻骨联合连线中点上1cm、偏左或偏右1.5cm处(少用)	4	
		侧卧位:脐水平线与腋前线或腋中线相交处		
		标记穿刺点	2	
	消毒 铺巾	六步洗手法洗手	2	
		以穿刺点为中心,由内向外环形消毒皮肤,直径15cm	4	
		共消毒2~3遍,每一次比前一次范围稍小,勿留空隙	2	
		检查穿刺包包装有无破损,有效日期,打开穿刺包	2	
		戴无菌手套	2	
		检查消毒指示卡	2	
		核对包内器械,检查穿刺针是否通畅	2	
		铺巾	2	
	麻醉	核对麻醉药品可用,用注射器抽取麻醉药2ml	2	
		在穿刺点先打一皮丘,再垂直进针,自皮肤至腹膜壁层逐层局部浸润麻醉	4	
		注射前应回抽,无血液、气体、腹水	2	
	穿刺 过程	夹闭穿刺针胶管上的夹子	3	
		左手固定穿刺点皮肤,右手持穿刺针采用迷路进针方式(先垂直进针后倾斜45°~60°进1~2cm然后再垂直刺入腹膜)经麻醉处进行穿刺	5	
		嘱助手用止血钳固定穿刺针	2	
		胶管接上50ml注射器,打开夹子,抽吸有腹腔液流出	5	
		抽液时嘱助手固定穿刺针,抽满后夹闭胶管(如需大量放腹水可改接集液袋)	3	
		抽液量:首次不超过1 000ml,肝硬化患者不超过3 000ml	5	
		抽液时询问并观察患者有无不适反应	2	
	标本 收集	收集标本送生化、细菌培养、病理、常规等检查	2	
		标记标本管,第一管应舍弃或不送常规	2	
操作后 (20分)	术后 处理	抽液完毕后拔出穿刺针,按压止血	2	
		消毒穿刺点	2	
		无菌纱布覆盖,胶布固定	1	
		交代患者及术后注意事项,大量放液后需用腹带加压	2	
		术后再次测量患者血压、脉搏、腹围并观察患者反应	2	
		妥善处理医疗垃圾	2	
	整体 操作	文明用语,用被单覆盖患者其余部位	2	
		动作轻柔,操作中注意观察及询问患者有无痛苦表情	2	
		整体流畅,操作熟练,注重无菌观念	5	
总分			100	

(李顺锋)

六、儿童胸腔穿刺术

(一) 适应证

1. 各种胸腔积液的诊断、鉴别诊断。

2. 胸腔积液或积气的治疗。

3. 脓胸灌洗和注射药物。

(二) 禁忌证

1. 血友病。

2. 穿刺部位感染。

(三) 操作流程

1. 操作前准备

(1) 与患儿家属沟通,确保患者及家属签署穿刺同意书,告知可能的并发症,如出血、感染、损伤周围组织(包括血管、神经)、手术不成功、麻醉意外以及其他不可预料的意外等。

(2) 物品准备:胸膜腔穿刺包、无菌手套、消毒液、棉签,5ml 注射器、50ml 注射器、2% 盐酸利多卡因注射液、肾上腺素、生活垃圾桶、医疗废料桶、医疗锐器桶。

2. 操作步骤

(1) 复习操作流程,准备好物品。核对患儿姓名、性别、年龄、床号;查阅病历及相关辅助检查资料,确定有无适应证和禁忌证。

(2) 与患儿及家长沟通:自我介绍,说明要进行的操作名称、目的、可能的不适与应对方法。

(3) 再次确认患儿的病情:再次查体,查看报告(如血常规、凝血功能等),确认需要的操作无误。

(4) 帮助患儿摆好体位(年长儿:取坐位,面向椅背,双手前臂平放于椅背上,前额伏于前臂上。婴幼儿:助手坐在椅子上,将患儿面向自己抱坐在腿上,使患儿稍前倾,背部略突出。一手将患侧手臂固定在头顶,另一手固定在患儿腰臀部,使之身体固定),选择并标记穿刺点。

1) 胸腔积液时应根据胸部 X 线、B 型超声检查结果,结合叩诊确定穿刺点。一般位于叩诊实音区的最低处,即肩胛线第 7~8 肋间,腋后线第 7~9 肋间。

2) 胸腔积气时一般在锁骨中线外侧第 2 肋间进行穿刺。

3) 局灶性或包裹性积液可在 B 型超声下确定穿刺点并标记。

(5) 消毒铺巾

1) 术者洗手,戴好口罩、帽子。

2) 以穿刺点为中心,消毒直径 15cm,由内向外消毒(聚维酮碘消毒 2 遍,再用 75% 酒精消毒 2 遍),注意勿留空隙,棉签不能返回已消毒区域。

3) 检查穿刺包的消毒日期,打开胸膜腔穿刺包外层,戴无菌手套(注意无菌观念),打开胸膜腔穿刺包内层,检查消毒指示卡。

4) 检查包内器械,注意穿刺针是否通畅。

5) 以穿刺点为中心铺孔巾,注意无菌原则,不可由有菌区向无菌区方向拉动孔巾,不可触碰未消毒的区域或物品。

(6) 麻醉:用 5ml 注射器抽取 2% 盐酸利多卡因 2ml,按皮肤、皮下、肋间逐层麻醉直至胸膜,每次注射药物 0.5ml,注射前先回抽,无血液方可注射麻醉剂。

(7) 穿刺过程:以止血钳钳夹穿刺针上的橡皮管,左手拇指和示指固定穿刺部位皮肤右手持穿刺针(用无菌纱布包裹),沿麻醉部位经肋骨上缘垂直缓慢刺入至抵抗感突然消失表示针尖已进入胸膜腔,接上 50ml 注射器。由助手松开止血钳,同时用止血钳协助固定穿刺针。术者抽吸胸腔液体或气体,注射器抽满后,助手用止血钳夹闭胶管,取下注射器。将液体注入盛器中,计量并送化验检查。若为排液或排气可反复进行抽吸并记录抽取量。若用三通活栓式穿刺针穿刺,穿刺前先将活栓转到与胸腔关闭处,进入胸腔后接上注射器,转动三通活栓,使注射器与胸腔相通,然后进行抽液。注射器抽满液体后,转动通活栓,使注射器与外界相通,排出液体或气体。

(8)标本送检:抽取的胸腔积液进行标记(病室、床号、姓名)并送检。

3. 操作后处理

(1)抽取完毕后拔出穿刺针,以无菌纱布压迫穿刺部位片刻,消毒穿刺点后,覆盖无菌纱布,以胶布固定,嘱患儿静卧休息。

(2)观察术后反应,检查体温、血压、脉搏等生命体征。注意并发症,如气胸、复张性肺水肿等。

(3)穿刺结束后,冲洗穿刺针,将用过的物品放入指定医疗垃圾桶,将穿刺包放在指定回收地点。

(四)操作注意事项

1. 穿刺前阅读胸部 X 线等影像学检查,确定穿刺部位;操作前一定要检查有无禁忌证。

2. 镇静:为防止小儿哭闹,可于操作前予以地西泮注射液 0.1~0.3mg/kg 静脉注射,或予以 10% 水合氯醛溶液 0.5ml/kg 口服或灌肠。

3. 严格无菌操作;操作中尽量防止空气进入胸腔,始终保持胸腔负压。

4. 进针不要过深,以免刺伤肺;避免在第 9 肋间以下穿刺,以免穿透膈肌损伤腹腔脏器。

5. 一次抽液(气)不能过多或过快。诊断性穿刺时,年长儿 50~200ml;治疗性穿刺不超过 500~600ml,婴儿酌减,以防发生纵隔摆动等意外。

6. 穿刺过程中要注意观察患儿变化,一旦出现刺激性咳嗽或极度烦躁、大汗、苍白、呼吸困难等现象或抽出鲜血,应立即停止放液,将患儿平卧,必要时予以 1% 肾上腺素 0.01mg/kg 皮下注射。

7. 如抽不出液体或气体,可将针缓慢进或退 0.5~1cm,或改变针头方向后再尝试抽取。并复核诊断是否正确。

8. 注意保暖,防止受凉。

(五)案例分享

患儿,男,9 岁,因"发热、胸痛 1 周"入院。患儿于 1 周前无明显诱因下出现发热,体温最高 39.5℃,伴胸痛,深呼吸时明显,无他处放射痛,与活动无关,入院后出现胸闷、呼吸困难,左侧卧时加重,查体:体温 36.8 ℃、呼吸 32 次/min、脉率 150 次/min,血压 120/80mmHg,全身浅表淋巴结未触及,颈软,气管稍右偏,颈静脉无怒张,甲状腺未触及肿大,心右界叩诊不清,心律齐,无杂音,各瓣膜区未闻及杂音。腹平软,无压痛,肝脾未及,双下肢无水肿。入院后急诊行胸部 X 线检查报告示:右侧胸腔积液。

【问题】

1. 为明确诊断,需对该患者进行何种诊断性操作?

2. 穿刺过程患儿突发大汗淋漓、呼吸困难需如何处理?

【回答】

1. 胸腔穿刺术。

2. 考虑出现胸膜反应。

(1)立即停止操作,立刻拔出穿刺针。

(2)嘱患者平躺,给予中心吸氧。

(3)皮下注射肾上腺素。

【临床思维】

胸腔穿刺术是诊断不明原因的胸腔积液的重要手段。为患者准确施行胸腔穿刺术,抽取胸腔积液,对明确胸腔积液性质以及为患者的诊断和治疗提供依据具有重要意义。胸腔内给药是临床操作中常用的治疗方法,合理的胸腔内给药相比静脉给药更具优势。当胸膜腔穿刺出不凝固血液时,提示胸腔内积血;抽出气体则提示气胸或者穿刺损伤肺脏的可能性。胸膜腔穿刺时患者穿刺部位的选择非常重要,需结合患者的影像学资料,准确选择穿刺部位。

(六) 儿童胸腔穿刺术耗材及物品准备清单(表4-13)

表4-13　儿童胸腔穿刺术耗材及物品准备清单

序号	物品名称	数量
1	胸膜腔穿刺包	1个
2	聚维酮碘、棉签	1个
3	注射器(2ml或5ml,20ml或50ml各一个)	1个
4	胶布	1个
5	无菌手套	2个
6	肾上腺素、2%盐酸利多卡因	1个
7	医疗垃圾桶、污物垃圾桶、锐器盒	1个

(七) 胸腔穿刺术评分标准(表4-14)

表4-14　胸腔穿刺术评分标准

项目		细则要求	分值	得分
操作前 (15分)	操作前准备	患者准备: 1. 核对患者姓名、性别、年龄,测量生命体征(心率、血压、呼吸)并评估体力状况 2. 核对并确保患者签署手术同意书,向患者交代胸膜腔穿刺目的及相关注意事项 3. 告知需要配合的事项(操作过程中避免剧烈咳嗽,保持体位,如有不适及时报告)	8	
		物品准备:一次性胸膜腔穿刺包,0.5%碘伏、2%利多卡因、胶布、无菌手套,抢救物品,医疗垃圾桶、锐器盒,核对物品消毒的有效期、完好性及密闭性	5	
		操作者准备:检查患者前后、准备物品前、操作前洗手,戴口罩、帽子。	2	
操作中 (62分)	体位	确认病变位于左侧还是右侧,常规取坐位,面向椅背,双手前臂平放椅背上,前额伏于前臂上。(卧床患者可取仰卧高坡卧位,患者略向健侧转,便于显露穿刺部位)	4	
	定位	胸部叩诊:采用间接叩诊法确定穿刺部位,选择肩胛线7~8肋间定位为穿刺点,用标志笔标记	3	
		定位点选择(根据题目选择): 1. 胸腔穿刺抽液:①肩胛下角线7~8肋间;②腋后线7~8肋间;③腋中线6~7肋间;④腋前线第5肋间 2. 气胸(取仰卧位或半坐卧位):患侧锁骨中线与第2肋交点	7	
	消毒铺巾	以穿刺点为中心,由内向外环形消毒皮肤,直径15cm,消毒2~3遍,注意勿留空隙,棉签不要返回已消毒区域	6	
		戴无菌手套,核对包内器械,检查穿刺针是否通畅,铺巾	4	
	麻醉	核对麻醉药(2%利多卡因液体澄清透明,无杂质,在有效期内),并用5ml注射器抽取2%利多卡因2ml	4	
		在穿刺点局部皮下注射形成1个皮丘,垂直皮肤表面,沿下一肋骨上缘缓缓刺入,间断负压回抽,每进2~3mm回抽一次,如无液体或鲜血吸出,则注射麻药,逐层浸润麻醉各层组织,直至胸膜;如有液体吸出或有落空感,则提示进入胸腔,记录进针长度,作为下一步穿刺大概需要的进针深度	8	

续表

项目		细则要求	分值	得分
操作中 (62分)	穿刺 过程	止血钳夹住穿刺针的乳胶管,用示指和中指固定皮肤,穿刺针沿麻醉区域所在肋间的肋骨上缘垂直、缓慢刺入 1. 如有液体流出,停止穿刺 2. 如无液体流出,则改变穿刺角度、深度再穿,直到有液体流出	8	
		嘱助手用止血钳紧贴皮肤固定穿刺针,连接50ml注射器,松开止血钳,缓慢匀速抽取胸水,抽满后嘱助手夹住乳胶管 注意:当每次注射器吸满需要排空时,用止血钳夹闭乳胶管,摘下注射器,排空注射器,再连接乳胶管,打开止血钳,循环操作,抽吸液体	10	
		抽液中注意观察患者的反应,询问患者有无不适	2	
		抽液量:首次不超过600ml,以后每次不超过1 000ml 1. 诊断性操作:穿刺抽得50~100ml液体,分别装入各个标本小瓶内,即完成操作 2. 治疗性操作:穿刺抽得50~100ml液体,分别装入各个标本小瓶内,再继续抽液,抽液速度不能过快,首次不超过700ml,以后每次不超过1 000ml	6	
操作后 (23分)	术后 处理	1. 嘱患者呼气末屏住气,拔出穿刺针,压迫2~3min,局部消毒,无菌敷料覆盖、胶布固定 2. 术后协助患者仰卧于床上,嘱卧床休息2h,测量脉搏、血压并交代注意事项,整理用后物品并口述用后物品按医疗物品管理条例分类处理,洗手后书写操作记录	6	
	标本 送检	1. 标本送病原体检查、常规、生化及其他检查,如癌胚抗原、细胞学等。标本管标记,送检顺序正确:第一管送病原体检查,余不定 2. 注意:气胸穿刺不需要标本送检	6	
	无菌	无菌:整个操作过程(物品准备、麻醉、穿刺、抽液、拔针,每项2分)严格遵守无菌原则	5	
	职业 素质	1. 操作前能以和蔼的态度告知患者胸腔穿刺目的,取得患者配合 2. 告知患者操作过程中如果感到头晕、心慌或者胸痛,应及时告诉操作者 3. 操作时注意无菌观念,动作轻柔规范,体现爱护患者的意识 4. 操作结束后应告知患者相关注意事项 5. 着装整洁,仪表端庄,举止大方,语音文明,认真细致	6	
总分			100	

(黄 肯、李顺锋)

七、儿童心肺复苏术

(一)适应证
各种原因造成的循环骤停,包括心搏骤停、心室纤颤以及心搏减弱。

(二)禁忌证
1. 胸壁开放性损伤。
2. 肋骨骨折。
3. 胸廓畸形或心脏压塞。
4. 明确心、肺、脑等重要器官功能衰竭无法逆转,可以不必进行心肺复苏术,如晚期癌症患者。

（三）操作流程

1. **按压前准备**

（1）环境评估：观察四周环境,确定安全,观察四周环境,确认安全,并报告:"现场环境安全"。

（2）患者评估

1）意识判断：轻拍患者双肩或足底,同时分别对双耳呼叫"喂,你怎么啦？""喂,你醒醒！",然后报告:"患者无意识"。

2）循环与呼吸评估：采用正确方法触摸颈动脉或股动脉搏动,具体操作:左手小鱼际压前额以保持患者头后仰；右手示指、中指触摸甲状软骨位置,后将指尖往施救者方向下滑至胸锁乳头肌前缘深面,两指与身体纵轴垂直,并与颈动脉平面呈45°。同时抬头观察患者肢端以了解循环情况。

3）呼吸快速评估：在触摸颈动脉的同时观察患者的面部表情及胸廓起伏,检查时间持续5~10s（默数"一千零一、一千零二……"直到大约5~10s）,之后报告:"患者无心跳、无呼吸"。

（3）急救体系启动：立即呼救"快来人,抢救患者,快来人啊,立即启动急救系统,请准备除颤仪、球囊-面罩和急救箱"。

（4）体位设置：①患者体位正确,放置于硬板床上,去枕平卧,确保头、颈、躯干、下肢在同一直线上,上肢位于躯干的两侧,并打开衣物暴露胸壁。②施救者体位正确,位于患者右侧,靠近患者,双膝跪下与肩同宽,左膝与患者肩部保持在同一直线上。

2. **胸外心脏按压**

（1）按压姿势：用一手掌跟对准按压部位,另一手手掌重叠其上,双手手指相互交叉扣起,确保不接触胸壁。同时保证腕、肘、肩三个关节垂直于按压部位,以髋关节为支点,利用上身力量进行垂直向下、用力、快速、有节奏、不间断的按压。

（2）具体要求

1）定位正确。根据患者年龄选择合适的定位方法,包括双手环抱法（适用于婴儿与新生儿）、双指压法（适用于婴儿）、单手掌法（适用于幼儿）、双手掌法（适用于大于8岁儿童）,定位点为两乳头连线与前正中线交点或下方一横指处。

2）姿势正确。

3）按压深度为胸廓的1/3~1/2。

4）按压频率至少100次/min。

5）按/松比为1:1。

6）观察患者面色变化。

7）按压与呼吸比例为单人操作时30:2,双人操作时15:2,交替进行。

3. **清理呼吸道与开放气道**

（1）清理口腔方法正确：用示指从对侧口角往施救者方向勾挖。

（2）开放气道方法正确：左手小鱼际压住患者前额,右手示指及中指远节抵住下颌骨的下颌角或近颏部位置,将下颌托起以保证头后仰,从而开放气道。

4. **通气操作**

1）保持气道开放。

2）确保通气过程中无漏气现象。

3）吹气及放松的时间均为1s。

4）观察并确保有胸廓起伏。

5）在通气过程中做到捏鼻/放鼻操作。

6）持续观察胸廓起伏情况。

5. **再次评估** 单人操作时30:2,先完成5个周期胸外按压与人工呼吸后评估；双人操作时15:2,先完成10个周期胸外按压与人工呼吸后评估,再次评估患者的循环与呼吸情况（方法同上）。根据评估结果报告:"患者心跳恢复,无自主呼吸,暂停按压,持续进行正压通气"。

（四）复苏后处理

1. 整理患者：给患者整理衣物，清洁胸壁皮肤。

2. 摆恢复体位：四肢肢体处于复苏位，头偏向一侧。

（五）操作注意事项

1. 现场检查患者的意识、呼吸、心跳时，触摸大动脉查看有无心跳时间不能短于 5s，不能超过 10s。

2. 开放气道前一定要注意，彻底清理患者的呼吸道分泌物。

3. 实施胸外心脏按压时，按压深度为胸廓的 1/3~1/2 为宜。

4. 胸外心脏按压的频率应保持在每分钟 100 次左右，不宜过慢或过快。

5. 按压过程中应尽量减少中断，因为中断时间超过 10s，心肺复苏将视为无效。

6. 确保胸廓充分回弹，回弹不佳会影响通气及心肺复苏的质量。

（六）案例分享

患儿，因溺水在公园池塘中被救起后意识丧失，公园保安紧急送往急诊科救治。急诊检查显示，患儿意识丧失，面色发绀，无自主呼吸，全身皮肤冰冷，未触及颈动脉搏动，双侧瞳孔散大且固定，对机体各种刺激无反应，心音消失。请立即对患儿实施抢救。

【问题】

1. 心肺复苏的禁忌证是什么？

2. 简述儿童心肺复苏的按压部位及双人、单人通气的区别。

【回答】

1. 禁忌证：①胸壁开放性损伤；②肋骨骨折；③胸廓畸形或心脏压塞。

2. 按压部位的区别：①双手环抱法：适用于婴儿与新生儿（详见新生儿复苏章节）。②双指压法（适用于婴儿）：两乳头连线与前正中线交点下方一横指。③单手掌法（适用于幼儿）：两乳头连线与前正中线交点。④双手掌法（适用于大于 8 岁儿童）：两乳头连线与前正中线交点。

双人通气与单人通气的区别：在进行儿童心肺复苏时，单人按压与通气比例为 30∶2，而双人按压与通气比例为 15∶2。

【临床思维】

心肺复苏是急救中的核心技能。与成人相比，儿童心肺复苏对急救医生的技能要求更高。儿童心肺复苏的按压部位、按压频率和按压深度均与成人有所不同。由于儿童的病情复杂且多变，初学者需要深刻理解和掌握复苏技能，才能在实际抢救过程中做到有条不紊。

教学视频：成人和儿童窒息急救

（七）儿童心肺复苏术耗材及物品准备清单（表 4-15）

表 4-15　儿童心肺复苏术耗材及物品准备清单

序号	物品名称	数量
1	硬板床	1 块
2	儿童心肺复苏模型	1 个
3	简易呼吸器	1 套

（八）双人儿童心肺复苏术评分标准（表 4-16）

表 4-16　双人儿童心肺复苏术评分标准

项目		细则要求	分值	得分
操作前（18 分）	环境评估	观察四周环境，确定安全，观察四周环境，确认安全，并报告："现场环境安全"	2	

项目		细则要求		分值	得分
操作前 (18分)	患者评估	判断意识	轻拍患者双肩或足底,同时分别对双耳呼叫"喂,你怎么啦?""喂,你醒醒!",然后报告:"患者无意识"	5	
		同时评估循环、呼吸	触摸颈动脉搏动方法正确(每项1分): 1. 左手小鱼际压前额以保持患者头后仰 2. 右手示指、中指触摸甲状软骨位置 3. 后将指尖往施救者方向下滑至胸锁乳头肌前缘深面 4. 两指与身体纵轴垂直,并与颈动脉平面呈45° 5. 同时抬头观察患者肢端以了解循环情况	5	
			快速评估呼吸的方法正确(每项2分): 1. 在触摸颈动脉的同时观察患者的面部表情及胸廓起伏 2. 检查时间持续5~10s(默数"一千零一、一千零二……"直到大约5~10s) 3. 之后报告:"患者无心跳、无呼吸"	6	
操作中 (70分)	启动急救体系	立即呼救"快来人,抢救患者,快来人啊,立即启动急救系统,请准备除颤仪、球囊 - 面罩和急救箱"(每项1分)		3	
	体位设置	患者体位正确,放置于硬板床上,去枕平卧,确保头、颈、躯干、下肢在同一直线上,上肢位于躯干的两侧,并打开衣物暴露胸壁(每项1分)		4	
		施救者体位正确,位于患者右侧,靠近患者,双膝跪下与肩同宽,左膝与患者肩部保持在同一直线上(每项1分)		4	
	胸外心脏按压	1. 按压姿势:用一手掌根对准按压部位,另一手手掌重叠其上,双手手指相互交叉扣起,确保不接触胸壁。同时保证腕、肘、肩三个关节垂直于按压部位,以髋关节为支点,利用上身力量进行垂直向下、用力、快速、有节奏、不间断的按压 2. 具体要求 (1)定位正确。根据患者年龄选择合适的定位方法,包括双手环抱法(适用于婴儿与新生儿)、双指压法(适用于婴儿)、单手掌法(适用于幼儿)、双手掌法(适用于大于8岁儿童),定位点为两乳头连线与前正中线交点或下方一横指处 (2)姿势正确 (3)按压深度为胸廓的1/3~1/2 (4)按压频率至少100次/min (5)按/松比为1:1 (6)观察患者面色变化 (7)按压与呼吸比例为15:2,交替进行 (每项1分)	第一周期	6	
			第二周期	6	
			第三周期	6	
			第四周期	6	
			第五周期	6	

续表

项目		细则要求		分值	得分
操作中 (70分)	人工呼吸 (先清理口腔异物,正常吸一口气后用嘴唇封住患者的口周向患者吹气。不必深吸气)	1. 清理口腔方法正确:用示指从对侧口角往施救者方向勾挖 2. 开放气道方法正确:左手小鱼际压住患者前额,右手示指及中指远节抵住下颌骨的下颌角或近颏部位置,将下颌托起以保证头后仰,从而开放气道(每项2分)		6	
		助手简易呼吸器及气管插管前可行以下操作: 1. 保持气道开放 2. 确保通气过程中无漏气现象 3. 吹气及放松的时间均为1s 4. 观察并确保有胸廓起伏 5. 在通气过程中做到捏鼻/放鼻操作 6. 持续观察胸廓起伏情况 (每项0.5分)	第一周期	3	
			第二周期	3	
			第三周期	3	
			第四周期	3	
			第五周期	3	
	复检	双人15:2的次数比例交替进行5个周期的胸外按压与人工呼吸后,再次评估患者的循环、呼吸情况(方法同上)		4	
		报判断结果:"心跳恢复,无自主呼吸,暂停按压,持续正压通气" (每项1分)		4	
操作后 (12分)	复苏后处理	整理患者		3	
		摆恢复体位		3	
	整体评价	操作熟练程度、仪表、态度各2分(其中5个循环心肺复苏术时间为2min,每超时10s扣0.5分)		6	
总分				100	

(李顺锋)

第五章

急危重症科

第一节　重症医学科基本技能操作

一、床旁多功能监护仪使用技术

(一) 适应证

心电监护能持续监测心率、血压、脉搏、呼吸、经皮血氧饱和度等项目的动态变化,所有危重症患者或生命体征不稳定的患者,例如脑血管意外、急性呼吸窘迫综合征、肺栓塞、急性冠脉综合征、心力衰竭、心律失常、重症急性胰腺炎、消化道出血、肝硬化、肠梗阻、消化道穿孔、肾脏方面疾病或肾功能衰竭、各种原因引起的休克、严重创伤、电解质紊乱、多器官功能障碍/衰竭,以及各种手术术中、术后监护等,均有使用心电监护仪的适应证。

(二) 禁忌证

无。

(三) 操作流程

1. 术前准备

(1)准备物品:心电监护仪,配套的模块及导联线,包括心电、无创/有创血压、经皮血氧饱和度等,以及电极片、棉签、消毒液。

(2)患者信息核对及向患者及家属解释该项操作的目的及注意事项,取得患者配合。

2. 操作步骤

(1)向患者告知心电监护的目的及注意事项,患者体位以舒适为主。

(2)连接电源,启动心电监护仪。

(3)用酒精棉球消毒患者胸部,然后粘贴电极片,连接心电导联线。

1)三导联电极放置方法:①右上臂电极(RA)置于右锁骨中线第1肋间。②左上臂电极(LA)置于左锁骨中线第1肋间。③左下臂电极(LL)置于左锁骨中线第6、7肋间。

2)五导联电极放置方法:①右上臂电极(RA)置于右锁骨中线第1肋间。②右下臂电极(RL)置于右锁骨中线剑突水平处。③中间电极(C)置于胸骨左缘第4肋间。④左上臂电极(LA)置于左锁骨中线第1肋间。⑤左下臂电极(LL)置于左锁骨中线剑突水平处。

根据病情需要选择合适的导联(P、QRS、T波能够清晰显示),调整好波形和波速。

(4)呼吸监测:在心电电极片基础上正确选择波速。

(5)经皮血氧饱和度监测:在合适部位正确放置血氧饱和度传感器,连接好导联线。

(6)无创血压监测:①将血压袖带放置在正确的位置,和心脏位置处于同一水平。一般在距离肘窝上3~6cm左右,袖带标志对准肱动脉搏动最明显处,连接好导联线。②设定测压间隔时间,如5,10,15min 等。

(7)设置报警参数:根据患者病情,设定心率/呼吸频率/血压/经皮血氧饱和度的最高、最低参数,心律失常报警等。

(8)返回主屏:持续监测心率/呼吸频率/血压/经皮血氧饱和度并记录。

(四)操作注意事项

1. 测压时,留置血压袖带的手臂应与心脏保持同一水平高度。

2. 对测量血压频繁的患者应定时松解袖带,否则会影响末梢循环的血供。

3. 袖带松紧度以容纳1指为宜,袖带的导管对准肱动脉处,每次测量时须将袖带内残余气体排出。

4. 安放监护电极时,须间隔一定距离,以便除颤时放置电极板。

5. 血氧探头应放置在与血压袖带不同的手臂上,以避免相互干扰。

(五)案例分享

1. **案例一**　患者,男,44岁,因"突发意识障碍11d"于6月12日入院,门诊CT示:①两侧小脑半球脑出血;②两肺部炎症。6月15日患者于进食后出现咳大量黄色稀薄痰,急查CT提示:与6月12日CT影像对比,肺部感染灶较前增多,病情危重,由神经外科转入重症医学科。转入时查体:体温37.8℃、心率102次/min,呼吸24次/min,血压100/47mmHg,血氧饱和度90%。神志浅昏迷,格拉斯哥昏迷评分7分,疼痛刺激能睁眼,双肺呼吸音粗,闻及湿啰音,转入诊断:①重症肺炎;②脑出血。转入后立即予进行生命体征监测,机械通气,并通过纤维支气管镜进行肺泡灌洗,加强抗感染、控制颅内压、清除氧自由基、营养脑细胞,以及预防和处理并发症。

【问题】

连接心电监护时注意事项有哪些?

【回答】

注意事项有:①测压时,留置血压袖带的手臂应和人的心脏保持平齐。②对测量血压频繁的患者应定时松解袖带,否则会影响末梢血液循环。③袖带松紧度以容纳1指为宜,袖带的导管对准肱动脉处,每次测量时须将袖带内残余气体排出。④安放监护电极时,须间隔一定距离,避免与除颤时的电极板位置重叠。⑤血氧探头放置不能和血压袖带在同一处手臂。

【临床思维】

临床中遇到这类原发病为脑出血的患者,在治疗过程中如出现大量黄色稀薄痰,应警惕患者在进食过程中可能发生呕吐、误吸,导致吸入性肺炎。如气道堵塞严重,会出现呼吸困难、血氧饱和度下降,甚至窒息,进而可能引起呼吸心跳停止等严重后果。一旦发生呕吐误吸,应立即停止进食,监测生命体征变化。有条件时,应立即行肺泡灌洗术,并加强抗感染治疗。

2. **案例二**　患者,男,88岁,因"不慎跌伤致左髋部疼痛、畸形、活动障碍12h"入院。CT提示:左侧股骨转子间骨折。入院后予完善相关辅助检查,送手术室全麻下行左股转子间骨折切开复位内固定术,术后进入重症医学科复苏。

【问题】

术后进入重症医学科复苏是否需要继续心电监护?

【回答】

需要持续心电监护。

【物品准备】

心电监护仪,配套的模块及导联线包括心电、无创/有创血压、经皮血氧饱和度等,电极片、棉签、消毒液。

【临床思维】

该患者为外伤患者,入院后送手术室全麻下行左股转子间骨折切开复位内固定术,有明确的心电监护适应证,须使用心电监护于术中及术后监测患者生命体征。

（六）床旁多功能监护仪使用技术评分标准（表5-1）

表5-1　床旁多功能监护仪使用技术评分标准

项目		细则要求	分值	得分
操作前 （15分）	术前准备	心电监护仪使用的适应证（口述）	3	
		操作人员：着装整洁，手卫生，戴好口罩、帽子	2	
		评估：患者病情、皮肤黏膜状况、有无起搏器；心电监护仪的性能，周围环境，光线是否充足，有无电磁波干扰	5	
		物品准备：心电监护仪，配套的模块及导联线包括心电、无创／有创血压、经皮血氧饱和度等，电极片、棉签、消毒液（缺1项扣1分，扣完为止）	5	
操作中 （70分）	核对	患者姓名、性别、年龄、床号、腕带	3	
	开机	连接电源，启动心电监护仪	7	
	体位	患者取舒适体位，暴露胸部，用消毒液清洁相应部位的皮肤，擦干	8	
	导联	放置电极在正确位置，连接好导联线（三导联或五导联） 三导联电极放置方法： 1. 右锁骨中线第1肋间 2. 左锁骨中线第1肋间 3. 左锁骨中线第6、7肋间 五导联电极放置方法： 1. 右锁骨中线第1肋间 2. 右锁骨中线剑突水平处 3. 胸骨左缘第4肋间 4. 左锁骨中线第1肋间 5. 左锁骨中线剑突水平处	10	
	血压	血压袖带连接：被测手臂伸直稍外展，袖带标志对准肱动脉搏动最明显处，和心脏位置处于同一水平。袖带松紧度以容纳1指为宜	10	
	血氧饱和度	正确连接经皮血氧饱和度探头于患者指（趾）末端，感应区对准指（趾）甲	7	
	选择导联和监护模式	选择合适导联和监护模式：调节心电图波形和振幅至标准；根据患者心率、血压、血氧饱和度调整报警参数上限、下限；观察和记录各项监测参数	15	
	关机	遵医嘱停止使用心电监护仪，撤除监护，关机，断电	5	
	整理记录	清洁局部皮肤，协助患者恢复舒适体位及穿好衣服，整理床单位，整理用物，手卫生，记录	5	
操作后 （15分）	熟练程度	关爱患者，有效沟通；动作熟练，操作规范；安置正确，监护有效；用物齐备，处置规范	5	
	提问	目的：监测心率、心律、血压、呼吸、经皮血氧饱和度变化情况 注意事项： 1. 密切监测心电波形，发现异常及时报告医生 2. 注意观察影响监测结果的情况：如患者出现休克、体温过低、贫血或使用血管活性药物等，避免周围光照太强、电磁干扰等 3. 注意保暖及观察局部皮肤变化 4. 定期更换传感器位置，正确设置报警参数	10	
总分			100	

（吴晓文）

二、深静脉置管术

(一) 适应证

1. 需中心静脉压(central venous pressure,CVP)监测时。
2. 急性循环功能衰竭或不同原因引起休克时。
3. 需血液透析、血液滤过、血浆置换等血液净化治疗时。
4. 静脉留置临时或永久起搏器时。
5. 患者需反复静脉采血时。
6. 患者需长期输液、静脉高营养治疗或静脉使用化疗药、抗生素时。

(二) 禁忌证

无绝对禁忌证,但存在有以下情况应慎重置管。
1. 穿刺部位皮肤疑似感染或已感染的情况。
2. 严重凝血功能异常的情况。

(三) 操作流程

1. 物品准备　根据患者病情及年龄,选择适宜型号的穿刺导管包。该导管包为中心静脉穿刺专用,包含单腔、双腔或三腔导管,并配备有中心静脉导管、导丝、特制穿刺针、扩张器、无菌孔巾、一次性注射器、刀片、无菌手套、消毒用品及方纱等。此外,还需准备利多卡因、消毒液、0.9%氯化钠溶液等物品。

2. 穿刺途径的选择

(1)颈内静脉:患者取去枕平卧位,头部低垂15°~30°,同时向穿刺对侧偏转约45°角,必要时可垫高后肩。根据胸锁乳突肌与进针点的位置关系,穿刺路径可分为前、中、后三种,其中中路径路最为常用。

1)前路径路:进针点位于胸锁乳突肌前缘中点,颈动脉搏动外侧0.5~1cm处。穿刺方向指向同侧乳头或锁骨内、中1/3交界处,针轴与皮肤呈30°~40°角,进针深度约为4cm。

2)中路径路:进针点位于锁骨、锁骨头、胸锁乳突肌胸骨头形成的胸锁乳突肌三角顶点。左手指触及内侧颈动脉搏动,沿颈动脉平行方向进针,穿刺方向指向同侧乳头,进针深度为3.5~4.5cm。

3)后路径路:进针点位于胸锁乳突肌锁骨后缘、锁骨上5cm处,或颈外静脉与胸锁乳突肌交点上方。穿刺方向指向胸骨上切迹,针轴与水平面及矢状面呈45°角,与额平面呈15°角,进针深度为5~7cm。

(2)锁骨下静脉:患者体位与颈内静脉穿刺相同。穿刺路径分为锁骨上径路和锁骨下径路。

1)锁骨上径路:进针点位于胸锁乳突肌锁骨头后缘与锁骨夹角的平分线上。针轴与锁骨或矢状面呈45°角,穿刺方向指向对侧乳头,进针深度为1~2cm。

2)锁骨下径路:进针点位于锁骨中、内1/3交界处、锁骨下1cm处。穿刺方向指向胸骨上切迹,针轴与额面呈30°~35°角,进针深度为3~5cm。

(3)股静脉穿刺:患者取仰卧位,大腿外展,膝部屈曲30°。进针点位于腹股沟韧带下2~3cm、股动脉内侧0.5~1cm处。穿刺方向指向剑突,针轴与皮肤或额面呈45°角,进针深度为3~5cm。

3. 操作步骤

(1)操作前准备:向患者及家属进行自我介绍,核对患者信息。向患者及家属详细说明此次操作的目的及可能出现的并发症,并确保患者及家属签署中心静脉置管同意书。

(2)穿刺部位选择:根据病情需要选择合适的穿刺部位(以颈内静脉-中路径路置管为例),并准备所需物品。

(3)患者体位调整:将患者置于去枕平卧位,头部低垂15°~30°,同时向穿刺对侧偏转约45°角,必要时可垫高后肩。操作者站在患者头侧。

(4)穿刺包准备:打开中心静脉导管穿刺包,并戴上无菌手套。

(5)消毒与麻醉：进行常规消毒铺巾，使用 2% 盐酸利多卡因 5ml 进行局部浸润麻醉。

(6)通畅性检查：使用肝素稀释液检查穿刺针和中心静脉穿刺导管的通畅性。

(7)穿刺点选择：选择锁骨、锁骨头、胸锁乳突肌、胸骨头形成的胸锁乳突肌三角顶点作为穿刺点。

(8)试穿刺：用局麻针进行试穿刺，确定穿刺方向及深度。

(9)正式穿刺：操作者左手指触及内侧颈动脉搏动，沿颈动脉平行方向进针。穿刺方向指向同侧乳头，进针过程中注射器略带负压，边进针边回抽。进针深度为 3.5~4.5cm，抽到静脉血即提示针尖进入颈内静脉。血液回抽和注入通畅时，固定好穿刺针位置。

(10)引导钢丝插入：插入引导钢丝，深度为 25~30cm，随后退出穿刺针和注射器。

(11)扩张器旋入：沿导丝将扩张器单方向旋转进入皮肤和皮下组织。如用尖刀切皮时，须避免将其切断，刀应背向导丝。退出穿刺针及扩张器时，应确保导丝固定不动，并确定其在血管内。

(12)中心静脉导管置入：将中心静脉导管顺着引导钢丝置入深静脉。置入时，引导钢丝末端须伸出导管末端。待导管置入血管内并调整好深度后，再将引导钢丝取出。为证实导管在静脉内，须从导管回抽出血。然后用含肝素的 0.9% 氯化钠溶液冲洗导管管腔，以预防深静脉血栓形成。

(13)固定与消毒：将中心静脉导管固定好，消毒穿刺点后覆盖敷料和胶布进行固定。

（四）并发症

1. 心律失常：最为常见，通常表现为一过性室性心动过速或室性早搏，多数情况是由于引导钢丝插入过深，刺激心室壁所引发。一般而言，将引导钢丝适当后退后，心律失常可自行消失，通常无需特殊处理。

2. 局部出血、血肿：由多次穿刺同一部位导致静脉管壁受损，或误穿动脉后未能充分压迫止血所致。

3. 气胸、血气胸：通常出现在颈内或锁骨下静脉穿刺过程中，主要由穿刺针刺破胸膜或血管引发。

4. 神经或淋巴管损伤：穿刺时若患者体位摆放不当，或对局部解剖结构不熟悉，可能会导致臂丛神经、股神经、胸导管等受损。

5. 感染：若未能严格遵守无菌操作原则，导管相关性感染的发生率为 20%~30%。

（五）操作注意事项

1. 在进行深静脉置管术之前，务必向患者及家属详细说明手术的目的、可能存在的风险和意外情况，并确保患者及家属签署手术同意书。

2. 进针时，皮肤戳口应足够大，以确保穿刺套管针在穿过皮肤及皮下组织时阻力较小，否则易导致套管口裂开，造成穿刺失败。

3. 若遇到低血容量患者，由于其血管容易坍陷、静脉壁易被压瘪，穿刺时进针可能会比试穿时更深。穿透静脉时未必能立即回抽到血，此时可以缓慢退针，并边退边回抽，往往可抽得回血。

4. 操作者应熟练掌握颈内、锁骨下、股静脉等多种深静脉穿刺置管术。若遇到某一径路置管术不成功时，可更换另一种径路进行置管，以避免反复穿刺造成局部组织的血肿及严重创伤。

5. 在穿刺过程中，为避免反复穿刺造成血管损伤，穿刺针应直进直退。如需改变穿刺方向，必须将针尖退至皮下后再进行操作。

6. 穿刺成功后，应先抽出导管内的气体。为预防血液在导管内凝固形成血栓，必须注入肝素进行封管处理。

7. 在固定导管时，务必注意避免缝针在皮下穿破导管。

（六）案例分享

1. **案例一**　患者，男，32 岁，因"腹痛 2d"入院，既往有胰腺炎病史，入院时急查血淀粉酶 325U/L，尿淀粉酶 2 344U/L，血钙 1.67mmol/L，CT 检查提示出血坏死性胰腺炎，患者入院后出现血压低，血压 89/45mmHg，心率 153 次 /min，目前诊断：重症急性胰腺炎。患者目前已经处于休克状态，病情危重，需进行快速补充血容量及监测 CVP。请选择合适的静脉进行深静脉穿刺置管术。

【问题】

如患者的深静脉穿刺点出现红、肿、化脓时，且出现发热症状，原因是什么，下一步应如何处理？

【回答】

考虑出现了导管相关性感染,应立即拔除深静脉置管。

【临床思维】

临床中遇到此类以"腹痛 2d"为主诉的急腹症患者,需与胆管结石、胆囊炎、阑尾炎、消化道穿孔、肠梗阻、泌尿系结石等疾病进行鉴别诊断,并在询问病史及查体时加以排除。该患者既往有胰腺炎病史,入院时急查血淀粉酶为 325U/L,尿淀粉酶为 2 344U/L,血钙为 1.67mmol/L;CT 检查提示出血坏死性胰腺炎,生命体征检查显示血压降低。结合病史、体征及辅助检查,明确诊断为重症急性胰腺炎。目前患者已出现休克,且以感染性休克为主,在感染性休克早期需进行加强抗感染、容量复苏、使用血管活性药物等治疗。同时,胰腺炎患者需禁食禁饮,进行胃肠减压,且存在肠外高营养治疗的指征。上述病情均为进行中心静脉置管术的适应证。

2. **案例二**　患者,男,57 岁,因"突发意识障碍 1 月,解黑便 1 周"入院。入院时查体:体温 36.2℃、心率 128 次 /min、呼吸 34 次 /min、血压 138/73mmHg,血氧饱和度 100%,浅昏迷,口唇甲床苍白,双肺呼吸音清,未闻及干湿啰音,心率 128 次 /min,心律齐,腹平软,肝脾不大,肠鸣音正常,右侧肢体肌力 0 级,左侧肢体肌力 4 级,病理征(-)。辅助检查:血红蛋白 36g/L,血钾 2.5mmol/L,CT 示左侧基底节区 - 丘脑脑出血。目前诊断:①左侧基底节区 - 丘脑脑出血;②消化道出血;③重度贫血;④低钾血症。患者病情危重,需行深静脉置管术。

【问题】

(1)可选择哪条静脉进行深静脉穿刺置管术?

(2)如穿刺时回抽出压力高的鲜红色血液且呈搏动性时,应考虑穿入动脉,还是静脉? 下一步该如何操作?

【回答】

(1)可选择的深静脉穿刺置管术有颈内静脉穿刺置管术、锁骨下静脉穿刺置管术、股静脉穿刺置管术。因患者存在有下肢偏瘫,易出现下肢深静脉血栓,首选颈内静脉穿刺置管术或锁骨下静脉穿刺置管术。

(2)穿刺时误入动脉。应立即拔出穿刺针,指压 20min,否则易发生血肿。

【临床思维】

该患者以"突发意识障碍 1 月,解黑便(即排出黑色粪便)1 周"为主诉入院。意识障碍可能与脑血管意外或中毒等疾病有关,结合病史及进行头颅 CT 检查可明确诊断。解黑便(即排出黑色粪便)的同时,血红蛋白水平下降至 36g/L,考虑合并有应激性溃疡、消化道出血以及重度贫血。血钾降低是由于肠道摄入不足,且长期使用脱水降颅内压药物所致。消化道出血需禁食禁饮,且存在肠外高营养治疗的指征。同时,患者血钾水平低,通过口服或外周静脉补钾短时间内难以纠正,因此需建立深静脉通路进行补钾治疗。血红蛋白因消化道出血丢失过多,已发展至重度贫血,亦可能会进一步发展为失血性休克,治疗过程中需进行扩容升压治疗。

(七)深静脉置管术评分标准(表 5-2)

表 5-2　深静脉置管术评分标准

项目		细则要求	分值	得分
操作前(15 分)	术前准备	明确深静脉置管术的适应证及禁忌证(口述)	5	
		了解、熟悉患者病情。与患者或家属谈话,说明此次操作的目的及可能存在的风险及意外情况,争取清醒患者配合,并确保患者及家属签署深静脉置管同意书	5	
		根据穿刺部位选择合适的患者体位,首选右颈内静脉,其次为锁骨下静脉、股静脉。操作者站位正确	2	
		物品准备:治疗车、中心静脉穿刺导管包 1 个、2% 盐酸利多卡因、0.9% 氯化钠溶液、肝素液、手术衣、口罩、帽子、消毒液等(少一项扣 0.5 分,扣完为止)	3	

项目		细则要求	分值	得分
操作中 (70分)	体位	患者去枕平卧位,头低15°~30°,同时偏向穿刺对侧45°角左右,必要时可垫高后肩	4	
	消毒 局麻	戴好帽子口罩,穿手术衣,常规消毒铺巾。2%盐酸利多卡因5ml局部浸润麻醉	10	
	穿刺	术者立于患者穿刺侧,戴无菌手套,用左手示指、中指触及颈动脉搏动,右手持穿刺针,针干与皮肤呈45°~60°角,穿刺方向指向对侧乳头,从动脉搏动外侧0.5~1.0cm刺入回抽有暗红血液流出	25	
	置入 导丝	确定穿刺深静脉成功,置入引导丝深度适宜	10	
	扩皮	拔出穿刺针,沿引导丝扩张皮下组织	7	
	留置 导管	沿引导丝置入深静脉导管,置入深度适宜,置管后拔出引导丝	6	
	固定	再次确认导管在深静脉内,用肝素封管,缝合固定深静脉导管,盖上无菌敷料	8	
操作后 (15分)	术后 处置	穿刺后患者体位摆放正确,穿刺物品归位正确,锐器处理正确	5	
	提问	如何正确判断穿刺针是否进入静脉? 1. 通过血液颜色识别:鲜红色血液一般为动脉血,静脉血颜色多为暗红色 2. 通过血流速度识别:可将穿刺针头与针筒分离,如血流随动脉搏动且喷涌而出,则是进入动脉 3. 通过连接换能器监测压力、波形来识别动脉还是静脉	10	
总分			100	

(吴晓文、黄德尤)

三、中心静脉压监测

(一)适应证

1. 急性循环功能衰竭、休克或严重创伤的患者。

2. 血容量不足或失血过多,需紧急扩容或快速输血患者。

3. 各种大手术包括心脏手术、颅脑或腹部手术,需监测中心静脉压(central venous pressure,CVP)的患者。

(二)禁忌证

无绝对禁忌证,穿刺部位皮肤存在有感染或可疑深静脉有血栓形成、凝血功能障碍时须谨慎。

(三)操作流程

1. 术前准备

(1)物品准备:备齐带有刻度的测压板、测压管、三通接头、输液器、0.9%氯化钠溶液、肝素、深静脉置管包、氯己定消毒液、无菌手套、压力传感器、心电监护仪等所需物品。

(2)患者沟通:向清醒患者详细解释此次操作的目的、意义及可能的不适感,确保其理解并配合。

(3)体位准备:协助患者采取去枕平卧位。

2. 操作步骤　置入深静脉导管以监测CVP:经颈内静脉、锁骨下静脉或股静脉穿刺,将中心静脉导管置入上腔静脉,确保导管末端位于上腔静脉与右心房交界处。

(1)水压力计测压

1)连接测压系统:使用三通管连接输液器和中心静脉导管,确保连接管内无气泡并充满液体。

2)标尺定位:将标尺零点对准患者腋中线第4肋间右心房水平位置。

3)测压操作:调节三通方向,使中心静脉导管与测压管相通,观察水柱上升至稳定状态,即可判断CVP值。

4)测压后处理:测压完毕后,调节三通使输液装置与中心静脉导管相通,输入含有肝素的0.9%氯化钠溶液封管。

(2)压力传感器测压

1)连接设备:将压力传感器与含有肝素的0.9%氯化钠溶液加压袋连接,用0.9%氯化钠溶液冲洗换能器的管路以排除气泡;压力传感器一端连接压力监测仪,另一端通过测压连接管连接中心静脉导管。

2)设置参数:根据患者具体病情设定压力监测范围,通常为0~50mmHg。进行参照点的调零及选择,并进行测压阻尼检测。

3)监测CVP:调节零点至第4肋间腋中线水平位置,将传感器的三通转向中心静脉导管,即可监测到CVP的压力值和动态波形。CVP的正常值为5~12cmH$_2$O,其数值受静脉内血容量、静脉收缩压和张力、静脉毛细血管压、右心室充盈压等因素影响。CVP值低于5cmH$_2$O可能表示血容量不足或右心室充盈不够,高于12cmH$_2$O可能表示右心功能不全。CVP易受腹内压、胸膜腔内压、心脏疾病、神经体液调节失衡、药物因素(如血管收缩/扩张药、强心药)、调零不准确、体位变化、机械通气等多种因素影响。

(四)操作注意事项

1. 严格执行无菌操作规范,确保管路连接紧密牢固,防止空气进入管路系统。

2. 定期对穿刺点进行消毒,并及时更换敷料,保持局部清洁干燥。

3. 如发现穿刺点出现红肿、脓液或患者出现不明原因的发热症状,应立即拔除静脉导管,并采取相应处理措施。

(五)案例分享

1. **案例一** 患者,因"腹痛3d"入院,既往有胰腺炎病史,入院诊断:重症急性胰腺炎,目前患者出现低血压。通过监测CVP评估该患者血容量情况。

【问题】

1. 该患者测得的CVP值是2cmH$_2$O,结合目前情况,该患者的血容量够吗?

2. 经过扩容处理后患者血压上升至正常,此时测得CVP值为15cmH$_2$O,是否需进行输液扩容?

【回答】

1. 患者出现血压低同时CVP低,考虑血容量不足,建议补充足够的血容量。

2. 经治疗后患者血压及CVP上升至正常值甚至稍偏高,可适当减缓补液量及补液速度。

【临床思维】

临床中遇到重症急性胰腺炎患者,出现低血压、CVP低,考虑已经出现休克,早期以低血容量性休克为主,可扩容升压;疾病发展至中后期,可能会出现腹腔感染,甚至感染性休克,此时的治疗应以抗感染和容量复苏为主。当血压上升,CVP上升时,可适当减缓补液量及补液速度,以避免液体过负荷导致的急性呼吸窘迫综合征或急性肺水肿、左心衰等情况的发生。

2. **案例二** 患者,男,64岁,因"反复肛旁肿痛溢脓1年余"入院,入院诊断:①肛瘘并肛周脓肿;②混合痔。入院后予完善相关辅助检查,急诊行肛周脓肿根治术+复杂性肛瘘切除术+痔外剥内扎术,术后予加强抗感染处理。患者于术后出现反复发热、血压低(波动在80~90/46~55mmHg),考虑出现感染性休克,病情危重,转入重症医学科病房治疗。

【问题】

1. 该患者出现低血压、感染性休克,在重症医学科病房是否需监测CVP?

2. 演示测CVP过程。

【回答】

在重症医学科病房需要监测CVP。监测CVP有助于评估患者的血容量状态,指导液体复苏和血管活性药物的应用,从而优化血流动力学管理,改善患者的休克状态。

【耗材及物品准备清单】

带有刻度的测压板、测压管、三通接头、输液器、0.9% 氯化钠溶液、肝素、深静脉置管包、氯己定、无菌手套、压力传感器、心电监护仪等。

【临床思维】

尽管脓肿已被清除,但患者已由于肛周感染出现反复发热和低血压,提示可能出现感染性休克。此时的治疗应以加强抗感染和容量复苏为主。监测 CVP 有助于进行容量评估,以免液体过负荷而导致急性呼吸窘迫综合征或急性肺水肿、左心衰等情况的发生。当然,单纯依赖监测 CVP 进行容量评估的准确性可能不足,还需要结合其他血流动力学监测指标,如超声监测等。

(六) CVP 监测评分标准(表 5-3)

表 5-3　CVP 监测评分标准

项目		细则要求	分值	得分
操作前 (15 分)	术前准备	仪表端庄,戴好口罩帽子,操作前进行洗手	5	
		评估患者目前病情、生命体征、医嘱、用药、置管情况等 向患者解释进行此项操作的作用及目的,告知其注意事项及取得患者配合和理解	5	
		查对患者姓名、性别、年龄、床号、腕带	2	
		物品准备:三通管、中心静脉测压管、测压尺、0.9% 氯化钠溶液、输液器、输液架、聚维酮碘、棉签、手消毒剂	3	
操作中 (70 分)	体位	注意患者安全,协助患者取舒适体位	3	
	挂补液	先固定测压尺,测压尺"0"点与患者心脏处于同一水平线,再将 0.9% 氯化钠溶液或肝素稀释液挂于输液架上	10	
	排气	排出测压管内气体,注意排气的手法,可排在治疗碗内或浪费药液上	8	
	连接	连接方法正确;延长管妥善固定在测压尺槽内注意无菌操作	10	
	测压	正确使用测压管三通接头开关,校准零点,三通接头接通大气,测压结束后使导管与患者端相通,记录 CVP 值	25	
	注意事项	交代清醒患者相关注意事项	6	
	整理洗手	整理床单位,协助患者恢复舒适体位,丢弃污物,完毕后整理用物并洗手	7	
操作后 (15 分)	态度与沟通	态度认真,有效沟通	5	
	整体计划	整体操作流畅、规范,有计划性,程序无颠倒,要求 10min 内完成,每超时 30s 扣 1 分	10	
总分			100	

(吴晓文)

四、有创动脉压监测

(一) 适应证

1. 血流动力学不稳定或有潜在危险者。

2. 危重患者、复杂大手术的术中和术后监护的患者。

3. 需低温或控制性降压时的患者。

4. 需反复取动脉血样的患者。

5. 需用血管活性药进行调控的患者。

6. 呼吸、心跳停止后复苏的患者。

（二）禁忌证

相对禁忌证为严重凝血功能障碍和穿刺部位血管病变，但并非绝对禁忌证。

（三）操作流程

1. **部位选择**　动脉只要内径够大，可扪及搏动，均可供插管。具体选用何处动脉应根据患者实际情况，如体位、局部动脉通畅情况以及预计留管的时间等综合考虑。桡动脉常为首选，此外股动脉、肱动脉、足背动脉和腋动脉均可采用。

2. **置管方法**　以经皮桡动脉穿刺置管法为例。

（1）患者准备：①向患者解释操作目的和意义，以取得其配合；②检查尺动脉侧支循环情况，艾伦试验阴性者，可行桡动脉置管；③前臂与手部常规备皮。

（2）穿刺与置管：①患者取平卧位，前臂伸直，掌心向上并固定，腕部垫一小枕，手背屈曲60°；②摸清桡动脉搏动，常规消毒、铺巾，必要时可在桡动脉搏动最强点的远端用2%盐酸利多卡因做浸润局麻至桡动脉两侧，以免穿刺时引起桡动脉痉挛；③在腕褶痕上方1cm处摸清桡动脉后，套管针与皮肤呈30°角，与桡动脉走行相平行进针，当针头穿过桡动脉壁时有突破坚韧组织的脱空感，并有血液呈搏动状涌出，证明穿刺成功，此时即将套管针放低，与皮肤呈10°角，再将其向前推进2mm，使外套管的圆锥口全部进入血管腔内，用手固定针芯，将外套管送入桡动脉内并推至所需深度，拔出针芯；④将外套管连接测压装置，将压力传感器置于无菌治疗巾中防止污染；⑤固定好穿刺针。

3. **动脉内压力图形的识别与分析**　正常动脉压力波分为升支、降支和重搏波。升支表示心室快速射血进入主动脉，至顶峰为收缩压；降支表示血液经大动脉流向外周，当心室内压力低于主动脉时，主动脉瓣关闭与大动脉弹性回缩同时形成重搏波。之后动脉内压力继续下降至最低点，为舒张压。从主动脉到周围动脉，随着动脉管径和血管弹性的降低，动脉压力波形也随之变化，表现为升支逐渐陡峭，波幅逐渐增加，因此股动脉的收缩压要比主动脉高，下肢动脉的收缩压比上肢高，舒张压所受的影响较小，不同部位的平均动脉压比较接近。

（四）操作注意事项

1. **预防和及时发现远端肢体缺血**　引起远端肢体缺血的主要原因是血栓形成，其他如血管痉挛及局部长时间包扎过紧等也可引起。血栓的形成与血管壁损伤、导管太硬太粗及置管时间长等因素有关，应加强预防措施并尽可能及时发现，具体措施有下列5点。

（1）桡动脉置管前需做艾伦试验，判断尺动脉是否有足够的血液供应。

（2）穿刺动作轻柔稳准，避免反复穿刺造成血管壁损伤，必要时行直视下桡动脉穿刺置管。

（3）选择适当的穿刺针，切勿太粗及反复使用。

（4）密切观察穿刺远端手指的颜色与温度，当发现有缺血征象如肤色苍白、发凉及有疼痛感等异常变化时，应及时拔管。

（5）固定置管肢体时，切勿行环形包扎或包扎过紧。

2. 预防局部出血血肿：穿刺失败及拔管后要有效地压迫止血，尤其对应用抗凝药的患者，压迫止血应在5min以上，并用宽胶布加压覆盖。必要时局部用绷带加压包扎，30min后观察无出血，可予以解除。

3. 保证管路通畅应做好以下4点。

（1）可应用持续性加压冲洗装置。

（2）每次经测压管抽取动脉血后，应立即对管路进行快速冲洗（可使用含肝素的0.9%氯化钠溶液）。

（3）管道内如有血块堵塞时应及时予以抽出，切勿将血块推入，以防发生动脉栓塞。

(4)动脉置管:置管时间长短也与血栓形成呈正相关,在患者循环功能稳定后,应及早拔出。

4. 严格执行无菌技术操作。

5. 防止气栓发生。

6. 其他:妥善固定套管、延长管及测压肢体,防止穿刺针及测压管受压、扭曲或脱落。

(李　军)

五、无创机械通气

(一) 适应证

1. 由慢性阻塞性肺疾病引起的慢性呼吸衰竭以及慢性阻塞性肺疾病的急性发作。

2. 急性肺损伤或早期急性呼吸窘迫综合征。

3. 心源性肺水肿。

4. 呼吸睡眠暂停综合征。

5. 肺间质纤维化。

6. 合并免疫功能抑制的呼吸衰竭患者,应首先尝试使用无创正压通气。

(二) 禁忌证

1. 存在意识障碍。

2. 呼吸微弱或停止,无法有效排痰。

3. 严重的脏器功能不全,如上消化道大出血、血流动力学不稳定等。

4. 未经引流的气胸或纵隔气肿。

5. 严重腹胀。

6. 上气道或颌面部损伤、术后状态或畸形。

7. 无法配合无创正压通气治疗或面罩使用不适等。

(三) 呼吸机模式

目前,临床上常用的呼吸机模式是经鼻/面罩正压通气。呼吸机的工作模式主要包括持续气道正压通气(continuous positive airway pressure,CPAP)和双水平气道正压通气(bilevel positive airway pressure,BiPAP)两种。

双水平气道正压通气模式是指呼吸机持续给予一个恒定不变的正压。该模式能更好地增加功能残气量,有效防止肺泡塌陷,改善肺顺应性,并保持气道及肺泡的开放状态。然而,其缺点是不具备同步及控制呼吸的功能。当压力设置较高时,患者可能会感到呼气阻力增大,出现呼气困难的情况。

持续气道正压通气模式则在患者吸气和呼气时分别给予不同的压力支持。具体来说,在吸气时给予较高的压力,以确保足够的潮气量;而在呼气时,压力会下降到设定的较低水平,以保持气道开放并防止肺泡塌陷。在这种模式下,可以分别调节吸气相气道正压(inspiratory positive airway pressure,IPAP)和呼气相气道正压(expiratory positive airway pressure,EPAP)。持续气道正压通常包含两种工作模式:自主呼吸通气模式和后备控制通气模式。因此,持续气道正压的参数设置主要包括吸气相气道正压、呼气相气道正压以及后备控制通气频率。在实际应用中,当患者的自主呼吸/吸气间隔时间低于设定值(该设定值由后备频率决定)时,呼吸机处于S模式;而当自主呼吸间隔时间超过设定值时,呼吸机会从S模式自动切换到T模式,即当自主呼吸间隔时间超过设定值时,呼吸机会自动切换到压力控制通气(PCV)模式,并提供背景通气支持。

(四) 操作流程

1. 根据患者的病情选择是否具有使用无创正压通气治疗的适应证和禁忌证。

2. 使患者了解无创正压通气治疗的重要性以利于配合,并且安慰患者防止在治疗过程中紧张导致的治疗失败。

3. 应给予患者心电监护、经皮血氧饱和度等监测,并使患者处于半卧位。

4. 应准备不同大小型号的鼻罩和口鼻面罩以供不同患者使用。虽然鼻罩和口鼻面罩都能成功地用于急性呼吸衰竭的患者,但在应用无创正压通气的初始阶段,口鼻面罩应首先考虑应用,患者病情改善 24h 后如还需较长时间应用无创正压通气者,可更换为鼻罩。

5. 打开机器,选择需要的模式,并且设定合适的压力、呼吸频率、吸呼比、吸氧浓度及压力上升时间。以双水平气道正压通气模式为例,患者初次使用时,呼气相气道正压可设在 0~4cmH$_2$O,吸气相气道正压在 8~10cmH$_2$O,吸入氧浓度可适当提高至 40%,吸呼比设置在 1:2,压力上升时间设定在 0.5s 以内以防止患者吸气时气道压力上升速度较慢,患者存在"空气饥饿感"从而导致人机不协调。

6. 连接患者,固定面罩或者鼻罩,尽量减少面罩或鼻罩的漏气。

7. 观察患者的呼吸情况,血氧饱和度是否稳定在 90% 以上,询问患者呼吸的舒适度,如果患者仍感觉呼吸窘迫,适当提高吸气相气道正压直至患者感觉吸气舒适。

8. 在使用无创正压通气治疗时,应经常巡视观察,除了解患者的主观感觉外,还要观察客观反应,如意识、经皮血氧饱和度、呼吸频率、心率、发绀及有无并发症的发生等,适时复查动脉血气分析,以利于及时调整呼吸机参数。

9. 当患者的呼吸衰竭改善、病情稳定后,可准备撤离无创正压通气。当治疗压力较高时,可采取逐渐降低压力的方式给患者以适应的机会,当治疗压力不太高时,可给予脱离呼吸机处理,随后观察患者的耐受情况,如果出现病情反复,说明患者的呼吸功能尚未完全恢复,应考虑继续无创正压通气治疗并寻找可能的原因,或改为有创机械通气。

10. 在患者应用无创正压通气 1~2h(短期)病情不能改善,并且进行性恶化时应立即转为有创通气。

(五)操作注意事项

1. 面罩接触性皮肤问题:面部皮肤发生过敏、肿胀、破溃甚至坏死是最常见的并发症,直接影响呼吸机的继续使用。可能原因包括患者对面罩材料过敏、面罩佩戴过紧、被高流速的气体吹伤等。目前,已有高质量材料的面罩可作为替代选择。在面罩与皮肤接触处涂抹糊膏或垫以敷料,对于预防皮肤损伤具有积极作用。

2. 胃膨胀问题:当吸气相气道正压 ≤ 25cmH$_2$O 时,胃膨胀较少发生。但在进行无创正压通气治疗过程中,需密切监测患者腹部体征的变化,并嘱患者尽量避免在无创正压通气过程中讲话。如患者出现急性胃膨胀症状,可给予胃肠减压以减轻症状。

3. 气道湿化与排痰:在进行无创呼吸机治疗过程中,需注意患者气道内的湿化,并鼓励患者咳痰,以利于气道分泌物的稀释和排出。否则,可能使气道分泌物更加干燥,最终加重通气障碍。

4. CO$_2$ 潴留风险:口鼻面罩使死腔量增加,可能造成 CO$_2$ 重复吸入而致 CO$_2$ 潴留。普通面罩的死腔量大约是 250ml,鼻罩约为 150ml。因此,在无创正压通气过程中需经常监测动脉血气分析。

5. 患者配合的重要性:无创呼吸机的治疗效果往往有赖于患者的配合。患者的不配合、紧张容易引起不耐受,从而导致治疗的失败。

6. 特定患者的使用限制:对于意识状态较差、有误吸危险的患者,应尽量避免使用无创正压通气,以防止误吸。另外,饱餐后不要立即给予无创正压通气,以避免误吸风险。

(李 军)

六、有创机械通气

(一)适应证

1. 经无创呼吸机治疗后患者病情无改善或仍继续恶化。

2. 意识障碍,气道保护能力差。

3. 严重的脏器功能不全(上消化道大出血、血流动力学不稳定等)。

4. 呼吸形式严重异常,如呼吸频率>35~40 次/min 或<6~8 次/min,呼吸节律异常,自主呼吸微弱或消失。

5. 血气分析提示严重通气和/或氧合障碍:PaO$_2$ <50mmHg,尤其是充分氧疗后仍<50mmHg;

$PaCO_2$ 进行性升高,pH 动态下降。

(二) 禁忌证

有创机械通气无绝对禁忌证,但是如果患者出现下列情况时可能导致病情加重。

1. 气胸及纵隔气肿未行引流。

2. 肺大疱和肺囊肿。

3. 低血容量性休克未补充血容量。

4. 严重弥散性血管内凝血有出血倾向、大咯血、呼吸道积血等肺部出血的症状。

5. 气管食管瘘。

6. 急性心肌梗死合并严重心源性休克或心律不齐者等。

但在出现致命性通气和氧合障碍时,应积极处理原发病(如尽快行胸腔闭式引流,积极补充血容量等),同时不失时机地应用机械通气。

(三) 基本通气模式的分类

1. 定容型通气和定压型通气

(1)定容型通气:此模式下,呼吸机依据预设的通气容量进行通气管理。具体而言,呼吸机送气至达到预设容量后即停止,随后依赖肺和胸廓的弹性回缩力实现被动呼气。

常见的定容通气模式包括容量控制通气、容量辅助-控制通气、间歇指令通气(IMV)以及同步间歇指令通气(SIMV)等,这些也可统称为容量预设型通气(VPV)。

容量预设型通气模式能确保潮气量的恒定,从而保障静息每分钟通气量。其吸气流速波形为恒流波形,即方波,但这一特性使其难以适应患者的吸气需求,尤其是对于存在自主呼吸的患者。这种人-机的不协调可能增加镇静药和肌松药的使用需求,并导致较高的吸气功消耗,进而可能诱发呼吸肌疲劳和呼吸困难。在肺顺应性较差或气道阻力增加的情况下,可能导致气道压过高。

(2)定压型通气:呼吸机依据预设的气道压力进行通气管理。呼吸机送气至达到预设压力,并在吸气相维持该压力水平。潮气量则由气道压力与呼气末正压通气之差及吸气时间决定,并受呼吸系统顺应性和气道阻力的影响。

常见的定压型通气模式包括压力控制通气(PCV)、压力辅助压控制通气(P-A/CV)、压力控制同步间歇指令通气(PC-SIMV)、压力支持通气(PSV)等,这些统称为压力预设型通气(PPV)。

在压力预设型通气模式下,潮气量会随肺顺应性和气道阻力的变化而变化。气道压力一般不会超过预置水平,这有助于限制过高的肺泡压,并预防下肢深静脉血栓及呼吸机相关肺损伤。其流速多为减速波,使得肺泡在吸气早期即充盈,有利于肺内气体交换。

2. 控制通气和辅助通气

(1)控制通气(controlled Ventilation,CV):呼吸机完全代替患者的自主呼吸、呼吸频率、潮气量、吸呼气时间比、吸气流速,呼吸机提供全部的呼吸功。

控制通气适用于严重呼吸抑制或伴呼吸暂停的患者,如麻醉、中枢神经系统功能障碍、神经-肌肉疾病、药物过量等情况。在控制通气时可对患者呼吸力学进行监测,如静态肺顺应性、内源性PEEP、阻力、肺机械参数。

控制通气参数设置不当,可造成通气不足或过度通气;应用镇静药或肌松药将导致分泌物清除障碍等;长时间应用控制通气将导致呼吸肌萎缩或呼吸机依赖。故应用控制通气时应明确治疗目标和治疗终点,对一般的急性或慢性呼吸衰竭,只要患者条件许可宜尽早采用"辅助通气支持"。

(2)辅助通气(assisted ventilation,AV):依靠患者的吸气努力触发呼吸机吸气活瓣实现通气,当存在自主呼吸时,根据气道内压力降低(压力触发)或气流(流速触发)的变化触发呼吸机送气,按预设的潮气量(定容)或吸气压力(定压)输送气体,呼吸功由患者和呼吸机共同完成。

辅助通气适用于呼吸中枢驱动正常的患者,通气时可减少或避免应用镇静药,保留自主呼吸以减轻呼吸肌萎缩,改善机械通气对血流动力学的影响,利于撤机过程。

（四）常见的通气模式

1. 辅助辅控制通气（assist-control ventilation，A/CV）　是辅助通气（AV）和控制通气（CV）两种模式的结合体。具体而言，当患者自主呼吸频率低于预设频率，或患者吸气努力不足以触发呼吸机送气时，呼吸机即按照预设的潮气量和通气频率进行正压通气，此即 CV 模式；而当患者的吸气能够触发呼吸机时，则以高于预设频率进行通气，此即 AV 模式。A/CV 进一步细分为压力辅助控制通气（P-A/CV）和容量辅助控制通气（V-A/CV）。

（1）参数设置

1）容量切换 A-C 模式：需设置触发敏感度、潮气量、通气频率、吸气流速 / 流速波形。

2）压力切换 A-C 模式：需设置触发敏感度、压力水平、吸气时间、通气频率。

（2）特点：A-C 模式是 ICU 患者机械通气的常用模式。它通过设定的呼吸频率及潮气量（或压力）提供通气支持，使患者的呼吸肌得以休息。控制通气模式确保患者每分钟获得最低的通气量。随着患者病情的改善，可逐步降低设置条件，允许患者更多地进行自主呼吸，此时呼吸功由呼吸机和患者共同完成，且呼吸机能与患者的自主呼吸保持同步。

2. 同步间歇指令通气（synchronized intermittent mandatory ventilation，SIMV）　是一种结合了自主呼吸与控制通气的呼吸模式。在此模式下，患者可在触发窗内触发与自主呼吸同步的指令正压通气，而在两次指令通气之间的触发窗外，则允许患者进行自主呼吸。指令呼吸以预设容量（容量控制 SIMV）或预设压力（压力控制 SIMV）的形式进行送气。

（1）参数设置：需设置潮气量、流速、吸气时间、控制频率以及触发敏感度。当采用压力控制同步间歇指令通气时，还需设置压力水平。

（2）特点：通过设定间歇指令通气的频率和潮气量，可以确保患者每分钟的最低通气量。同步间歇指令通气模式能与患者的自主呼吸保持同步，从而减少患者与呼吸机的对抗，并降低正压通气对血流动力学的影响。通过调整预设间歇指令通气的频率，改变呼吸支持的水平，实现从完全支持到部分支持的过渡，有助于减轻呼吸肌的萎缩，适用于长期依赖呼吸机的患者的撤机过程。然而，不适当的参数设置（如流速及潮气量设定不当）可能会增加呼吸功，导致呼吸肌疲劳或过度通气。

（3）容量通气方式的临床应用：容量方式可以确保潮气量的稳定，而适当的流速设定则会影响潮气量及气道压的变化。其触发方式可以为流速触发或压力触发。近年来的研究表明，流速触发比压力触发可以显著降低呼吸功。呼吸机送气流速波形会根据肺部的不同病变情况（即阻力、顺应性）采用恒流或减速波方式送气，以利于肺内气体的分布，并改善氧合。此类模式还将压力限制或容量限制整合到模式中，从而显著减轻压力伤与容积伤的风险。控制通气与自主呼吸相结合的方式有利于循序渐进地增大自主呼吸的比例。在此期间，可以与压力支持通气模式合用，使患者更容易过渡到自主呼吸，因此可作为撤机的方式之一。在急性呼吸窘迫综合征患者应用容量模式时，应注意调整呼气末正压和潮气量，以避免超过平台压而加重肺损伤。目前，只要参数调节适当，容量通气模式可以显著减轻或克服传统容量模式的许多不利因素，已成为当前 ICU 常用的呼吸支持方式之一。

3. 压力支持通气（pressure support ventilation，PSV）　是一种部分通气支持模式。在此模式下，患者可以触发通气，并自主控制呼吸频率、潮气量以及吸呼比。当气道压力达到预设的压力支持水平，且吸气流降低至某一阈值水平以下时，呼吸机会由吸气阶段切换到呼气阶段。

（1）参数设置：需设置压力、触发敏感度。部分呼吸机还具备压力上升速度、呼气灵敏度等功能设置。

（2）临床应用：压力支持通气适用于具有完整呼吸驱动能力的患者。当设定水平适当时，可以显著减少人机对抗，从而减轻呼吸功。作为一种自主呼吸模式，压力支持通气在提供适当支持的同时，还能减轻呼吸肌的废用性萎缩。此外，压力支持通气对血流动力学的影响较小，因此特别适用于心脏外科手术后患者的呼吸支持。一些研究表明，5~8cmH$_2$O 的压力支持通气水平足以克服气管导管和呼吸机回路的阻力，因此压力支持通气可用于呼吸机的撤离过程。需要注意的是，当患者出现浅快呼吸时，应调整压力支持水平以改善人机同步性；而当管路存在大量气体泄漏时，可能引起持续吸气压力辅助,导致呼吸机无法切换到呼气相。对于呼吸中枢驱动功能障碍的患者,压力支持通气可能导致静息每分钟通气量的变化,甚至引发呼吸暂停和窒息,因此这类患者不宜使用该模式。

4. 持续气道正压通气(continuous positive airway pressure,CPAP)　是一种在自主呼吸条件下,于整个呼吸周期(包括吸气及呼气期间)内均保持气道正压的技术。在此模式下,患者需完成全部的呼吸功,是呼气末正压通气在自主呼吸条件下的特殊应用。

(1)参数设置:仅需设定持续气道正压通气水平。

(2)临床应用:适用于通气功能正常的低氧患者。持续气道正压通气具有呼气末正压通气的各种优点和功能,如增加肺泡内压和功能残气量,增加氧合,防止气道和肺泡的萎陷,改善肺顺应性,降低呼吸功,对抗内源性呼气末正压通气。设定持续气道正压通气应根据呼气末正压通气和血流动力学的变化,持续气道正压通气过高可增加气道压,减少回心血量,对心功能不全患者血流动力学产生不利影响。但在持续气道正压通气时由于自主呼吸可使胸膜腔内压较相同呼气末正压通气时略低。

5. 双水平气道正压通气(biphasic positive airway pressure,BiPAP)　是指给予两种不同水平的气道正压,为高压力水平(P_{high})和低压力水平(P_{low})之间定时切换,且其高压时间、低压时间、高压水平、低压水平各自可调,从高压力水平转换至低压力水平时,增加呼出气量,改善肺泡通气。该模式允许患者在两种水平上呼吸,可与压力支持通气模式合用以降低患者呼吸功。

(1)参数设置:高压力水平、低压力水平,高压时间(T_{insp})、呼吸频率、触发敏感度。

(2)临床应用:双水平气道正压通气时气道压力周期性地在高压水平和低压水平之间转换,每个压力水平、压力时间均可独立调节,可转化为反比双水平气道正压或气道压力释放通气。双水平气道正压通气时患者的自主呼吸少受干扰,当高压时间持续较长时,增加平均气道压,可明显改善患者的氧合。双水平气道正压通气时可由控制通气向自主呼吸过度,不用变更通气模式直至呼吸机撤离。该模式具有压力控制模式特点,但在高压水平又允许患者自主呼吸。与压力支持通气合用时,患者容易从控制呼吸向自主呼吸过渡。因此,该模式既适用于氧合障碍型呼吸衰竭,亦适用于通气障碍型呼吸衰竭。

(五) 机械通气常见并发症

1. 人工气道相关的并发症　人工气道是经口/经鼻插入或经气管切开处插入气管所建立的气体通道。临床上常用的人工气道是气管插管和气管切开。其中气管插管并发包括:导管易位、气道损伤、人工气道梗阻、气道出血;气管切开的常见并发症包括:出血(最常见的早期并发症)、气胸、空气栓塞、皮下气肿和纵隔气肿等。

2. 正压通气相关的并发症

(1)呼吸机相关肺损伤:呼吸机相关肺损伤包括气压伤、容积伤、萎陷伤和生物伤。气压伤是由于气道压力过高导致肺泡破裂。临床表现因程度不同表现为肺间质气肿、皮下气肿、纵隔气肿、心包积气、气胸等,一旦发生张力性气胸,可危及患者生命,必须立即处理。为了避免和减少呼吸机相关肺损伤的发生,机械通气应避免高潮气量和高平台压,吸气末平台压不超过 $30\sim35cmH_2O$,以避免气压伤、容积伤,同时设定合适呼气末正压,以预防萎陷伤。

(2)呼吸机相关肺炎:呼吸机相关肺炎是指机械通气48h后发生的院内获得性肺炎。文献报道大约28%的机械通气患者发生呼吸机相关肺炎。机械通气患者胃肠内容物反流误吸是发生院内获得性肺炎的主要原因,机械通气患者没有体位改变的禁忌证,应予半卧位,避免镇静时间过长和程度过深,避免误吸,尽早撤机,以减少呼吸机相关肺炎的发生。

(3)氧中毒:氧中毒即长时间的吸入高浓度氧导致的肺损伤。FiO_2越高,肺损伤越重。但目前尚无 $FiO_2 \leqslant 50\%$ 引起肺损伤的证据,即 $FiO_2 \leqslant 50\%$ 是安全的。当患者病情严重必须吸高浓度氧时,应避免长时间吸入,尽量不超过60%。

(4)呼吸机相关的膈肌功能不全:大约1%~5%的机械通气患者存在撤机困难。撤机困难的原因很多,其中呼吸肌的无力和疲劳是重要原因之一。机械通气患者尽可能保留自主呼吸,加强呼吸肌锻炼,以增加肌肉的强度和耐力,同时,加强营养支持可以增强或改善呼吸肌功能。

3. 机械通气对肺外器官功能的影响

(1)对心血管系统的影响

1)低血压与休克：机械通气导致胸腔内压升高，进而减少静脉回流，降低心脏前负荷，其综合效应为心排出量减少和血压降低。此外，机械通气还可能增加肺血管阻力，升高肺动脉压力，对右室功能造成不良影响。同时，左心室充盈不足导致室间隔左偏，进一步损害左心室功能。

2)心律失常：机械通气期间，可能出现多种类型的心律失常，其中室性和房性早搏较为常见。其发生原因与低血压休克、缺氧、酸中毒、碱中毒、电解质紊乱及烦躁等因素有关。

(2)对其他脏器功能的影响

1)肾功能不全。

2)消化系统功能不全。

3)精神障碍：极为常见，表现为紧张、焦虑、恐惧，主要与睡眠差、疼痛、恐惧、交流困难有关，也与对呼吸治疗的恐惧、对治疗的无知及呼吸道管理造成的强烈刺激有关。对于出现精神障碍和紧张的机械通气患者，应进行耐心细致的说明工作，必要时可应用镇静剂和抗焦虑药物。

4. 镇静与肌肉松弛相关的并发症

当机械通气患者不耐受气管插管、人机对抗或自主呼吸影响氧合时，常应用镇静剂。但镇静剂的应用可引起血管扩张和心排出量降低，导致血压降低、心率加快。镇静过度抑制了咳嗽反射，使气道分泌物易发生潴留而导致肺不张和肺部感染。因此，在使用镇静剂的镇静方案时，应对镇静效果进行评价。机械通气患者一般不推荐使用肌肉松弛药。

(六)注意事项

1. 密切监测患者的生命体征，包括体温、脉搏、呼吸、血压。在机械通气初期，每30min记录一次；待数值稳定后，改为每2~4h检测一次。一旦发现异常，应立即进行对症处理。

2. 监测患者的意识状况、吞咽能力、咳嗽反射以及瞳孔的变化，这些指标可以反映PaO_2和$PaCO_2$的情况。如患者意识好转、表现安静，且瞳孔对光反应、吞咽、咳嗽反射灵敏，则说明设置的疗效满意；否则，应进行相应的调整。

3. 定期进行血气监测。在通气初期，应每小时进行一次；当PaO_2稳定在60mmHg（且$FiO_2<0.4$）时，可按需进行监测（但至少每24h进行一次）。根据血气分析结果，对呼吸机的设置进行相应调整。

4. 对于接受镇静治疗的机械通气患者，需要每天停用镇静药，以判断患者的意识状态。

5. 一般不推荐机械通气患者使用肌松药。

6. 对于机械通气的患者，应加强气道及口鼻咽腔的管理，并常规监测人工气道的气囊压力。同时，加强声门下吸引，以防止声门下分泌物流入气管内，导致反复肺部感染。

7. 在进行机械通气时，应实施气道湿化，以促进气道分泌物的稀释并利于其排出。

8. 呼吸机管路不必频繁更换，但一旦受到污染，则应立即进行更换。

（李　军、王春芳）

第二节　急诊医学科基本技能操作

一、成人经口气管插管术

(一)目的

1. 保持患者呼吸道通畅，防止异物进入呼吸道。

2. 及时吸出气道内分泌物或血液。

3. 进行有效的人工或机械通气。

4. 便于吸入全麻药的应用。

（二）适应证

1. 呼吸心搏骤停或窒息。

2. 呼吸衰竭进行机械通气治疗。

3. 各种全麻或静脉复合麻醉者维持人工通气。

4. 气道梗阻或呼吸道分泌物过多。

5. 呼吸保护反射迟钝或消失。

（三）禁忌证

1. 喉头水肿。

2. 急性喉炎。

3. 喉头黏膜下血肿。

4. 插管创伤引起的严重出血。

5. 心跳、呼吸骤停急救插管时不存在禁忌证。

6. 相对禁忌：呼吸道不全梗阻，出血倾向，主动脉瘤压迫或侵蚀气管壁，颈椎骨折、脱位（固定后可插管），咽喉部烧灼伤、肿瘤或异物。

7. 气管插管没有绝对禁忌证，主要是看操作者的技能熟练程度。对于操作熟练的医生来说气管插管没有禁忌证。

（四）操作前准备

1. **物品准备**

（1）器材及用物：准备手套、简易呼吸器、麻醉机、麻醉面罩、喉镜、气管导管、管芯、润滑剂、牙垫、10ml 注射器、胶布、听诊器、吸痰管、口咽通气管，吸引器。

（2）吸氧与通气设备：备齐吸氧面罩、通气装置（球囊或呼吸机）以及氧气。

（3）药品与抢救设备：根据具体情况选择镇静药、镇痛药或肌松药，并准备好相应的抢救设备。

（4）气管导管准备：成人选用 7.0~8.5 号气管导管。1 岁以上儿童的导管型号按照"年龄（岁数）÷4+4"的公式计算。检查导管套囊是否漏气，将导丝放入导管内并塑形，确保导丝尖端不超过导管斜面，导丝末端反折固定以防脱落。润滑气管导管套囊表面及前端。

2. **喉镜的准备** 将喉镜叶片与喉镜手柄连接，确认连接稳定，并检查光源亮度。选择合适的镜叶以减少视线干扰，通常选中号喉镜更为适宜。

3. **医生准备工作** 充分评估患者生命体征，进行插管前评估。除心肺复苏等紧急气管插管情况外，应向患者或家属解释操作过程，并确保其签署知情同意书。插管前进行口腔、牙齿（有假牙需取出）、张口度、颈部活动度、咽喉部情况的检查与评估，判断是否为困难气道。对可能存在的困难气道或需紧急插管的情况，做好其他气道管理的准备，并寻求上级医生的协助。多人协助可提高气管插管的速度和安全性。

4. **患者准备** 根据患者病情选择合适的插管方法，并摆放适当的体位。如时间允许，建议患者保持空腹状态。

5. **做好插管失败的应对准备** 准备好声门上气道、气管切开等替代方案所需的物品和操作人员。

（五）操作步骤

1. **摆放体位** 患者枕部垫一薄枕，使口、咽、气管置于一条轴线上，形成"嗅闻位"。插管者站于患者头侧，患者头部位置相当于插管者剑突水平。确保所需物品和设备在操作者身旁，以提高操作速度和安全性。

2. **加压给氧** 若采用诱导麻醉插管法，待患者入睡后，采用仰头提颏法开放气道。如口咽部有较多分泌物，需取出或吸引出。插管者使用呼吸器加压给氧，吸 100% 纯氧 2~3min，送气频率 6s/ 次，以提高血氧浓度，排出肺内氮气，延长插管时停止呼吸的时间。血氧饱和度降低至 70% 以下会增加血流动力不稳定、心搏骤停、心律失常及死亡的风险。

3. 暴露声门

1）待肌肉松弛度满意后（深度昏迷或无心跳患者可直接插管；有意识患者根据基础病情选用镇静、肌松药，紧急插管可单用镇静药）。

2）术者用右手拇指和示指呈剪刀式交叉，拇指推开下磨牙，示指抵住上门齿，打开口腔。

3）左手握持喉镜手柄低位，将镜片从患者右侧口角送入，向左推开舌体，避免舌体阻挡视线。

4）缓慢将镜片沿中线向前推进，显露悬雍垂及会厌，镜片前端准确放置于会厌谷。

5）保持左腕伸直，向前、向上约45°角提拉喉镜，间接提起会厌，暴露声门。

4. 插入气管导管 术者右手持气管导管（抓毛笔状，握持导管中后1/3处），从患者右口角沿镜片插入口腔。双目注视导管前进方向，对准声门将导管送入气管内。见套囊进入气管后，或请助手拔出管芯，注意固定导管。继续将导管向前送入，导管尖端距门齿22cm±2cm。

5. 放置牙垫 气管导管插入后，立即放置牙垫，然后退出喉镜。牙垫侧翼应放于牙齿与口唇之间，防止掉入口腔。

6. 套囊充气 给气管导管套囊充气，触摸注气端套囊弹性似鼻尖后，立即连接简易呼吸器并通气（助手操作）。

7. 确认导管位置 导管插入后，应立即确认导管在气管内。听诊双肺确认导管位置正确，或连接呼气末二氧化碳装置观察 PET-CO$_2$ 曲线。

8. 固定导管 用胶布将牙垫与气管导管固定于面颊，胶布长短以不超过下颌角为宜，粘贴要牢固，不可粘住口唇。然后轻柔地将头部复位。

9. 吸痰 连接呼吸机进行人工通气（导管内吸氧），需要时吸痰。

10. 确认位置 有条件可做胸部 X 线检查，显示导管在气管内的位置，并了解患者双肺其他情况。

（六）操作后处理

1. 持续监测患者生命体征，密切观察病情，调整气囊压力，使用药物减小患者反应，提高舒适性和减少导管引起的交感神经反应。继续治疗原发病，气管插管只是治疗患者的一个手段、支持方法或保障，消除诱因、治疗原发病才能根本上治疗患者疾病。

2. 整理患者：摆舒适体位，整理衣物，

3. 整理物品：按消毒隔离制度处置医疗废弃物。

（七）并发症

1. 插管损伤。

2. 气管导管误入食管。

3. 浅麻醉下行气管插管易引起喉头、支气管痉挛，心率增快及血压增高，心律失常等。

4. 导管内径过小引起通气不足，过大过硬引起黏膜损伤。

5. 过深易进入支气管，过浅易脱出。

（八）注意事项

1. **协助需求** 气管插管常需一个助手协助。临床上常采用双人操作模式，两人或多人的协作能显著提升插管的安全性和速度，尤其在紧急插管情况下，一人负责开放气道和预氧合，另一人则负责准备所需物品，以缩短操作时间。单人操作适用于血氧正常而需要插管的患者（如术前准备、意识不清的重症患者等）或在医生资源不足的情况下。

2. **心理准备** 对于清醒患者，心理准备至关重要。可适当应用镇静剂、肌肉松弛药或诱导药以减轻患者的紧张和焦虑。

3. **困难面罩通气与气道评估**

（1）困难面罩通气的原因包括：面罩密封性不佳（如胡须、血液或局部损伤可能影响密封性），肥胖或呼吸道阻塞，高龄患者面罩通气困难，无牙齿，肺顺应性下降，以及打鼾。

（2）困难气道的评估方法包括：外观观察、3-3-2 法则评估、Mallampati 评分、评估阻塞或肥胖情况，以及颈部活动度的检查。

4. **操作禁忌**　严禁以患者的门齿作为支点进行插管操作。

5. **预氧合的作用**　预氧合可以改善组织的缺氧状态和减少二氧化碳的潴留。

6. **显露声门的关键步骤**　请助手从颈部向后轻压喉结,或向某一侧轻推,以获得最佳的视野。如无法看到声门,可能是喉镜插入过深,此时可将镜片适当退出少许(确保喉镜的尖端放置于会厌谷)。

7. **确认插管成功的方法**

(1)5 点听诊法(插管时的首选方法)。

(2)观察法:呼气时气管导管壁出现白雾状,监护仪显示血氧改善等。

(3)CO_2 检测法(公认的最明确方法)。

(4)胸部 X 线检查。

8. **插管后通气注意事项**　如在上腹部听诊时听到气过水音,且腹部隆起,应立即使用注射器抽空套囊内气体,拔出气管导管,重新使用面罩加压给氧以维持氧合,然后再尝试重复插管。

(九) 案例分享

1. **案例一**　患者李某,男性,34 岁。因"饱餐后腹胀腹痛 1h"入院。入院诊断为"胃肠穿孔",拟在全麻下行剖腹探查术。现患者已进入手术室。请你为患者行气管插管术。

【临床思维】

本病例涉及的是常见的术前麻醉支持手段,即择时气管插管,这类患者的血氧水平通常是正常的。该操作可由单人完成,其经典的快速插管顺序包括:术前沟通、核对患者信息、签署同意书、药物诱导、操作前准备、给予镇静和肌肉松弛药、预氧合、按照插管流程置管,以及插管后的管理。这种方法适用于生命体征稳定或医务人员资源有限但需要插管的情况,如术前插管、预见性插管、保护性插管等。熟悉操作流程并确保物品准备完整、摆放有序,是确保操作既快速又顺利的关键。

2. **案例二**　患者男性,16 岁,肥胖体型。在河里练习游泳时淹溺,后意识不清约 5min,由同伴救出河岸后呼救护车出诊。假如你们俩为救护车上急救人员,请为患者施救。

提示 1:无意识。

提示 2:有脉搏,无呼吸(检查脉搏呼吸时)。

提示 3:口咽部有较多水和异物(检查口腔时)。上腹部饱满。

提示 4:胸廓无起伏,口唇发绀无改善(用简易呼吸器通气时)。

提示 5:胸廓起伏,口唇发绀改善(置入口咽通气管后)。

【临床思维】

本病例是一起紧急气管插管的常见案例,涉及一名淹溺患者。患者已脱离淹溺环境,在评估生命体征时发现有脉搏但无呼吸,因此仅需提供呼吸支持,并每 2min 评估一次脉搏。尽管院前进行气管插管操作难度较大,但考虑到淹溺患者气道内可能存有较多异物或水分,且胃内常含有大量吞入的水分,导致上腹部饱满,使用简易呼吸器通气时存在极高的误吸风险,因此气管插管是最佳选择。

在检查患者口腔时,发现口咽部存在较多异物(这在临床上是常见的),需要进行吸痰和清除异物。使用简易呼吸器通气时,患者氧合效果不佳,考虑可能是由于患者肥胖导致的气道开放不良所致。因此,决定置入口咽通气管(存在口咽通气管的使用指征)。

随后,进行了双人的紧急气管插管。根据患者反应,可选择是否应用镇静药、肌肉松弛药。在抢救过程中,可以无需确保患者及家属签署同意书。插管完成后,使用简易呼吸器进行通气时,需注意通气的频率,每 6s 一次,潮气量以胸廓起伏为准。

双人经口气管插管是临床上最常用的插管方式,适用于所有需要紧急气道支持的情况以及医务人员充足的情况。主要是一人负责准备插管用物,另一人负责预氧合及开放气道,以提高插管的安全性。两人分工配合,共同迅速完成操作。熟悉操作流程并确保物品准备完整、摆放有序,是确保操作既快速又顺利的关键。

教学视频:成人经口气管插管术

（十）成人经口气管插管术耗材及物品准备清单（表 5-4）

表 5-4 成人经口气管插管术耗材及物品准备清单

序号	物品名称	数量
1	气管插管模型	1个
2	气管插管包（导管、导丝、牙垫、口咽通气管、吸痰管、10ml 注射器）	1个
3	润滑剂	1个
4	麻醉喉镜	1个
5	镇静药、肌肉松弛药	若干个
6	简易呼吸器	1个
7	听诊器	1个
8	胶布	1个
9	治疗车	1个
10	生活垃圾桶	1个
11	医疗垃圾桶	1个
12	吸痰装置	1个
13	抢救车	1个
14	手消毒剂	1个

（十一）成人经口气管插管术评分标准（表 5-5）

表 5-5 成人经口气管插管术评分标准

项目	细则要求	分值	得分
操作前 （16分）	操作者准备： 1. 着装规范，工作服整洁；佩戴口罩、帽子 2. 清洁双手 3. 评估患者病情及气道情况	6	
	患者准备： 1. 确保患者签署知情同意书 2. 核对患者信息，与患者或家属交代注意事项	4	
	物品准备： 1. 气管插管包、喉镜盒、简易呼吸器、听诊器、石蜡油（水性润滑剂）、胶布 2. 备抢救车、心电监护仪、吸引装置（口述） 3. 根据情况可适当选用镇静药或肌肉松弛药	6	
操作中 （69分）	1. 戴手套 2. 选择中号或大号喉镜型号 3. 检查喉镜光源是否良好，关闭光源备用 4. 选择合适型号的气管导管 5. 检查导管气囊气密性 6. 正确置入导丝，导丝不超过导管尖端，后端弯折避免掉落 7. 导管塑形满意，呈"C"形近似"J"形 8. 充分润滑导管尖端及套囊	18	

续表

项目	细则要求	分值	得分
操作中 (69分)	1. 仰卧体位,枕部垫薄枕,压额抬颏,气道开放满意 2. 清除活动性义齿、口腔异物或分泌物(口述) 3. 面罩加压给氧,"E-C"手法正确 4. 流量适中:500~700ml(8~12ml/kg),频率 10~18 次 /min 5. 给纯氧 2~3min	10	
	1. 右手拇指、示指 "剪刀式" 交叉,推开上下牙齿,张开口腔 2. 左手持喉镜柄,将镜片从患者右口角置入 3. 沿中线缓慢推进 4. 将镜片前端置入会厌谷 5. 向前上方提起喉镜,显露声门 6. 整个过程喉镜不能撬门齿	12	
	1. 右手以握笔状持气管镜从口腔右侧进入,将导管尖端对准声门轻柔地送入气管 2. 导管套囊进入声门后立即拔除管芯 3. 继续将导管向前送入,进入深度距门齿约 22cm±2cm 4. 配放置牙垫(固定翼不可压迫口唇)后撤出喉镜关闭光源 5. 气囊充气,压力适中 6. 接简易呼吸器人工通气 7. 听诊双肺确认导管位置正确,或连接呼气末二氧化碳装置观察 PET-CO$_2$ 曲线	21	
	1. 轻柔复位头颅 2. 胶布正确固定导管,长短合适,粘贴牢靠 3. 口唇未被牙垫、胶布卡压 4. 吸痰,连接呼吸机(口述)	8	
操作后 (15分)	协助患者取舒适体位,交代注意事项	3	
	整理物品、垃圾分类放置	2	
	操作熟练,动作流畅	2	
	无菌观念强	2	
	整个过程关注患者反应,动作轻柔,体现人文关怀	2	
	观察、询问患者不适感及安慰患者	2	
	程序正确	2	
总分		100	

(黄金凤)

二、成人心肺复苏术

(一)目的

心肺复苏术的目的是恢复心搏骤停患者的血液循环和呼吸,以减少大脑和其他重要器官的损害,争取抢救时间。

(二)适应证

心搏骤停,即心脏射血功能突然停止,表现为大动脉搏动消失、心音消失,以及重要器官严重缺血、缺氧。

(三)禁忌证

心肺复苏术无绝对禁忌证。但在下列情况下可不实施心肺复苏术。

1. 施救现场环境可能对施救者产生严重或者致命伤害的,且被抢救者无法移动。

2．被抢救者已经出现如尸僵、尸斑，或尸体腐烂等不可逆死亡的明显临床体征。

3．被抢救者生前有法律效应的遗嘱，明确表示不进行心肺复苏。

（四）操作流程

1. 操作前准备

（1）物品准备：心肺复苏模型、心电监护仪、除颤仪、导电糊、简易呼吸器、棉垫、电极片、纱布、气管插管包。

（2）患者准备：确保患者平躺在坚硬平整的表面上，头部、颈部和脊柱保持稳定。

（3）医生准备：判断现场环境是否安全，快速判断患者意识状态。

2. 操作步骤

（1）立即向旁人呼救并启动急救医疗服务体系。

（2）判断患者呼吸和脉搏（仅限医务人员）。

（3）将患者置于复苏体位，确保胸部暴露。

（4）进行胸外心脏按压，注意按压部位、频率、深度。

（5）开放气道，清除口腔异物或呕吐物。

（6）进行人工呼吸，可采用口对口、便携面罩或球囊面罩通气。

（7）每 2min 进行一次再评估，并考虑电除颤。

3. 操作后处理

（1）继续心肺复苏直至患者恢复自主循环或专业医疗人员到达。

（2）记录心肺复苏过程和患者反应。

4. 操作流程 单人心肺复苏流程见图 5-1，双人心肺复苏流程见图 5-2。

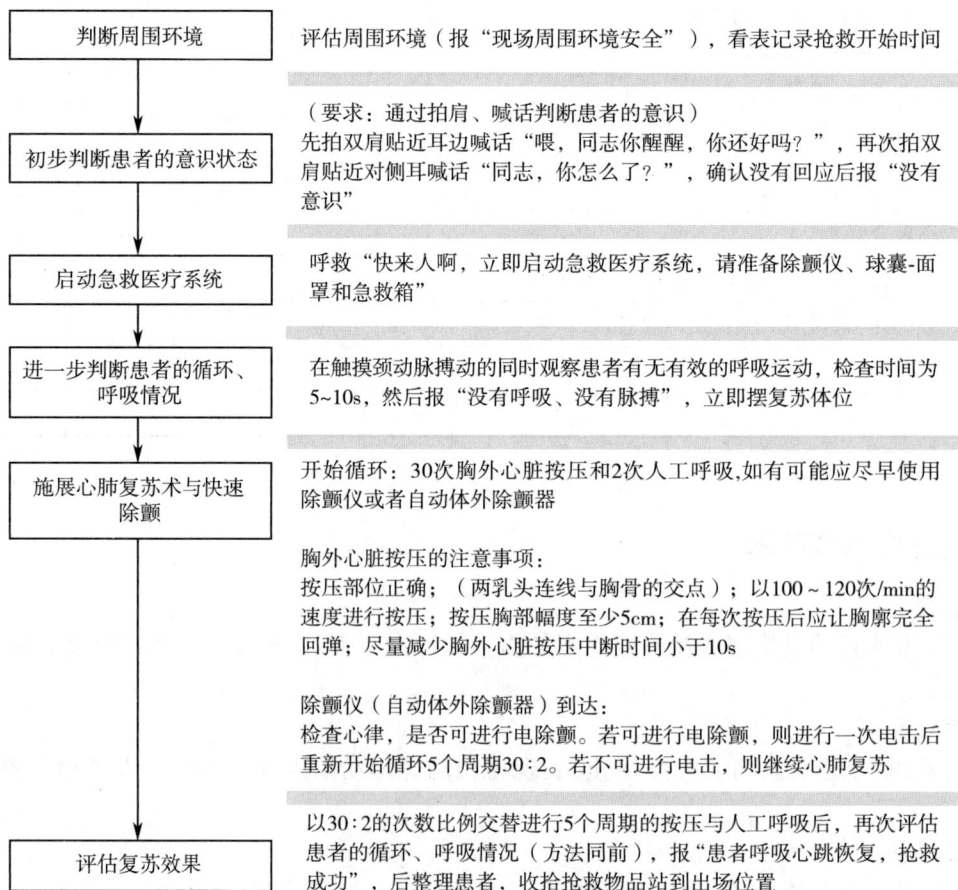

判断周围环境	评估周围环境（报"现场周围环境安全"），看表记录抢救开始时间
初步判断患者的意识状态	（要求：通过拍肩、喊话判断患者的意识） 先拍双肩贴近耳边喊话"喂，同志你醒醒，你还好吗？"，再次拍双肩贴近对侧耳喊话"同志，你怎么了？"，确认没有回应后报"没有意识"
启动急救医疗系统	呼救"快来人啊，立即启动急救医疗系统，请准备除颤仪、球囊-面罩和急救箱"
进一步判断患者的循环、呼吸情况	在触摸颈动脉搏动的同时观察患者有无有效的呼吸运动，检查时间为5~10s，然后报"没有呼吸、没有脉搏"，立即摆复苏体位
施展心肺复苏术与快速除颤	开始循环：30次胸外心脏按压和2次人工呼吸,如有可能应尽早使用除颤仪或者自动体外除颤器 胸外心脏按压的注意事项： 按压部位正确；（两乳头连线与胸骨的交点）；以100～120次/min的速度进行按压；按压胸部幅度至少5cm；在每次按压后应让胸廓完全回弹；尽量减少胸外心脏按压中断时间小于10s 除颤仪（自动体外除颤器）到达： 检查心律，是否可进行电除颤。若可进行电除颤，则进行一次电击后重新开始循环5个周期30∶2。若不可进行电击，则继续心肺复苏
评估复苏效果	以30∶2的次数比例交替进行5个周期的按压与人工呼吸后，再次评估患者的循环、呼吸情况（方法同前），报"患者呼吸心跳恢复，抢救成功"，后整理患者，收拾抢救物品站到出场位置

图 5-1　单人心肺复苏流程

| 判断周围环境（A） | 评估周围环境（报"现场周围环境安全"），看表记录抢救开始时间 |

| 初步判断患者的意识状态（A） | （要求：通过拍肩、喊话判断患者的意识）
先拍双肩贴近耳边喊话"喂，同志你醒醒，你还好吗？"，再次拍双肩贴近对侧耳喊话"同志，你怎么了？"，确认没有回应后报"没有意识" |

| 启动急救医疗系统（A+B） | A呼救"快来人啊，立即启动急救医疗系统，请准备除颤仪、球囊-面罩和急救箱"
B应"是"后提上除颤仪或者自动体外除颤器及球囊-面罩等物品 |

| 进一步判断患者的循环、呼吸情况（A） | 在触摸颈动脉搏动的同时观察患者有无有效的呼吸运动，检查时间为5~10s，然后报"没有呼吸、没有脉搏"，A立即摆复苏体位 |

| 施展心肺复苏术与快速除颤 | 1. A定位好按压部位后进行胸外心脏按压并大声计数。进行2个周期30:2后，B拿上物品到达现场
2. B到达现场后将除颤仪及呼吸球囊交予A，并报"除颤仪、球囊面罩已到达，我来接手按压。"A答"是"停止按压，B接手按压
3. B继续做胸外心脏按压，A打开除颤仪或者自动体外除颤器，连接电极片，听到分析心电图指令后B暂停胸外心脏按压，观察除颤仪
4. 如无除颤指征报"分析心电图，不需要除颤，继续心肺复苏"，B应"是"继续行胸外心脏按压
5. 如有除颤指征报："分析心电图，有除颤指征，准备除颤"，A除颤前嘱"准备放电，请离开病人"、除颤后A嘱"继续心肺复苏"，B应"是"继续行胸外心脏按压
6. 双人胸外心脏按压+人工呼吸：B行胸外心脏按压时，A以双手托颌法通畅气道。除颤结束后按新的一轮按压/通气比例30:2，即胸外心脏按压30次，人工呼吸2次进行5个周期双人配合心肺复苏术 |

| 评估复苏效果 | 1. 以30:2的次数比例交替进行5个周期的按压与人工呼吸后，B再次评估患者的循环、呼吸情况，报"患者呼吸心跳未见恢复，继续抢救"，后AB换位继续进行5个周期心肺复苏术，再由A评估复苏效果（方法同前）
2. A报"患者呼吸、心跳恢复，抢救成功"，嘱"整理病人"边实施，B应"是"后配合
3. A嘱"吸氧、送重症医学科进一步治疗"、"归位"。B应"是" |

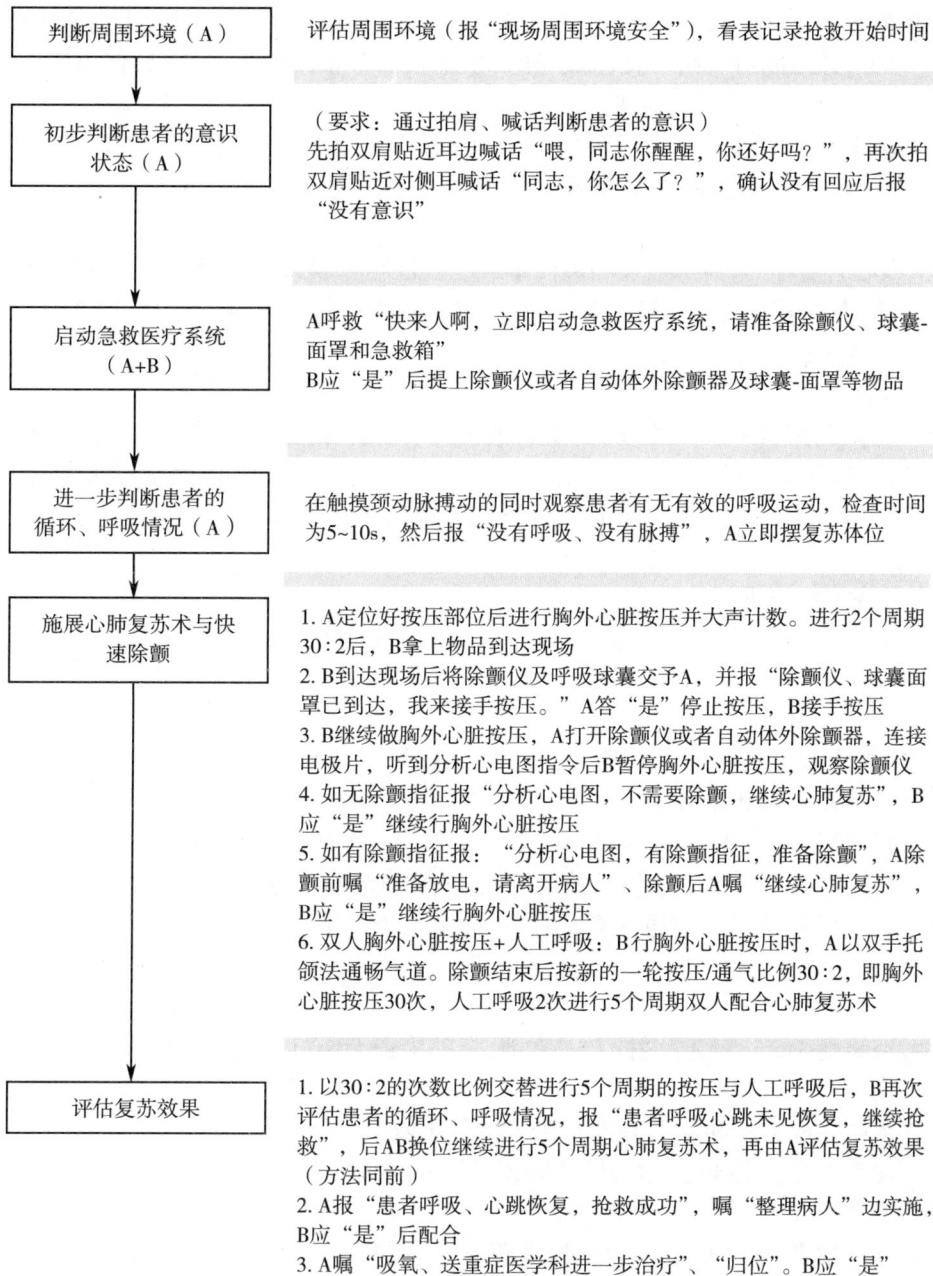

图 5-2 双人心肺复苏流程

（五）操作注意事项

1. 在判断意识时，禁止晃动疑似头部外伤患者的头部，以防引起颈椎损伤。

2. 当目击成人呼吸心搏骤停时，应先大声呼救，随后再进行心肺复苏术；若未目击或患者因溺水、药物中毒等原因导致呼吸心搏骤停，则应先进行心肺复苏术，之后再大声呼救。

3. 摆放患者复苏体位时，需特别注意保护患者颈部，以防止颈椎损伤，避免造成二次伤害。

4. 在整个心肺复苏过程中，进行高质量的胸外心脏按压至关重要。按压部位需准确；按压频率应保持在 100~120 次/min；按压深度至少达到 5cm；确保每次按压后胸廓能完全回弹；尽量减少胸外心脏按压过程的中断时间，中断时间最好不超过 10s。

5. 无论是成年人单人还是双人进行心肺复苏，胸外心脏按压与人工呼吸的比值均为 30:2，即按压 30 次后给予 2 次人工呼吸。

6. 按压部位应准确,否则易造成剑突或肋骨骨折,导致脏器破裂。按压时手指不得贴于胸壁上,以防按压力量偏移,导致肋骨骨折。按压放松时,手掌根部不得离开患者胸壁,但需确保胸廓完全回弹,避免冲击式按压,以免造成无效按压。

7. 开放气道时,应注意置于下颌的手指不要深压颏下软组织,以免造成气道阻塞;上抬下颌时力度不宜过大,避免口腔闭合,影响通气;清除口腔异物或呕吐物时,应戴好手套或用纱布包绕手指,以防施救者受伤。

8. 进行单人心肺复苏时,通常通过隔离面罩或一次性呼吸膜进行口对口人工呼吸,不建议在无任何防护措施的情况下对患者进行口对口人工呼吸;进行双人心肺复苏时,可由另一名施救者通过挤压球囊面罩进行人工呼吸。

（六）案例分享

1. **案例一**　患者,男,68 岁。因"反复咳嗽、咳痰 25 年余,胸闷,呼吸困难 1h"急诊送入院。既往有慢性阻塞性肺疾病病史,近半月因天气转凉,咳嗽、咳痰症状加重,1h 前因剧烈咳嗽后出现胸闷、呼吸困难症状。遂由家属送入院。患者到达急诊科几分钟后突然神志不清,呼之不应。

【问题】

(1)请结合该患者病情进行抢救。

(2)抢救后患者呼吸、心跳恢复,但心电监护仪显示患者呼吸频率 7 次 /min,血氧饱和度低,你该如何进一步处理?

【临床思维】

首先判断患者的意识状态。若患者意识丧失,立即进一步判断呼吸和脉搏。若呼吸和脉搏均停止,则应立即进行单人心肺复苏术。

若患者经过心肺复苏后呼吸和心跳恢复,但呼吸状况及血氧饱和度仍然不佳,为了改善呼吸和提高血氧饱和度,可以考虑进行气管插管并使用呼吸机辅助呼吸。若患者的呼吸状况尚可,仅单纯血氧饱和度较低,可以先尝试放置口咽通气管,并通过面罩给予高浓度氧气;若这一措施未能有效改善患者症状,再考虑进行气管插管。

2. **案例二**　患者,男,21 岁,因"呼吸困难 10min"由朋友送入院。查体:神志不清,呼吸断续,大动脉搏动未触及,瞳孔 1mm,对光反射消失,胸部、腹部检查无伤口,双肘部可见多个针孔。

【问题】

1. 请 A 作为第一施救者和助手 B 对该患者进行抢救。

2. 抢救后患者呼吸、心跳恢复,但意识仍未恢复,A 该如何进一步处理?

【回答】

1. 作为第一施救者 A 和助手 B 的抢救步骤:迅速判断患者意识、呼吸和脉搏,确认患者处于危急状态。将患者置于复苏体位,A 开始进行胸外心脏按压,B 准备人工呼吸。A 和 B 按照 30∶2 的比值进行胸外心脏按压和人工呼吸。同时,呼叫医疗急救团队,并使用 AED 进行除颤(如果条件允许)。

2. 若患者经过心肺复苏后呼吸和心跳恢复,但意识仍未恢复,考虑可能是由于脑细胞缺血、缺氧时间过长,导致脑细胞损伤和急性脑水肿。为保护脑细胞并降低颅内压,可给予头部亚低温治疗,并尽快将患者送至重症医学科进行心搏骤停后的综合治疗。

【临床思维】

在处理此类紧急情况时,应围绕"快速评估、立即干预、持续监测、及时转运"的原则展开。首先,要迅速而准确地评估患者的生命体征和意识状态,以确定是否需要立即进行心肺复苏。其次,在进行心肺复苏时,要遵循标准的操作流程,确保按压和人工呼吸的比值正确,同时尽量减少中断时间。此外,要时刻关注患者的生命体征变化,以便及时调整治疗方案。最后,在患者生命体征相对稳定后,要尽快将其转移至重症医学科进行进一步的治疗和监测。在整个过程中,保持冷静、

教学视频:
AED 的使用

教学视频:
心肺复苏术

果断和专注是至关重要的。

（覃晓洁）

三、除颤仪的使用

（一）非同步电除颤

1. 适应证

（1）心室颤动。

（2）心室扑动。

（3）无脉性室性心动过速。

2. 禁忌证　无绝对禁忌证。

3. 操作流程

（1）操作前准备

1）需要明确非同步电除颤的适应证。

2）操作前对患者进行评估：评估患者的意识、颈动脉搏动、呼吸、心电图情况。

3）操作前对仪器设备进行检查：①除颤仪是否处于完好备用状态；②电源是否故障；③充电是否完全；④导线是否接触良好；⑤是否接好地线。

4）操作物品的准备：①导电糊；②纱布；③电极片；④心电监护仪；⑤气管插管包；⑥抢救车；⑦心脏临时起搏器；⑧吸引器等。

（2）操作步骤

1）将患者仰卧置于硬板床或硬质、平整的地面上，移除患者身上的所有导电物质，并确保其身体不与任何金属物品接触，充分暴露患者胸部。若患者胸前毛发浓密，必要时应予刮除，以避免影响电除颤效果。

2）在准备除颤仪的同时，继续给予持续且高质量的胸外心脏按压。

3）正确开启除颤仪开关，确认除颤仪处于"非同步"模式；将除颤仪调至监护挡位，选择适当的电极板导联；观察显示仪上的心电波形，并在10s内报告患者心律状况。

4）迅速用干棉垫擦拭患者胸部皮肤，将除颤电极板涂抹上专用导电糊（若无导电糊，可使用4至6层浸有0.9%氯化钠溶液的纱布包裹），并确保导电糊均匀分布在两块电极板上。

5）将两块电极板正确安放：标记有"STERNUM"的电极板上缘置于胸骨右侧、锁骨下缘，标记有"APEX"的电极板中心置于心底至心尖部，电极板的右缘置于左腋中线。稍用力向下按压电极板，使其与皮肤紧密接触，并确保两电极板之间至少相距10cm。

6）再次查看显示仪，确认患者心电波形，并报告："仍为室颤，准备除颤。"

7）选择除颤能量：若为单向波除颤仪，首次除颤能量选择360J；若为双向波除颤仪，首次除颤能量选择150J。充电完成后，再将电极板放置于患者身上。

8）充电完毕后，环顾患者四周，确保术者及其他抢救人员与患者无身体接触（操作者自己向后退一小步，避免与患者接触），并口述"准备放电，请旁人离开"。

9）操作者双手拇指同时按下"放电"键进行电除颤（若不能同时按下，则除颤仪不会放电）。

10）电除颤后，电极板不能立即离开患者胸部皮肤，应稍作停留，观察显示仪上的心电波形，以判断除颤是否成功（此过程从启动除颤电极板至第一次除颤结束不超过20s）。

11）除颤结束后立即开始胸外心脏按压，持续2min（约5个循环）后，根据心电图显示判断患者是否需要进行下一次电除颤。

12）如患者恢复窦性心律，则报告"除颤成功，患者恢复窦性心律"，并记录心电图及时间。

4. 操作后处理

（1）如除颤成功后，帮助患者取舒适仰卧位，并报告："继续严密监测患者生命征变化情况，必要时转重症医学科进一步治疗。"

（2）整理用物：①关闭除颤仪电源；②清洁除颤仪电极板后归位；③将使用过的物品按医疗垃圾管理条例分类处理。

5. 操作注意事项

（1）注意操作前需确定患者心电图是否为非同步电除颤的适应证。

（2）注意非同步电除颤后应立即予胸外心脏按压。

6. 案例分享　患者，男，63 岁，因"心悸、胸痛 2h"入院。询问病史：患者自述 2h 前吃完晚饭后突感心悸、胸痛，胸痛为胸骨后压榨性疼痛，伴心悸、大汗，在家自服速效救心丸，但症状未能缓解，遂来我院就诊。既往有 20 余年冠心病病史，间断服药治疗，具体用药不详。查体：体温 37.5 ℃，脉率 125 次 /min，呼吸 26 次 /min，血压 98/61mmHg，体重未测，神志清楚，查体合作，对答切题，颈静脉无怒张，听诊双肺呼吸音粗，双肺底可闻及细湿啰音；心界不大，心率 125 次 /min，心律齐，心音低钝，未闻及杂音；腹部稍膨隆、柔软，全腹无压痛及反跳痛，肝脾肋下未触及；双下肢无水肿。无实验室检查结果。

【问题】

患者在问诊过程中突发意识障碍，呼之不应，呈叹气样呼吸，触摸颈动脉搏动消失，心电图如图 5-3 所示。你作为接诊医生，应怎么处理？

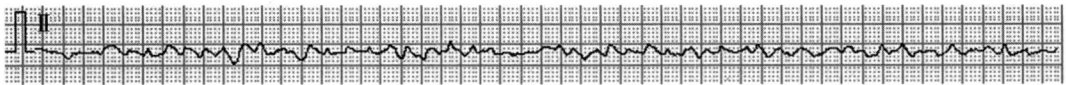

图 5-3　案例一心电图

【回答】

根据心电图快速识别心室颤动，应立即进行单人徒手心肺复苏术，并同时准备电除颤，电除颤按操作流程进行。遇到类似患者应在胸外心脏按压的基础上，尽早给予早期电除颤，以提高患者抢救成功率。

7. 非同步电除颤耗材及物品准备清单　见表 5-6。

表 5-6　非同步电除颤耗材及物品准备清单

序号	物品名称	数量	序号	物品名称	数量
1	心肺复苏模型	1	5	棉垫	2
2	心电监护仪	1	6	电极片	6
3	除颤仪	1	7	纱布	6
4	导电糊	1			

8. 非同步电除颤术评分标准　见表 5-7。

表 5-7　非同步电除颤术评分标准

项目	细则要求	分值	得分
操作前准备	检查患者意识、颈动脉搏动、呼吸	3	
	心电图状况以及是否有室颤波	2	
	①除颤仪处于完好备用状态，检查电源有无故障，充电是否完全，导线是否接触良好，接好地线；②用物：除颤仪、导电糊或生理盐水纱布、干棉垫、纱布、电极片	4	
操作流程	迅速给患者仰卧于硬板床上，暴露胸部，身体不接触任何金属部分	3	
	清洁监护导联部位皮肤，接电极片，连接导联线	3	
	开启除颤仪，调至监护位置，选择电极板导联	3	

续表

项目	细则要求	分值	得分
操作流程	检查除颤仪后报告"设备完好,电量充足,连线正常,电极板完好"	8	
	观察显示仪上心电波形;报告心律"患者出现室颤,需紧急除颤"(此评估过程不能超过10s)	6	
	迅速擦干患者胸部皮肤,电极板涂以专用导电糊,并均匀分布在两块电极板上(若无导电糊可包上4至6层浸有0.9%氯化钠溶液的纱布)	8	
	确认除颤仪状态为非同步方式	6	
	将两块电极板安放在正确位置(标记有"STERNUM"的电极板上缘置于胸骨右侧锁骨下缘,标记有"APEX"的电极板中心置于心尖部,电极板的右缘置于左腋中线),稍用力按电极板,使电极板与皮肤紧密接触,且两电极板之间至少相距10cm	6	
	选择除颤能量,首次充电至360J(单相波),或150J(双相波)	6	
	按下"充电键"充电	4	
	电极板适当向下压,查看显示仪,再次确认患者心电波形,报告"仍为室颤,准备除颤"	4	
	环顾患者四周,确定周围人员无直接或间接与患者接触(操作者身体后退一小步,不能与患者接触),并口述"准备放电,请旁人离开"	4	
	双手拇指同时按压放电键按钮,进行除颤	4	
	除颤后电极板不能马上离开胸部皮肤,稍作停留,观察显示仪上心电波形,了解除颤是否成功	4	
	除颤结束后立即胸外按压,5个循环后根据心电显示判断是否进行下一次除颤	4	
	如患者恢复窦性心律,则报告"除颤成功,患者恢复窦性心律"并记录心电图	4	
操作后处理	协助患者取舒适卧位,报告"密切观察生命体征变化,继续做好后续治疗,必要时转重症医学科进一步治疗"	2	
	清洁除颤仪电极板后归位	2	
	关闭除颤仪电源	2	
	将使用过的物品按医疗垃圾管理条例分类进行处理	2	
整体评价	操作熟练,动作流畅	2	
	整个过程关注患者反应,动作轻柔,体现人文关怀	2	
	程序正确	2	
总分		100	

(二) 同步电复律

1. 适应证

(1)室性心动过速经药物治疗后无效或者合并严重血流动力学障碍的。

(2)室上性心动过速经药物治疗后无效或者合并严重血流动力学障碍的。

(3)新近刚发生的心房扑动或者心房颤动,在去除诱因或者已使用抗心律失常药物治疗后不能恢复窦性心律者。

2. 禁忌证

(1)绝对禁忌证

1)洋地黄中毒引起的快速性心律失常者。

2)室上性心律失常并伴有高度或者完全性房室传导阻滞者。

3)持续心房颤动在未使用影响房室传导的药物情况下心室率已缓慢下降者。

4)伴有病态窦房结综合征者。

5)近期内有动脉栓塞或者经过超声心动图检查发现左心房内存在血栓而未接受过抗凝治疗的患者。

(2)相对禁忌证(心房颤动患者有下列情况时为电复律的相对禁忌证)

1)拟近期需接受外科心脏手术的患者。

2)电解质紊乱患者,尤其是低钾血症,需纠正后再进行电转复者。

3)严重心功能不全且尚未纠正的患者,因电转复后有发生急性肺水肿的可能。

4)即使成功电转复后,维持窦性心律的可能性不大、心脏明显扩大的患者。

5)甲状腺功能亢进伴心房颤动而未对甲状腺功能亢进进行正规治疗的患者。

6)伴风湿活动或者感染性心内膜炎而未能控制的心脏疾病患者。

7)电转复后在胺碘酮的维持下又复发或者不能耐受抗心律失常药物维持治疗的患者。

8)心房颤动为阵发性发作,且既往发作次数少、持续时间短的,预期可自动转复患者。

3. 操作前准备

(1)需要明确同步电复律的适应证。

(2)操作前对仪器设备进行检查:①除颤仪是否处于完好备用状态;②电源是否故障;③充电是否完全;④导线是否接触良好;⑤是否接好地线。

(3)操作物品的准备:①导电糊;②纱布;③电极片;④心电监护仪;⑤气管插管包;⑥抢救车;⑦心脏临时起搏器;⑧吸引器。

(4)操作前患者准备

1)对于心室颤动、心室扑动、无脉性室性心动过速的患者,需紧急进行电除颤。

2)对于病情允许或择期实施同步电复律的患者,应向患者及家属详细解释电复律的目的、利弊以及可能出现的并发症和风险,并确保患者及家属签署知情同意书。

3)电复律前应及时纠正电解质紊乱和酸碱失衡,尤其是低钾血症和酸中毒。

4)控制心力衰竭。

5)在心房颤动电复律之前,若心房颤动已超过48h或时间不清,电复律前应给予华法林口服治疗3周,并经超声心动图检查确认无左心房血栓迹象后,方可进行电复律,且复律后需继续抗凝治疗4周;若心房颤动时间未超过48h,可直接进行电复律,但需在电复律前经静脉给予肝素一次。

6)服用洋地黄药物的患者需停用药物24~48h。

7)电复律前应禁食6~8h,以避免电复律过程中发生恶心、呕吐引起窒息。

8)操作前应给予患者吸氧,建立静脉通道,连接心电监护仪(注意确保地线连接),并取出患者的活动义齿。

9)麻醉:如患者清醒,应在电复律前缓慢静脉注射地西泮10~40mg(注射速度5mg/min)进行麻醉,以使患者安静、消除紧张情绪并减少电击时的不适感;如患者已处于麻醉状态或意识丧失,则无需进行麻醉。

4. 操作步骤

(1)将患者仰卧放置于硬板床上或硬质、平整的地面上,确保患者身上无任何导电物质,并避免身体接触任何金属物品。充分暴露患者胸部,若患者胸前毛发浓密,必要时应予以刮除,以避免影响电复律效果。

(2)给予患者吸氧5~10min,建立静脉通道,并连接心电监护仪,持续监测心率、血压等生命体征(注意确保接地线连接良好),同时确保抢救设备处于备用状态。

(3)正确开启除颤仪开关,按下"同步"按钮,确认除颤仪已处于"同步"状态。将除颤仪调节至监护挡位置,并仔细观察显示仪上的心电波形。

(4) 进行麻醉:缓慢静脉注射地西泮 10~40mg(注射速度控制在 5mg/min),让患者报数直至进入意识模糊状态,睫毛反射消失,此时即可进行电复律。

(5) 使用棉垫擦干患者胸部皮肤,将除颤电极板均匀涂抹上导电糊(若无导电糊,可使用 4 至 6 层浸有 0.9% 氯化钠溶液的纱布代替),并确保导电糊在两块电极板上均匀分布。

(6) 将两块电极板正确安放在患者胸部(标记有 "STERNUM" 的电极板上缘置于胸骨右侧锁骨下缘,标记有 "APEX" 的电极板中心置于心底 - 心尖部,电极板的右缘置于左腋中线)。稍用力按压电极板,使其与皮肤紧密接触,并确保两电极板之间至少相距 10cm。

(7) 根据病情选择适当的复律能量。

(8) 按下"充电"键进行充电。充电完毕后,环顾患者四周,确保术者及其他人员与患者无身体接触(操作者自己应向后退一小步,避免与患者接触),并口述"准备放电,请旁人离开"。

(9) 操作者双手拇指应同时按下"放电"键(若不能同时按下,则除颤仪不能进行放电)进行电复律。

(10) 电击复律后,电极板不能立即离开胸部皮肤,应稍作停留。同时观察显示仪上的心电波形,以判断复律是否成功。

(11) 如患者成功转复为窦性心律,应立即测量血压,听诊心率,并记录心电图与术前进行对比。如未能转复,可适当增加复律能量,并间隔 2~3min 后再次进行电击。

5. 操作后处理

(1) 复律成功后,应协助患者采取舒适的仰卧位,并及时报告:"继续严密监测患者生命体征变化情况,以进行进一步的治疗。"

(2) 整理用物步骤包括:①关闭除颤仪电源;②清洁除颤仪电极板并将其归位;③将使用过的物品按照医疗垃圾管理规定进行分类处理。

6. 并发症

(1) 心律失常

1) 期前收缩:电复律后,期前收缩的发生率较高,这与原发病及电刺激有关。期前收缩通常可在数分钟后自行消失,一般无需特殊处理。

2) 室性心动过速:室性心动过速的出现多与心肌本身的病变、低钾血症、酸中毒、洋地黄过量等因素有关。可静脉使用 2% 盐酸利多卡因、胺碘酮或普鲁卡因胺等药物进行治疗,并积极纠正低钾血症和酸中毒。必要时,可再次给予电复律。

3) 慢性心律失常:最常见的类型包括窦性心动过缓、窦性停搏、房室传导阻滞。这些心律失常多可在短时间内自行消失。若持续时间较长或症状严重,可通过静脉通道使用阿托品、异丙肾上腺素进行治疗,必要时可安装临时心脏起搏器。

(2) 低血压:发生率为 1%~3%。低血压常于高能量电击后发生,可能与心肌损害有关。若血压轻度下降,大多可自行恢复,无需特殊处理,但应继续严密监测。若血压持续下降,影响重要脏器血流灌注时,可通过静脉通道使用多巴胺进行升压治疗。

(3) 栓塞:发生率为 1%~3%。栓塞可发生在电复律后 2 周以内,最常见于复律后的 24~48h。该并发症多发生于慢性心房颤动电复律成功后,因心房恢复节律性收缩可使心房内附壁血栓脱落。因此,在复律前应进行超声心动图检查,以了解患者有无心房附壁血栓,并在复律前后进行充分的抗凝治疗,以避免栓塞的发生。一旦发生栓塞,应积极采取抗凝或溶栓治疗。

(4) 急性肺水肿:该并发症常多见于复律后 1~3h,可能与电复律后左心房、左心室的功能不良有关。一旦发生,应立即给予利尿、扩张血管等积极治疗措施。

(5) 心肌损伤:发生率为 3% 左右。该并发症多与电击能量过大或反复多次进行电击有关。对于轻度心肌损伤,可继续严密观察;对于严重心肌损伤,应给予营养心肌药物等对症积极治疗。

(6) 呼吸抑制:该并发症多见于麻醉患者。应严密监测患者呼吸情况,一旦发生呼吸抑制,应及时给予面罩加压给氧及气管插管等处理措施。

(7) 皮肤烧伤:该并发症较常见,多见于电复律操作时电极板与皮肤不紧贴、导电糊涂抹不均匀或太少等情况。一般无需特殊处理,皮肤烧伤可自行缓解。

7. 案例分享 患者,男,23岁,因"反复心悸、胸闷1周,再发加重伴气促1h"入院。询问病史:患者自诉1周前不慎着凉后突感心悸、胸闷,可自行缓解,未予特殊处理。入院1h前上述症状加重,伴气促、大汗,遂来我院就诊。既往体健,病史无特殊。入院查体:体温37.8℃,脉率162次/min,呼吸28次/min,血压68/31mmHg,体重未测,神志清楚,急性重病容,查体合作,对答切题,颈静脉无怒张,双肺呼吸音粗,可闻及大量干、湿啰音;心率162次/min,心律齐,心音低钝,未闻及杂音;腹部平坦、柔软,全腹无压痛及反跳痛,肝脾未触及;双下肢无水肿。心电图如图5-4所示。

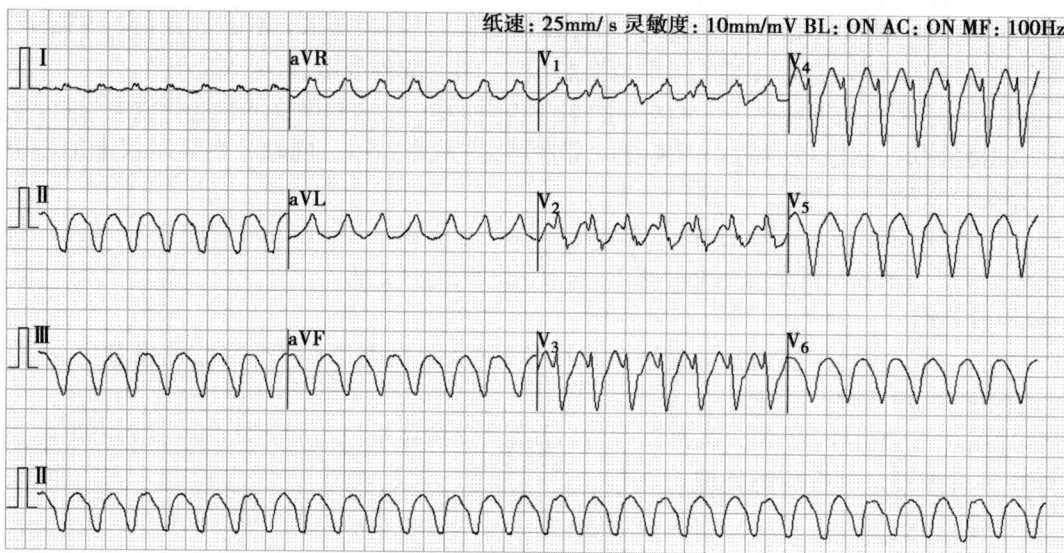

图 5-4 案例一心电图

【问题】

下一步应该如何处理?

【回答】

根据该患者的心电图诊断结果显示:室性心动过速。结合患者的症状、病史以及生命体征情况,考虑患者已出现血流动力学障碍。因此,应首选同步电复律处理。在处理前,应先给予患者吸氧、进行心电监护,并准备好抢救物品。在患者镇静后,再进行同步电复律。

教学视频:除颤仪的使用

8. 同步电复律耗材及物品准备清单 见表5-8。

表 5-8 同步电复律耗材及物品准备清单

序号	物品名称	数量	序号	物品名称	数量
1	电复律模型	1	6	电极片	6
2	心电监护仪	1	7	纱布	6
3	除颤仪	1	8	聚维酮碘	1
4	导电糊	1	9	地西泮注射液	2
5	棉垫	2	10	一次性注射器	2

9. 同步电复律评分标准 见表5-9。

表 5-9　同步电复律评分标准

项目	细则要求	分值	得分
操作前准备	操作者准备：①检查患者意识、颈动脉搏动、呼吸、血压；②心电图判断心律失常；通过病史、体格检查、实验室结果、影像资料、用药史等评估患者是否有同步电复律的适应证和禁忌证；③向患者及家属解释电复律的目的和利弊，可能存在的风险和并发症，取得患者及家属同意并签署知情同意书	3	
	患者准备：①予患者吸氧 10~15min，并建立静脉通道，取出活动性义齿；②静脉缓慢注射 10~40mg 地西泮予患者镇静，意识模糊，睫毛反射消失后可进行电击	2	
	用物准备：①除颤仪处于完好备用状态，检查电源有无故障，充电是否完全，导线是否接触良好，接好地线；②导电糊或生理盐水纱布、干棉垫、纱布、电极片、气管插管包、抢救车、心脏临时起搏器、各种复苏设备	4	
操作流程	协助患者仰卧于硬板床上，暴露胸部，身体不接触任何金属部分	3	
	清洁监护导联部位皮肤，接电极片，连接导联线	3	
	开启除颤仪，调至监护位置	3	
	检查除颤仪后报告"设备完好，电量充足，连线正常，电极板完好"	8	
	观察显示仪上心电波形；报告心律失常类型，患者需要进行同步电复律	6	
	擦干患者胸部皮肤，电极板涂以专用导电糊，并均匀分布于两块电极板上（若无导电糊可包上 4 至 6 层浸有 0.9% 氯化钠溶液的纱布）	8	
	设置除颤仪状态处于"同步"模式	6	
	将两块电极板安放在正确位置（标记有"STERNUM"的电极板上缘置于胸骨右侧锁骨下缘，标记有"APEX"的电极板中心置于心尖部，电极板的右缘置于左腋中线），稍用力按电极板，使电极板与皮肤紧密接触，且两电极板之间至少相距 10cm	10	
	根据心律失常类型选择电击能量	6	
	按下"充电键"充电	4	
	电极板适当向下压，查看显示仪，再次确认患者心电波形，报告"心律失常类型，准备电复律"	4	
	环顾患者四周，确定周围人员无直接或间接与患者接触（操作者身体后退一小步，不能与患者接触），并口述"准备放电，请旁人离开。"	4	
	双手拇指同时按压放电键按钮，进行电复律	4	
	电复律后电极板不能马上离开胸部皮肤，稍作停留，观察显示仪上心电波形，了解电复律是否成功	4	
	如患者恢复窦性心律，则报告"复律成功，患者恢复窦性心律"并记录心电图	4	
操作后处理	协助患者取舒适卧位，报告"密切观察生命体征变化，继续做好后续治疗，必要时转重症医学科进一步治疗"	2	
	清洁除颤仪电极板后归位	2	
	关闭除颤仪电源	2	
	将使用过的物品按医疗垃圾管理条例分类进行处理	2	
整体评价	操作熟练，动作流畅	2	
	整个过程关注患者反应，动作轻柔，体现人文关怀	2	
	程序正确	2	
总分		100	

（覃晓洁）

四、动物咬伤急救

(一) 处理原则

1. 评估和稳定患者生命体征。

2. 彻底冲洗、清创伤口,必要时抗狂犬病免疫球蛋白(血清)局部浸润,特殊部位可进行一期缝合。

3. 注射狂犬病疫苗。

4. 预防感染:普通细菌和破伤风等。

动物咬伤后处置流程见表5-10。

表5-10　动物咬伤后处置流程表

步骤	操作内容	操作时间
1	患者到达	
2	病情评估、稳定体征	5min(如生命征不平稳)
3	伤口冲洗、消毒、清创,免疫球蛋白(血清)局部浸润	5min
4	疫苗规范使用	5min
5	其他治疗(预防感染、破伤风、止痛等)	

(二) 急救处置流程

1. **院前处置**　伤口处理与外伤类似。

(1) 脱离环境。

(2) 用加压包扎法止血,可加冰敷并抬高患肢。

(3) 尽早用肥皂水和清水冲洗伤口。

(4) 尽快送医。

2. **院内处置**

(1) 进一步评估患者病情,稳定生命体征。特别是头、颈部被咬伤患者要评估患者的气道(A)、呼吸(B)、循环(C)、神经系统情况(D)。

(2) 病史采集、体格检查。

(3) 根据狂犬病暴露分级,执行相应的处置程序(表5-11)。

表5-11　狂犬病暴露分级及免疫预防处置程序

暴露分级	接触方式	暴露后预防处置
Ⅰ	完好的皮肤接触动物及其分泌物或排泄物	清洗暴露部位,无须进行其他医学处理
Ⅱ	符合以下情况之一: 1. 无明显出血的咬伤、抓伤 2. 无明显出血的伤口或已闭合但未完全愈合的伤口接触动物及其分泌物或排泄物	1. 处理伤口 2. 接种狂犬病疫苗 3. 必要时使用狂犬病被动免疫制剂
Ⅲ	符合以下情况之一: 1. 穿透性的皮肤咬伤或抓伤,临床表现为明显出血 2. 尚未闭合的伤口或黏膜接触动物及其分泌物或排泄物 3. 暴露于蝙蝠	1. 处理伤口 2. 使用狂犬病被动免疫制剂 3. 接种狂犬病疫苗

(三) 案例分享

患者,男,9岁。右足被野狗咬伤并疼痛出血 2h 就诊。既往无疫苗注射史,有白百破疫苗注射史。查体:生命征正常,心肺腹查无异常。右足背部见一不规则裂口,边缘不整齐,有部分皮肤缺损,深可见肌肉,局部见渗血,患趾活动良好。

【问题】

假如您为外科(犬伤科)门诊值班,请为患者处理。

【回答】

本病例为犬咬伤,损伤部位位于右足,患者生命体征稳定,符合狂犬病三级暴露标准。针对狂犬病三级暴露的处理原则包括:伤口处理、被动免疫剂使用以及狂犬病疫苗接种。

(韦文林)

五、急性中毒急救

(一) 处理原则

1. 迅速脱离中毒环境并清除未被吸收的毒物。

2. 迅速判断患者的生命体征,及时处理威胁生命情况。

3. 促进吸收入血的毒物清除。

4. 应用解毒药物。

5. 进行对症治疗与处理并发症。

6. 器官功能支持与重症管理。

(二) 具体措施

中毒通常包含 3 个临床阶段:急性全身反应阶段、临床缓解阶段、靶器官损害阶段。针对中毒的具体处理措施可以分为院前急救、院内急救。

1. 院前急救

(1)做好防护措施:认真评估环境,确保环境安全。在询问病史的同时,评估患者的生命体征和神志等,进行重点体格检查,情况危急时评估和保护 ABCDE(A——Airway,气道;B——Breathing,呼吸;C——Circulate,循环;D——Disability,神经功能;E——Exposure,充分暴露)。优先维持生命体征稳定,如呼吸、循环等。对于口服毒物的患者,在进行心肺复苏时,应避免直接口对口人工呼吸,而应使用防护装置或采取单胸外按压的心肺复苏方法。

(2)迅速脱离染毒环境:中断毒物接触,对中毒时间短者应尽可能在现场进行排毒处理,如冲洗、催吐、吸氧等,以减少毒物进入人体。

(3)转运过程中的治疗与监护:确保患者生命体征稳定,若找到患者所服毒物的药瓶,建议一同携带。

(4)尽快使用特效解毒药。

2. 院内急救 若患者的中毒物质可能对医护人员造成伤害,治疗前必须先清除患者身上的毒物,以确保医护人员及整个医疗机构的安全。操作时需做好个人防护。

(1)重新评估与处理:重新评估患者的生命体征,检查和评估患者的 ABCDE。进行病史询问、重点体格检查,并及时抽血处理。明确中毒物质后,应尽早应用特效解毒药。

(2)清除未被吸收的毒物:毒物常通过消化道、皮肤黏膜、呼吸系统进入人体,以消化道最常见。

1)对于经消化道中毒者,清除方法有 5 种。①催吐:适用于大量摄入潜在致命性毒物的清醒患者,服毒后 1h 内效果明显。禁忌证包括昏迷、惊厥、食入腐蚀性毒物等。②洗胃术:适用于经口服中毒,尤其是中、重度中毒患者。有特定禁忌证。③吸附剂:如活性炭,能吸附并排出毒物。④导泻与全肠灌洗:使用导泻药促进毒物排出。⑤灌肠。

2)对于皮肤、黏膜接触中毒者,应彻底清洗身体,阻止毒物进一步吸收。

3)对于吸入中毒者,可吸氧治疗,必要时进行肺泡灌洗。

（3）强化清除：清除进入血液循环中的毒物。

1）强化利尿：适用于药物清除率下降或毒物具有较长清除半衰期的患者。对于心肺功能正常的患者，应在输注足够的等渗液后进行利尿治疗。同时，可以通过调整尿液的酸碱度来促进毒物排泄。具体而言，在碱性的尿液环境中，弱酸性的毒素更易与其结合并增加排泄。此方法可用于水杨酸、氟化物、甲氨蝶呤、苯巴比妥以及丙酸中毒的治疗，治疗目标是将尿液的 pH 调至 8。

2）血液净化：中毒患者的血液净化治疗通常包括血液透析和血液灌流等方法。此治疗一般适用于中毒严重、血液中毒物浓度显著升高、昏迷时间长、出现并发症以及经过积极支持治疗后病情仍恶化的患者。血液净化被视为一种"广谱排毒"措施，但其效果并非万能，受到毒物代谢动力学等多种因素的影响。此方法可以清除有毒物质，并改善血液的酸碱度和电解质平衡，同时也能清除解毒药物以及血液中的正常成分。进行治疗时，需要置入中心静脉导管。

3）氧气疗法、高压氧疗法，具体操作参照吸氧术。

（4）常见特殊解毒药物：当前，仅有不到 5% 的毒物存在特效解毒药物，而大部分中毒患者仅需接受支持治疗即可康复。以下是一些常见的特异解毒药物：

1）阿托品：适用于拟胆碱药中毒，例如毛果芸香碱、毒扁豆碱、新斯的明等中毒情况；同时也可用于有机磷农药和神经性毒气中毒；以及含毒蕈碱的毒蕈中毒等。

2）盐酸戊乙奎醚：治疗有机磷农药中毒的解毒药物之一。

3）胆碱酯酶复能剂：适用于有机磷农药、神经性毒气中毒，常用药物包括碘解磷定或氯解磷定。

4）纳洛酮：可竞争性结合阿片受体，主要用于阿片类药物中毒的治疗。

5）硫代硫酸钠：主要用于氰化物中毒的治疗。

6）亚硝酸异戊酯和亚硝酸钠（采用亚硝酸盐 - 硫代硫酸钠法）：均为氧化剂，可将血红蛋白中的二价铁氧化成三价铁，形成高铁血红蛋白，从而解救氰化物中毒。

7）亚甲蓝：为氧化还原剂，主要用于亚硝酸盐、苯胺、硝基苯等中毒引起的高铁血红蛋白血症的治疗。

8）乙酰胺：为氟乙酰胺（有机氟农药）及氟乙酸钠中毒的特效解毒剂。

9）氟马西尼：主要用于苯二氮䓬类药物中毒的治疗。

10）酒精：可用于甲醇或乙二醇中毒的治疗，它能直接作用于毒物代谢过程，抑制甲醇分解生成毒性更强的甲醛和甲酸。

11）奥曲肽：此药物可用于磺脲类药物过量或中毒的治疗。

12）鱼精蛋白：此药物能与肝素结合形成稳定的无活性的复合物，主要用于肝素使用过量的治疗。

13）乙酰半胱氨酸：可用于对乙酰氨基酚中毒的治疗。

14）脂肪乳：有报道称，脂肪乳剂可能用于重度亲脂性药物中毒的治疗，尤其是麻醉药中毒。

15）胰高血糖素：可用于 β 受体拮抗药、钙通道阻滞药中毒的治疗。

16）地高辛特异性抗体：可用于强心苷中毒的治疗。

17）葡萄糖酸钙和氯化钙：可用于氟化物、钙通道阻滞药中毒的治疗。

18）碳酸氢钠：可用于钠通道阻滞药中毒的治疗。

（5）对症支持治疗：中毒患者常因呼吸、心血管循环衰竭而死亡。因此，维持器官功能和内环境稳定是确保患者病情稳定的基础。鉴于许多中毒情况并无特效解毒药物，强有力的对症支持治疗成为帮助患者渡过难关的关键。这一治疗策略涵盖保护重要脏器的功能、维持生命体征的稳定、预防并控制感染、提供必要的营养支持、维持水电解质平衡，以及针对呼吸、循环、消化、泌尿等系统的维护和支持。

（三）案例分享

患者，女，30 多岁，因"服乐果后意识不清约 1h"入院。入院查体：神志不清，呼之不应，四肢肌肉颤动，呼吸 30 次 /min，闻及大蒜味，全身湿冷，瞳孔约 1mm，对光反射迟钝，双肺闻及湿啰音。心率 60 次 /min，心律齐。腹部未及包块。四肢无水肿，病理征（-）。

【要求】

假如 3 人为急诊值班人员,为患者处置。

【回答】

题干 1:出示室颤心电图(在气管插管过程中)。

1. 立即停止所有非紧急操作,转为心肺复苏准备。

2. 确认室颤后立即进行电除颤,随后开始心肺复苏,确保团队配合默契,一人进行胸外按压,另一人准备气管插管并进行人工通气。

3. 待患者心律恢复后,重新评估病情,继续未完成的紧急处理。

题干 2:出示正常心电监测的图片(除颤心肺复苏后)。

1. 确认患者心律恢复稳定后,继续进行中毒的急救处理。

2. 立即进行洗胃,由于患者意识不清,应先进行气管插管以保护气道,随后插入胃管进行洗胃。

3. 考虑患者中毒严重,可能需要血液灌流治疗,应提前准备股静脉置管。

4. 使用特效解毒药阿托品和氯解磷定,快速达到阿托品化以缓解中毒症状。

5. 实施器官支持治疗,包括建立静脉通路、导尿并留置尿袋等。

6. 密切监测患者生命体征,及时调整治疗方案。

【临床思维】

根据患者有毒物(有机磷)接触史,以及呈现出典型的临床表现(大蒜味、毒蕈碱样症状、烟碱样症状、中枢神经系统表现),可以初步诊断为急性有机磷中毒。若进一步进行血胆碱酯酶活力测定,则可确诊。患者入院后,应立即进行全面的病情评估,包括详细询问病史、进行体格检查、抽血检查胆碱酯酶等。随后,需迅速清除未吸收的毒物,如通过洗胃、胃肠灌洗等措施。若患者意识不清,应先进行气管插管,再行插胃管洗胃。为了强化毒物的清除,该患者可能需要接受血液灌流治疗,因此应预先进行股静脉置管。在治疗过程中,应使用特效解毒药,如阿托品、氯解磷定,并且由于患者出现急性肺水肿表现,需快速达到阿托品化状态。同时,进行器官支持治疗,包括建立静脉通路、导尿并留置尿袋。然而,在气管插管过程中,患者发生室颤,此时应立即进行电除颤并实施心肺复苏(采用双人心肺复苏 + 插管后通气),待患者恢复后再进行插胃管洗胃。

(韦文林、潘国刚)

第六章

护 理

第一节　护理基本技能操作

一、体温测量术

（一）目的

测量体温旨在动态观察体温的异常变化,为疾病的诊断、治疗及护理提供重要依据。

（二）操作流程

1. 操作前准备

（1）评估:准确评估患者是否存在干扰体温测量结果的因素,并确定适当的测量方法。

（2）解释:向患者或家属明确说明测量体温的目的、方法、相关注意事项及配合要点。

（3）患者准备:指导患者采取舒适体位,并在测温前排除环境、饮食、运动等可能影响体温测量结果的因素。

（4）操作者准备:确保着装整洁,洗手,戴口罩。

（5）物品准备:手消毒剂、两个容器(一个用于放置清洁的水银体温计,另一个用于放置测温后的水银体温计)、记录本、手表及笔。

2. 操作步骤

（1）将所需物品备齐并放置于治疗车上,推至患者床边,确认患者身份。

（2）检查体温计的完好性。

（3）将体温计的水银柱甩至35℃或以下。

（4）根据患者的病情、年龄等因素选择合适的体温测量方法。

1）腋下测量:协助患者擦干腋窝深处皮肤,将体温计水银端置于腋窝深处并紧贴皮肤,嘱咐患者屈臂过胸夹紧,5~10min后取出。

2）口腔测量:将口表水银端斜放于患者舌下,嘱咐患者闭口,3min后取出。

3）直肠测量:先用20%肥皂液润滑肛表,嘱咐患者放松,将体温计水银端插入肛门3~4cm,3min后取出,并用纸巾擦拭体温计。

（5）正确读取体温值。

（6）将体温计的水银柱甩至35℃或以下。

（7）测温后的水银体温计置于消毒液容器。

（8）告知患者体温测量结果。

（9）协助患者取舒适体位,整理用物及床单位。

（10）洗手,记录。

（三）操作注意事项

1. 当发现体温与病情不符时,需重新测量体温。

2. 若存在影响测量体温的因素,如激烈运动,应推迟 30min 后再进行测温。

3. 极度消瘦的患者不宜进行腋温测量。

4. 痔疮、腹泻的患者不宜进行肛温测量。

5. 婴幼儿、意识不清或不合作的患者不宜进行口温测量。

6. 如患者不慎咬碎体温计,应立即清除玻璃碎屑,口服蛋清/牛奶以延缓汞吸收,并服用粗纤维丰富食物以促进汞排泄。

(四) 相关知识

1. **测量方法** 可采用口腔(口温)、直肠(肛温)、腋窝(腋温)等处的温度来代表体温。

2. **成人正常体温** 腋温为 36.0~37.0℃;口温为 36.3~37.2℃;肛温为 36.5~37.7℃。

3. **生理变化** 体温可随年龄、性别、昼夜、活动、药物等因素出现生理性变化,但其变化范围一般在 0.5~1.0℃。

4. **异常体温(腋温)** 低热为 37.0~<38.0℃;中热为 38.0~<39.0℃;高热为 39.0~<41.0℃;超高热为 41.0℃及以上。

5. **婴幼儿测量体温部位** 除了肛门、腋窝部位外,颌下、背部肩胛间、腹股沟、臀部、腹部、鼓膜及耳背等均可作为婴幼儿体温测量的部位。

(1) 颌下:将体温计置于颌下颈部皮肤皱褶处,10min 后取出,用于测量颌下颈温。

(2) 背部肩胛间:患儿取去枕仰卧位,将体温计水银端经一侧(左或右)颈下插入脊柱与肩胛骨之间斜方肌部位,插入长度为 4.5~6.5cm,10min 后取出,用于测量背部肩胛间温,可作为暖箱中新生儿常规测温方法。

(3) 腹股沟:被测试者侧卧,小腿弯曲 135°,大腿与腹壁间夹角 ≤90°,将体温表水银端放于腹股沟中点处并紧贴皮肤,10min 后取出,用于测量腹股沟温。

教学视频:体温测量术

(五) 水银体温计测量评分标准(表 6-1)

表 6-1 水银体温计测量评分标准

项目	细则要求	分值	得分
操作前 (20 分)	基本要求:着装整洁,洗手,戴口罩	5	
	评估:正确评估患者有无干扰体温测量结果因素及测量方法	5	
	解释:告知患者或家属测量体温目的、测量方法、相关注意事项及配合要点	5	
	物品准备:手消毒剂、容器 2 个(一个用于放置清洁的水银体温计,另一个用于放置测温后的水银体温计)、记录本、手表、笔。必要时备有纸巾	5	
操作中 (55 分)	备齐用物放于治疗车上推至患者床边,确认患者身份	5	
	协助患者取舒适卧位,告知患者配合方法	5	
	检查体温计是否完好	5	
	将体温计的水银柱甩至 35℃或以下	5	
	根据病情、年龄等因素选择体温测量方法:腋下测量、口腔测量、直肠测量	5	
	正确读取体温值	5	
	将体温计的水银柱甩至 35℃或以下	5	
	将测温后的水银体温计置于消毒液容器	5	
	告知患者体温测量结果	5	
	协助患者取舒适体位,整理用物、床单位	5	
	洗手,记录	5	

续表

项目	细则要求	分值	得分
操作后 (25分)	按消毒技术规范要求分类处理使用后物品	5	
	全程操作熟练、流畅	10	
	礼仪规范,沟通自然,通俗易懂,体现人文关怀	10	
	总分	100	

（覃花桃）

二、静脉输血术

(一) 目的

将血液通过静脉输入体内,保障外伤、失血、感染等疾病引起的血液成分丢失和为血容量降低的患者提供规范的输血治疗服务,挽救患者的生命。

(二) 适应证

1. 各种原因引起一次出血量大于 1 000ml 者。

2. 患有贫血或低蛋白血症、严重感染、凝血功能障碍、一氧化碳及苯酚等化学物质中毒、溶血性输血反应、重症新生儿溶血的患者。

(三) 禁忌证

1. 急性肺水肿、肺栓塞、充血性心力衰竭、恶性高血压、真性红细胞增多症患者应禁忌输血。

2. 肾功能不全患者输血应慎重。

(四) 操作流程

1. 操作前准备

(1)评估:全面评估患者的身体状况及血管状况,详细询问并确认患者的血型,同时了解患者是否有输血史。

(2)解释:向患者及家属清晰说明输血的目的、方法、注意事项及需要配合的关键点。

(3)患者准备:指导患者排空大小便,并采取舒适的卧位。

(4)操作者准备:确保着装整洁,进行手部清洁,并佩戴口罩。

(5)物品准备:备齐病历、医嘱单、交叉配血试验结果单、输血交叉配血单、一次性输血器、同型血液制品(需根据医嘱准备)、100ml/250ml 的 0.9% 氯化钠溶液、治疗盘、聚维酮碘、棉签、胶布、止血带、垫巾、手消毒剂、锐器盒、输液标签、输血记录单、污物桶、手表及笔。

(6)双人核对:两名操作人员共同核对以下内容:①科别、姓名、住院号、床号、性别、年龄、血型(含 Rh 因子)、血量;②献血者的血袋号、血型、血液种类及规格、患者血型的复查结果、采血时间 / 有效期、交叉配血及不规则抗体筛选的结果;③确认血袋的完整性及血液的外观,确保无外渗、溶血、凝血或变质现象,并在输血交叉配血单上双人签名以确认。

2. 操作步骤

(1)输血前查对:将所需物品备齐并放置于治疗车上,推至患者床边,确认患者身份,双人再次共同核对交叉配血单及血袋标签上的所有内容,同时检查血液的质量、有效期及输血装置等,确保一切无误。必要时,根据医嘱执行输血前的用药。

(2)检查输血器质量:仔细检查输血器的名称、生产日期、有效期及其完整性。

(3)检查氯化钠溶液质量:详细检查 0.9% 氯化钠溶液的药名、浓度、剂量和有效期等,同时检查瓶口是否松动,瓶身是否有裂痕,并对光检查药液是否浑浊,有无沉淀或絮状物。

(4)准备输血器及溶液:打开输血器包装,并开启 0.9% 氯化钠溶液的封口,对开口处进行常规消毒,然后取出排气针头插入溶液中并挂于输液架上进行排气。

(5)铺垫巾并选择静脉:在穿刺点上方8~10cm处扎上止血带。

(6)皮肤消毒:以进针点为中心,使用聚维酮碘棉签进行两次消毒,消毒直径需大于8cm,并等待干燥。

(7)再次排气:确保输血器内无气泡。

(8)穿刺:指导患者握拳,操作者左手绷紧皮肤,右手拇指、示指固定针柄,与皮肤呈15°~30°角进针,见回血后再进针少许,然后松开止血带,打开调节器,用胶布妥善固定针头,并取出止血带及垫巾。

(9)输血中查对:在连接输血装置前,再次确认患者的身份、血型及血液种类。

(10)连接血袋:轻轻旋转血袋以摇匀血液,打开储血袋的封口,对开口处进行常规消毒,然后将输血管针头从0.9%氯化钠溶液瓶中拔出并插入血袋的输血接口,缓慢将血袋倒挂在输液架上。

(11)调节滴速:初始滴速应较慢,控制在<20滴/min,观察15min,若患者无不适,则调节至40~60滴/min,或根据病情、年龄及血液性质进行适当调节。

(12)输血后查对:再次确认患者的身份、血型及血液种类。

(13)安置患者:整理床单位,询问患者的感受,协助患者采取舒适的卧位,并根据需要上拉床栏。

(14)指导要点:向患者/家属说明滴速的要求,并告知他们在出现身体不适,如发冷、寒战、皮肤潮红、头痛、恶心、呕吐等症状时,应及时按床头铃通知医护人员。

(15)记录:进行手部清洁后,详细记录输血开始的时间、输血速度、血液种类、血量、血型、血袋号以及有无输血反应,并在记录单上签名确认。

3. 续血时的处理　连续输用不同供血者的血液时,前一袋血输尽后,用0.9%氯化钠溶液冲洗输血器,再接另一袋血继续输注。

4. 输血结束后的处理

(1)使用0.9%氯化钠溶液彻底冲洗输血器,确保输血器内的血液全部输入患者体内,以保障输血量的准确无误。

(2)空血袋需在低温条件下保存24h后,按照医疗废物处理规定进行处置。

5. 操作注意事项

(1)严格执行查对制度,必须由两名医务人员进行三查八对操作(三查:核查血液的有效期、血液质量、输血装置是否完好。八对:核对科室、床号、患者姓名、住院号、血袋号、血型、交叉配血试验结果、血液种类和血量)。

(2)严格遵守无菌技术操作规范。

(3)在输血前,务必了解患者的血型、输血史以及不良反应史。

(4)血液不得加热(特殊情况除外),且不可向其中加入其他药物、高渗性或低渗性溶液。

(5)输血操作时,严禁同时携带多个患者的血液。

(6)血液从血库取出后,应在30min内开始输注。1个单位的全血或成分血应在4h内输完(输注血小板时,应根据患者病情尽可能快速输注),或遵循医嘱执行。

(7)输血前后,均需使用0.9%氯化钠溶液冲洗输血器。若连续输入不同供血者的血液,中间需使用0.9%氯化钠溶液进行冲洗。

(8)在输血过程中,应密切观察患者是否出现输血反应,并做好交接班工作。一旦发现病情变化,应立即报告。

(9)输血结束后,再次使用0.9%氯化钠溶液冲洗输血器,确保输血器内的血液全部输入患者体内,以保障输血量的准确无误。

(10)空血袋需在低温条件下保存24h后,按照医疗废物处理规定进行处置。

6. 并发症　主要可能发生的并发症包括:非溶血性发热反应、过敏反应、溶血反应、循环负荷过重、空气栓塞、出血倾向、枸橼酸钠中毒反应。预防及处理措施:一旦发生输血反应,应立即减慢或停止输血,更换输血管,并使用0.9%氯化钠溶液维持静脉通畅。同时,立即通知医生,做好抢救准备,并保留余血和输血器送至输血科进行检查。在此过程中,应严密观察患者的生命体征变化,并做好详细记录。

(五) 案例分享

患者,男,42岁,因"白血病,多次化学治疗后肺部感染"入院,查血常规示:血红蛋白45g/L。遵医嘱给予输注同型红细胞1U(确保患者生命体征稳定,且患者及家属已签署输血同意书)。然而,输血开始后15min,患者出现心前区压迫感、四肢麻木、腰背部剧烈疼痛以及胸闷等症状。

【问题】

请详细阐述处理措施。

【回答】

患者出现溶血反应。应立即采取以下处理措施:停止输血,保持静脉通路畅通,抽取患者静脉血送检,静脉滴注碳酸氢钠以缓解症状,对腰部进行封闭治疗,热敷肾区以缓解疼痛,采用肾超短波和透热疗法进行治疗,重新进行血型鉴定及交叉配血试验以确认输血反应原因,并严密观察患者的生命体征、尿量及尿色变化。

【临床思维】

在处理此类输血反应时,应特别注意输血的"三查八对"原则及核对环节,以确保输血安全。同时,要准确判断输血反应的类型,并采取及时、有效的处理措施。

(六) 静脉输血操作评分标准(表6-2)

表6-2　静脉输血操作评分标准

项目	细则要求	分值	得分
操作前 (15分)	仪表端庄、着装整洁(1分),洗手(0.5分),戴口罩(0.5分)	2	
	双人核对:病历、医嘱单、交叉配血试验结果单、输血交叉配血单及血袋标签上的各项内容(2分)。检查血液质量、有效期及输血装置(2分)。并在输血交叉配血单核对栏上双人签名(1分)	5	
	评估患者身体状况及血管情况(1分),询问及确认患者血型,了解有无输血史(1分)	2	
	告知患者或家属输血目的、方法、注意事项及配合要点(1分),询问大小便情况(1分)	2	
	物品准备:病历、医嘱单、交叉配血试验结果单、输血交叉配血单、一次性输血器、同型血液制品、100ml/250ml0.9%氯化钠溶液、治疗盘、聚维酮碘、棉签、胶布、止血带、垫巾、手消毒剂、锐器盒、输液标签、输血记录单、污物桶、手表、笔(4分)	4	
操作中 (70分)	输血前查对:备齐用物放于治疗车上推至患者床边,采用两种方式确认患者身份(2分),双人共同再次核对交叉配血单及血袋标签上的各项内容(4分),检查血液质量、有效期及输血装置等确保无误。必要时遵医嘱执行输血前用药(4分)	10	
	检查输血器的质量:包括名称、生产日期、有效期、完整性(2分)	2	
	检查0.9%氯化钠溶液的质量:包括药名、浓度、剂量和有效期等,瓶口有无松动,瓶身有无裂痕,对光检查药液是否浑浊、沉淀或有絮状物(2分)	2	
	打开输血器包装,打开0.9%氯化钠溶液封口,常规消毒开口处,取出排气针头插入0.9%氯化钠溶液挂于输液架上,排气(2分)	2	
	协助患者取舒适卧位(1分),告知配合方法(1分)	2	
	铺垫巾,选择静脉,在穿刺点上方8~10cm处扎止血带(2分)	2	
	皮肤消毒:以进针点为中心,用聚维酮碘棉签消毒2次(1分),消毒直径大于8cm,待干(1分)	2	
	再次排气确认无气泡(1分)	1	

续表

项目	细则要求	分值	得分
操作中 (70分)	穿刺方法:嘱患者握拳(1分),左手绷紧皮肤,右手拇指、示指固定针柄,与皮肤呈15°~30°角进针,见回血后再进针少许(4分)。松开止血带,打开调节器,用胶布妥善固定,取出止血带及垫巾(5分)	10	
	输血中查对:连接输血装置前再次确认患者身份(2分)、血型及血液种类(3分)	5	
	连接血袋:轻轻旋转血袋,将血液摇匀(1分),打开储血袋封口,常规消毒开口处(1分),将输血器针头从0.9%氯化钠溶液瓶中拔出并将其插入血袋的输血接口,缓慢将血袋倒挂在输液架上(3分)	5	
	调节滴速:开始宜慢,滴速<20滴/min,观察15min,患者无不适后调节至40~60滴/min或根据病情、年龄及血液性质调节(5分)	5	
	输血后查对:再次确认患者身份(2分)、血型及血液种类(3分)。	5	
	安置患者:整理床单位(1分),询问患者感受(1分),协助患者取舒适卧位(1分),酌情上拉床栏(1分),态度和蔼、沟通有效(1分)	5	
	指导要点:告知患者/家属滴速要求(3分),当出现身体不适时,如发冷或寒战、皮肤潮红、头痛、恶心、呕吐等症状,及时按床头铃通知医护人员(2分)	5	
操作后 (15分)	操作熟练、流畅,全程遵守无菌技术原则(4分)	4	
	礼仪规范,沟通自然,通俗易懂,体现人文关怀(3分)	3	
	洗手(1分),记录(5分),签名(2分)	8	
	用物处置:按消毒技术规范要求分类处理使用后物品(7分)	7	
总分		100	

（覃花桃）

三、动脉穿刺术

(一)目的

1. 采集动脉血,通过动脉血气分析,判断急、慢性呼吸衰竭的程度。

2. 为诊断和治疗提供依据。

(二)适应证

1. 由各种手术、疾病、创伤导致的呼吸功能障碍者。

2. 患者呼吸衰竭使用机械辅助呼吸治疗时。

3. 抢救心肺复苏后,对患者的持续监测。

(三)禁忌证

无绝对禁忌证,但对有严重出血倾向的危重患者应慎用。

(四)操作流程

1. 操作前准备

(1)患者的准备

1)测量患者体温,评估病情、意识状态及体力状况。

2)评估穿刺部位皮肤状况及动脉搏动情况。

3)向患者及家属解释动脉血气分析的目的、操作流程及配合要点,并告知可能存在的风险。

4)告知患者配合事项,如避免剧烈咳嗽,保持体位,出现头晕、心悸、气促等不适时及时报告。

(2)操作者的准备

1)着装规范,保持手卫生,观察穿刺过程中患者情况。

2）根据穿刺部位选择合适的患者体位,以确保患者舒适和采血方便。

3）了解患者病情、穿刺目的及有无出血等情况。

（3）物品的准备：手消毒剂、治疗盘、无菌巾、垫枕、一次性动脉采血针或2.5ml、5ml注射器、聚维酮碘、棉签、无菌手套、弯盘、砂轮、橡皮塞、肝素、化验单、条形码、黑色水性笔、医疗垃圾桶、生活垃圾桶、锐器盒、治疗车。

2. 操作步骤

（1）核对医嘱、化验单及条形码。

（2）与患者及家属沟通,解释动脉血气分析的目的、方法及配合要点。

（3）根据患者情况选取合适的体位,暴露穿刺部位,如选择桡动脉,需前臂外展,掌心向上,手掌稍背伸,手腕下垫小枕。

（4）铺无菌治疗盘,如使用注射器采血,先抽取0.2ml肝素,转动针栓使注射器内均匀附着肝素,针尖朝上排出多余液体和气泡后置于无菌治疗盘内。也可使用一次性动脉血气针直接抽取。

（5）选取桡动脉穿刺部位,在掌横纹上1~2cm(桡骨茎突近端约1cm处),触摸到动脉搏动最明显处进行穿刺。

（6）消毒穿刺部位及周围8~10cm的皮肤,共消毒2遍。

（7）消毒操作者左手示指和中指末端指节(戴无菌手套)。

（8）进针前再次核对患者信息。

（9）左手示指和中指固定动脉,右手持注射器或动脉血气针与皮肤呈40°~60°角穿刺;如抽取股动脉血则垂直进针。

（10）穿刺成功后判断是否为动脉血(血自动流入针管内且颜色鲜红),采血1~2ml。

（11）采血后立即拔针并用干棉签压迫穿刺点5~10min,嘱患者或家属协助按压。

（12）若注射器内有气泡应尽快排出,并将针头斜面刺入橡皮塞内轻轻转动注射器或用手搓动1min,使肝素与血液充分混合以防止凝血。

（13）再次核对信息后记录采血时间、患者当时体温及吸氧浓度,将标本贴上条形码后立即送检。

（14）协助患者取舒适体位,向患者及家属进行宣教并交代注意事项:保持穿刺点干燥以避免局部感染;禁止在穿刺部位进行热敷处理。

（15）洗手并记录操作过程。

（16）整理物品并进行垃圾分类处理。

（五）操作注意事项

1. 严格遵守无菌操作原则,以避免感染风险。

2. 若患者饮热水、洗澡或进行运动后,需休息30min后再取血样以避免影响结果准确性。

3. 抽取动脉血时要确保注射器内无空气混入。

4. 抽取标本后必须注明采血时间、患者当时体温及吸氧浓度等信息。

5. 穿刺部位需按压至完全止血为止。

6. 抽取标本后应立即送检以避免影响检测结果准确性。

（六）并发症

1. 感染

（1）严格遵守无菌原则,遵循操作规程。

（2）认真选择穿刺血管,避免在皮肤有破损、感染处穿刺。

（3）对已发生感染的患者,给予对症处理,遵医嘱使用抗生素抗感染。

2. 皮下血肿

（1）加强穿刺技术培训,确保熟练掌握穿刺技能,避免在同一部位反复穿刺。

（2）注意动脉血抽取后穿刺部位的按压时间和力度。

（3）如血肿较轻微,应观察肿胀范围是否扩展。若肿胀局限且不影响血流,则无需特殊处理。若肿胀加剧或血流量小于 100ml/min,应立即按压穿刺点,并用硫酸镁湿敷。压迫止血无效时,给予加压包扎。

(4)血肿发生后,应采取增加局部血液循环的处置措施:24h 内给予冷敷,24h 后给予热敷,并可配合使用 50% 的硫酸镁湿敷,以促进血肿消退。

3. 假性动脉瘤形成

(1)避免在同一部位反复穿刺。

(2)穿刺后如动脉有少量出血,应采用无菌敷料按压出血部位,并用胶布加压、固定,同时随时观察血流量及有无出血。

(3)做好患者宣教工作,动脉穿刺 24h 后可采用温度为 50~60℃的湿毛巾热敷,时间为 20~30min,每天一次。热敷过程中应注意避免烫伤,以预防假性动脉瘤的形成。

(4)如假性动脉瘤较大且影响功能,可考虑采取手术修补。

4. 血栓形成

(1)减少同一穿刺部位的穿刺次数。

(2)拔针后压迫穿刺点的力度要适中。

(3)若血栓形成后,可静脉插管行尿激酶溶栓治疗。

5. 穿刺口大出血

(1)按压穿刺点 5~10min,并嘱患者勿过早下床活动。

(2)若出现大出血,应立即让患者平卧,并用无菌敷料按压穿刺点,直至出血停止。

(3)若患者出血量大,应给予输血制品以补充血容量。

(七)案例分享

患者,男性,62 岁,间断性咳嗽、咳痰 8 年,近 1 周加重伴呼吸困难。患者 8 年前开始出现间断性咳嗽,咳白痰,偶有发热,服用抗生素及中药后可缓解。每年多发于秋冬春季节,一般持续数周至数月。近 2 年来出现活动时气短,休息后可缓解。1 周前着凉后出现咳嗽、咳痰,自服红霉素无效,近 2d 来气促明显加重,夜间难以平卧入睡,吸烟史 20 余年。查体显示:体温 37.1℃,脉率 100 次/min,呼吸 27 次/min,血压 125/90mmHg。入院后已给予患者吸氧治疗。

【问题】

为了解患者的血气分析情况,请完成相应操作。

【回答】

执行动脉穿刺术,抽取血液样本送检以进行血气分析。

教学视频:动脉穿刺术

(八)动脉穿刺术耗材及物品清单(表 6-3)

表 6-3　动脉穿刺术耗材及物品清单

序号	物品名称	数量
1	手消毒剂	1 瓶
2	治疗盘	1 个
3	无菌巾	1 张
4	垫枕	1 个
5	一次性动脉采血针或 2.5ml 或 5ml 注射器	1 个
6	聚维酮碘	1 瓶
7	棉签	1 包
8	无菌手套	1 副
9	弯盘	1 个

序号	物品名称	数量
10	砂轮	1枚
11	橡胶塞	1个
12	肝素	1支
13	化验单	1张
14	条形码	1张
15	黑色水性笔	1个
16	医疗垃圾桶	1个
17	生活垃圾桶	1个
18	锐器盒	1个
19	治疗车	1辆

(九) 动脉穿刺血标本采集技术评分标准 (表6-4)

表6-4 动脉穿刺血标本采集技术评分标准

项目	细则要求	分值	得分
操作前 (11分)	操作者准备: 1. 着装规范,工作服整洁;佩戴口罩、帽子;清洁双手 2. 核对医嘱、检验项目 3. 询问、了解患者身体状况 4. 了解患者吸氧状况或呼吸机参数的设置 5. 评估患者局部皮肤及动脉搏动情况 6. 解释操作目的,取得患者配合	5	
	患者准备:取舒适体位	2	
	用物准备: 1. 手消毒液、内铺清洁治疗巾的治疗盘、棉签、一次性动脉采血针(血气针) 2. 皮肤消毒剂、弯盘、垫枕、无菌手套、无菌纱布、化验单、条形码 3. 笔、生活垃圾桶、医疗垃圾桶、利器盒、治疗车 4. 如使用注射器采血,备橡胶塞、砂轮、2.5ml 或 5ml 注射器、肝素	4	
操作中 (68分)	携用物至床旁,核对患者床号、姓名	9	
	告知患者配合方法,协助患者取舒适体位	6	
	取血气专用针(5ml 用注射器吸取少量肝素湿润后排尽)	4	
	选择穿刺动脉(常用部位为桡动脉、肱动脉、股动脉、足背动脉等),垫垫巾	4	
	消毒皮肤	3	
	检查并拆开血气针外包装,取出橡胶塞置于弯盘内,检查并打开方纱置于治疗盘内	6	
	进针前核对患者床号、姓名,确认无误	6	
	1. 左手戴无菌手套或消毒左手的示指、中指 2. 用消毒手指触动脉搏动处 3. 确定动脉走向后,以两指固定动脉,右手持注射器在两指间垂直或与动脉呈40°~45° 角迅速进针 4. 动脉血自动顶入血气针内,一般需要 1ml 左右 5. 指导患者平静呼吸	10	

续表

项目	细则要求	分值	得分
操作中 (68分)	拔针,无菌棉签或方纱垂直按压穿刺点;嘱患者加压止血 5~10min,保持穿刺点清洁干燥	6	
	迅速将针头斜面刺入橡胶塞或专用凝胶针帽隔绝空气,将血气针轻轻转动,使肝素与血液混匀	6	
	采血后核对患者及血标本,确认无误,贴条形码,记录采血的时间、患者当时的体温及吸氧的浓度	8	
操作后 (21分)	1. 询问患者对操作的感受 2. 了解患者的满意度 3. 告知注意事项:指导患者抽取血气时尽量放松,平静呼吸,避免影响血气分析结果 4. 采血后,指导患者正确按压穿刺点,并保持穿刺点清洁、干燥	8	
	协助患者取舒适体位,整理床单位	2	
	洗手,签名,记录	3	
	将使用过的物品按医疗垃圾管理条例分类进行处理	2	
	操作熟练,动作流畅	2	
	整个过程关注患者反应,动作轻柔,体现人文关怀	2	
	程序正确	2	
合计		100	

(王 婉)

四、水银血压计测量

(一)目的

1. 测量、记录患者的血压,判断有无异常情况。

2. 作为高血压诊断依据的情况。

3. 监测血压变化,间接了解循环系统的功能状况。

(二)适应证

适合于所有对象。

(三)禁忌证

无禁忌证。

(四)操作流程

1. 操作前准备

(1)患者准备

1)在测量血压前约 30min,避免剧烈运动,不吸烟,不饮用含咖啡因的饮料(如茶、咖啡、可乐等)及其他可能兴奋的药物或食物。

2)患者应采取坐位或平卧位。

3)在舒适环境中静坐休息至少 5min,放松心情,避免焦虑与激动,并确保未憋尿。

4)保持环境温度适宜,室温最好维持在约 20℃,低温环境可能导致血压测量值升高。

5)测量时,衣袖应宽松,不得勒紧手臂,厚重衣物应尽量脱下。

(2)操作者准备

1)询问、了解患者的身体情况。

2)告诉患者及家属测量血压的目的,以取得患者的配合。

(3)物品准备:手消毒剂、血压计、听诊器、记录单、黑色水性笔。

2. 操作步骤

(1)核对医嘱。

(2)核对患者信息,再次询问并了解其身体状况,向患者及家属解释操作目的,确保获得配合。

(3)患者采取仰卧或坐位,被测上肢裸露,伸直并轻度外展,手掌向上放平,确保肘部与心脏处于同一水平(坐位时平第四肋间,卧位时平腋中线)。

(4)将血压计放平,驱尽袖带内空气。

(5)将血压计袖带紧贴在上臂,确保袖带下缘位于肘窝上约2cm处。

(6)佩戴听诊器,将听诊器的听诊部件置于肘窝动脉搏动处。

(7)向袖带内充气,待听诊肱动脉搏动消失后,再将汞柱升高20~30mmHg。随后缓慢放气(每秒2~6mmHg)。

(8)在放气过程中仔细监听声音变化并观察水银柱读数。当听到第一声有规律的搏动声音时,记录血压计的读数,即为收缩压;继续缓慢放气,记录搏动声音消失时的读数,即为舒张压。

(9)如需重复测量,应确保血压计读数归零,相隔2min后重新充气测量,取两次读数的平均值作为血压值。

(10)测量完毕后,解开袖带,排尽袖带余气,关闭血压计。

(11)整理患者衣物,告知患者测量的血压值。

(12)洗手并记录测量结果。

(五) 操作注意事项

1. 血压计需定期检查以确保准确性,并应放置于平稳位置,切勿倒置或遭受震荡。

2. 打气时不可过高、过猛,使用后应驱尽袖带内的空气并卷好。橡胶球应放置于盒内的固定位置,以防玻璃压断。对于水银柱下有开关的血压计,使用后应将开关关闭。若水银柱内出现气泡,应进行调节检修,不可带气泡进行测量。

3. 如发现血压计听音不清或出现异常时,应重新测量。在使汞柱降至"0"点后再进行测量,必要时可测双上臂以进行对比。

4. 对于需要密切观察血压的患者,应尽量做到"四定":定时间、定部位、定体位、定血压计。

5. 对于偏瘫患者,应在健侧手臂上进行测量。

6. 若衣袖过紧或穿衣过多时,应脱掉衣服,以免影响测量结果。

7. 测量时,应保持测量者的视线与血压计水银柱刻度平行。

8. 为防止血压计本身造成的误差,应注意:水银不足时,测得血压会偏低;水银柱上端通气的小孔被阻塞时,空气进出困难,可能造成收缩压偏低、舒张压偏高的现象。

9. 为避免血液流动作用的影响,在测量血压时,血压计的"0"点应与肱动脉、心脏处于同一水平。坐位时,肱动脉应与第4肋软骨平齐;卧位时,应与腋中线平行。若肢体位置过高,测得的血压可能偏低;位置过低,则测得的血压可能偏高。

10. 使用后,应使水银柱回到零位,将血压计抬起并向右倾斜30°~35°,使水银完全进入水银壶内,然后关闭血压计开关。

教学视频:血压测量

(六) 水银血压计测量耗材及物品准备(表6-5)

表6-5　水银血压计测量耗材及物品清单

序号	物品名称	数量
1	手消毒剂	1瓶
2	水银血压计	1个
3	听诊器	1个
4	记录单	1张
5	黑色水性笔	1支

（七）水银血压计测量操作评分标准（表6-6）

表6-6 水银血压计测量操作评分标准

项目	细则要求	分值	得分
操作前 （11分）	操作者准备： 1. 着装规范,工作服整洁；佩戴口罩、帽子；清洁双手 2. 核对医嘱、治疗单 3. 询问、了解患者身体状况 4. 解释操作目的,取得患者配合	4	
	患者准备：取舒适体位	2	
	用物准备：免洗手消毒液、记录单、笔、血压计、听诊器	5	
操作中 （68分）	携用物至床旁,核对患者床号、姓名	9	
	告知患者配合方法,协助患者取舒适体位	6	
	检查血压计	4	
	保持血压计零点、肱动脉与心脏同一水平	4	
	放平血压计,驱尽袖带内空气,平整地缠于患者上臂中部,松紧以能放入一指为宜,下缘距肘窝2~3cm 放开水银槽开关	10	
	将听诊器置于肱动脉搏动并固定,向袖带内充气,至搏动消失,再加压使压力升高 10~20mmHg,放气,使汞柱以每秒 4mmHg 的速度缓慢下降	14	
	当听诊器上听到第一声搏动,汞柱所指刻度为收缩压；继续放气,到搏动声变弱或消失为舒张压	6	
	按照要求测量血压,正确判断收缩压与舒张压	9	
	测量完毕,解开袖带,排尽袖带余气,关闭血压计	6	
操作后 （21分）	询问患者对操作的感受；了解患者的满意度	8	
	协助患者取舒适体位,整理床单位	2	
	洗手,签名,记录	3	
	将使用过的物品按医疗垃圾管理条例分类进行处理	2	
	操作熟练,动作流畅	2	
	整个过程关注患者反应,动作轻柔,体现人文关怀	2	
	程序正确	2	
总分		100	

（王 婉）

五、胃管置入术

（一）目的

1. 胃内灌食及给药。

2. 胃内容物的抽吸或清洗。

（二）适应证

1. 多种原因造成的无法经口进食而需鼻饲者。

2. 需要清除胃内毒物,进行胃液检查。

3. 实施胃肠减压。

4. 上消化道出血患者,用于观察出血情况并进行治疗。

(三) 禁忌证

1. 存在严重颌面部损伤。

2. 近期食管腐蚀性损伤,食管梗阻及憩室。

3. 精神异常,极度不合作的患者。

(四) 操作流程

1. 操作前准备

(1)患者准备

1)进行体格检查,询问病史,确认有无操作禁忌证。

2)向患者解释置入胃管的目的及可能存在的风险。

3)告知患者需配合的事项,包括在操作过程中如出现恶心可做深呼吸或吞咽动作,如有呛咳、呼吸困难等不适及时报告。

4)确保患者及家属已签署知情同意书。

(2)物品准备

1)治疗车:配备鼻饲包(含弯盘1个,30ml或50ml注射器1个,鼻胃管1条,治疗巾1块,镊子1把,压舌板1块,纱布2块,止血钳1把)、润滑油1瓶、棉签1包,胶布1卷、听诊器1个、无菌手套1副、清水1杯、电筒。

2)洗胃时准备:洗胃管(一般选12~16号胃管)、量杯、盛水桶、电动吸引器,以及胃肠减压及消化道出血时所需的负压引流袋。

(3)操作者准备

1)穿好工作服,洗手,并戴好帽子、口罩。

2)评估患者病情,解释置管目的,观察鼻腔通气是否顺畅。

3)掌握胃管置入操作的相关知识,以及并发症的诊断与处理。

2. 操作步骤

(1)体位:患者通常取坐位或半卧位,颌下铺治疗巾,颈部稍弯曲。此体位既便于患者吞咽,也便于操作者操作。昏迷或中毒患者可取左侧卧位或仰卧位,注意避免误吸。

(2)插管部位选择

1)检查左右侧鼻腔的通畅状况,如存在鼻部疾患,应选择健侧鼻孔插管,并用棉签清洁鼻腔。

2)经口插管洗胃时,如有活动假牙应取下。盛水桶放于患者头部床下,弯盘放于患者的口角处。

(3)估计留置胃管长度:胃管插入胃内的长度相当于从鼻尖至耳垂再到剑突的距离,或前额发际到剑突的距离,成人一般为45~55cm。测量后注意标记胃管上的相应刻度。

(4)插管

1)封闭胃管远端,将胃管前端以液状石蜡润滑。左手持纱布托住胃管,右手持止血钳或镊子夹持胃管前端,经一侧鼻孔缓缓插入。当胃管达咽喉部时(约14~16cm),告知患者作吞咽运动,伴随吞咽活动逐步插入胃管。

2)经口胃管插入法与经鼻类似,自患者口腔缓缓插入。

3)对于昏迷患者,因吞咽和咳嗽反射消失,不能合作。为提高插管的成功率,在插管前应将患者头后仰。当插入达咽喉部时(约14~16cm),以左手将患者头部托起向前屈,使下颌靠近胸骨柄,增大咽喉部通道的弧度,使胃管可顺利进入食管。

4)继续使胃管前进至胃内,达到事先估计的长度。

(5)判断胃管是否位于胃内

1)将胃管插入一定长度后,可用无菌注射器接于导管末端回抽。若能抽出胃液,表明胃管已置入胃内。

2)将导管末端放入盛有0.9%氯化钠溶液的碗中,观察有无气泡逸出。如无气泡逸出,表示胃管未误入气管内。

3)用无菌注射器注入 10~20ml 空气于胃管内,将听诊器置于患者上腹部。听到气过水声时,表明胃管已置入胃内。

(6)固定:置管完毕后,用胶布固定于鼻翼两侧。不需留置胃管时应在操作结束后及时拔出,以减轻患者的不适。需长期鼻饲时,可将胃管末端反折,用纱布包好夹紧,固定于患者枕旁。

3. 操作后处理 协助患者取舒适体位,整理床单位。注意保持胃管通畅,洗手并记录液体引流液的容量、颜色及性质。

(五)操作注意事项

1. 长期鼻饲者,应每天进行口腔护理,并定期更换胃管。

2. 洗胃时应反复灌洗,直至洗出液澄清无味为止。在洗胃过程中,如患者出现腹痛、流出血性灌洗液或出现休克症状时,应停止灌洗,及时进行止血及抗休克处理。

3. 胶布松动应及时更换,防止胃管脱落。

4. 拔管时,患者停止鼻饲或长期鼻饲需要更换胃管时,应拔出胃管。操作时将弯盘置于患者颌下,轻轻揭去固定的胶布。用纱布包裹近鼻孔处的胃管,反折胃管末端,边拔边将胃管盘绕在纱布中。全部拔出后,将胃管放入弯盘内,并清洁患者口鼻面部。

(六)常见并发症

1. 败血症

(1)发生原因

1)患者存在某些基础疾病,例如糖尿病酮症酸中毒并发急性胃炎等,导致抵抗力减弱。留置胃管可能刺激胃黏膜,进而加剧胃黏膜的充血、水肿、出血等炎症反应。

2)某些药物,例如西咪替丁、雷尼替丁等,能改变胃液 pH,导致细菌在上消化道内繁殖,进而引发败血症,可能造成多器官功能不全。

3)长期留置胃管,可能使细菌通过胃管进入胃内,在患者抵抗力降低的情况下诱发感染。

(2)临床表现:患者突发寒颤、高热,四肢颤抖,且症状反复呈现规律性发作。化验结果显示白细胞计数进行性增高,血及胃液培养中可见致病菌,如肺炎克雷伯菌生长。

(3)预防措施

1)留置胃管前,所有仪器及管道必须进行彻底消毒。

2)对于急性胃肠炎患者,留置胃管时需谨慎操作,确保胃管前端不要过于靠近胃黏膜,以免损伤充血水肿的胃黏膜而引发感染。

3)注意观察患者用药后是否引起细菌异常繁殖的情况。

4)密切监测胃液的颜色和量,以便及时发现问题。

(4)处理:一旦发生败血症,应立即给予相应的药物治疗。

2. 声音嘶哑

(1)发生原因

1)胃管质地较硬,在下插过程中可能损伤喉返神经。

2)置管过程中,患者咳嗽或说话可能导致胃管移动,进而引起局部摩擦或胃管的机械刺激,导致喉头水肿,压迫喉返神经,造成声带麻痹。

(2)临床表现:置管后或留胃管期间,患者出现咽喉疼痛,声音嘶哑的症状。

(3)预防措施:应根据患者的年龄、性别、个体差异选择粗细适宜的胃管,并优先采用硅胶管以减轻对局部的刺激。

(4)处理:应嘱咐患者尽量减少说话,加强口腔护理,口服 B 族维生素及进行激素治疗。若病情允许,应尽早拔出胃管。

3. 呃逆

(1)发生原因:在留置胃管的过程中,膈神经受到胃管的刺激而产生的反应。

（2）临床表现：患者喉间连续发出"呃呃"声，声音短促且频繁发作，无法自控。轻度患者可能仅持续数分钟或数小时，而重度患者则可能昼夜不停发作，严重影响其呼吸、休息和睡眠。

（3）预防措施：留置胃管的患者每天需进行口腔护理，注意避免使用冷水刺激，以免加重呃逆症状。建议使用温开水，并确保棉球不要过湿。

（4）处理：采用分散患者注意力的方法，同时用拇指重按攒竹穴，以及左右耳垂凹陷处的翳风穴。此外，可让患者舌下含服硝苯地平，并进行肌内注射甲氧氯普胺、氯丙嗪以缓解症状。

4. 咽、食管黏膜损伤和出血

（1）发生原因

1）反复插管操作或因患者烦躁不安而自行拔出胃管，导致鼻、咽及食管黏膜受损。

2）长期留置胃管对黏膜产生持续刺激，进而引发口、鼻黏膜糜烂及食管炎。

3）禁食状态导致唾液分泌减少，使得黏膜更易受到损伤。

（2）临床表现：患者可能出现咽部不适、疼痛、吞咽障碍等症状，且难以忍受。鼻腔可能流出血性液体，部分患者还可能出现感染症状，如发热。

（3）预防措施

1）对于需要长期留置胃管的患者，应选用质地柔软、管径较小的聚氯酯或硅胶管，以减少插管对黏膜的损伤。

2）向患者充分解释说明置管的重要性和必要性，以取得患者的充分合作。在置管过程中，动作应轻稳、快捷。

3）对于长期留置胃管的患者，应每天使用石蜡油滴鼻，以防止鼻黏膜干燥糜烂。同时，使用 pH 试纸测定口腔 pH，并根据测定结果选用适当的药物进行口腔护理，每天进行两次，以保持口腔湿润、清洁。此外，应每周更换一次胃管，晚上拔出后，翌晨再由另一鼻孔插入。

（4）处理：对于咽部黏膜损伤的患者，可采用雾化吸入地塞米松、庆大霉素进行治疗。对于食管黏膜损伤出血的患者，应给予制酸、保护黏膜的药物进行治疗。

（七）案例分享

患者，男性，45 岁，因"持续 3d 腹痛、腹胀及呕吐宿食"症状入院。入院时查体结果如下：体温 36.5℃，脉率 100 次 /min，呼吸 20 次 /min，血压 125/86mmHg。患者意识清醒，剑突下区域有轻度压痛，无反跳痛，其余部位未触及压痛。肝脾肋下未触及，听诊显示肠鸣音减弱，左上腹可闻及振水音。

【问题】

根据患者病情需要，请完成相应操作。

【回答】

应执行胃管置入术，并进行胃肠减压。

【临床思维】

根据患者所展现的症状与体征，我们需要思考接下来应采取的护理操作，并在操作过程中注意可能遇到的问题及相应的处理措施。

教学视频：胃管置入术

（八）胃管置入术耗材及物品准备（表 6-7）

表 6-7 胃管置入术耗材及物品准备清单

序号	物品名称	数量
1	胃管模型	1 个
2	一次性胃管包（里含胃管、镊子、2 块纱布、30ml 注射器、弯盘 2 个）	1 个
3	手消毒剂	1 瓶
4	棉签	1 包
5	胶布	1 卷

续表

序号	物品名称	数量
6	无菌手套	2 副
7	盛水小烧杯	1 个
8	外用水	1 瓶
9	污物容器(医疗垃圾桶、生活垃圾桶)	2 个
10	电筒	1 个
11	志愿者	1 人
12	医嘱单及执行单	各 1 张
13	笔	1 支
14	手表	1 支
15	石蜡油	1 瓶
16	治疗车	1 辆

(九) 胃管置入术评分标准(表 6-8)

表 6-8 胃管置入术评分标准

项目	细则要求	分值	得分
操作前准备 (15 分)	1. 仪表端庄(1 分) 2. 戴口罩、帽子,穿白大褂(1 分) 3. 核对医嘱或治疗单(卡)(1 分)	3	
	1. 手持电筒至床旁核对床号、姓名(2 分),评估患者鼻腔情况,是否可行插胃管术(1 分) 2. 向患者或家属解释插胃管的目的(1 分) 3. 确保患者及其家属签署知情同意书(1 分)	5	
	用手消毒剂消毒双手或口述"已洗手"(2 分)	2	
	物品准备: 1. 选择合适的胃管包:胃管包在有效期内(1 分),气密性好(1 分) 2. 手消毒剂 1 瓶,电筒、棉签 1 包,胶布 1 卷,无菌手套 1 副、盛水小烧杯 1 个、温开水、布洛芬溶解液(2 分) 3. 污物容器 1 个(1 分)	5	
操作流程 (70 分)	携用物至床旁,再次核对床号、姓名(2 分)	2	
	告知配合方法(2 分),摆体位:左侧卧位或仰卧位(3 分)	5	
	清洁鼻腔(3 分)	3	
	正确打开无菌胃管包(2 分),戴无菌手套(2 分)	4	
	检查物品准备是否齐全(1 分),在患者颌下铺治疗巾(1 分)	2	
	检查胃管是否通畅(2 分),测量留置胃管长度(前额发迹至剑突或鼻尖至耳垂再到剑突的距离)(4 分),并口述插入长度:55~60cm(2 分),并标记(2 分)	10	
	封闭胃管远端(2 分),用石蜡油润滑胃管前端(2 分),左手持纱布托住胃管,右手持镊子夹持胃管前端,经左侧鼻孔缓缓插入(5 分),当胃管达喉部时(14~16cm),以左手将患者头部托起向前屈,使下颌靠近胸骨柄,以增大咽喉部通道的弧度,使胃管可顺利进入食管(5 分)	14	

续表

项目	细则要求	分值	得分
操作流程 (70分)	插到既定长度后固定胃管(2分),用注射器接胃管远端,抽吸有无胃液,确认胃管是否在胃内(3分)	5	
	固定胃管:鼻翼及面颊两个部位	2	
	先往胃管内注入少量温开水(2分),再缓慢注入布洛芬溶解液药(2分);注入完药物后,再注入适量温开水冲洗胃管(2分),用纺纱包住胃管末端(2分)	8	
	撤去弯盘和治疗巾	2	
	整理用后物品,用后物品按《医疗物品管理条例》分类处理	4	
	用手消毒剂消毒双手或口述"已洗手"	2	
	协助患者取舒适体位(1分),交代患者或家属注意事项(2分),整理床单位(1分)	4	
	用手消毒剂消毒双手或口述"已洗手"	2	
	记录	1	
操作后 (15分)	取舒适卧位,整理床单位,整理用物	5	
	操作熟练、流畅,全程遵守无菌技术原则,无菌屏障得到最大化	5	
	体现人文关怀,操作流畅,动作轻柔,呵护患者	5	
总分		100	

(覃莹莹)

六、静脉采血术

(一) 目的

采集全血标本、血清(血浆)标本。

(二) 适应证

1. 采集全血标本,用于测定血液中某些物质的含量,例如肌酐、肌酸、尿素氮、血糖、红细胞沉降率等。

2. 采集血清标本,用于测定血清酶、电解质、肝功能、脂类等指标。

3. 采集血培养标本,用于培养血液中的致病菌。

(三) 禁忌证

有严重出血倾向者慎用。

(四) 操作流程

1. 操作前准备

(1)物品准备:准备手消毒剂、铺有清洁治疗巾的治疗盘、棉签、一次性注射器(根据需求选择合适的规格)、皮肤消毒剂、手套、止血带、垫巾、锐器盒、污物容器、无菌手套、标本容器(根据检查项目选择干燥试管、抗凝试管、血培养瓶或真空采血管),并确保所有容器上都贴有检验标签。

(2)操作者准备

1)着装整洁,洗手,戴口罩。

2)充分了解患者的病情及采血的目的。

3)评估患者的意识状态、心理状态及生命体征,以判断患者的合作与理解程度。

(3)患者准备

1)核对患者的床号、姓名、性别,并查看手腕带等身份标识。

2)向患者及其家属详细解释采血的目的、操作过程及需要注意的事项,以确保得到他们的配合。

（4）环境准备：确保环境安静、舒适且清洁，并适当调节室温。

2. 操作步骤

（1）备齐所需物品，洗手后携带至患者床旁。核对床号、姓名无误后，向患者解释操作目的以取得其合作。协助患者取舒适体位，露出待采血的手臂，选择合适的静脉。在静脉穿刺部位上方约 6cm 处扎紧止血带，并嘱患者握紧拳头，使静脉充盈显露。

（2）对穿刺部位进行常规皮肤消毒，待干。

（3）再次核对患者床号、姓名，确认无误后，在穿刺部位下方，以左手拇指拉紧皮肤并固定静脉。右手持注射器或采血针，针头斜面向上与皮肤呈 15°~30° 角，在静脉上或旁侧刺入皮下，再沿静脉走向潜行刺入静脉。见回血后，将针头略放平，稍前行并固定不动。

（4）见回血后抽出适量血液，根据检查目的的不同，将标本置于不同容器中。

1）采全血标本时，取下针头，慢慢注入抗凝管中，轻轻转动试管以防止血液凝固。

2）取血清（血浆）标本时，取下针头，缓慢注入干燥试管中，避免注入泡沫，以防红细胞破裂造成溶血。

3）如使用一次性静脉采血针，穿刺成功后用胶布固定针头，再将采血针另一头刺入标本容器内。需抽多管血标本时，应先返折标本容器处针管，再将针头刺入另一标本容器。

4）采血培养标本时，根据培养瓶类型进行操作：密封瓶需除去铝盖中心部，消毒瓶盖后更换针头注入血液并摇匀；三角烧瓶则需松开纱布，取出塞子，消毒瓶口后注入血液，再将硅胶塞经火焰消毒后塞好，扎紧封瓶纱布。

（5）嘱患者松开拳头，松开止血带。以干棉签置穿刺点处迅速拔针，并指导患者正确按压局部片刻。

（6）采血后再次核对患者及血标本信息，确认无误。

（7）洗手并记录采血过程。

（8）询问患者对操作的感受，并观察采血局部情况。

3. 操作后处理

（1）协助患者取舒适体位，整理床单位。

（2）用后物品按消毒规范分类处理，及时将血标本送检。

（五）操作注意事项

1. 采血前，务必按照检验申请单核对床号、姓名、检查项目、抽血量以及标本采集的具体要求，并检查标本容器是否存在裂隙或破损等情况。

2. 若一次穿刺未能成功，重新进行穿刺时需更换穿刺部位及注射器。

3. 当需要空腹采血时，应提前通知患者，确保其在规定时间内未进食。

4. 应根据检查目的的不同，选择适合的标本容器。

5. 严禁在输液、输血针头处抽取血标本，以避免标本污染。

6. 进行生化检验的血标本，宜在清晨空腹时采集。进行血培养时，应严格遵守无菌操作规程，采血量通常为 5~10ml。

7. 如需同时抽取多种血液标本，注入容器时需注意先后顺序，一般以血培养标本为先，抗凝管次之，血清管最后。

（六）常见并发症

1. 皮下出血、血肿

（1）发生原因

1）抽血结束后，棉签按压时间不足 5min。

2）抽血结束后，棉签按压方法不当。

3）上肢浅静脉抽血后，由于上衣衣袖过紧，影响静脉血回流，易导致皮下出血。

4）操作技术不熟练：针头在皮下多次进退，可能引起患者情绪紧张、疼痛剧烈，进而引发皮下出血。

（2）临床表现：穿刺部位疼痛、肿胀，伴有压痛感，肉眼可见皮下瘀斑。

（3）预防措施

1）抽血结束后，确保棉签按压时间不少于5min，并采用正确的棉签按压方法。

2）若穿刺时针头直接经皮下进入血管，拔针后按压时棉签应与血管走行方向垂直；若穿刺时针头在皮下行走一段距离后再进入血管，拔针后按压时棉签应与血管走行方向平行，以达到有效止血。

3）进行上肢静脉抽血时，如选择贵要静脉、肘正中静脉等，若患者上衣衣袖较紧，应要求其脱去紧袖衣物后再进行抽血，以避免衣袖过紧影响静脉回流，导致皮下出血。

4）提升抽血技术，熟练掌握入针方法。

（4）处理：若出现皮下出血，早期进行冷敷，3d后进行热敷，以加速皮下出血的吸收。

2. **晕针或晕血**

（1）发生原因

1）心理因素：抽血时，因情绪过度紧张、恐惧，反射性地引起迷走神经兴奋，导致血压下降、脑供血不足，从而发生晕针或晕血。

2）体质因素：空腹或饥饿状态下，患者机体处于应激阶段，通过迷走神经反射，引起短暂血管扩张，外周阻力下降，血压下降，脑血流量减少，导致晕针。

3）患者体位：坐位姿势下接受抽血易发生晕针，可能与体位和血压有关。坐位时下肢肌肉及静脉张力低，血液蓄积于下肢，回心血量少，心输出血量减少，收缩压下降，影响脑部供血。

4）疼痛刺激：特别是较难抽血的患者，反复操作对皮肤神经末梢产生刺激，引起强烈疼痛，全身神经高度紧张，反射性地引起小血管扩张，血压下降，脑供血不足，导致晕针。

5）个体差异：个别人见到血会产生恐惧等紧张情绪，反射性地引起迷走神经兴奋，血压下降，脑供血不足，从而发生晕针或晕血。

（2）临床表现：晕针或晕血的发生时间短，恢复快，历时2~4min，可分为先兆期、发作期和恢复期。

1）先兆期：患者多有自述头晕眼花、心悸、心慌、恶心、四肢无力等症状。

2）发作期：瞬间昏倒，不省人事，面色苍白，四肢冰凉，血压下降，心率减慢，脉搏细弱。

3）恢复期：神志清楚，自述全身无力，四肢酸软，面色由白转红，四肢转温，心率恢复正常，脉搏有力。

（3）预防措施

1）消除患者的焦虑紧张情绪和害怕心理，进行心理疏导，做好解释工作。有陪伴者可在患者旁边扶持协助，给患者以心理安慰，并教会患者放松技巧，尽可能做到身心放松。

2）与患者交谈，了解患者的基本情况，以分散患者的注意力。

3）协助患者取适当的体位、姿势，以利于机体放松，特别是易发生晕针或晕血的患者，可采取平卧位。

4）操作人员应熟练掌握操作技术，操作应轻柔、准确，尽量做到一针见血，以减少对患者的刺激。

5）注意观察患者的病情变化，一旦发现晕针或晕血症状，应及时处理。

（4）处理：一旦发生晕针或晕血，应立即将患者抬到空气流通处或给予吸氧，改为平卧位，指压或针灸人中、合谷穴，并口服热开水或热糖水。同时注意保暖，特别是老年人或有心脏疾病的患者，应防止发生心、脑疾病等意外情况。

3. **误抽动脉血**

（1）发生原因：部分患者的上肢或下肢浅静脉无法用于抽血，此时常选择在股静脉进行抽血。然而，这类患者往往因过度肥胖或血容量不足，导致动脉搏动不明显，从而容易误抽到股动脉血。

（2）临床表现：一旦误抽动脉血，无需回抽，血液会自动上升到注射器内，且颜色呈鲜红色，与静脉血相比更为鲜艳。

（3）预防措施：为确保准确抽血，需熟练掌握股静脉的解剖位置。股静脉位于股动脉内侧约0.5cm处。正确的穿刺步骤：①洗手并使用消毒液消毒手指；然后在股三角区通过扪及股动脉搏动或定位髂前上棘和耻骨结节联线中点来确定股动脉位置，并用手指固定；②右手持注射器，以针头与皮肤呈直角或45°角，在股动脉内侧0.5cm处刺入；③若抽出暗红色血液，则表示已达到股静脉。

（4）处理：一旦发现误抽动脉血，应立即拔出针头，并紧压穿刺处5~10min，直至出血停止，随后再重新进行穿刺抽血。

（七）案例分享

患者，女性，39岁，因左侧乳腺癌入院治疗。穿刺活检结果显示：左侧乳腺浸润性导管癌，处于早期阶段。计划实施左侧乳腺癌改良根治术，术前需完善相关检查，包括血常规、血型、肝功能、凝血功能以及输血前检查。

【问题】

患者在采血后，穿刺部位出现疼痛、肿胀症状，且肉眼可见皮下出现青紫、瘀斑。请给予处理。

【回答】

考虑患者在静脉采血后出现了皮下出血和血肿的情况，建议立即使用棉签对穿刺部位进行压迫，以达到止血的目的。

教学视频：静脉采血术

（八）静脉采血术耗材及物品准备（表6-9）

表6-9　静脉采血术耗材及物品准备清单

序号	物品名称	数量
1	内铺清洁治疗巾的治疗盘	1个
2	棉签	1包
3	止血带	1条
4	垫巾	1包
5	标本容器（根据检查项目选择干燥试管、抗凝试管或血培养瓶或真空采血管）并贴检验标签	1套
6	一次性注射器（根据需要选择规格）	若干
7	采血针	若干枚
8	手表	1个
9	无菌手套	2副
10	手消毒剂	1瓶
11	皮肤消毒剂	1瓶
12	医嘱单及执行单	各1张
13	锐器盒、污物容器	1套
14	治疗车	1辆
15	笔	1支

（九）静脉采血术评分标准（表6-10）

表6-10　静脉采血术评分标准

项目	细则要求	分值	得分
操作前 （15分）	仪表端庄（1分），着装整洁（1分）	2	
	核对医嘱、治疗单（卡）（5分）（抢救时可执行口头医嘱）	5	
	患者评估： 1. 询问并了解患者的身体状况（1分） 2. 评估患者血管及局部皮肤状况（1分） 3. 向患者解释操作目的,确保患者配合（1分）	3	
	洗手（1分），戴好口罩帽子（1分）	2	
	物品准备：手消毒液、内铺清洁治疗巾的治疗盘、棉签、一次性注射器（根据需求选择规格）、皮肤消毒剂、手套、止血带、垫巾、锐器盒、污物容器、无菌手套及标本容器（根据检查项目选择干燥试管、抗凝试管、血培养瓶或真空采血管），并贴上检验标签	3	
操作中 （70分）	洗手（1分），携用物至患者床旁,核对床号、姓名（2分）	3	
	协助患者取舒适体位（2分），告知患者配合方法（2分）	4	
	（必要时戴手套）选择合适静脉（2分）→铺垫巾（2分）→在穿刺处上方约6cm处扎止血带（2分），嘱患者松开拳头（2分）	8	
	消毒皮肤2次（2分），直径不少于5cm（2分）	4	
	进针前核对患者床号（2分）、姓名（2分），确认无误	4	
	1. 检查并取出一次性注射器或采血针（1分），调节针头斜面向上,拉动活塞（2分） 2. 嘱患者握紧拳头（2分），绷紧皮肤（2分） 3. 以适宜角度进针（2分），刺入静脉（4分）	13	
	见回血后抽出适量血液（4分），根据检查目的，将标本置于不同容器中： 1. 采全血标本时，取下针头，缓慢注入抗凝管中，轻轻转动试管防止血液凝固（4分） 2. 取血清标本时，取下针头，缓慢注入干燥试管中，避免震荡，以防溶血（4分） 3. 使用一次性静脉采血针时，穿刺成功后用胶布固定针头，再将采血针另一端刺入标本容器内；需抽多管血标本时，应先返折标本容器处针管，再将针头刺入另一标本容器（5分） 4. 采血培养标本时，根据培养瓶类型（密封瓶或三角烧瓶）进行相应处理,注入血液并摇匀（5分）	14	
	采血后处理： 1. 嘱患者松开拳头（1分），松开止血带（1分） 2. 以干棉签置穿刺点处迅速拔针（2分） 3. 指导患者正确按压局部片刻（2分）	6	
	采血后核对患者（2分）及血标本（2分），确认无误	4	
	询问患者对操作的感受（2分），告知注意事项（2分），观察采血局部情况（1分）	5	
	协助患者取舒适体位（2分），整理床单位（2分），沟通有效（1分）	5	
操作后 （15分）	洗手（1分）记录（1分）	2	
	按消毒技术规范要求分类整理使用后物品（3分）	3	
	语言通俗易懂,态度和蔼,沟通有效	5	
	全过程动作熟练、规范，符合操作原则	5	
总分		100	

（覃莹莹）

七、导尿术

(一) 目的

1. 缓解尿潴留症状。

2. 在手术过程中或危重患者状态下监测尿量。

3. 下尿路手术后进行膀胱引流,实施神经性膀胱间歇导尿及膀胱内药物注射。

4. 诊断应用:为女性患者获取无污染的尿样。

5. 测定残余尿量。

6. 在进行膀胱尿道造影时,经导尿管灌注造影剂,并进行尿流动力学检查以测定膀胱尿道功能。

(二) 适应证

1. 缓解尿潴留症状。

2. 获取无污染的尿标本进行诊断。

3. 进行尿流动力学检查。

4. 留置导尿管,记录并监测患者尿量。

5. 进行膀胱相关检查。

6. 通过膀胱内灌注药物进行治疗。

7. 作为腹部及盆腔器官手术前的准备措施。

(三) 禁忌证

1. 急性尿路感染患者。

2. 患有严重全身性出血性疾病的患者。

3. 尿道狭窄,无法成功留置尿管的患者。

4. 处于月经期的女性患者。

(四) 操作流程

1. 操作前准备

(1)物品准备

1)治疗车、屏风、一次性垫巾。

2)一次性包装的导尿包,内含初步消毒用物(小方盘、数个消毒液棉球袋、镊子、纱布、手套)、再次消毒及导尿用物(手套、孔巾、弯盘、气囊导尿管、数个消毒液棉球袋、镊子2把、自带无菌液体的10ml注射器、润滑油棉球袋、标本瓶、纱布、集尿袋、方盘)。

3)导尿管选择:单腔导尿管(用于一次性导尿术)、双腔导尿管(用于留置导尿术)、三腔导尿管(用于膀胱冲洗)。

4)所有用物须保证无菌,按需准备齐全,放置于治疗车上层,携至患者床旁。

(2)操作者准备

1)着装整洁,洗手,戴口罩。

2)了解患者病情、导尿的目的。

3)了解患者的意识、心理、生命体征等,以判断患者的合作理解程度。

(3)患者准备

1)核对患者的床号、姓名、性别,并查看手腕带等身份标识。

2)向患者及其家属详细解释导尿的目的、操作过程及注意事项,以确保获得配合。

3)指导患者清洗外阴部,能自理者自行清洗,不能自理者由操作者协助清洗。

(4)环境准备

1)确保环境安静、舒适且清洁。

2)关好门窗,调节室温至适宜,以防患者着凉。

3)使用床帘或屏风遮挡患者,保护患者的隐私权。

2. **男性导尿操作步骤**

(1)体位准备与清洁

1)操作者站在患者右侧先帮助患者褪去对侧裤腿,对侧腿用盖被遮盖。将一次性治疗巾垫于患者臀下。尽量少暴露患者,并防止患者受凉。

2)患者取平仰卧屈膝位,两腿稍外展。如患者不能配合时,可协助患者维持适当的姿势。

3)清洁外生殖器:①将外阴消毒用物按操作顺序合理摆放;②左手戴手套,男性患者依次消毒阴阜、大腿内侧上 1/3、阴茎、阴囊,自阴茎尿道口向外旋转擦拭,左手拿纱布将阴茎提起然后自龟头向阴茎根部进行擦拭清洁,顺序由外向内,自上而下,每个棉球限用一次。操作完成脱下手套置弯盘中,放置治疗车下层。

(2)铺巾和消毒:无菌区域的准备。①戴无菌手套;②铺孔巾:使孔巾和导尿包内层包布形成一无菌区;③用石蜡油棉球润滑导尿管前端;④检查尿管是否通畅并确认导尿管的球囊没有泄漏,将导尿管与集尿袋的引流袋连接;⑤再次消毒:男性患者用左手夹持阴茎,依次消毒尿道口、龟头、冠状沟,每个棉球限用一次。

(3)插入并固定导尿管:①插尿管:嘱患者深呼吸,放松心情,以左手拇指及示指夹持阴茎,并将阴茎提起与腹壁呈 90° 以消除前尿道的生理弯曲。右手持镊子将导尿管插入尿道 20~22cm 见尿后继续插入 5~7cm;②固定:尿管的球囊注入 10~20ml 0.9% 氯化钠溶液固定,而后回拉尿管使球囊位于膀胱颈。尿液引流顺畅,固定尿管。如需作尿培养,用无菌试管接取尿液 5ml,盖好瓶盖送检。

(4)操作后处理:①观察:操作后询问患者感受,记录好导尿时间、尿量、尿液颜色及性质等情况;②帮助患者穿好衣裤,取舒适卧位并告知患者已操作完毕。整理床单位,清理用物,保持病室整洁。

3. **女性导尿操作步骤**　女性尿道比较短,3~5cm 长,能自理者,嘱其用温水清洗外阴,不能起床者,协助其用温水清洗外阴。

(1)体位准备与清洁

1)一般操作者站在患者右侧,帮助患者褪去对侧裤腿,对侧腿用盖被遮盖,防止患者受凉。

2)患者取仰卧位,两腿屈曲稍外展,暴露局部区域,将一次性治疗巾垫于患者臀下,如患者不能配合时,可协助患者维持适当的姿势。

3)清洁外阴:①将外阴消毒用物按操作顺序合理摆放;②左手戴手套,女性患者依次消毒阴阜、大阴唇、大小阴唇之间、小阴唇、尿道口、尿道口至肛门。操作完成脱下手套置弯盘中,放置治疗车下层。

(2)铺巾和消毒

1)无菌区域的准备:①戴无菌手套;②铺孔巾:使孔巾和导尿包内层包布形成一无菌区;③用石蜡油棉球润滑导尿管前端;④检查尿管是否通畅,将导尿管与集尿袋的引流袋连接;⑤再次消毒:女性患者以左手分开并固定小阴唇,分别消毒尿道口、两侧小阴唇、尿道口。

2)清洁和消毒的原则:以尿道口为中心,由内向外,由上至下,顺序由尿道口、前庭、两侧大小阴唇,清洗各用一棉球,最后一颗棉球消毒尿道口至会阴,每一个棉球只能用一次。

(3)插入并固定导尿管:①嘱患者深呼吸,放松心情,以左手拇指和示指用无菌纱布翻开小阴唇暴露尿道口,将导尿管对准尿道口缓慢地插入尿道,当插入 5cm 时松开活塞尿液即可流出,一般情况下,导管会无阻力的插入尿道,待尿液流出后再插入 5~7cm,确保球囊在膀胱内放尿;②固定,向球囊内注入 10~20ml 0.9% 氯化钠溶液固定,而后回拉球囊使球囊位于膀胱颈。当导管位于合适位置时,尿液回流顺畅。

(4)操作后处理:①操作后应询问患者的感觉,观察患者的反应。整理床单位,给患者盖好被子,防止患者着凉,保持病室整洁。②用后物品按消毒规范分类处理,洗手、记录,记录时间、尿量、尿液颜色及性质。

(五)操作注意事项

1. 冲洗膀胱压力不宜过大,吸出液体不能再注入膀胱。

2. 如吸出液体少于注入量,可能有导管阻塞或导尿管在膀胱内位置不当,应及时处理。

3. 操作过程中,严密观察患者生命体征。出现异常时,及时通知医生。

（六）常见并发症

1. 尿路感染

（1）发生原因

1）术者无菌技术不符合要求,所采用的导尿管受细菌污染,细菌逆行侵入尿道和膀胱。

2）导尿术可导致尿道黏膜损伤,破坏了尿道黏膜的屏障作用。

3）技术不熟练,所采用的导尿管粗细不合适或质地太硬,导尿管插入不顺利而反复多次插管。

4）男性前列腺肥大,易发生尿潴留,增加了感染的机会。

（2）临床表现:主要症状为尿频、尿急、尿痛,当感染累及上尿道时可有寒颤、发热,尿道口可有脓性分泌物。尿液检查可有红细胞、白细胞,细菌培养可见阳性结果。

（3）预防措施

1）插管时严格执行无菌操作,动作轻柔,注意会阴部消毒,可在置管前将 3~5ml 2% 聚维酮碘溶液从尿道口注入,以消毒尿道远端,同时可以起润滑作用。

2）尽量避免留置导尿管,尿失禁者可用吸水会阴垫或尿套。

3）应用硅胶和乳胶材料的导尿管代替过去的橡胶导尿管。用 0.1% 己烯雌酚棉球作润滑剂涂擦导尿管,可减轻泌尿系刺激症状;导尿管外涂上水杨酸可抑制革兰氏阴性杆菌,阻止细菌和酵母菌黏附到硅胶导尿管,预防泌尿系感染。

（4）处理:当尿路感染发生时,必须尽可能拔除导尿管,并根据病情采用合适抗菌药物进行治疗。

2. 尿道黏膜损伤

（1）发生原因

1）男性尿道长,存在弯曲和狭窄部位,不易掌握插管深度。

2）患者精神高度紧张,插尿管时可出现尿道括约肌痉挛。

3）下尿路有病变时,尿道解剖发生变化,如前列腺增生症,前列腺部尿道狭窄、扭曲变形,此时插入导尿管易致尿道损伤。

4）使用的导尿管粗细不合适或使用质地僵硬的橡胶导尿管,导尿管置入时易引起尿道黏膜的损伤,反复插管引起尿道黏膜水肿、损伤出血。

（2）临床表现:尿道外口出血,有时伴血块;尿道内疼痛,排尿时加重,伴局部压痛;部分病例有排尿困难甚至发生尿潴留;严重损伤时,可有会阴血肿、尿外渗,甚至直肠瘘;并发感染时,出现尿道流脓或尿道周围脓肿。

（3）预防措施

1）插管前常规润滑导尿管;操作时手法宜轻柔,插入速度要缓慢,切忌强行插管,不要来回抽插及反复插管。

2）对于前列腺增生者,遇插管有阻力时,将灭菌石蜡油 5~10ml 由导尿管末端快速注入,插管者用左手将阴茎提起与腹壁呈 60° 角,右手稍用力将石蜡油注入,同时借助其润滑作用将尿管迅速插入,即可顺利通过增生部位。

3）选择粗细合适、质地软的导尿管。

4）插管时延长插入长度见尿液流出后继续前进 5cm 以上,充液后再轻轻拉回至有阻力感处,一般为 2~3cm,这样可避免导尿管未进入膀胱,球囊充液膨胀而压迫,损伤后尿道。

（4）处理:导尿所致的黏膜损伤,轻者无需处理或经止血镇痛等对症治疗即可痊愈。偶有严重损伤者,需要尿路改道、尿道修补等手术治疗。

3. 尿道出血

（1）发生原因

1）前述各种导致尿道黏膜损伤的原因,严重时均可引起尿道出血。

2)药物引起尿道黏膜充血、水肿,使尿道易致机械性损伤。凝血机制障碍。

3)严重尿潴留导致膀胱内压升高的患者,如大量放尿,膀胱内突然减压,使黏膜急剧充血、出血而发生血尿。

(2)临床表现:导尿术后出现肉眼血尿或镜下血尿,同时排除血尿来自上尿道,即可考虑为导尿损伤所致。

(3)预防措施

1)因导尿所致的尿道出血几乎都发生在尿道黏膜损伤的基础上,所有防止尿道黏膜损伤的措施均适合于防止尿道出血。

2)凝血机制严重障碍的患者,导尿术前应尽量予以纠正。

3)对有尿道黏膜充血、水肿的患者,尽量选择口径较小的导尿管,插管前充分做好尿道润滑,操作轻柔,尽量避免损伤。

4)插入导尿管后,放尿不宜过快,第一次放尿不超过1 000ml。

(4)处理:镜下血尿一般不需特殊处理,如血尿较为严重,可适当使用止血药。

4. 虚脱

(1)发生原因:大量放尿使腹腔内压力突然降低,血液大量滞留腹腔血管内,导致血压下降而虚脱。

(2)临床表现:患者突然出现恶心、头晕、面色苍白、呼吸表浅、全身出冷汗、肌肉松弛、周身无力,往往突然瘫倒在地,有的伴有意识不清。

(3)预防措施:对膀胱高度膨胀且又极度虚弱的患者,第一次放尿不应超过1 000ml。

(4)处理:患者发生虚脱取平卧位或头低脚高体位,予温开水或糖水饮用。

(七)案例分享

患者,男,28岁,下腹部挤压伤5h,下腹胀痛、排尿困难。检查:下腹部膨隆、压痛明显、叩诊浊音。患者放尿1 100ml时突然出现恶心、头晕、面色苍白、呼吸表浅、全身出冷汗、肌肉松弛、周身无力,突然瘫倒在地,伴有意识不清。

【问题】

根据患者的症状应该进行怎样的操作? 操作过程中患者突发以上情况是为什么? 如何处理。

【回答】

需行导尿术。操作过程中患者突发以上情况是因为放尿过度发生虚脱。发生虚脱取平卧位或头低脚高体位,予温开水或糖水饮用。

教学视频:导尿术

(八)导尿术耗材及物品准备(表6-11)

表6-11 导尿术耗材及物品准备清单

序号	物品名称	数量
1	一次性无菌导尿包	1个
2	一次性无菌治疗单	1张
3	手消毒剂	1瓶
4	男性、女性导尿模型	1个
5	污物容器(医疗垃圾桶、生活垃圾桶)	1套
6	医嘱单及执行单	各1张
7	笔	1支
8	手表	1块
9	治疗车	1辆

（九）导尿术评分标准(表6-12)

表6-12 导尿术评分标准

项目	细则要求	分值	得分
操作前 (15分)	仪表端庄(1分),着装整洁(1分)。	2	
	核对医嘱、治疗单(卡)(5分)(抢救时可执行口头医嘱)	5	
	评估: 1. 询问、了解患者的身体状况(1分) 2. 了解患者膀胱充盈度及局部皮肤情况(1分) 3. 向患者解释操作目的,取得配合(1分)	3	
	洗手(1分),戴好口罩帽子(1分)	2	
	物品准备:治疗车上放置一次性无菌导尿包(1分)、一次性无菌治疗单(1分)、污物容器(1分)	3	
操作中 (70分)	洗手(1分),携用物至患者床旁,核对床号、姓名(2分)	3	
	告知患者(家属)操作流程,关闭门窗,注意遮挡患者(3分)	3	
	协助患者取卧位,褪去对侧裤腿,盖在近侧腿上,两腿略外展,暴露外阴,臀下铺橡胶单加中单(4分)	4	
	取无菌导尿包置于患者两腿之间,按无菌原则的要求打开导尿包的外层(2分)	2	
	1. 消毒外阴:将外阴消毒用物按操作顺序合理摆放,左手戴手套(1分) 2. 女性患者依次消毒阴阜、大阴唇、大小阴唇之间、小阴唇、尿道口、尿道口至肛门(8分) 3. 男性患者依次消毒阴阜、大腿内侧上1/3、阴茎、阴囊,自阴茎尿道口向外旋转擦拭,左手拿纱布将阴茎提起然后自龟头向阴茎根部进行擦拭清洁(8分) 4. 消毒顺序:由外向内(1分),自上而下(1分),每个棉球限用一次(1分) 5. 脱除手套实施卫生再消毒(1分)	15	
	无菌区域的准备: 1. 用无菌持物镊打开导尿包的内层(2分) 2. 戴无菌手套(1分) 3. 铺孔巾:使孔巾和导尿包内层包布形成一无菌区(2分) 4. 用石蜡油棉球润滑导尿管前端(2分)将导尿管与集尿袋的引流袋连接(2分) 5. 检查尿管是否通畅(2分)	11	
	1. 再次消毒(2分) 2. 女性患者:以左手分开并固定小阴唇,分别消毒尿道口、两侧小阴唇、尿道口(4分) 3. 男性患者:用左手夹持阴茎,依次消毒尿道口、龟头、冠状沟(4分) 4. 每个棉球限用一次(1分)	7	
	1. 嘱患者深呼吸,放松心情(2分) 2. 手持镊子将导尿管插入尿道(女性4~6cm,男性20~22cm)(2分) 3. 见尿后继续插入5~7cm(2分)	6	
	如需要作尿培养,用试管接取中段尿5ml,盖好瓶盖。如为一次性导尿,导尿完毕,拔除导尿管(2分),撤出下孔巾(2分),脱去手套(2分),放入导尿包内	6	
	如需留置尿管:水囊内注入10~20ml的0.9%氯化钠溶液,轻拉导尿管有阻力感(2分),确定尿管固定稳妥(2分),并固定在床边(2分)	6	

续表

项目	细则要求	分值	得分
操作中 (70分)	1. 协助患者整理衣裤,取舒适体位(2分) 2. 询问患者感受,整理床单位和用物(2分) 3. 沟通有效(1分) 4. 向患者(家属)交代注意事项(2分)	7	
操作后 (15分)	洗手并记录	2	
	按消毒技术规范要求分类整理使用后物品	3	
	语言通俗易懂,态度和蔼,沟通有效	5	
	全过程动作熟练、规范,符合操作原则	5	
总分		100	

(覃莹莹)

八、皮内注射技术

(一) 目的

1. 药物过敏试验。

2. 预防接种。

3. 局部麻醉的起始步骤。

(二) 适应证

需要通过皮内注射药物达到治疗的患者。

(三) 禁忌证

对拟用药物过敏的患者。

(四) 操作流程

1. 操作前准备

(1)操作者准备:着装整洁,洗手,戴口罩。

(2)患者准备:向患者解释皮内注射目的、方法、注意事项及配合要点,告知操作可能会发生的风险及并发症。体位舒适,暴露注射部位。

(3)物品准备:手消毒剂、治疗盘、无菌治疗巾包、1ml 注射器、药液、砂轮、棉签、75% 酒精、注射单、笔、手表、锐器盒、污物容器。如进行过敏试验,备急救盒(内有 0.1% 肾上腺素、砂轮、2ml 注射器)。

(4)环境准备:清洁、安静,温度及光线适宜。

2. 操作步骤

(1)按照规范要求铺设无菌治疗盘。

(2)进行检查:核实药物名称、剂量、质量及有效期;检查一次性注射器型号、生产日期、有效期以及包装的完整性。

(3)依据规范要求抽取或配制药液,并将其放置在无菌治疗盘内,盖好。

(4)携带所需物品至患者床边,进行自我介绍,通过口头询问、查看床头卡及腕带等方式核对患者身份。详细询问并了解患者的身体状况、用药史、过敏史及家族史。观察患者局部皮肤状况,向患者解释操作目的,并取得患者的配合。

(5)协助患者采取舒适的体位。

(6)选择注射部位:预防接种选择在上臂三角肌下缘,过敏试验选择在前臂掌侧下 1/3 处。

(7)皮肤消毒:使用 75% 酒精对注射部位皮肤进行消毒,共 2 次,消毒范围应 ≥5cm,待干。

(8)操作中查对:再次确认患者身份、过敏史及药物无误后,排尽注射器内空气。

(9)进针：左手绷紧注射部位皮肤，右手持注射器，以针尖斜面向上、与皮肤呈5°角的方式刺入皮内。当针尖斜面全部刺入皮内后，用左手拇指固定针栓。

(10)注药：右手推注药液0.1ml，直至皮肤隆起形成圆形皮丘，并显露毛孔。

(11)拔针：注射完毕后拔出针头。如为过敏试验，则不要按压。

(12)操作后查对：确认患者床号、姓名、药名无误。如为过敏试验，叮嘱患者20min后观察皮试结果，并告知其在皮试观察期间不要离开病房，如有不适及时报告。

3. 操作后处理

(1)协助患者采取舒适的体位，并整理床单位。

(2)洗手，记录。

(3)按照消毒技术规范要求，分类整理使用后的物品。

（五）操作注意事项

1. 严格执行无菌操作制度和"三查七对"制度（三查指操作前、操作中、操作后的查对；七对指对床号、姓名、药名、浓度、用法、剂量、时间的核对）。

2. 药液须现用现配，注射剂量须准确无误。

3. 进针角度以针尖斜面全部进入皮内为宜，以避免药液漏出；进针角度过大易将药液注入皮下。

4. 在进行药物过敏试验前，应详细询问患者的用药史、过敏史及家族史。如患者对需要注射的药物有过敏史，则不可进行皮试，应更换其他药物。不宜在空腹状态下进行皮试。同时，应备好急救药品，以防发生意外。

5. 进行药物过敏试验时，忌用含碘消毒剂消毒皮肤，以免因着色影响对局部反应的观察。

6. 当需要进行药敏试验对照时，应在另一前臂相同部位注入0.1ml的0.9%氯化钠溶液，20min后进行结果对照。

7. 药物过敏试验结果判断标准：阴性表现为皮丘大小无改变，周围无红肿、红晕，且无不适症状；阳性则表现为皮丘隆起变大，直径大于1cm，出现红晕硬结，有伪足痒感，并可伴有头晕、心慌、恶心等症状，甚至可能发生过敏性休克。如为阳性反应，应立即告知患者或家属，并明确告知不能再使用该种药物，同时在病历、床头卡等做醒目标记。

（六）并发症

1. 疼痛

(1)实施心理护理，向患者详尽解释注射的目的，以分散其注意力。

(2)原则上，选用0.9%氯化钠溶液作为溶媒对药物进行准确配制。

(3)选择神经末梢分布较少的部位，如前臂掌侧中段，进行注射。

(4)确保皮肤消毒剂完全干燥后再进行注射操作。

(5)熟练掌握注射技术，准确注入0.1ml的药量。

(6)选用口径较小、锋利且无倒钩的针头进行注射。

(7)对于疼痛剧烈者，给予止痛剂进行对症处理；若发生晕针或虚脱，则按相应流程处理。

2. 注射失败

(1)耐心做好解释工作，尽量取得患者的配合。

(2)对于躁动不合作的患者，需做好肢体的约束和固定。

(3)充分暴露注射部位，确保注射顺利进行。

(4)提高注射操作技能，准确掌握注射的角度与力度。

(5)若无皮丘或皮丘过小，应重新选择部位进行注射。

3. 局部组织反应

(1)避免使用对组织刺激性较强的药物。

(2)正确配制药液浓度，推注药液剂量准确。

(3)严格执行无菌操作。

(4)向患者讲解注射的目的,不能随意搔抓或揉按局部皮丘,如有不适随时告知医护人员。

(5)详细询问药物过敏史,避免使用可引发机体过敏反应的药物。

(6)皮肤瘙痒者告诫患者勿抓、挠;皮肤有水疱者 0.5% 聚维酮碘溶液消毒后用无菌注射器将水疱内液体抽出;注射部位出现溃烂、破损者进行外科换药处理。

4. 虚脱

(1)注射前做好充分的解释工作,消除患者的紧张心理;询问患者的饮食情况,避免在饥饿状态下进行治疗。

(2)选择合适的注射部位,避免在硬结、瘢痕等部位进行注射。

(3)对于以往有晕针史及体质衰弱、饥饿、情绪紧张的患者,注射时应采用卧位。

(4)一旦发生虚脱,立即取平卧位,进行保暖,针刺人中、合谷等穴位,清醒后给予口服糖水。必要时给予吸氧,静脉推注 5% 葡萄糖等处理。

5. 过敏性休克

(1)注射前必须仔细询问患者有无药物过敏史,如有过敏史者则停止该项试验。有其他药物过敏史或变态反应疾病史者应慎用。

(2)皮试观察期间,嘱患者不可随意离开。密切观察患者有无异常不适反应,正确判断皮试结果,若为阳性结果则不可使用(破伤风抗毒素除外,可采用脱敏注射)。

(3)床边应备有 0.1% 盐酸肾上腺素,必要时还应备有氧气、吸痰器等急救设备。

(4)一旦发生过敏性休克,立即组织抢救:①立即停药,使患者平卧。②立即皮下注射 0.1% 肾上腺素 1ml(小儿减量)。如症状不缓解,可每隔 0.5h 皮下或静脉注射肾上腺素 0.5ml,直至脱离危险期。③给予氧气吸入。如呼吸受抑制,立即进行口对口人工呼吸,并肌内注射呼吸兴奋剂(如洛贝林、尼可刹米等)。有条件者进行气管插管,借助呼吸机辅助或控制呼吸。如喉头水肿引起窒息,应尽快进行气管切开。④根据医嘱静脉注射地塞米松 5~10mg 或氢化可的松琥珀酸钠 200~400mg 加入 5%~10% 葡萄糖溶液 500ml 内静脉滴注;同时肌内注射抗组织胺类药物(如盐酸异丙嗪 25~50mg 或苯海拉明 40mg)。⑤使用 10% 葡萄糖溶液或平衡溶液静脉滴注以扩充血容量。如血压仍不回升,可加入多巴胺或去甲肾上腺素静脉滴注。如为链霉素引起的过敏性休克,可同时应用钙剂,以 10% 葡萄糖酸钙或稀释一倍的 5% 氯化钙溶液静脉推注。⑥若发生心搏骤停,则立即进行复苏抢救。

(七) 案例分享

患者,女,48 岁,因"发热、咳嗽、咳黄色浓痰 5d"入住呼吸内科。入院查体:血压 110/78mmHg,体温 37.2℃、脉率 86 次 /min、呼吸 22 次 /min。查血常规结果显示白细胞 18×10^9/L,胸部 X 线检查显示双肺纹理增粗。计划采用静脉注射青霉素进行抗炎治疗。

【问题】

请 A 进行相应操作。

操作前须特别询问患者什么内容? 请 B 回答。

患者进行该项操作时,可能发生的最严重的并发症是什么? 如何处理? 请 C 回答。

【回答】

A 进行青霉素过敏试验(皮内注射)。

B 回答要点:用药前须详细询问患者用药史、过敏史,是否空腹。

C 回答要点:最严重的并发症是过敏性休克。一旦发生,应立即停止用药,使患者平卧,皮下注射肾上腺素,给予氧气吸入,进行扩容治疗,并使用激素、抗组织胺药、血管活性药物等进行治疗;若患者出现心搏骤停,应立即进行复苏抢救。

【临床思维】

在临床实践中,使用青霉素进行注射前,必须执行药物过敏试验。在皮试之前,应详细询问患者的用药史、过敏史以及是否空腹。医生应能准确判断青霉素皮试的结果,并熟练掌握青霉素过敏反应的抢救流程,同时确保抢救药品和物品的准备充足。

(八) 皮内注射技术耗材及物品准备清单(表6-13)

表6-13　皮内注射技术耗材及物品准备清单

序号	物品名称	数量
1	手消毒剂	1瓶
2	治疗盘	1个
3	无菌治疗巾包	2个
4	1ml、5ml注射器	各1个
5	药液	若干个
6	砂轮	1个
7	棉签	1包
8	75%酒精	1瓶
9	注射单	1张
10	笔	1支
11	手表	1块
12	锐器盒	1个
13	污物容器(医疗垃圾桶、生活垃圾桶)	2个
14	急救盒(内有一次性2ml注射器、0.1%肾上腺素、砂轮)	1个

(九) 皮内注射技术评分标准(表6-14)

表6-14　皮内注射技术评分标准

项目	细则要求		分值	得分
操作前 (15分)	操作者准备	着装整洁(1分),洗手、戴口罩(1分)	2	
	患者准备	向患者解释皮内注射目的(1分)、方法(1分)、注意事项(1分)及配合要点(1分),体位舒适、暴露注射部位(1分)	5	
	物品准备	手消毒剂、治疗盘、无菌治疗巾包、1ml注射器、青霉素注射液、0.9%氯化钠溶液注射液1支(10ml)、砂轮、棉签、酒精、注射单、笔、手表、锐器盒、污物容器。如为过敏试验,备急救盒(内有一次性2ml注射器、0.1%肾上腺素、砂轮)(每项0.5分)	5	
	环境准备	清洁(1分)、安静(1分),温度及光线适宜(1分)	3	
操作中 (70分)	铺无菌治疗盘	打开无菌治疗巾包(2分),按规范要求铺无菌治疗盘(2分)	4	
	检查	1. 药物名称、剂量、质量(对光检查药液是否变色、变质、浑浊、沉淀或有絮状物,瓶身有无裂痕)有效期(2分) 2. 一次性注射器:型号、生产日期、有效期、包装完整性(2分)	4	

项目		细则要求	分值	得分
操作中 (70分)	配制药液	配制青霉素皮试液(800 000U/瓶): 1. 取 4ml0.9% 氯化钠溶液注入 800 000U 青霉素瓶内,摇匀(含青霉素 200 000U/ml)(2分) 2. 用 1ml 注射器取上液 0.1ml,加 0.9% 氯化钠溶液至 1ml,摇匀(含青霉素 20 000U/ml)(2分) 3. 留取上液 0.1ml,加 0.9% 氯化钠溶液至 1ml,摇匀(含青霉素 2 000U/ml)(2分) 4. 留取上液 0.1~0.25ml,加 0.9% 氯化钠溶液至 1ml,摇匀(含青霉素 200~500U/ml)(2分) 5. 将配好的青霉素皮试液套上 0.9% 氯化钠溶液安瓿,置无菌盘内盖好(2分)	10	
	操作前核对	携用物至床旁,作自我介绍(1分),核对患者身份(3分),询问了解患者的身体状况及用药史、过敏史及家庭史(4分),已进食,观察患者局部皮肤状况(1分),解释操作目的(1分),取得患者配合	10	
	患者体位	协助患者取舒适体位(2分)	2	
	选择注射部位	预防接种在上臂三角肌下缘,过敏试验在前臂掌侧下 1/3 处(4分)	4	
	消毒	用 75% 酒精消毒注射部位皮肤,待干(2分),消毒范围 ≥ 5cm(2分)	4	
	操作中查对	再次确认患者(1分)药物无误(1分),排气(1分)	3	
	进针	1. 左手绷紧注射部位皮肤(2分) 2. 右手持注射器(2分) 3. 针尖斜面向上与皮肤呈 5° 角刺入皮内(4分) 4. 针尖斜面全部刺入皮内后(4分),左手拇指固定针栓(2分)	14	
	注药	右手(2分)推注药液 0.1ml(2分)至圆形隆起的皮丘,并显露毛孔(2分)	6	
	拔针	注射完毕拔出针头,如为过敏试验,不要按压	2	
	操作后查对	再次确认患者及药物无误(2分)	2	
	注意事项	向患者交代相关注意事项。如为过敏试验叮嘱患者 20min 后观察皮试结果时间,皮试观察期间不要离开,有不适及时报告	5	
操作后 (15分)	整理	协助患者取舒适体位,整理床单位	2	
	洗手,记录	操作后洗手,按规定时间观察皮试结果并记录	2	
	物品处理	按消毒技术规范要求分类整理使用后物品	2	
	全过程质量	动作熟练、规范,符合操作原则	5	
	人文关怀	整个过程关注患者反应,动作轻柔,体现人文关怀	4	
总分		如果不先皮试即静脉注射判 0 分	100	

(刘芳印)

九、皮下注射技术

(一)目的

1. 用于药物不宜口服而需在一定时间内发生药效时注入小剂量药物。

2. 预防接种。

3. 局部麻醉。

（二）适应证

需要通过皮下注射药物达到治疗的患者。

（三）禁忌证

对拟用药物过敏者。

（四）操作流程

1. 操作前准备

（1）操作者准备：着装整洁，洗手，戴口罩。

（2）患者准备：了解皮下注射目的、方法、注意事项及配合要点，体位舒适，暴露注射部位。

（3）物品准备：手消毒剂、治疗盘 1 个、无菌治疗巾包、2~5ml 注射器、药液、砂轮、棉签、0.5% 聚维酮碘、注射单、笔、手表、锐器盒、污物容器。

（4）环境准备：清洁、安静，温度及光线适宜。

2. 操作步骤

（1）按照规范要求铺设无菌治疗盘。

（2）进行检查：核实药物名称、剂量、质量及有效期；对于一次性注射器，需检查其型号、生产日期、有效期以及包装的完整性。

（3）遵循规范抽吸药液，并将其妥善放置在无菌治疗盘内。

（4）携带所需物品至患者床边，进行自我介绍，并通过口头询问、查看床头卡及腕带等方式核对患者身份。同时，详细询问并了解患者的身体状况、用药史、过敏史及家族史，观察患者局部皮肤状况。向患者解释操作目的，并取得其配合。

（5）协助患者采取舒适的体位。

（6）选择注射部位并进行消毒。可选部位包括上臂三角肌下缘、大腿前侧及外侧、腹壁、后背。

（7）对皮肤进行消毒：使用 0.5% 聚维酮碘对注射部位皮肤进行消毒，共 2 次，消毒范围 ≥ 5cm，并等待皮肤干燥。

（8）在操作中进行查对：再次确认患者身份、过敏史及药物无误，并确保注射器内空气已排尽。

（9）进针与注药：左手小指夹持棉签并绷紧皮肤，右手以示指固定针栓。针尖斜面向上，与皮肤呈 30°~40° 角，迅速将针头的 1/2~2/3 刺入皮下。左手回抽活塞，确认无回血后，缓慢注入药物。

（10）拔针：注射完毕后，左手用干无菌棉签按压针眼处，右手迅速拔针，并继续按压进针点直至不再出血。

（11）注射后进行查对：确认患者床号、姓名、药名无误。并指导患者了解用药后的注意事项。

3. 操作后处理

（1）协助患者取舒适体位，整理床单位。

（2）洗手，记录。

（3）按消毒技术规范要求分类整理使用后物品。

（五）操作注意事项

1. 必须严格执行查对制度和无菌操作规范。

2. 刺激性强的药物不适宜进行皮下注射。

3. 进行皮下注射时，注射角度不应超过 45°，以避免刺入肌层；如果患者体型过于消瘦，可以捏起局部组织后再进针。

4. 注射时应避开皮肤损伤、炎症部位、硬结、瘢痕或皮肤病患处。

5. 对于需要经常接受注射的患者，应轮流更换注射部位，以防止硬结的产生。

（六）并发症

1. 出血

（1）选择穿刺部位时，应确保避开血管。

（2）拔针后,按压部位需准确,时间要充分。对于凝血机制障碍的患者,应适当延长按压时间。

（3）若针头刺破血管,应立即拔针并按压注射部位,更换注射部位后重新进行注射。

（4）拔针后,如针口有少量出血,应重新按压注射部位;若形成皮下血肿,可采用冷敷48h后热敷的方法处理。对于较大的血肿,可穿刺抽出血液后进行加压包扎。

2. 硬结

（1）应熟练掌握注射深度,注射时,针头斜面向上与皮肤呈30°~40°角,快速刺入皮下,深度为针梗的1/2~2/3。

（2）选用锐利的针头,并避免在同一处多次反复注射。

（3）注射药量不宜过多,建议少于2ml。

（4）注射后应及时给予局部热敷或按摩,以促进局部血液循环,加速药物吸收,防止硬结形成。但需注意,胰岛素注射后勿进行热敷或按摩,以免加速药物吸收,使胰岛素提早生效。

（5）严格执行无菌技术操作,做好皮肤消毒,以防止注射部位感染。

（6）对于已形成硬结的情况,可选用以下方法外敷:用伤湿止痛膏外贴硬结处(孕妇忌用);用50%硫酸镁湿热敷;将云南白药用食醋调成糊状涂于局部;取新鲜马铃薯切片浸入盐酸消旋山莨菪碱溶液后外敷硬结处。

3. 针头弯曲或针体折断

（1）选择粗细适合、质量过关的针头,并禁止重复使用。

（2）不可在局部皮肤有硬结或瘢痕处进针。

（3）协助患者取舒适体位,操作人员需注意进针手法、力度及方向。

（4）注射时勿将针梗全部插入皮肤内,以防发生断针时增加处理难度。

（5）若针体折断,折断的针体可能停留在注射部位上,患者可能会感到惊慌和恐惧。此时,若针头弯曲,应更换针头后重新注射;若针体断裂,应一手捏紧局部肌肉,用止血钳将折断的针体拔出。如针体已完全没入体内,则需在X线定位后通过手术将残留针体取出。

（七）案例分享

患者,男,60岁,因"多尿、多饮、多食、体重下降6月余"就诊。诊断:2型糖尿病。测空腹血糖13.2mmol/L,患者准备吃午餐。

【问题】

1. 请A回答为患者注射4U胰岛素时应使用何种方式注射。

2. 注射剂量是多少?请B回答。

3. 选择注射部位有什么要求?发生断针时如何处理?请C回答。

【回答】

A为患者进行皮下注射。

B回答要点:胰岛素使用剂量的换算公式为4U等于0.1ml,因此需要为患者注射0.1ml的胰岛素。

C回答要点:注射时应避免在局部皮肤有硬结或瘢痕处进针。常用的注射部位包括上臂三角肌下缘、上臂外侧、腹部、后背、大腿外侧以及脊柱两侧等。由于该患者需要长期注射胰岛素,因此注射部位应定期轮换。若发生针体断裂的情况,应一手捏紧局部肌肉,用止血钳将折断的针体拔出。如果针体已完全没入体内,则需要在X线定位后通过手术将残留的针体取出。

【临床思维】

1. 皮下注射的常用部位包括:上臂三角肌下缘、上臂外侧、腹部、后背、大腿外侧以及脊柱两侧等。

2. 应熟知胰岛素使用剂量的换算,即4U等于0.1ml。

（八）皮下注射技术耗材及物品准备清单（表6-15）

表6-15　皮下注射技术耗材及物品准备清单

序号	物品名称	数量
1	手消毒剂	1瓶
2	治疗盘	1个
3	无菌治疗巾包	2个
4	1ml或2ml注射器	1个
5	药液	若干个
6	砂轮	1个
7	棉签	1包
8	0.5%聚维酮碘	1瓶
9	注射单	1张
10	笔	1支
11	手表	1块
12	锐器盒	1个
13	污物容器（医疗垃圾桶、生活垃圾桶）	2个

（九）皮下注射技术评分标准（表6-16）

表6-16　皮下注射技术评分标准

项目		细则要求	分值	得分
操作前 （15分）	操作者准备	着装整洁（1分），洗手、戴口罩（1分）	2	
	患者准备	了解皮下注射目的（1分）、方法（1分）、注意事项（1分）及配合要点（1分），体位舒适（1分），暴露注射部位	5	
	物品准备	手消毒剂、治疗盘、无菌治疗巾包、1ml注射器、药液（据病情）、砂轮、棉签、聚维酮碘、注射单、笔、手表、锐器盒、污物容器（每个0.5分）	5	
	环境准备	清洁（1分）、安静（1分），温度及光线适宜（1分）	3	
操作中 （70分）	铺无菌治疗盘	打开无菌治疗巾包（2分），按规范要求铺无菌治疗盘（2分）	4	
	检查	1. 药物名称、剂量、质量（对光检查药液是否变色、变质、浑浊、沉淀或有絮状物，瓶身有无裂痕）有效期（2分） 2. 一次性注射器：型号、生产日期、有效期、包装完整性（2分）	4	
	抽吸药液	安瓿锯痕（2分），消毒后折断（2分），抽吸药液（2分），排尽空气（2分），套上安瓿，置于无菌盘内（2分）	10	
	操作前核对	携用物至床旁，作自我介绍（1分），核对患者身份（3分），询问了解患者的身体状况及用药史、过敏史及家庭史（4分），已进食，观察患者局部皮肤状况（1分），解释操作目的（1分），取得患者配合	10	
	患者体位	协助患者取舒适体位（2分）	2	
	选择注射部位	可选择上臂三角肌下缘、股外侧、腹部、后背（6分）	6	
	消毒	0.5%聚维酮碘消毒皮肤（3分），范围直径大于5cm（3分）	6	
	操作中查对	再次确认患者（1分）药物无误（1分），排气（1分）	3	

续表

项目		细则要求	分值	得分
操作中 (70分)	进针	左手小指夹棉签并绷紧皮肤(2分),右手以示指固定针栓(2分),针尖斜面向上与皮肤呈30°~40°角(4分),迅速将针头的1/2~2/3刺入皮下(4分)。	12	
	注药	左手回抽活塞(2分),右手固定针栓(2分),无回血时,缓慢注入药物(2分)	6	
	拔针	注射毕左手用干无菌棉签按压针眼处(1分),右手快速拔针(1分),再按压进针点至不出血(1分)	3	
	操作后查对	再次确认患者及药物无误	2	
	注意事项	指导患者用药后注意事项	2	
操作后 (15分)	整理	协助患者取舒适体位,整理床单位	2	
	洗手,记录	操作后洗手,签名、记录	2	
	物品处理	按消毒技术规范要求分类整理使用后物品	2	
	全过程质量	动作熟练、规范,符合操作原则	5	
	人文关怀	整个过程关注患者反应,动作轻柔,体现人文关怀	4	
总分			100	

(刘芳印)

十、肌内注射技术

(一) 目的
通过肌内注射给患者进行治疗。

(二) 适应证
不宜或不能做口服或静脉注射的药物,又要求比皮下注射更迅速发生药效者。

(三) 禁忌证
对拟用药物过敏者。

(四) 操作流程

1. 操作前准备

(1)操作者准备:着装整洁,洗手,戴口罩。

(2)患者准备:向患者详细解释皮内注射的目的、具体方法、需要注意的事项以及配合的关键点。告知患者操作过程中可能发生的风险及潜在的并发症。确保患者体位舒适,并暴露出注射部位。

(3)物品准备:手消毒剂、治疗盘1个、无菌治疗巾包、2~5ml注射器、药液、砂轮、棉签、0.5%聚维酮碘、注射单、笔、锐器盒、污物容器。

(4)环境准备:清洁、安静,温度及光线适宜。

2. 操作步骤

(1)按照规范要求铺设无菌治疗盘。

(2)进行检查:核实药物名称、剂量、质量及有效期;对于一次性注射器,需检查其型号、生产日期、有效期以及包装的完整性。

(3)依据规范抽取药液,并将其妥善放置在无菌治疗盘内。

(4)携带所需物品至患者床边,核对患者身份并进行评估。询问并了解患者的身体状况及药物过敏史,观察患者局部皮肤状况。向患者解释操作目的,以取得患者的配合。关闭门窗或拉上床帘,为患者提供适当的遮挡。

(5)选择注射部位：可选的注射部位包括臀大肌、臀中肌、臀小肌、股外侧肌和上臂三角肌，并能准确进行定位。具体定位方法如下：

1)臀大肌肌内注射有两种定位方法：①十字法：从臀裂顶点向左或向右画一水平线，再从髂嵴最高点作一垂线，将臀部分为四个象限，选择外上象限（避开内角）作为注射区。②连线法：从髂前上棘至尾骨作一连线，选择其外上 1/3 处作为注射部位。

2)臀中肌、臀小肌肌内注射法定位：①以示指尖和中指尖分别置于髂前上棘和髂嵴下缘处，由髂嵴、示指、中指构成一个三角形，注射部位位于此三角形内。②以髂前上棘外侧三横指处（以患者自身手指宽度为标准）作为注射部位。

3)股外侧肌肌内注射法定位：选择大腿中段外侧，宽约 7.5cm，位于膝上 10cm、髋关节下约 10cm 处作为注射部位。

4)上臂三角肌肌内注射法定位：选择上臂外侧，肩峰下 2~3 横指处（此部位肌肉较薄，仅适用于小剂量注射）作为注射部位。

(6)协助患者采取舒适的体位，使注射部位肌肉放松。具体体位如下：

1)侧卧位：上腿伸直放松，下腿稍弯曲。

2)俯卧位：足尖相对，足跟分开，头偏向一侧。

3)仰卧位：患者自然平躺于床上。

4)坐位：患者端坐于床旁或就诊椅上（适用于臀部注射）；或采取"手臂叉腰"姿势（适用于上臂三角肌肌内注射）。

(7)常规消毒皮肤，消毒范围直径应大于 5cm。

(8)注射前进行查对，确认无误后进行排气操作。

(9)进针：左手拇指和示指绷紧皮肤，小指与无名指夹紧一无菌干棉签；右手持针，以中指固定针栓，将针头迅速垂直刺入肌内 2.5~3cm（相当于针梗的 2/3，消瘦者及小儿应适当减少深度）。

(10)注药：松开左手，抽动活塞。右手固定针栓，确认无回血后，缓慢注入药物。

(11)拔针：注射完成后，左手用无菌干棉签按压针眼处，右手迅速拔针，并继续按压进针点直至不再出血。

(12)注射后再次查对患者床号、姓名及药名，确认无误后指导患者用药后的注意事项。

3. 操作后处理

(1)协助患者取舒适体位，整理床单位。

(2)洗手，记录。

(3)按消毒技术规范要求分类整理使用后物品。

(五) 操作注意事项

1. 必须严格执行查对制度和无菌操作制度，确保操作的安全性和准确性。

2. 在选择注射部位时，应确保该部位合适，避免刺伤神经和血管。同时，不能在存在炎症、硬结、瘢痕等部位进行注射。

3. 当需要同时注射 2 种或 2 种以上的药液时，必须注意这些药物之间的配伍禁忌，防止药物相互作用产生不良反应。

4. 在同时注射多种药液的情况下，应遵循先注射刺激性较弱的药液，后注射刺激性较强的药液的原则，以减轻患者的不适感。

5. 在进行注射时，切勿将针梗全部刺入皮肤，以防针梗从根部折断，造成不必要的伤害。

6. 对于 2 岁以下的婴幼儿，不宜选择臀大肌进行肌内注射，以避免损伤坐骨神经。应优先选择臀中肌、臀小肌进行肌内注射。

7. 对于需要长期注射的患者，应轮流交替注射部位，以防止因长期在同一部位注射而导致的局部硬结、肌肉萎缩等不良后果。

（六）并发症

1. 神经性损伤

（1）在选择注射药物时,应优先考虑刺激性小、等渗且 pH 接近中性的药物,避免使用刺激性强的药物进行肌内注射。

（2）注射时应选择肌肉较为丰厚的部位,如臀部或上臂部肌肉,同时需避开神经和血管。为儿童注射时,除要求进针点准确外,还应特别注意进针的深度和方向。

（3）在注射过程中,若发现神经支配区出现麻木或放射痛,应考虑注入神经内的可能性,此时应立即改变进针方向或停止注射。

（4）注射后若立即出现神经支配区麻木、放射痛、肢体无力和活动范围减少,约一周后疼痛可能减轻,但可能留有固定麻木区伴肢体功能部分或完全丧失。如下肢受累,可能出现行走无力、易跌跤。局部可能出现红肿、疼痛,肘关节活动受限,手部有运动和感觉障碍。对于不完全神经损伤,可进行理疗、热敷,并使用神经营养药物;中度以上完全性神经损伤者,应考虑进行神经松解术。

2. 针口渗液

（1）选择注射部位时,应优先选择神经少、肌肉较丰富的部位。

（2）掌握适当的注射剂量,每次注射量以 2~3ml 为宜,不宜超过 5ml。

（3）每次注射时应轮换部位,避免在同一部位反复注射。

（4）若推注药液时阻力较大,注射时有少量液体自针眼流出,拔针后液体流出更明显。此时应及时进行热敷、按摩,以加速局部血液循环,促进药液吸收。

3. 针头堵塞

（1）根据药液的性质选用粗细适合的针头。

（2）在注射前,应充分将药液摇匀,并检查针头是否通畅。

（3）注射时应保持一定的速度,避免停顿致使药液沉积在针头内。

（4）使用一次性注射器加药时,可尝试改变进针角度,由传统的 90° 改为 45°,以减少针头斜面与瓶塞的接触面积,从而降低阻力。

（5）若推药时阻力大,无法将注射器内的药液推入体内,应立即拔针,更换针头并另选部位进行注射。

（七）案例分享

患儿,女,3 岁。因"发热、咽痛、咳嗽 2d"到儿内科就诊。查体:体温 39.2℃。血常规:白细胞计数 17×10^9/L。予注射非甾体抗炎药。

【问题】

1. 请 A 进行相应操作。

2. 选择注射部位及如何定位?请 B 回答。

3. 患者进行该项操作时,如何避免损伤神经?请 C 回答。

【回答】

A 为患者进行肌内注射。

B 回答要点:小儿宜选用臀中肌、臀小肌肌内注射,定位方法:①以示指尖和中指尖分别置于髂前上棘和髂嵴下缘处,髂嵴、示指、中指便构成一个三角形,注射部位在示指和中指构成的角内;②以髂前上棘外侧三横指处(以患者自己手指宽度为标准)。

C 回答要点:药物选择、注射部位、进针深度及方向等。

【临床思维】

临床中注意患儿进行肌内注射时,为避免损伤坐骨神经,不宜用臀大肌肌内注射;须掌握注射部位的定位方法;药物剂量准确。

（八）肌内注射技术耗材及物品准备（表6-17）

表6-17　肌内注射技术耗材及物品准备清单

序号	物品名称	数量
1	手消毒剂	1瓶
2	治疗盘	1个
3	无菌治疗巾包	2个
4	2ml或5ml注射器	1个
5	药液	若干个
6	砂轮	1个
7	棉签	1包
8	0.5%聚维酮碘	1瓶
9	注射单	1张
10	笔	1支
11	锐器盒	1个
12	污物容器(医疗垃圾桶、生活垃圾桶)	2个

（九）肌内注射技术评分标准（表6-18）

表6-18　肌内注射技术评分标准

项目		细则要求	分值	得分
操作前 (15分)	操作者准备	1. 着装整洁(1分) 2. 洗手、戴口罩(1分)	2	
	患者准备	1. 向患者解释肌内注射目的(1分)、方法(1分)、注意事项(1分)及配合要点(1分) 2. 体位舒适、暴露注射部位(1分)	5	
	物品准备	手消毒剂治疗盘、无菌治疗巾包、2ml或5ml注射器、药液、砂轮、棉签、聚维酮碘、注射单、笔、锐器盒、污物容器	5	
	环境准备	清洁(1分)、安静(1分),温度及光线适宜(1分)	3	
操作中 (70分)	铺无菌治疗盘	1. 打开无菌治疗巾包(2分) 2. 按规范要求铺无菌治疗盘(2分)	4	
	检查	1. 药物名称、剂量、质量(对光检查药液是否变色、变质、浑浊,是否有沉淀或絮状物,瓶身有无裂痕)、有效期(2分) 2. 一次性注射器:型号、生产日期、有效期、包装完整性(2分)	4	
	抽吸药液	1. 安瓿锯痕(2分) 2. 消毒后折断(2分) 3. 抽吸药液(2分) 4. 排尽空气(2分) 5. 套上安瓿,置于无菌盘内(2分)	10	
	操作前核对	1. 携用物至床旁,作自我介绍(1分) 2. 核对患者身份(3分) 3. 询问了解患者的身体状况及用药史、过敏史及家庭史(4分) 4. 已进食,观察患者局部皮肤状况(1分) 5. 解释操作目的,取得患者配合(1分)	10	

项目		细则要求	分值	得分
操作中 (70分)	选择注射部位	可选择注射部位(臀大肌、臀中肌、臀小肌、股外侧肌、上臂三角肌),并能正确定位(6分)	6	
	患者体位	协助患者取舒适体位。关闭门窗或拉床帘为患者进行遮挡	2	
	消毒	1. 0.5%聚维酮碘消毒皮肤(3分) 2. 范围直径大于5cm(3分)	6	
	操作中查对	再次确认患者(1分),药物无误(1分),排气(1分)	3	
	进针	1. 左手拇指、示指绷紧皮肤(4分) 2. 小指与无名指处夹紧一干无菌棉签(2分) 3. 右手持针以中指固定针栓,将针头迅速垂直刺入肌内2.5~3cm(针梗的2/3,消瘦者及小儿酌减)(6分)	12	
	注药	1. 松开左手,抽动活塞(2分) 2. 右手固定针栓(2分) 3. 无回血时,缓慢注入药物(2分)	6	
	拔针	1. 注射毕左手用干无菌棉签按压针眼处(1分) 2. 右手快速拔针(1分) 3. 再按压进针点至不出血(1分)	3	
	操作后查对	再次确认患者及药物无误	2	
	注意事项	指导患者用药后注意事项	2	
操作后 (15分)	整理	协助患者取舒适体位,整理床单位	2	
	洗手,记录	操作后洗手,签名、记录	2	
	物品处理	按消毒技术规范要求分类整理使用后物品	2	
	全过程质量	动作熟练、规范,符合操作原则	5	
	人文关怀	整个过程关注患者反应,动作轻柔,体现人文关怀	4	
总分			100	

(刘芳印)

十一、静脉输液术

(一)目的
1. 维持水和电解质、酸碱平衡,补充水量和水分。
2. 增加血容量,维持血压。
3. 利尿消肿,治疗疾病等。

(二)适应证
1. 腹泻、剧烈呕吐、大手术后患者需补充水分及电解质时。
2. 严重烧伤,大出血、休克患者需扩充血容量时。
3. 为患有慢性消耗性疾病,胃肠道功能障碍、不能经口进食的患者需补充营养物质时。
4. 感染、中毒、颅内压增高等患者需输入药物治疗疾病时。

(三)禁忌证
1. 心肌疾病、高血压患者。
2. 肾功能减退,特别是急性肾功能衰竭无尿期患者。
3. 肺实质广泛性炎症、肺充血、肺水肿患者。

4. 穿刺部位有炎症、肿瘤、外伤、瘢痕的患者。

5. 有严重出血、凝血倾向者,或正在使用肝素、双香豆素等进行抗凝治疗而暂时禁止穿刺的患者。

（四）操作流程

1. 操作前准备

(1)操作者准备:仪表端庄、着装整洁、不戴装饰品、无长指甲,洗手、戴口罩。

(2)环境准备:光线明亮、清洁安静。

(3)物品准备:手消毒剂、内铺清洁治疗巾的治疗盘、一次性输液器、胶布或输液贴、止血带、垫巾、棉签皮肤消毒剂、药液、瓶套、启瓶器、笔、胶水、手表、治疗单、输液单(卡)、输液架、污物容器、药物、一次性注射器(另备)、砂轮、锐器盒。

(4)评估患者

1)询问患者用药史、过敏史、了解患者的身体状况。

2)评估患者穿刺部位的皮肤、血管状况及肢体活动度。

3)向患者解释操作目的,取得患者配合,并做好输液前准备,如排空大小便等。

2. 操作步骤

1)核对输液单(卡):确认床号、姓名、药名、浓度、剂量、用法、时间。

2)核对药物:检查药名、浓度、剂量和有效期,检查瓶口是否松动,瓶身有无裂痕,对光检查药液是否浑浊,是否有沉淀或絮状物。

3)粘贴输液卡并签名,套上瓶套,开启药瓶中心部分,并进行常规消毒瓶口。

4)检查一次性输液器:确认名称、生产日期、有效期、包装完整性后取出,将输液管插入瓶塞至针头根部,并请他人核对。

5)携用物至患者床旁,核对患者床号、姓名、药液,并告知药名和作用。

6)指导患者配合方法,并协助其取舒适体位。

7)固定针栓和护针帽,关闭调节器,将药瓶挂在输液架上排气,确保输液管内充满溶液,墨菲氏滴管内有 1/3~1/2 液体,排气后将带有护针帽的针头妥善固定在输液架上。

8)铺垫巾,选择静脉,在穿刺点上方 6cm 处扎止血带,消毒皮肤,输液进针前进行查对,确认无误。

9)取下针帽排气,再次检查墨菲氏滴管下端有无气泡,进行穿刺,见回血后沿静脉进针少许,松开止血带,打开调节器,用输液贴妥善固定:第一条固定针柄,第二条固定穿刺点,第三条将头皮针盘旋固定,取出止血带及垫巾,将输液肢体放置舒适。

10)输液后进行查对,确认无误。

11)调节输液速度,一般成人 40~60 滴 /min,儿童 20~40 滴 /min,或按医嘱执行。

12)询问并观察患者输液后的反应,告知注意事项,并将信号灯放置于患者可触及的位置。

13)协助患者取舒适体位,整理床单位。

14)洗手。

15)在输液单(卡)上签名,并挂输液卡。

3. 操作后处理

(1)按照消毒技术规范的要求,对使用后的物品进行分类处理。

(2)操作完成后,及时协助患者取舒适体位,并整理床单位。

(3)向患者及家属告知输液的注意事项:保护输液部位,不允许患者自行调节输液速度。输液过程中出现输液不滴、滴完,或手臂肿胀、疼痛及其他不良反应时,应及时告知医务人员。做好心理护理,并将信号灯置于患者可触及的位置。

（五）操作注意事项

1. 必须严格执行无菌操作及查对制度。在加入其他药液时,需在输液标签上明确注明药剂量。对于长期需要输液的患者,应从远心端的静脉开始选用,并注意保护和交替使用静脉。

2. 对于昏迷、小儿等无法合作的患者,应选用易于固定的静脉部位,并使用夹板固定肢体,以确保输液的顺利进行。

3. 在输入具有强刺激性的特殊药物时,必须确认针头已完全刺入静脉内后再加入药物。给药后,应暂时加快流速,片刻后再调回原流速,以减少对患者的不适。

4. 严防空气进入静脉。在加药、更换液体及结束输液时,必须保持输液管内始终充满液体,以避免空气栓塞的发生。

5. 进行大量输液时,应根据医嘱合理安排输液计划,并特别注意药物的配伍禁忌,以确保输液的安全性和有效性。

6. 连续输液时,应每24h更换一次输液器,以防止因输液器长时间使用而可能引起的感染或其他问题。

7. 加强巡视,随时观察输液是否通畅、滴速是否适宜以及患者对药物的反应。如发现任何异常,应立即处理,并在必要时停止输液,及时通知医生。

（六）并发症

1. **发热反应**

(1) 严格检查药物及用具质量,禁止使用不合格的输液器具。

(2) 改进安瓿的割锯与消毒流程:安瓿锯痕后,使用消毒棉签消毒一次后折断,以达到无菌目的,同时操作简便,省时省力。

(3) 避免使用大针头及多次穿刺瓶塞进行加药。

(4) 加强加药注射器使用管理,严格执行一人一具,禁止重复使用。

(5) 静脉输液过程必须严格遵守无菌操作原则。

(6) 采用过硬的穿刺技术及穿刺后的良好固定,以避免反复穿刺静脉增加的污染风险。

(7) 合理用药,特别注意药物配伍禁忌。

(8) 处理:①发热轻者减慢输液速度。高热者应停止输液;严重发热者,进行对症处理。②保留输液器具和溶液进行检查,若需继续输液,则更换液体、输液器及针头。

2. **急性肺水肿**

(1) 对心脏疾病患者或老年、小儿,注意调节输液速度,不宜过快,输入量不宜过多。

(2) 经常巡视输液患者,避免因体位或肢体改变而加快或减慢滴速。

(3) 处理:立即减慢或停止输液,取端坐位,两腿下垂,给予50%~70%酒精湿化后的高浓度氧气,并给予强心剂、利尿剂治疗。

3. **静脉炎**

(1) 严格执行无菌技术操作原则。静脉穿刺力争一次成功,对长期静脉输液者应有计划地更换输液部位,注意保护静脉。

(2) 输液时最好选用上肢静脉,尽量避免在下肢静脉置留置针,因下肢静脉血流缓慢,易产生血栓和炎症。输入刺激性较强的药物时,应尽量选用粗血管。

(3) 输注氨基酸类或其他高渗药液时,应与其他液体混合输入,且输入速度要慢,使其有充分稀释过程。

(4) 严格控制药物的浓度和输液速度。

(5) 在输液过程中,严格遵循无菌技术操作流程,严防输液微粒进入血管。

(6) 严格掌握药物配伍禁忌,每瓶药液联合用药,以不超过2~3种为宜。

(7) 营养不良、免疫力低下的患者,应加强营养,增强机体对血管壁创伤的修复能力和对局部炎症的抗炎能力。

(8) 加强留置针留置期间的护理,针眼周围皮肤每天用碘酒、酒精消毒后,针眼处再盖以酒精棉球和无菌纱布予以保护。连续输液者,应每天更换输液器1次。

(9) 处理:抬高患肢,局部热敷和中药外敷、理疗;如合并全身感染,应用抗生素治疗。

4. 空气栓塞

(1)穿刺前需排尽输液管及针头内空气。

(2)输液过程中及时更换或添加药液,输液完成后及时拔针。如需加压输液,应有专人守护。

(3)处置措施:立即置患者于左侧卧位和头低足高位,给予高流量氧气吸入,同时严密观察病情变化。

5. 血栓栓塞

(1)避免长期大量输液。

(2)为患者行静脉穿刺后,应用消毒液洗手,方能为第二者穿刺,以减少细菌微粒的污染。配药室应采用净化工作台,以减少微粒污染。

(3)正确切割安瓿,切忌用镊子等物品敲开安瓿。在开启安瓿前,以 70% 酒精擦拭颈段可有效减少微粒污染。

(4)正确抽吸药液,抽药的注射器不能反复多次使用。

(5)正确选择加药针头,加药针头型号选择 9~12 号侧孔针,并尽量减少针头反复穿刺橡胶瓶塞,以明显减少橡胶微粒的产生。

(6)输液终端滤器可截留任何途径污染的输液微粒,是解决微粒危害的理想措施。

(7)处理:停止在患肢输液,抬高患肢,制动,进行超短波理疗或特定电磁波谱灯照射;严重者手术切除栓子。

6. 疼痛

(1)输注对血管有刺激性药液时,宜选择大血管进行穿刺,并减慢输液速度。

(2)输液过程加强巡视,若发现液体漏出血管外或局部皮肤肿胀,应予拔针另选部位重新穿刺。

(3)处理:局部予以热敷,采用小剂量利多卡因静脉注射。

7. 败血症

(1)配制药液或营养液、导管护理等操作应严格遵守无菌技术操作原则。

(2)采用密闭式一次性医用塑料输液器。

(3)认真检查输入液体的质量、透明度、溶液瓶有无裂痕、瓶盖有无松动、输液标签字迹是否清晰及有效期等。

(4)输液过程中,经常巡视,观察患者情况及输液管道有无松脱等。

(5)严禁通过已插入患者体内的导管直接抽取血液进行化验,与导管相连接的输液系统应 24h 更换一次,每天消毒并更换敷料。

(6)处理:停用原液,另建立静脉通道,联合应用抗生素治疗;如发生休克,则进行抗休克及纠正酸中毒治疗。

8. 神经损伤

(1)输注对血管、神经有刺激性的药液,先用 0.9% 氯化钠溶液行静脉穿刺,确定针头在血管内后才连接输液器,输液过程中,严密观察药液有无外漏。

(2)静脉穿刺时,尽可能选择手背静脉,尽可能一次成功。长期输液患者应经常更换注射部位,保护好血管。

(3)处理:制动患肢(禁热敷),予以理疗、超短波照射,肌内注射维生素 B_1、维生素 B_{12} 等营养神经药物。

9. 导管阻塞

(1)穿刺时要及时回抽,穿刺后要加强巡视,及时发现问题及时处理。

(2)处理:拔针,更换针头另选部位进行注射。

(七) 案例分享

患者,男,32 岁,因"车祸致右下肢开放性骨折 5h",入院后伤口已做包扎处理,患者诉口渴,尿少。查体:体温 38.0℃,脉率 125 次/min,呼吸 23 次/min,血压 86/42mmHg。

【问题】

1. 患者发生了什么问题?

2. 根据患者情况,请完成相应护理操作。

【回答】

1. 患者出现失血性休克。

2. 回答后展示提示卡:患者已吸氧,开始其他护理操作。

教学视频:静脉输液术

(八) 静脉输液术耗材及物品准备清单(表6-19)

表6-19 静脉输液术耗材及物品准备清单

序号	物品名称	数量
1	手消毒剂	1瓶
2	治疗盘(内铺清洁治疗巾)	1个
3	一次性输液器	2个
4	胶布	1卷
5	输液贴	1包
6	止血带	2根
7	垫巾	1张
8	棉签	1包
9	皮肤消毒剂	1瓶
10	药液	1瓶
11	瓶套	1个
12	启瓶器	1个
13	笔	1只
14	胶水	1瓶
15	手表	1块
16	输液标签	1张
17	治疗单	1张
18	输液单(卡)	1张
19	输液架	1个
20	污物容器	2个
21	药物	若干个
22	一次性注射器	1个
23	砂轮	1个
24	锐器盒	1个

【临床思维】

患者出现失血性休克,回忆题干信息:患者诉口渴,尿少,查体:体温38.0℃,脉率125次/min,呼吸23次/min,血压86/42mmHg,立即给予静脉补液。

（九）密闭式静脉输液术评分标准（表6-20）

表6-20　密闭式静脉输液术评分标准

项目	细则要求	分值	得分
操作前 （11分）	操作者准备： 1. 着装规范,工作服整洁;佩戴口罩、帽子;清洁双手 2. 核对医嘱 3. 询问患者用药史、过敏史、了解患者的身体状况 4. 了查看患者穿刺部位皮肤情况 5. 解释操作目的,取得患者配合,并做好输液前准备,如排空大小便等	5	
	患者准备：取舒适体位	2	
	用物准备： 1. 手消毒液内铺清洁治疗巾的治疗盘、一次性输液器 2. 胶布或输液贴、止血带垫巾、棉签 3. 皮肤消毒剂、药液、瓶套（备用） 4. 笔、手表、输液单（卡）、治疗碗、输液架、污物容器	4	
操作中 （68分）	1. 核对输液卡 2. 检查液体 3. 口述："液体在有效期内,澄清无杂质,瓶身无裂痕"	9	
	签名,贴输液卡,消毒瓶口	9	
	检查一次性输液器,并将其插入液体瓶中	4	
	核对患者的姓名、床号	3	
	摆体位,指导患者配合	6	
	排气	6	
	扎止血带,消毒皮肤,输液进针前查对	9	
	再次复查排气,输液管下端无气体,嘱患者握拳,一次性穿刺成功	8	
	三松：松止血带、松拳、打开调节器	6	
	胶布固定,将输液肢体放置舒适位置	8	
操作后 （21分）	输液后查对;调节输液速度;告知注意事项：避免过度活动输液肢体,不能随意调节输液速度,如有不适及时告知等	8	
	协助患者取舒适体位,整理床单位	2	
	洗手,签名,记录	3	
	将使用过的物品按医疗垃圾管理条例分类进行处理	2	
	操作熟练,动作流畅	2	
	整个过程关注患者反应,动作轻柔,体现人文关怀	2	
	程序正确	2	
总分		100	

（廖秋姣）

十二、吸痰术

(一) 目的

吸出呼吸道分泌物,保持呼吸道通畅,保证有效的通气。

(二) 适应证

1. 老年体弱者,其咳嗽无力、咳嗽反射迟钝或会厌功能障碍。

2. 昏迷、危重、麻醉未苏醒的患者,因其不能自行排痰而导致呼吸困难。

3. 各种原因引起的咳嗽反射迟钝或会厌功能不全患者,无法自行清除呼吸道分泌物或误吸呕吐物。

4. 各种原因引起的窒息患者。

(三) 禁忌证

1. 绝对禁忌证:通常无特殊禁忌,但对颅底骨折患者,禁忌经鼻腔吸痰。

2. 相对禁忌证:严重缺氧者、严重心律失常者。

(四) 操作流程

1. 操作前准备

(1)操作者准备:仪表端庄、着装整洁、不戴装饰品、无长指甲,洗手、戴口罩。

(2)患者准备

1)了解患者病情,包括意识状态、生命体征、吸氧流量。

2)评估呼吸道分泌物的量、黏稠度,口、鼻腔黏膜情况。

3)检查吸痰器性能是否良好。

4)与患者及家属沟通,告知吸痰的目的、方法、必要性,吸痰的注意事项及配合要点,交代吸痰存在的风险及并发症,取得患者合作。

(3)物品准备:电动吸引装置、无菌盘内盛适当型号的无菌吸痰管数条、治疗碗、无菌镊子或手套,治疗巾、0.9% 氯化钠溶液、纱布、手电筒、注射器、必要时备压舌板、舌钳、开口器、听诊器、吸痰连接管、治疗车。

(4)环境准备:光线明亮、清洁安静。

2. 操作步骤

(1)携带用物至患者床旁,进行自我介绍,并与患者及家属核对床号、姓名、性别等信息。

(2)向患者告知操作配合要点,并协助患者取适宜的体位。

(3)将患者头部转向操作者,于患者胸前铺放无菌巾,检查患者口腔并取下活动义齿。对于昏迷患者,可使用压舌板等辅助工具。

(4)安装并检查吸引装置,将橡胶管与负压瓶连接,接通电源,检查管道及负压装置性能。调节吸引负压至 40~53kPa,小儿吸痰压力应小于 40kPa。

(5)使用无菌镊子或戴无菌手套,连接吸痰管。持吸痰管试吸 0.9% 氯化钠溶液,以润滑并冲洗吸痰管,检查管道是否通畅,并确保前端润滑。

(6)进行吸痰操作:将吸痰管插入至所需深度,启动负压抽吸。先吸除上呼吸道分泌物。对于神志清醒的患者,嘱其张口配合;对于昏迷患者,使用压舌板或开口器助其张口。折叠吸痰管以关闭负压,将吸痰管插入口腔或鼻腔至适宜深度,松开吸痰管折叠处,轻轻左右旋转并上提,吸出口腔及咽部分泌物。每次抽吸时间不得超过 15s,如痰未吸尽,应休息 2~3min 后再吸。插入深度需根据具体情况调整:经口颊部至咽喉部为 10~15cm,经鼻至咽喉部为 20~25cm,气管插管者插入 30~35cm,气管套管者插入 10~15cm。

(7)吸除下呼吸道分泌物时,需更换吸痰管。左手指折叠导管末端,将吸痰管插入气管内至适宜深度,放开导管末端,轻柔、灵活、迅速地左右旋转并上提吸痰管,以吸净痰液。使用呼吸机时行气管内吸痰方法:

1）吸入高浓度氧气 1~2min。

2）如痰液过黏稠不易吸出时,可注入 0.9% 氯化钠溶液 5~10ml。

3）将一次性吸痰管与吸引器连接,并打开吸引器。

4）分离与呼吸机连接的管道,将吸痰管插入至适宜深度并旋转上提。

5）吸痰完毕后迅速连接呼吸机,并吸入高浓度氧气 1~2min。

（8）观察吸出痰液的颜色、性质及量,并密切观察患者病情变化、吸痰效果及生命体征等。

（9）拔出吸痰管后,吸入 0.9% 氯化钠溶液以冲洗吸痰管,分离吸痰管并关闭负压。

（10）清洁患者口鼻部,恢复患者至舒适体位,整理用物及床单位,并指导清醒患者适当饮水。

（11）洗手,记录。

3. 操作后处理

（1）吸痰后,应及时整理床单位,并协助患者取舒适卧位。

（2）向患者及家属交代吸痰后的注意事项,进行心理护理和健康宣教。

（3）如果患者清醒,应安抚患者不要紧张,并指导其自主咳嗽。

（4）按照消毒技术规范要求,分类处理使用后的物品。

（五）操作注意事项

1. 必须严格遵循无菌操作原则,以防止感染的发生。

2. 选择适当型号的吸痰管,确保粗细及软硬度均适宜,以满足使用需求。

3. 在进行吸痰操作时,动作应轻柔且稳定。吸痰管不宜插入过深,以防止引起患者的剧烈咳嗽。

4. 吸引过口、鼻分泌物的吸痰管禁止进入气道,以防止交叉感染。

5. 当使用呼吸机时,吸痰完毕后应吸入高浓度氧气,然后调回原先设置好的氧浓度。一次吸痰时间（从断开呼吸机到连接呼吸机）以不超过 10~15s 为宜。每次吸痰后都应更换新的吸痰管。

6. 在用注射器进行气管内滴药时,必须小心谨慎,防止针头误入气道。

7. 在吸引过程中,应密切观察病情的变化以及吸出物的性状和量等。

8. 如痰液黏稠不易吸出,可配合背部叩击、雾化吸入等方法进行辅助处理。

（六）并发症

1. 吸入性肺炎 吸痰操作可能增加下呼吸道细菌的聚居,从而并发吸入性肺炎,该并发症更容易发生于经气管插管吸痰的患者。临床表现为新出现的吸入性肺部感染的症状和体征,以及相应的实验室检查结果的改变。因此,在给此类患者吸痰时,应先吸引口腔分泌物,然后在气囊放气后进行吸痰操作。

2. 低氧血症 在吸痰过程中,患者通常会发生低氧血症,对于原有低氧血症的患者,其低氧程度可能会加重。因此,在吸痰前可考虑先给予氧气吸入,以提高患者的血氧分压。

3. 气管组织或支气管黏膜损伤 一般认为,气道黏膜损伤的程度与吸引的负压和持续时间成正比。严格遵守操作规程可减少该并发症的发生。

4. 支气管收缩 / 支气管痉挛 患者可能出现突发哮喘样症状,部分患者出现哮鸣音。此时应按支气管哮喘急性发作进行处理,并立即停止吸痰操作。

5. 颅内压升高 该并发症与脑血流量变化有关。患者可能出现呕吐、意识障碍等症状。此时应立即停止吸痰,并按颅内压升高的处理方法进行处理。

6. 高血压或低血压 如出现高血压或低血压症状,应立即停止吸痰,并给予对症处理。

7. 心律失常 如出现心律失常症状,应立即停止吸痰,并给予对症处理。

（七）案例分享

患者,女,32 岁,因颅脑外伤持续昏迷 7d 入院。查体:体温 38.5℃,已行气管插管,双肺呼吸音粗,闻及大量痰鸣音。痰培养结果显示,该患者存在多重耐药情况。诊断:缺氧缺血性脑病并发感染。

【问题】

根据患者的情况,应该为患者进行什么操作?

【回答】

1. 患者痰多,容易发生窒息,给予吸痰护理操作。

2. 患者多重耐药,需要穿隔离衣进行吸痰操作。

【临床思维】

对气管插管患者按照先导管内、再口鼻的顺序吸痰,吸痰管插入深度合适,有效吸出导管末端痰液和痰栓。

教学视频:吸痰术

（八）吸痰术耗材及物品准备清单（表6-21）

表6-21　吸痰术耗材及物品准备清单

序号	物品名称	数量
1	电动吸引装置	1台
2	无菌盘	1个
3	无菌吸痰管	数条
4	治疗巾	1张
5	治疗碗	2个
6	无菌镊子	2个
7	无菌手套	2副
8	0.9%氯化钠溶液	1瓶
9	纱布	2包
10	手电筒	1个
11	注射器	1个
12	听诊器	1个
13	压舌板(必要时)	1个
14	舌钳(必要时)	1个
15	开口器(必要时)	1个
16	吸痰连接管	2根
17	治疗车	1辆

（九）电动吸引器吸痰术评分标准（表6-22）

表6-22　电动吸引器吸痰术评分标准

项目	细则要求	分值	得分
操作前 (28分)	核对医嘱、患者、床号、姓名	5	
	评估患者: 1. 病情、痰量和痰液黏稠度(听诊)、意识(3分) 2. 生命体征、呼吸状况、痰鸣音、血氧饱和度、心理、合作程度(2.5分) 3. 口、鼻腔黏膜情况(2.5分)	8	
	告知患者或家属操作的目的、步骤、风险和不适,向患者取得合作(痰多,血氧饱和度骤降时应立即实施)	5	
	1. 操作者准备:仪表符合要求,洗手、戴口罩,必要时做好职业防护(2.5分) 2. 环境准备:清洁、舒适(2.5分) 3. 物品准备:负压吸引装置、选择合适的吸痰管2条、治疗盘、治疗巾、无菌治疗碗2、无菌镊子1、手套、0.9%氯化钠溶液、玻璃接头、听诊器。必要时备压舌板、开口器、舌钳、电筒等,放置合理。连接并检查吸痰装置性能,调节负压(2.5分) 4. 患者准备:合适体位,检查口腔黏膜,取下活动性假牙,(必要时)颌下铺巾(2.5分)	10	

续表

项目	细则要求	分值	得分
操作中 (60分)	安全与舒适环境： 1. 患者体位舒适(5分) 2. 遵守操作规程,吸痰装置连接正确、安全(5分)	10	
	实施： 1. 戴手套,连接吸痰管,试吸,湿润导管(8分) 2. 插管：吸痰管放入时先不要给负压,一手反折吸痰管末端,一手持其前端轻轻放入吸痰管于合适位置,松开吸痰管末端反折,加负压(8分) 3. 吸痰：左右旋转,向上提出,吸净痰液,每次不超过15s,一次未吸尽时,两次间隔3~5min后再吸(8分) 4. 先经口腔行咽喉部吸痰(深度大约15cm),再更换一次性吸痰管经鼻腔行气管深部吸痰(深度大约25cm)(8分) 5. 间隔吸水冲管,保持通畅,(从手套内侧脱下手套并包裹吸痰管然后弃掉),有胃管管饲者,在吸痰前暂停管饲(8分)	40	
	观察与记录： 1. 观察患者呼吸道改善情况、痰液性状、听诊肺部湿啰音有无减少或消失,有使用心电监护仪观察生命体征、血氧饱和度(5分) 2. 记录痰液量、性状、颜色(5分)	10	
操作后 (12分)	患者体位舒适,单位整洁,垃圾分类处理	4	
	整体评价： 1. 严肃认真、关心患者(2分) 2. 操作稳重、轻柔、熟练、准确,吸痰方法正确(3分) 3. 严格遵守无菌操作规则,吸尽痰液,呼吸道通畅(3分)	8	
总分		100	

（廖秋姣）

十三、吸氧术

(一) 目的

提高血氧含量及动脉血氧饱和度,纠正机体缺氧。

(二) 适应证

1. 呼吸系统病变：肺源性心病、哮喘、重症肺炎、肺水肿、气胸等。

2. 心血管系统病变：心源性休克、心力衰竭、心肌梗死、严重心律失常等。

3. 中枢神经系统病变：颅脑外伤、由各种原因引起的昏迷状况。

4. 其他：如严重的贫血、失血性休克、一氧化碳中毒、麻醉药物及氰化物中毒、大手术后恢复期、产程过长等。

(三) 禁忌证

1. 对于无自主呼吸或严重呼吸衰竭的患者,应优先建立人工气道并给予呼吸机治疗。

2. 百草枯中毒早期患者不建议吸氧,因为吸氧可能加剧肺纤维化进程。

3. Ⅱ型呼吸衰竭患者若吸入高浓度氧气,反而可能加重呼吸中枢的抑制。

4. 对早产儿和低体重儿进行吸氧时需格外谨慎,氧浓度应严格控制在30%~40%且吸氧时间不宜过长。

(四) 操作流程

1. 术前准备

(1)操作者准备：仪表端庄、着装整洁,不戴装饰品、无长指甲,洗手、戴口罩。

(2) 患者准备

1) 询问、了解患者的身体状况。

2) 评估患者鼻腔情况。

3) 评估氧气装置是否完好。

4) 解释操作目的,取得患者配合。

(3) 物品准备:治疗车、手消毒剂、内铺清洁治疗巾的治疗盘、供氧装置1套(配"四防"标识的流量表)、湿化瓶(内盛1/2~2/3冷开水)、冷开水、一次性吸氧管2条、供氧系统氧气吸入器一套、治疗碗(装纱布、通气管、镊子)、棉签、用氧记录单、笔、手表、污物容器、手套或无菌手套。

(4) 环境准备:光线明亮、清洁安静。

2. 操作步骤

(1) 携带所需物品至患者床旁,与患者及其家属进行沟通,进行自我介绍,并仔细核对患者的床号、姓名、性别等信息。再次向患者解释操作目的和过程,做好心理护理,以确保患者的配合。

(2) 装表操作:首先打开氧气筒上的总开关,清洁气门后立即关闭。接着接上氧气表并旋紧,检查小开关是否处于关闭状态。打开总开关,检查装表后是否有漏气现象。然后依次将通气管、湿化瓶、供氧导管与氧气表连接(对于中心供氧系统,需先打开防尘盖,依次安装氧气表、湿化管和湿化瓶。打开流量表开关,检查氧气装置是否有气,氧气流出是否通畅,也可先将整套装置连接好,再接上中心供氧装置)。

(3) 协助患者取舒适体位,用湿棉签清洁鼻孔(若使用双鼻塞导管,则需用2根棉签)。

(4) 检查一次性吸氧管的密封效果及有效日期,并将其与流量表连接。

(5) 打开流量表开关,调节氧流量,确保氧气流出通畅。

(6) 将一次性吸氧管轻轻置入患者鼻孔,并妥善固定。

(7) 指导患者进行有效呼吸,告知患者不可自行摘除鼻导管和调节流量。将信号灯放置于患者可及之处,并密切观察患者缺氧改善情况。

(8) 再次协助患者取舒适体位,整理床单位。

(9) 洗手。

(10) 签名并记录用氧时间及氧流量。

(11) 停吸氧时,需核对患者的床号、姓名,向患者解释后取下鼻塞,并擦净患者鼻部。

(12) 询问患者对操作的感受,并观察吸氧效果。

(13) 再次协助患者取舒适体位,整理床单位。

(14) 洗手,并记录停氧时间。

3. 操作后处理

(1) 向患者及家属详细交代吸氧的注意事项,强调不要自行摘除鼻塞或调节氧气流量,并做好心理护理。

(2) 告知患者如感到鼻咽部干燥不适或胸闷憋气时,应及时通知医护人员。

(3) 吸氧和停氧后,需及时整理床单位,并协助患者取舒适卧位。

(4) 使用后的物品应按照消毒技术规范进行处置,并做好垃圾分类。

(五) 操作注意事项

1. 严格遵守操作规程,切实执行防火、防油、防热、防震措施,并特别注意用氧安全。

2. 对于持续吸氧的患者,鼻塞应每日更换一次。当使用单腔管时,应确保双侧鼻孔交替置管,并及时清理鼻腔分泌物,以保证用氧效果。

3. 在使用氧气时,应先调节好流量再开始使用,停用时应先拔除鼻塞,再关闭氧气开关。

4. 氧气筒内的氧气切勿完全用尽。

5. 对于已用完的氧气筒,应悬挂"空"的标志以示区分。

6. 在用氧过程中,应准确评估患者的生命体征,判断用氧效果,确保做到安全用氧。

（六）并发症

1. 无效吸氧

（1）检查氧气装置、供氧压力及管道连接,确保无漏气现象。

（2）吸氧前需确认吸氧管通畅,并妥善固定,以防脱落或移位。

（3）根据医嘱或患者病情调节吸氧流量。

（4）对气管切开患者,采用气管套管供给氧气。

（5）定期清除呼吸道分泌物,保持气道通畅。

（6）一旦发生无效吸氧,立即查找原因并采取相应措施,以恢复有效的氧气供给。

2. 气道黏膜干燥

（1）及时补充氧气湿化瓶内的湿化液。嘱有张口呼吸习惯的患者改用鼻腔呼吸;病情严重者,可用湿纱布覆盖口腔,并定时更换。

（2）根据患者缺氧情况调节氧流量:轻度缺氧 1~2L/min,中度缺氧 2~4L/min,重度缺氧 4~6L/min,小儿 1~2L/min。吸氧浓度应控制在 45% 以下。

（3）对气道黏膜干燥者,给予超声雾化吸入,以湿化、温化气道,雾量可随时调节。

3. 氧中毒

（1）严格掌握吸氧及停氧指征,选择恰当的给氧方式。

（2）吸氧浓度不得超过 45%。及时调整吸氧流量、浓度和时间。

（3）对氧疗患者进行健康教育,告诫其勿自行随意调节氧流量。

（4）处理:出现氧中毒→降低吸氧流量→报告医生→对症处理。

4. 晶体后纤维组织增生

（1）对新生儿,尤其是早产低体重儿,避免长时间、高浓度吸氧,吸氧浓度应小于 40%。

（2）长时间高浓度吸氧后出现视力障碍的患儿应定期接受眼底检查。

（3）已发生晶体后纤维组织增生者,应尽早进行手术治疗。

5. 腹胀

（1）正确使用鼻导管,插管深度成人以 2cm 为宜。新生儿最好使用氧气罩吸氧。

（2）采用鼻塞吸氧法、鼻前庭或面罩吸氧法可有效避免此并发症。

（3）如发生急性腹胀,应及时进行胃肠减压和肛管排气。

6. 感染

（1）每天更换吸氧管、氧气湿化瓶及湿化瓶内湿化液,湿化瓶每天消毒。

（2）湿化瓶内应使用灭菌处理的冷开水或蒸馏水。

（3）每天口腔护理二次。

（4）发生感染时,应去除感染原因,并使用抗生素进行抗感染治疗。

7. 鼻衄

（1）正确掌握插管技术,动作应轻柔。如遇阻力,应排除鼻中隔畸形可能,切勿强行插管。必要时可改用鼻塞法或面罩法吸氧。

（2）选择质地柔软、粗细合适的吸氧管。

（3）长时间吸氧者,应保持室内湿度,做好鼻腔湿化工作。拔除鼻导管前,先用湿棉签或石蜡油湿润,再轻摇鼻导管,待结痂物松脱后再拔管。

（4）如发生鼻衄,应及时报告医生,进行局部止血处理,如使用血管收缩剂或局部压迫止血。如出血量多,请耳鼻喉科医生进行后鼻孔填塞止血。

8. 肺组织损伤

（1）调节氧流量后,供氧管方可与鼻导管连接。

（2）原面罩吸氧患者改用鼻导管吸氧时,应及时减低氧流速。

（3）处理:肺组织损伤→鼻导管或面罩给予纯氧吸入→给予镇痛药以减轻胸痛→如出现气胸→进

行相应处理。

9. 烧伤

(1)注意安全用氧,严禁烟火。

(2)为患者吸氧时要妥善固定吸氧装置,防止氧气外漏。

(3)患者吸氧时应穿着棉质外衣。

(4)一旦发生火灾,应立即关闭氧气来源,用床单保护患者并扑灭火焰。如患者烧伤,应按烧伤进行处理。

(七) 案例分享

患者,男,72 岁,慢性支气管炎、肺气肿、肺心病,伴呼吸急促,口唇发绀,心电监护仪显示:血氧饱和度 89%。根据患者情况,请在医学模拟人上完成相应护理操作。

【问题】

请完成护理操作全过程。

【回答】

根据患者缺氧情况,给予患者吸氧护理操作。

【临床思维】

观察到患者呼吸急促,口唇发绀,心电监护仪显示血氧饱和度为 89%,判断患者存在缺氧状况,需要立即进行鼻导管吸氧。

教学视频:吸氧术

(八) 吸氧术耗材及物品准备(表6-23)

表 6-23　吸氧术耗材及物品准备清单

序号	物品名称	数量
1	治疗车	1 辆
2	手消毒剂	1 瓶
3	治疗盘(内铺清洁治疗巾)	1 个
4	供氧装置	1 套
5	"四防"标识的流量表	1 个
6	湿化瓶	1 个
7	冷开水	1 瓶
8	一次性吸氧管	2 条
9	供氧系统氧气吸入器	1 套
10	治疗碗	2 个
11	纱布	2 包
12	通气管	1 条
13	镊子	2 把
14	棉签	1 包
15	用氧及停氧记录单	1 张
16	笔	1 只
17	手表	1 块
18	污物容器	2 个
19	扳手	1 把
20	手套或无菌手套	各 1 副

（九）氧气筒式氧疗法评分标准（表6-24）

表6-24 氧气筒式氧疗法评分标准

项目	细则要求	分值	得分
操作前 （16分）	操作者准备：戴口罩、帽子，仪表端庄（2分），洗手（1分）	3	
	核对医嘱、床号、姓名（2分），向患者解释操作的目的和必要性（2分）	4	
	向患者解释配合方法	2	
	物品准备前洗手（六步法）	2	
	手消毒剂、内铺清洁治疗巾的治疗盘、供氧装置1套（氧气罐、配"四防"标识的流量表）、湿化瓶（内盛1/2~2/3冷开水）、一次性吸氧管、供氧系统氧气吸入器1套、弯盘（装纱布、通气管、镊子）、小烧杯、棉签、用氧记录单、笔、手表、手电筒、扳手、垃圾桶（每少1项扣1分，扣完为止）	5	
操作中 （74分）	携用物至床旁（2分），再次查对床号、姓名（2分）	4	
	操作前洗手	2	
	协助患者取舒适体位	2	
	用手电筒检查患者鼻腔（2分），用湿棉枝清洁鼻腔（2分）	4	
	打开氧气筒上总开关清洁气门（1分），立即关好（1分）	2	
	接上氧气表并旋紧（2分），检查小开关（氧气流量开关）是否关闭（2分）	4	
	通气管、湿化瓶、供氧导管分别与氧气表连接	8	
	开总开关检查装表后有无漏气	4	
	检查一次性吸氧导管密封效果及有效日期（2分），与流量表连接（2分）	4	
	打开小开关（氧气流量开关）（3分），调节氧流量（一般为2~4L/min，氧气面罩一般为6~8L/min）（3分）	6	
	检查氧气流出是否通畅	4	
	1. 单鼻导管使用方法：首先，需用0.9%氯化钠溶液润湿导管。然后，右手持镊子将导管小心置入一侧鼻腔内，置入深度应为鼻尖到耳垂距离的2/3，以确保导管位置适中。最后，使用胶布在鼻翼处做蝶形固定，并在面颊处进行额外固定，以确保导管稳固 2. 鼻塞导管使用方法：将鼻塞置于一侧鼻腔前庭，选择大小适中的鼻塞，以能够恰好塞住鼻孔为宜。然后，使用胶布进行固定，确保鼻塞不会移动或脱落 3. 双鼻导管使用方法：将导管直接置入鼻腔，并进行固定。然后，将导管绕过耳后，在下颌下方进行固定，以确保导管位置稳定且舒适 4. 氧气面罩使用方法：先将吸氧管连接至面罩，然后扣上面罩，调整其位置以确保与面部贴合。最后，使用松紧带进行固定，注意松紧度要适中，既不过紧，也不过松 （正确使用方法为8分，选择合适的吸氧管加2分）	10	
	1. 观察吸氧情况，视病情调整氧流量（2分） 2. 告知患者不可自行摘除鼻导管和调节氧流量（2分） 3. 注意防火、防震、防油、防热（2分） 4. 密切观察缺氧改善情况（2分）	8	
	清洁患者面部（2分），协助患者取舒适体位（2分），整理床单位（2分）	6	
	洗手（2分），记录用氧时间和氧流量（2分）	4	
	按医疗物品管理条例分类处理用后物品	2	

续表

项目	细则要求	分值	得分
操作后 (10分)	整个过程动作熟练、规范,符合操作原则	5	
	言语通俗易懂,态度和蔼,沟通有效,整个操作过程表现出人文关怀	5	
总分	注:只开小开关,不开总开关便插管,未输入氧气扣50分	100	

(廖秋姣)

十四、头皮静脉穿刺术

(一) 目的

1. 补充水分及电解质。

2. 增加循环血量。

3. 肠外营养治疗。

4. 输入药物,对症治疗。

(二) 适应证

1. 补充水分及电解质以维持水电解质的平衡。

2. 扩充血容量,改善血液循环。

3. 输入药物,维持营养,供给热量。

(三) 禁忌证

头部外伤或感染。

(四) 操作流程

1. 操作前准备

(1)操作者准备

1)向患儿家长解释病情及输液的目的并取得配合。

2)认真核对患儿姓名、体重、性别、年龄。

3)洗手,戴口罩。

(2)患者准备:指导家属更换尿布、干净衣物,停止喂食等。

(3)物品准备:治疗盘、输液器、一次性头皮针、聚维酮碘、胶布、剃刀、垫枕、手消毒剂、医疗垃圾桶、生活垃圾桶、锐器盒、输液架、治疗车。

(4)环境准备:安静、舒适、明亮、整洁。

2. 操作步骤

(1)在进行操作之前,应再次核对上述所有内容,确保无误。

(2)穿刺前,需指导家属做好患儿的安抚工作,以获得患儿的配合。对于不合作者,应给予适当的约束措施。

(3)体位要求:患儿应横向仰卧于床上,肩颈下方垫上垫枕。指导家属协助固定患儿头部,具体方法为:患儿两腿分开,家属面向患儿,身体前倾,双手肘关节下压患儿双肩,双手则下压固定头部。

(4)静脉选择:根据患儿的年龄和皮肤状况,选择适宜的静脉血管。常选的血管包括额前额静脉、颞浅静脉、眶上静脉、枕后静脉和耳后静脉。必要时,应剃净毛发以暴露血管。同时,应注意区分动脉和静脉(表6-25),以避免误穿动脉。

表6-25 动脉静脉的区别

	外观颜色	搏动	血流方向	血液颜色	阻力
动脉	浅红色	明显	离心	鲜红色	大
静脉	蓝色	无	向心	暗红色	小

（5）局部消毒：使用聚维酮碘对以穿刺点为中心的周围 5cm 皮肤进行常规消毒。

（6）穿刺操作：排气后，一手沿着血管走向上下绷紧皮肤，另一手持针以 15° 角进针。见回血后立即松开调节器，观察液体是否通畅以及穿刺部位是否红肿。确认通畅且无异常后，进行固定。

（7）根据患儿的病情调节输液速度。

3. 操作后处理

（1）操作结束后，协助家属使患儿置于舒适的体位，以不哭闹为宜。同时，再次核对患儿信息并整理用物。

（2）向家属交代输液过程中的注意事项以及病情观察的要点。

（3）按照垃圾分类原则处理使用后的物品。

（五）操作注意事项

（1）严格执行无菌操作。

（2）若误穿刺头皮动脉，应立即拔针，按压穿刺点 10min 至不出血，输液期间还应继续注意观察穿刺点周围皮肤情况，是否有瘀青、肿胀。

（3）固定：首先用一条胶布固定针翼，第二条胶布覆盖和固定针眼，第三条胶布蝶形反折固定针翼，第四条胶布加强固定，再缠绕头部予妥善固定输液管。

（六）并发症

1. 误入动脉

（1）临床表现：患儿表现出痛苦或尖叫，推药时阻力增大，且局部迅速出现呈树枝状分布的苍白区域；输液滴注不畅或停止，甚至血液回流至头皮针内造成堵塞。

（2）预防措施

1）了解患儿病史、病情。条件许可尽量在患儿安静或熟睡情况下穿刺。

2）护理人员加强技术操练，熟悉解剖位置。

3）输液过程中加强巡视，密切观察患儿反应。

（3）处理：立即拔针另选血管重新穿刺。

2. 糖代谢紊乱

（1）临床表现：患儿表现为哭闹或懒散无力、拒乳、嗜睡。化验室检查显示血糖升高或降低。

（2）预防措施

1）严格按计划输液，根据病情及时调节输液种类及输液速度，不宜过快或过慢。

2）对不能进食或长时间输液的患儿，定期检查电解质各项指标，并按需补给。注意监测电解质、血糖，并记录患儿 24h 的出入量。

（3）处理：如发生低血糖，适当加快输液速度；出现高血糖时，暂停输入葡萄糖溶液。

3. 发热反应

（1）临床表现：输液过程中或输液后，患儿出现面色苍白、发冷、发热、寒战，皮肤出现花纹。体温可达 40~42℃，伴有呼吸加快，脉搏加速。

（2）预防措施

1）输液前仔细检查输液器具、药物液体，严格执行无菌操作。

2）严格掌握患儿输液指征，发生发热反应时，要分析原因，降低发热反应的发生率。

3）合并用药时，要严格注意药物之间的配伍变化，尽量减少过多的合并用药。

4）注意患儿的体质，对早产儿、体弱儿、重度肺炎、痢疾等患儿，输液前采取适当措施。

5）输液时治疗室、病房的环境要保持清洁，减少陪护人员，防止灰尘飞扬。

6）安全静脉输液的三个关键因素是无菌、无热原、无有害颗粒液体。在操作过程中要防止污染，把好药物关、输液器关、操作关。

（3）处理：对于轻度发热反应的患儿，减慢输液速度、注意保暖；高热者进行物理降温，观察生命体征，并给予抗过敏药物；严重者停止输液，对症处理，并保留输液器具和检查溶液。

（七）案例分享

患儿,男,8个月,因反复高热、呕吐2d,到儿童发热门诊就诊。查体:体温39.3℃、脉率143次/min、呼吸41次/min,咽部红肿,可见黄绿色脓点,扁桃体呈Ⅱ度肿大,心率快,精神尚可,余下查体无异常。

【问题】

1. 为明确诊断,下一步应行什么检查?

2. 患儿进行该操作时容易出现什么并发症?

【回答】

1. 行血常规、电解质检查。

回答后展示提示卡:白细胞计数15×10^9/L、中性粒细胞占7%、血钠130mmol/L。

2. 患儿进行该操作时容易出现的并发症有发热反应、循环负荷过重反应、静脉炎、空气栓塞。

【临床思维】

在临床中,遇到反复高热伴呕吐、咽部Ⅱ度肿大且伴有黄绿色脓点的患儿,应高度怀疑急性细菌性脓性扁桃体炎的可能性。此时,需与病毒性感染进行鉴别,可通过实验室检查来排除病毒性感染。该患者的生命体征显示高度发热、呼吸与心率偏快,因此应密切观察患儿精神状态的变化,并警惕高热惊厥等并发症的出现。

（八）头皮静脉穿刺术耗材及物品准备清单（表6-26）

表6-26　头皮静脉穿刺术耗材及物品清单

序号	物品名称	数量
1	小儿头部输液模型	1个
2	治疗盘（输液器、液体及药物、聚维酮碘、棉签、弯盘、胶布、手消毒剂）	1个
3	输液架	1个
4	剃刀	1个
5	医疗垃圾桶、生活垃圾桶、锐器盒	各1个
6	垫枕	1个
7	治疗车	1辆
8	笔和治疗卡	各1个

（九）头皮静脉穿刺术评分标准（表6-27）

表6-27　头皮静脉穿刺术评分标准

序号	细则要求	分值	得分
操作前 (18分)	沟通: 1. 向家属解释操作的目的、注意事项、配合要点(3分) 2. 指导家属操作前更换患儿汗湿衣物、尿不湿、暂停喂食以防穿刺过程患儿哭闹引起呕吐甚至窒息等(2分)	5	
	物品准备: 1. 治疗盘、聚维酮碘、棉签、胶布、输液器、一次性头皮针,并检查物品完好性(3分) 2. 垫枕、剃刀、手消毒剂、锐器盒、医疗垃圾桶、生活垃圾桶、输液架、治疗车(2分)	5	
	操作者准备: 1. 检查患者前后、准备物品前、操作前洗手(1分) 2. 戴口罩、帽子(1分)	2	

续表

序号	细则要求	分值	得分
操作前 (18分)	液体准备: 1. 检查药液质量(1分) 2. 写好输液标签并倒立贴于输液瓶空白面上(1分) 3. 根据诊断加入药物、再次核对并签名(2分) 4. 检查输液器质量并打开(1分) 5. 将输液器头插入瓶塞,关闭调节器(1分)	6	
操作中 (71分)	首次排气: 1. 将输液瓶倒挂在输液架上(2分) 2. 倒置墨菲式滴管(2分) 3. 待液体流入1/2~2/3后立即直立滴管(2分) 4. 捋顺输液管的同时眼睛注视液体流动(2分) 5. 待液体留置头皮针连接处时关紧调节器(2分) 6. 首次排气失败扣5分	10	
	患儿体位及固定: 1. 患儿横向仰卧于床上,于肩颈下垫枕垫(1分) 2. 指导家属协助固定患儿头部(患儿两腿分开,家属面向患儿,身体前倾,双手肘关节下压患儿双肩,双手下压固定头部(2分)	3	
	选择静脉:可选择额前静脉、耳后静脉、颞浅静脉、枕后静脉、眶上静脉等,根据需要剃去毛发,避免损伤皮肤	5	
	消毒皮肤: 1. 以穿刺点为中心(2分) 2. 螺旋式由内而外消毒两遍(4分) 3. 直径大于5cm(2分),待干(1分),备胶布(1分)	10	
	操作前核对:再次核对患儿身份信息和药物	2	
	再次排气:取下头皮针帽,打开调节器,将液体排至针尖。浪费药液扣2分	4	
	穿刺: 1. 一手沿着血管走向上下绷紧皮肤(2分) 2. 一手持针以15°角进针(3分) 3. 见回血后立即松开调节器(10分) 4. 观察液体是否通畅(5分) 5. 穿刺部位是否红肿(5分)	25	
	固定: 1. 第一根胶布固定针翼,第二根胶布覆盖针眼,第三根胶布蝶形固定针翼,第四根胶布加强固定(3分) 2. 接着环形缠绕头部予妥善固定输液管(2分)	5	
	调节滴数: 1. 视病情调节患儿输液滴数(2分) 2. 交代输液注意事项(3分)	5	
	再次核对:再次核对患儿身份信息(1分)和所用药物(1分)	2	
操作后 (11分)	1. 整理体位:撤去垫枕、协助患儿取舒适体位(2分) 2. 整理物品:根据垃圾分类原则处理用后物品(2分) 3. 准确记录:洗手、记录(2分) 4. 健康宣教:对疾病相关知识及输液相关知识进行宣教(5分)	11	
总分	回答问题不正确一题扣10分,穿刺失败扣38分	100	

(莫丰菱)

十五、防护服穿脱方法

(一) 目的

保护医务人员,避免交叉感染及自身感染,防止病原体的传播。

(二) 使用指征

防护服应在接触急性传染性非典型病原体肺炎、人感染高致病性禽流行性感冒等严重呼吸道传染病患者时使用。

(三) 操作流程

1. 操作前准备

(1)操作者准备:操作者应穿着内层工作服或洗手衣,以及工作鞋;需明确清洁区、潜在污染区、污染区的划分,熟悉并严格遵守操作流程。

(2)物品准备:准备手消毒剂、医用防护口罩(N95)、一次性工作帽、防护服、护目镜/防护面罩、乳胶手套、靴套,以及带盖的盛装消毒液的容器、生活垃圾桶、医疗垃圾桶等必要物品。

2. 操作流程

(1)防护服穿戴流程

1)执行手卫生操作。

2)佩戴医用防护口罩(N95),进行口罩塑形并检查其气密性。

3)戴上一次性工作帽,确保头发无外露。

4)穿上防护服,检查其完整性、有无破损及是否在有效期内。拉开防护服拉链,手持防护服衣袖及帽子,先穿下衣再穿上衣,戴上防护服帽子,拉好拉链,撕开密封贴条并贴好。

5)佩戴护目镜/防护面罩。

6)戴上手套,检查每只手套的气密性。戴外层手套时,将手套的反折面紧套在防护服袖口上。

7)穿上靴套。

8)穿戴完毕后,检查防护用品是否穿戴整齐且无暴露,然后方可进入隔离区。各步骤见图6-1。

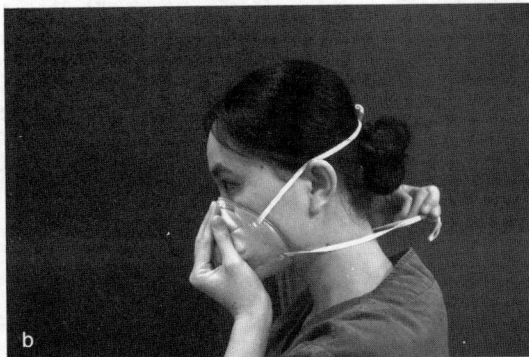
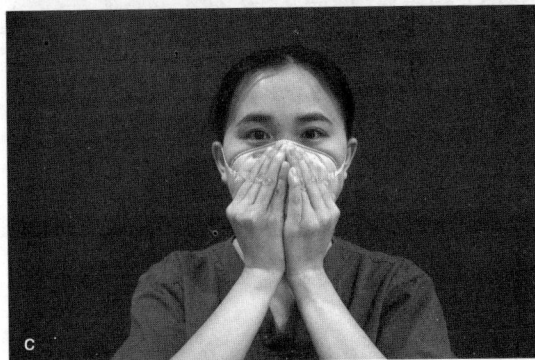
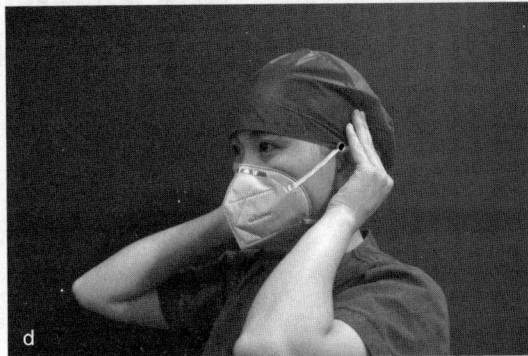

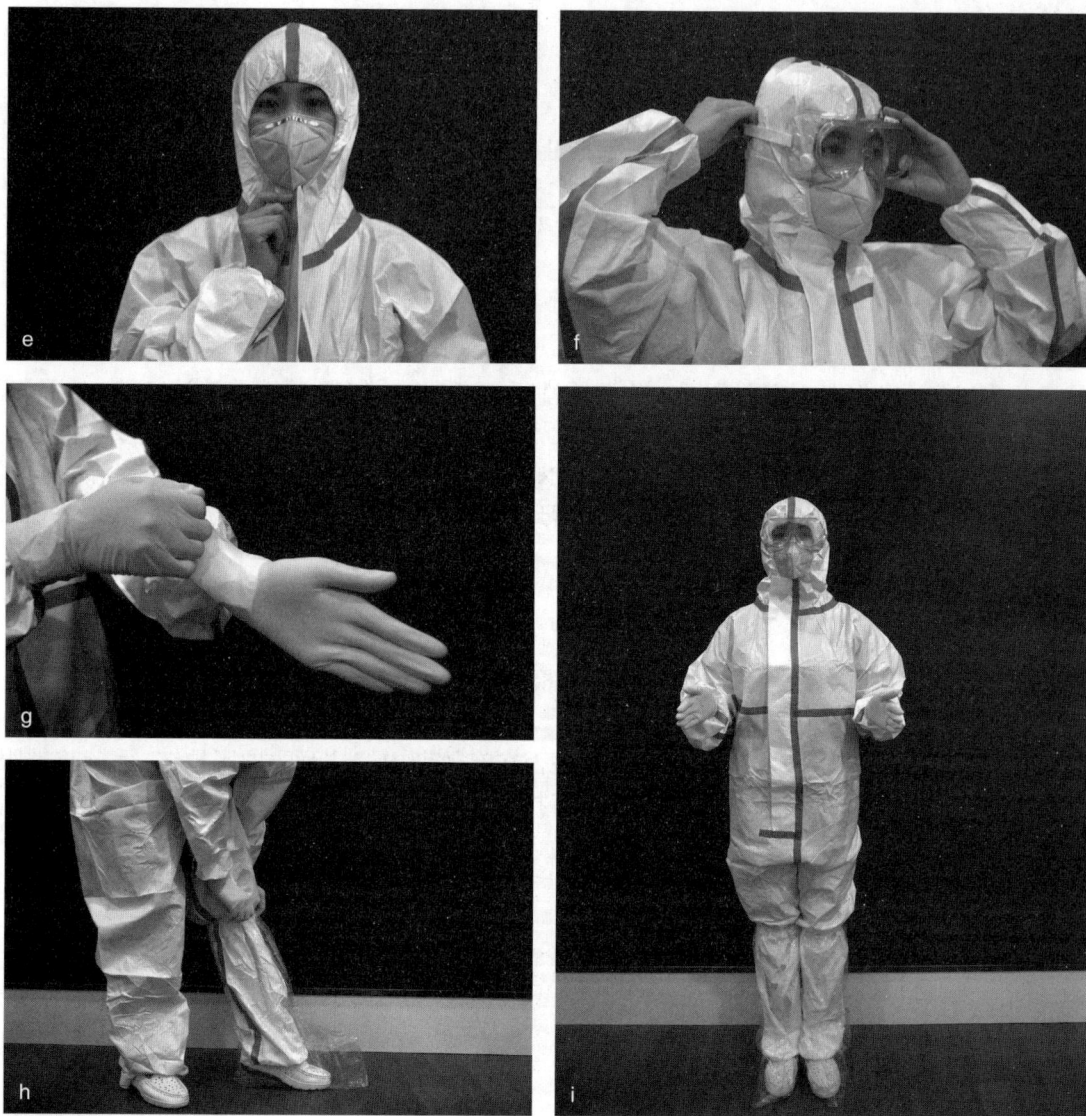

图 6-1 防护用品穿戴步骤

（2）一脱区脱防护服脱除流程（图 6-2）

1）执行手卫生操作。

2）脱下护目镜 / 防护面罩，并将其放入盛有 75% 酒精或 500mg/L 含有效氯的消毒溶液的有盖容器中浸泡。

3）脱下防护服：首先解开密封贴条，拉开防护服拉链，先脱防护服帽子，然后将防护服由上往下边脱边卷，确保污染面向里，清洁面向外。同时，将外层靴套随防护服一起脱下，并弃置于医疗垃圾桶内。

4）脱下手套。

5）执行手卫生操作。

6）进入二脱区。

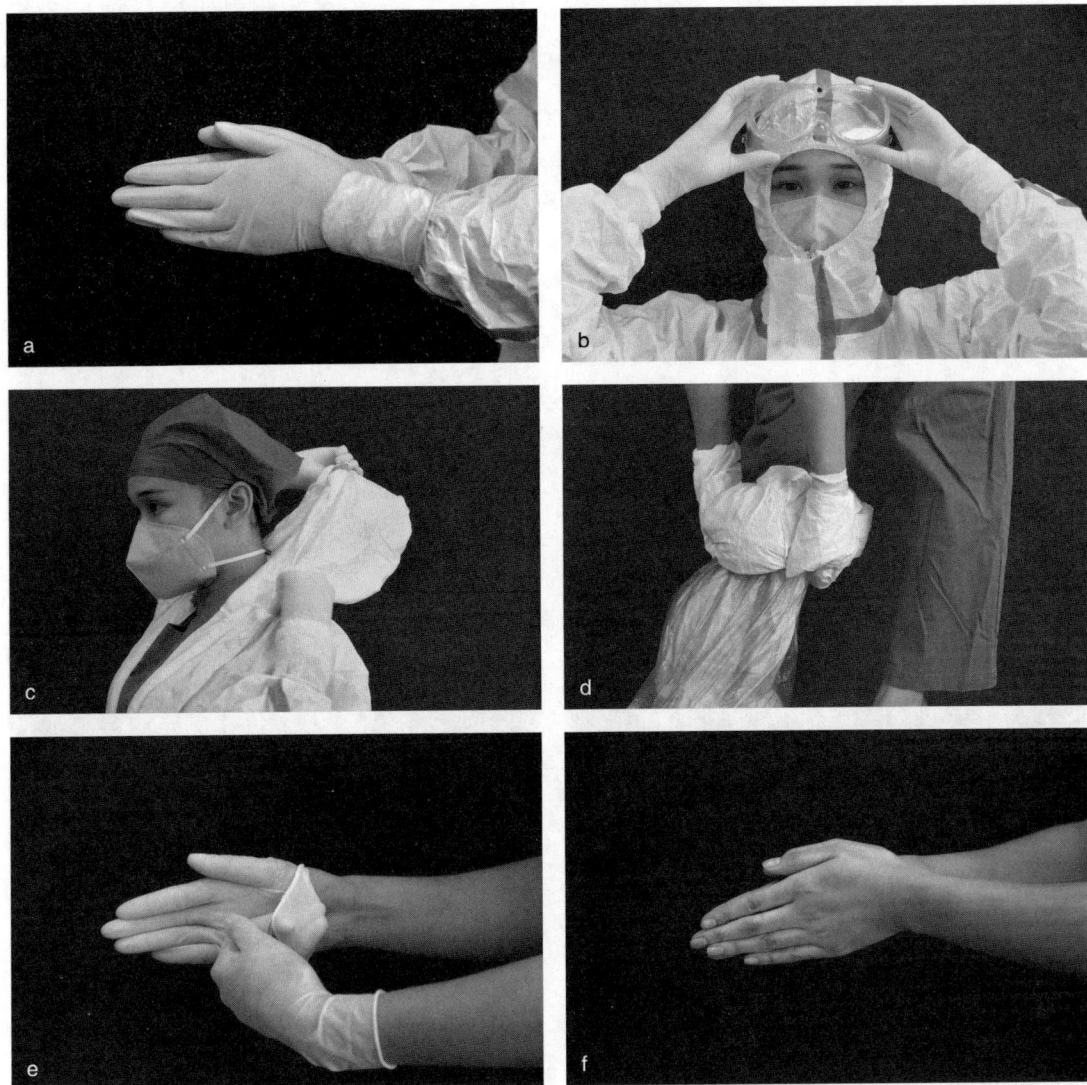

图 6-2　一脱区脱防服脱除流程

（3）二脱区脱防护服脱除流程（图 6-3）

1）执行手卫生操作。

2）脱下一次性工作帽。

3）脱下医用防护口罩，方法为先将下方头带从脑后拉过头顶脱下，然后一手拉紧已经解下的下方头带，另一手解开上方头带并摘除口罩，摘除过程中不触及口罩的污染面。

4）执行手卫生操作。

5）戴上新的外科口罩。

6）进入清洁区。

（四）操作注意事项

1. 医务人员必须经过专门的培训，并掌握正确的防护技术，方可进入隔离病区工作。

2. 医务人员应严格按照区域流程操作，在不同的区域穿戴相应的防护用品。离开时，需按要求摘脱，并正确处理使用后的物品。

3. 佩戴口罩或全面型呼吸防护器前，应进行面部密合性试验。

4. 防护口罩的效能持续时间为 6~8h。如遇污染或潮湿，应及时更换。

5. 防护服应每班更换，如有潮湿、污染或破损，应立即更换。

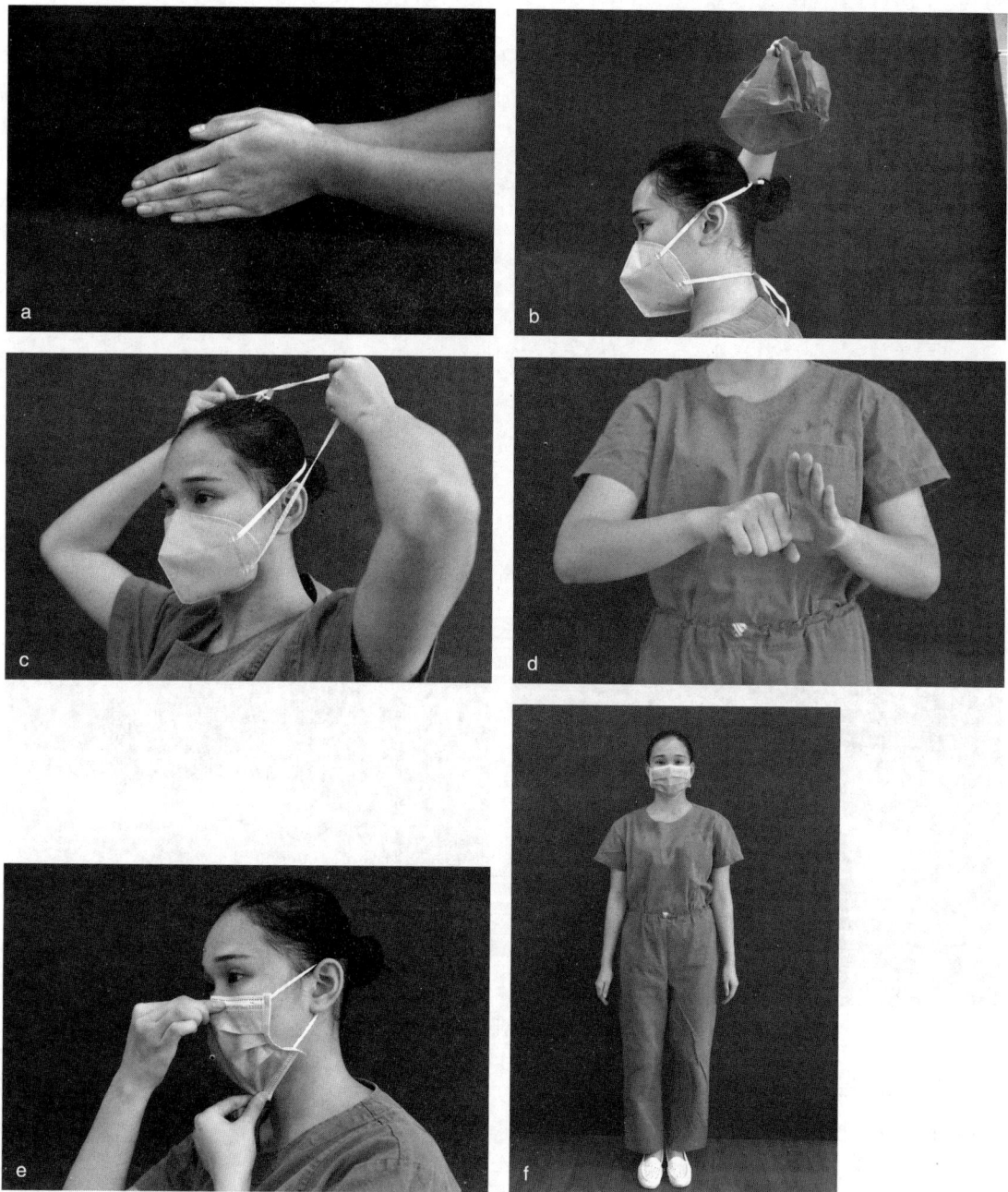

图 6-3 二脱区脱防服脱除流程

6. 医务人员接触多个同类传染病患者时,防护服可连续使用;若接触疑似患者,则应在每名患者之间更换防护服;若防护服被患者血液、体液、分泌物或排泄物污染,应及时更换。

7. 穿着防护服的医务人员不得进入其他区域。

8. 防护服穿戴完毕后,医务人员应检查其整洁无暴露,方可进入污染区。

9. 脱防护服时,动作应尽量轻柔、熟练,并确保无未穿戴个人防护用品的人员在场,以免造成对他人及周围环境的污染。

（五）防护服穿脱方法评分标准（表6-28）

表6-28　防护服穿脱方法评分标准

项目	细则要求	分值	得分
操作前 (15分)	操作者准备：仪表端庄、着装整洁，实施手卫生（2分），穿内层工作服或洗手衣（2分），穿工作鞋（2分）	6	
	物品准备：手消毒剂（1分）、一次性工作帽（1分）、医用防护口罩（N95口罩）（1分）、防护服（1分）、靴套（1分）、护目镜/防护面罩（1分）、一次性乳胶手套（1分）、医疗垃圾桶、生活垃圾桶（1分）、核对物品有效期及完整性（1分）	9	
操作中 (70分)	**防护用品穿戴流程**		
	洗手	2	
	戴N95口罩，调整系带（2分），塑形（2分），检查气密性（5分）	9	
	戴一次性帽子	2	
	穿防护服		
	检查防护服完整性，有无破损，是否在有效期内	1	
	拉开防护服拉链，两手持防护服衣袖及帽子，先穿下衣再穿上衣	1	
	戴上防护服帽子，拉好防护服拉链，撕开密封贴条并贴好	1	
	戴护目镜/防护面罩（检查有无破损、松懈）	2	
	戴手套，将手套的反折面套紧防护服袖口	2	
	穿靴套	2	
	穿戴完毕检查防护用品是否穿戴整齐，有无暴露，方可进入隔离区（2分）	2	
	一脱区防护服脱除		
	洗手	2	
	摘除护目镜/防护面罩，将护目镜放入盛有75%酒精或500mg/L含有效氯消毒溶液的有盖容器中浸泡	3	
	脱防护服、外层靴套：解开密封贴条，解开防护服拉链，先脱防护服帽子，将防护服由上往下边脱边卷，将污染面向里，清洁面向外，将外层靴套随防护服一起脱除，弃至医疗垃圾桶内	20	
	脱手套	2	
	洗手，进入二脱区	2	
	二脱区防护服脱除		
	洗手	2	
	脱一次性工作帽	2	
	脱N95口罩	9	
	洗手	2	
	戴新的外科口罩，进入清洁区	2	
操作后 (15分)	全过程动作熟练、规范、符合操作原则	10	
	按消毒技术规范要求处理用物	5	
	总分	100	

（陆　艳）

十六、穿脱隔离衣方法

(一) 目的

保护患者及工作人员免受病原体的侵袭,防止交叉感染。

(二) 使用指征

1. 接触经接触传播的感染性疾病患者,如多重耐药菌感染患者、传染病患者等时。

2. 对患者实行保护性隔离时,如骨髓移植、大面积烧伤等患者的护理。

3. 可能受到患者分泌物、排泄物、血液、体液喷溅时。

(三) 操作流程

1. 操作前准备

(1)操作者准备:根据需要着工作服、工作鞋。

(2)物品准备:一次性隔离衣、一次性帽子、外科口罩或医用防护口罩、一次性乳胶手套、手卫生消毒剂、生活垃圾桶、医疗垃圾桶等。检查物品的大小是否适宜,完整性及有效期等。

2. 操作步骤

(1)穿隔离衣方法(图6-4)

1)执行手卫生操作(图6-4a)。

2)佩戴口罩(图6-4b)。

3)戴一次性工作帽(图6-4c)。

4)检查隔离衣外包装是否完好无损,随后打开外包装并取出隔离衣。

5)一手提拉衣领,另一手伸入袖内,同时持衣领的手将衣领向上拉,确保伸入衣袖的手掌露出(图6-4d)。

6)以相同方法穿上另一侧袖子。

7)两手持衣领,从领子中央开始顺着边缘向后拉,找到衣领系带并将其系好(图6-4e)。

8)将隔离衣的一侧(约在腰下5cm处)逐渐向前拉,直至见到边缘并捏住。

9)以相同方法捏住另一侧边缘(图6-4f)。

10)双手在背后将衣边对齐后向一侧折叠,一手按住折叠处,另一手将腰带拉至背后折叠处,使腰带在背后交叉,再回到前面将带子系成活结。

11)戴上手套(图6-4g),至此穿戴完毕(图6-4h)。

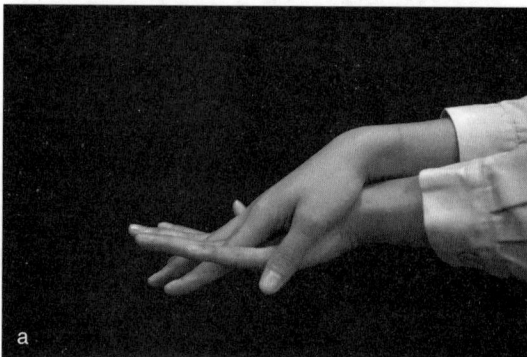

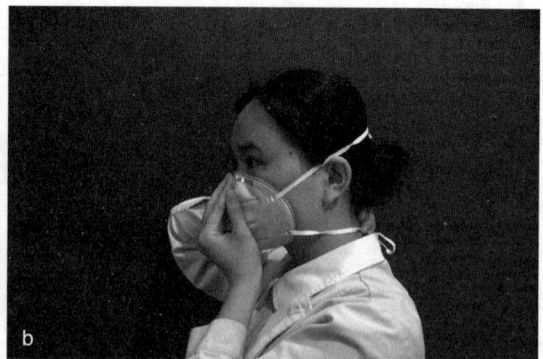

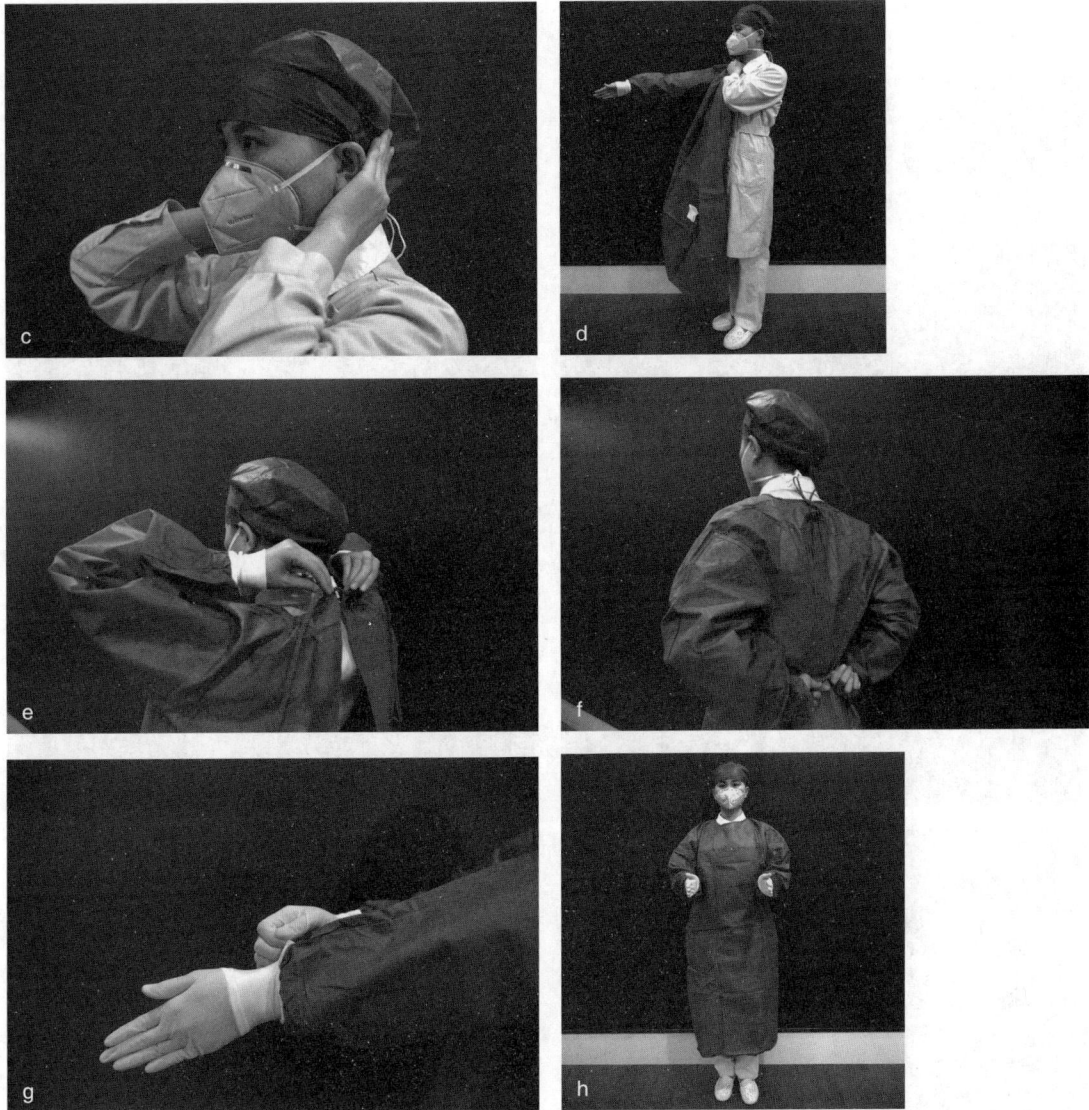

图 6-4 穿衣的方法

(2)脱隔离衣方法(图 6-5)

1)执行手卫生操作(图 6-5a)。

2)解开腰带,并将腰带卷好,在前面打一活结(图 6-5b)。

3)脱除手套(图 6-5c)。

4)再次执行手卫生操作(图 6-5d)。

5)解开颈后的系带(图 6-5e)。

6)一手伸入另一侧手腕部的袖内,拉下袖子使其过手(图 6-5f)。

7)用遮盖的手捏隔离衣袖的外面,拉下另一侧袖子使其过手(图 6-5g)。

8)双手逐渐从袖管中退出(图 6-5h),最终脱下隔离衣(图 6-5i)。

9)一手握住领子,另一手将隔离衣的两边对齐。如果悬挂在污染区外,则污染面向里;如果是一次性隔离衣且不再使用,则将脱下的离衣污染面向内卷成包裹状,丢入医疗废物容器内或放入回收袋中(图 6-5j)。

10)执行手卫生操作(图 6-5k)。

11)脱除帽子(图 6-5l)。

12)脱除口罩(图 6-5m)。

13) 最后再次执行手卫生操作（图 6-5n）。

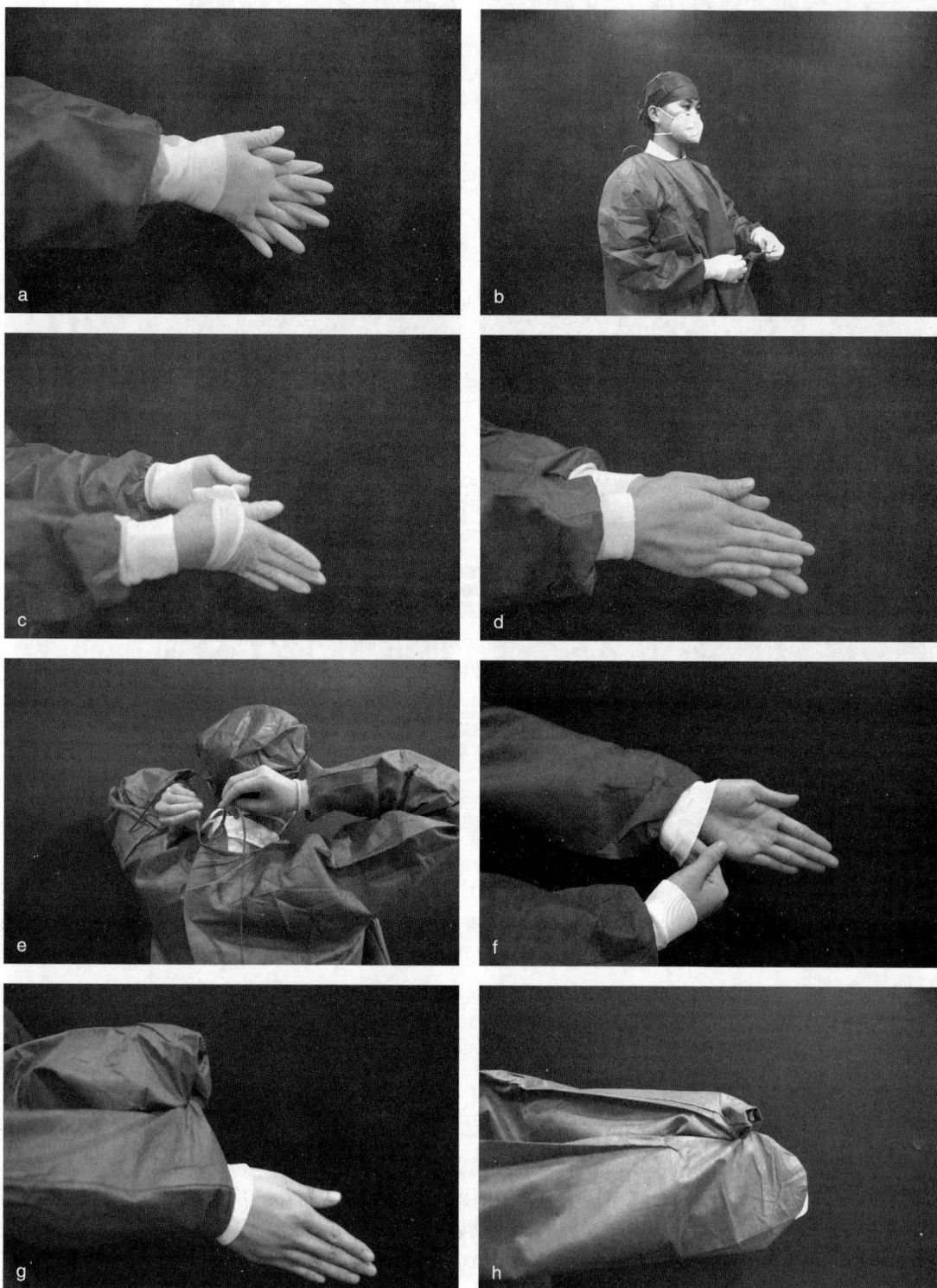

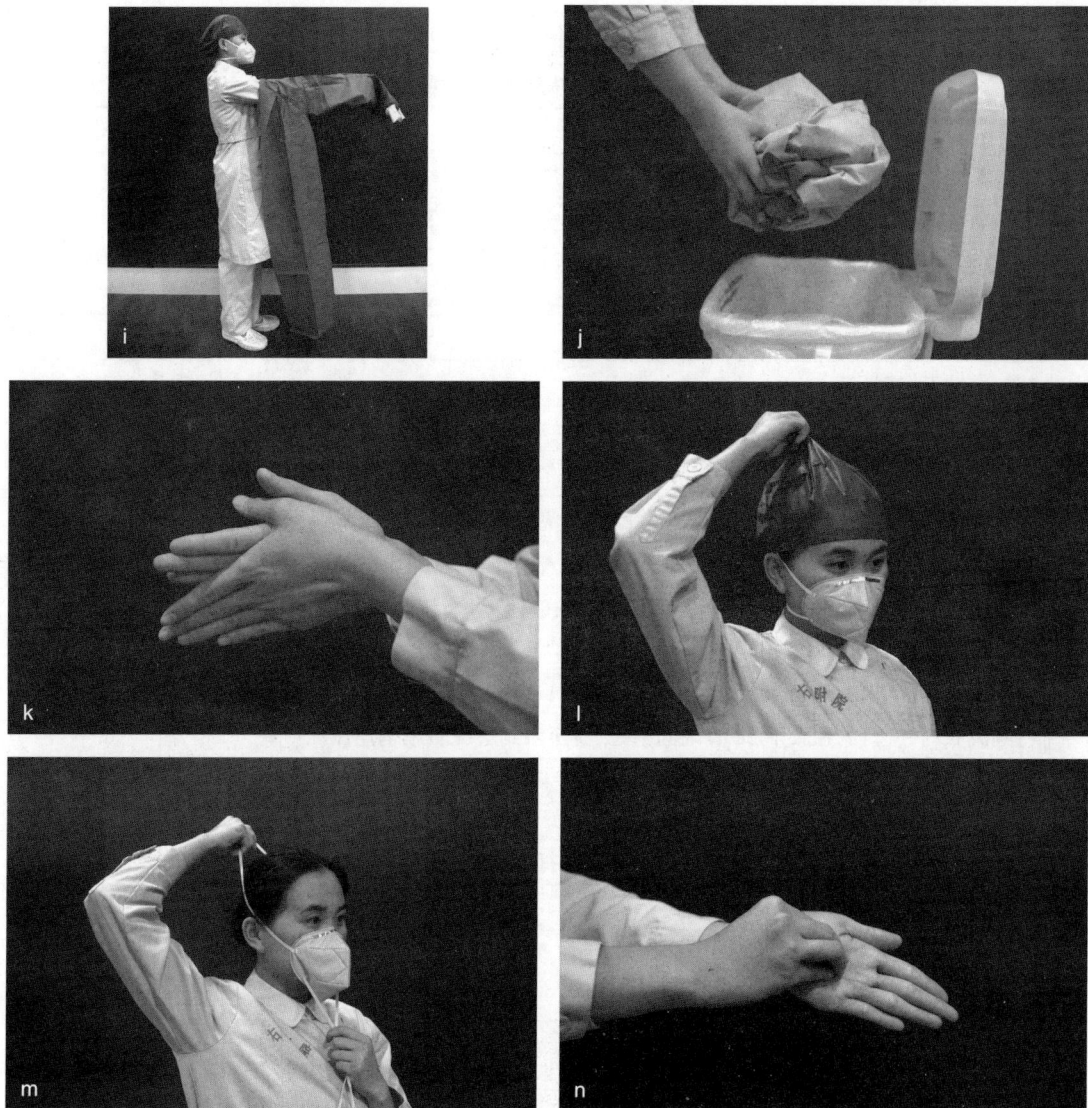

图 6-5 脱隔离衣的方法

（四）操作注意事项

（1）隔离衣的穿脱必须在规定区域内进行。

（2）在穿脱隔离衣之前，应仔细检查隔离衣和防护服是否存在潮湿或破损的情况，一旦发现应立即更换。穿着时，需确保衣袖不触及面部及衣领；脱衣时，则需特别注意避免造成污染。

（3）隔离衣应完全覆盖内层的工作服。

（4）穿上隔离衣后，工作人员的活动范围应限制在规定区域内，严禁进入清洁区。

（5）隔离衣应每天更换一次，如遇破损、潮湿或污染情况，则应立即更换。

（6）在直接接触患者的血液、体液以及黏膜和不完整的皮肤时，操作人员必须佩戴手套。若手套发生破损，应及时更换。

（7）在可能发生血液、体液、分泌物、排泄物等喷溅的情况下，特别是在进行气管插管、内镜操作或在手术室工作时，操作人员需佩戴具有防渗性能的口罩和护目镜。

教学视频：穿脱隔离衣

（五）穿脱隔离衣评分标准（表6-29）

表6-29　穿脱隔离衣评分标准

项目	细则要求	分值	得分
操作前 （15分）	操作者准备：着内层工作服，仪表端庄、着装整洁	2	
	物品准备：一次性隔离衣（2分）、一次性帽子（2分）、外科口罩或医用防护口罩（2分）、一次性乳胶手套（2分）、手卫生消毒剂（2分）、生活垃圾桶、医疗垃圾桶等（2分）检查物品的大小是否适宜、完整性及有效期等（1分）	13	
操作中 （70分）	洗手	3	
	戴一次性工作帽	3	
	戴口罩	3	
	穿隔离衣		
	检查隔离衣外包装是否完好，打开外包装，取出隔离衣	3	
	手持衣领，两手将衣领的两端向外折，使内面向着操作者，并露出袖子内口	3	
	一手提衣领，另一手伸入袖内，持衣领的手将衣领向上拉，使伸入衣袖的手掌漏出（3分），同样方法穿另一侧袖子（3分）	6	
	两手持衣领，从领子中央顺着边缘向后，找到衣领系带系好	3	
	将隔离衣的一边（约在腰下5cm）渐向前拉，直至触到边缘后用手捏住	2	
	同法捏住另一侧边缘	2	
	两手在背后将两侧边缘对齐后向一侧折叠，以一手按住折叠处，另一手将腰带拉至背后压住折叠处，将腰带在背后交叉，再回到前面打一活结	3	
	戴手套	3	
	脱隔离衣		
	洗手	3	
	解开腰带，并将腰带卷好，在前面打一活结	3	
	脱除手套	3	
	实施手卫生	3	
	解开颈后系带	3	
	一手伸入另一侧手腕部袖内，拉下袖子过手	2	
	用遮盖着的手捏隔离衣袖的外面，拉下另一侧袖子过手	2	
	双手逐渐从袖管中退出，脱下隔离衣	2	
	一次性隔离衣不再使用时，将脱下的隔离衣污染面向内，卷成包裹状，丢至医疗废物容器内或放入回收袋中	3	
	洗手	3	
	脱除口罩	3	
	脱除帽子	3	
	洗手	3	
操作后 （15分）	按消毒技术规范要求处理用后物品	5	
	全过程动作熟练、规范，符合操作原则	10	
总分		100	

（陆　艳）

十七、咽拭子培养标本采集技术

（一）目的

采集患儿咽部及扁桃体分泌物进行细菌培养或病毒分离，以辅助疾病的诊断、治疗和护理。

（二）适应证

适用于口腔黏膜、咽部及扁桃体感染的患儿。

（三）操作流程

1. **操作前准备**

（1）操作者准备：着装整洁，洗手，戴口罩。

（2）患儿及家属准备：评估患儿病情、意识状态、合作情况、用药、口腔黏膜和咽部有无异常，了解患儿进食情况，家属了解采集标本的目的、方法、意义、注意事项并配合。

（3）物品准备：治疗车、无菌咽拭子培养管、打火机、酒精灯、压舌板、手电筒、生活及医疗垃圾桶。

（4）环境准备：清洁、宽敞、光线适宜。

2. **操作步骤**

（1）核对医嘱，并在无菌咽拭子培养管上贴上相应的条形码。

（2）携带所需物品至患儿床旁，核对床号、姓名、住院号、条形码信息及标本名称。

（3）指导患儿张口发"啊"音，必要时使用压舌板辅助压舌。使用无菌咽拭子培养管内的拭子擦拭两侧腭弓、咽和扁桃体上的分泌物，然后将拭子插入培养管中，确保拭子不触及其他部位。使用酒精灯对瓶口进行消毒，塞紧瓶盖，并熄灭酒精灯。

（4）进行真菌培养时，需在口腔溃疡面上采集分泌物，确保棉签在溃疡面上停留至少 2s，以提高培养的阳性率和准确率。

3. **操作后处理**

（1）再次核对标本信息并及时送检，避免标本放置过久导致污染或变质。若进行病毒分离，应将标本保存在冰箱冷藏。

（2）协助患儿取舒适体位，整理所用物品。

（3）洗手、记录。

（四）操作注意事项

1. 采集咽拭子标本时，最好在使用抗生素之前进行。

2. 了解患儿的进食时间，避免在进食后 2h 内采集标本，以防止呕吐。

3. 咽拭子标本的采集应严格遵循无菌操作原则，注意避免棉签触及其他部位，以免影响检测结果。

4. 确保容器标签清晰、准确，并及时送检标本。

（五）并发症

1. **黏膜损伤、出血**

（1）操作前需评估患儿咽部黏膜的完整性，并向患儿及其家长进行充分告知，做好心理护理，消除紧张情绪，以确保其配合。

（2）提升标本采集技能，操作时动作需轻柔且力度适宜。若患儿不配合，应先暂停操作，避免强行将棉签插入其口中。

（3）使用质量优良、大小型号适宜的棉签。若患儿咽部黏膜干燥，可用 0.9% 氯化钠溶液湿润棉签。对于凝血机制不佳或有出血倾向的患儿，应特别小心，以防擦拭时损伤黏膜。

（4）若发生黏膜损伤，可遵医嘱使用复方硼砂溶液、呋喃妥因溶液或 0.1%~0.2% 过氧化氢液含漱。对于少量、轻度出血，可嘱患儿用冷生理盐水漱口；若出血不止，应立即取去枕平卧位，头偏向一侧，并采取止血措施，同时吸除血液，防止其进入呼吸道。

2. **恶心、呕吐、窒息**

（1）尽量选择坐位，在安静状态下进行操作。对于昏迷或吞咽功能障碍的患儿，应取侧卧位。

（2）操作前检查棉签是否牢固，操作时动作需轻柔且迅速，压舌板不宜插入过深。

（3）避免在患儿进食后 2h 内采集标本。若出现呕吐，应立即停止操作，并嘱患儿放松，取侧卧位，以利于呕吐物排出，防止窒息。

（4）若患儿出现呼吸困难，可给予氧气吸入。

3. 吸入性肺炎

（1）为昏迷患儿采集标本时，不可漱口，且棉签不宜过湿，以防误吸。

（2）为昏迷或病情危重的患儿采集标本时，应取去枕平卧位，头偏向一侧，以防止液体流入呼吸道。

（3）若患儿出现吸入性肺炎，应遵医嘱选择合适的抗菌药物进行积极抗感染治疗。

（4）针对患儿的临床表现采取对症处理，如高热者可采取物理或药物降温；呼吸困难、发绀者可给予氧气吸入；咳嗽、咳痰严重者可给予镇咳祛痰药物。

（六）案例分享

患儿，男，5 岁，因"发热、咳嗽 4d"入院。患儿 4d 前无明显诱因出现发热、咳嗽，体温波动在 38.6~39.1℃，咳嗽呈阵发性，伴咽痛、头痛、四肢酸痛。家属自行给予感冒冲剂口服和退热处理。近几天患儿持续高烧，精神差，班上有多个孩子有类似症状。查体：体温 39.5℃，脉率 90 次 /min，呼吸 30 次 /min，血压 90/55mmHg，体重 17kg，身长 107cm。面色略苍白，精神萎靡，咽部充血明显，扁桃体 Ⅱ 度肿大。听诊双肺未闻啰音，肠鸣音正常。辅助检查：白细胞计数 5.0×10^9/L，中性粒细胞百分比 30%，淋巴细胞百分比 65%。

【问题】

1. 引起小儿急性上呼吸道感染病原有哪些？

2. 需要进行病原学的检查采用哪种方法？

【回答】

1. 各种病毒、细菌及支原体均可引起，但以病毒多见。

2. 采用咽拭子培养标本采集法。

（七）咽拭子培养标本采集评分标准（表 6-30）

表 6-30　咽拭子培养标本采集评分标准

项目	细则要求	分值	得分
操作前 （15 分）	基本要求：着装整洁，洗手，戴口罩	2	
	双人核对：医嘱单（1 分）、条形码（1 分）	2	
	解释：告知患者与家属采集标本的目的、方法、意义、注意事项并配合	2	
	评估：患儿病情、意识状态、合作情况、用药、口腔黏膜和咽部有无异常（2 分），了解患儿进食情况（2 分）	4	
	物品准备：无菌咽拭子培养管（1 分）、酒精灯（0.5 分）、打火机（0.5 分）、压舌板（0.5 分）、手电筒（0.5 分）	3	
	环境准备：环境清洁、宽敞、光线适宜、符合操作要求（2 分）	2	
操作中 （70 分）	携用物到床旁，核对床号（2 分）、姓名（2 分）、条形码信息（4 分）及标本名称（2 分）	10	
	协助患儿取合适体位，年长患儿用清水漱口	5	
	嘱患儿张口发"啊"，必要时使用压舌板压舌	6	
	用无菌培养管中的拭子擦拭两侧腭弓、咽和扁桃体上分泌物	15	
	将拭子插入到培养管中（5 分），用酒精灯消毒瓶口（5 分），塞紧瓶盖（5 分）	15	
	熄灭酒精灯	3	

项目	细则要求	分值	得分
操作中 (70分)	再次核对患者信息(3分)、条形码信息(3分)	6	
	注明标本留置时间	5	
	洗手(2分),记录(2分),签名(1分)	5	
操作后 (15分)	用物处置:按消毒技术规范要求分类处理使用后物品	5	
	操作流程:操作熟练、流畅,全程遵守无菌技术原则	5	
	人文关怀:礼仪规范,沟通自然,通俗易懂,体现人文关怀	5	
	总分	100	

(黄芝蓉)

十八、血源性病原体职业暴露后处理方法

(一)适应证

医务人员在从事职业活动过程中,通过口、鼻、眼及其他黏膜、破损皮肤或者咬伤、擦伤、针刺伤、刀割伤等途径穿透皮肤或黏膜屏障而接触血源性病原体的血液或其他潜在传染性物质的状态。

(二)操作流程

1. 立刻进行局部处理

(1)使用流动水和皂液清洗干净被污染的皮肤。

(2)当被接触到黏膜时,应当使用0.9%氯化钠溶液反复冲洗直至干净。

(3)有伤口时,应当在伤口旁由近心端向远心端挤压,尽可能将伤口处的血液挤出,并在挤压状态下流动水冲洗10min,注意在挤血时应避免按压伤口局部。

(4)受伤部位伤口冲洗干净后,应使用75%酒精或0.5%聚维酮碘进行消毒,并包扎伤口。

2. 评价源患者

(1)根据现有的信息进行被传染风险评估,包括源患者的液体类型(如血液、可见体液及其他潜在的传染性液体或组织和浓缩的病毒)和职业接触类型(叮咬、经皮伤害、经破损皮肤或黏膜)。

(2)对已知源患者进行乙型肝炎病毒(HBV)、丙型肝炎病毒(HCV)和人类免疫缺陷病毒(HIV)检测。

(3)对于未知源患者,须评估接触者被乙型肝炎病毒、丙型肝炎病毒或人类免疫缺陷病毒感染的风险。

(4)不应检测被废弃的注射器或针具的病毒污染情况。

3. 评价接触者(乙型肝炎病毒暴露) 通过乙型肝炎疫苗的接种史和接种反应评估接触者乙型肝炎病毒感染的免疫状况。

4. 采取暴露后预防措施

(1)乙型肝炎病毒

1)未接种疫苗者,应在24h内接种乙型肝炎疫苗20μg和注射乙型肝炎免疫球蛋白200~400U。

2)既往接种过乙型肝炎疫苗,已知没有反应者(乙型肝炎病毒表面抗体≥10mU/L),无须处理。

3)有过乙型肝炎疫苗接种史,已知没有反应者,应接种乙型肝炎疫苗和注射乙型肝炎免疫球蛋白。

4)抗体反应未知者进行抗原抗体检测,如检测结果不充分,应同时接种乙型肝炎疫苗和注射乙型肝炎免疫球蛋白。

(2)丙型肝炎病毒:没有推荐的可预防措施。

(3)人类免疫缺陷病毒:在发生暴露后,应尽可能在2h内进行预防性用药,最好不超过24h(即使

已超过 24h,仍建议预防性用药),以连续服用 28d 为预防性用药疗程。对所有不确定是否已怀孕的育龄妇女进行妊娠检测。育龄妇女在预防性用药期间,应避免妊娠或终止妊娠。预防性用药应遵循的原则为:

1)如果存在用药指征,应当在接触后立即开始进行接触后预防。

2)在接触后 72h 内,应当对接触者进行重新评估,尤其是获得了新的接触情况或源患者资料时。

3)在接触者可耐受的前提下,建议采用口服替诺福韦 + 恩曲他滨 + 洛匹那韦 / 利托那韦或拉替拉韦的组合进行预防。

4)在证实源患者未感染血源性病原体后,应立刻停止接触后预防性用药。

5. 行政上报　填写报告卡 1h 内报告用人单位,用人单位 2h 内报告辖区处置机构。报告内容需涵盖以下 4 个要点。

(1)事故发生的时间、地点及详细经过。

(2)暴露源的具体种类,包括血液、体液、培养液。

(3)暴露的方式、具体部位以及损伤的程度。

(4)已采取的处理方法及处理经过。

6. 接触后的随访和咨询

(1)针对乙型肝炎病毒的随访和咨询

1)对接种乙型肝炎疫苗的接触者进行追踪检测,特别是在最后一次疫苗接种后的 1~2 个月进行病毒抗体追踪检测。

2)若接触者在 3~4 个月前注射过乙型肝炎免疫球蛋白,则其抗原抗体反应不能确定为接种疫苗后产生的免疫反应。

(2)针对丙型肝炎病毒的随访和咨询

1)接触后 4~6 个月,应进行丙型肝炎抗体和谷丙转氨酶的基线检测及追踪检测。

2)若需早期诊断丙型肝炎病毒感染,应在接触后的 4~6 周检测丙型肝炎病毒核糖核酸(RNA)。

3)通过补充检测,反复确认丙型肝炎病毒抗体酶联免疫吸附试验的水平。

(3)针对人类免疫缺陷病毒的随访和咨询:

1)在接触后的 6 个月内,应开展人类免疫缺陷病毒的追踪检测,包括在接触后的第 4 周、第 8 周、第 12 周以及 6 个月时,对人类免疫缺陷病毒抗体进行检测,同时监测和处理服用药物的毒性,观察和记录病毒感染的早期症状等。

2)若疾病伴随反复出现的急性症状,则应进行人类免疫缺陷病毒抗体的检测。

3)接触者应采取必要的预防措施,以防止在随访期间再次发生传染。

4)在接触后的 72h 内,评估接触者的预防水平,并进行至少 2 周的药品毒性监测。

5)若暴露者存在基础疾患或免疫缺陷,随诊时间可延长至 1 年。

(三) 操作注意事项

1. 为人类免疫缺陷病毒、乙型肝炎病毒、丙型肝炎病毒、梅毒、淋病患者进行诊疗操作时,务必严格执行标准预防措施。

2. 进行乙型肝炎病毒、丙型肝炎病毒和人类免疫缺陷病毒血清检测前,必须获得源患者或其直系亲属和接触者的知情同意,且应将源患者的血液检测结果告知接触者,并同时明确告知其相应的权利和义务。

3. 进行穿刺操作时,穿刺部位应合理固定,以防止患者移动。

4. 严禁在手术过程中徒手传递利器。

5. 使用后的针头严禁回套针帽。

6. 使用过的利器应立即放入锐器盒内,以避免二次分拣。

7. 不得检测被废弃的注射器或针具的病毒污染情况。

8. 所有其他发现和诊断信息均应保密,不得写入书面报告。

(陆　艳、韦彩成)

第二节 护理其他技能操作

一、自动洗胃机洗胃术

(一) 目的

1. 清除毒物,减少毒物吸收及持续损害。

2. 减轻胃黏膜水肿,缓解症状。

3. 为某些手术或检查做准备。

(二) 适应证

1. 吞服各种非腐蚀性有毒物品,6h 以内者最佳。

2. 完全或不完全性幽门梗阻。

3. 急、慢性胃扩张。

(三) 禁忌证

1. 吞食腐蚀性物品致食管、胃腐蚀性损伤者。

2. 严重的食管和/或胃底静脉曲张、食管或贲门狭窄或梗阻。

3. 严重心肺功能不全者。

(四) 操作流程

1. 操作前准备

(1)患者准备

1)向患者及家属说明操作目的,以获得其主动配合。

2)评估患者口鼻腔及黏膜状况,检查有无损伤、炎症或其他异常情况。

3)根据患者病情,安排其取坐位或半坐卧位,中毒较重者则取左侧卧位。

(2)操作者准备

1)详细了解患者服用毒物的名称、剂量及摄入时间。

2)检查电源及洗胃机各管道连接情况,确保设备正常。

3)准备好所需的洗胃液。

4)安抚患者情绪,确保患者及家属的配合。

(3)物品准备:手消毒剂、洗胃溶液桶、排污桶、标本容器、自动洗胃机及附件、铺有清洁治疗巾的治疗盘、洗胃包(含治疗碗 1 个、弯盘 1 个、镊子 2 把、纱布 2 块、治疗巾 1 块、压舌板 1 个、液状石蜡油棉球若干)、棉签、胶布、一次性中单、手套、适合型号(24~28 号)的胃管、灌注器、听诊器、手电筒、黑色水性笔、医疗垃圾桶、生活垃圾桶、治疗车。

2. 操作步骤

(1)核对医嘱,确保操作无误。

(2)核对患者信息,进行自我介绍,与患者及家属沟通,争取其主动配合。

(3)再次评估患者状况,对中毒患者,需详细了解其服用毒物的名称、剂量及摄入时间,并检查其口鼻腔及黏膜有无损伤、炎症或其他情况。

(4)如患者神志清醒且中毒较轻,可先用棉签或压舌板刺激其咽后壁,引发反射性呕吐,即催吐洗胃法,这是一种简单易行且快速的自救方法。

(5)协助患者取坐位或半坐卧位,中毒较重者则取左侧卧位。

(6)连接洗胃机并打开电源,检查电源是否正常。将配好的胃灌洗液放入塑料桶内。将连接管分别与机器的药管和污水管口连接,确保药管另一端放入装洗胃液桶内(管口需浸没在液面下),污水管另一端放入污物桶内,试运转洗胃机以确保其正常工作。

(7)打开洗胃包,戴上手套,在患者颌下、胸前铺上一次性中单,并将弯盘、纱布置于患者口角旁以备使用。

(8)取出一次性胃管(24~28号),测量并标记插管长度(成人为45~55cm,婴幼儿为14~18cm),即从发际到剑突的距离。

(9)润滑胃管前端以便插入。

(10)自患者口腔或鼻腔插入胃管(一般选择从口腔插入),插管至咽部(约14~15cm)时,嘱患者头略低并做吞咽动作,随后迅速将胃管插入。如患者神志不清,则一手抬起患者头部使下颌靠近胸骨柄,以加大咽喉部弧度,徐徐送入胃管。

(11)确定胃管已插入胃内(可通过回抽胃液进行确认),用胶布固定胃管,并遵医嘱留取毒物至标本容器内,立即送检。

(12)将洗胃机的胃管末端与胃管连接,按键5~10s使洗胃机抽吸患者胃内容物,再按自控键,洗胃机将自行反复冲洗,直至吸出液体澄清无味为止。

(13)洗胃完毕后,遵医嘱拔除胃管或留置胃管待第二次洗胃。如拔出胃管,需关闭或反折胃管末端,揭去固定的胶布,用纱布包裹近鼻孔处的胃管,边拔边用纱布擦拭胃管,拔到咽喉处时嘱患者屏气并快速拔出。如留置胃管,则将胃管末端关闭或反折,用纱布包裹后置于患者旁。

(14)取走弯盘,清洁患者口、鼻、面部,并取走一次性中单。

(15)脱去手套、洗手,并记录洗胃液名称及用量、洗出液的颜色和气味。

(16)整理患者衣物,询问患者感受,并交代注意事项,如暂时禁食,出现腹痛等不适时及时与医护人员沟通。

(17)整理物品,进行垃圾分类处理。

(五)操作注意事项

1.插管动作要轻柔,勿损伤食管或误入气管。

2.中毒物质不明时,应抽取胃内容物送检,洗胃溶液可暂时用温开水或等渗生理盐水,待毒物性质明确后再采用对抗剂洗胃。急性中毒病例、患者能配合者,应迅速采用"口服催吐法"。

3.在洗胃过程中,密切观察患者生命体征及有无异常情况,如患者出现腹痛、流出血性液体或有虚脱表现,应立即停止操作,并通知医生进行处理。

4.每次灌入量不得超过500ml,注意记录灌注液名称、液量、洗出液的数量、颜色、气味等。

5.吞服强酸强碱类腐蚀性药物患者切忌洗胃,消化道溃疡、食管梗阻、食管静脉曲张、胃癌等患者一般不做洗胃;急性心肌梗死、心力衰竭、严重心律失常等不宜洗胃;昏迷者洗胃应谨慎。

6.使用自动洗胃机洗胃,使用前应检查机器各管道衔接是否正确、紧密,运转是否正常。勿使水流至按键开关内,以免损坏机器,用毕要及时清洗,避免污物堵塞管道。

7.洗胃结束,按消毒技术规范要求分类处理用后物品。接胃管时,一端放入3 000ml以上的净水桶中,其他管路不动。让机器工作4~5次清除管路内污物;将三根液管内浸入2 000ml消毒液中开机循环20次左右;最后用净水循环2~3次清洗管路;待清理完毕,将药管、胃管和污水管同时提出水面,当机器内的水完全排净后,按"停"机键。

(六)并发症

1.急性胃扩张

(1)洗胃过程中,保持灌入液量与抽出液量平衡。

(2)防止空气吸入胃内。

(3)密切观察病情变化及上腹部是否膨隆。

(4)对于已发生急性胃扩张的患者,协助患者取半卧位,将头偏向一侧,并查找原因对症处理。

2.上消化道出血

(1)插管操作需轻柔且快捷,插管深度应适宜,成人距门齿55~70cm。

(2)进行心理疏导,尽可能消除患者的过度紧张情绪,使其积极配合治疗,必要时可使用适当的镇静剂。

(3)抽吸胃内液体时，负压应适度。

(4)如发现吸出液混有血液，应立即暂停洗胃，通过胃管灌注黏膜保护剂、制酸剂和止血药；严重者应立即拔出胃管，并静脉滴注止血药。

3. 窒息

(1)插管前在胃管上涂一层石蜡油，以减少对喉头的摩擦和刺激。

(2)患者应取侧卧位，及时清除口腔及鼻腔分泌物，保持呼吸道通畅。培训护理人员熟练掌握胃管置入技术，并严格按照三种方法(抽取胃内容物、注入空气并听诊气过水声、观察置管末端有无气泡逸出)确认胃管在胃内后，方可进行洗胃操作。

(3)备好急救物品，如发生窒息，应立即停止洗胃，及时报告医生，并进行心肺复苏抢救及采取必要的措施。

4. 咽喉、食管黏膜损伤、水肿

(1)对清醒的患者做好解释工作，尽量取得其配合。

(2)正确使用开口器，操作必须轻柔，严禁动作粗暴。

(3)气管黏膜损伤者，可给予消炎药物雾化吸入；食管黏膜损伤者可适当使用制酸剂及黏膜保护剂。

5. 吸入性肺炎

(1)患者应取左侧卧位，头部稍低偏向一侧。

(2)昏迷患者在洗胃前应进行气管插管，并将气囊充气。

(3)此措施可避免胃液吸入呼吸道。

(4)在洗胃过程中，保持灌入液量与抽出液量平衡，并严密观察并记录洗胃的出入液量。

(5)洗胃结束后，协助患者多翻身、拍背，以利于痰液排出；有肺部感染迹象者应及时应用抗生素。

6. 低钾血症

(1)选用0.9%氯化钠溶液进行洗胃。

(2)洗胃后检查血清电解质，并及时补充钾、钠等。

7. 虚脱及寒冷反应

(1)对清醒的患者进行心理疏导，尽可能消除其紧张恐惧的情绪，以取得合作。

(2)注意给患者保暖，并及时更换浸湿的衣物。洗胃液的温度应控制在37~38℃。

8. 胃穿孔

(1)误服腐蚀性化学品的患者，禁止进行洗胃。

(2)加强培训医务人员的洗胃操作技术。在洗胃过程中，保持灌入量与抽出量平衡，并严格记录出入洗胃液量。

(3)洗胃前应详细询问病史，有洗胃禁忌证的患者，一般不予洗胃。有消化道溃疡病史但不处于活动期的患者，洗胃液量应相对减少，一般每次300ml，以避免穿孔。

(4)使用电动洗胃机时，压力不宜过大。

(5)在洗胃过程中，应严密观察患者的病情变化，如神志、瞳孔、呼吸、血压以及上腹部是否饱胀，有无烦躁不安、腹痛等症状。

(七)案例分享

患者，男，42岁，以"自服有机磷杀虫剂5h"收入院。患者因家庭琐事于5h前自服有机磷杀虫剂，量约150ml，被家人发现呼之不应，立即送医院。查体：体温36.6℃，呼吸18次/min，脉率108次/min，血压120/70mmHg。中度昏迷，皮肤潮湿，双侧瞳孔直径约1mm，对光反应迟钝；颈无抵抗；双肺呼吸粗，可闻及散在的细湿啰音，心率108次/min，律齐，各瓣膜区未闻及杂音，腹平软，无压痛、反跳痛，肝、脾肋下未触及，移动性浊音(-)。血气分析示pH 7.3，PaO_2 55mmHg，$PaCO_2$ 30mmHg，碳酸氢根(HCO_3^-)8mmol/L，实际剩余碱(ABE)6.4mmol/L。

【问题】

为了清除胃内毒物,请为患者进行相应操作处理。

【回答】

需进行洗胃术。

(八) 自动洗胃机耗材及物品准备(表6-31)

表6-31 自动洗胃机耗材及物品准备

序号	物品名称	数量
1	手消毒剂	1瓶
2	洗胃溶液	1~3桶
3	污水桶	1个
4	取标本容器	1个
5	自动洗胃机	1个
6	自动洗胃机附件	1套
7	治疗盘	1个
8	治疗碗	1个
9	弯盘	1个
10	镊子	2把
11	纱布	2块
12	治疗巾	1张
13	压舌板	1个
14	棉签	1包
15	胶布	1卷
16	棉签	1包
17	一次性中单	1张
18	手套	1副
19	胃管	1个
20	灌注器	1个
21	听诊器	1个
22	手电筒	1个
23	黑色水性笔	1支
24	医疗垃圾桶	1个
25	生活垃圾桶	1个
26	治疗车	1个

（九）自动洗胃机洗胃技术评分标准（表6-32）

表6-32　自动洗胃机洗胃技术评分标准

项目	细则要求	分值	得分
操作前 （13分）	操作者准备： 1. 着装规范,工作服整洁；佩戴口罩、帽子；清洁双手 2. 核对医嘱、检验项目 3. 了解患者病情,向中毒患者了解服用毒物的名称、剂量及时间等 4. 评估患者口鼻腔皮肤及黏膜有无损伤、炎症或其他情况 5. 安抚患者,取得患者配合	5	
	患者准备：取舒适体位	2	
	用物准备： 1. 手消毒液、洗胃溶液、排污桶、标本容器、自动洗胃机及附件 2. 内铺清洁治疗巾的治疗盘、洗胃包（治疗碗1、弯盘1、镊子2把、纱布2块、治疗巾、压舌板、液状石蜡棉球） 3. 棉签、胶布、一次性中单、手套、适合型号胃管、灌注器、听诊器、手电筒、污物容器	6	
操作中 （70分）	核对患者姓名、洗胃液名称	9	
	安抚患者,取左侧卧位,昏迷患者去枕平卧、头偏向一侧	6	
	连接洗胃机并打开电源,通电检查电源是否正常；将配好的胃灌洗液放入塑料桶内；橡皮管分别和机器的药管和污水管口连接,将药管另一端放入装洗胃液桶内（管口需在液面下）,污水管的另一端放入污物桶内,调节药液流速,备用；试运转洗胃机	8	
	打开洗胃包,戴手套,颌下、胸前铺一次性中单,将弯盘、纱布放于口角旁	4	
	口腔插管者需检查及取下活动义齿（从鼻腔插管者清洁鼻腔）	3	
	测量插管长度（成人为45~55cm,婴幼儿为14~18cm）,即从发际到剑突的距离,做好标记,润滑胃管前端后自口腔或鼻腔插管	8	
	插入胃管：插管至咽部（插入14~15cm）时,嘱患者头略低并做吞咽动作,随后迅速将胃管插入,患者神志不清时,一手将患者头抬起使下颌靠近胸骨柄,以加大咽喉部弧度,徐徐送入胃管,不可勉强用力	8	
	确定胃管在胃内,固定,遵医嘱留取毒物标本送检	3	
	先接通胃管,再插上电源,调节洗胃机参数每次灌入量300~500ml,反复冲洗至吸出液体澄清无味为止。	4	
	观察：洗胃过程中密切观察患者病情、生命体征变化、注意洗胃液出入量的平衡、洗出液的性质、颜色、气味	6	
	拔除胃管：洗胃完毕,关闭胃管末端,揭去固定的胶布。用纱布包裹近鼻孔处的胃管,边拔边用纱布擦胃管,拔到咽喉处时嘱患者屏气并快速拔出	6	
	取走弯盘,清洁患者口、鼻、面部,取走一次性中单	5	
操作后 （17分）	询问患者对操作的感受；了解患者的满意度	4	
	协助患者取舒适体位,整理床单位	2	
	脱手套,洗手,签名,记录	3	
	将使用过的物品按医疗垃圾管理条例分类进行处理	2	
	操作熟练,动作流畅	2	
	整个过程关注患者反应,动作轻柔,体现人文关怀	2	
	程序正确	2	
总分		100	

（王　婉）

二、小儿鼻胃插管术

(一) 目的

1. 不能经口进食的患儿,以鼻胃管供给食物和药物。

2. 协助临床诊疗。

(二) 适应证

1. 需抽取胃液以协助临床诊断的患儿。

2. 为患有消化道梗阻、坏死性小肠结肠炎等外科疾患的患儿进行胃肠减压。

3. 需进行洗胃的食物中毒患儿。

4. 昏迷,或因吸吮、吞咽能力差而不能经口喂养的患儿(如破伤风患儿因张口困难而无法进食),需插管以鼻饲营养液或药物。

(三) 禁忌证

1. 鼻咽部和或食管狭窄、梗阻。

2. 外伤导致的严重颌面部损伤或 / 和基底颅骨骨折。

3. 食管 - 胃底静脉曲张或有其他出血倾向。

(四) 操作流程

1. 操作前准备

(1)操作者准备

1)了解患儿病情、插管目的,并核对患儿姓名、性别、年龄等。

2)指导家属安抚患儿,并摆好体位,固定头部。全程观察鼻胃插管过程中患儿的面色、呼吸等情况。

3)操作者洗手、戴帽子、口罩。

(2)患儿准备

1)评估患儿的身体状况,了解既往有无插管经历。

2)检查鼻腔情况:鼻腔黏膜是否有肿胀、炎症、鼻中隔偏曲、息肉等。

3)告知家属放置胃管的目的、操作过程,取得配合。

(3)物品准备:治疗车、治疗盘、一次性治疗巾、胃管包(无菌小碗 2 个、弯盘 1 个、镊子 1 个)、棉签、一次性胃管(8F、10F、12F)、10ml 或 20ml 注射器、0.9% 氯化钠溶液、无菌石蜡油、无菌棉球、一次性手套、胶布(鼻贴)、压舌板、手电筒、听诊器、笔、治疗卡等。

(4)环境准备:安静、舒适、明亮、整洁。

2. 操作步骤

(1)进行操作前应再次核对上述内容。

(2)体位:患儿取仰卧位,头肩部稍垫高。颌下放治疗巾。由家属固定或约束其上肢。

(3)打开胃管包,手隔着包装布将 2 个无菌小碗排开并分别倒入 0.9% 氯化钠溶液、石蜡油,打开胃管、注射器、压舌板、无菌棉球包装(手不可接触内层),放入包内备用。

(4)戴一次性无菌手套,用棉签蘸 0.9% 氯化钠溶液清洁鼻腔。

(5)使用注射器注入气体以检查胃管是否通畅。根据测量所得的长度,在胃管上做出相应的标记。对于新生儿,插管长度的测量方法如下:口插法为鼻尖至耳垂再至剑突的距离;鼻插法为发际至鼻尖再至剑突的距离,并额外增加 1cm。对于其他年龄段的患者,测量鼻尖至耳垂再至剑突下缘的长度作为插管长度。

(6)镊子取无菌棉球蘸无菌石蜡油润滑胃管前段至标记处(新生儿用温水湿润胃管)。

(7)操作者站于患儿右侧,左手扶住患儿头部,使其头部朝向一侧,右手持胃管前段沿一侧鼻孔缓慢送入胃内,插管中如患儿出现恶心,应暂停片刻,随后迅速将胃管插入以减轻不适。注意:插入不畅时应注意检查胃管是否在口内盘踞,可先适当抽出部分胃管,再尝试插入。

(8)用胶布固定鼻胃管于鼻翼两侧,开口端接注射器,判断胃管是否在胃内。判断胃管是否在胃内的 3 种方法。

1)注射器回抽是否有胃液。

2)打入 10ml 空气,听诊器置于胃底听气过水声。

3)将胃管开口放入水中,观察是否有大量气泡冒出。

3. 操作后处理

(1)插入胃管后,应及时整理床单位,协助患儿取舒适体位。

(2)向患儿及家属详细交代鼻胃管使用中的注意事项,并做好心理护理。

(3)按照要求进行垃圾分类处理。

(五) 操作注意事项

1. 插管前准备与检查　严格遵守操作规程。仔细检查胃管,确保其通畅无阻,型号适宜,且物品质量符合标准。

2. 插管过程中的注意事项　插管时动作需轻柔,以避免损伤食管黏膜,特别是食管的三个狭窄部位:环状软骨水平、平气管分叉处、食管通过膈肌处。如遇插管不畅或患儿出现恶心、呕吐,应暂停片刻,随后迅速将胃管插入,以减轻患儿不适。患儿出现呛咳、呼吸困难、发绀等现象,提示可能误入气管,应立即拔出胃管,让患儿休息,并根据情况决定是否继续插管。

3. 鼻胃管的管理与维护　鼻胃管应每 24~48h 更换一次,以确保使用安全与卫生。长期鼻饲的患儿,应每天进行口腔护理 2 次。鼻胃插管每周更换 1~2 次,晚上拔出,次晨由另一只鼻孔插入。

(六) 并发症

1. 引流不畅

(1)临床表现

1)腹胀症状无缓解或加剧。

2)检查负压引流装置,发现无引流物引出或引流物突然减少。

3)引出的胃液量明显低于正常胃液分泌量(正常人 24h 分泌的胃液量为 1 200~1 500ml)。

4)注射器回抽时阻力增大。

5)注气时胃部听诊无气过水音。

6)冲洗胃管时,引流量明显小于冲洗量。

(2)预防措施

1)定时检查胃管,及时发现并纠正滑出的胃管。

2)为昏迷患儿插胃管时,先撤去枕头,使头向后仰,以防胃管误入气管;胃管插入 15cm 时,托起患者头部,使下颌靠近胸骨柄,增大咽喉部通道弧度,便于胃管顺利通过会厌部,防止其在咽部或食管上段盘旋。

3)定时更换胃管,防止胃酸长时间腐蚀导致胃管变质粘连,造成不通畅。

4)对昏迷、烦躁患者进行适当约束,防止胃管被拔除,减少滑脱风险,并妥善固定胃管。

5)医护人员需熟悉操作技术,确认胃管进入胃腔后方可进行负压引流,并注意插入长度适中。

6)禁止向胃管内注入多渣黏稠的食物或药物。

7)如从胃管内注入药物,需定时用 0.9% 氯化钠溶液冲洗胃管。

8)每天定时转动胃管,并轻轻变动其位置,以减少在胃内的粘连。

(3)处理措施

1)发现胃管阻塞时,先送入少许,如仍无液体引出,则缓缓退出胃管,边退边抽胃液。

2)如确定为食物残渣或血凝块阻塞胃管,使用 α- 糜蛋白酶加碳酸氢钠注射液从胃管注入。

3)如上述处理均无效,则拔出胃管,更换新胃管重新插入。

2. 上消化道出血

(1)临床表现

1)负压引流液颜色由墨绿色转变为咖啡色、暗红色乃至鲜红色。

2)患者可能出现呕血症状。

3)出血量较大时,患者排出柏油样便,并可能伴有晕厥、出汗和口渴等失血过多的表现。

4)胃液潜血和大便潜血检查结果呈阳性。

5)出血量较多时,血液常规化验显示红细胞和血红蛋白水平下降。

6)胃镜检查可显示食管、胃黏膜损伤情况。

(2)预防措施

1)插管操作需熟练、轻柔,必要时使用专业导丝,以防机械性损伤。

2)当患者出现剧烈恶心、呕吐时,应立即暂停插管,让患者休息片刻,待恶心、呕吐症状缓解后再缓缓将胃管送入,切勿强行插管。

3)若负压引流无液体引出,应检查胃管是否通畅,如不通畅可向胃管内注入少量0.9%氯化钠溶液后再回抽,不可盲目进行回抽操作。

(3)处理

1)发现引流处出血时,立即停止吸引。

2)及时报告医生,并给予患者补充血容量、制酸及止血治疗。

3)进行口腔护理。

4)尽早安排胃镜检查,根据出血原因采取相应的止血方法。

5)如上述方法无效,考虑选择性血管造影栓塞止血。

6)若内科治疗无效,则转至外科进行手术治疗。

3. 声音嘶哑

(1)临床表现:主要表现为声带闭合不全和发音困难。

(2)预防措施

1)选择粗细适宜、质地柔软且表面光滑的胃管,以减少对局部的刺激。避免强行插管,不宜进行胃管的来回抽插或反复插管操作。

2)在胃肠减压过程中,指导患者尽量减少说话或保持噤声,使声带得到充分休息。如遇剧烈咳嗽或呕吐,应先用手固定胃管,防止其上下移动,必要时可使用止咳、止吐药物,以缓解咳嗽和呕吐症状。

3)在病情允许的情况下,尽早拔除胃管。

(3)处理:一旦出现声音嘶哑,应加强口腔护理,避免摄入刺激性食物,实施嗓音保健措施,并适当进行物理治疗。

4. 吸入性肺炎

(1)临床表现:高热,体温可高达40.5℃,面颊绯红,皮肤干燥,同时伴有寒战,胸部疼痛、咳嗽、痰黏稠,呼吸增快或呼吸困难。肺部听诊可闻及湿啰音及支气管呼吸音;胸部X线检查可见肺部有斑点状或云片状的阴影;痰中可以找到致病菌,血象检查可见白细胞增高;严重者血气分析可有呼吸衰竭的表现。

(2)预防措施

1)当患者咽喉部有分泌物聚积时,鼓励患者咳嗽、排痰,咳嗽前先固定好胃管及胃肠减压装置。不能自行咳痰的患者加强翻身、拍背,促进排痰。

2)确保胃肠减压引流通畅,一旦发现引流不畅,应及时处理,以防止胃液反流。

3)每天口腔护理二次,宜彻底清洗干净,以保持口腔清洁、湿润。

4)在病情允许的情况下,尽早拔除胃管。

(3)处理:发生吸入性肺炎,卧床休息,如有高热用物理或者药物降温;如有气急、发绀,应立即给予氧气吸入。对于咳嗽、咳痰的患者,可使用镇咳祛痰剂进行治疗。

(七) 小儿鼻胃插管术耗材及物品准备清单(表6-33)

表6-33　耗材及物品准备清单

序号	物品名称	数量
1	胃管包(内盛治疗碗、压舌板、血管钳或镊子、纱布、液状石蜡油棉球、弯盘)	1个
2	一次性胃管	1个
3	20ml注射器	1个
4	无菌手套	1副
5	听诊器	1个
6	棉签、无菌纱布	若干个
7	一次性治疗巾	1张
8	一次性引流袋	1个
9	胶布或鼻贴	1个
10	笔、治疗卡	各1个

(八) 小儿鼻胃插管术评分标准(表6-34)

表6-34　小儿鼻胃插管术评分标准

项目	细则要求	分值	得分
操作前 (20分)	1. 向家属解释操作的目的、注意事项、配合要点(3分) 2. 环境整洁,安静,光线充足(2分)	5	
	物品准备:插胃管包(内盛治疗碗、压舌板、血管钳或镊子、纱布、石蜡油棉球、弯盘),一次性6F、10F、14F硅胶胃管,20ml注射器,无菌手套、棉签、无菌纱布、治疗巾、装冷开水的小药杯、一次性引流袋、胶布或工字型鼻贴、听诊器、笔、大号治疗盘	5	
	评估患儿病情、诊断(2分)、鼻腔情况等(3分)	5	
	操作者准备:检查患者前后、准备物品前、操作前洗手(3分) 戴口罩、帽子(2分)	5	
操作中 (65分)	自我介绍(1分),交代注意事项(1分),取得配合(1分)	3	
	1. 患儿取仰卧位(3分),头肩部稍垫高(3分) 2. 颌下放治疗巾(1分) 3. 由家属固定或约束其上肢(1分)	8	
	1. 打开胃管包,手隔着包装布(3分) 2. 将2个无菌小碗排开并分别倒入0.9%氯化钠溶液、石蜡油(2分),打开胃管、注射器、压舌板、无菌棉球包装(手不可接触内层)(3分) 3. 放入包内备用(2分)	10	
	1. 用注射器注入气体检查胃管是否通畅(4分) 2. 测量插管长度(4分) 3. 测量方法对于婴儿,测量鼻尖至剑突与脐中点之间的长度;对于其他年龄段,测量耳垂至鼻尖再到剑突下缘的长度(正确选择并应用其中一种测量方法计2分) 4. 并在选定位置做标记(2分)	12	
	镊子取无菌棉球(1分)蘸无菌石蜡油润滑胃管前段至标记处(1分)	2	

续表

项目	细则要求	分值	得分
操作中 (65分)	1. 操作者应站立于患儿的右侧(2分) 2. 使用左手扶住患儿的头部(2分) 3. 确保患儿头部朝向一侧(2分) 4. 操作者应用右手持住胃管的前段,沿患儿的一侧鼻孔缓慢而稳妥地送入胃内(2分) 5. 若患儿出现恶心症状,应立即暂停片刻(2分) 6. 待患儿适应后,迅速而顺畅地将胃管插入,以有效减轻患儿的不适感(12分)	22	
	用胶布固定鼻胃管于鼻翼两侧(2分),开口端接注射器,判断胃管是否在胃内(3分)。 口述判断胃管是否在胃内的3种方法(3分): 1. 注射器回抽是否有胃液 2. 打入10ml空气,听诊器置于胃底听气过水声 3. 将胃管开口放入水中,观察是否有大量气泡冒出	8	
操作后 (15分)	整体评价: 1. 协助患儿取舒适体位(2分) 2. 根据垃圾分类原则处理用后物品(2分) 3. 洗手、记录(2分) 4. 对疾病相关知识(3分)及留置胃管的相关知识进行宣教(3分) 5. 整个过程关注患者反应,动作轻柔,体现人文关怀(3分)	15	
	总分	100	

(莫丰菱)

三、小儿灌肠术

(一)目的

1. 软化并清除粪便,以减轻腹胀症状。

2. 清洁肠道,为后续的肠道检查或手术做准备。

3. 稀释肠道内的有毒物质,以减轻中毒症状。

4. 为高热患儿灌入低温液体,以实现降温目的。

(二)适应证

1. 各种原因引起的便秘及肠积气情况。

2. 用于清洁肠道,为肠道检查或手术做准备。

3. 用于稀释并清除肠道内的有害物质,以减轻中毒症状。

4. 灌入低温溶液,用于高热患者的降温治疗。

(三)禁忌证

1. 急腹症患者。

2. 消化道出血患者。

3. 疑似肠道坏死或穿孔的患者。

4. 肠道手术后的患者。

(四)操作流程

1. 操作前准备

(1)操作者准备:洗手,戴口罩、帽子。

(2)患儿准备

1)全面评估患儿的病情、诊断以及灌肠的具体目的。

2)评估患儿的意识状态,并向家属详细解释灌肠的目的及其重要性,以确保得到家属的配合。

3)仔细检查患儿肛周的皮肤及黏膜状况。

(3)物品准备:治疗车、治疗盘、一次性灌肠包(内含灌肠袋、引流管、肛管、垫巾、润滑液、一次性手套)、注射器、弯盘、温度计、灌肠液、卫生纸、手消毒剂、治疗卡、笔、医疗垃圾桶、生活垃圾桶、便盆等。

(4)环境准备:关闭门窗、屏风遮挡。

2. 操作步骤

(1)操作前准备:再次核对之前提及的各项内容,确保无误。

(2)体位调整

1)指导并协助家属使患儿采取左侧卧位。

2)在患儿臀下垫上垫巾,以确保舒适度和清洁度。

(3)排气处理

1)戴上手套,使用注射器抽取适量的灌肠液,然后连接肛管并确保其充分润滑。

2)排出肛管内的所有气体,以避免注入时产生不适。

(4)肛管插入与灌肠

1)用左手轻轻分开患儿的臀裂,充分暴露肛门。

2)右手持肛管,轻轻插入直肠约 7~10cm 的深度。

3)固定肛管位置,缓慢注入灌肠液。注射完毕后,反折连接管,取下注射器再次抽取灌肠液,重复此过程直至灌肠完毕。

(5)观察与评估

1)密切观察患儿的生命体征及身体反应情况。

2)注意观察灌肠液流入体内的速度以及粪便的排出情况。

3. 操作后处理

(1)灌肠结束后,轻轻拔出肛管,并用干净的纸巾或纱布擦拭肛门区域。

(2)协助患儿调整至舒适的体位。

(3)继续观察患儿的粪便情况,以评估灌肠效果。

(4)按照相关要求整理使用过的物品,确保环境整洁。

(5)洗手、记录。

(五)操作注意事项

(1)在执行操作时,应确保动作娴熟、轻柔,并严格遵守操作规则。

(2)需根据患者的具体病情准备适宜的灌肠液。在操作过程中,要精确把握肛管的插入深度(应为 7~10cm)、灌肠液的量、温度、压力以及灌入体内的速度,同时确保液面距肛门的高度不超过 30cm。

(3)在操作过程中,应密切观察可能出现的问题,并积极采取相应的处理措施:①若注入液体时遇到阻力增大,应考虑是否为粪便堵塞了管道。此时,可以尝试旋转或挤压肛管以解决问题。②若在操作过程中患儿出现面色苍白、皮肤湿冷、心率增快等症状,应立即停止灌肠,并迅速采取相应的急救措施。

(六)并发症

1. 肠道黏膜损伤

(1)临床表现:肛门疼痛,排便时加剧,伴有局部压痛;损伤严重时可见肛门外出血或粪便带血丝,甚至可能出现排便困难。

(2)预防措施

1)插管前,向患儿及家属详细解释操作的目的和意义,确保他们理解并接受,从而配合操作。

2)插管前常规使用石蜡油润滑肛管前端,以减少插管时的摩擦力。操作时顺应肠道解剖结构,手法轻柔,缓慢进入,避免强行插入,禁止来回抽插及反复插管。

3)选择粗细适宜、质地柔软的肛管。

4)插入深度要适当,不宜过深,小儿插入深度建议为 4~7cm。

(3)处理:对于肛门疼痛或已发生肠出血的患者,遵医嘱给予止痛、止血等对症治疗。

2. 水中毒、电解质紊乱

(1)临床表现:水中毒者早期表现为烦躁不安,随后可能出现嗜睡、抽搐、昏迷,查体可见球结膜水肿。脱水患者会感到口渴,查体可见皮肤干燥、心动过速、血压下降、小便减少、尿色加深。低钾血症者可能诉说软弱无力、腹胀、肠鸣音减弱、腱反射迟钝或消失,并可能出现心律失常,心电图检查可见ST-T改变和U波出现。

(2)预防措施

1)全面评估患儿的身心状况,特别注意患有心、肾疾病的患儿。

2)清洁灌肠前,指导患者进行合理有效的饮食(肠道准备前3~5d进无渣流质饮食),并解释饮食对灌肠的重要性,以获得患者的配合。

3)清洁灌肠时避免使用单一液体如清水或生理盐水进行反复多次灌洗。

4)灌肠时可采用膝胸体位,以利于吸收,从而减少灌肠次数。

(3)处理:对于腹泻不止的患者,给予止泻剂、口服补液或静脉输液。低钾血症、低钠血症患者可给予口服或静脉补充治疗。

3. 肠穿孔、肠破裂

(1)临床表现:灌肠过程中患者突然感到腹胀、腹痛,查体时腹部有压痛或反跳痛。腹部B型超声检查可发现腹水。

(2)预防措施

1)选择质地适中,大小、粗细适宜的肛管。

2)插管时动作应轻缓,避免重复插管。

3)若遇有阻力时,可稍移动肛管或嘱患者变动体位。

4)控制液体灌入速度,灌肠袋液面距患者肛门高度应小于30cm。

(3)处理:若患者发生肠穿孔、肠破裂,立即转外科行手术治疗。

(七)案例分享

1. 案例一 患者,男,8岁,因便中夹杂血丝半个月入院。拟行结肠镜检查。

【问题】

1. 为该患儿灌肠的目的是什么?

2. 在此情境下,应选用哪种灌肠液?

【回答】

1. 为该患儿灌肠的目的是清洁灌肠。

2. 建议选用0.9%氯化钠溶液。

2. 案例二 患儿,男,4岁,呕吐、停止排便3d入院。查体:腹部微隆,略有胀感,肝脾肋下未触及,肠鸣音减弱。腹部平片显示小肠高位不完全梗阻。

【问题】

1. 针对此小儿患者,应选择哪种类型的灌肠?

2. 在灌肠过程中,若患儿突然出现脉速、面色苍白、出冷汗、剧烈腹痛等症状,应如何处理?

【回答】

1. 为该患儿灌肠的类型是不保留灌肠。

2. 若灌肠过程中出现上述症状,应立即停止灌肠操作,严密监测患儿的生命体征,必要时进行腹部平片检查,甚至考虑进一步的外科处理。

【临床思维】

此案例提示可能为肠梗阻,且为高位不完全梗阻而非完全肠梗阻,因此并非灌肠的禁忌证。可以考虑进行不保留灌肠,以刺激肠蠕动并促进胃肠功能的恢复。然而,也需要注意灌肠可能引发的并发症,如肠穿孔。一旦发生此类并发症,应立即停止操作,并密切监测血压等生命体征,必要时进行腹部平片检查或进一步的外科处理。

(八) 小儿灌肠术耗材及物品准备清单(表6-35)

表6-35　耗材及物品准备清单

序号	物品名称	数量
1	一次性灌肠包(灌肠袋、引流管、肛管、垫巾、润滑液、一次性手套)	1个
2	治疗车	1辆
3	治疗盘	1个
4	注射器20ml	1个
5	温度计	1根
6	灌肠液、卫生纸	适量
7	医疗垃圾桶、生活垃圾桶	各1个
8	手消毒剂	1瓶
9	便盆	1个
10	治疗卡、笔	各1个

(九) 小儿灌肠术评分标准(表6-36)

表6-36　小儿灌肠术评分标准

序号	细则要求		分值	得分
操作前 (25分)	沟通:向家属解释操作的目的、注意事项、配合要点(3分) 环境整洁,安静,光线充足(2分)		5	
	物品准备:治疗车、治疗盘、一次性灌肠包(灌肠袋、引流管、肛管、垫巾、润滑液、一次性手套)、注射器、弯盘、温度计、灌肠液、卫生纸、手消毒剂、治疗卡、笔、医疗垃圾桶、生活垃圾桶、便盆等		10	
	评估患儿病情(2分),诊断肛周皮肤、黏膜情况(3分)		5	
	操作者准备: 1. 检查患者前后、准备物品前、操作前洗手(3分) 2. 戴口罩、帽子(2分)		5	
操作中 (60分)	体位: 1. 患儿取左侧卧位(5分) 2. 双腿屈膝(3分) 3. 臀下垫垫巾(2分) 4. 指导家属辅助固定或约束患儿体位(2分)		12	
	排气: 1. 戴手套(2分),注射器抽取灌肠液(4分) 2. 连接肛管(4分)并充分润滑(4分) 3. 排空肛管内的其气体(2分)		16	
	插入肛管: 1. 左手分开臀裂,暴露肛门(5分) 2. 右手持肛管轻轻插入直肠7~10cm(5分),固定肛管(2分),缓慢注入灌肠液(2分) 3. 注射完毕反折连接管(4分),取下注射器再抽取灌肠液直至灌肠完毕(2分)		20	
	观察患儿生命体及身体反应情况(5分),观察灌肠液流入体内的速度(5分)及粪便排出情况(2分)		12	

续表

序号	细则要求	分值	得分
操作后 (15)	1. 灌肠完毕,拔出肛管并擦拭肛门(2分) 2. 协助患儿取舒适体位(1分) 3. 根据垃圾分类原则处理用后物品(1分) 4. 脱手套,洗手,记录(2分) 5. 对疾病相关知识(2分)及灌肠的相关知识进行宣教(2分) 6. 整个过程关注患者反应,动作轻柔,体现人文关怀(5分)	15	
总分	回答问题不正确一题扣10分,灌肠失败扣42分	100	

(莫丰菱)

四、经外周静脉穿刺的中心静脉导管(PICC)置管术

(一)目的

1. 为需要长期接受静脉高营养的患儿提供一个安全且有效的静脉通路。

2. 减少静脉穿刺的次数,以减轻患儿的疼痛感受。

3. 避免药物对外周静脉产生刺激作用。

(二)适应证

1. 常见于外科胃肠道疾病患儿,如坏死性小肠结肠炎、短肠综合征、肠梗阻等,且需要停用肠内营养超过2周者。

2. 需要长时间输注肠外营养的患儿,如极低出生体重儿、超低出生体重儿以及难治性腹泻儿。

3. 需要静脉给予高渗透性液体、黏稠度高的药物或刺激性药物,如高渗性葡萄糖、氨基酸、钙剂、脂肪乳等的患儿。

4. 外周静脉通路建立困难的患儿。

(三)禁忌证

1. 患有严重感染的患儿。

2. 患儿身体条件无法承受置管操作,如凝血功能严重异常、血小板明显减少或处于免疫抑制状态者。

3. 已知或怀疑患儿对导管所含成分过敏者。

4. 预置管部位存在骨折、神经损伤、静脉炎或静脉血栓形成病史的患儿。

(四)操作流程

1. 操作前准备

(1)操作者准备:2名操作者、着装整洁,洗手、戴口罩、戴圆帽。

(2)患儿准备:患儿仰卧,置于预热辐射台上,清洁穿刺侧肢体,连接心电监护仪,更换尿不湿。

(3)环境准备:操作区域宽敞、明亮,温湿度适宜,安静、清洁,请无关人员回避。

2. 操作步骤

(1)查对医嘱,确认是否已签署置管知情同意书,核对患儿身份,进行手部清洁,佩戴口罩及圆帽。

(2)血管选择:优先选择上肢静脉,其次选择下肢静脉。避免选择既往有锁骨骨折或臂丛神经麻痹的一侧手臂。上肢静脉首选贵要静脉,次选肘正中静脉,头静脉作为第三选择。下肢静脉常选择大隐静脉,内踝、腘窝均可作为穿刺点。

(3)置管长度测量:术者将患儿平卧,然后将患儿上肢外展与躯体呈90°,测量预穿刺点沿静脉走向至右胸锁关节并向下至第3肋间的长度;将下肢外展45°,测量预穿刺点沿静脉走向至脐至剑突的长度。同时测量双臂围或腿围。

(4)术者穿戴无菌手术衣、无菌手套,铺设无菌台,并打开PICC置管包。助手协助将所需穿刺物

品置于无菌台上,将聚维酮碘消毒液倒入弯盘浸湿棉球,协助抽取 0.9% 氯化钠溶液备用。

(5)皮肤消毒:术者取无菌治疗巾垫在患儿术肢下,助手协助抬起上肢。术者用 0.5% 聚维酮碘纱布包裹肢端,再用聚维酮碘棉球按照顺时针 - 逆时针 - 顺时针的顺序消毒穿刺侧肢体皮肤 3 遍,消毒范围以穿刺点为中心至整个上肢。助手穿戴无菌手术衣、无菌手套,铺设无菌大单及孔巾,覆盖患儿身体,将消毒后的术肢置于无菌区内,充分暴露穿刺点,确保无菌屏障最大化。

(6)术者更换无菌手套,打开置管包,检查导管完整性,按预计长度修剪导管。连接 10ml 注射器,用 0.9% 氯化钠溶液预冲导管,并确保穿刺鞘置于无菌区内。

(7)穿刺置管:在预穿刺部位上方扎无菌止血带,保证静脉充盈。术者再次核对患儿信息,去除针帽,转动针芯,检查穿刺鞘针体是否光滑。以 15°~30° 角穿刺,见回血后降低穿刺角度再进针 1~2mm,确保穿刺针尖端完全进入静脉。固定针芯,向前推进插管鞘,确保插管鞘送入静脉。术者用左手示指、拇指固定插管鞘,助手按压穿刺鞘前端止血并松开止血带。在鞘下垫无菌纱布后撤出针芯并妥善放置。术者用无菌镊将导管缓慢、匀速送入静脉,助手缓慢脉冲式推入 0.9% 氯化钠溶液,边推边送。当预测导管送至肩部时,第二助手将患儿头转向穿刺侧,并将其下颌抵肩,以防止导管误入颈内静脉。导管到达预定长度后,将患儿头恢复原位。用棉签按压穿刺鞘上端静脉,退出并劈开穿刺鞘,将其移除。

(8)导管固定:用 0.9% 氯化钠溶液棉签清洁穿刺点周围皮肤血迹,调整导管位置呈"S"形。在圆盘上贴第一条胶带,于穿刺点上方放置 1cm×1cm 纱布以吸收渗血。无张力放置适合的无菌透明敷料,确保透明敷料下缘与导管圆盘下缘平齐。用第二条胶带在圆盘远侧进行蝶形交叉固定导管,再用第三条胶带固定圆盘。

(9)连接无针接头,采用高举平台法固定无针接头,并进行正压封管。

(10)在胶带上注明穿刺日期,粘贴于透明敷料下缘,并粘上标识。

3. 操作后处理

(1)为患儿取舒适体位,整理床单位及用物。脱去无菌手术衣、手套,并进行手部清洁。

(2)根据 X 线检查报告,遵医嘱确定导管尖端位置。

(3)记录导管的型号、规格、批号;所穿刺的静脉名称及双侧臂围;记录置入导管的长度及外露长度;描述穿刺过程是否顺利、患儿有无不适等;并记录 X 线胸片结果(导管尖端位置)。

(五)操作注意事项

(1)必须严格执行无菌技术及手卫生操作流程,以确保操作过程中的无菌状态。

(2)测量导管置入长度时需准确无误,以避免导管置入过浅或过深。术后应及时调整导管位置,确保其处于正确位置。

(3)若遇送管困难,可能表明静脉存在阻塞或导管位置有误。此时,不可强行送管,以免对血管造成损伤或穿破血管。

(4)严禁使用规格小于 10ml 的注射器进行冲管操作,以防止损坏导管并造成其断裂。

(5)禁止在导管上直接贴胶布,以免破坏导管的强度和完整性,确保其正常使用和功能。

(6)应妥善固定导管,以防止因意外牵拉等原因导致导管脱出,确保其在位稳定。

(7)当血管不清晰时,可使用床旁超声辅助穿刺,以提高一次穿刺的成功率,并降低并发症的发生风险。

(六)并发症

1. 误穿动脉 由于动脉常与静脉伴行,盲穿时存在误穿动脉的风险。一旦发生误穿,应立即拔针,并在穿刺点上方(即动脉破损处)按压至少 10min,以确保彻底止血,防止局部渗血形成血肿。

2. 导管外渗与渗出 主要表现为沿导管走向的皮肤水肿,其主要原因是导管异位。水肿的具体位置与穿刺部位有关,如上肢静脉穿刺时,水肿常发生在上臂或肩胛处;下肢静脉穿刺时,水肿常出现在大腿根部或会阴部;头皮静脉穿刺时,水肿则可能出现在颈部。发生渗出时,导管常无法抽到回血,且由于肢体肿胀导致局部张力增高,可能引起穿刺点渗液或导管脱出。一旦发生渗出与外渗,应及时拔管并进行局部处理。

3. **导管移位**　主要包括导管漂移和脱出,表现为无法抽到回血、外量导管长度增加。这可能是由于患儿过度活动、胸腔压力改变、固定不牢固或外力牵拉所致,属于非计划拔管。一旦导管脱出,不得重复插入外移导管,而应通知医生进行 X 线定位。导管能否继续使用需根据移位情况决定,如不能继续使用,则应尽早拔除。

4. **机械性静脉炎**　其主要原因包括穿刺血管过细、导管材质过硬、置管过程中送管速度过快、从头静脉置入以及肢体过度活动等。其表现为穿刺肢体沿导管走向出现条索状硬结伴局部红肿,多发生于早产儿,通常在置管后 2~3d 出现。一旦发生静脉炎,应立即处理,抬高患肢,外涂多磺酸粘多糖,症状严重时可暂停使用导管。

5. **导管堵塞**　新生儿所用的 1.9F 导管无瓣膜,维护不当极易堵塞。血液凝固是导管堵塞的主要原因之一,可能与输液速度过慢或突然中断、输液结束后未正压封管或封管手法不正确、导管打折、连接处松脱以及患儿用力哭闹造成血液回流有关。导管堵塞表现为输液泵报警、液体无法输入、推注药物困难及抽不到回血。正确的冲封管操作是保证导管通畅的关键。一旦发生导管堵塞,不得强行推注液体,否则可能导致栓塞或导管破裂。血栓性阻塞可立即用肝素稀释液(10U/ml)或尿激酶溶液(5 000U/ml)进行通管。经上述处理仍未通畅者,可拔除导管。

6. **导管断裂**　非常严重的并发症,其发生原因可能与导管放置时间过长、导管阻塞等有关。导管断裂分为体外部分断裂和体内部分断裂两种情况。体外部分断裂通常与导管固定不当、患儿躁动及高压注射有关,一旦发生应立即拔出以免进入体内。体内部分断裂通常是由于送导管时镊子损伤导管或导管质量不佳,在导管置入侧肢体穿刺抽血所致。一旦发生导管断裂,应立即压迫导管远端血管,阻止断裂的导管进入心脏,并根据导管断端位置行静脉切开术或用抓捕器将断裂在人体内的导管取出。为防止导管断裂,应妥善固定导管,防止受到意外牵拉,尽量不通过导管推注药物。必须推注时,应选择 10ml 及以上规格的注射器,避免用力推注。如遇阻力,切忌强行推注。拔除导管时,应仔细检查其完整性,并与置入时的导管长度进行核对。

7. **导管相关性感染**　包括局部感染和全身性感染。新生儿尤其是早产儿,胎龄越小、出生质量越低,其免疫力越低,发生导管相关感染的机会就越大。接触患儿未洗手、无菌操作不严格都会造成感染发生。早产儿置管后 2~3 周常会出现感染,但不一定与导管相关,应排除其他原因后再考虑导管因素。出现导管相关血流感染时,需拔除导管,并根据药敏试验给予敏感抗生素或抗真菌药物治疗。

8. **深静脉血栓**　常发生于下肢静脉置管,血流缓慢以及留置导管对静脉管壁的损伤等因素均为血栓形成创造了条件。为预防深静脉血栓形成,平时应抬高穿刺侧肢体 15°~30°,以促进穿刺侧肢体血液回流。对于无自主活动的患儿,应定时被动活动肢体。此外,应勤观察穿刺肢体有无肿胀及肢体皮肤颜色、温度的变化,必要时行超声检查以确定血栓的部位及程度。一旦发现深静脉血栓,应拔管,但拔除过程应轻柔缓慢,防止血栓脱落堵塞重要脏器。

(七) 经外周中心静脉置管术耗材及物品准备清单(表6-37)

表6-37　PICC 用物清单

序号	物品名称	数量	序号	物品名称	数量
1	PICC 置管包	1 个	7	0.9% 氯化钠注射液 100ml	1 个
2	无菌手术衣	2 个	8	无针输液接头	1 个
3	一次性无菌手套	4 个	9	无菌纱布	若干个
4	无菌治疗巾	8 个	10	无菌棉球	若干个
5	0.5% 聚维酮碘	1 个	11	治疗车	2 辆
6	棉签	2 个	12	软尺子	1 个

(八) 经外周中心静脉置管术评分标准(表6-38)

表6-38 经外周中心静脉置管术评分标准

项目	细则要求	分值	得分
操作前 (15分)	基本要求:仪表端庄,着装整洁,符合要求(1分),洗手,戴口罩,戴圆帽(1分)	2	
	操作区域宽敞、明亮,温湿度适宜,安静、清洁,请无关人员回避	2	
	核对:查对医嘱(1分),核对PICC知情同意书(1分),患儿床头卡及手腕带信息(1分)	3	
	评估:患儿病情(1分)、凝血功能(1分)、血管条件(1分)	3	
	患儿准备:患儿仰卧,置于预热辐射台上,清洁穿刺侧肢体,连接心电监护仪,更换尿不湿	2	
	物品准备:PICC置管包、无菌手术衣、一次性无菌手套、治疗巾、0.5%聚维酮碘、棉签、0.9%氯化钠注射液100ml、无针输液接头、无菌纱布、无菌棉球、软尺子	3	
操作中 (70分)	携用物至床旁,再次核对患儿床头卡(1分)、手腕带(1分)	2	
	摆放体位,术肢外展与躯体呈45°~90°	1	
	测量:导管长度(2分)、双臂围或腿围(1分)。导管长度从预穿刺点沿静脉走向至右胸锁关节,向下至右侧第3肋间(2分)	5	
	术者穿无菌手术衣、戴无菌手套、铺无菌台、打开PICC置管包	2	
	术者将无菌治疗巾垫在患儿术肢下(1分)	1	
	用0.5%聚维酮碘纱布包裹肢端(2分),再用0.5%聚维酮碘棉球消毒穿刺侧肢体3遍(3分)	5	
	铺无菌大单及孔巾(2分),覆盖患儿身体(2分),将消毒后的术肢置于无菌区内,充分暴露穿刺点(2分)	6	
	术者更换无菌手套	1	
	打开PICC置管包,检查导管完整性(1分),按预计长度修剪导管(1分)	2	
	用10ml注射器用0.9%氯化钠溶液预冲导管	1	
	在预穿刺部位上方扎无菌止血带	1	
	再次核对床头卡(1分)、手腕带(1分)	2	
	穿刺: 1. 去除针帽,转动针芯,检查穿刺鞘针体是否光滑(2分) 2. 以15°~30°穿刺见回血后降低穿刺角度再进针1~2mm,使穿刺针尖端完全进入静脉(2分) 3. 固定针芯,向前推进插管鞘,确保插管鞘送入静脉(2分)	6	
	固定插管鞘,松止血带(1分),鞘下垫无菌纱布(1分),撤出针芯,妥善放置(1分)	3	
	将导管缓慢、匀速送入静脉	5	
	当导管送至肩部时,助手将患儿头部转向穿刺侧(1分),并将其下颌抵肩,继续送管(2分)	3	
	当导管到达预定长度后将患儿头部恢复原位	1	
	用棉签按压穿刺鞘上端静脉(1分),退出并劈开穿刺鞘(2分)	3	
	用0.9%氯化钠溶液棉签清洁穿刺点周围皮肤血迹	1	

续表

项目	细则要求	分值	得分
操作中 (70分)	固定:在圆盘上贴第一条胶带(1分);在穿刺点上方放置1cm×1cm小纱布(1分);调整导管位置呈"S"形(1分),无张力放置无菌透明敷料(1分);第二条胶带在圆盘远侧蝶形交叉固定导管(1分);第三条胶带再固定圆盘(1分)	6	
	连接无针接头(1分),正压封管(1分),高举平台法固定无针接头(1分)	3	
	注明穿刺日期(1分),粘上PICC标识(1分)	2	
	脱无菌手术衣、手套(1分),洗手(1分)	2	
	通知放射科进行X线定位	1	
	术后记录:导管的型号、规格、批号(1分);所穿刺的静脉名称、双侧臂围(1分);记录置入导管的长度及外露长度(1分),描述穿刺过程是否顺利、患儿有无不适(1分);导管尖端位置(1分)	5	
操作后 (15分)	给患儿取舒适卧位,整理床单位,整理用物	5	
	操作熟练、流畅,全程遵守无菌技术原则,无菌屏障得到最大化	5	
	体现人文关怀,操作流畅,动作轻柔,呵护患儿	5	
总分		100	

(黄芝蓉)

其他专科

第一节　神经科专科检查与处理技术

一、神经系统体格检查

(一) 基本要求

1. **物品准备**　叩诊锤、棉签、音叉、手电筒、大头针、钥匙、笔、试管(分别盛冷、热水)等。

2. **注意事项**

(1)室内应保持适宜温度。根据受检者的情况和检查部位,选择适当的体位,充分暴露检查部位,并嘱咐患者尽量放松,情绪安定。必要时,可采取措施转移患者注意力,以消除紧张情绪,确保患者能与医生充分合作,这是获取准确检查结果的先决条件。

(2)将待检查部位置于适当位置,并确保两侧肢体的位置和姿势一致。刺激的强度和部位应在两侧保持一致,以便进行比较。

(3)使用叩诊锤时需掌握一定技巧:将叩诊锤握于拇指和示指之间,握持力度应适中,既不过紧也不过松。同时,保持腕部放松,使叩诊锤能通过腕部和手指的双重枢轴,快速而有力地叩击。叩击时屈腕可增加叩诊锤远端的速度和叩击力量。叩击点需准确,叩击力量应适度,可根据患者的反应强弱进行适当调整,但务必保持左右两侧相等。

(4)部分检查需转移患者注意力,以避免影响检查结果的引出。对于需要左右两侧对称比较的项目,若出现一侧性或不对称性改变,往往是神经系统损害的有意义特征,此时必须进行反复检查。偶然一次出现的反射异常通常不具有显著的临床意义。

(二) 意识与高级皮质功能

1. **观察指标**

(1)监测被检查者的体温、呼吸、脉搏及血压,确认其是否处于正常水平。

(2)通过交谈,观察被检查者的思维、情感和行为的形式与内容,以判断其意识是否清晰,精神状态是否正常。

2. **意识障碍评估**　通过问诊和查体,进一步评估意识障碍的程度,明确觉醒水平的降低程度,以及是否存在意识内容的改变,如意识模糊或谵妄。

3. **意识障碍分类**

(1)嗜睡:患者睡眠时间过度延长,但能被叫醒,醒后可勉强配合检查及回答简单问题,停止刺激后继续入睡。

(2)昏睡:患者处于沉睡状态,仅能被强烈刺激(如压眶、用力摇动)唤醒,刺激停止后立即又沉睡。

(3)昏迷:患者意识完全丧失,不能自发睁眼,对强刺激无反应,无自主活动。昏迷从轻到重可分为三级:

1）浅昏迷：意识完全丧失，仍有较少的无意识自发动作。对周围事物及声、光等刺激无反应，但对强烈疼痛刺激可有回避动作及痛苦表情。脑干反射存在，生命体征无明显改变。

2）中昏迷：对外界正常刺激均无反应，自发动作很少。对强刺激的防御反射、角膜反射和瞳孔对光反射减弱，大小便潴留或失禁。生命体征已有改变。

3）深昏迷：对外界任何刺激均无反应，全身肌肉松弛，无任何自主运动。眼球固定，瞳孔散大。各种反射消失，大小便多失禁。生命体征已有明显改变，呼吸不规则，血压可能下降。

4. 昏迷程度评估工具 使用格拉斯哥昏迷量表（Glasgow coma scale，GCS）进行昏迷患者评估。该量表最高分为15分（表示无昏迷），最低分为3分。分数越低，表示昏迷程度越深。通常，8分以上者恢复机会较大，7分以下者预后不良，3~5分者有潜在死亡危险。

5. 脑干反射评估

（1）睫脊反射：给予颈部皮肤疼痛刺激时，可引起双侧瞳孔散大。此反射存在提示下位脑干、颈髓、上胸段脊髓及颈交感神经功能正常。

（2）头眼反射：又称玩偶头试验，轻扶患者头部向左右、上下转动时，眼球向头部运动相反方向移动，然后逐渐回到中线位。此反射在婴儿期为正常，随大脑发育而抑制。在大脑半球弥漫性病变和间脑病变导致昏迷时出现并加强；脑干病变时此反射消失。如一侧脑干病变，头向该侧转动时无反射，向对侧转动时仍存在。

6. 高级皮质功能检查

（1）失语测试

1）表达性失语：观察患者是否存在说话不流利，无法重复话语、说出姓名、朗读或书写的症状，但其通常能理解书面和口头的语言，并能准确执行指令。

2）感觉性失语：观察患者是否说话流利，但却无法理解、重复、朗读、理解书写或写字，其表述虽然流畅但常包含新词或错语，甚至听不懂自己的说话声。例如，发出如"捏自己耳朵""抬起自己左手"等不伴随动作提示的指令，观察患者是否能正确理解并执行。

3）传导性失语：观察患者是否说话流利，能够理解他所读和所听的内容，但不能重复、命名、朗读或书写，即患者明白他所听到和读到的东西，但却无法复述。

4）命名性失语：观察患者是否说话流利，但说话时有停顿，并包含许多迂回的、无意义的话语，患者不能说出物品名称，但可以描述物品的用途。

5）完全性失语：观察患者是否所有语言功能都出现障碍。完全性失语症通常伴随偏瘫、半感觉丧失和偏视等症状。

（2）记忆测试

1）瞬时记忆测试：测试从随机、无规律的3位或4位数字序列开始，以每秒给出一个数字的速度进行，要求患者立即重复所听到的数串。随后，逐渐增加数串的长度，直到患者无法完整重复为止。

2）短时记忆测试：向患者展示一系列非常简单的事物，例如钥匙、水杯或手机等，并确保患者已记住这些条目。然后进行其他测试，大约5min后，再次询问患者对这些事物的回忆情况。

3）长时记忆测试：通过询问患者的出生日期、国家首脑名称、历史知名人物等长期记忆相关的信息。

（3）定向力测试

1）时间定向力：询问患者"今天是星期几""现在是哪年哪月""现在是什么季节"。

2）地点定向力：询问患者"你现在是在医院还是在家里"。

3）人物定向力：询问患者"你能否认出这是哪位家属或医生"。

（4）计算力测试：向患者提出简单的数学计算题，如"2+3"、"5+6"等个位数加减计算。如患者顺利完成，则更换为略难的两位数计算。亦可用简单的正向或反向数数、数硬币、找零钱等方法进行检查。更常用的方法是从100中连续减7。

(5)视空间技能和执行功能测试:让患者画一个钟面,填上数字,并在指定的时间上画出表针,以便评估其视空间技能和执行功能的相互协助能力。

(6)失认测试:失认症是脑损害患者出现的一种症状,表现为无视觉、听觉、躯体感觉、意识以及智能障碍,但不能通过某一种感觉辨认以往熟悉的物体,却能通过其他感觉识别。

1)视觉失认:向患者展示照片、风景画和其他常用物品,令其辨认并用语言或书写进行表达。

2)听觉失认:让患者辨认铃声、闹钟、敲击茶杯和乐曲声等熟悉的声音。

3)触觉失认:让患者闭目触摸手中的物体,如钥匙、手机或者筷子等常用物品加以辨认。

(7)失用测试:观察患者刷牙、摆放餐具和用餐等动作是否有序和协调,以及简单的动作如举手、吹气、闭眼、书写和穿衣等能否完成。检查时向患者提出口头或者书面指令,观察患者对指令的理解、模仿动作和实物演示能力等。测试时,可先让患者做简单的动作(如手机拨电话号码、握笔写字等),再做复杂动作(如穿衣服并扣纽扣、系鞋带等)。

(三) 脑神经

1. 嗅神经检查 使用易挥发的无色溶液,如食醋、酒精、柠檬水等。检查前询问患者是否有鼻塞症状。让患者以手指压住一侧鼻孔,用另一鼻孔嗅闻各种易挥发溶液的气味,并让其说出所嗅液体的名称,然后检查对侧鼻孔。

2. 视神经检查

(1)视力检查

1)询问患者 5m 外物体是否能看清。

2)采用国际视力表进行精细检查,正常视力在 1.0 以上。

3)若患者视力减退至无法看清视力表,检查者可在患者面前约 1m 处伸出五指进行检测。

4)记录视力情况:能看清眼前半米处的手指数量记录为"半米指数";在眼前才能看见记录为"眼前指数";只能看到眼前晃动的手指记录为"眼前手动";眼前手动也无法看到时,以发光物体如手电筒照射患者眼部,能看到光亮记录为"眼前光感";否则记录为"眼前光感消失",即失明。

(2)视野检查

1)正常视野因眼眶内侧鼻骨及眶周骨的影响,常为椭圆形,鼻侧及上方为 60°,下方为 70°,颞侧为 90°。

2)不同颜色的视野大小不等,白色>蓝色>红色>绿色,所以在视野变化时,以绿色、红色变化较早,白色变化较晚。

3)检查时让患者背光与检查者相距约 60cm 面对而坐,每次检查一侧眼球,例如检查患者右眼时,嘱患者用手遮盖左眼,右眼注视检查者的左眼并固定不动,检查者遮挡右眼,在两人中间垂直的假想平面从视野外周逐渐向中心移动手指,嘱患者看见手指时立即报告。两眼分别检查。

4)将患者的视野范围与检查者的视野相比较,以确定患者视野缺损的部位及程度。

(3)眼底检查

1)调低检查空间亮度以利瞳孔扩张。

2)患者向前正视,眼球不动,检查者用眼底镜检查(一般不要求扩瞳)。

3)检查者用右眼查患者右眼,左眼查其左眼。

4)打开眼底镜光源,将光斑投射到角膜瞳孔上,调整角度窥视患者眼底。

5)转动眼底镜的屈光盘至眼底清晰可辨。

6)观察眼底血管,顺着血管交叉形成的锐角所指向的方向可以找到视盘。

7)视盘位于眼底靠鼻侧,正常为卵圆形或圆形,直径 1.5mm,边缘清楚,淡红色。

8)观察生理凹陷的状态(消失、平坦或隆起)。

9)注意视网膜血管的走行、粗细、搏动情况及动脉与静脉的数量与比例。

10)检查视网膜有无水肿、渗出及出血等。

11)黄斑区位于视盘的颞侧约两个半乳头直径处,色较暗,无大血管,中央点反光强烈。

3. 动眼、滑车、展神经检查

(1)外形观察

1)检查患者眼球是否存在突出或下陷现象。

2)观察双侧眼裂是否等大,有无上睑下垂。

3)检查有无斜视及同向偏斜。

(2)眼球运动检查

1)检查者一手置于患者头顶以固定头部,另一手手指由正中位开始,沿"米"字形8个方向平稳移动。

2)嘱患者眼睛跟随注视移动的手指,观察眼球有无运动异常。

3)检查各方向上眼球是否能达到活动的边缘极限,如手指向右侧移动至右侧眼球已达内侧眼角时,观察左侧眼球是否能到达外侧眼角,以判断眼球外展是否受限。

4)眼球到达边缘极限时,检查者手指暂停数秒,观察有无眼球震颤,并询问患者有无复视,以确定哪个眼外肌存在功能障碍。

5)记录患者对哪个方向的物体产生的复视最明显。

(3)眼震检查

1)观察患者眼球活动过程中是否存在眼球震颤。

2)按眼震移动形式分类:冲动性(往复速度不同)、摆动性(往复速度相同)、不规则性(速度、幅度和方向均不恒定)。

3)按移动方向分类:斜向性、旋转性、混合性、垂直性和水平性。

4)记录出现眼震时是否有耳鸣、眩晕等伴随症状,以及是否有头位改变等诱发因素。

5)记录眼震时眼球的凝视位置、幅度、方向。

(4)瞳孔检查:在室内光线下观察患者瞳孔,记录瞳孔位置、形状、大小,以及边缘是否整齐,双侧是否对称。正常瞳孔位置居中,直径3~4mm,呈规则圆形,双侧等大。

1)对光反射检查:直接对光反射检查使用手电筒光从侧面分别照射左、右瞳孔,被直接照射的瞳孔缩小;间接对光反射检查时未被手电筒光直接照射的另一侧瞳孔缩小。正常情况下,瞳孔直接、间接对光反射均灵敏。注意观察患者瞳孔对光反射是灵敏,还是迟钝、消失。

2)调节辐辏反射:嘱患者注视眼前1m以外检查者手指,将检查者手指快速移动至患者眼前鼻梁处,观察患者双瞳孔是否缩小(调节反射)及双眼球是否内聚(辐辏反射)。

4. 三叉神经检查

(1)颜面部感觉检查

1)使用钝头针刺检查痛觉,以棉签棉絮轻触检查触觉。

2)按照三叉神经的眼支、上颌支、下颌支在面部的分布区域分别进行检查。

3)观察并记录有无感觉过敏、消失或减退等现象。

(2)咀嚼运动检查

1)观察患者面颊部,注意有无颞肌及咬肌萎缩现象。

2)嘱患者张口,观察有无下颌偏斜,留意上、下门齿的中缝是否对齐。

3)检查者双手触按患者双侧面颊咬肌处,嘱患者做咀嚼动作,以粗测咬肌肌力。

4)也可令患者用力咬住木制压舌板,检查者用适当力量向外抽拉,轻易拉出者表明咬肌肌力减弱。

(3)反射检查

1)角膜反射:嘱患者睁眼,凝视正前方检查者的示指。检查者从受检眼外侧以棉花纤维轻触一侧角膜外缘。正常反应为两眼迅速闭合,同侧者称为直接角膜反射,对侧者称为间接角膜反射。

2)下颌反射:嘱患者微张口,检查者用叩诊锤轻叩放于其颏部的拇指,观察其下颌有无闭合,并记录叩击时下颌闭合反应的强弱程度。

5. **面神经检查**

(1)面肌运动检查

1)指令患者执行皱眉、闭眼、露齿、鼓腮、吹口哨等一系列动作。

2)仔细观察双侧额纹是否存在消失现象,双侧眼睑闭合是否显得无力,以及有无鼓腮漏气或口角歪斜等异常表现。

(2)味觉功能检查

1)准备四种不同味道的液体,具体包括糖水、食醋、硫酸奎宁以及生理盐水。

2)嘱患者闭眼并伸出舌头,随后使用棉签分别蘸取少量上述试液,涂布于患者一侧舌体的前 2/3 区域。

3)请患者尝试判断并描述所涂液体的味道。

6. **听神经检查**

(1)耳蜗神经检查:嘱患者闭眼,在患者耳旁捻动手指或使用机械手表检查听力,结果同检查者相比,并对患者进行双侧比较。可用音叉法检查包括下述两方面:

1)双耳骨导对比检查:将振动的音叉置于头顶正中部,询问患者可否听到声响,声响有无偏向何侧耳。

2)气、骨导对比检查:将振动的音叉置于乳突上,同时记录开始时间,待听不到声响时,再立即置于同侧耳旁,询问能否听到声响并记录该时间,直至听不到声响时再次记录时间。正常人气导时间>骨导时间。

(2)前庭神经检查:嘱患者平卧,头抬高并前倾 30°,向外耳道内注入 15~20℃的冷水,立即观察有无眼震及眼震方向。正常人眼震的潜伏期为 20~30s,持续 90~120s,眼震方向朝向对侧。

7. **舌咽、迷走神经检查** 嘱患者张口发"啊"音,观察悬雍垂是否居中,有无偏斜;双侧软腭有无下垂,随发出声音时软腭运动度如何,双侧是否对称。用压舌板或棉签分别轻触两侧咽后壁,观察有无恶心感觉及吞咽反射。观察患者的发音是否嘶哑,以及在饮水、进食时是否有呛咳或吞咽困难的现象。

8. **副神经检查** 观察并触摸患者的双侧胸锁乳突肌和斜方肌,检查是否存在肌肉萎缩。检查者双手下压患者双肩,并嘱患者耸肩,以此判断耸肩时的肌力大小,并比较两侧是否对称。检查者以并拢的手指用适当的力阻挡患者一侧面颊,并嘱患者尝试转颈以对抗检查者施加的力量。在此过程中,观察并记录胸锁乳突肌的肌力情况。

9. **舌下神经检查** 嘱患者伸出舌头,观察伸舌的快慢以及伸舌时是否有偏斜现象,注意检查有无舌肌纤维震颤或肌萎缩。检查者用手在患者一侧颊部外侧,让患者用舌尖抵住,以此测量其肌力,并判断双侧是否对称。

(四)运动系统

1. **肌张力检查**

(1)嘱患者放松全身,细致观察肢体肌肉是否存在萎缩或异常肥大现象,触摸并对比双侧相同部位肢体肌肉的硬度及周径,使用软尺进行测量并记录具体数据。

(2)观察患者的肘关节、髋关节等关节部位,注意是否有过度屈曲或伸展等异常表现。

(3)被动活动患者的肢体关节,如指关节、腕关节及肘关节等,感受关节屈伸动作的自然度,留意在被动活动过程中是否有阻力减低或增大的情况,以及关节是否表现出过伸或活动受限。

(4)特别注意观察患者在被动运动肢体时,起初阻力较大,但当达到一定程度后阻力突然消失的现象,这称为"折刀"样肌张力增高,尤其在上肢屈肌和下肢伸肌中较为明显。

(5)如患者表现为持续的肌张力增高,则记录为铅管样强直;若肌张力增高时伴有犹如扳动齿轮的顿挫感,则称为"齿轮"样强直。

2. **肌力检查**

(1)检查分类

1)轻瘫试验:指令患者向前平举双上肢,掌心向下。若患者处于仰卧位,则将上肢抬高至与水平面呈 45°角,并进行仰卧抬腿测试,屈髋并屈膝均呈直角,保持此姿势。观察瘫痪侧上肢是否逐渐表现为旋前、掌心向外并下垂,以及瘫痪侧下肢是否逐渐下垂或摇摆不稳。

2)手部肌力检查:患者用力握检查者的手掌,检查者用力抽拔。患者用力伸开五指,检查者以拇指和中指测试各指间的展力。患者五个手指的指尖握持检查者的拇指,检查者用力抽拔。

3)上肢肌力检查:患者屈曲上肢,检查者向相反方向拉动其前臂,检查上肢屈肌的力量;让患者伸直上肢对抗检查者蜷曲其前臂的力量,以测定上肢伸肌的肌力。

4)下肢肌力检查:患者取仰卧位,用力屈髋屈膝,检查者用适当力量下压患者膝部测定患者伸肌肌力;患者略用力屈膝,对抗检查者向远端拉动患者小腿足跟力量,测定下肢屈肌的肌力。

(2)肌力分级

0级:肌肉完全不收缩。

1级:可见肌肉收缩但无肢体运动。

2级:肢体能在床上移动,但不能抬离床面,即不能对抗地心引力。

3级:肢体能抬离床面,克服地心引力做随意运动,但不能对抗外加阻力。

4级:能在一般的外加阻力下作运动,但力量较正常弱。

5级:正常肌力。

(3)瘫痪类型

1)单瘫:观察患者是否仅一个肢体瘫痪,其余肢体活动无障碍。

2)偏瘫:观察患者是否为一侧上、下肢瘫痪,而对侧肢体活动无障碍。特别注意交叉性面瘫偏瘫综合征,患者表现为病变侧面、舌肌瘫痪,对侧上、下肢瘫痪,此病变平面脑神经周围性瘫痪,病变对侧肢体上运动神经元瘫痪。

3)截瘫:观察患者是否为双侧下肢瘫痪,此类瘫痪常称下肢性截瘫。

4)四肢瘫:观察患者是否四肢均等瘫痪,此类型亦可称双侧偏瘫。

3. 姿势和步态检查

(1)剪刀步态:观察患者行走时双下肢是否呈现类似剪刀的交叉开合动作,即一前一后向内交叉,且足尖擦地。

(2)慌张步态:观察患者是否表现出双上肢略屈曲,躯干佝偻前倾的姿态。同时留意其是否迈步困难,步伐细小,动作起初缓慢而后逐渐加快,呈前冲姿态,并伴有止步困难的现象。

(3)跨阈步态:观察患者行走时是否需要高抬患肢,类似跨过门槛的动作,以避免足尖拖地。

(4)感觉性共济失调步态:观察患者行走时是否能掌握平衡,注意其是否两足分开,举步过高,落地过重并发出声响,身体左右摇摆,且需双目注视地面或双足。特别留意患者闭眼时是否能行走。

(5)偏瘫步态:观察患者是否为偏瘫侧上肢屈曲、内旋,下肢强直。留意其步行时下肢是否由外向前内划圈行走。

(6)醉汉步态:观察患者是否行走时左右摇晃,步间基底增宽,行走路线弯曲似醉汉。

(7)鸭步态:观察患者行走时是否左右摇摆,腹部前挺,且步伐缓慢似鸭行。

4. 不自主运动检查 观察并记录患者不自主运动的部位、幅度、速度以及程度。详细询问患者这些不自主运动是否受到体位变化、随意运动、情绪状态或感觉刺激的影响。不自主运动的形式包括:痉挛、震颤、抽搐、肌纤维与肌束颤动、舞蹈样运动、手足徐动或指划动作等。

5. 共济运动检查

(1)指鼻试验:检查者伸出示指,指示患者以其示指指端连续点触检查者的示指指端和自己的鼻尖。此动作需先睁眼进行,后闭眼进行,双侧交替、反复执行,以便对比两侧是否存在异常。

(2)轮替试验:指示患者同时使双侧前臂进行快速地旋前、旋后动作,观察其动作是否显得笨拙。

(3)跟-膝-胫试验:嘱患者取仰卧位,伸直一侧下肢,抬高另一侧下肢并屈膝,然后用其足跟沿对侧肢体的膝盖及胫骨前缘下滑。正常情况下,此动作应准确且灵活。

(4)闭目难立征:指示患者向前平伸两臂,并拢双足,先睁眼站立,后闭眼站立,维持直立姿势。

观察患者在睁眼和闭眼时身体是否有倾倒现象。正常情况下,无论睁眼还是闭眼,患者均应能保持站稳。

(5)反跳试验:嘱患者用力屈肘,检查者握住患者腕部向相反方向用力,然后突然松手。在正常情况下,由于前臂对抗肌的协同作用,前臂的屈曲动作会立即停止,而不会反击到患者自己的身体。

(五)感觉系统

1. 浅感觉检查

(1)痛觉检查:使用大头针或注射器针头,从痛觉缺失区域开始,向正常感觉区域移动,按照神经支配节段进行双侧对比检查,询问患者在针刺时是否有痛觉及其程度。

(2)温度觉检查:使用装有冷、热水的试管接触患者皮肤,询问其是否有温冷感。检查从异常区域至正常区域,按照神经支配节段进行双侧对比,以明确是否存在温度觉异常。

(3)触觉检查:使用棉签轻拭患者皮肤,询问其是否能觉察到触及感。检查应按照神经节段分布区域依序进行,并进行双侧对比,以检查是否存在触觉异常。同时,痛觉、温度觉、触觉的检查还需注意是否存在分离性感觉障碍。

2. 深感觉检查

(1)震动觉检查:将震动的音叉置于患者体表突起处,询问其是否有震动感及其程度。

(2)运动觉检查:轻轻活动患者的手指、足趾、腕关节、踝关节,询问其是否能觉察到运动,并判断运动的部位及方向。

(3)位置觉检查:嘱患者闭目,将其手指、脚趾、腕关节、踝关节等摆成某一特定体位或姿势,然后让其说出该部位的姿势,并用另一肢体的同一部位模仿同样的动作。

3. 复合感觉检查

(1)定位觉检查:用手指或笔杆轻触患者皮肤,请患者指出刺激部位,正常误差范围不超过1cm。

(2)两点辨别觉检查:使用两个大头针进行检查,先将两针尖分开一定距离刺测患者皮肤,如患者感到是两点受刺,则逐步缩小两针尖距离,直至患者不能分辨两点时,记录该最小距离。检查躯干和四肢时,检查者也可用双手指进行粗略测试。正常情况下,舌尖、鼻尖、指尖、手臂等部位最为灵敏,为1~3cm;而四肢近端、躯干等部位的敏感性较差,为4~12cm。

(3)实体觉检查:嘱患者闭目,让其用单手触摸一些常用物品(如钥匙、硬币、铅笔等),然后说出所触摸的物体名称。

(4)图形觉检查:在患者肢体、躯干皮肤上画出三角形、正方形、圆形、椭圆形等图形,让其说出所划的图形名称。

(六)反射检查

1. 深反射 深反射的强度通常按照以下等级进行记录:消失(-),减弱(+),正常(++),活跃(+++),亢进(++++)以及阵挛。其中,阵挛表示反射活动极度亢进。

(1)肱二头肌腱反射(C_5~C_6):嘱患者上肢保持半屈状态,检查者一手拇指置于其肱二头肌腱上,用叩诊锤轻叩该拇指。正常反应为前臂屈曲,检查者可感知到肱二头肌腱的收缩。

(2)肱三头肌腱反射(C_6~C_7):患者前臂稍屈曲,检查者在鹰嘴突上方2cm处叩击肱三头肌腱。正常反应为前臂伸直。

(3)桡骨膜反射(C_5~C_8):患者肘关节半屈曲,前臂略外旋,检查者叩击其桡骨下端。正常反应为前臂和肘部屈曲。

(4)膝腱反射(L_2~L_4):患者取坐位或卧位,检查者用左手托起其膝关节,使髋关节和膝关节呈弯曲状态,然后叩击股四头肌肌腱。正常反应为小腿向前弹跳。

(5)跟腱反射(S_1~S_2):患者取跪位或仰卧位,足背屈曲,检查者叩击跟腱。正常反应为足向跖面屈曲。

(6)髌阵挛:患者取仰卧位,下肢伸直,检查者用手迅速将其髌骨由上向下推动,并持续推动数秒。若髌骨发生连续上、下抽动,则称为髌阵挛。

(7)踝阵挛:检查者一手托起患者腘窝或小腿,另一手握其足,作骤然向上、足背屈的动作,并维持足背屈状态。若该足呈现连续的上、下屈伸颤动,则称为踝阵挛。

2. 浅反射检查

(1)腹壁反射:用钝针在腹壁两侧由外向内,沿肋弓下缘(上腹壁反射,$T_{7~8}$)、脐孔水平(中腹壁反射,$T_{9~10}$)、腹股沟上方(下腹壁反射,$T_{11~12}$)轻轻划过腹壁皮肤。正常反应为画过区域的腹肌出现收缩。

(2)提睾反射($L_{1~2}$):使用钝针,轻划大腿内侧近阴囊处的皮肤。正常反应为同侧睾丸向上提缩。

(3)肛门反射($S_{4~5}$):利用钝针,轻划肛门周围的皮肤。正常反应为肛门外括约肌出现收缩。

3. 病理反射检查

(1)巴宾斯基征:使用叩诊锤手柄的尖端或棉签杆等工具,在足底外侧由后向前轻划至小趾跟部,再转向内侧。若观察到拇趾向足背屈曲,且其余四趾呈扇形散开,则判定为阳性。此外,刺激其他部位若也能引起相同的反应,称为巴宾斯基征的等位征,具体包括:

1)奥本海姆征:以拇指和示指用力沿小腿胫骨前缘,自上而下划过。

2)查多克征:使用钝针划过足外踝部位。

3)戈登征:用力挤捏腓肠肌,持续2~3s。

(2)霍夫曼征:检查者左手握住患者的腕关节,右手示指和中指夹住患者的中指,用拇指迅速弹拨其中指的指甲。若观察到患者拇指屈曲内收,且其余四指有屈曲动作,则判定为阳性表现。

4. 脑膜刺激征检查

(1)颈项强直:患者取仰卧位,双下肢伸直。检查者托起患者头部尝试向前屈曲,正常情况下,患者的下颏能够触及前胸部。若检查结果为阳性,则患者下颏无法接触前胸,并伴有后颈部僵直及疼痛感。在严重脑膜炎患者中,颈项抵抗现象明显,且伴有剧烈疼痛,当托起其颈部时,上身可能被抬起,并与头部位置保持一直线。

(2)克尼格征:患者取仰卧位,抬起一侧下肢,使髋关节和膝关节均屈曲呈90°角。然后,检查者一手固定膝关节,另一手握住患者足跟,将小腿缓慢上抬,以被动伸展膝关节。若患者大腿与小腿之间的夹角未达到135°即出现抵抗感,并伴有大腿后侧及腘窝的疼痛,则判定为阳性。

(3)布鲁津斯基征:患者取仰卧位,双下肢伸直。检查者用手托起患者头部并尝试屈颈,若患者出现下肢屈曲缩腿的反应,则判定为阳性。

(七)自主神经功能

1. 眼心反射检查 嘱患者安静仰卧2min,计数1min的脉搏数,随后压迫患者双侧眼球,30s后再次计数1min的脉搏数。正常情况下,每分钟脉搏数应减慢10~15次。若每分钟减慢超过15次,则称为眼心反射阳性,这由迷走神经兴奋性过强所致;严重者可能出现恶心、呕吐或心跳暂停,对此应予以注意。对于迷走神经兴奋性亢进者,可分别压迫左、右眼进行检查。若脉搏数较压迫前加快而非减慢,则表明交感神经兴奋性增高。

2. 竖毛反射检查 使用冰块或棉签刺激颈部、腋下、肩部、足底等部位的皮肤。正常人的皮肤会迅速出现呈鸡皮样的反应,7~10s时最明显,约20s后消失。

3. 血压和脉搏的卧立位试验 让患者安静平卧数分钟,测量血压和1min的脉搏数,然后嘱患者直立,2min后再次测量血压和脉搏。正常人的血压下降范围应为10mmHg,脉搏最多增加10~12次/min。原发性直立性低血压的患者,站立后收缩压会降低超过20mmHg,舒张压会降低超过10mmHg,脉搏次数增加或减少超过10~12次/min,这提示自主神经兴奋性增高。

4. 皮肤划痕征检查

(1)白色划痕征:用一钝物在皮肤上轻轻画一条线,若20s内出现白色条纹,则为交感神经兴奋性增高导致毛细血管痉挛。

(2)红色划痕征:重划后出现红色条纹,且条纹较宽且持续不退,这表示副交感神经兴奋性增高,血管扩张所致。正常情况下,皮肤划痕会先出现白色条纹后出现红色条纹。若无论轻划或重划都仅出现白色划痕,则表示交感神经功能亢进;若对任何刺激都仅表现为红色划痕,则表明副交感神经功能亢进。

（八）案例分享

1. **案例一** 患者,男,65 岁,发现高血压 10 年,反复心慌心悸 3 年;突发右侧肢体麻木乏力 2d 就诊。查体:血压 180/99mmHg,体温、脉搏、呼吸正常。胸部和腹部检查无明显异常。神经系统检查:清醒,伸舌偏右侧,右侧鼻唇沟浅,右侧肢体肌张力增高,右侧肢体肌力 3 级,左侧肢体肌张力正常,左侧肢体肌力 5 级。脑部 CT 扫描提示:左侧内囊及颞叶存在低密度病灶。

【问题】

1. 根据患者主诉,神经系统体格检查尚需完善哪些内容?

2. 根据患者既往史,患者尚需完善哪些重要体格检查?

【回答】

1. 鉴于患者发病后出现了偏身麻木的症状,且脑部 CT 显示优势半球存在低密度病灶,因此有必要进一步完善感觉系统的体格检查,包括检查患者的言语功能、脑神经功能以及双侧肢体的痛温觉、触觉和位置觉是否存在差异。

2. 患者既往有 10 年的高血压病史,且近 3 年来反复出现心悸症状,于 2 日前突发偏身麻木乏力而入院。因此,在进行体格检查时,需特别注意心脏方面的体征,以进一步了解患者是否存在房颤或心瓣膜异常的体征。

2. **案例二** 患者,男,突发意识障碍并呕吐后 2h 急诊入院。

【问题】

1. 请根据患者病情,完善病史采集,完成格拉斯哥昏迷量表评分。

2. 如患者既往有未正确治疗的高血压病史,最高血压 240/130mmHg。今日为用力解大便过程中发病,查体:疼痛刺激有回避反应,瞳孔对光反射迟钝,右侧病理征阳性。此时考虑哪项初步诊断? 应尽快完善哪项重要检查?

【回答】

1. 在采集病史时,需要家属的协助,重点询问意识障碍发生的形式以及伴随的症状,有效使用格拉斯哥昏迷量表进行评分。

2. 初步诊断显示,患者意识障碍的原因可能是脑血管意外,且脑出血的可能性较大。因此,有必要尽快进行脑部 CT 扫描以及凝血指标和血常规的检查。

（苏　丽）

教学视频:四肢肌力检查

教学视频:下肢深反射

教学视频:病理反射

教学视频:脑膜刺激征

二、常见颅脑损伤的处理技术

（一）院前急救目的

院前急救目的是迅速解救患者,安全转移至救治医院。颅脑损伤患者伤后 30min 内应该得到救治,同时患者伤后医疗救治的时间是作为衡量当地创伤救治水平的重要指标之一。美国耶鲁大学急救中心指出:患者伤后到医院确诊并接受治疗的时间规定为 30min,称之为"黄金时间"。

（二）标准院前急救步骤

1. **机体氧合状态和血压评估**

(1) 持续监测血氧饱和度和血压。

(2) 避免低氧血症(血氧饱和度 <90%)和低血压(收缩压 <90mmHg)。

2. **神志状态评估**

(1) 格拉斯哥昏迷评分是判断颅脑损伤患者伤情和预后的重要指标。

(2) 准确评分并记录:格拉斯哥昏迷评分。

(3) 影响因素判断:机体复苏后、镇静药或肌肉松弛药前评分。

(4) 评分的医务工作者需要经过专业培训。

3. 瞳孔评估

(1) 事故现场的瞳孔检查是患者原发伤及预后判断的重要指标。

(2) 准确观察并记录: 瞳孔大小及光反射。

(3) 影响因素判断: 眼眶有无外伤、是否心肺复苏。

4. 气道、通气、氧合治疗

(1) 对重型颅脑损伤患者或持续吸氧仍出现低氧血症的患者需建立人工气道。

(2) 避免低氧血症(血氧饱和度<90%)。

(3) 检测血压、血氧, 行气管内插管后需呼气末二氧化碳监测。

(4) 通过双肺听诊或测量呼气末二氧化碳(ETCO$_2$), 判断插管后导管的位置是否正确。

(5) 避免过度换气(呼气末二氧化碳>35mmHg)。

(6) 在城市陆路转运条件下, 不建议予存在自主呼吸并可维持血氧饱和度>90%的患者肌松药和气管内插管。

5. 液体复苏治疗　低血压患者予平衡盐溶液复苏。

6. 脑疝治疗

(1) 密切观察脑疝体征: 瞳孔不等大, 对光反应减弱或消失, 意识障碍程度加深(GCS 评分下降>2分), 肢体偏瘫等。

(2) 立即予强力脱水降低颅内压处理: 20% 甘露醇 250ml(约 30~60min)快速静脉滴注 + 呋塞米 40mg 静脉注射, 注意避免低血压, 快速就近转运手术治疗。

(3) 对于生命体征稳定的脑疝患者, 可适当给予过度换气(PaCO$_2$<35mmHg), 将呼气末二氧化碳控制在 30~35mmHg, 成人过度换气呼吸频率设定为 20 次/min, 儿童为 25 次/min, 婴儿为 30 次/min。

有研究显示, 低血压、低氧血症、高碳酸血症的严重程度与复合伤患者的伤情及预后密切相关。伤后合并低血压的患者, 其死亡率是正常血压患者的 2 倍。该《指南》建议在事故现场急救人员解救出患者后, 必须立即固定脊柱, 对于所有格拉斯哥昏迷评分 ≤ 8 分的患者, 须立即进行气管内插, 呼吸机辅助呼吸, 并持续监测脉搏血氧饱和度, 避免低氧血症及高碳酸血症的发生。

(三) 院内急救处理

1. 初步评估　遵循 "ABCDE" 顺序法则进行。

(1) A. 气道(airway, A)

1) 确保气道开放。对于格拉斯哥昏迷评分小于 8 分的患者, 应立即进行气管内插管。

2) 维持血氧饱和度在 90% 以上。

3) 在操作过程中, 需警惕颈椎骨折的风险, 并使用颈托进行保护。

(2) B. 呼吸(breathing, B)

1) 给予患者高流量吸氧, 以纠正低氧血症及高碳酸血症。

2) 建议早期实施轻度过度换气, 维持 PaCO$_2$ 在 30~35mmHg 范围内。

3) 评估胸部损伤程度, 并在必要时进行专科处理, 如血气胸、胸壁伤、连枷胸、心脏压塞等。

(3) C. 血液循环(circulation, C)

1) 观察是否存在活动性出血, 并在必要时进行伤口包扎止血。特别需注意帽状腱膜下出血, 因为大量出血可能导致重度贫血及休克等严重后果。

2) 观察颈部血管及周围毛细血管的充盈状态、皮肤色泽, 并进行脉搏触诊及皮肤温度检查。

3) 记录血压, 并在有条件的情况下持续监测动脉压, 确保收缩压不低于 90mmHg。

4) 对于不明原因的低血压, 需警惕内脏出血的可能性, 如腹部脏器损伤出血等。

(4) D. 神经功能障碍(disability, D)

1) 使用格拉斯哥昏迷评分进行客观评估, 以判断患者的意识状态及预后。

2) 检查瞳孔大小及对光反应。

3) 进行肢体活动检查, 包括四肢肌张力和肌力的检查。

（5）E. 暴露（exposure，E）

1）充分暴露患者身体，以观察是否存在全身性的合并伤。

2）在戴颈托的情况下进行轴线翻身，以检查脊柱是否存在畸形。

3）注意保持患者的体温，避免发生低体温情况。

2. 颅脑损伤患者出现颅内损伤的危险分层及处理 见表7-1。

表7-1 颅脑损伤患者出现颅内损伤的危险分层及处理

危险分层	判断标准	处理
低危组	1. 无明显头痛、头晕症状 2. 头皮软组织损伤（包括头皮挫裂伤及血肿） 3. 无中危或高危组判断标准	1. 回家密切观察，家属陪伴 2. 如有头痛、呕吐、意识障碍等及时复查头颅CT，了解颅脑情况
中危组	1. 伤后曾出现意识丧失，逆行性遗忘 2. 头痛逐渐加重，伴呕吐、肢体抽搐 3. 受伤时已饮酒或已使用其他影响意识状态的药物，受伤过程不详 4. 年龄小于2岁，严重的头皮帽状腱膜下肿胀 5. 可能存在颅底骨折或凹陷性骨折 6. 伴机体其他部位复合伤，严重的面部损伤	1. 住院治疗或急诊科留观 2. 严密观察神志、瞳孔、生命征、肢体活动等情况，必要时急诊复查头颅CT了解颅内情况
高危组	1. 伤后昏迷 2. 局灶性神经功能障碍 3. 意识障碍程度逐步加深 4. 明确的颅脑穿通伤或凹陷性骨折	1. 收住院综合治疗 2. 急诊完善术前相关检查 3. 有合并伤者，请相关科室会诊 4. 有手术指征者行急诊手术

（四）案例分享

1. 案例一 患者，男，32岁，车祸致意识障碍、双鼻腔流血1h，骑摩托车过程中与大货车相撞致伤，患者伤后即昏迷不醒，呼之不应，不省人事，额部头皮裂伤流血，双侧鼻腔流血，伴呕吐多次，呼吸急促，右侧大腿肿胀畸形。

【问题】

1. 请进行院前急救。

2. 请进行行急诊科初步评估。

【临床思维】

在救治这类患者时，如果医生不明确患者是否存在脊柱损伤，应按照脊柱损伤的处理原则进行救治，如给患者戴颈托进行颈部制动、采用轴线翻身的方式、使用担架进行搬运等，以防止造成二次损伤。

伤后能否及时有效地进行院前急救及急诊科初步评估，直接决定了患者的预后。快速、客观、准确地进行临床分级评分和判断病情是急救的第一步。为了在急救现场保持冷静并有序地进行救治，医生需要遵循一定的流程和顺序。同时，为了避免不必要的人为损伤，医生需要对患者可能出现的损伤进行初步预测，并采取相应的保护措施。

针对这位车祸伤患者，医生在院前急救时，应首先关注患者的生命体征，特别是意识状态和呼吸情况。对于双侧鼻腔流血情况，医生需要（考虑颅底骨折所致，避免堵塞，冲洗等），并保持患者呼吸道的通畅。同时，医生还应注意保护患者的脊柱，避免在搬运过程中造成二次损伤。

在急诊科初步评估时，医生需要全面而细致地检查患者的身体状况，包括颅脑、脊柱、胸腹部以及四肢的情况。医生应特别关注患者是否存在颅脑损伤和脊柱损伤的迹象，并进行相应的影像学检查以明确诊断。此外，医生还需要对患者的整体病情进行评估，包括生命体征的稳定性、意识状态的恢复情况以及是否存在其他并发症等，以便制订进一步的治疗方案。

2. **案例二**　患者,男,42 岁,高处坠落致头痛、呕吐 30min,患者于 30min 前在劳动过程中,不慎从 4m 高处跌落头部着地致伤,当时即出现意识障碍,呼之不应、不省人事,持续约 5min 后转清醒,醒后诉头痛、颈部疼痛,头痛为枕部及额部疼痛,颈部活动受限,伴呕吐多次,查体:枕部头皮肿胀,四肢活动好。

【问题】

1. 请进行院前急救。

2. 请进行急诊科初步评估。

【临床思维】

在救治这类患者时,如果医生不明确患者是否存在脊柱损伤,应按照脊柱损伤的处理原则进行救治,如给患者戴颈托进行颈部制动、采用轴线翻身的方式、使用担架进行搬运等,以防止造成二次损伤。

患者伤后出现短暂昏迷,醒后诉说有头痛、呕吐等症状,且枕部头皮肿胀,考虑为典型的枕部着地受伤。根据损伤机制分析患者可能会出现额颞叶脑挫裂伤、硬膜下血肿、脑疝等的可能性较大。医生应与患者家属充分沟通病情,并尽快将患者转运至附近医院进行检查,以明确诊断,减少致死率和致残率,提高抢救成功率。

针对这位高处坠落伤患者,医生在院前急救时,应首先关注患者的生命体征,特别是意识状态和呼吸情况。对于患者诉说的头痛和呕吐症状,医生需要警惕颅脑损伤导致颅内压增高的可能性,颈部疼痛注意警惕颈椎损伤可能,并采取相应的保护措施,如戴颈托进行颈部制动,以避免在搬运过程中造成二次损伤。同时,医生还应保持患者呼吸道的通畅,防止因呕吐物等导致窒息。

在急诊科初步评估时,医生需要全面而细致地检查患者的身体状况,包括颅脑、脊柱、胸腹部以及四肢的情况。医生应特别关注患者是否存在颅脑损伤和脊柱损伤的迹象,如意识障碍、颈部疼痛、活动受限等,并进行相应的影像学检查以明确诊断。此外,医生还需要对患者的整体病情进行评估,包括生命体征的稳定性、意识状态的恢复情况以及是否存在其他并发症等,以便制订进一步的治疗方案。

(五)颅脑损伤院前急救评分标准(表 7-2)

表 7-2　颅脑损伤院前急救评分标准

项目	细则要求	分值	得分
物品准备 (20 分)	气管插管包、简易呼吸器、简易呼吸机	5	
	氧气筒、湿化瓶、蒸馏水、吸氧管、面罩	5	
	心电监护仪、输液管、平衡液、抢救药、	5	
	纺纱棉垫、绷带夹板、颈托腰带、担架等	5	
院前急救 (60 分)	评估:机体氧合状态和血压		
	监测血氧饱和度	5	
	监测血压	5	
	评估:神志状态		
	准确评分并记录:GCS 评分	5	
	影响因素判断:机体复苏后、镇静药或肌松药前评分	5	
	评估:瞳孔		
	准确观察并记录:瞳孔大小及光反射	5	
	影响因素判断:眼眶有无外伤、是否心肺复苏	5	

项目	细则要求	分值	得分
院前急救 (60分)	治疗：气道、通气、氧合		
	GCS<8分者予气管插管	5	
	注意警惕颈椎骨折,戴颈托保护	5	
	维持血氧饱和度>90%	5	
	治疗：液体复苏		
	快速建立静脉通道	5	
	低血压患者予平衡盐溶液复苏	3	
	治疗：脑疝		
	立即予强力脱水降低颅内压处理	5	
	快速就近转运手术治疗	2	
注意事项 (10分)	注意观察周边环境是否安全(保证医患安全)	5	
	注意救治过程中的自我保护(如有出血戴手套)	5	
人文关怀 (10分)	救治过程中给予心理疏导、安慰	5	
	保护隐私和减轻痛苦(如检查后盖衣物,轻上夹板等)	5	
	总分	100	

(六) 颅脑损伤初步评估评分标准(表 7-3)

表 7-3　颅脑创伤急救急诊科初步评估评分标准

项目	细则要求	分值	得分
物品准备 (20分)	气管插管包、简易呼吸器、简易呼吸机	5	
	氧气筒、湿化瓶、蒸馏水、吸氧管、面罩	5	
	心电监护仪、输液管、平衡液、抢救药、	5	
	纺纱棉垫、绷带夹板、颈托腰带、担架等	5	
初步评估 (60分)	"ABCDE"顺序法则		
	GCS<8分者予气管插管	7	
	维持血氧饱和度>90%	5	
	注意警惕颈椎骨折,戴颈托保护	5	
	高流量吸氧	5	
	如有活动性出血,予伤口包扎止血	5	
	注意观察颈部血管及毛细血管充盈情况	3	
	记录血压,避免收缩压低于90mmHg	3	
	如有不明原因的低血压,注意警惕有无内出血	2	
	准确评分并记录：GCS评分	5	
	准确观察并记录：瞳孔大小及光反射	5	
	四肢肌张力和肌力检查	5	
	观察有无全身合并伤	5	

续表

项目	细则要求	分值	得分
初步评估 (60分)	戴颈托轴线翻身,检查脊柱有无畸形	3	
	注意保暖,避免低体温	2	
注意事项 (10分)	注意观察周边环境是否安全(保证医患安全)	5	
	注意救治过程中的自我保护(如有出血戴手套)	5	
人文关怀 (10分)	救治过程中给予心理疏导、安慰	5	
	保护隐私和减轻痛苦(如检查后盖衣物,轻上夹板等)	5	
总分		100	

(黄华东、李传玉)

第二节　耳鼻咽喉科专科检查与处理技术

一、耳部检查

(一)耳部的一般检查

1. 耳郭、耳周的检查　耳郭及耳周的检查是每一个耳科就诊患者检查的第一步,以望诊、触诊和嗅诊为主。

(1)观察耳郭及耳周外形:耳郭畸形多为先天性,副耳(图 7-1)最常见。主要是在耳屏的前方或后方有皮赘。招风耳为耳轮和舟状窝向的下倾斜造成耳郭整体前倾。猿耳为耳轮后上部位突出呈三角形状。小耳(图 7-2)为耳郭先天发育不全,多伴外耳道、中耳或内耳畸形。耳周畸形多见有先天性耳前瘘管,多在耳轮脚前有瘘口。第 1 鳃裂瘘管在外耳道、耳郭常可发现瘘口。

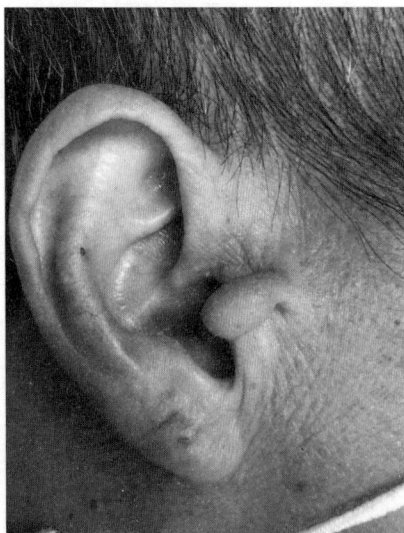

图 7-1　副耳

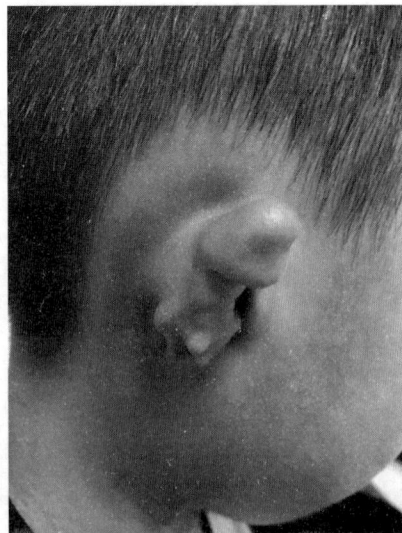

图 7-2　小耳畸形

(2)观察新生物:检查耳郭及耳周是否有新生物,良性常见的有耳郭假性囊肿、皮脂腺瘤、瘢痕疙瘩(图 7-3);恶性多见于鳞状细胞癌、耵聍腺癌、基底细胞癌和黑色素瘤。以耳垂为中心的耳下、耳周肿块,若位于胸锁乳突肌表面,首先考虑腮腺来源的肿块。质地中等、光滑、活动的肿块常为腮腺多形性腺瘤,边界不清、固定的肿块可能为腮腺恶性肿瘤。耳下乳突与下颌骨之间的肿块,若位于胸锁乳突肌深面,多数源于恶性肿瘤导致的颈深上群淋巴结转移,鼻咽癌最常见。

(3)观察外伤或炎性表现:检查耳郭及耳周是否有外伤或炎性表现,外伤需判断创伤严重程度,炎症需观察皮肤有无红肿、触痛、疱疹(一般为带状疱疹),以及弥漫性耳郭红肿呈暗红色等。张口痛尤其是张口时耳屏前压痛,应考虑为颞下颌关节炎或颞下颌关节功能紊乱。触诊耳郭是否有牵拉痛,耳周淋巴结是否肿大及触痛。

2. **外耳道、鼓膜的检查** 检查者需与患者相对而坐,检查时将光源置于患者头部左上方,受检耳正对检查者,调整额镜的反光焦点照射于患者外耳道口。

(1)徒手检查:由于外耳道迂曲,成人检查时,应先单手(图7-4)或双手(图7-5)将耳郭向后、向上、向外方提拉,同时用示指将耳屏向前推移,使外耳道相对变直,扩大耳道口,以便更好地看清外耳道及鼓膜。婴幼儿的外耳道呈裂隙状,检查时应向后下方

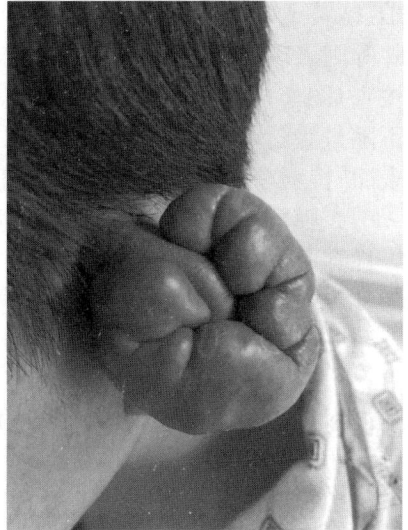

图 7-3 耳郭瘢痕疙瘩

牵拉耳郭使外耳道变直。牵拉耳郭时如出现牵拉痛,应检查外耳道有无炎症,如软骨部或外耳道口出现局限性红肿,多为外耳道疖肿。外耳道耵聍为黄白色、片状,油性耵聍则为褐色或酱油色黏稠状物。耵聍堆积成团后常为褐色硬块,需用3%过氧化氢溶液或碳酸氢钠溶液软化后再清理。外耳道炎表现为外耳道皮肤弥漫性红肿。外耳道如有黑色分泌物或黄白色点片状分布的分泌物,甚至出现黄白色菌丝,常为外耳道真菌的表现。外耳道出现脓液时,早期化脓性中耳炎的脓液为透明稀薄,而慢性化脓性中耳炎的脓液黏稠并有臭味,尤其是中耳表皮样瘤,会出现特殊臭味。检查时应将外耳道分泌物清理干净,以便更容易看清楚鼓膜情况。外耳道皮肤无黏液腺,当出现黏液或黏脓性分泌物时应考虑为中耳疾病及鼓膜穿孔可能。

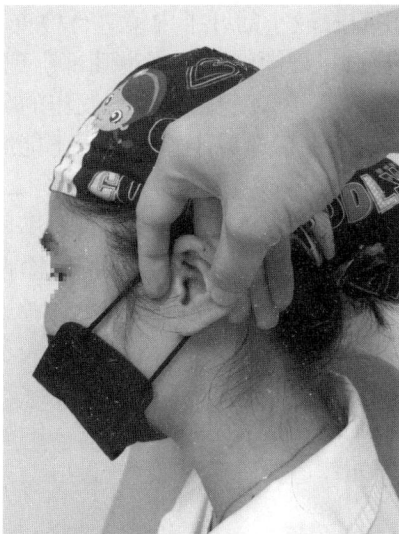

图 7-4 徒手单手检查法

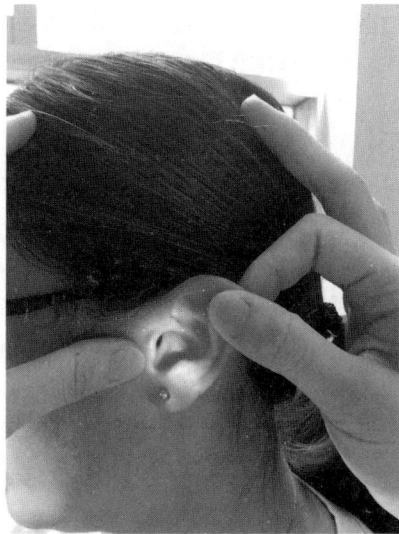

图 7-5 徒手双手检查法

(2)耳镜检查:针对耳道狭窄、耳毛浓密或炎症的患者,通过轻轻旋转耳镜进入外耳道,避开耳道软骨部的耳毛,调整耳镜方向利用光源观察鼓膜。注意不要让耳镜前端超过软骨部,以免引起患者疼痛。

在检查鼓膜时,需调整耳镜的方向,以便看清鼓膜的各个部分。正常鼓膜应为半透明乳白色,从鼓膜脐部开始观察,逐步找到光锥、锤骨柄等部分。在急性炎症时,鼓膜会充血肿胀,积液则呈黄、琥

珀、橘黄或灰蓝色,甚至透过鼓膜可见液平面或气泡影。鼓膜硬化症时可能增厚或萎缩,胆固醇肉芽肿等则表现为蓝鼓膜。若鼓膜有肉芽形成,需使用鼓气耳镜进行检查(图7-6)。慢性肉芽性鼓膜炎的表现是肉芽随鼓膜运动,若不随鼓膜运动则考虑为中耳来源的肉芽。大疱性鼓膜炎在鼓膜表面,特别是松弛部,会有暗红色疱疹。

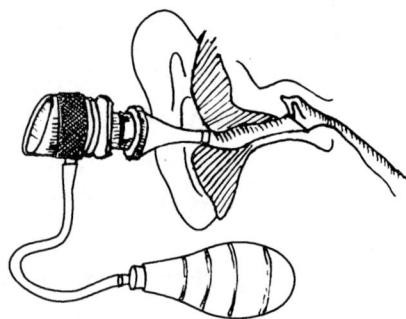

图 7-6　鼓气耳镜检查法

鼓膜穿孔可根据位置分为紧张部穿孔和松弛部穿孔,以及边缘性穿孔和中央性穿孔。急性化脓性中耳炎导致的穿孔通常仅为针尖样大小,急性期伴有液体搏动。慢性化脓性中耳炎可能导致紧张部穿孔围绕锤骨柄呈肾形,严重时无残余边缘,听骨链受损,鼓室内可能出现肉芽、钙化灶、息肉或表皮样瘤等。表皮样瘤由白色片状脱落的鳞状上皮团状及胆固醇结晶堆积而成,潮湿时呈豆渣样。

为评估鼓膜的活动度及发现难以察觉的小穿孔,需使用具备放大和鼓气功能的鼓气耳镜。该耳镜在漏斗型耳镜后端装有放大镜,并通过细橡皮管连接橡皮球。检查时,将鼓气耳镜置于外耳道,紧贴外耳道皮肤,通过反复挤压和放松橡皮球,使外耳道产生正、负压,诱导鼓膜内外相运动。鼓室积液、鼓室硬化或鼓膜穿孔时,鼓膜活动度会降低或消失;而咽鼓管异常开放和鼓膜菲薄时,鼓膜活动度则显著增强。鼓气耳镜检查还能揭示细小穿孔,利用负压吸引作用使脓液从小穿孔排出。

采用自带光源和放大镜的电耳镜,能更细致地观察鼓膜的病变,如扩张的微血管等。电耳镜与鼓气耳镜的结合使用,特别适用于门诊患者、卧床患者的床旁检查以及婴幼儿的检查。为更精确地观察外耳道、鼓膜和中耳的结构,临床上还可采用耳内镜进行检查。耳内镜分为硬管耳内镜和软管镜两种,可通过显示器展示和拍照等方法,将观察结果打印记录。

(二) 咽鼓管功能检查

咽鼓管的主要功能是调节鼓室气压,以保持内外气压的平衡,同时还具有引流、防声和防止逆行感染等作用。随着内镜技术的广泛应用,临床上通常首选鼻内镜经鼻腔至鼻咽部进行检查,以观察咽鼓管咽口和圆枕的结构及状态。对于年龄较小的患者,可使用直径较小的纤维内镜进行检查。

正常情况下,咽鼓管位于鼻咽部侧壁,其咽口被圆枕所包围,呈现淡红色。当鼻咽部出现炎症时,圆枕及咽口会出现红肿,且可能见到鼻窦炎的脓性分泌物阻塞咽口。对于儿童反复发作的分泌性中耳炎,必须特别注意观察鼻咽部,检查肥大的腺样体是否对圆枕和咽口造成压迫。对于不能配合检查的儿童,可行鼻咽 X 线侧位片或鼻咽部 CT 检查。

评估咽鼓管功能的方法多种多样,包括定量和定性的方法,且因鼓膜是否完整而有所不同。具体方法包括:吞咽试验法、瓦尔萨尔法、波利策法、咽鼓管导管吹张法、鼓室滴药法、声导抗仪检查法等。

1. **吞咽试验法**　将听诊器的橄榄头分别放置于受检者和检查者的外耳道口。受试者进行吞咽动作时,检查者需仔细倾听有无空气进入中耳的"嘘嘘"声。若无法听到此声音,则可能表示咽鼓管阻塞。

2. **瓦尔萨尔法**　亦称捏鼻鼓气试验。受试者捏紧自己的两侧鼻翼,闭口用力呼气,咽鼓管通畅者,呼出的气体可经咽鼓管咽口进入鼓室,检查者可从受试者外耳道口听到鼓膜的振动声,或看到鼓膜活动,反之,则无上述现象。

3. **波利策法**　亦称饮水通气法,特别适用于咽鼓管功能差的患者或小儿。检查者需将波氏球前端的橄榄头塞入受试者一侧前鼻孔,并压紧另一侧前鼻孔。当受试者吞下口中所含的水时,检查者迅速挤压橡皮球,将气流压入咽鼓管达鼓室(图7-7)。此时,检查者可用听诊器听到鼓膜振动声,并同时观察鼓膜的运动功能情况。此法不仅可用于检查,也可用于治疗咽鼓管功能不良。

4. **咽鼓管导管吹张法**　使用 1% 麻黄素和 1% 丁卡因液收缩、麻醉鼻腔黏膜,检查者将咽鼓管导管沿鼻底缓缓伸入鼻咽部,当导管抵达鼻咽后壁时,将原向下的导管口受试侧旋转 90°,并向后略退,此时导管前端越过咽鼓管圆枕,落至咽鼓管咽口处。再将导管向外上方旋转 45°,使导管前端进入咽鼓管咽口(图 7-8),用橡皮球向导管末端内鼓气数次。操作完毕,将导管前端顺势缓缓退出。注意鼓气要适当,避免压力过大将鼓膜爆破。采用双连球鼓气,可以控制鼓气的压力。

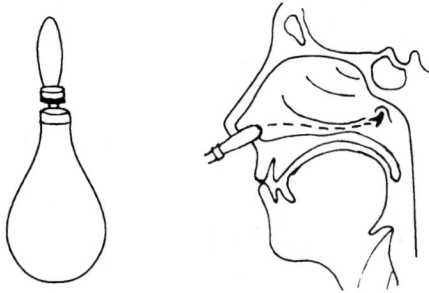

图 7-7　波利策法

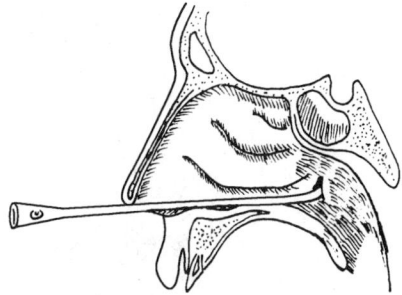

图 7-8　咽鼓管吹张

5. **鼓室滴药法**　该法仅适用于鼓膜已穿孔者,常用于慢性化脓性中耳炎患者术前评估咽鼓管功能。向患耳外耳道内滴入氯霉素、红霉素、糖精液等有味液体,或亚甲蓝等有色无菌药液,询问受试者吞咽时是否尝到药味,观察咽鼓管咽口是否有药液溢出及其出现时间。

6. **咽鼓管造影术**　将碘造影剂滴入外耳道,经鼓膜穿孔流入鼓室。同时作 X 线检查,了解咽鼓管的解剖形态,有无狭窄或梗阻,以及自然排液功能等。

7. **声导抗仪检查法**　声导抗仪检查咽鼓管功能,方便、快捷、无痛苦,适用于除外耳道闭锁外几乎所有的患者,临床应用广泛。

(三) 听力的音叉检查

1. **音叉试验**　是最常用的基本听力检查法。用于初步判定耳聋的性质。常用音叉一般由 C128、C256、C512、C1024、C2048 组成,分别发出不同频率的纯音,其中最常用的是 C256 和 C512。检查气导(air conduction,AC)听力时,检查者手持叉柄,用叉臂敲击另一手掌的鱼际肌(注意敲击力度,避免产生泛音),然后将振动的两叉臂末端置于外耳道口约 1cm 处,确保两者保持在同一平面(图 7-9)。检查骨导(bone conduction,BC)时,应将叉柄末端的底部紧压置于颅面骨或乳突部。

2. **林纳试验**　一种气骨导比较试验,通过比较同侧耳的气导和骨导听觉时间来判断耳聋的性质。首先测试骨导听力,当受试者听不到音叉声时,立即测试同侧的气导听力(图 7-9)。若气导听力时间大于骨导时间(AC>BC),则判定为阳性(+)。反之,若骨导时间大于气导时间(BC>AC),则判定为阴性(−)。若气导与骨导时间相等(AC=BC),则以(±)表示。结果判读如下:

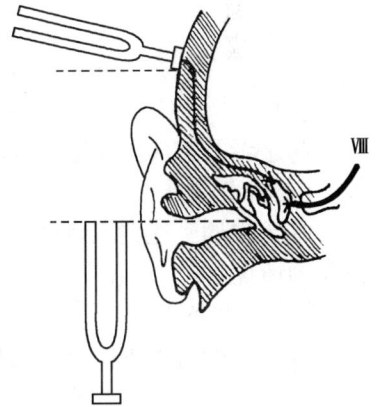

图 7-9　林纳试验

(1)AC>BC,林纳试验(+),表示听力正常或存在感音神经性聋。听力正常者,在使用 C512 测试时,气导时间通常较骨导时间长 1~2 倍。

(2)BC>AC,林纳试验(−),提示存在传导性聋。

(3)AC=BC,林纳试验(±),表示存在中度传导性聋或混合性聋。

3. **韦伯试验**　骨导偏向试验,可用于受试者双耳的骨导听力的比较。方法:敲击音叉后,将叉柄底部紧贴于颅面中线上任意一点(通常选择前额或颏部)。以"→"标明受试者判断的骨导声偏向侧,以"="表示两侧听力相等(图 7-10)。结果判读:"="表示听力正常或两耳听力损失程度相同;若偏向耳聋(耳聋程度较重)侧,则患耳为传导性聋;若偏向健耳(耳聋程度较轻)侧,则患耳为感音神经性聋。

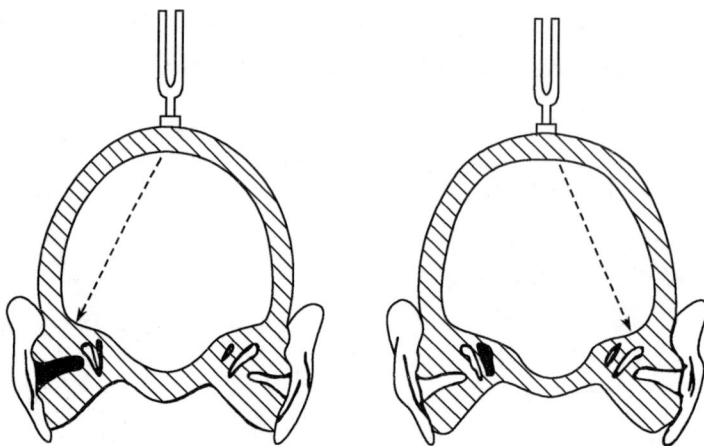

图 7-10 韦伯试验

注:左图为骨导偏向试验偏患侧,右图为骨导偏向试验偏健侧。

4. 施瓦巴赫试验 用于受试者与正常人(一般是检查者本人)的骨导听力比较。先测正常人骨导听力,当其听不到时,迅速将音叉移至受试者鼓窦区,然后按同法先测受试者,再移至正常人。受试者骨导较正常人延长为(+),缩短为(-),两者相似为(±)。结果分析:(+)为传导性聋,(-)为感音神经性聋,(±)为正常。

5. 盖莱试验 用于检查其镫骨底板是否活动。鼓气耳镜贴紧外耳道壁,用橡皮球向外耳道内交替加、减压力,同时将振动音叉的叉柄底部置于乳突部。若镫骨活动正常,受试者感觉到随耳道压力变化一致的音叉声音强弱变化,为阳性(+),否则为阴性(-)。耳硬化症或听骨链固定者为阴性。

(四)案例分享

患者李某,女,7岁,因"在沙滩上玩耍后出现右耳不适及听力下降 2h"就诊。

【问题】

接诊后应怎么处理并进行相应操作,请独立操作完成。

【回答】

与患者及家属沟通进行耳的检查。

【临床思维】

临床中遇到这类患者,耵聍栓塞或异物入耳可能性大,询问病史中可以鉴别。注意观察外耳道及鼓膜的情况。

【物品准备】

耳的一般检查法耗材及物品准备清单见表 7-4。

表 7-4 耳的一般检查法耗材及物品准备清单

序号	物品名称	数量
1	治疗车、治疗盘、外耳道冲洗器(20ml 注射器)、额镜、耳镜、枪状镊、耵聍钩、滴耳液、温 0.9% 氯化钠溶液 500ml、医疗垃圾桶、生活垃圾桶	各 1 个
2	无菌棉球、消毒棉签	1 包
3	弯盘	2 个

【评分标准】

外耳道异物取出 / 冲洗评分标准见表 7-5。

表 7-5　外耳道异物取出／冲洗评分标准

项目	细则要求	分值	得分
操作前 (15分)	仪表端庄,着装整洁	2	
	评估: 1. 患者耳部情况:操作者佩戴额镜对好光,观察外耳道分泌物、清洁度、疼痛情况 2. 患者有无药物过敏史 3. 患者对疾病及治疗的了解程度,合作程度 (未评估扣6分,评估不全一项扣2分)	6	
	洗手,戴口罩(一处不符合要求扣1分)	2	
	物品准备:治疗车、治疗盘、无菌棉球、消毒棉签、外耳道冲洗器(20ml注射器)、弯盘、额镜、耳镜、枪状镊、耵聍钩、滴耳液、温0.9%氯化钠溶液500ml、医疗垃圾桶、生活垃圾桶(少一件或一件不符合要求扣1分)	5	
操作中 (70分)	核对患者床号、姓名、耳部(不核对扣4分,核对不全一项2分)	6	
	向患者解释操作的目的及配合要点	4	
	协助患者取坐位,头偏向健侧	6	
	将弯盘紧贴于患者耳垂下方	4	
	操作者佩戴额镜对好光,左手向后上轻轻提拉患耳,将体积较大的耵聍或不规则异物夹出,如为光滑异物,则用耵聍钩勾出,注意操作手法轻柔,避免粗暴(一处不符扣3分)	10	
	操作者左手向后上轻轻拉患耳,用右手将盛有温生理盐水的冲洗器,沿外耳道后壁,轻轻推入,反复冲洗至耵聍或异物冲净为止(一处不符扣2分)	10	
	用棉签轻拭外耳道,检查鼓膜及外耳道情况,必要时用药(一处不符合要求扣2分)	8	
	操作时注意观察有无内耳刺激症状	6	
	协助患者取舒适体位(未取舒适体位扣2分)	4	
	核对患者床号、姓名、耳别(一处不符合要求扣2分)	8	
	洗手,记录	4	
操作后 (15分)	按消毒技术规范要求分类整理物品	3	
	正确指导患者: 1. 做好患者心理护理,消除恐惧,以取得患者的合作 2. 注意耳部的清洁卫生,不要随意乱挖耳朵 (未指导扣5分,指导不全一处扣2分)	5	
	语言通俗易懂,态度和蔼,沟通有效(态度、语言不符合要求各扣1分,沟通无效扣2分)	2	
	全过程动作熟练、轻柔、规范,严格执行查对制度和无菌技术操作原则(一处不符要求酌情扣1~2分)	5	
总分		100	

(高　欣)

二、鼻腔、鼻窦检查

(一) 检查设备

检查治疗台、额镜、前鼻镜(图 7-11)。

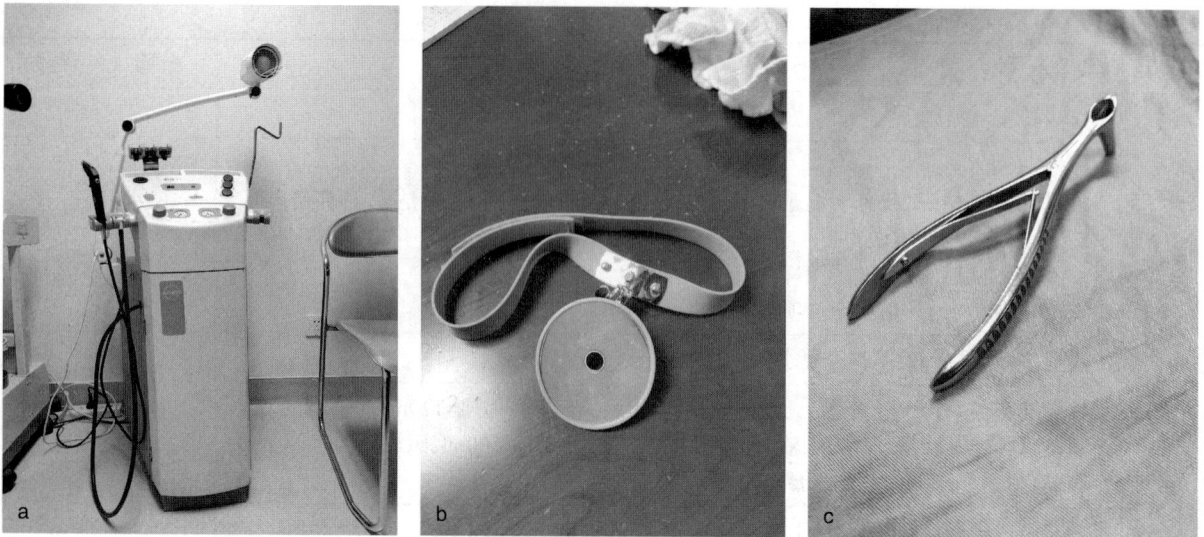

图 7-11　检查治疗台(a)、额镜(b)、前鼻镜(c)

(二)外观检查

1. 视诊

(1)形态:观察有无皮损,外鼻是否存在畸形(如塌鼻、歪鼻、鞍鼻、蛙鼻),以及前鼻孔是否狭窄。

(2)颜色:检查有无充血、肿胀现象。

(3)活动:观察面瘫患者患侧鼻翼是否塌陷,鼻唇沟是否变浅。

2. 触诊

(1)皮肤:检查皮温、压痛、软硬程度、弹性及厚薄。

(2)鼻骨:检查鼻骨是否对称,有无移位、塌陷或骨擦感。

(3)鼻窦:检查鼻窦区有无压痛及弹性感。

3. 听诊

(1)开放性鼻音:常见于萎缩性鼻炎及鼻腔鼻窦肿瘤术后患者。

(2)闭塞性鼻音:可见于鼻息肉或鼻腔鼻窦肿瘤患者,以及后鼻孔狭窄或闭锁的情况。

4. 嗅诊　检查鼻腔分泌物的气味。

(三)前鼻镜的检查

1. 徒手检查法

(1)操作:用拇指轻轻抬起鼻尖,以暴露鼻前庭区域。患者需稍微仰头,以便观察。

(2)观察内容:鼻前庭处的皮肤状况(如充血、肿胀、渗出、糜烂、皲裂),新生物(如疖肿、囊肿、肿瘤)的存在;以及鼻毛的分布情况。

2. 前鼻镜检查法

(1)适用范围:鼻孔狭窄或鼻翼塌陷的患者,可借助前鼻镜来检查固有鼻腔。

(2)操作方法:检查者一手持镜,用拇指和示指捏住前鼻镜的关节处,其余手指则握住镜柄以控制镜叶的开合。将镜叶水平地置入鼻前庭,注意其前端不要超过鼻阈。然后上下撑开镜叶,轻轻抬起鼻阈以扩大前鼻孔,从而暴露鼻腔。另一手则扶住受检者的头部,调整头位以便更好地调整视野。

(3)头位调整:在进行前鼻镜检查时,需要调整受检者的头位,以便全面观察鼻腔。具体见三种头位(图 7-12)。

　1)第一头位:受检者稍低头,便于观察鼻腔下 1/3 部分,如鼻底、下鼻甲、下鼻道、鼻中隔前下部及总鼻道下段。

　2)第二头位:受检者头后仰约 30°,便于观察鼻腔中 1/3 部分,如鼻中隔中段、中鼻甲后端、中鼻道后部及嗅裂。

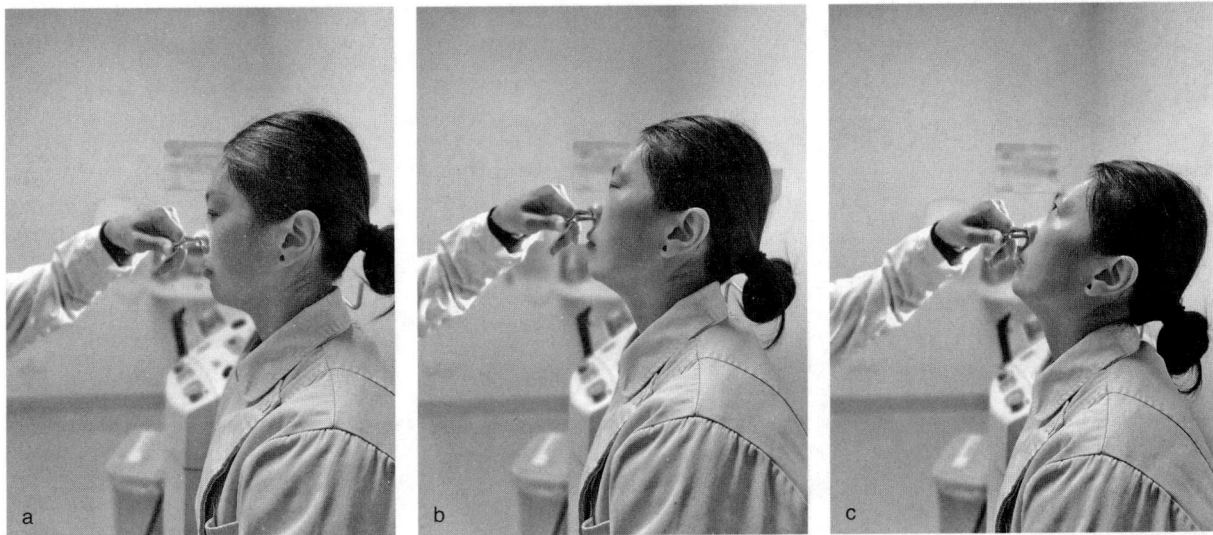

图 7-12　前鼻镜检查时的第一头位(a)、第二头位(b)、第三头位(c)

3)第三头位:受检者头后仰约 60°,便于观察鼻腔上 1/3 部分,包括鼻中隔上部、中鼻甲前端、鼻丘、嗅裂及中鼻道前部。

(4)查体内容

1)正常体征:可窥及下鼻甲、中鼻甲,上鼻甲基本不能窥及,鼻甲黏膜呈粉红色,湿润、光滑,弹性佳,鼻道通畅,无新生物或分泌物(图 7-13,见文末彩插二)。

2)阳性体征:可能观察到的异常包括鼻黏膜的破损、充血、苍白、水肿、萎缩或干燥;鼻甲的缺失、肥大或反向偏曲;鼻道内的新生物、干痂、分泌物、异物或出血;以及鼻中隔的偏曲、穿孔或膨隆(图 7-14,见文末彩插三)。

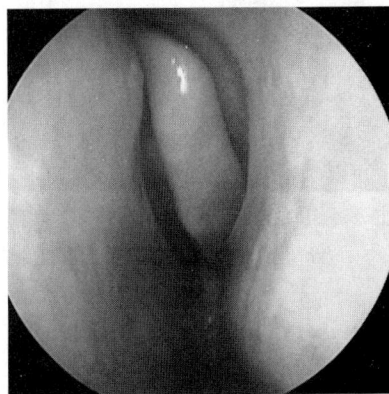

图 7-13　左侧正常鼻腔

3. 注意事项

(1)在使用前鼻镜时,应遵循"合进开出"的原则,确保镜叶前端不超过鼻阈,以防止夹伤鼻毛或触碰鼻腔黏膜,从而避免引起患者的不适或疼痛。

(2)对于鼻腔黏膜出现水肿或鼻甲肥大的患者,在进行检查前,可先使用鼻腔黏膜收缩剂(如肾上腺素或呋麻滴鼻液)进行预处理,待黏膜收缩后再进行检查。

(3)进行嗅觉检测时,应注意控制检查时间,避免时间过长导致嗅觉疲劳。

(4)在操作过程中,应保持连续性,避免重复动作,并注意左右两侧的比较。

(四)鼻窦检查

1. 一般检查法

(1)望诊:严重的鼻窦病变可引起相应部位面部皮肤改变。需观察双侧面颊、内眦部、眉弓、额部是否对称。例如,鼻窦感染性炎症可导致局部肿胀、充血,甚至形成蜂窝织炎;鼻窦肿瘤若破坏窦壁,可引起局部隆起,压迫或侵犯周围组织时,可出现突眼、眼球活动受限、复视、张口受限等症状。

(2)触诊:进行触诊时需注意按压方向。额窦位于上颌骨颧部,检查时拇指向后方按压;筛窦位于双眼内眦部,同样拇指向后方按压;上颌窦则位于两侧眶上缘内侧,检查时拇指向后上方按压。鼻窦感染时,在体表投影处可能有压痛感;鼻窦囊肿则可压迫周围骨壁使其吸收变薄,触诊时可感受到乒乓球样的弹性改变(图 7-15)。

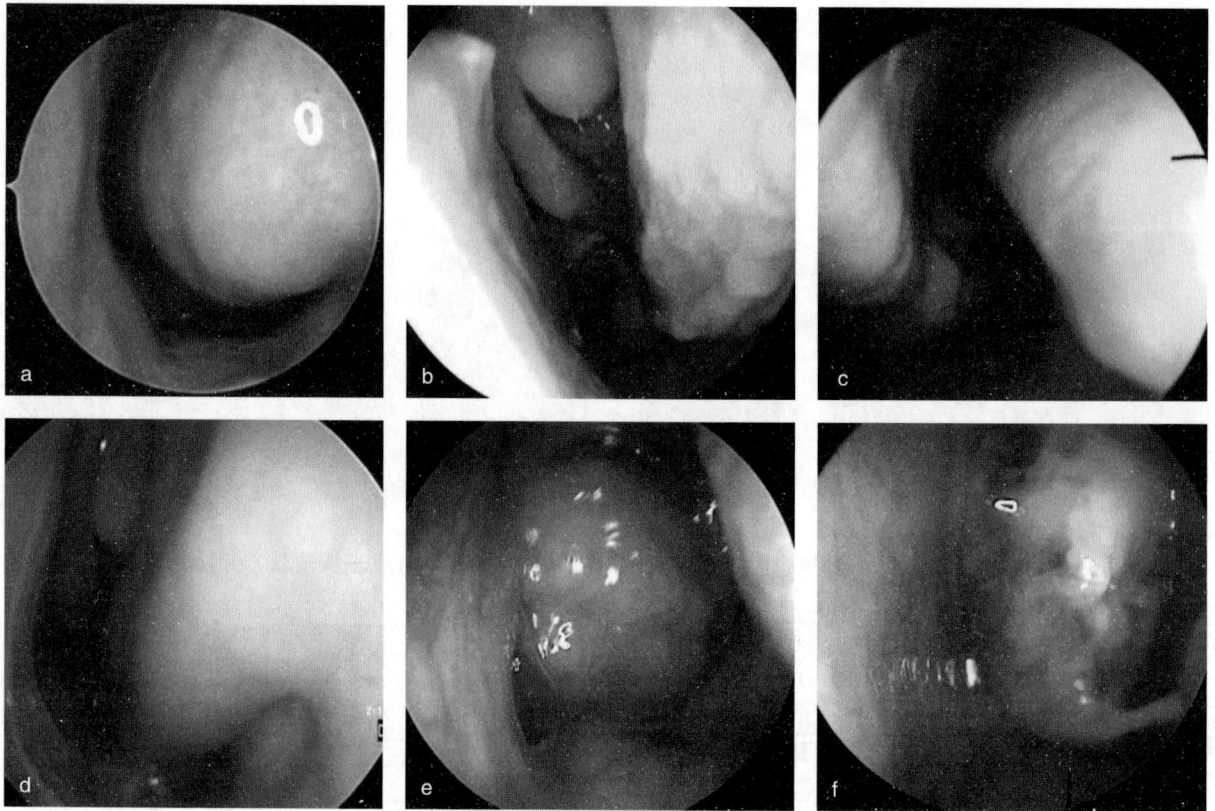

a. 下鼻甲黏膜水肿,呈紫红色;b. 左侧中鼻道半透明光滑新生物;c. 鼻中隔右侧嵴突;d. 鼻腔黏膜苍白,鼻腔后段白色分泌物;e. 左侧后鼻孔、鼻咽部光滑新生物,考虑腺样体肥大;f. 后鼻孔紫红色新生物,表面白色伪膜覆盖。

图 7-14 阳性体征鼻腔

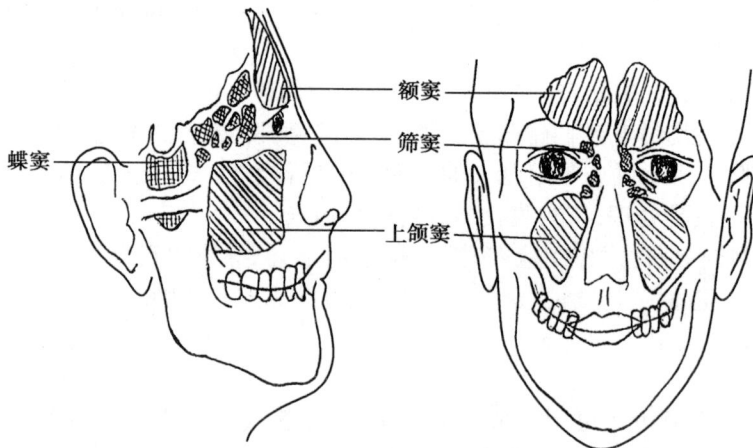

图 7-15 鼻窦的体表投影

(3)叩诊:在体表投影处用示指或中指指腹进行直接叩诊。由于叩诊与触诊意义相似,故在临床查体中应用较少。

2. 鼻内镜检查法 鼻窦位置深在,鼻内镜因照明良好、分辨率高、视野清晰且携带方便,在临床工作中得以广泛推广应用。通过选择不同角度的视角镜,并配合显像系统,可进行鼻窦的检查和手术。

3. 影像学检查

(1)X 线检查:目前已较少使用。

1)鼻颏位:主要检查上颌窦,也可显示筛窦、额窦、鼻腔及眼眶。

2)鼻额位:主要检查额窦及筛窦,也可显示上颌窦、眼眶、鼻腔。

3)侧位:检查各鼻窦、蝶窦及鼻咽、视神经孔位。

(2)CT检查:为临床评估鼻腔、鼻窦时的首选影像手段,能清晰显示鼻腔、鼻窦的各解剖结构。常用冠状位及水平位(轴位),必要时还可以重建矢状位。对于外伤或面部畸形患者,还可进行三维重建(图7-16)。

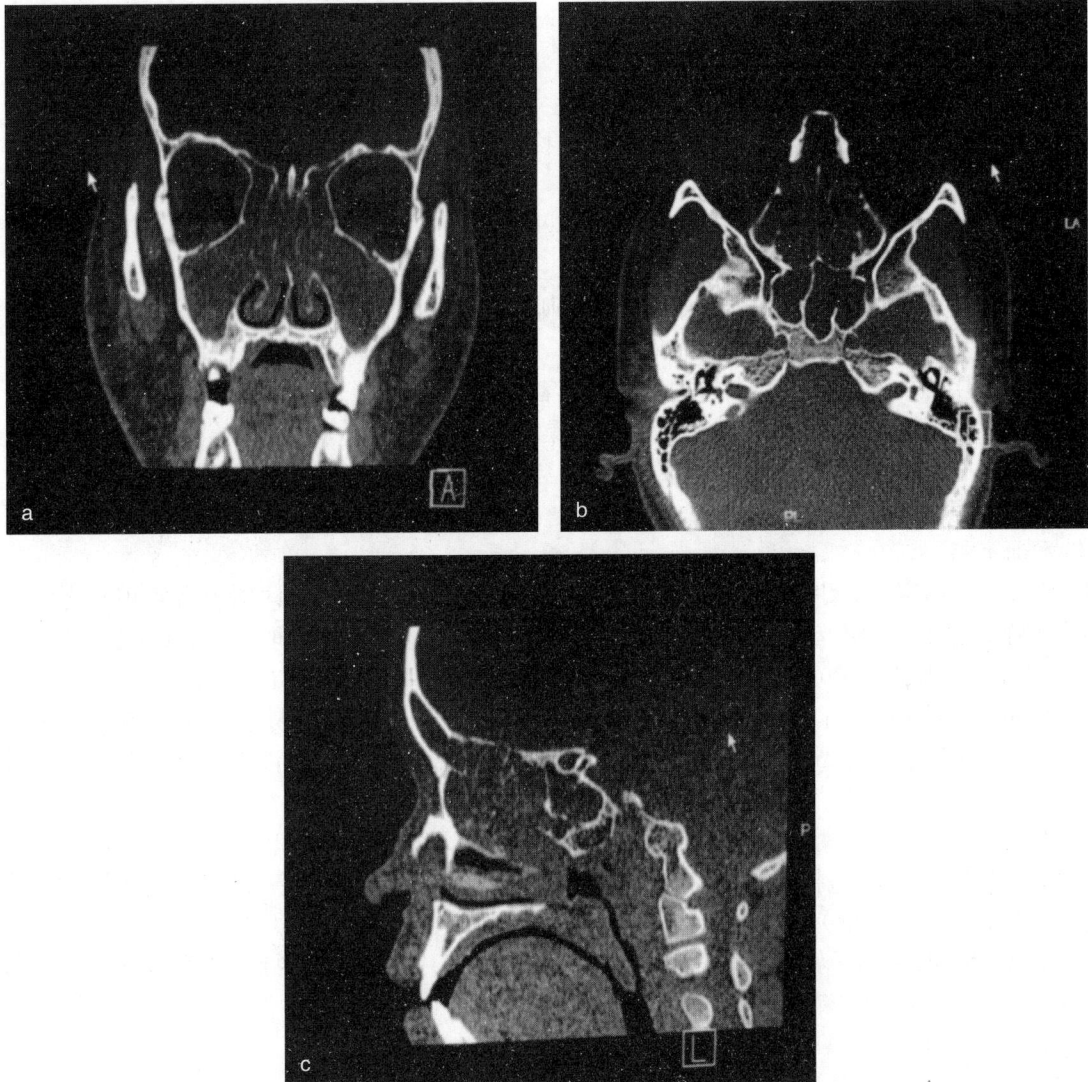

a. 冠状位;b. 水平位;c. 矢状位。

双侧鼻腔鼻窦内充满软组织影,骨质无破坏,鼻中隔向左偏曲

诊断:1. 慢性全组鼻窦炎　2. 鼻中隔偏曲

图7-16　鼻窦

(3)MRI检查:在临床诊断中,对于明确鼻腔鼻窦肿瘤的性质、判断其与颅内的关系、识别脑膜脑膨出情况、分析鼻窦囊肿与邻近骨质的关系以及进行鉴别诊断,具有重要的辅助作用。

4.**体位引流法**　在临床实践中,常遇到疑似鼻窦炎但查体时鼻道清洁的情况。此时,可采用体位引流法,通过观察相应的引流通道是否有脓性分泌物流出,以辅助诊断。

(1)操作步骤:首先,使用鼻腔黏膜收缩剂(如呋麻滴鼻液或肾上腺素注射液)进行收缩处理,以改善窦口引流条件。随后,让受检者保持相应体位15min,之后再进行检查。

（2）体位要求

1）上颌窦炎：头前倾 90°，患侧朝上。

2）额窦炎：正坐位，头部直立。

3）前组筛窦炎：头部稍后倾。

4）后组筛窦炎：头部稍前倾。

5）蝶窦炎：低头位，亦可采取坐位，下肢自然分开并屈身，使额部与膝部相抵。

（五）上颌窦穿刺术

1. 适应证

（1）适用于亚急性、慢性上颌窦炎的冲洗及抗生素注射治疗。

（2）上颌窦病变，怀疑恶性肿瘤时，进行穿刺活检。

（3）进行上颌窦碘油造影检查。

（4）患者有脓涕病史，怀疑上颌窦炎症，进行诊断性穿刺。

2. 禁忌证

（1）7 岁及以下儿童，因上颌窦未发育完全，穿刺风险较高。

（2）月经期女性或具有出血倾向的血液病患者。

（3）长期使用抗凝药物或停药未超过 2 周的患者。

（4）患者病情危重或体质虚弱，无法耐受手术操作。

（5）上颌窦腔发育较小，骨壁较厚的成年患者，穿刺难度较大。

3. 操作流程

（1）术前准备

1）术前评估：详细查阅病历，了解患者病情，并查看相关检查结果，评估患者意识状态及一般情况，排除操作禁忌证。向患者解释操作的目的和必要性，交代注意事项并取得患者的配合。

2）鼻腔评估：仔细检查鼻腔情况，包括有无鼻腔狭窄、堵塞、炎症或出血等症状。

3）物品准备：检查治疗台、额镜、前鼻镜、无菌棉片或棉签、呋麻滴鼻液、2% 盐酸利多卡因注射液、枪状镊、上颌窦穿刺针、5ml 和 20ml 注射器各一个、0.9% 氯化钠注射液 500ml 以及治疗盘等所需物品。

（2）操作步骤

1）检查者穿戴整洁，包括白大褂、口罩和帽子，进行自我介绍，核对患者信息，简要沟通操作过程及注意事项，并确认操作侧别。

2）患者取坐位，在前鼻镜窥视下，检查者先用呋麻液棉片收缩鼻腔黏膜，再用利多卡因棉签或棉片在下鼻道黏膜表面进行麻醉，每次约 5min，共进行 2 次。

3）检查者一手扶着患者头部，另一手以拇指、示指、中指持针，掌心顶住针尾。在距下鼻道前端 1.0~1.5cm 处，向鼻腔外侧壁方向进针。针尖斜面朝向外侧壁，方向指向同侧耳郭上缘。持续发力旋转进针，当有落空感后停止进针。取出针芯，连接注射器回抽。如抽出物为空气或脓液，则提示已进入上颌窦腔内（图 7-17）。

4）可进行窦腔冲洗（使用 0.9% 氯化钠溶液）或注药（如庆大霉素、地塞米松等）。

5）如需进行活检，需拔除穿刺针，适当扩大穿刺孔。活检钳由穿刺孔进入窦腔内钳取病变组织。

6）操作结束后，反方向旋转退针，并适当使用棉片填塞下鼻道进行止血。

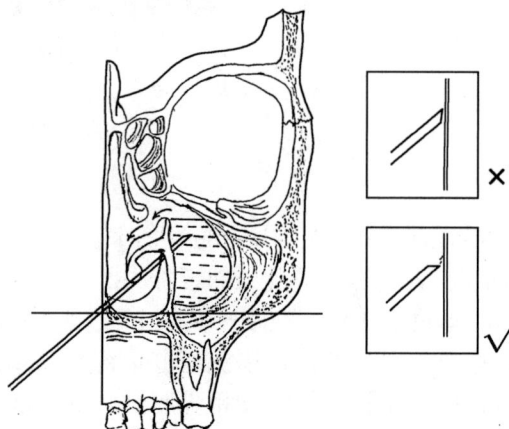

图 7-17　上颌窦穿刺术

（3）术后处理

1）术区可能出现少量渗血,应安慰患者,避免其恐慌。

2）操作结束后需观察 15min。如患者无不适症状,方可离开。

3）观察颜面部有无肿胀、眼球突出等症状。

（4）并发症:包括昏厥、虚脱、空气栓塞、麻醉过敏、局部血肿、出血及感染等。

4. 操作注意事项

（1）确保充分麻醉,以缓解患者的痛苦及心理负担。

（2）建议使用同侧手进行穿刺,以便更好地掌握进针方向。注意进针角度,避免过大导致穿刺针穿破前壁出现皮下出血、血肿,或过小导致穿刺针进入眶内而出现眼部并发症。

（3）穿刺针定位需准确,避免来回滑动损伤黏膜或鼻甲引起鼻出血。持续发力进针,有落空感时即停止进针。

（4）冲洗过程中如感觉有阻力,可旋转穿刺针或适当调整穿刺针深度。如阻力仍较大,应停止冲洗。

（5）严禁注入空气。如出现空气栓塞症状,应立即嘱患者改为头低位及左侧卧位,并给予吸氧及其他急救措施。

（6）注意无菌操作,以避免继发感染。

（7）冲洗过程中如患者有不适症状,应立即停止冲洗,拔出穿刺针,让患者平卧并进行对症处理,同时密切观察患者的生命体征。

（六）鼻腔冲洗、鼻窦负压置换

1. 鼻腔冲洗

（1）适应证

1）各种急、慢性鼻窦炎患者。

2）经鼻内镜下进行鼻腔、鼻窦、鼻咽部手术后的患者。

3）鼻和鼻咽肿瘤放疗后的患者。

4）日常鼻腔清洁护理的患者。

（2）禁忌证

1）年幼患者,无法配合冲洗。

2）鼻腔存在急性炎症或出血倾向的患者,进行鼻腔冲洗可能导致炎症扩散或增加出血风险。

（3）操作流程

1）术前准备:①术前评估与上颌窦穿刺术前准备相同。②进行鼻腔评估,检查鼻腔是否存在阻塞、分泌物、出血等情况。③准备物品:鼻腔冲洗器一套,0.9% 氯化钠溶液 50~100ml(温度约为38℃)。

2）操作步骤:①操作者穿着白大褂,佩戴好口罩和帽子,进行自我介绍,核对患者信息,并简要沟通操作过程及注意事项。②患者取坐位或立位,头部前倾30°,嘱患者张口呼吸,头部偏向对侧。③将0.9% 氯化钠溶液装入鼻腔冲洗器,将冲洗器接头固定于一侧前鼻孔,挤压冲洗器,使生理盐水经前鼻孔流向后鼻孔,再由对侧鼻腔流出,同时带出鼻腔内的分泌物和痂皮。④患者头部偏向另一侧,以相同方法冲洗对侧鼻腔。

3）术后处理:①帮助患者清洁面部。②对于鼻内镜术后患者,鼻腔可能出现血性分泌物或陈旧性血凝块,应给予安慰,避免患者恐慌。

（4）注意事项

1）当鼻腔内有填塞物、存在急性炎症或出血倾向时,不宜进行鼻腔冲洗。

2）操作过程中患者应保持沉默,避免呛咳。

3）冲洗液的温度应适中(约 38℃),以避免刺激鼻腔黏膜。

4）应选择阻塞较重的一侧鼻腔先进行冲洗,以避免由于鼻咽腔压力过大而导致中耳炎。

2. 鼻窦负压置换 采用间歇吸引法,使窦腔内形成负压状态。在停止吸引后,借助大气压的作用,使药物经窦口流入窦腔。

(1)适应证:本法适用于慢性全组鼻窦炎、慢性额窦炎、慢性筛窦炎、慢性蝶窦炎患者,尤其适合作为小儿慢性鼻窦炎的辅助治疗方法。

(2)操作流程

1)术前准备:① 术前评估:与上颌窦穿刺术的术前准备相同。② 鼻腔评估:检查鼻腔状况,包括是否有阻塞、分泌物、出血等情况。③ 物品准备:负压吸引装置、呋麻滴鼻液、橄榄头、治疗盘。

2)操作步骤:① 操作者穿戴白大褂、口罩和帽子,进行自我介绍,核对患者信息,并简要沟通操作过程及注意事项。② 患者平卧并垫肩,使头部后仰,保持颏部与外耳道口连线垂直于床面。先沿鼻腔壁滴入呋麻滴鼻液,以改善窦口引流,等待 2min 后,让患者擤尽鼻涕。此步骤对于萎缩性鼻炎患者可省略。③ 患者保持原体位,嘱其张口呼吸,每侧鼻腔滴入呋麻滴鼻液 2~3ml,确保药液浸泡所有鼻窦口。④ 将连接吸引器的橄榄头紧塞患者一侧鼻孔,同时用手指按住对侧鼻翼封闭鼻孔,嘱患者连续发出“开、开、开”的音。在 1~2s 后迅速松开橄榄头,再塞紧,如此反复操作 6~8 次。此过程通过正负压的交替作用,使药物进入鼻窦并吸出窦内分泌物。⑤ 以相同方法操作对侧鼻腔,然后让患者坐起并吐出口内的药物及分泌物。

3)术后处理:询问患者有无不适感,并嘱其保持直立位 15min,避免擤鼻。

(3)操作注意事项

1)抽吸时间过长或负压过大可能损伤黏膜。如患者诉头痛、耳痛或鼻出血,应立即停止操作。

2)鼻窦炎急性期患者禁用此法,以避免感染扩散或出血。

3)高血压患者禁用此法。

4)鼻腔鼻窦肿瘤患者或有出血倾向的患者,使用此法可能引起鼻出血。

5)对于不能配合的幼儿,在其哭泣时软腭上抬可达到封闭鼻咽腔的效果,从而实现治疗目的。

6)操作前 1 小时应禁食禁饮,以避免呛咳或呕吐导致呕吐物误吸。

(七)案例分享

患者,男,23 岁,打球时被他人肘部撞击鼻部后疼痛、流血半小时就诊。

【问题】

为明确诊断,需做哪些进一步检查? 请 A 回答,B 操作后诊断。

如患者仍持续性鼻腔出血,需做哪些进一步操作? 请 C 回答。

【回答】

A 回答要点:行鼻部查体,包括外鼻望诊、触诊,前鼻镜检查或鼻内镜检查,鼻骨 CT 平扫 + 三维重建。

B 回答要点:外鼻、鼻窦望诊、触诊,前鼻镜检查,阅读 CT,诊断:闭合性鼻骨骨折、鼻腔黏膜软组织挫裂伤。

C 回答要点:①评估患者出血量及一般情况,如出血量较大,建立静脉通道;②鼻内镜下探查出血点,明确出血部位,进行止血;③如出血点明确,出血量较小,可局部压迫止血、化学烧灼止血、电凝止血;④如出血量较大,出血点不明确,行后鼻孔填塞后考虑全麻下行鼻腔探查止血术。

【耗材及物品准备】

光源或检查治疗台、额镜、鼻窥、枪状镊、棉片、呋麻滴鼻液、2% 盐酸利多卡因注射液、纱条、鼻用吸引头、压舌板。

【评分标准】

前鼻镜检查法评分标准见表 7-6。

表 7-6 前鼻镜检查法评分标准

项目	细则要求	分值	得分
操作前 (10分)	操作者准备: 1. 戴好口罩、帽子 2. 介绍自己即将要进行的检查,交代患者采取正确坐姿(上身稍前倾,头正,腰直) 3. 坐在患者对面,光源与检查眼同侧	3	
	患者准备:确保患者签署知情同意书	4	
	物品准备:额镜、前鼻镜	3	
操作中 (76分)	佩戴额镜:调节关节松紧度至镜面能灵活转动而又不松脱;调节头带的长度以适合检查者头部	6	
	对光:光源距离被检查者耳后上方约15cm处	4	
	检查者面对患者,距离25~40cm	4	
	保持瞳孔、镜孔、反光焦点和检查部位呈一直线	4	
	单目视线通过镜孔观察被检查区域,另一只眼不闭	4	
	观察鼻外形有无畸形,有无饱满;鼻梁有无偏曲、塌陷;前鼻孔有无狭窄;皮肤色泽等	6	
	拇指和示指;检查外鼻有无触痛;鼻骨有无塌陷、移位;骨摩擦感	6	
	有无闭塞性或开放性鼻音	4	
	鼻分泌物性质及有无特殊臭味	4	
	鼻腔检查:拇指抬起鼻尖,检查皮肤有无红肿、溃疡、疖肿、肿块,检查鼻毛是否脱落	6	
	以拇指及示指捏住鼻窥关节,一柄置于掌心,另三指握于另一柄上,两叶合拢入鼻前庭后打开	8	
	第一位置:头稍低,观察鼻腔底部、下鼻甲、下鼻道及鼻中隔前下部(鼻黏膜颜色,有无肿胀、萎缩等,各鼻道和嗅沟的宽窄,新生物及分泌物情况,鼻中隔是否偏曲)	6	
	第二位置:头后仰30°,检查鼻中隔中段、中鼻甲、中鼻道和嗅裂中后部(内容同上)	6	
	第三位置:头后仰60°,查看鼻中隔上部、中鼻甲前端、鼻丘、嗅裂与中鼻道前部(内容同上)	6	
	鼻镜不宜进入过深,取出鼻镜不可完全闭紧双叶	2	
操作后 (14分)	回复头位	2	
	询问患者有何不适	2	
	与家属沟通病情,告知注意事项	2	
	操作熟练,动作流畅	2	
	整个过程关注患者反应,动作轻柔,体现人文关怀	2	
	观察、询问患者不适感及安慰患者	2	
	程序正确	2	
总分		100	

(王 莹)

三、咽喉检查

(一)额镜的佩戴

额镜,作为一种凹面反光镜,其特性包括中央一小孔及25cm的焦距,通过双球关节与额带相连。

正确对光与佩戴额镜是耳鼻喉科的基本操作技能。

1. **操作流程**

（1）调节额镜：先调整额带大小以适应检查者头围，再调节双球关节，确保镜面能灵活转动。

（2）戴镜：将额镜戴于头部，调整双球关节使镜面与额面平行，并确保镜孔正对检查者平视时的眼睛。

（3）对光：调整光源使其照射到额镜上，再调整镜面聚焦光线至待检查部位，使检查者通过镜孔能清晰看到聚焦光点。

2. **操作注意事项**

（1）保持瞳孔、镜孔、焦点和检查部位呈一直线。

（2）使用单眼观察，另一眼辅助观察。

（3）检查过程中保持姿势端正，调节光源及检查者头部，使焦点准确投射至检查部位（图7-18）。

（二）口咽检查法

操作流程

（1）观察口腔及口咽部结构，包括牙、牙龈、硬腭、舌、口底等。

（2）用压舌板轻压患者舌前2/3部分，嘱患者发"啊"音，同时观察咽部黏膜及形态变化。

（3）详细观察软腭（是否瘫痪）、悬雍垂（有无水肿、过长）、腭扁桃体（有无水肿、瘢痕、粘连，是否肿大或萎缩）以及咽后壁（有无淋巴滤泡增生、肿胀、隆起）（见图7-19）。

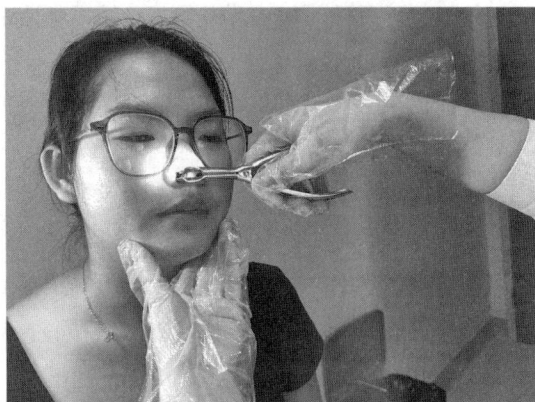

图7-18 检查姿势

（4）扁桃体肿大分度标准：Ⅰ度，扁桃体超出腭舌弓但未超过腭咽弓；Ⅱ度，扁桃体超过腭咽弓；Ⅲ度，扁桃体接近或超过中线。

（三）鼻咽检查法

1. **操作流程**

（1）依次观察软腭、鼻中隔后缘、后鼻孔等部位，特别注意鼻咽顶前壁及咽隐窝，因这些是鼻咽癌的好发部位。咽隐窝饱满常为鼻咽癌早期特征，表现为肉芽肿隆起、小结节状等。

（2）检查方法：患者用鼻呼吸，正坐且头稍前倾。检查者左手持压舌板轻压舌前2/3，右手持适当温度的间接鼻咽镜，由口角置入，观察相关部位（图7-20）。

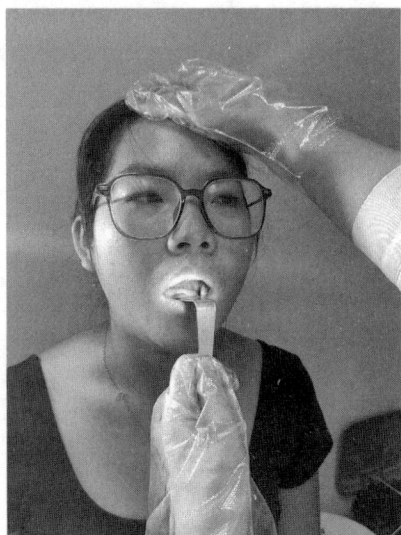

图7-19 口咽检查

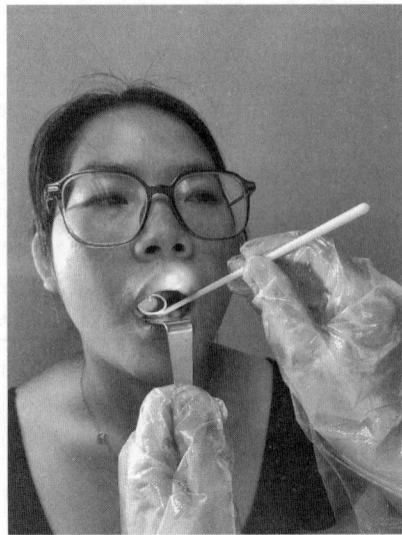

图7-20 鼻咽检查

2. **操作注意事项**

(1)避免触及咽后壁或舌根,以防引起患者恶心。

(2)咽反射敏感者可预先进行口喷表面麻醉。

(3)按顺序转动镜面进行观察。

(4)注意镜像现象。

(四)喉及喉部检查法

1. **操作流程**

(1)外部检查:观察喉部外观、形态、对称性及其与颈前部正中线的位置关系。

(2)间接喉镜检查:为常用的喉部及部分喉咽部检查方法。

1)检查内容:需详细检查舌根、舌扁桃体、会厌谷、喉咽后壁、喉咽侧壁、会厌舌面及其游离缘、杓状软骨、两侧梨状窝等部位。特别要注意喉部黏膜的颜色,观察其是否存在充血、水肿现象,是否增厚,有无溃疡、瘢痕形成,以及是否有新生物或异物存留等。同时,还需观察杓状软骨及声带的活动状况。嘱患者发出"衣"的声音,此时会厌会上抬,从而可以观察到会厌喉面、杓状会厌裂、杓间区、室带、声带及其闭合的详细情况。

2)喉部检查步骤:患者需坐正,上身略微前倾,头部后仰并张口,同时伸出舌头。检查者需调整额镜,确保焦光点能够准确照射到悬雍垂上。接着,用纱布包裹住患者舌前的1/3部分,检查者用左手的拇指和中指捏住舌前部,并将其轻轻拉向前下方,同时用示指抵住患者的上唇。右手则持间接喉镜,在酒精灯上加热镜面,以防止在检查过程中起雾。加热后,先在检查者自己的手背上试温,确认温度适中不会烫伤患者后,再将间接喉镜轻轻放入患者的口咽部。进行检查时,需确保镜面朝前下方,同时用镜背将悬雍垂和软腭轻轻推向后上方,以避免接触到咽后壁,从而防止引起患者的恶心反应(图7-21)。

在正常情况下,喉咽及喉部两侧应对称,梨状窝内无积液,黏膜呈现淡红色,声带则呈白色条状。当患者发出"衣"的声音时,声带会内收并向中线靠拢。在深呼吸时,声带会向两侧外展,此时可以观察到声门下区或部分气管软骨环。若神经受到不同程度的损伤,则可能出现以下4种声带活动异常状况:喉返神经不完全瘫痪、喉返神经完全瘫痪、喉上神经瘫痪、混合性喉返神经瘫痪。

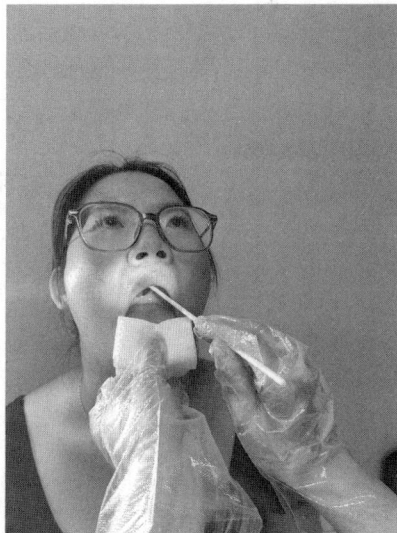

图 7-21 喉部检查

2. **操作注意事项**

(1)对于咽反射敏感者,可先行进行口咽部表面麻醉。

(2)应按照顺序依次进行观察。

(3)需注意镜像现象,即在间接喉镜下观察时,喉部的左右方向与实际一致,但前后方向相反。

(4)如经口咽部表面麻醉后检查仍感困难,可指导受检者自行牵拉舌头,检查者随后按照上述步骤进行检查。

(5)若根据病情判断必须进行喉部检查,而间接喉镜检查未能成功实施,可考虑采用纤维喉镜检查、直接喉镜检查或喉动态镜检查作为替代方案。

(五)电子咽喉镜检查

1. **基本知识** 电子喉镜融合了尖端的光学数字技术,提供高分辨率画质,使得显示效果更为清晰,便于观察。其镜体设计轻巧、灵活且纤细,具备良好的插入性能,能够更贴近咽喉部的病变部位。此设备能清晰捕捉到呼吸道的细微变化,从而实现更快速、简便且准确的诊疗过程。它无须手动对焦,自动调光反应迅速。无论是进行检查还是治疗,都能有效减轻患者的刺激感和痛苦。电子咽喉镜的主要优点包括:

(1)减轻患者痛苦,创伤小。

（2）操作简单便捷，能清晰观察喉部的各种病变。

（3）特别适合舌体肥厚、颈部短的患者，检查效果显著。

（4）患者无需采取特殊体位，适用于畸形、张口困难及危重患者的检查。

（5）可在显示器上同步显示并录制检查结果，便于存档，同时可用于会诊和教学目的。

2. 操作流程

（1）指导患者采取卧位姿势。在检查前，先对患者进行口咽部表面麻醉，并在镜子远端2cm处涂抹适量的润滑油。检查者左手握持镜体，右手持镜管轻轻送入患者鼻腔，经鼻底、鼻咽部进入口咽，直至到达喉部。

（2）依次仔细观察舌根、会厌谷、会厌、杓状会厌襞、梨状窝、室带、喉室、声带、前连合、后连合以及声门下区。

（六）咽喉检查法评分标准（表7-7）

表7-7　咽喉检查法评分标准

项目		细则要求	分值	得分
操作前 （6分）	器械准备	着装整洁，戴口罩、帽子，准备检查用具（额镜、前鼻镜、后鼻镜、压舌板）	2	
	沟通	自我介绍及将要进行的检查，交代患者正确采取坐姿（上身稍前倾，头正，腰直）	3	
	检查者	坐在患者对面	1	
额镜的佩戴及对光 （19分）	佩戴额镜	调节关节松紧度至镜面能灵活转动而又不松脱	2	
		调节头带的长度以适合检查者头部	2	
	对光	光源置于被检查者耳后上方	3	
		检查者面对患者，距离25~40cm	3	
		保持瞳孔、镜孔、反光焦点和检查部位呈一直线	3	
		保持检查姿势端正，不可弯腰扭颈迁就光源	3	
		单目视线通过镜孔观察被检查区域，另一眼不闭	3	
口咽检查 （24分）	口唇及口腔检查	将光线照于患者唇部，观察口唇	2	
		嘱患者张口，以压舌板拨开颊部及牙齿间隙	2	
		观察牙齿、牙龈、颊部及腮腺开口	2	
		嘱患者继续张口，压舌、观察硬腭、舌体	2	
		嘱患者抬起舌尖，观察口底及涎腺开口（是否有肿胀、溃疡等）	2	
	口咽部检查	以压舌板将舌前2/3轻轻压下	2	
		嘱患者发"衣"音	1	
		观察腭垂、软腭、舌腭弓、咽腭弓、咽后壁、咽侧壁（描述上述部位黏膜有无充血、溃疡、新生物，是否隆起，排除脓肿或肿瘤，每部位1分）	6	
		观察扁桃体大小及形状（肿大需分Ⅰ度、Ⅱ度、Ⅲ度）（3分），有无脓点、角化物或渗出物（2分）	5	

续表

项目		细则要求	分值	得分
鼻咽检查 (20分)	方法	嘱患者坐直,自然张口,用鼻呼吸	2	
		选用后鼻镜	1	
		烘烤镜背,并于手背试温	2	
		压舌板压舌前2/3,将鼻咽镜送到软腭与咽后壁之间	1	
	内容	镜面向上向前,观察软腭背面、鼻中隔后缘、后鼻孔、各鼻道及鼻甲的后段(注意上述各处黏膜有无充血、粗糙、出血、溃疡、新生物,每处1分)	5	
		镜面向左右旋转,观察咽鼓管咽口及其周围结构(内容同上)	5	
		镜面朝上,观察鼻咽顶部及腺样体(内容同上)	4	
喉咽及喉部检查 (27分)	方法	选用间接喉镜	1	
		右手执笔姿势持镜,烘烤镜背,并于手背试温	2	
		嘱受检者张口伸舌,左手以纱布包裹受检者舌前部,左手拇、中指挟持并向前牵拉	2	
		经左侧口角将间接喉镜送入口咽,镜面朝前下、镜背将悬雍垂和软腭推向后上	2	
	内容	观察舌根、会厌谷、喉咽后壁、喉咽侧壁、会厌舌面及游离缘、舌会厌侧壁、杓状软骨及两侧梨状窝(每处1分)	8	
		注意以上部位有无充血或溃疡或增生,有无新生物,有无异物(每项1分)	3	
		嘱患者发"衣"音,使会厌向前上抬起	2	
		观察会厌喉面、杓状会厌襞、杓间区、室带和声带(每处1分)	5	
		注意声带及杓状软骨、杓状会厌襞活动情况	2	
整体评估 (4分)		熟练程度(根据娴熟程度及完成时间长短评定)	4	
总分			100	

(耿 琳)

四、鼻出血的处理技术

(一) 病因

鼻出血的病因主要分为全身因素和局部因素两大类。

1. 全身因素

(1)心血管疾病:常见病因包括高血压、动脉粥样硬化、心力衰竭、二尖瓣狭窄、肺水肿等,这些疾病多导致动脉性出血。

(2)血液系统疾病:如血小板减少性紫癜、白血病、再生障碍性贫血、血友病等,以及长期服用抗凝、溶栓、降纤药物等,主要表现为单侧或双侧渗血。

(3)急性发热性传染病:如出血热、流行性感冒等,这些疾病多由鼻腔黏膜充血干燥所致,出血常见部位在易出血区。

(4)内分泌失调:可能与激素水平变化有关,常见于女性妊娠期、绝经期或代偿性月经期间的鼻出血。

（5）其他全身因素：还包括肝肾功能障碍、风湿热、遗传性出血性毛细血管扩张症、严重营养障碍及维生素缺乏、药物中毒等。

2. 局部因素

（1）外伤：外伤及手术可能导致鼻腔内多结构受损，进而引发鼻出血。动脉受损可能导致严重鼻出血，甚至危及生命。挖鼻、喷嚏、剧烈咳嗽、经鼻插管、鼻腔气压伤（如高空飞行、潜水等）也可能导致鼻出血。

（2）炎症：包括鼻腔鼻窦的非特异性炎症（如急性鼻炎、干燥性鼻炎等）和特异性炎症（如鼻硬结病、人类免疫缺陷病毒感染、鼻真菌病等）。

（3）鼻中隔疾病：如鼻中隔偏曲、穿孔、溃疡等。

（4）鼻腔肿瘤：包括鼻腔鼻窦的良恶性肿瘤，如乳头状瘤、血管瘤、鳞癌、淋巴瘤等。

（5）其他局部因素：还包括鼻腔异物等。

（二）解剖学基础

1. 鼻腔的血管

（1）动脉：眼动脉和上颌动脉是鼻腔主要供血动脉。

1）眼动脉源自颈内动脉，在眶内分为筛前动脉和筛后动脉，进入鼻腔位于鼻顶的前部和后部。筛前动脉供应额窦、前组筛窦、鼻腔外侧壁和鼻中隔前上部的供血，筛后动脉供应后组筛窦、鼻腔外侧壁和鼻中隔后上部的供血。

2）上颌动脉源自颈外动脉，在鼻腔内分出蝶腭动脉、眶下动脉和腭大动脉。

（2）静脉：鼻腔前、后及下部的静脉汇入颈内静脉与颈外静脉，鼻腔上部静脉通过眼静脉汇入海绵窦。鼻咽静脉丛是下鼻道外侧壁后段近鼻咽部扩张的静脉丛。

2. 易出血区　鼻中隔前下部有大量动静脉汇集吻合，形成血管网，是鼻出血最常见的部位，称为易出血区。其中筛前动脉、筛后动脉、腭大动脉、上唇动脉及腭大动脉在此汇集成网，称为利特尔动脉丛（黎氏区）。同时此处还有静脉丛，称为克氏静脉丛。

（三）临床表现

鼻出血的临床表现因病因不同而有所差异，多数情况为单侧出血，但也有双侧出血的情况，出血可能呈间歇性也可能为持续性。出血量较少时，可能仅表现为鼻涕中带血；出血量较多时，则可能导致出血性休克。出血部位最常见于易出血区，绝大多数鼻出血均源于此处。在动脉性出血中，其他常见的出血点依次为下鼻道后穹隆、嗅裂、鼻中隔等部位。

（四）诊断

1. 根据病史及出血情况，初步判断出血来源，同时排除呼吸道或消化道出血的可能性。

2. 确定具体的出血点。

3. 根据患者的具体情况进行局部及全身检查，包括血压测量、血常规及凝血功能检测等，必要时可进行影像学检查以辅助诊断。

4. 准确评估出血量及患者的整体状况，了解是否存在休克情况，排除全身性疾病的可能性，并在必要时邀请多学科专家进行协作诊疗。

（五）治疗

鼻出血作为耳鼻咽喉头颈外科的急症，其治疗方案需根据患者的具体情况来制定。若出血量较大，应首先采取紧急止血措施，待病情稳定后再对病因进行针对性治疗。

1. 一般处理　安抚患者情绪，详细询问病史，并进行全面的体格检查，包括甲床、眼睑等部位的观察，同时测量血压。综合评估出血量、出血侧别，初步判断出血部位、原因及患者的全身状况。

2. 出血点的确定　使用1%麻黄素棉片收缩鼻腔，以暂时止血并寻找出血点。黎氏区出血可在前鼻镜下观察，其他出血点则需借助鼻内镜检查来判断。

3. 鼻腔止血　根据出血的严重程度、部位及原因，采用不同的止血方式。

（1）指压法：用于易出血区出血且出血量较少者。嘱患者捏紧患侧或双侧鼻翼，持续 5~10min。

(2)鼻腔填塞:常用的止血方式,适用于出血剧烈、广泛渗血或难以判断出血部位的情况。填塞材料包括可吸收材料(如明胶海绵、纳吸棉、止血海绵等)和不可吸收材料(如凡士林纱条、碘仿纱条、高分子膨胀海绵等)。

1)前鼻孔填塞:适用于各种出血量的情况。出血量少且出血部位明确时,可直接在出血部位填塞材料。若出血量多或暂时无法明确出血部位,可使用凡士林纱条进行填塞。

2)后鼻孔填塞:适用于前鼻孔填塞无效,出血点位于鼻腔后部或鼻咽部的情况。填塞前需用麻黄素、丁卡因棉片收缩麻醉鼻腔黏膜,并用表面麻醉药物麻醉口咽部。然后将制备好的填塞物从口腔拉到鼻咽部,填塞住后鼻孔,并在前鼻孔处固定。

(3)烧灼法:适用于有明确出血点的鼻出血。可使用化学药物(如50%硝酸银、50%三氯醋酸等)或物理方法(如双极电凝、高频电刀、低温等离子、射频、冷冻和激光)进行烧灼止血。

(4)血管结扎法、血管栓塞法:适用于上述止血方法无效或外伤、手术导致的大血管出血。一般选择筛前动脉结扎和颈外动脉结扎。

4. 全身治疗

(1)注意休息,提供高热量、易消化的食物,避免便秘导致血压升高而再次出血。

(2)根据出血情况,进行相应的治疗。

(3)针对病因进行治疗。

(4)适当使用止血药物。

5. 其他治疗

(1)易出血区反复出血时,可局部使用硬化剂或进行划痕术。

(2)矫正偏曲的鼻中隔。

(3)对于遗传性出血性毛细血管扩张症患者,可采用鼻中隔植皮成形术进行治疗。

(六)案例分享

患者,男,56岁,突发性鼻出血3d入院,述3d前无明显诱因下出现右侧鼻腔出血,量约100ml,无意识障碍,无昏迷等不适,自行填塞后无法止血,后到当地医院治疗,未发现明确出血点,予以局部填塞及药物治疗,出血暂时停止,但反复发作,3d来发作5次,每次50~100ml不等,患者为求进一步诊治,遂来院就诊。

【问题】

1. 需要立刻进行哪些检查及处理?请A回答,B操作后诊断。

2. 如患者仍持续性鼻腔出血,需做哪些进一步操作?请C回答。

【回答】

A:应立即进行全身检查,包括观察眼睑、甲床情况,进行血常规、凝血功能检测,测量血压,评估神志状态,以了解患者有无休克表现及初步判断出血量。同时,进行局部鼻部查体,包括前鼻镜检查或鼻内镜检查,以初步判断出血部位。如出血量较大,应立即建立静脉通道,并给予言语安慰以缓解患者紧张情绪。对于高血压患者应控制血压,贫血患者应输血以纠正贫血状态,休克患者应进行抗休克治疗。局部处理方面,可予以前鼻孔填塞以止血。

B:进行眼睑结膜及手指甲床检查,神志检查,测量血压,抽血送检查,前鼻镜检查或鼻内镜检查,进行前鼻孔填塞的操作。

C:①可以后鼻孔填塞止血;②也可以进行鼻内镜下探查鼻腔,寻找出血点,予以局部电凝烧灼止血;③如无法找到出血点或出血仍不停止,可以考虑行介入栓塞动脉止血。

【耗材及物品准备】

光源或检查治疗台、额镜、前鼻镜、吸引器、枪状镊、一次性治疗碗、消毒棉片、凡士林纱条、后鼻孔锥形纱球、弯钳、压舌板、1%麻黄碱溶液、1%丁卡因溶液、一次性小号导尿管、一次性手套、手消毒剂。

【评分标准】

后鼻孔填塞法评分标准见表7-8。

表7-8 后鼻孔填塞法评分标准

项目		细则要求	分值	得分
操作前 (20分)		1. 核对患者信息:姓名、床号、年龄等(2分) 2. 体格检查,核对适应证,向患者解释操作目的及必要性(2分) 3. 核对血常规、凝血功能及血压结果,排除禁忌证,告知患者相关过程、存在的风险、可能的不适和配合要点,签字同意(5分)	10	
		物品准备: 1. 额镜,前鼻镜、吸引器、枪状镊、一次性治疗碗、消毒棉片、凡士林纱条、后鼻孔锥形纱球、弯钳、压舌板、1%麻黄碱、1%丁卡因、一次性小号导尿管、一次性手套手消毒剂(4分) 2. 核对物品的有效期、完好性及密闭性(1分)	5	
		术者准备:检查患者前后、准备物品前、操作前洗手(2分),戴口罩、帽子(1分)	3	
		体位:患者坐在检查椅上,操作者佩戴额镜坐于患者对侧(2分)	2	
操作中 (70分)	麻醉	1%麻黄碱5ml和1%丁卡因5ml倒入治疗碗,混匀后放入棉片浸润	7	
		前鼻镜下将浸润后的棉片放入下、中鼻道5min收缩麻醉鼻腔黏膜	8	
	填塞	佩戴一次性手套	2	
		在锥形填塞纱球的尖端系粗细两根,底部系一根(死结)	4	
		用凡士林纱条润滑导尿管头端,自患者鼻腔插入口咽部	6	
		压舌后用中弯钳将头端拉出口外,导尿管尾端仍留在前鼻孔,将纱球尖端丝线缠于导尿管前段(活结,但须系牢)	6	
		回抽导尿管尾端,将纱球引入口腔,继续牵拉导尿管引出导尿管尖端的丝线,使纱球紧塞后鼻孔	6	
		对折凡士林纱条一端约10cm,将折叠端送入患者鼻腔,嵌于后上部	6	
		分开对折的纱条,纱条短段平贴鼻底,形成一向外开放的"口袋",将纱条末端填入"口袋"深处,自上而下、自后向前进行填塞,使纱条紧紧填满鼻腔	6	
		减去前鼻孔多余纱条,将拉出的纱球前段丝线系于小纱布卷固定于前鼻孔,纱球底部之丝线自口腔引出固定于口角旁	4	
	操作后处理	检查咽后壁是否仍有血液流下,检查患者血压和一般情况,提出可能的针对病因的治疗,嘱咐患者保持头高位,适当制动,并告知拔出填塞纱条的时间,填塞物留置期间予以足量抗生素	15	
整理 (10分)		操作熟练	5	
		整个过程关注患者反应,动作轻柔,体现人文关怀	5	
总分			100	

(刘 津)

五、喉阻塞的处理技术

(一)病因

1. **炎症性疾病** 颈部、喉部、咽部的脓肿,急性会厌炎,小儿急性喉炎,白喉,以及急性喉气管炎等。

2. **肿瘤及肿物** 喉癌、下咽癌、喉咽肿瘤、甲状腺肿瘤、喉乳头状瘤以及喉部的巨大息肉等。

3. **外伤因素** 喉部、颈部的开放性或闭合性损伤,以及上呼吸道的物理或化学性损伤。

4. **水肿情况** 药物过敏,喉血管神经性水肿,以及由心、肾疾病或低蛋白血症引起的水肿。

5. **异物问题** 喉气管异物导致的梗阻,以及异物引发的喉痉挛。

6. **畸形状况** 喉软骨畸形,喉瘢痕,喉蹼等。

7. **声带麻痹** 特别是双侧声带麻痹。

(二) 临床表现

喉阻塞在发生前和发生时均有其典型的临床表现。根据病因的不同,病情的进展速度和症状也会有所差异。但当喉阻塞达到三度时,大部分患者的症状会趋于一致。

1. **声嘶** 常见症状,尤其在小儿急性喉炎中声嘶尤为明显。炎症、水肿、肿瘤等病变若累及声带,会导致声嘶,甚至可能出现失声。若病变位于声门下或声门上,声嘶可能出现较晚或不出现。

2. **喉喘鸣** 吸气期的喉喘鸣是一个重要症状,它主要是由于气流通过狭窄通道后形成的气流旋涡,涡流反击声带引起震动所产生的喉鸣音。

3. **吸气期呼吸困难** 是喉阻塞的主要症状。由于声门是气道的狭窄部分,在吸气时气流会压迫声带向内向下。特别在声带水肿或活动障碍的情况下,声门无法外展,从而造成吸气性呼吸困难。由于吸气是胸腔负压的一个被动效果,而呼气是一个主动动作,气流向外推声门使声门裂扩大,因此吸气困难通常比呼气困难更为严重。

4. **软组织凹陷** 由于吸气期呼吸困难,胸腹会代偿性加强运动,胸部扩张。但由于肺叶扩张有限,导致胸腔内形成高负压,从而使得胸壁及腹部周围的软组织出现凹陷,可能出现典型的三凹征。

5. **缺氧的全身症状** 在喉阻塞初期,可能无明显缺氧症状。但随着阻塞时间的延长,缺氧会逐渐加重,可能出现血压升高、脉搏加快等症状。若阻塞进一步加重,患者可能出现烦躁、坐立不安以及发绀等症状。在终末期,患者可能大汗淋漓、脉搏细弱、意识模糊甚至昏迷,严重时可能出现心搏呼吸骤停。

(三) 喉阻塞分度及其治疗策略

1. **一度喉阻塞**

(1)表现:平静且无任何活动时,无呼吸困难表现。

(2)治疗策略:明确病因,并针对病因进行积极治疗,通常无需急诊气管切开或气管插管。

2. **二度喉阻塞**

(1)表现:平静状态下出现轻度吸气性呼吸困难,伴有喉喘鸣和吸气期胸廓软组织凹陷,活动时症状加重。脉搏正常,无缺氧症状,不影响睡眠及进食。

(2)治疗策略:积极针对病因、症状及全身状况进行治疗。若由慢性病因引起,多可通过病因治疗解除梗阻。若由急性病因引起,则在针对病因治疗的同时,做好气管切开的准备。若病情继续加重,应采取急救措施,优先进行气管插管或气管切开。

3. **三度喉阻塞**

(1)表现:显著吸气性呼吸困难,三凹征明显,烦躁不安,脉搏加快,影响进食及入睡。

(2)治疗策略:分析病因,若短期内无法解除梗阻,则应尽早进行气管切开手术。若由炎症、过敏、水肿等引起的急性梗阻,可在做好气管切开准备的同时,严密观察呼吸变化,并尝试病因治疗及对症治疗。若病情无好转且有加重趋势,则应及早进行手术。

4. **四度喉阻塞**

(1)表现:极度呼吸困难,面色发绀或苍白,出冷汗,手足乱动,坐卧不安,脉搏细弱,血压下降,可能出现大小便失禁。

(2)治疗策略:立即进行气管切开手术。若病情十分紧急,可先行环甲膜切开手术。

(四) 常规气管切开术

常规气管切开术是通过颈前部切开气管前壁,并借助气管套管与外界建立呼吸通道的一种手术方式。颈段气管坐落于颈部正中,其上端连接环状软骨,两侧分别为颈阔肌,前方覆盖皮肤、筋膜,以及胸骨舌骨肌和胸骨甲状肌。气管的内侧缘在正中部构成颈白线。颈部气管包含 7~8 个气管环,其中甲状腺峡部横跨 2~4 环。手术时需谨慎,以免损伤甲状腺引发出血。无名动脉和静脉位于第 7~8

气管环前壁,因此切口位置不宜过低。颈总动脉和颈内静脉则深藏于胸锁乳突肌之下,自甲状软骨水平起逐渐向内侧移位,趋近于中线。气管切开应在胸锁乳突肌前缘与环状软骨围成的三角形区域中线进行,以此避免损伤颈部的主要血管。

1. 适应证

(1)喉梗阻:针对三至四度的喉梗阻,尤其是无法迅速解除病因的情况。

(2)下呼吸道分泌物潴留:由颅脑重症、昏迷、重症肺炎、严重的胸腹部外伤及呼吸道烧伤等引起的下呼吸道分泌物潴留。

(3)预防性气管切开:在进行口腔颌面外科或咽喉部的大型手术时,为保持手术中及术后的呼吸道通畅,可实施气管切开术。

(4)长期辅助呼吸。

2. 术前准备

(1)备齐气管切开包,包括手术刀(11 号、15 号刀片)、刀柄、剪刀、气管拉钩、止血钳、镊子等,并准备好负压吸引和吸氧设备。

(2)根据患者的性别和年龄选择合适的气管套管。通常,成年男性选用 10mm 管内径的套管,而成年女性则选用 9mm 管内径的套管。

3. 麻醉方式 一般采用局部麻醉。使用 1% 的利多卡因在颈前切口周围皮下及颈阔肌筋膜下进行浸润麻醉。

4. 手术步骤

(1)体位:患者取仰卧位,肩部垫高,头部后仰。若呼吸困难严重,无法采取仰卧位,则可改为坐位或半坐位进行手术,但此时暴露气管的难度会增加。

(2)消毒:按照外科手术的要求对颈胸部皮肤进行消毒。在病情危急时,为了争取抢救时间,可以不进行消毒而立即进行手术。

(3)切口选择:可采用直切口,自甲状腺软骨下缘至胸骨上窝处;或横切口,位于环状软骨下缘3cm 处。

(4)分离气管前肌层:沿颈中线白线,使用止血钳进行钝性分离,也可配合剪刀和电刀进行分离。双侧对等力量向外牵拉颈前肌群,保持气管正中位置。在手术过程中,应始终触摸环状软骨和气管,确保手术在气管前中线进行。

(5)显露气管:甲状腺峡部的大小会影响气管的暴露程度。若峡部较宽,可切断峡部并缝扎止血,以充分显露气管。

(6)确认气管位置:通过手指触诊气管的环形软骨结构进行确认。也可使用带有利多卡因的注射器进行穿刺,回抽观察有无气泡。在确认气管位置时,可以借助环状软骨进行定位。

(7)切开气管:确定气管位置后,向气管内注射 2ml 的 1% 利多卡因进行表面麻醉,以减少气道的反应。在 2~4 环处使用刀片自下而上挑开 2 个气管环,或者采用"U"形气管纤维膜软骨瓣进行气管切开。将该瓣与气管前皮下组织缝合一针固定,以防止气管套管脱出后门型瓣回塌,导致置管时找不到气管切开口位置而造成窒息。

(8)插入气管套管:检查气管套管装置,放入管芯,使用气管撑开器撑开气管切口,然后置入套管并拔出管芯。若分泌物能自套管中咳出,则证明套管在位。若无分泌物,可使用絮状物在套管口观察其是否随呼吸摆动进行确认。

(9)固定套管:使用绑带将套管两侧固定,布带的松紧度要适中,以能在颈部容纳 1 个手指为宜。

(10)缝合切口:若切口过长,则需缝合双侧,但缝合不宜过紧过密。

(五) 经皮气管切开术

经皮气管切开术所突破的组织层次与常规气管切开术相同,其核心步骤是在环状软骨下方的常规气管切开口位置,使用穿刺针经皮穿刺进入气管内。随后,从穿刺针的针孔中置入导丝,并沿着导丝使用扩张管依次进行扩张,以扩大开口。接着,沿导丝置入气管套管,并固定套管,从而完成气管切开过程。

1. **适应证** 与常规气管切开术相同,尤其适用于呼吸道传染病患者、受传染性较强的病原菌感染的患者,以及因脊椎畸形而无法抬头后仰的患者。

2. **禁忌证** 颈前操作部位的皮肤感染、肿瘤,或由于肥胖等其他原因导致气管位置难以辨识的情况,均视为经皮气管切开术的禁忌证。在这些情况下,穿刺易出现偏斜,扩张后易损伤气管,尤其是儿童的气管较为柔软且细小,更易受损,同时也可能损伤周围的组织。

尽管经皮气管切开术操作简便快捷,但它仍具有一定的局限性,并不能完全替代常规气管切开手术。在经皮气管切开过程中,若遇到以下情况,应立即终止操作,并转为常规手术进行气管切开:①穿刺或置管过程中遇到异常的高阻力;②反复穿刺无法刺入气管,或反复置管无法成功置入气管,导致假道形成;③扩张气管后出现快速出血,且短时间内无法有效止血;④快速出现严重的皮下气肿。

(六) 环甲膜穿刺术 / 切开术

对于病情危急、需紧急抢救的喉阻塞患者,若来不及进行气管切开术,可先行环甲膜切开术以缓解病情,待呼吸困难有所缓解后,再进行常规的气管切开手术。若缺乏急救手术条件,可使用大注射器针或锐性中空的坚硬物进行环甲膜穿刺,以减轻呼吸困难的程度。

1. **操作流程** 首先,需准确确定甲状软骨与环状软骨的位置。在两者之间做一长度为 3~4cm 的横切口,切开皮肤并分离颈前组织。接着,在环甲膜处做一约 1cm 的切口,使用止血钳撑开此切口,然后迅速置入辅助呼吸管道,并将其固定。

2. **操作注意事项**

(1) 手术过程中应谨慎操作,避免损伤环状软骨,以防止后期出现喉气管狭窄的情况。

(2) 插管时间不应超过 24h,同时应避免选用金属管,以防止环状软骨因磨损而导致喉狭窄。

(3) 在情况特别紧急时,可使用大注射器针经环甲膜进行穿刺,以迅速缓解患者的呼吸困难症状。

(七) 案例分享

患者,男,65 岁,因"声音嘶哑持续半年余,伴吞咽呛咳、呼吸困难 2d"而入院。患者表现出喉喘鸣、吸气期胸廓软组织凹陷的症状,无法下床活动,需采取半坐位,情绪烦躁不安,脉搏加速,且无法进食。查体:通过间接喉镜观察到喉部存在菜花状新生物,声门无法窥见。

【问题】

1. 患者目前状况疑似喉阻塞,其分度情况属于几度?

2. 在此情况下,患者最应接受的处理措施是什么?

【回答】

1. 患者目前状况判定为三度喉阻塞,应立即进行气管切开术。

回答后展示提示卡:请模拟临床场景,完善气管切开手术前准备、行气管切开操作。

操作后提示:若操作前患者突发呼吸困难加重、濒死感、意识丧失。应行的紧急处理是什么?

2. 应立即行环甲膜切开术。

【临床思维】

患者具有半年的声音嘶哑病史,并伴有吞咽呛咳、呼吸困难等症状,出现喉喘鸣及呼吸三凹征。间接喉镜检查显示喉部存在菜花状新生物,初步诊断考虑喉癌。患者目前存在三度喉阻塞,阻塞原因推测为肿瘤性质,无法短期内缓解,因此应考虑进行气管切开手术以缓解症状。待患者状况稳定后,再进一步行喉癌手术治疗。在喉梗阻的紧急情况下,环甲膜切开术是一种有效的抢救措施,能够为后续治疗争取宝贵时间。

【评分标准】

气管切开术评分标准见表 7-9。

表 7-9 气管切开术评分标准

项目		细则要求	分值	得分
操作前 (25分)	喉阻塞分度评估	根据患者的病情评估喉阻塞分度	5	
	手术评估	能正确评估出气管切开的手术指征	10	
	沟通	介绍患者病情,告知喉阻塞的危险情况,沟通病情,确保患者及其家属签手术同意书	5	
	器械物品准备	准备气管切开包、消毒物品、麻醉药品、气管套管、布带	5	
操作中 (65分)	体位	根据患者病情,选择最合适做气管切开的体位	2	
		调节体位,暴露手术区域	1	
	消毒、铺巾	按颈部手术消毒颈部皮肤	1	
		外科手术铺巾,避免口鼻受压加重呼吸困难	2	
	切口选择	能正确定位甲状软骨、环状软骨、环甲膜、甲状腺、气管的解剖结构	4	
		正确选择手术切口	4	
	分离颈前肌层	能正确描述气管切开突破的解剖层次	6	
		强调保持中线手术,双侧牵拉力量相等	4	
	暴露气管	描述甲状腺峡部位置	3	
		处理甲状腺峡部,暴露气管	4	
	确认气管	环状软骨定位准确	3	
		用带液体注射器穿刺、回抽,观察有无气体确认气管	4	
	切开气管	气管管腔内注射利多卡因	3	
		切开气管环位置、方法、气管前壁瓣处理	5	
	插入气管套管	用扩张器或弯钳撑开气管切开口	3	
		选择合适套管,试验密闭性	3	
		带管芯植入,拔出内管,判断套管是否在气管内	3	
	固定套管	布带固定套管,注意固定松紧度可容纳1个手指	5	
	缝合	切口过长需要缝合,但不宜缝合过密	5	
操作后 (10分)	患者突发呼吸困难加重、濒临死亡,紧急处理	行环甲膜切开术	5	
	整体评价:熟练程度(根据娴熟程度及完成时间长短评定)		5	
总分			100	

(王怀飞)

第三节　皮肤科专科检查与处理技术

一、真菌直接涂片镜检技术

(一) 适应证
适用于各种浅部及深部真菌病的诊断。

(二) 禁忌证

无特殊禁忌。

(三) 操作流程

1. 物品准备 显微镜、酒精灯、带柄手术刀、盖玻片、载玻片、10% 氢氧化钾溶液等。

2. 操作步骤

(1)与患者进行有效沟通,核对患者姓名等信息,并确定取材位置。

(2)选择取材部位:如病变处的鳞屑、疱液、毛发、甲屑等。

(3)使用钝的手术刀,斜向轻轻刮取皮损边缘部的皮屑,或用钝刀挑开水疱后刮取深部疱液,注意避免刮取过深导致出血,以免影响观察结果;也可用小刀刮取变色且松脆的甲屑;或用拔毛镊拔取病发。将采集的标本放置于载玻片上,滴加 1 滴 10% 的氢氧化钾(KOH)溶液,然后缓慢盖上盖玻片。接着,将玻片中央在酒精灯上微微加热(注意控制温度,不宜过高),待标本溶解后,轻轻加压盖玻片使标本透明,同时避免形成气泡,最后在显微镜下进行观察。

(4)检查时,首先遮挡周围的强光,然后在低倍镜下观察,主要观察有无真菌菌丝和孢子。接着,换用高倍镜观察,以详细了解孢子和菌丝的特征、形态、位置、大小及排列等情况。

(四) 注意事项

1. 取材应在损害活动区域进行,如环形损害的边缘、水疱顶部,并确保取材量充足。

2. 对于体液标本,应在采集足够量的标本后进行离心处理,取沉渣进行镜检。条件允许的情况下,应同时进行真菌培养鉴定。

3. 取材前,皮损部位应尽量避免涂药。如已涂药,最好在停药 1 周以上后再进行检查。

4. 加热玻片时,注意温度控制,不得使溶液煮沸。

(五) 案例分享

患者,男,18 岁,主诉大腿内侧出现丘疹、脱屑并伴有瘙痒症状,病程持续 1 个月。查体结果显示:双侧大腿内侧可见对称性红斑,边界清晰,呈环形分布,红斑周缘可见丘疹及丘疱疹,皮损中央则有少量脱屑及色素沉着现象。心肺腹查体未见明显异常。

【问题】

接诊此患者并进行问诊后,应进一步进行哪些检查?

【回答】

应对患者的皮损部位进行详细的体格检查,并采集皮损处的真菌样本进行直接涂片镜检。

(六) 真菌直接涂片镜检技术评分标准(表 7-10)

表 7-10 真菌直接涂片镜检技术评分标准

项目	细则要求	分值	得分
操作前 (18 分)	操作者准备: 1. 戴好口罩、帽子 2. 核对患者信息:姓名、门诊号 / 住院号 3. 选定取材部位	6	
	患者准备:取舒适体位,嘱其排空膀胱	6	
	物品准备:显微镜、酒精灯、带柄手术刀、盖玻片、载玻片、10% 氢氧化钾溶液	6	
操作中 (60 分)	定位:操作前再次核对患者,患者取合适体位	8	
	选取取材位置,然后用钝刀刮取皮损边缘部的皮屑,或者直接拔出病发根部,或用小刀刮取明显变色松脆的甲屑等	16	
	把标本置载玻片上,加 1 滴 10%KOH 溶液;盖上盖玻片,然后在酒精灯上微微加热;等玻片上的标本完全溶解,再轻轻加压盖玻片使标本透明,尽量不要产生气泡;然后在显微镜下观察	12	

续表

项目	细则要求	分值	得分
操作中 (60分)	显微镜下检查,首先应遮去周围强光;先用低倍镜,观察有无真菌菌丝和孢子;然后再用高倍镜观察,主要是观察孢子和菌丝的形态、位置、大小、特征和排列等	15	
	正确描述所见真菌或者孢子形态,结合皮损表现,初步确定感染原因	9	
操作后 (22分)	发出报告	4	
	告知患者后续处理,并洗手	4	
	整理物品、垃圾分类放置	4	
	操作熟练,动作流畅	2	
	无菌观念强	2	
	整个过程关注患者反应,动作轻柔,体现人文关怀	2	
	观察、询问患者不适感及安慰患者	2	
	程序正确	2	
总分		100	

(唐秀生、蒋远文、曾永龙)

二、变应原检测

(一)斑贴试验

1. **原理** 斑贴试验主要用于测定皮肤迟发型超敏反应。方法是将配制好的试剂贴于患者皮肤,于 48h 及 72h 观察其局部皮肤表现,以了解对应过敏原的刺激情况,并评估是否存在过敏反应。

2. **适应证**

(1)接触性皮炎。

(2)职业性皮肤病。

(3)化妆品皮炎。

(4)湿疹。

3. **禁忌证**

(1)皮炎急性期患者。

(2)局部皮肤有糜烂、渗出者。

(3)孕妇。

4. **物品准备** 75% 酒精、0.9% 氯化钠溶液、斑贴试剂、标记笔、胶布等。

5. **操作流程**

(1)受试部位一般选择上背部,以脊柱两侧、肩胛下角附近的正常皮肤为粘贴部位。若油脂或出汗过多,可先用 75% 酒精轻轻擦拭,然后再用 0.9% 氯化钠溶液清洗,并自然通风晾干局部受检处皮肤。

(2)撕掉斑试器的保护纸,将变应原按顺序逐一放入惰性聚乙烯塑料或铝制斑试器内的小凹槽内,并做好标记,按照自上至下、自左至右的顺序排列。

(3)待皮肤干燥后,将加有变应原的斑试器胶带自上至下贴敷在受试皮肤部位,并轻轻按压以排出空气。

(4)观察结果:首次观察应在敷贴 48h 时撕掉皮肤上的斑试器,待 30min 后观察结果;第二次观察记录是在贴敷后 72h 再次观察结果;必要时,于贴敷后 1 周进行第三次观察。

结果判定:

(−):阴性(无反应)。

（±）:可疑阳性(仅有轻度红斑)。

（+）:弱阳性(红斑、浸润,可有少量丘疹)。

（++）:中阳性(红斑、浸润、丘疹、水疱)。

（+++）:强阳性(红斑、浸润、丘疹、大疱)。

6. 注意事项

(1)须嘱受试者,如贴上材料后局部皮肤发生强烈刺激反应,如剧痒、水疱等,应及时去除斑试器。

(2)受试前2周和受试期间不要内服皮质类固醇,受试前3d和受试期间应停用抗组胺类药物。

(3)受试期间不宜洗澡、饮酒,避免搔抓斑试部位,尽量减少出汗和日光照射。

(4)应保持斑试器在皮肤上48h,尽量不要过早去除。受试部位要有标记,贴敷应紧密贴合局部皮肤,避免变应原未能接触皮肤而导致假阴性结果。

(5)可以考虑针对患者的实际接触致敏物进行局部斑贴试验,以明确是否为过敏原。

(6)如果在贴敷后72h至贴敷后1周内斑试部位出现红斑、瘙痒等情况,应及时来医院检查。

(7)要注意变态反应与原发性刺激反应的区别,以排除假阳性和假阴性结果。

7. 案例分享

患者,男,40岁,某化工厂工人,反复"湿疹"发作数年。查体显示头面、四肢可见边界不清的皮肤潮红、局部脱屑、丘疹、抓破、结痂、渗出。心肺腹体格检查未见明显异常。患者自觉瘙痒慢性,且用药后效果欠佳。

【问题】

接诊患者并进行问诊后,应作何检查?

【回答】

对患者皮损进行重点体格检查,并行斑贴试验以了解相关过敏原。

(二) 点刺试验

1. 原理 点刺试验用于测定多种速发型超敏反应。

2. 适应证 荨麻疹、特应性皮炎、药疹等。

3. 禁忌证 有过敏性休克史者、前臂内侧皮肤有皮损影响判断者、妊娠期患者。

4. 物品准备 75%酒精、点刺针、点刺试剂盒、无菌棉球、急救药品。

5. 操作步骤

(1)与患者沟通:自我介绍,核对患者姓名,向患者交代检查的目的、意义及基本操作流程。

(2)选择受试部位:选择两边前臂屈侧皮肤,首先用75%酒精轻轻清洁局部皮肤进行消毒。消毒后等待约2min,待皮肤表面干燥且血流恢复正常后,方可进行下一步操作。

(3)滴试液并标记:按照说明书滴加试液,并按顺序做好标记,确保两点之间相隔1cm以上的距离。

(4)点刺操作:用点刺针逐一点刺,以轻刺破皮而不出血为宜。每点刺后需更换新点刺针,以避免相互混合影响结果。在5~10min后及时擦去试液,并在20~30min时读取试验结果。

(5)结果判定:与组胺对照组对比,相似为(+++),较强为(++++),较弱为(++),轻微为(+)。与0.9%氯化钠溶液组对比,相似为(-)。

6. 操作注意事项

(1)不宜在急性期进行点刺试验。

(2)必须设立组胺阳性对照组和0.9%氯化钠溶液阴性对照组。

(3)即使结果为阴性,也需继续观察3~4d。必要时,在3~4周后重复试验。

(4)需停用抗组胺药物及糖皮质激素2~3d后再进行相关检查,以免影响结果判读,出现假阴性。

7. 案例分享 患者,女,22岁,反复出现风团3年,近1周加重。查体显示全身散在风团,搔抓后皮肤潮红明显。心肺腹查体未见明显异常。患者自觉瘙痒明显,用药后仍有反复。

【问题】

接诊患者并进行问诊后,应作何检查?

【回答】

对患者皮损进行重点体格检查,并进行点刺试验以了解相关过敏原。

(唐秀生、蒋远文)

三、淋球菌镜检技术

(一) 适应证

适用于考虑有淋球菌感染的情况。

(二) 禁忌证

无。

(三) 操作流程

1. **物品准备** 手套、口罩、无菌帽、消毒液、无菌巾、0.9% 氯化钠溶液、藻酸钙棉拭子、无菌脱脂棉、阴道窥器、染色剂、光学显微镜、载玻片、酒精灯、打火机、血液琼脂或巧克力琼脂培养基、CO_2 孵箱、非铁丝接种环、0.5%~1% 盐酸二甲基对苯二胺水溶液、棕色瓶、镜油、擦镜纸、二甲苯。

2. **分泌物的涂片检查** 适用于考虑淋病的男性患者(取尿道口分泌物)或女性患者(取宫颈分泌物)。

(1)患者准备:男性患者取平卧位,用灭菌 0.9% 氯化钠溶液洗净尿道口;女性患者取截石位,用阴道窥器充分暴露宫颈口,并用干净棉签擦拭。

(2)涂片制作:戴消毒手套后,先用左手由阴茎根部向尿道口方向轻轻挤出脓液,右手持接种环或棉拭子蘸取脓液,再轻轻涂于载玻片上。待其自然干燥后加热固定,进行革兰氏染色,然后镜检。

(3)镜检结果:在显微镜下,如能在多形核白细胞内找到革兰氏阴性的肾形双球菌,即可明确诊断。

3. **淋球菌的分离培养**

(1)取材方法

1)男性患者:从尿道取材时,用细小棉拭子伸入尿道 2~4cm,轻轻转动后取出尽可能多的分泌物(应略带黏膜),必要时停留数十秒。

2)女性患者:用阴道窥器完全暴露宫颈口,先用无菌棉拭子拭去宫颈口表面的分泌物,再另取一棉拭子插入宫颈口内 1~2cm,转动并停留 10~20s 后取出。

3)直肠取材:打开肛门后,将棉拭子插入肛门 2~3cm,停留约 1min。

4)淋球菌性咽炎检查:用无菌棉签从扁桃体及扁桃体窝取材,找到明显脓性分泌物。

5)青春期前女童:可采集外阴阴道口处的分泌物标本,但禁止深入阴道内。

(2)培养基选择:目前淋球菌培养常用加入多黏菌素的血液琼脂或巧克力琼脂培养基。标本取出后,须立即接种于培养基中,以免影响培养效果。

(3)培养条件:培养温度以 36℃左右为宜,相对湿度要保持 80% 以上。初次分离应使用 5%~10% CO_2 烛缸,培养 24~48h 后观察结果。

(4)菌落特征:淋球菌在多黏菌素 B 血液琼脂上经过 24~48h 培养后,可形成湿润、光滑、圆形、凸起、半透明或灰白色的菌落。其菌落边缘呈花瓣状,直径约为 0.5~1.0cm,用接种环触之有黏性。如继续培养,菌落体积可明显增大,表面粗糙,边缘逐渐皱缩。

4. **淋球菌的鉴定:氧化酶试验**

(1)试剂配制:使用现用现配的 0.5%~1% 盐酸二甲基对苯二胺水溶液。

(2)试验方法:将溶液滴加于可疑菌落上,观察颜色变化。也可先将试剂滴在一小张滤纸片上,然后挑取菌落置于潮湿的纸片上,充分接触后观察颜色变化。

(3)结果判定:菌落在接触氧化酶试剂 15~20s 后出现红色,保持半分钟以上,然后逐渐变成紫色、最后呈黑色,为氧化酶试验阳性。证实为淋球菌感染。

(四) 操作注意事项

1. 在取分泌物以及进行局部涂片时,动作要轻柔,避免用力涂擦导致细胞破裂和变形,影响染色效果。涂片厚薄要适中。

2. 由于女性宫颈分泌物、咽和直肠标本在涂片中杂菌较多,因此推荐采用培养法进行鉴定。

3. 在进行分离培养取材时,拭子伸入尿道或宫颈的深度要确保足够,以保证取到较多的分泌物。

4. 培养淋球菌时,取材后须立即接种于培养基中,避免长时间暴露于体外导致淋球菌死亡。

5. 分离培养时,应采用加入抗生素的选择性培养基以提高培养效果。

6. 氧化酶试剂必须新鲜配制(现用现配),并且要在棕色瓶中避光保存以保持其活性。

7. 由于氧化酶试剂遇到铁会变红,因此取材用的接种环必须是非铁丝所制以避免干扰试验结果。

8. 对于症状不典型的男性患者,如果尿道流脓不明显,则最好在其晨起排尿前或排尿后 4h 取分泌物进行检查以提高检出率。

(五) 淋球菌镜检评分标准(表 7-11)

表 7-11 淋球菌镜检评分标准

项目	细则要求	分值	得分
操作前 (14 分)	患者准备: 1. 口述:核对患者信息:姓名、门诊号/住院号(2 分) 2. 向患者解释操作的目的,简述操作过程,可能的风险(2 分)	4	
	物品准备:手套、口罩、无菌帽、消毒液、无菌巾、0.9% 氯化钠溶液、藻酸钙棉拭子、无菌脱脂棉、阴道窥器、染色剂、光学显微镜、载玻片、酒精灯、打火机、非铁丝接种环等(6 分)	6	
	操作者准备:检查患者前后、准备物品前、操作前洗手(2 分),戴口罩、帽子(2 分)	4	
操作中 (64 分)	定位:操作前再次核对患者信息(2 分),患者取合适体位(2 分)	4	
	清洁尿道口(男性)或者用阴道窥器充分暴露宫颈口(女性)	10	
	用手指由阴茎根部向尿道口方向挤出脓液,并用干净棉签或者接种环蘸取脓液,轻轻涂于载玻片上,待其自然干燥	10	
	对标本进行革兰氏染色	10	
	低倍镜下观察标本情况,再用高倍镜下找到红色的革兰氏阴性双球菌	20	
	整个操作过程严格遵守感染性废物处理原则,做好相关废物处理	10	
操作后 (22 分)	发出报告(2 分),告知患者后续处理(2 分),并洗手(3 分)	7	
	注意保护患者隐私,表现出人文关怀	15	
总分		100	

(唐秀生、蒋远文)

第四节 眼科专科检查与处理技术

一、视力检查

(一)远视力检查

1. 适应证

(1)需了解视力状况而就诊于眼科或其他科室要求会诊的患者。

（2）进行体检的人员。

2. 禁忌证

（1）全身状况不允许进行检查者，如昏迷、卧床患者。

（2）因精神或智力问题无法配合检查者，例如小儿、精神或智力障碍患者。

3. 操作流程

（1）检查前物品准备：视力表、指示杆、遮眼板、椅子、笔、纸。

（2）检查前注意事项

1）视力表须有充足的光线照明，可采用自然光或人工照明。

2）受检者坐在距离视力表5m的位置，视力表1.0行的视标应与被检眼等高。

3）检查前需告知检查目的及方法，并要求受检者学会辨认视标的缺口方向。

4）一般先检查右眼后左眼，先查裸眼视力后查矫正视力。对于裸眼视力差且无矫正眼镜的受检者，应加针孔板后检查小孔视力。

5）非受检眼须完全遮盖，且遮眼板不得压迫眼球。

6）若检查室最大距离小于5m，应采用反光镜法检查视力。将视力表置于受检者座位后上方，于视力表对面2.5m处放置一平面镜，嘱受检者注视镜内视力表以检查远视力。

7）每个字母的辨认时间为2~3s。

8）检查时受检者头位须端正，不得歪头偷看或眯眼。

（3）操作步骤

1）检查者用指示杆自上而下逐行指向视标，让受检者依次辨认并指出视标的缺口方向。逐行检查至受检者能识别的最小视标，对应的视力即为受检者的视力。视力记录按照"0.1"、"0.2"等递增，能认清"1.0"行或更小视标为正常视力。对某行视标部分不能辨认且未过半，如"0.8"行有三个字不能辨认，则记录为"0.8^{-3}"，如该行只能认出三个字，则记录为"0.6^{+3}"，依此类推。

2）如受检者无法辨认视力表上的最大视标，可嘱其向视力表靠近，直至看清最大视标为止，视力记录为：0.1 × 受检者与视力表的距离（m）/5，例如在3m处看清0.1，视力记录为 0.1 × 3/5=0.06。

3）如在1m处不能辨认最大视标，则检查指数（CF）。嘱受检者背光而坐，检查者伸出不同数量的手指让受检者辨认，检查距离从1m开始逐渐移近，记录能辨认指数的最远距离，如"指数/30cm"或"CF/30cm"。

4）如在眼前5cm处仍不能辨认指数，则检查手动（HM）。检查者在受检者眼前摆手，检查距离从1m开始逐渐移近，记录能辨认手动的最远距离，如"手动/30cm"或"HM/30cm"。

5）如在眼前5cm处仍不能辨认手动，应在暗室中进一步检查光感（LP）及光定位。检查光感时，将被检眼严密遮盖，检查者手持烛光或手电筒放在被检眼前5m处开始检查。若受检者不能感觉光亮，则将光源逐渐向受检者移近，直至能辨认为止，记录受检者能看见光源的最远距离，如"光感/50cm"或"LP/50cm"。对有光感者还需进行光定位检查，将光源置于受检者前1m处，嘱其向正前方注视，不转动眼球和头部，分别将烛光置于九个方位，同时询问受检者是否能看见光源。回答正确记录为"阳性（+）"，回答错误记录为"阴性（-）"。如受检者全无光感，记录为"无光感（NLP）"。

6）如受检者视力低于1.0，须加小孔镜或针孔板检查，如戴镜则检查戴镜矫正视力。

（4）检查后注意事项

1）视力记录方法：我国一般采用小数表示法，但一些国家采用分数表示法，如6/6、6/12等，相当于小数表示法的1.0、0.5等。

2）检查完毕后，需向患者解释检查结果。

3）视力检查为心理物理检查，评价结果时应谨慎，特别注意伪盲患者。

4. 案例分享 患者，18岁，因"双眼无痛性视力下降1年"就诊。既往无外伤病史。

【问题】

请对患者进行视力检查。

【检查结果】

双眼视力 4.2，小孔镜矫正 4.9。

【临床思维】

(1)初步诊断：双眼屈光不正。患者为青少年，双眼无痛性视力下降，最常见于屈光不正。

(2)需熟练掌握视力检查的操作流程。

(3)下一步处理：进行验光检查。

【耗材及物品准备】

远视力表灯箱 1 个、指示杆 1 根、遮眼板 1 个、手电筒 1 个、椅子 1 张、笔、纸。

5. **远视力检查评分标准** 见表 7-12。

表 7-12 远视力检查评分标准

项目	细则要求	分值	得分
操作前 (15 分)	操作者准备：穿工作服，戴好口罩、帽子，洗手	1	
	核对患者的信息	2	
	物品准备：远视力表灯箱 1 个、指示杆 1 根、遮眼板 1 个、手电筒 1 个、椅子、笔和纸	2	
	评估周围环境，了解光线是否充足	2	
	了解患者既往视力情况，是否戴镜，是否随身携带	2	
	向患者解释如何说出或用手势表示医生指示杆所指出的视标缺口的方向	2	
	嘱患者坐在距离视力表 5m 处并面对视力表，确认 1.0 行的视标的高度与受检眼等高	2	
	予遮眼板，嘱完全遮盖单眼，但不要压迫眼球	2	
操作中 (70 分)	从 0.1 行的视标开始自上而下逐行指向视标，让被检查者辨认并用手指出视标的缺口方向	3	
	如受检者不能辨认视力表上最大视标时，可嘱受检者向视力表靠近，直至看清最大视标为止	3	
	如在 1m 处不能辨认最大视标，则检查指数，嘱受检者背光而坐，检查者伸出不同数量的手指并让受检者辨认手指数量	3	
	检查距离从 1m 处开始，逐渐移近，直至能辨认手指数的最远距离	3	
	如果在眼前 5cm 处仍不能辨认指数，则检查手动	3	
	检查距离从 1m 处开始，逐渐移近，直至能辨认手动的最远距离	3	
	如果在眼前 5cm 处仍不能辨认手动，应进一步检查光感	3	
	检查光感应在暗室中进行	3	
	检查光感时，将被检查者眼严密遮盖不能透光	3	
	检查者手持手电筒放在被检眼前 5m 处开始检查，若受检者不能感觉光亮，则将光源向受检者移近，直至受检者能辨认为止	3	
	对有光感者还需行光定位检查，将烛光置于受检者前 1m 处，嘱受检者向正前方注视，不要转动眼球和头部，分别将手电筒光源置于左上、左中、左下、正上、正中、正下、右上、右中、右下，同时询问受检者是否能看见光源。如回答正确记录为"阳性(+)"，回答错误记录为"阴性(−)"	5	
	如被检查者不能感觉光亮，则记录为无光感	5	
	如受检者视力低于 1.0，须加小孔镜或针孔板检查，如戴镜则检查戴镜矫正视力	5	
	检查顺序：先右后左，先检查裸眼视力，再检查矫正视力	5	
	正确记录检查结果	20	

续表

项目	细则要求	分值	得分
注意事项（15分）	操作过程中态度亲切,语言柔和	5	
	遮盖一眼后发现患者视力差行动不便,应注意保护患者	5	
	检查结束后告知患者检查结果,并告知可能需要做的进一步检查项目	5	
	总分	100	

（二）近视力检查

1. 适应证

（1）屈光不正的患者。

（2）老视或眼调节功能障碍的患者。

2. 禁忌证

（1）全身状况不允许进行检查者,如昏迷、卧床患者。

（2）因精神或智力问题无法配合检查者,例如小儿、精神或智力障碍患者。

3. 操作流程

（1）可选用标准近视力表、耶格（Jaeger）近视力表或对数近视力表进行检查。

（2）近视力表的照明方式不固定,可采用自然弥散光或人工照明,但需注意避免眩光产生。

（3）两眼需分别进行检查,常规顺序为先查右眼,后查左眼。检查时用挡眼板完全遮盖非受检眼。

（4）检查距离通常设定为30cm。

（5）以受检者能看清的最小一行字母作为测量结果,并可采用小数法进行记录。若使用耶格近视力表,则以 J1 至 J7 进行记录,并需注明检查距离。

4. 操作注意事项

（1）视力表需确保有充足的光线照明,可采用自然光或人工照明方式。

（2）检查前需向受检者告知检查的目的及方法,并要求其学会辨认视标的缺口方向。

（3）检查顺序通常为先查右眼,后查左眼。

（4）非受检眼需完全遮盖,且遮眼板在使用时不得压迫眼球。

（5）检查距离应严格保持为30cm。

（6）每个字母的辨认时间应控制在2~3s。

（7）检查时受检者的头位需保持端正,不得歪头用另一只眼偷看,也不得眯眼。

（梁高华）

二、眼压测量

眼压测量是指对眼球内容物作用于眼球壁的压力进行量化的过程。它主要包括指测法和眼压计测量法。当前,常用的眼压计有希厄茨眼压计、非接触式眼压计以及戈德曼压平眼压计。

（一）希厄茨眼压计测压法

1. 适应证

（1）怀疑青光眼患者。

（2）需要了解眼压者。

2. 禁忌证

（1）全身状况不允许采取卧位者。

（2）患有眼表炎症者。

（3）严重角膜上皮损伤者。

（4）眼球开放性损伤者。

(5)拒绝检查者。

(6)因精神或智力问题不能配合检查者,如小儿、精神或智力障碍患者。

3. 操作流程

(1)物品准备:希厄茨眼压计、表面麻醉剂、棉签、抗生素滴眼液、75%酒精。

(2)眼压计的准备:在眼压计的试板上测试眼压计的指针是否指向零位,指针是否灵活。然后用酒精棉球擦拭眼压计的足板部分,并以消毒干棉球擦干。

(3)患者的准备:受检眼滴表面麻醉药,如盐酸丙美卡因滴眼液 2 次。受检者取仰卧位,双眼向正前方注视一较远目标,或注视天花板,使角膜位于水平正中位。

(4)一般先测量右眼,然后左眼。

(5)检查者右手持眼压计手柄,左手拇指和示指轻轻分开受检者上、下眼睑,分别固定于上、下眶缘。缓慢地将眼压计足板放置于角膜中央,保持垂直见眼压计指针随眼球搏动微微摆动。读取指针指向的刻度数。

(6)一般先用 5.5g 砝码,读取的指针偏转刻度数应在 3~7 之间。如果用 5.5g 砝码测量时指针偏转的刻度数<3,则应从小到大选择砝码,换 7.5g、10g 或 15g 的砝码测量。

(7)每眼同一砝码连续测量 2 次,其读数相差不超过 0.5 个刻度。

(8)测压完毕,受检眼滴抗菌药物眼药水 1 滴。用酒精棉球立即将眼压计足板清洁干净,放回眼压计盒内。

(9)根据测压时所用的砝码重量和读数,从眼压计所附的换算表查出对应的眼压值。记录值为砝码重量 / 指针偏转刻度数=换算后眼压值,以 mmHg 为单位。

4. 操作注意事项

(1)检查前应向受检眼滴入表面麻醉剂。

(2)眼压计的足板部分应认真清洗和消毒,以避免感染。使用后应彻底清洗并放回原处。

(3)在测压过程中,应避免受检者紧张或凝视,同时不要对眼球施加额外的压力,以免影响测量结果。

(4)测量结果可能受眼球壁硬度的影响。为了消除这一误差,可以使用两个不同重量的砝码进行测量,并查阅专用的"校正眼压与眼壁硬度负荷读数"表,以获得眼球壁硬度和校正后的眼压值。

5. 案例分享 患者,45 岁,因"突发右眼胀痛伴视力下降、同侧偏头痛 2h"于 2020 年 6 月 10 日23:30 就诊。查体结果显示:右眼视力 CF/30cm,右眼结膜睫状充血,角膜雾状水肿,中央前房轴深2CT,周边前房 1/4CT,虹膜表面可见色素缺失,瞳孔散大,直径 6mm,晶体前囊膜可见小片状混浊,眼底窥不清。左眼视力 5.0,左眼结膜无充血,角膜透明,中央前房轴深 2CT,周边前房 1/4CT,瞳孔圆,直径 3mm,晶体透明,眼底未见明显异常。

【问题】

请对患者进行眼压检查。

【回答】

需进行眼压测量。

【临床思维】

患者夜间突发视力障碍,伴有眼胀痛和同侧头痛不适。眼部检查显示右眼视力差,角膜水肿,虹膜节段性萎缩,瞳孔散大,存在青光眼斑。这些症状是典型的急性闭角型青光眼(急性发作期)的表现。由于角膜水肿混浊明显,非接触性眼压计的测量有一定的局限性,且其检测范围仅限于60.0mmHg 以内的眼压。指测眼压法只能简单定性估计眼压。因此,为了更好地了解眼压情况,建议使用希厄茨眼压计或戈德曼压平眼压计进行测量。相对而言,希厄茨眼压计价格较低、便于携带、易于操作,在我国应用较为广泛;而戈德曼压平眼压计的应用则相对较少。

【物品准备】

希厄茨眼压计、表面麻醉剂、棉签、抗生素滴眼液、75%酒精。

6. 希厄茨眼压计测压法评分标准 见表7-13。

表7-13 希厄茨眼压计测压法评分标准

项目	细则要求	分值	得分
操作前 (15分)	医生准备:穿工作服,戴好口罩、帽子,洗手	2	
	核对受检者的信息	2	
	了解受检者的年龄、病情、合作程度及眼部情况	2	
	向受检者解释检查的目的及方法,取得受检者的理解和配合	2	
	检查物品是否齐全:希厄茨眼压计、表面麻醉剂、棉签、抗生素滴眼液、75% 酒精	5	
	检查眼压计是否正常使用	2	
操作中 (70分)	协助受检者取仰卧低枕位,双眼向正前方注视一较远目标,或注视天花板,使角膜位于水平正中位	5	
	受检眼滴表面麻醉药,如盐酸丙美卡因滴眼液 2 次	5	
	用酒精棉球擦拭眼压计的足板部分,并以消毒干棉球擦干	5	
	检查者右手持眼压计持柄,左手指轻轻分开受检者上、下眼睑,分别固定于上、下眶缘	5	
	缓慢地将眼压计足板放置于角膜中央,保持垂直	5	
	可见眼压计指针随眼球搏动在刻度尺前微微摆动。从指针靠近零位一侧到摆动的中点读取指针偏转的刻度数	5	
	需要不同重量的一对砝码分别测量眼压,一般先用 5.5g 砝码,然后用 10g 砝码测量校正	5	
	读取的指针偏转刻度数应在 3~7 之间	5	
	如果用 5.5g 砝码测量时指针偏转的刻度数<3,应换更大的砝码,以此类推	5	
	每眼同一砝码连续测量 2 次,其读数差值应不超过 0.5 格刻度	5	
	测压完毕,受检眼滴抗菌药物眼药水 1 滴	5	
	用酒精棉球立即将眼压计足板清洁干净,放回眼压计盒内	5	
	记录值为砝码重量 / 指针偏转刻度数=换算后眼压值(mmHg)	10	
注意 事项 (15分)	操作过程中态度亲切,语言柔和,体现人文关怀	5	
	眼压计足板应认真清洗和消毒	5	
	检查结束后告知患者检查结果	5	
总分		100	

(二)非接触眼压计测压法

1. 适应证

(1)需要了解眼压时。

(2)进行眼内血管搏动测定时。

(3)进行房水动力学测定时。

2. 禁忌证

(1)全身状况不允许采取坐位者,如昏迷、卧床患者。

(2)因精神或智力问题无法配合检查者,例如小儿、精神或智力障碍患者。

(3)结膜或角膜存在急性传染性或活动性炎症者慎用。

(4)严重角膜上皮损伤者。

(5)眼球有开放性损伤者。

3. 物品准备 非接触式眼压计、棉签。

4. **操作流程**

(1)受检者准备:受检者坐于非接触眼压计前,头部固定在头架上,调整升降台以确保舒适。

(2)对准定位:调整下颌托高度,使受检者外眦与基线对齐,并注视前方。

(3)选择测量眼别:通常先右眼后左眼,通过操作杆调整测量眼别。

(4)注视与对焦:受检者注视测压头内的注视灯,系统自动调节焦点并发出气体测量眼压。

(5)自动测量:在标准模式下进行测量,如眼压异常高,可调整到更高压力模式。

(6)错误处理:如果测量有误或受检者配合不佳,系统会显示错误提示。

(7)手动测量:自动测量失败时,可切换到手动模式,手动对焦并测量。

(8)重复测量:每只眼连续测量 3 次,误差控制在 3.0mmHg 以内。

(9)结果打印:测量完成后,打印测量结果。

5. **操作注意事项**

(1)检查时角膜需充分暴露,如受检者睁眼困难,可用棉签将上睑固定于眶骨,但不能对眼球施压。

(2)非接触眼压计与戈德曼压平眼压计相比,在正常眼压范围内的测量值是可靠的,但在高眼压时其测量值可能出现偏差,角膜异常或注视困难的受检者中可能出现较大误差。

(3)由于测压时非接触眼压计不直接接触眼球,因而减少了应用其他眼压计测压可能引起的并发症,如角膜擦伤、对表面麻醉药过敏和播散感染。

6. **非接触式眼压计测压法评分标准** 见表 7-14。

表 7-14 非接触式眼压计测压法评分标准

序号	细则要求	分值	得分
操作前 (15分)	操作者准备:穿工作服,戴好口罩、帽子,洗手	3	
	核对受检者的信息	3	
	了解受检者的年龄、病情、合作程度及眼部情况	3	
	向受检者解释检查的目的及方法,取得受检者的理解和配合	3	
	检查眼压计是否正常使用	3	
操作中 (70分)	受检者坐于非接触眼压计之前,嘱将其头部固定于眼压计头架上,调整升降台的高度,让患者尽可能舒适	10	
	调整下颌托高度使患者的外眦与基线对齐	10	
	确定眼别,一般先右后左,通过移动操作杆位置调整眼别	10	
	嘱受检者注视测压头内的绿色注视灯,通过调整眼压计与受检者角膜之间的距离,对焦后可自动测出眼压值	10	
	在标准模式下进行测量,如眼压异常高,可调整到更高压力模式。如果测量有误或受检者配合不佳,系统会显示错误提示。自动测量失败时,可切换到手动模式,手动对焦并测量	10	
	每只眼的测量要连续 3 次,测量误差在 3.0mmHg 以内	10	
	打印测量结果	10	
注意 事项 (15分)	操作过程中态度亲切,语言柔和,体现人文关怀	5	
	检查时角膜需充分暴露,如受检者睁眼困难,可用棉签将上睑固定于眶骨,但不能对眼球施压	5	
	检查结束后告知患者检查结果	5	
总分		100	

(罗燕妮)

三、裂隙灯显微镜检查

（一）适应证

1. 适用于到眼科门诊就诊的眼病患者。

2. 适用于健康体检者。

（二）禁忌证

1. 全身状况不允许坐位者，如昏迷、卧床患者，禁用此检查。

2. 因精神或智力问题不能配合检查者，如小儿、精神或智力障碍患者，不宜进行此检查。

（三）操作流程

1. 检查者需根据自己的屈光度调节目镜，并根据瞳距调节目镜间距。

2. 检查应在暗室或半暗室内进行。

3. 嘱受检者坐在裂隙灯前，调整座椅、检查台、颌架及裂隙灯显微镜的高度，确保检查者与被检查者均处于舒适的位置。受检者下颌应舒适地置于下颌托上，前额紧贴于头架的额带横档上，使受检者外眦高度与眼位线在同一水平线上。

4. 通过前后、左右、上下调节操纵杆，确保裂隙灯光线聚焦于检查的部位。

5. 检查时一般先用低倍镜。若需要观察某一部位的细微改变，可换用高倍镜。并根据需要，调节裂隙灯与显微镜之间的夹角、光线强弱和裂隙光的宽窄。

6. 光源一般从受检眼的颞侧射入，然后从颞侧到鼻侧逐一做光学切面，按照从前到后的顺序进行检查。

7. 裂隙灯显微镜的检查方法包括弥散光照射法、直接焦点照射法（含宽光照射法、窄光照射法、圆点光照射法）、角膜缘分光照射法、后部反光照射法、间接照射法和镜面反光照射法。检查时应根据检查部位和病变情况，选择适当的检查方法。

（1）弥散光照射法：此方法使用裂隙灯产生的弥散宽光作为光源。在低倍镜下，将光源以较大角度斜向投射至眼前部组织，进行直接观察。

（2）直接焦点照射法：这是最常用的方法。操作时，需确保裂隙灯光线的焦点与显微镜的焦点重合。根据光带的形态，此方法可进一步分为以下 3 种。

1）宽光照射法：使用较宽的裂隙灯光，形成较宽的光学切面。此方法可用于检查弥散光照射时发现或未发现的病变。

2）窄光照射法：尽量将裂隙灯光带调窄。尽管照入的光线较弱，但周围背景更暗，便于观察病变的位置和细微改变。

3）圆点光照射法：将入射光调节为圆点状，特别用于观察房水的改变。

（3）角膜缘分光照射法：将光线照射在一侧的角膜缘。除在角膜缘上形成一个光环和因巩膜突所致的环形暗影外，角膜应呈黑色。此时，能清晰观察到角膜的薄翳和斑翳。

（4）后部反光照射法：将灯光照射到所要观察组织的后方，同时将显微镜聚焦到检查部位。借助后方组织反射回来的光线，检查透明、半透明、正常或病变组织。此方法特别适用于角膜和晶状体的检查。

（5）间接照射法：将裂隙灯光线聚焦到所要观察部位旁边的组织上。此方法可用于观察虹膜的细小变化和角膜的新生血管等。借助三面镜或前置镜，还可以观察视网膜的细小改变。

（6）镜面反光照射法：将光线从颞侧透照，角膜上会出现两个光亮区，即鼻侧的光学切面和颞侧出现的反光区。此时，嘱受检眼稍向颞侧注视，再将裂隙灯向颞侧偏移。当光学切面与反光区重合时，检查者会感到光线刺目。此时，将显微镜焦点对准，即可进行观察。此方法特别适用于检查角膜和晶状体的前、后表面。

（四）操作注意事项

1. 检查结膜、角膜、巩膜时，光源与显微镜的夹角一般为 40°；检查前房、晶状体和前部玻璃体时，夹角应小于 30°；检查后部玻璃体和眼底时,除需加用前置镜或三面镜等辅助设备外,夹角应调为 10°或更小。

2. 实际检查时,应综合使用裂隙灯显微镜的多种不同的使用方法,以免遗漏病变的细微改变。

3. 注意裂隙灯显微镜的维护和保养,检查结束后及时关闭光源。

(五) 案例分享

患者,男性,37 岁。因"工作时左眼不慎被异物溅入后疼痛 2h"就诊。

【问题】

请对患者进行裂隙灯显微镜检查。

【临床思维】

为掌握裂隙灯显微镜的使用方法,应先使用宽光带寻找异物,确定异物的大致位置后,再使用窄光带对异物的具体位置进行精确定位,以便进行后续处理。

(六) 裂隙灯检查评分标准(表 7-15)

表 7-15　裂隙灯检查评分标准

项目	细则要求	分值	得分
操作前 (15 分)	操作者准备:穿工作服,戴好口罩、帽子,洗手	5	
	核对患者的信息,告知检查的目的	5	
	评估周围环境,应在暗室或半暗室内进行	5	
操作中 (70 分)	检查者根据自己的屈光度调节目镜,并调节目镜间距	5	
	检查前做适当解释,嘱注视指示灯	5	
	嘱受检者坐在裂隙灯前,调整座椅、检查台、颌架及裂隙灯显微镜的高度,使受检者下颌舒适地置于下颌托上,前额紧贴于头架的额带横档上	7	
	检查者与被检查者处于舒适位置	5	
	受检者外眦高度与眼位线在同一水平线上	5	
	打开照明系统,光源一般从受检眼的颞侧射入,然后从颞侧到鼻侧逐一做光学切面	7	
	一般先用低倍镜进行检查。若需要观察某一部位的细微改变时,可换用高倍镜。并根据需要,调节裂隙灯与显微镜之间的夹角、光线强弱和裂隙光的宽窄	10	
	前后、左右及上下调节操纵杆,使裂隙灯光线聚焦于检查的部位	6	
	按照从前到后的顺序进行检查	10	
	准确记录检查所见	10	
注意 事项 (15 分)	操作过程中态度亲切,语言柔和,体现人文关怀	5	
	操作完毕,注意关闭电源	5	
	检查结束后告知患者检查结果,并告知可能需要做进一步检查项目	5	
总分		100	

(罗燕妮)

四、直接检眼镜检查

(一) 适应证

1. 眼科门诊就诊的患者,特别是患有高血压、糖尿病等且怀疑玻璃体或眼底有病变的情况。

2. 眼前段无明显病变,但视力显著下降的患者。

3. 视力突然降低的患者。

4. 健康体检者。

（二）禁忌证

1. 屈光间质明显混浊的患者。

2. 虹膜广泛后粘连，瞳孔显著缩小的患者。

3. 急性结膜炎的患者。

（三）操作流程

1. 屈光间质检查：开始检查时，转动检眼镜转盘，先使用 +8D 至 +10D 的镜片，检眼镜距离受检眼 10~20cm。采用透照法检查屈光间质，从前至后依次检查角膜、晶状体、玻璃体。正常情况下，瞳孔区应呈现橘红色反光，如有屈光间质混浊，红色反光中将出现黑影。嘱受检者转动眼球，根据黑影移动方向与眼球转动方向的关系，判断混浊的屈光间质部位。

2. 眼底检查：转动检眼镜镜片转盘至 "0" 位。将检眼镜置于受检眼前约 2cm 处。根据检查者和受检眼的屈光状态，旋转检眼镜转盘，直至能清晰看到眼底。

3. 具体检查步骤：嘱受检者先注视正前方，检眼镜光源经瞳孔偏鼻侧约 15° 先检查视盘，再沿血管走行观察视网膜后极部。最后嘱受检者注视检眼镜的灯光，检查黄斑部。若要观察周边部视网膜，嘱受检者转动眼球，以扩大观察范围。

4. 记录内容：眼底检查的记录应包括对视盘、视网膜血管、黄斑等部位的描述。可用视盘的直径来描述病变大小。

（四）操作注意事项

1. 检查需在暗室环境中进行。

2. 直接检眼镜下所见并非眼底的实际大小，而是比实际物像放大 14~16 倍。

3. 检查结束后，应将检眼镜的转盘拨到 0 位，以防转盘上的镜片受到污染。

4. 一般检查时可不散大瞳孔。若要详细检查眼底，则需散瞳后进行。

5. 直接检眼镜观察范围有限，屈光间质混浊可能影响眼底的观察。

6. 对怀疑闭角型青光眼或前房较浅的患者，散瞳时需特别谨慎，以防诱发闭角型青光眼。

7. 对于高度屈光不正者，直接检眼镜检查可能较为困难，此时可应用间接检眼镜进行检查。

（五）案例分享

患者，女，56 岁，因 "双眼无痛性视力下降伴视物变形 1 个月" 入院。既往有 10 余年糖尿病病史，未接受规范治疗，长期血糖控制不佳。查体结果显示，双眼视力为 4.0，矫正无效，双眼结膜无充血，角膜透明，前房中深，房水清澈，瞳孔圆形，直径为 3mm，对光反射灵敏，晶体透明。

【问题】

请对患者进行直接检眼镜检查，以观察眼底情况。

【临床思维】

鉴于患者有长期糖尿病病史，且双眼出现无痛性视力下降，眼前段未见明显异常，因此考虑糖尿病性视网膜病变的可能性较大。为明确诊断，需进行眼底检查。

【物品准备】

直接检眼镜、散瞳药。

（六）直接检眼镜检查评分标准（表 7-16）

表 7-16　直接检眼镜检查评分标准

项目	细则要求	分值	得分
操作前 （15 分）	操作者准备：穿工作服，戴好口罩、帽子，洗手	2	
	核对患者的信息	2	
	询问患者视力、屈光状态	2	

续表

项目	细则要求	分值	得分
操作前 (15分)	检查应在暗室中进行	2	
	注意询问眼压,怀疑闭角型青光眼患者或前房浅者,散瞳需谨慎	5	
	向患者解释检查的目的	2	
操作中 (70分)	转动检眼镜镜片转盘 +8D 至 +10D	5	
	距受检眼 10~20cm	5	
	以彻照法检查眼的屈光间质是否混浊	5	
	转动检眼镜镜片转盘至"0"处	5	
	将检眼镜置于受检眼前约 2cm 处	5	
	根据检查者和受检眼的屈光状态,旋转检眼镜转盘,直至看清眼底	5	
	嘱受检者向正前方注视,检眼镜光源经瞳孔偏鼻侧约15°,先检查视盘	5	
	再沿血管走行,嘱受检者向上、下、左、右转动眼球,观察视网膜周边部。	10	
	嘱受检者注视检验镜的灯光,检查黄斑部	5	
	正确记录检查结果,包括对视盘、视网膜血管、黄斑等部位进行描述	20	
注意 事项 (15分)	操作过程中态度亲切,语言柔和,体现人文关怀	5	
	如需要散瞳,应向患者解释散瞳后会出现视朦、畏光情况,4~6h 后恢复正常	5	
	检查结束后告知患者检查结果	5	
总分		100	

(罗燕妮)

五、眼化学伤的处理技术

案例分享

患者,男,42 岁,因"双眼被石灰灼伤 1h"前来就诊。患者在工地搅拌水泥时,不慎被石灰水灼伤面部,当即在同伴帮助下用清水冲洗面部和眼部后,紧急前往医院就诊。患者自述双眼仍有严重的疼痛、灼热感、异物感、畏光、流泪和眼睑痉挛。既往无眼外伤史,无明确眼病史。查体:患者因疼痛无法配合视力检查。双眼睑皮肤充血,轻度肿胀,球结膜轻度充血,其余检查无法配合。

【问题】

1. 作为接诊医生,你对该患者会做出什么初步诊断和急症处理?

2. 你认为还需要进行哪些进一步检查?

3. 请问该患者目前的初步诊断、诊断依据和鉴别诊断是什么?

4. 完成初步急症处理后,该患者进一步的后续治疗计划是什么?

【回答】

1. 初步诊断和急症处理

(1)初步诊断:双眼化学伤。

(2)急症处理:立即使用大量 0.9% 氯化钠溶液彻底冲洗眼球,尽快与化学物质脱离接触。冲洗后反复测量 pH,直到结膜囊 pH 试纸检测结果以 7.0 为止。

2. 进一步检查

(1)检查患者的视力和眼压情况。

(2)使用裂隙灯或手电筒检查结膜囊穹隆部,确认有无异物或化学物质残留。

(3)使用裂隙灯检查角膜受损情况和角膜缘周围苍白的程度,必要时进行角膜荧光染色,以了解角膜上皮受损范围。

3. 初步诊断、诊断依据和鉴别诊断

(1)初步诊断:双眼碱烧伤。

(2)诊断依据:双眼被石灰灼伤 1h(石灰为弱碱性物质)。双眼有严重的疼痛、灼热感、异物感、畏光、流泪和眼睑痉挛。既往无眼外伤史,无明确眼病史。查体:视力检查不能配合,双眼睑皮肤充血,轻度肿胀,球结膜轻度充血。既往无眼外伤史,无明确眼病史。

(3)鉴别诊断:眼部酸烧伤、眼部热烧伤、眼部辐射性损伤、眼部钝挫伤。

4. 后续治疗

(1)局部或联合全身应用抗生素,积极预防和控制感染。

(2)因碱烧伤能溶解脂肪和蛋白质,故继续进行酸碱中和治疗。可在结膜下注射维生素 C 注射液,每天 1~2 次,也可口服或静脉滴注维生素 C。

(3)应用糖皮质激素,抑制炎症反应和新生血管的形成,但需注意在伤后 2~3 周,若角膜有溶解倾向,应停用。

(4)滴用自家血清和含细胞生长因子的药物。

(5)应用胶原酶抑制剂防止角膜穿孔,可滴用半胱氨酸滴眼液或 10% 枸橼酸钠滴眼液,也可口服四环素等药物。

(6)滴用 1% 阿托品滴眼液散瞳,避免发生虹膜睫状体炎。

(7)必要时可行前房穿刺或结膜切开,以降低房水碱性和避免结膜粘连;换药时用玻璃棒分离睑球粘连或安放角膜接触镜。

(8)伤后 3 周,若上皮仍未修复完整,除继续药物治疗外,应考虑手术治疗。针对具体病症选择使用角膜接触镜、羊膜覆盖以及睑裂缝合、口腔黏膜移植、角膜缘干细胞移植等,以避免角膜穿孔;若角膜有继续溶解变薄倾向,可行角膜板层或全层移植等手术治疗,避免角膜穿孔。

(9)病情相对稳定后,针对常见后遗症(如角膜混浊、睑球粘连、睑内或外翻和眼内压升高),选择适当的手术方式进行治疗,如角膜移植、睑及结膜囊成形术、睑内或外翻矫正术、睑球粘连分离术、抗青光眼手术等。

(施智敏)

六、开放性眼外伤的处理技术

(一)案例一

患者,男,40 岁,因"外伤致右眼疼痛、视力下降 8 小时"就诊。患者自述 8h 前使用割草机时不慎被异物弹伤右眼,当即出现眼痛、持续流泪、视力明显下降,并伴有畏光症状。伤后在当地卫生所进行简单包扎后转诊。查体:右眼视力仅有光感,眼压:T_{-2}(轻度降低),鼻侧球结膜下充血、水肿,角膜轻度水肿,角膜中央及鼻侧角巩膜可见一长约 5mm 的伤口,前房变浅,瞳孔散大,晶体前囊膜破裂,晶体呈白色浑浊状态,眼底窥视不清。左眼视力 5.0,眼压 12mmHg,外眼检查未见异常。

【问题】

1. 作为接诊医生,你对该患者的初步诊断是什么?

2. 诊断依据有哪些?

3. 需要进行哪些鉴别诊断?

4. 你认为还需要进行哪些进一步检查?

5. 该类患者的手术治疗原则是什么?

【回答】

1. 初步考虑

(1)右眼角巩膜穿通伤。

(2)右眼外伤性白内障。

2. 诊断依据

(1)患者男性,有右眼被异物弹伤的病史。

(2)外伤导致右眼疼痛、视力下降8h。

(3)右眼视力仅有光感,眼压 T_{-2},鼻侧球结膜下充血、水肿,角膜水肿,角膜中央及鼻侧角巩膜可见一长约5mm的伤口,前房变浅,瞳孔散大,晶体前囊膜破裂,晶体呈白色浑浊状态,眼底窥视不清。

3. 鉴别诊断

(1)眼球钝挫伤。

(2)隐匿性巩膜裂伤。

(3)眼内异物。

(4)眼球贯通伤。

4. 进一步检查及处理

(1)进行眼眶及头颅CT检查,以排除颅内损伤和眼内异物。

(2)进行破伤风抗毒素皮试及注射。

(3)在6h内给予广谱抗生素以控制感染。

5. 处理原则

(1)清创并缝合角巩膜伤口,缝合前应用粘弹剂维持前房深度,使伤口和虹膜分离。

(2)脱出的虹膜原则上应尽可能恢复,角膜伤口使用10/0缝线,巩膜伤口使用8/0缝线。

(3)伤口缝合时,一般采取边暴露边缝合的方式,但要确保充分暴露,伤口处脱出的玻璃体应剪除,视网膜和脉络膜组织尽量还纳。

(4)在1周至2周内进行外伤性白内障手术,如无眼内感染,必要时可进行二期玻璃体切割手术。

(二)案例二

患者,男,45岁,因"外伤致左眼视力下降、红痛、流血6小时"就诊。患者自述6小时前在建筑工地工作时不慎被钢筋打中左眼,随即出现左眼视力急剧下降,伴有红痛、流血症状,无虹视、复视,无头痛及昏迷。现左眼疼痛、视力明显下降,遂来就诊。既往无高血压及糖尿病病史。

查体:右眼视力(VOD)1.0,左眼视力(VOS)无光感;右眼眼压(NCT)16mmHg,左眼眼压(NCT) T_{-2}。右眼结膜无充血,角膜透明,角膜后沉着物(KP)阴性,前房约3CT,瞳孔圆3mm,对光反射灵敏,晶状体透明,眼底C/D=0.3,A/V=2/3,黄斑中心凹反光可见。左眼眼睑红肿、痉挛,眼球较右眼稍凹陷,结膜充血明显,角膜水肿,中央可见一长约15mm的伤口,伤口横跨整个角膜,部分波及颞侧巩膜,伤口可见葡萄膜及玻璃体嵌顿,眼内充满积血。

【问题】

1. 作为接诊医生,你对该患者的初步诊断是什么?

2. 诊断依据有哪些?

3. 需要进行哪些鉴别诊断?

4. 该类患者的处理原则是什么?

【回答】

1. 初步诊断 左眼球破裂伤:眼内容物脱出。

2. 诊断依据

(1)外伤致左眼视力下降、红痛、流血6h。

(2)患者自述6h前做工时不慎被钢筋打中左眼,随即出现左眼视力急剧下降,伴有红痛、流血症状。

(3)左眼视力无光感,眼压 T_{-2},左眼眼睑红肿、痉挛,眼球较右眼稍凹陷,结膜充血明显,角膜水肿,中央可见一长约15mm的伤口,伤口横跨整个角膜,部分波及颞侧巩膜,伤口可见葡萄膜及玻璃体嵌顿,眼内充满积血。

3. 鉴别诊断

(1)眼球钝挫伤。

(2)眼球穿通伤。

(3)眼内异物。

4. 处理原则

(1)涂抗生素眼膏后予以纱布及眼罩保护伤眼,禁止对眼部施加任何压力,以避免眼内容物的进一步脱出和因检查对患者造成的二次伤害。

(2)嘱患者平卧,避免弯腰,以防止增加腹内压导致眼内容物继续脱出,必要时可给予止痛药及止吐药以减轻症状。

(3)详细询问受伤原因及致伤物品,进行眼眶及头颅 CT 检查,以排除头颅损伤和眼内、颅内是否有异物残留。

(4)尽早安排行眼球破裂伤清创缝合术。水肿或斜形伤口缝合较困难时,缝合的跨度应适当加深和加大。

(5)对于不规则伤口,可采用连续缝合,使伤口有形成直线的趋势。应将伤口作为 1 个单位,尽量使缝合部位形成 1 个直线带。"Y"形、星形或"花瓣"形伤口缝合较困难时,可采用基质层内荷包缝合法。

(6)角膜组织缺失较多时,应进行角膜修补术。除非眼球结构完全破坏,无法将眼球缝合,一般不应初期行眼内容物剜除术。

(7)术后使用抗生素和糖皮质激素,以控制感染和创伤性炎症反应。

(马文豪)

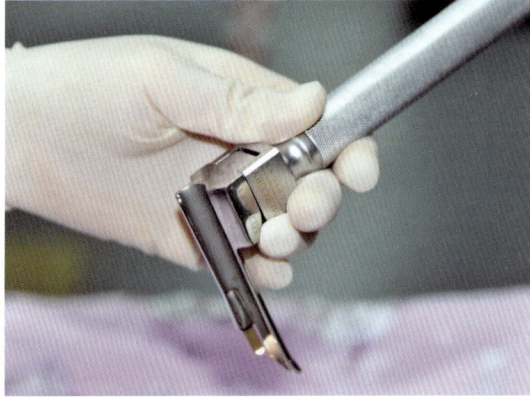

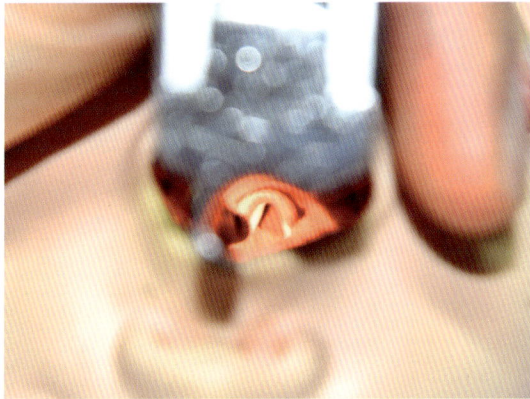

彩插一　插管时手握喉镜的正确方法及喉镜下声门结构

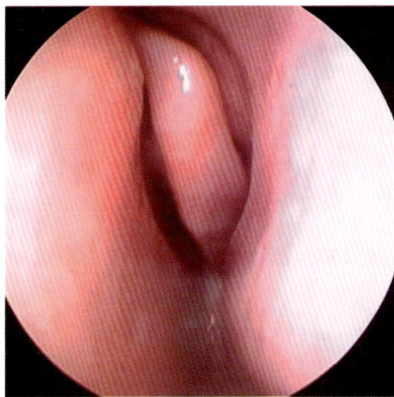

彩插二　左侧正常鼻腔

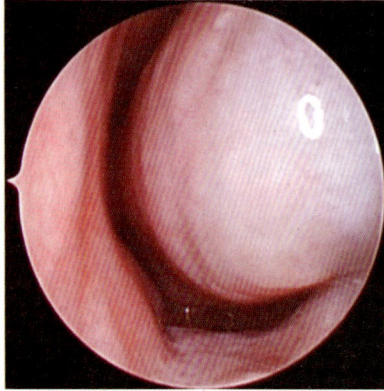

下鼻甲黏膜水肿,呈紫红色

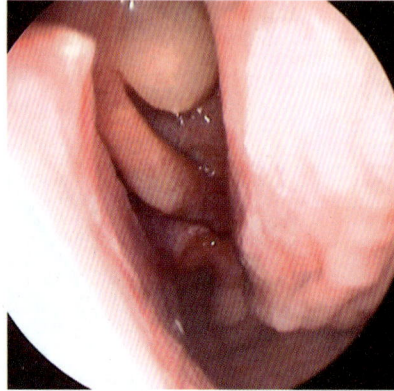

左侧中鼻道半透明光滑新生物

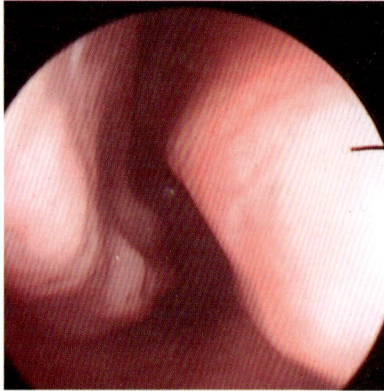

鼻中隔右侧嵴突

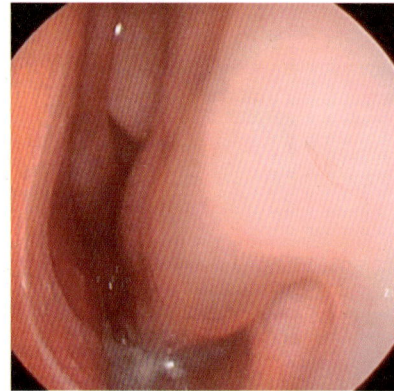

腔黏膜苍白,鼻腔后段白色分泌物

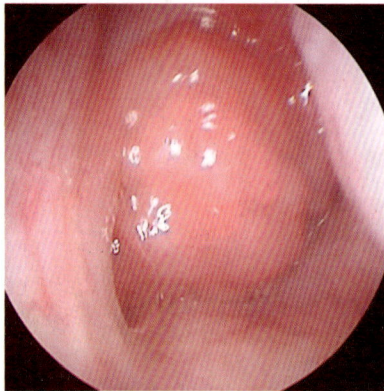

左侧后鼻孔、鼻咽部光滑新生物,
考虑腺样体肥大

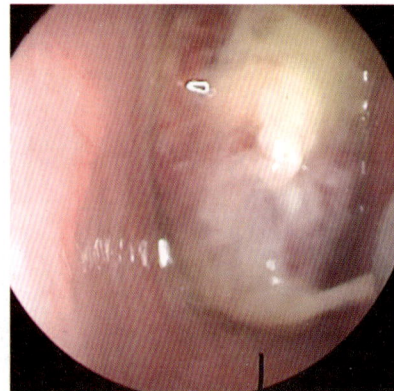

后鼻孔紫红色新生物,
表面白色伪膜覆盖

彩插三　阳性体征鼻腔